JN433764

카툰성경

The CARTOON BIBLE

님께

하나님의 말씀을 드립니다.

년 월 일

드림

Originally published in English under the title

The New Testament, The Illustrated International Children's Bible

신약

카툰성경

개역개정판

The CARTOON BIBLE

규장

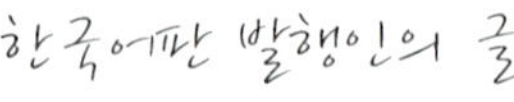

환영합니다! 방금 당신은 인류 역사상 가장 놀라운 책을 집어 들었습니다. 바로 성경이지요. 그런데 당신이 들고 있는 이 성경이 이전과는 전혀 다른 방식으로 만들어졌다는 것을 금세 발견하셨겠지요? 이 성경이 어떻게 다르고 또 왜 이런 성경을 만들었는지 궁금하다면 이 책을 계속 읽어보시기 바랍니다.

이 《카툰성경》은 미국 토마스 넬슨 출판사에서 발간한 《The New Testament, The Illustrated International Children's Bible》의 한국어판입니다. 그러나 우리가 보기에 이 성경은 비단 어린이들만을 위한 성경으로 제한하기에 너무나 놀라운 성경이었습니다. 탁월한 수천 장의 원화를 바탕으로 구성된 입체적인 만화가 한 편의 영화를 보는 것처럼 한눈에 다가와 살아 있는 하나님의 말씀을 외치고 있었기 때문입니다. 따라서 성경을 좀 더 쉽고 친근하게 접할 수 있도록 선보인 기발하고 창의적인 양식의 완성도 높은 이 성경을 어린이뿐 아니라 청소년, 청장년에 이르기까지 더 많은 사람들에게 소개하고 싶은 마음의 소원을 갖게 되었습니다.

더 주목할 것은 이 성경의 본문이 다시 쓴 간추린 이야기 성경이 아니라는 점입니다. 우리는 대한성서공회의 허락을 받아 한글 개역개정판 성경 전문을 본문으로 수록코자 기획, 편집을 진행했습니다. 만화라는 시각적 효과로 성경 이해를 돕기 이전에, 가장 원칙적으로 하나님의 말씀을 온전히 높여드리기 원했기 때문입니다.

이 성경에는 2,000장 이상의 그림이 들어 있습니다. 대개 한 폭의 그림을 연상시키는 생생한 묘사를 들으면 어떤 개념을 쉽게 이해하고 오래 기억하게 됩니다. 마찬가지로 생생한 그림이 제공된다면 흰 종이 위에 작고 검은 글자만 읽을 때보다 하나님의 말씀을 더 쉽게 이해하고 오래 기억하게 될 것입니다.

특별히 1세기에 예수님과 함께 이스라엘에 사는 것 같은 느낌을 주는 실감나는 그림들이 성경 이야기와 함께 눈앞에 펼쳐질 때, 우리는 흥분과 감동을 느끼게 됩니다. 지금 누가 말하고 있는지, 등장인물들이 구체적으로 어떤 행동을 하고 있는지, 그래서 이야기가 어떻게 흘러갈 것인지 구체적인 상황을 예측해 볼 수 있습니다. 마치 내가 그 현장에 있는 것 같고, 그림 속에서 걸어 나오시는 예수님을 만날 것 같고, "네 믿음이 너를 구원하였느니라" 하시는 주님의 말씀을 나에게 하시는 말씀으로 받아 "아멘"으로 화답할 것만 같은 박진감을 느낄 수 있습니다. 따라서 성경의 이야기를 소화하고 성경 구절을 더 잘 이해할 뿐 아니라 그 말씀을 선명하게 기억하게 되리라는 확신이 있었습니다.

그렇습니다. 다른 무엇도 하나님의 말씀보다 중요한 것이 아닙니다. 온전한 성경 본문을 제시하고 말씀의 이해를 돕기 위해 수천 장의 그림을 동원하여 성경을 편집한 이 모든 노력은 오직 말씀 한 가지 때문입니다. 사람들로 하여금 하나님의 말씀에 관심을 집중시켜 말씀을 깨닫도록 말씀의 의미를 분명히 드러내고자 한 것입니다. 무엇보다 우리 안에는 하나님이 부어주신 성령이 계시기 때문에 말씀을 깨달을 수 있게 도와주십니다.

너희는 주께 받은 바 기름 부음이 너희 안에 거하나니 아무도 너희를 가르칠 필요가 없고 오직 그의 기름 부음이 모든 것을 너희에게 가르치며 또 참되고 거짓이 없으니 너희를 가르치신 그대로 주 안에 거하라 요일 2:27

어린이나 어른이나 예수님을 영접하여 처음 믿기 시작한 분에 이르기까지 모든 이의 삶을 변화시킬 수 있는 능력이 살아 있는 하나님의 말씀에 있습니다.

하나님의 말씀은 살아 있고 활력이 있어 좌우에 날선 어떤 검보다도 예리하여 혼과 영과 및 관절과 골수를 찔러 쪼개기까지 하며 또 마음의 생각과 뜻을 판단하나니 히 4:12

오직 주의 말씀은 세세토록 있도다 하였으니 너희에게 전한 복음이 곧 이 말씀이니라 벧전 1:25

신약에 이어 《카툰성경》 구약 편도 곧이어 출간될 예정입니다. 아무쪼록 《카툰성경》을 통해서 예수님이 하신 말씀이 그대로 이루어지는 것을 보게 되는 믿음과 삶을 경험하게 되기를 기도합니다. 하나님께서 이 성경을 오직 하나님이 정하신 뜻대로 사용해주시기를 소원합니다.

2011년 9월
여진구 대표

일러두기

1. 내용

실제 성경 말씀 신약전서 개역개정 4판을 사용했습니다. 전장 전절을 표시하였고 단락별 소제목까지 실었습니다.

2. 구성

말풍선 신약의 사복음서와 역사서인 사도행전에 등장하는 인물들 간의 대화는 말풍선 안에 넣었기 때문에 누가 하는 말인지 명확히 알 수 있습니다.

지문 성경 말씀 중 대화가 아닌 내용은 사각 박스 안에 넣어 구분했습니다. 신약의 서신서에는 세워진 교회와 신자들을 향한 권면, 핵심 교리 등을 다루기 때문에 대화가 거의 나오지 않습니다.

서판 신약의 본문 중 구약성경을 인용한 부분은 오래된 양피지 모양의 박스 안에 구약의 책 이름과 장절을 밝혀 별도로 표시했습니다.

색인 모든 페이지 상단에 해당하는 책, 장, 절을 기재했고 찾아보기 쉽도록 측면에 각 책의 색인을 정리했습니다.

각주 일부 페이지 하단에 각주가 나옵니다. 해당 단어나 구(句)에 대한 설명 및 구절 인용 정보 등을 더 얻을 수 있습니다.

배경 그림 그림을 통해 등장인물의 구체적인 행동과 특정 구절의 상황을 빠르게 이해할 수 있습니다. 예를 들면 누가 말하는 것인지, 하루 중 어느 때 일어난 사건인지, 집 안에서 일어난 일인지 아니면 집 밖에서 일어난 일인지, 주변에 누가 있었는지, 1세기 이스라엘의 생활풍습 등 좀 더 구체적인 큰 그림을 연상할 수 있도록 도와줍니다.

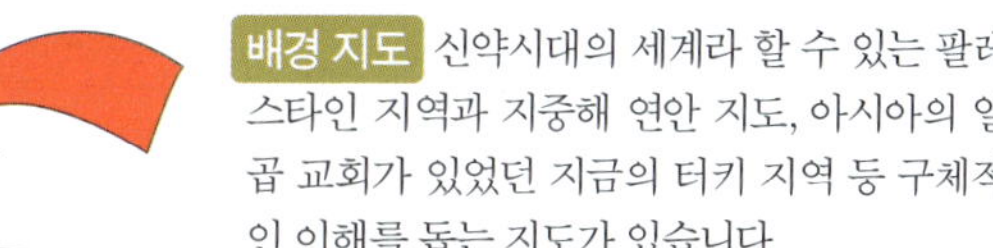

배경 지도 신약시대의 세계라 할 수 있는 팔레스타인 지역과 지중해 연안 지도, 아시아의 일곱 교회가 있었던 지금의 터키 지역 등 구체적인 이해를 돕는 지도가 있습니다.

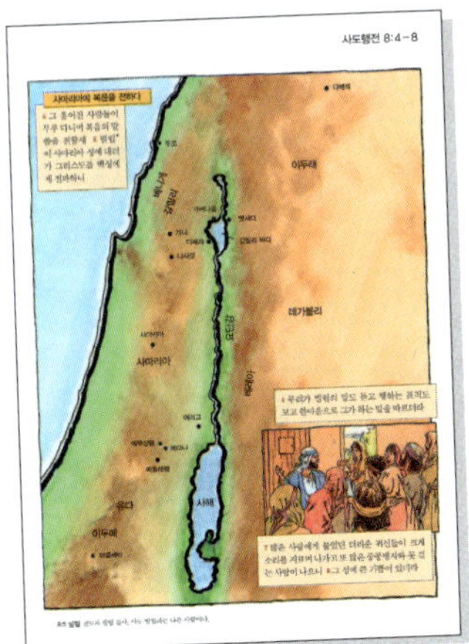

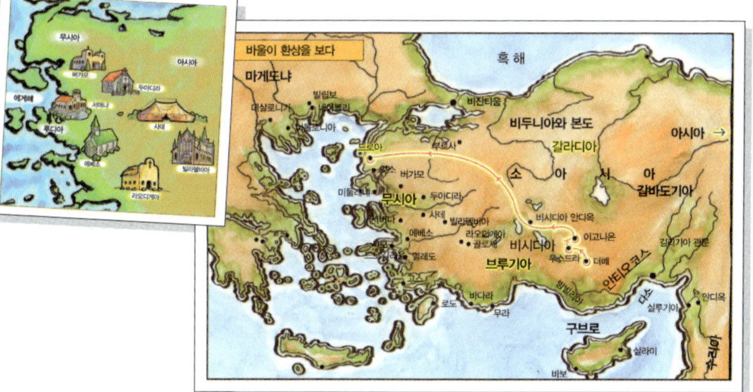

CONTENTS 차례

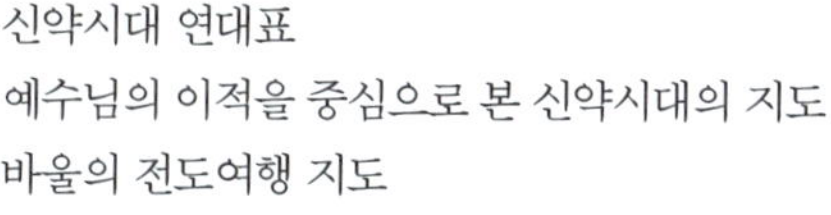

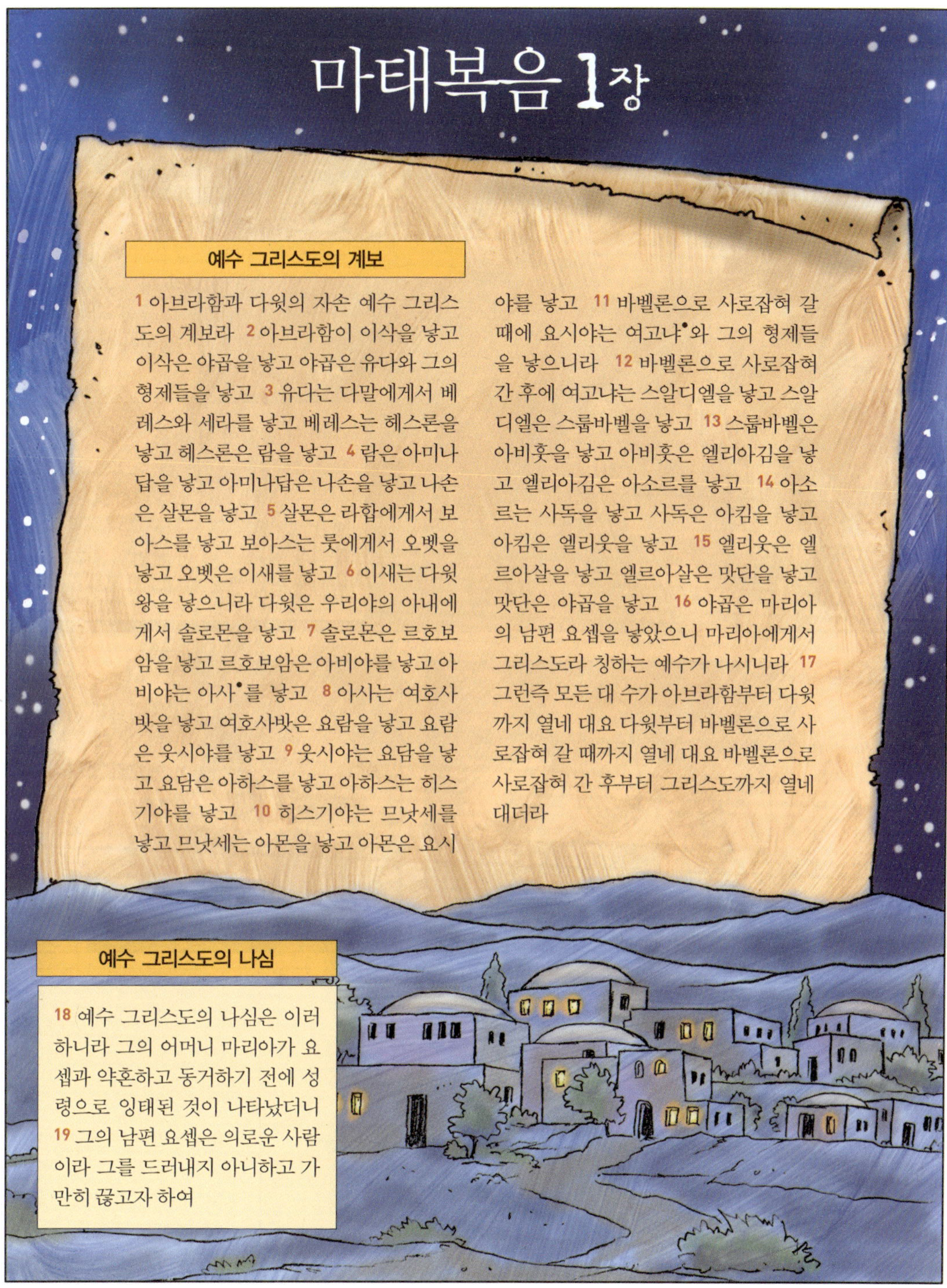

마태복음 1장

예수 그리스도의 계보

1 아브라함과 다윗의 자손 예수 그리스
도의 계보라 2 아브라함이 이삭을 낳고
이삭은 야곱을 낳고 야곱은 유다와 그의
형제들을 낳고 3 유다는 다말에게서 베
레스와 세라를 낳고 베레스는 헤스론을
낳고 헤스론은 람을 낳고 4 람은 아미나
답을 낳고 아미나답은 나손을 낳고 나손
은 살몬을 낳고 5 살몬은 라합에게서 보
아스를 낳고 보아스는 룻에게서 오벳을
낳고 오벳은 이새를 낳고 6 이새는 다윗
왕을 낳으니라 다윗은 우리야의 아내에
게서 솔로몬을 낳고 7 솔로몬은 르호보
암을 낳고 르호보암은 아비야를 낳고 아
비야는 아사•를 낳고 8 아사는 여호사
밧을 낳고 여호사밧은 요람을 낳고 요람
은 웃시야를 낳고 9 웃시야는 요담을 낳
고 요담은 아하스를 낳고 아하스는 히스
기야를 낳고 10 히스기야는 므낫세를
낳고 므낫세는 아몬을 낳고 아몬은 요시
야를 낳고 11 바벨론으로 사로잡혀 갈
때에 요시야는 여고냐•와 그의 형제들
을 낳으니라 12 바벨론으로 사로잡혀
간 후에 여고냐는 스알디엘을 낳고 스알
디엘은 스룹바벨을 낳고 13 스룹바벨은
아비훗을 낳고 아비훗은 엘리아김을 낳
고 엘리아김은 아소르를 낳고 14 아소
르는 사독을 낳고 사독은 아킴을 낳고
아킴은 엘리웃을 낳고 15 엘리웃은 엘
르아살을 낳고 엘르아살은 맛단을 낳고
맛단은 야곱을 낳고 16 야곱은 마리아
의 남편 요셉을 낳았으니 마리아에게서
그리스도라 칭하는 예수가 나시니라 17
그런즉 모든 대 수가 아브라함부터 다윗
까지 열네 대요 다윗부터 바벨론으로 사
로잡혀 갈 때까지 열네 대요 바벨론으로
사로잡혀 간 후부터 그리스도까지 열네
대더라

예수 그리스도의 나심

18 예수 그리스도의 나심은 이러
하니라 그의 어머니 마리아가 요
셉과 약혼하고 동거하기 전에 성
령으로 잉태된 것이 나타났더니
19 그의 남편 요셉은 의로운 사람
이라 그를 드러내지 아니하고 가
만히 끊고자 하여

1:7 **아사** 일부 헬라어 사본들에서는 '아삽'으로 기록되어 있다. 아삽은 아사의 또 다른 이름이다(대상 3:10 참조).
1:11 **여고냐** 여고냐는 여호야긴의 또 다른 이름이다(왕하 24:6 ; 대상 3:16 참조).

1:21 **예수** 예수라는 이름은 '구원'이라는 뜻을 가지고 있다.
1:23 **보라 처녀가 … 임마누엘이라 하리라** 사 7:14 인용

3 헤롯 왕과 온 예루
살렘이 듣고 소동
한지라 4 왕이 모
든 대제사장과 백
성의 서기관들을
모아 그리스도가
어디서 나겠느냐
물으니 5 이르되

6 또 유대 땅 베들레헴
아 너는 유대 고을 중
에서 가장 작지 아니
하도다 네게서 한 다
스리는 자가 나와서
내 백성 이스라엘의
목자가 되리라 하였음
이니이다 미 5:2

7 이에 헤롯이 가
만히 박사들을
불러 별이 나타
난 때를 자세히
묻고 8 베들레헴
으로 보내며 이
르되

9 박사들이 왕의 말을 듣고 갈
새 동방에서 보던 그 별이 문득
앞서 인도하여 가다가 아기 있
는 곳 위에 머물러 서 있는지라
10 그들이 별을 보고 매우 크게
기뻐하고 기뻐하더라 11 집에
들어가 아기와 그의 어머니 마
리아가 함께 있는 것을 보고 엎
드려 아기께 경배하고

보배합을 열어 황금과 유향
과 몰약을 예물로 드리니라

12 그들은 꿈에 헤
롯에게로 돌아가지
말라 지시하심을 받
아 다른 길로 고국
에 돌아가니라

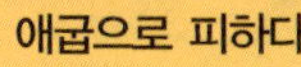

애굽으로 피하다

13 그들이 떠난 후에 주의 사자
가 요셉에게 현몽하여 이르되

헤롯이 아기를 찾아 죽이려 하니 일어나 아
기와 그의 어머니를 데리고 애굽으로 피하여
내가 네게 이르기까지 거기 있으라 하시니

14 요셉이 일어나서 밤에
아기와 그의 어머니를 데
리고 애굽으로 떠나가

15 헤롯이 죽기까지 거기 있었으니 이는 주께서 선지자를 통하여 말씀하신 바 애굽으로부터 내 아들을 불렀다• 함을 이루려 하심이라

16 이에 헤롯이 박사들에게 속은 줄 알고 심히 노하여

사람을 보내어 베들레헴과 그 모든 지경 안에 있는 사내아이를 박사들에게 자세히 알아본 그 때를 기준하여 두 살부터 그 아래로 다 죽이니

17 이에 선지자 예레미야를 통하여 말씀하신 바

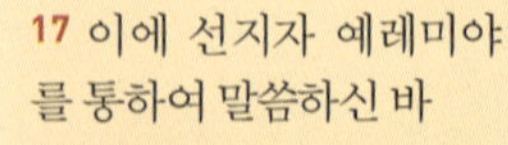

18 라마에서 슬퍼하며 크게 통곡하는 소리가 들리니 라헬이 그 자식을 위하여 애곡하는 것이라 그가 자식이 없으므로 위로 받기를 거절하였도다 함이 이루어졌느니라

렘 31:15

애굽에서 이스라엘 땅으로

19 헤롯이 죽은 후에 주의 사자가 애굽에서 요셉에게 현몽하여 이르되

20 일어나 아기와 그의 어머니를 데리고 이스라엘 땅으로 가라 아기의 목숨을 찾던 자들이 죽었느니라 하시니

21 요셉이 일어나 아기와 그의 어머니를 데리고 이스라엘 땅으로 들어가니라

22 그러나 아켈라오가 그의 아버지 헤롯을 이어 유대의 임금 됨을 듣고 거기로 가기를 무서워하더니 꿈에 지시하심을 받아 갈릴리 지방으로 떠나가

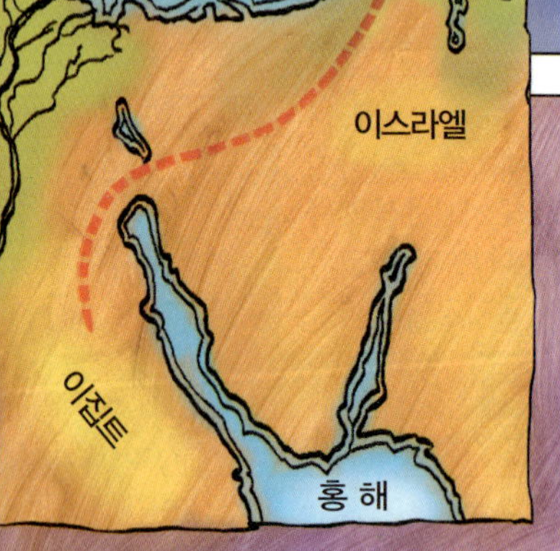

23 나사렛이란 동네에 가서 사니 이는 선지자로 하신 말씀에 나사렛 사람•이라 칭하리라 하심을 이루려 함이러라

2:15 **애굽으로부터 … 불렀다** 호 11:1 인용
2:23 **나사렛 사람** 나사렛이란 도시 출신의 사람. 여기서 마태는 이사야서 11장 1절을 가리키는 것 같다. 이사야서 11장 1절에서 '가지'로 번역된 히브리어의 발음은 '나사렛 사람'이라는 말의 발음과 유사하다.

3장
세례 요한이
천국을 전파하다
1 그 때에 세례 요한이 이르러 유
대 광야에서 전파하여 말하되
2 회개하라 천국이 가까
이 왔느니라 하였으니
3 그는 선지자 이사야를 통하여
말씀하신 자라 일렀으되
광야에 외치는 자의 소리가 있어
이르되 너희는 주의 길을 준비하
라 그가 오실 길을 곧게 하라 하였
느니라 사 40:3
4 이 요한은 낙타털 옷을 입고 허리에 가죽 띠를 띠고 음
식은 메뚜기와 석청이었더라 5 이 때에 예루살렘과 온 유
대와 요단 강 사방에서 다 그에게 나아와 6 자기들의 죄
를 자복하고 요단 강에서 그에게 세례를 받더니 7 요한이
많은 바리새인들과 사두개인들이 세례 베푸는 데로 오는
것을 보고 이르되

세례를 받으시다

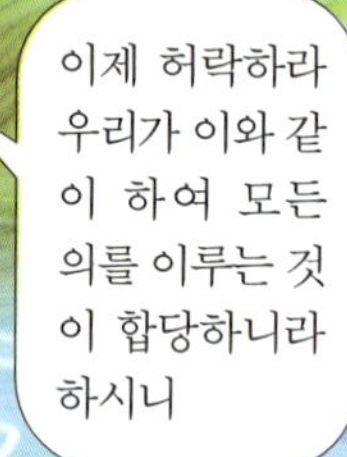

3:10 **이미 도끼가 … 던져지리라** 이것은 하나님께서 그분께 순종하지 않는 그분의 백성을 심판할 준비가 되어 있다는 뜻이다.
3:12 **손에 … 태우시리라** 이것은 예수님께서 오시어 선한 사람들과 악한 사람들을 구분하여 선한 사람들을 구원하고 악한 사람들에게 벌을 내리실 것이라는 뜻이다.

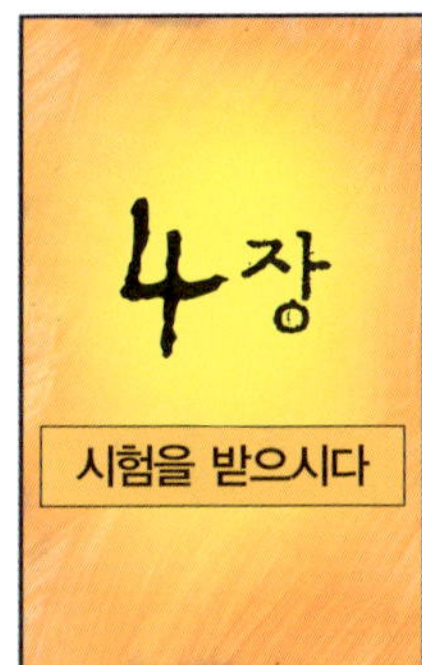

4:4 사람이 … 살 것이라 신 8:3 인용
4:7 주 너의 하나님을 시험하지 말라 신 6:16 인용
4:10 주 너의 … 섬기라 신 6:13 인용

마

11 이에 마귀는 예수를 떠나고 천사
들이 나아와서 수종드니라

비로소 천국을 전파하시다

12 예수께서 요한이 잡혔음을 들으
시고 갈릴리로 물러가셨다가 13 나
사렛을 떠나 스불론과 납달리 지경
해변에 있는 가버나움에 가서 사시
니 14 이는 선지자 이사야를 통하여
하신 말씀을 이루려 하심이라 일렀
으되

15 스불론 땅과 납달리 땅과 요단 강
저편 해변 길과 이방의 갈릴리여 16
흑암에 앉은 백성이 큰 빛을 보았고
사망의 땅과 그늘에 앉은 자들에게
빛이 비치었도다 하였느니라

사 9:1,2

17 이 때부터 예수께서 비
로소 전파하여 이르시되

어부들을 부르시다

18 갈릴리 해변에 다니시다가 두 형제 곧
베드로라 하는 시몬과 그의 형제 안드레
가 바다에 그물 던지는 것을 보시니 그들
은 어부라 19 말씀하시되

20 그들이 곧 그물을 버려 두고 예수를 따르니라 21
거기서 더 가시다가 다른 두 형제 곧 세베대의 아들
야고보와 그의 형제 요한이 그의 아버지 세베대와 함
께 배에서 그물 깁는 것을 보시고 부르시니 22 그들
이 곧 배와 아버지를 버려 두고 예수를 따르니라

가르치시며 전파하시며 고치시다

23 예수께서 온 갈릴리에 두루 다
니사 그들의 회당에서 가르치시며
천국 복음을 전파하시며 백성 중의
모든 병과 모든 약한 것을 고치시
니 24 그의 소문이 온 수리아에 퍼
진지라 사람들이 모든 앓는 자 곧
각종 병에 걸려서 고통 당하는 자,
귀신 들린 자, 간질하는 자•, 중풍
병자들을 데려오니 그들을 고치시
더라 25 갈릴리와 데가볼리•와 예
루살렘과 유대와 요단 강 건너편에
서 수많은 무리가 따르니라

5장

복이 있는 사람

1 예수께서 무리를 보시고

4:24 **간질하는 자** 이 병에 걸린 사람은 때때로 몸을 통제할 수 없어 기절하거나 심하게 몸을 흔들거나 또는 전혀 몸을 움직일 수 없게 된다.
4:25 **데가볼리** '열 도시'라는 뜻의 헬라어. 갈릴리 호수 동편의 이 지역에는 한때 열 개의 주요 도시가 있었다.

산에 올라가
앉으시니 제
자들이 나아
온지라 2 입
을 열어 가르
쳐 이르시되

3 심령이 가난한 자는 복이
있나니 천국이 그들의 것
임이요 4 애통하는 자는
복이 있나니 그들이 위로
를 받을 것임이요 5 온유
한 자는 복이 있나니 그들
이 땅을 기업으로 받을 것
임이요 6 의에 주리고 목
마른 자는 복이 있나니 그
들이 배부를 것임이요

7 긍휼히 여기는 자는 복이 있나
니 그들이 긍휼히 여김을 받을 것
임이요 8 마음이 청결한 자는 복
이 있나니 그들이 하나님을 볼 것
임이요 9 화평하게 하는 자는 복
이 있나니 그들이 하나님의 아들
이라 일컬음을 받을 것임이요 10
의를 위하여 박해를 받은 자는 복
이 있나니 천국이 그들의 것임이
라 11 나로 말미암아 너희를 욕하
고 박해하고 거짓으로 너희를 거
슬러 모든 악한 말을 할 때에는 너
희에게 복이 있나니 12 기뻐하고
즐거워하라 하늘에서 너희의 상
이 큼이라 너희 전에 있던 선지자
들도 이같이 박해하였느니라

소금이요 빛이라

13 너희는 세상의 소금이니 소금
이 만일 그 맛을 잃으면 무엇으로
짜게 하리요 후에는 아무 쓸 데 없
어 다만 밖에 버려져 사람에게 밟
힐 뿐이니라 14 너희는 세상의 빛
이라 산 위에 있는 동네가 숨겨지
지 못할 것이요 15 사람이 등불을
켜서 말 아래에 두지 아니하고 등
경 위에 두나니 이러므로 집 안 모
든 사람에게 비치느니라 16 이같
이 너희 빛이 사람 앞에 비치게 하

여 그들로 너희 착한 행실을 보
고 하늘에 계신 너희 아버지께
영광을 돌리게 하라

예수와 율법

17 내가 율법이나 선지자를 폐하
러 온 줄로 생각하지 말라 폐하
러 온 것이 아니요 완전하게 하
려 함이라 18 진실로 너희에게
이르노니 천지가 없어지기 전에
는 율법의 일점 일획도 결코 없
어지지 아니하고 다 이루리라 19
그러므로 누구든지 이 계명 중의
지극히 작은 것 하나라도 버리고
또 그같이 사람을 가르치는 자는
천국에서 지극히 작다 일컬음을
받을 것이요 누구든지 이를 행하
며 가르치는 자는 천국에서 크다
일컬음을 받으리라 20 내가 너희
에게 이르노니 너희 의가 서기관
과 바리새인보다 더 낫지 못하면
결코 천국에 들어가지 못하리라

노하지 말라

21 옛 사람에게 말한 바 살인하지
말라• 누구든지 살인하면 심판
을 받게 되리라 하였다는 것을
너희가 들었으나 22 나는 너희에
게 이르노니 형제•에게 노하는
자마다 심판을 받게 되고 형제를
대하여 라가라 하는 자는 공회에
잡혀가게 되고 미련한 놈이라 하
는 자는 지옥 불에 들어가게 되리
라 23 그러므로 예물을 제단에
드리려다가 거기서 네 형제에게
원망들을 만한 일이 있는 것이
생각나거든 24 예물을 제단 앞에
두고 먼저 가서 형제와 화목하고
그 후에 와서 예물을 드리라 25
너를 고발하는 자와 함께 길에
있을 때에 급히 사화하라 그 고
발하는 자가 너를 재판관에게 내
어 주고 재판관이 옥리에게 내어
주어 옥에 가둘까 염려하라 26
진실로 네게 이르노니 네가 한
푼이라도 남김이 없이 다 갚기
전에는 결코 거기서 나오지 못하
리라

간음하지 말라

27 또 간음하지 말라• 하였다는
것을 너희가 들었으나 28 나는
너희에게 이르노니 음욕을 품고
여자를 보는 자마다 마음에 이미
간음하였느니라 29 만일 네 오른
눈이 너로 실족하게 하거든 빼어
내버리라 네 백체 중 하나가 없
어지고 온 몸이 지옥에 던져지지
않는 것이 유익하며 30 또한 만
일 네 오른손이 너로 실족하게
하거든 찍어 내버리라 네 백체
중 하나가 없어지고 온 몸이 지
옥에 던져지지 않는 것이 유익하
니라 31 또 일렀으되 누구든지
아내를 버리려거든 이혼 증서를
줄 것이라• 하였으나 32 나는 너
희에게 이르노니 누구든지 음행
한 이유 없이 아내를 버리면 이
는 그로 간음하게 함이요 또 누
구든지 버림받은 여자에게 장가
드는 자도 간음함이니라

5:21 **살인하지 말라** 출 20:13 또는 신 5:17 인용
5:22 **형제** 일부 헬라어 사본들에서는 "형제에게 노하는 자마다" 앞에 "이유 없이"가 붙어 있다.
5:27 **간음하지 말라** 출 20:14 또는 신 5:18 인용
5:31 **누구든지 … 줄 것이라** 신 24:1 인용

맹세하지 말라

33 또 옛 사람에게 말한 바 헛 맹
세를 하지 말고 네 맹세한 것을
주께 지키라• 하였다는 것을 너
희가 들었으나 34 나는 너희에
게 이르노니 도무지 맹세하지 말
지니 하늘로도 하지 말라 이는
하나님의 보좌임이요 35 땅으로
도 하지 말라 이는 하나님의 발
등상임이요 예루살렘으로도 하
지 말라 이는 큰 임금의 성임이
요 36 네 머리로도 하지 말라 이
는 네가 한 터럭도 희고 검게 할
수 없음이라 37 오직 너희 말은
옳다 옳다, 아니라 아니라 하라
이에서 지나는 것은 악으로부터
나느니라

악한 자를 대적하지 말라

38 또 눈은 눈으로, 이는 이로 갚
으라• 하였다는 것을 너희가 들
었으나 39 나는 너희에게 이르
노니 악한 자를 대적하지 말라
누구든지 네 오른편 뺨을 치거든
왼편도 돌려 대며 40 또 너를 고
발하여 속옷을 가지고자 하는 자
에게 겉옷까지도 가지게 하며
41 또 누구든지 너로 억지로 오
리를 가게 하거든 그 사람과 십
리를 동행하고 42 네게 구하는
자에게 주며 네게 꾸고자 하는 자
에게 거절하지 말라

원수를 사랑하라

43 또 네 이웃을 사랑하고• 네 원
수를 미워하라 하였다는 것을 너
희가 들었으나 44 나는 너희에
게 이르노니 너희 원수를 사랑하
며 너희를 박해하는 자를 위하여
기도하라• 45 이같이 한즉 하늘
에 계신 너희 아버지의 아들이
되리니 이는 하나님이 그 해를
악인과 선인에게 비추시며 비를
의로운 자와 불의한 자에게 내려
주심이라 46 너희가 너희를 사
랑하는 자를 사랑하면 무슨 상이
있으리요 세리도 이같이 아니하
느냐 47 또 너희가 너희 형제에
게만 문안하면 남보다 더하는 것
이 무엇이냐 이방인들도 이같이
아니하느냐 48 그러므로 하늘에
계신 너희 아버지의 온전하심과
같이 너희도 온전하라

6장

구제함을 은밀하게 하라

1 사람에게 보이려고 그들 앞에
서 너희 의를 행하지 않도록 주
의하라 그리하지 아니하면 하늘
에 계신 너희 아버지께 상을 받
지 못하느니라 2 그러므로 구제
할 때에 외식하는 자가 사람에게
서 영광을 받으려고 회당과 거리
에서 하는 것 같이 너희 앞에 나
팔을 불지 말라 진실로 너희에게
이르노니 그들은 자기 상을 이미
받았느니라 3 너는 구제할 때에
오른손이 하는 것을 왼손이 모르
게 하여 4 네 구제함을 은밀하게
하라 은밀한 중에 보시는 너의
아버지께서 갚으시리라

너희는 이렇게 기도하라

5 또 너희는 기도할 때에 외식하
는 자와 같이 하지 말라 그들은
사람에게 보이려고 회당과 큰 거
리 어귀에 서서 기도하기를 좋아
하느니라 내가 진실로 너희에게
이르노니 그들은 자기 상을 이미
받았느니라 6 너는 기도할 때에
네 골방에 들어가 문을 닫고 은
밀한 중에 계신 네 아버지께 기
도하라 은밀한 중에 보시는 네
아버지께서 갚으시리라 7 또 기
도할 때에 이방인과 같이 중언부
언하지 말라 그들은 말을 많이
하여야 들으실 줄 생각하느니라
8 그러므로 그들을 본받지 말라
구하기 전에 너희에게 있어야 할
것을 하나님 너희 아버지께서 아
시느니라 9 그러므로 너희는 이
렇게 기도하라

5:33 **헛 맹세를 … 지키라** 레 19:12, 민 30:2 또는 신 23:21 인용
5:38 **눈은 … 갚으라** 출 21:24, 레 24:20 또는 신 19:21 인용
5:43 **네 이웃을 사랑하고** 레 19:18 인용
5:44 **기도하라** 일부 헬라어 사본들에서는 "기도하라" 다음에 "너희를 저주하는 자를 위하여 축복하고 너희를 미워하는 자에게 너그럽게 대하라"가 이어진다(비교, 눅 6:28).

하늘에 계신 우리 아버지여
이름이 거룩히 여김을 받으
시오며 10 나라가 임하시오
며 뜻이 하늘에서 이루어진
것 같이 땅에서도 이루어지
이다 11 오늘 우리에게 일용
할 양식을 주시옵고 12 우리
가 우리에게 죄 지은 자를 사
하여 준 것 같이 우리 죄를
사하여 주시옵고

13 우리를 시험에 들게
하지 마시옵고 다만 악
에서 구하시옵소서 (나
라와 권세와 영광이 아
버지께 영원히 있사옵
나이다 아멘)• 14 너희
가 사람의 잘못을 용서
하면 너희 하늘 아버지
께서도 너희 잘못을 용
서하시려니와

15 너희가 사람의 잘못을 용서하지 아니하면 너희 아
버지께서도 너희 잘못을 용서하지 아니하시리라

외식으로 금식하지 말라

16 금식•할 때에 너희는 외식하는 자들과 같이 슬픈
기색을 보이지 말라 그들은 금식하는 것을 사람에게
보이려고 얼굴을 흉하게 하느니라 내가 진실로 너희
에게 이르노니 그들은 자기 상을 이미 받았느니라 17
너는 금식할 때에 머리에 기름을 바르고 얼굴을 씻으
라 18 이는 금식하는 자로 사람에게 보이지 않고 오직
은밀한 중에 계신 네 아버지께 보이게 하려 함이라 은
밀한 중에 보시는 네 아버지께서 갚으시리라

보물을 하늘에 쌓아 두라

19 너희를 위하여 보물을 땅에 쌓아 두지 말라 거기는
좀과 동록이 해하며 도둑이 구멍을 뚫고 도둑질하느
니라 20 오직 너희를 위하여 보물을 하늘에 쌓아 두라
거기는 좀이나 동록이 해하지 못하며 도둑이 구멍을
뚫지도 못하고 도둑질도 못하느니라 21 네 보물 있는
그 곳에는 네 마음도 있느니라 22 눈은 몸의 등불이니
그러므로 네 눈이 성하면 온 몸이 밝을 것이요 23 눈
이 나쁘면 온 몸이 어두울 것이니 그러므로 네게 있는
빛이 어두우면 그 어둠이 얼마나 더하겠느냐 24 한 사
람이 두 주인을 섬기지 못할 것이니 혹 이를 미워하고
저를 사랑하거나 혹 이를 중히 여기고 저를 경히 여김
이라 너희가 하나님과 재물을 겸하여 섬기지 못하느
니라 25 그러므로 내가 너희에게 이르노니 목숨을 위
하여 무엇을 먹을까 무엇을 마실까 몸을 위하여 무엇
을 입을까 염려하지 말라 목숨이 음식보다 중하지 아
니하며 몸이 의복보다 중하지 아니하냐

6:13 **(나라와 … 아멘)** 일부 헬라어 사본들에서는 이 괄호 안의 부분이 나오지 않는다.
6:16 **금식** 기도하며 하나님을 경배하는 특별한 때에 사람들은 금식하였다. 또한 금식은 슬픔의 표현이기도 했다.

26 공중의 새를 보라 심지도 않고
거두지도 않고 창고에 모아들이지
도 아니하되 너희 하늘 아버지께서
기르시나니 너희는 이것들보다 귀
하지 아니하냐 27 너희 중에 누가

염려함으로 그 키를 한 자라도 더
할 수 있겠느냐 28 또 너희가 어찌
의복을 위하여 염려하느냐 들의 백
합화가 어떻게 자라는가 생각하여
보라 수고도 아니하고 길쌈도 아니
하느니라 29 그러나 내가 너희에게

말하노니 솔로몬의 모든 영광으로
도 입은 것이 이 꽃 하나만 같지 못
하였느니라 30 오늘 있다가 내일

아궁이에 던져지는 들풀도 하나님
이 이렇게 입히시거든 하물며 너희
일까보냐 믿음이 작은 자들아 31
그러므로 염려하여 이르기를 무엇
을 먹을까 무엇을 마실까 무엇을
입을까 하지 말라 32 이는 다 이방
인들이 구하는 것이라 너희 하늘
아버지께서 이 모든 것이 너희에게
있어야 할 줄을 아시느니라 33 그
런즉 너희는 먼저 그의 나라와 그
의 의를 구하라 그리하면 이 모든
것을 너희에게 더하시리라 34 그러
므로 내일 일을 위하여 염려하지

말라 내일 일은 내일이 염려할 것
이요 한 날의 괴로움은 그 날로 족
하니라

7장

비판하지 말라

1 비판을 받지 아니하려거든 비판
하지 말라 2 너희가 비판하는 그
비판으로 너희가 비판을 받을 것이
요 너희가 헤아리는 그 헤아림으로
너희가 헤아림을 받을 것이니라 3
어찌하여 형제의 눈 속에 있는 티
는 보고 네 눈 속에 있는 들보는 깨
닫지 못하느냐 4 보라 네 눈 속에
들보가 있는데 어찌하여 형제에게
말하기를 나로 네 눈 속에 있는 티
를 빼게 하라 하겠느냐 5 외식하는
자여 먼저 네 눈 속에서 들보를 빼
어라 그 후에야 밝히 보고 형제의
눈 속에서 티를 빼리라 6 거룩한 것
을 개에게 주지 말며 너희 진주를
돼지 앞에 던지지 말라 그들이 그것
을 발로 밟고 돌이켜 너희를 찢어
상하게 할까 염려하라

구하라 찾으라 문을 두드리라

7 구하라 그리하면 너희에게 주실
것이요 찾으라 그리하면 찾아낼 것
이요 문을 두드리라 그리하면 너희
에게 열릴 것이니 8 구하는 이마다
받을 것이요 찾는 이는 찾아낼 것
이요 두드리는 이에게는 열릴 것이
니라 9 너희 중에 누가 아들이 떡
을 달라 하는데 돌을 주며 10 생선
을 달라 하는데 뱀을 줄 사람이 있
겠느냐 11 너희가 악한 자라도 좋

은 것으로 자식에게 줄 줄 알거든
하물며 하늘에 계신 너희 아버지께
서 구하는 자에게 좋은 것으로 주
시지 않겠느냐 12 그러므로 무엇
이든지 남에게 대접을 받고자 하
는 대로 너희도 남을 대접하라 이
것이 율법이요 선지자니라

좁은 문

13 좁은 문으로 들어가라 멸망으로
인도하는 문은 크고 그 길이 넓어
그리로 들어가는 자가 많고 14 생
명으로 인도하는 문은 좁고 길이
협착하여 찾는 자가 적음이라

열매로 그들을 알리라

15 거짓 선지자들을 삼가라 양의 옷
을 입고 너희에게 나아오나 속에는
노략질하는 이리라 16 그들의 열매
로 그들을 알지니 가시나무에서 포
도를, 또는 엉겅퀴에서 무화과를
따겠느냐 17 이와 같이 좋은 나무
마다 아름다운 열매를 맺고 못된
나무가 나쁜 열매를 맺나니 18 좋
은 나무가 나쁜 열매를 맺을 수 없
고 못된 나무가 아름다운 열매를
맺을 수 없느니라 19 아름다운 열
매를 맺지 아니하는 나무마다 찍혀
불에 던져지느니라 20 이러므로 그
들의 열매로 그들을 알리라 21 나
더러 주여 주여 하는 자마다 다 천
국에 들어갈 것이 아니요 다만 하
늘에 계신 내 아버지의 뜻대로 행
하는 자라야 들어가리라 22 그 날
에 많은 사람이 나더러 이르되 주
여 주여 우리가 주의 이름으로 선
지자 노릇 하며 주의 이름으로 귀
신을 쫓아 내며 주의 이름으로 많
은 권능을 행하지 아니하였나이까
하리니 23 그 때에 내가 그들에게
밝히 말하되 내가 너희를 도무지
알지 못하니 불법을 행하는 자들아
내게서 떠나가라 하리라 24 그러므
로 누구든지 나의 이 말을 듣고 행
하는 자는 그 집을 반석 위에 지은

지혜로운 사람 같으리니 25 비가
내리고 창수가 나고 바람이 불어 그
집에 부딪치되 무너지지 아니하나
니 이는 주추를 반석 위에 놓은 까
닭이요 26 나의 이 말을 듣고 행하
지 아니하는 자는 그 집을 모래 위
에 지은 어리석은 사람 같으리니
27 비가 내리고 창수가 나고 바람이
불어 그 집에 부딪치매 무너져 그
무너짐이 심하니라

무리들이 가르치심에 놀라다

28 예수께서 이 말
씀을 마치시매 무
리들이 그의 가르
치심에 놀라니 29
이는 그 가르치시
는 것이 권위 있는
자와 같고 그들의
서기관들과 같지
아니함일러라

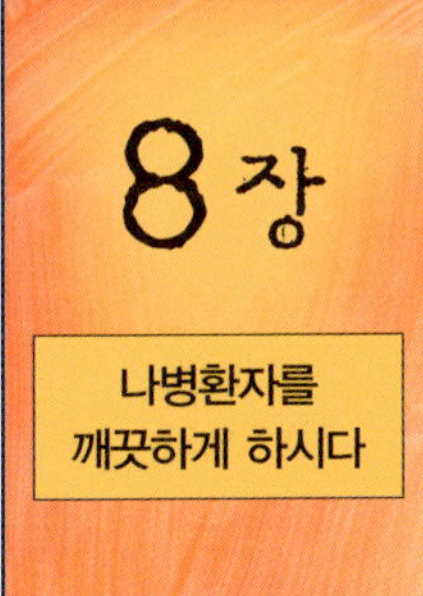

8장

나병환자를 깨끗하게 하시다

1 예수께서 산에서 내려
오시니 수많은 무리가 따
르니라 2 한 나병환자가
나아와 절하며 이르되

백부장의 하인을 고치시다

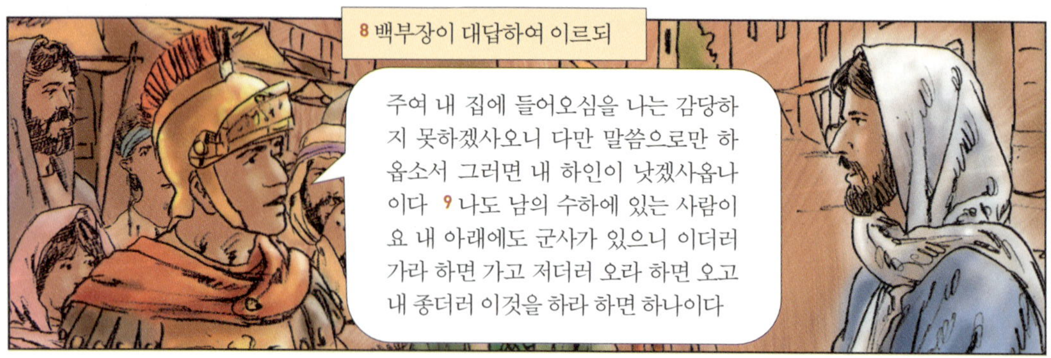

8:4 제사장에게 네 몸을 보이고 모세의 율법에 따르면, 제사장은 나병에 걸린 사람이 언제 회복된 것인지를 판단해 주어야 했다.
8:4 모세가 명한 이것에 대해 자세히 알려면 레위기 14장 1-32절을 읽으라.

많은 사람들을 다 고치시다

14 예수께서 베드로의 집에 들어가사 그의 장모가 열병으로 앓아 누운 것을 보시고

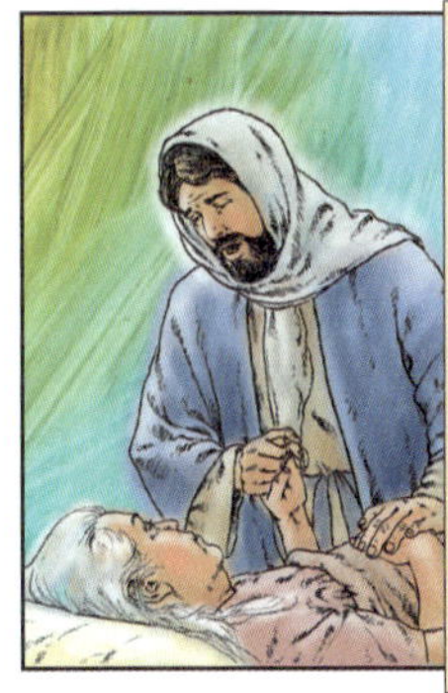

15 그의 손을 만지시니 열병이 떠나가고 여인이 일어나서 예수께 수종들더라 16 저물매 사람들이 귀신 들린 자를 많이 데리고 예수께 오거늘 예수께서 말씀으로 귀신들을 쫓아 내시고 병든 자들을 다 고치시니

17 이는 선지자 이사야를 통하여 하신 말씀에
우리의 연약한 것을 친히 담당하시고 병을 짊어지셨도다 함을 이루려 하심이더라 사 53:4
나를 따르라
18 예수께서 무리가 자기를 에워싸는 것을 보시고 건너편으로 가기를 명하시니
라 19 한 서기관이 나아와 예수께 아뢰되

선생님이여 어디로 가시든지 저는 따르리이다
20 예수께서 이르시되
여우도 굴이 있고 공중의 새도 거처가 있으되 인자는 머리 둘 곳이 없다 하시더라

21 제자 중에 또 한 사람이 이르되
주여 내가 먼저 가서 내 아버지를 장사하게 허락하옵소서

22 예수께서 이르시되
죽은 자들이 그들의 죽은 자들을 장사하게 하고 너는 나를 따르라 하시니라

바람과 바다를 잔잔하게 하시다
23 배에 오르시매 제자들이 따랐더
니 24 바다에 큰 놀이 일어나 배가 물결에 덮이게 되었으되 예수께서는 주무시는지라

귀신 들린 두 사람을 고치시다

8:28 **가다라 지방** 갈릴리 호수 동남쪽에 있던 지역이지만 구체적인 위치는 불확실하다. 어떤 헬라어 사본들에서는 '게르게사인의 지방'으로, 또 다른 헬라어 사본들에서는 '거라사인의 지방'으로 나온다.

33 치던 자들이 달아
나 시내에 들어가 이
모든 일과 귀신 들린
자의 일을 고하니
34 온 시내가 예수를
만나려고 나가서 보
고 그 지방에서 떠나
시기를 간구하더라

9장

중풍병자를 고치시다

1 예수께서 배에 오르사 건너가
본 동네에 이르시니

2 침상에 누운 중풍병자를 사람들
이 데리고 오거늘 예수께서 그들
의 믿음을 보시고 중풍병자에게
이르시되

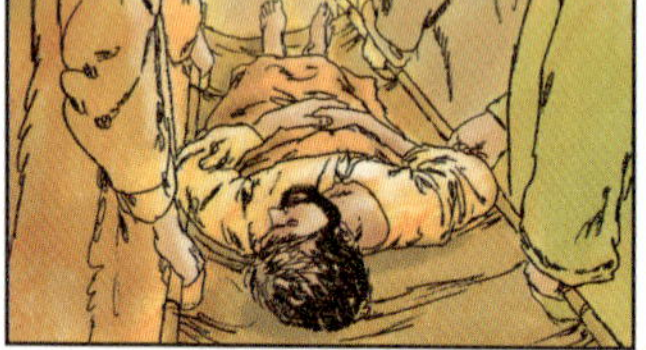

3 어떤 서기관들
이 속으로 이르되

4 예수께서 그 생각을 아시고 이르시되

중풍병자에게 말씀하시되

7 그가 일어나 집으
로 돌아가거늘 8 무
리가 보고 두려워하
며 이런 권능을 사
람에게 주신 하나님
께 영광을 돌리니라

9:3 **신성을 모독하도다** 하나님께 대해 불경스런 말을 하다.

마태를 부르시다

9 예수께서 그 곳을 떠나 지나가시다가 마태라 하는 사람이 세관에 앉아 있는 것을 보시고 이르시되

나를 따르라

하시니 일어나 따르니라 10 예수께서 마태의 집에서 앉아 음식을 잡수실 때에 많은 세리와 죄인들이 와서 예수와 그의 제자들과 함께 앉았더니 11 바리새인들이 보고 그의 제자들에게 이르되

어찌하여 너희 선생은 세리와 죄인들과 함께 잡수시느냐

12 예수께서 들으시고 이르시되

13 너희는 가서 내가 긍휼을 원하고 제사를 원하지 아니하노라• 하신 뜻이 무엇인지 배우라 나는 의인을 부르러 온 것이 아니요 죄인을 부르러 왔노라 하시니라

금식 논쟁

14 그 때에 요한•의 제자들이 예수께 나아와 이르되

우리와 바리새인들은 금식하는데 어찌하여 당신의 제자들은 금식하지 아니하나이까

15 예수께서 그들에게 이르시되

혼인집 손님들이 신랑과 함께 있을 동안에 슬퍼할 수 있느냐 그러나 신랑을 빼앗길 날이 이르리니 그 때에는 금식할 것이니라 16 생베 조각을 낡은 옷에 붙이는 자가 없나니

이는 기운 것이 그 옷을 당기어 해어짐이 더하게 됨이요 17 새 포도

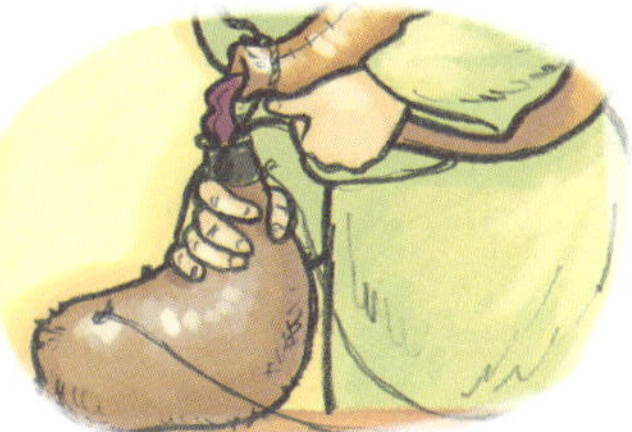

주를 낡은 가죽 부대에 넣지 아니하나니 그렇게 하면 부대가 터져 포도주도 쏟아지고 부대도 버리게

됨이라 새 포도주는 새 부대에 넣어야 둘이 다 보전되느니라

9:13 **내가 … 아니하노라** 호 6:6 인용
9:14 **요한** 그리스도께서 오실 것을 사람들에게 미리 선포한 세례 요한(마 3장 ; 눅 3장 참조).

마태복음 9:18－27

한 관리의 딸과 예수의 옷을 만진 여자

18 예수께서 이 말씀을 하실 때에 한 관리가 와서 절하며 이르되

19 예수께서 일어나 따라가시매 제자들도 가더니 20 열두 해 동안이나 혈루증으로 앓는 여자가 예수의 뒤로 와서 그 겉옷 가를 만지니

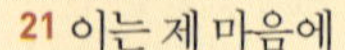

21 이는 제 마음에

22 예수께서 돌이켜 그를 보시며 이르시되

하시니 여자가 그 즉시 구원을 받으니라

23 예수께서 그 관리의 집에 가사 피리 부는 자들과 떠드는 무리를 보시고 24 이르시되

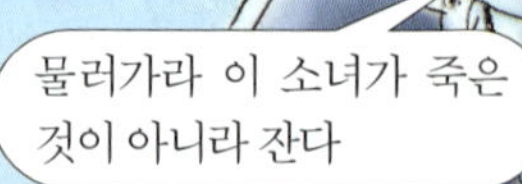

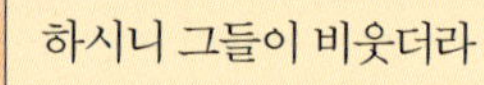

하시니 그들이 비웃더라

25 무리를 내보낸 후에 예수께서 들어가사 소녀의 손을 잡으시매

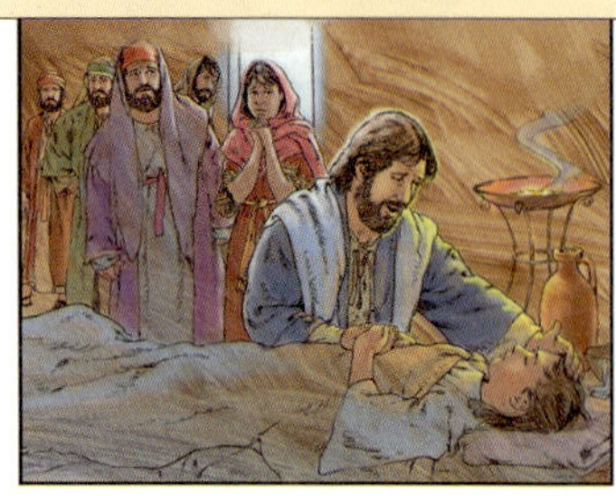

일어나는지라

26 그 소문이 그 온 땅에 퍼지더라

맹인들의 눈을 뜨게 하시다

27 예수께서 거기에서 떠나가실새 두 맹인이 따라오며 소리 질러 이르되

28 예수께서 집에 들어가시매 맹인들이
그에게 나아오거늘 예수께서 이르시되
내가 능히 이 일
할 줄을 믿느냐
대답하되
주여 그러하오이다
하니

29 이에 예수께서 그들의 눈을 만지시며 이르시되
너희 믿음대로 되
라 하시니
30 그 눈들이 밝아진지라

예수께서 엄히 경고하시되
삼가 아무에게도 알리지
말라 하셨으나
31 그들이 나가서 예
수의 소문을 그 온 땅
에 퍼뜨리니라

말 못하는 사람을 고치시다
32 그들이 나갈 때에 귀신 들려 말
못하는 사람을 예수께 데려오니

33 귀신이 쫓겨나고 말 못하는
사람이 말하거늘 무리가 놀랍게
여겨 이르되

이스라엘 가운데서 이런 일을 본 적이 없다 하되

34 바리새인들은 이르되
그가 귀신의 왕을 의지하여
귀신을 쫓아낸다 하더라

무리를 불쌍히 여기시다
35 예수께서 모든 도시와 마을
에 두루 다니사 그들의 회당에
서 가르치시며 천국 복음을 전
파하시며 모든 병과 모든 약한
것을 고치시니라 36 무리를 보
시고 불쌍히 여기시니 이는 그
들이 목자 없는 양과 같이 고생
하며 기진함이라

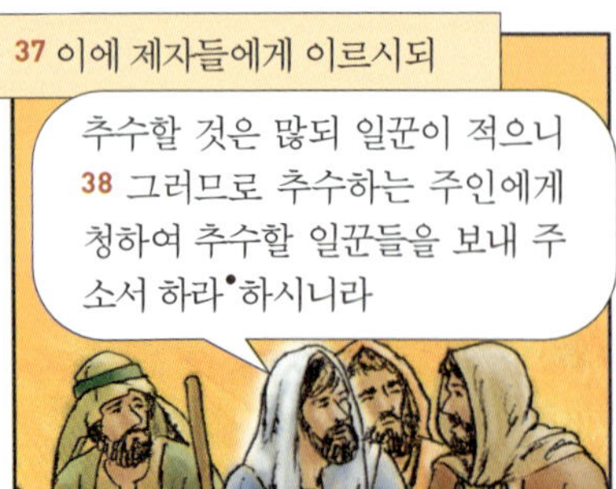

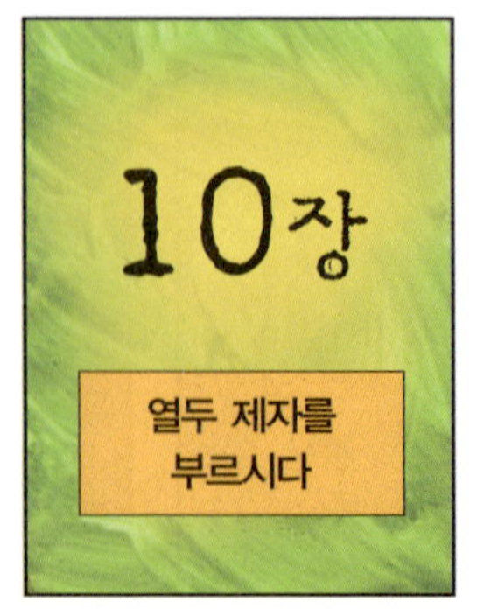

9:37,38 **추수할 것은 많되 … 일꾼들을 보내 주소서 하라** 농부가 곡식을 추수하기 위해 일꾼들을 보내듯이 예수님도 사람들을 하나님께 이끌기 위해 자신의 추종자들을 보내신다.

5 예수께서 이 열둘을 내보내시며
명하여 이르시되
이방인의 길로도 가지 말고 사마
리아인의 고을에도 들어가지 말
고 6 오히려 이스라엘 집의 잃어
버린 양에게로 가라 7 가면서 전
파하여 말하되 천국이 가까이 왔
다 하고 8 병든 자를 고치며 죽
은 자를 살리며 나병환자를 깨끗
하게 하며 귀신을 쫓아내되 너희
가 거저 받았으니 거저 주라 9
너희 전대에 금이나 은이나 동을
가지지 말고 10 여행을 위하여
배낭이나 두 벌 옷이나 신이나
지팡이를 가지지 말라 이는 일꾼
이 자기의 먹을 것 받는 것이 마
땅함이라 11 어떤 성이나 마을
에 들어가든지 그 중에 합당한
자를 찾아내어 너희가 떠나기까
지 거기서 머물라 12 또 그 집에
들어가면서 평안하기를 빌라 13
그 집이 이에 합당하면 너희 빈
평안이 거기 임할 것이요 만일
합당하지 아니하면 그 평안이 너
희에게 돌아올 것이니라 14 누구
든지 너희를 영접하지도 아니하
고 너희 말을 듣지도 아니하거든
그 집이나 성에서 나가 너희 발
의 먼지를 떨어 버리라• 15 내가
진실로 너희에게 이르노니 심판
날에 소돔과 고모라• 땅이 그 성
보다 견디기 쉬우리라

미움을 받을 것이다

16 보라 내가 너희를 보냄이 양
을 이리 가운데로 보냄과 같도다
그러므로 너희는 뱀 같이 지혜롭
고 비둘기 같이 순결하라 17 사
람들을 삼가라 그들이 너희를 공
회에 넘겨 주겠고 그들의 회당에
서 채찍질하리라 18 또 너희가
나로 말미암아 총독들과 임금들
앞에 끌려 가리니 이는 그들과
이방인들에게 증거가 되게 하려
하심이라

10:14 **너희 발의 먼지를 떨어 버리라** 이것은 그들이 사람들에게 할 말을 다했다는 표시가 된다.
10:15 **소돔과 고모라** 너무나 악했기 때문에 하나님께 멸망당한 두 도시

19 너희를 넘겨 줄 때에 어떻게
또는 무엇을 말할까 염려하지 말
라 그 때에 너희에게 할 말을 주
시리니 20 말하는 이는 너희가
아니라 너희 속에서 말씀하시는
이 곧 너희 아버지의 성령이시니
라 21 장차 형제가 형제를, 아버
지가 자식을 죽는 데에 내주며
자식들이 부모를 대적하여 죽게
하리라 22 또 너희가 내 이름으
로 말미암아 모든 사람에게 미움
을 받을 것이나 끝까지 견디는
자는 구원을 얻으리라 23 이 동
네에서 너희를 박해하거든 저 동
네로 피하라 내가 진실로 너희에
게 이르노니 이스라엘의 모든 동
네를 다 다니지 못하여서 인자가
오리라

두려워할 분을 두려워하라

24 제자가 그 선생보다, 또는 종
이 그 상전보다 높지 못하나니
25 제자가 그 선생 같고 종이 그
상전 같으면 족하도다 집 주인을
바알세불이라 하였거든 하물며
그 집 사람들이랴 26 그런즉 그
들을 두려워하지 말라 감추인 것
이 드러나지 않을 것이 없고 숨
은 것이 알려지지 않을 것이 없
느니라 27 내가 너희에게 어두
운 데서 이르는 것을 광명한 데
서 말하며 너희가 귓속말로 듣는
것을 집 위에서 전파하라 28 몸
은 죽여도 영혼은 능히 죽이지
못하는 자들을 두려워하지 말고
오직 몸과 영혼을 능히 지옥에
멸하실 수 있는 이를 두려워하라
29 참새 두 마리가 한 앗사리온
에 팔리지 않느냐 그러나 너희
아버지께서 허락하지 아니하시
면 그 하나도 땅에 떨어지지 아
니하리라 30 너희에게는 머리털
까지 다 세신 바 되었나니 31 두
려워하지 말라 너희는 많은 참새
보다 귀하니라 32 누구든지 사
람 앞에서 나를 시인하면 나도
하늘에 계신 내 아버지 앞에서
그를 시인할 것이요 33 누구든
지 사람 앞에서 나를 부인하면
나도 하늘에 계신 내 아버지 앞
에서 그를 부인하리라

검을 주러 왔다

34 내가 세상에 화평을 주러 온
줄로 생각하지 말라 화평이 아니
요 검을 주러 왔노라 35 내가 온
것은

> 사람이 그 아버지와, 딸이
> 어머니와, 며느리가 시어
> 머니와 불화하게 하려 함
> 이니 36 사람의 원수가 자
> 기 집안 식구리라
>
> 미 7:6

37 아버지나 어머니를 나보다 더
사랑하는 자는 내게 합당하지 아
니하고 아들이나 딸을 나보다 더
사랑하는 자도 내게 합당하지 아
니하며 38 또 자기 십자가를 지
고 나를 따르지 않는 자도 내게
합당하지 아니하니라 39 자기
목숨을 얻는 자는 잃을 것이요
나를 위하여 자기 목숨을 잃는
자는 얻으리라

상을 받을 사람

40 너희를 영접하는 자는 나를
영접하는 것이요 나를 영접하는
자는 나를 보내신 이를 영접하
는 것이니라 41 선지자의 이름
으로 선지자를 영접하는 자는 선
지자의 상을 받을 것이요 의인의
이름으로 의인을 영접하는 자는
의인의 상을 받을 것이요 42 또
누구든지 제자의 이름으로 이 작
은 자 중 하나에게 냉수 한 그릇
이라도 주는 자는 내가 진실로
너희에게 이르노니 그 사람이 결
단코 상을 잃지 아니하리라 하시
니라

세례 요한

2 요한이 옥에서 그리스도께서 하신 일을 듣고 제자들을 보내어 3 예수께 여짜오되

오실 그이가 당신이오니이까 우리가 다른 이를 기다리오리이까

4 예수께서 대답하여 이르시되

너희가 가서 듣고 보는 것을 요한에게 알리되 5 맹인이 보며 못 걷는 사람이 걸으며 나병환자가 깨끗함을 받으며 못 듣는 자가 들으며 죽은 자가 살아나며 가난한 자에게 복음이 전파된다 하라 6 누구든지 나로 말미암아 실족하지 아니하는 자는 복이 있도다 하시니라

11:7 **바람에 흔들리는 갈대냐** 세례 요한이 바람에 흔들리는 갈대처럼 약하지 않았다는 뜻이 이 말씀에 담겨 있다.

9 그러면 너희가 어찌하여 나갔
더냐 선지자를 보기 위함이었더
냐 옳다 내가 너희에게 이르노니
선지자보다 더 나은 자니라 10
기록된 바

> 보라 내가 내 사자를 네 앞에 보내노니 그가 네 길을 네 앞에 준비하리라 하신 것이 이 사람에 대한 말씀이니라 말 3:1

11 내가 진실로 너희에게 말하노
니 여자가 낳은 자 중에 세례 요
한보다 큰 이가 일어남이 없도다
그러나 천국에서는 극히 작은 자
라도 그보다 크니라 12 세례 요
한의 때부터 지금까지 천국은 침
노를 당하나니 침노하는 자는 빼
앗느니라 13 모든 선지자와 율
법이 예언한 것은 요한까지니
14 만일 너희가 즐겨 받을진대
오리라 한 엘리야가 곧 이 사람
이니라 15 귀 있는 자는 들을지
어다 16 이 세대를 무엇으로 비
유할까 비유하건대 아이들이 장
터에 앉아 제 동무를 불러 17 이
르되 우리가 너희를 향하여 피리
를 불어도 너희가 춤추지 않고
우리가 슬피 울어도 너희가 가슴
을 치지 아니하였다 함과 같도다
18 요한이 와서 먹지도 않고 마
시지도 아니하매 그들이 말하기
를 귀신이 들렸다 하더니 19 인
자는 와서 먹고 마시매 말하기를
보라 먹기를 탐하고 포도주를 즐
기는 사람이요 세리와 죄인의 친
구로다 하니 지혜는 그 행한 일
로 인하여 옳다 함을 얻느니라

회개하지 아니하는 도시들

20 예수께서 권능을 가장 많
이 행하신 고을들이 회개하
지 아니하므로 그 때에 책망
하시되

21 화 있을진저 고라신아 화 있
을진저 벳새다야 너희에게 행한
모든 권능을 두로와 시돈•에서
행하였더라면 그들이 벌써 베옷
을 입고 재에 앉아 회개하였으리
라 22 내가 너희에게 이르노니
심판 날에 두로와 시돈이 너희보
다 견디기 쉬우리라 23 가버나
움•아 네가 하늘에까지 높아지
겠느냐 음부에까지 낮아지리라
네게 행한 모든 권능을 소돔•에
서 행하였더라면 그 성이 오늘까
지 있었으리라 24 내가 너희에
게 이르노니 심판 날에 소돔 땅
이 너보다 견디기 쉬우리라 하시
니라

11:21 **두로와 시돈** 악한 사람들이 살았던 도시들
11:21-23 **고라신 … 벳새다 … 가버나움** 갈릴리 호수 옆에 있는 도시들로서 예수님께서 사람들에게 말씀을 전하신 곳
11:23 **소돔** 너무나 악했기 때문에 하나님께 멸망당한 도시

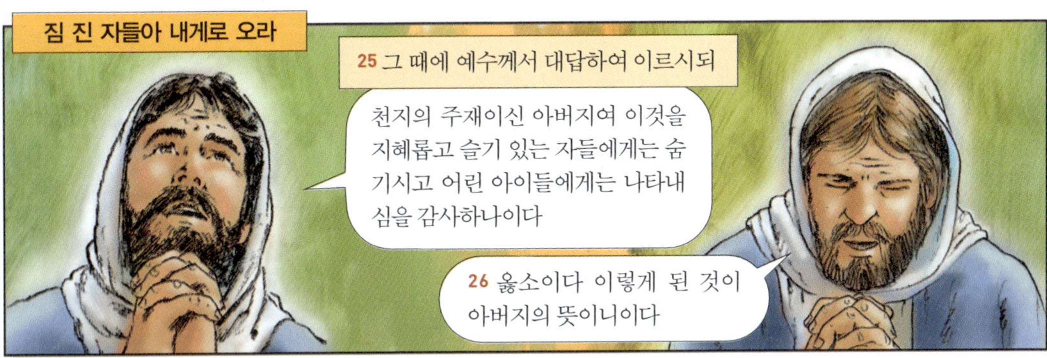
짐 진 자들아 내게로 오라
25 그 때에 예수께서 대답하여 이르시되
천지의 주재이신 아버지여 이것을 지혜롭고 슬기 있는 자들에게는 숨기시고 어린 아이들에게는 나타내심을 감사하나이다
26 옳소이다 이렇게 된 것이 아버지의 뜻이니이다

27 내 아버지께서 모든 것을 내게 주셨으니 아버지 외에는 아들을 아는 자가 없고 아들과 또 아들의 소원대로 계시를 받는 자 외에는 아버지를 아는 자가 없느니라 28 수고하고 무거운 짐 진 자들아 다 내게로 오라 내가 너희를 쉬게 하리라 29 나는 마음이 온유하고 겸손하니 나의 멍에를 메고 내게 배우라 그리하면 너희 마음이 쉼을 얻으리니 30 이는 내 멍에는 쉽고 내 짐은 가벼움이라 하시니라

12장
안식일에
밀 이삭을 자르다

1 그 때에 예수께서 안식일에 밀밭 사이로 가실새 제자들이 시장하여 이삭을 잘라 먹으니
2 바리새인들이 보고 예수께 말하되

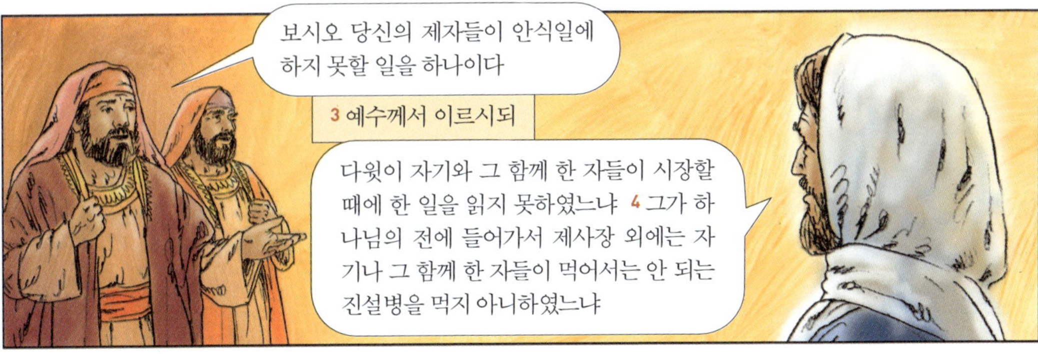
보시오 당신의 제자들이 안식일에 하지 못할 일을 하나이다
3 예수께서 이르시되
다윗이 자기와 그 함께 한 자들이 시장할 때에 한 일을 읽지 못하였느냐 4 그가 하나님의 전에 들어가서 제사장 외에는 자기나 그 함께 한 자들이 먹어서는 안 되는 진설병을 먹지 아니하였느냐

안식일에 손 마른 사람을 고치시다

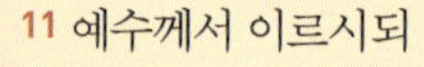

12:7 **나는 … 아니하노라** 호 6:6 인용
12:10 **안식일에 … 옳으니이까** 안식일에 일하는 것은 유대의 법에 어긋났다.

예수와 바알세불

22 그 때에 귀신 들려 눈 멀고 말
못하는 사람을 데리고 왔거늘 예
수께서 고쳐 주시매 그 말 못하
는 사람이 말하며 보게 된지라

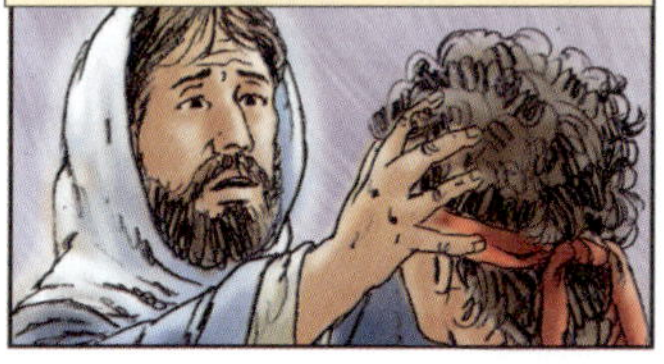

23 무리가 다 놀라 이르되

이는 다윗의 자손이
아니냐 하니

27 또 내가 바알세불을 힘입어
귀신을 쫓아내면 너희의 아들들
은 누구를 힘입어 쫓아내느냐 그
러므로 그들이 너희의 재판관이
되리라 28 그러나 내가 하나님
의 성령을 힘입어 귀신을 쫓아내
는 것이면 하나님의 나라가 이미
너희에게 임하였느니라 29 사람
이 먼저 강한 자를 결박하지 않
고서야 어떻게 그 강한 자의 집
에 들어가 그 세간을 강탈하겠느
냐 결박한 후에야 그 집을 강탈
하리라 30 나와 함께 아니하는
자는 나를 반대하는 자요 나와
함께 모으지 아니하는 자는 헤치
는 자니라 31 그러므로 내가 너
희에게 이르노니 사람에 대한 모
든 죄와 모독은 사하심을 얻되
성령을 모독하는 것은 사하심을
얻지 못하겠고 32 또 누구든지
말로 인자를 거역하면 사하심을
얻되 누구든지 말로 성령을 거역
하면 이 세상과 오는 세상에서도
사하심을 얻지 못하리라 33 나무
도 좋고 열매도 좋다 하든지 나
무도 좋지 않고 열매도 좋지 않
다 하든지 하라 그 열매로 나무
를 아느니라 34 독사의 자식들
아 너희는 악하니 어떻게 선한
말을 할 수 있느냐 이는 마음에
가득한 것을 입으로 말함이라
35 선한 사람은 그 쌓은 선에서
선한 것을 내고 악한 사람은 그
쌓은 악에서 악한 것을 내느니라
36 내가 너희에게 이르노니 사람
이 무슨 무익한 말을 하든지 심
판 날에 이에 대하여 심문을 받
으리니 37 네 말로 의롭다 함을
받고 네 말로 정죄함을 받으리라

악한 세대가 표적을 구하나

38 그 때에 서기관과 바리새인
중 몇 사람이 말하되

선생님이여 우리에게 표적
보여주시기를 원하나이다

39 예수께서 대답하여 이르시되

악하고 음란한 세대가 표적을 구
하나 선지자 요나의 표적 밖에는
보일 표적이 없느니라 40 요나가
밤낮 사흘 동안 큰 물고기 뱃속
에 있었던 것 같이 인자도 밤낮
사흘 동안 땅 속에 있으리라 41
심판 때에 니느웨• 사람들이 일
어나 이 세대 사람을 정죄하리니
이는 그들이 요나의 전도를 듣고
회개하였음이거니와 요나보다
더 큰 이가 여기 있으며 42 심판
때에 남방 여왕•이 일어나 이 세
대 사람을 정죄하리니 이는 그가
솔로몬의 지혜로운 말을 들으려
고 땅 끝에서 왔음이거니와 솔로
몬보다 더 큰 이가 여기 있느니
라 43 더러운 귀신이 사람에게서
나갔을 때에 물 없는 곳으로 다
니며 쉬기를 구하되 쉴 곳을 얻
지 못하고 44 이에 이르되 내가
나온 내 집으로 돌아가리라 하고
와 보니 그 집이 비고 청소되고
수리되었거늘 45 이에 가서 저보
다 더 악한 귀신 일곱을 데리고
들어가서 거하니 그 사람의 나중
형편이 전보다 더욱 심하게 되느
니라 이 악한 세대가 또한 이렇
게 되리라

12:41 **니느웨** 요나가 사람들에게 하나님의 경고의 말씀을 외쳤던 성읍(욘 3장 참조).
12:42 **남방 여왕** 스바의 여왕. 그녀는 솔로몬에게서 하나님의 지혜를 배우기 위해 1,600킬로미터를 여행했다(왕상 10:1-13 참조).

예수의 어머니와 형제 자매

13장

네 가지 땅에 떨어진 씨 비유

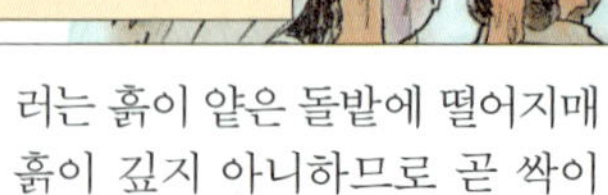

12:47 **한 사람이 … 있나이다 하니** 일부 헬라어 사본들에는 이 47절이 나오지 않는다.

7 더러는 가시떨기 위에 떨어지매 가시
가 자라서 기운을 막았고 8 더러는 좋은
땅에 떨어지매 어떤 것은 백 배, 어떤 것
은 육십 배, 어떤 것은 삼십 배의 결실을
하였느니라

9 귀 있는 자는 들
으라 하시니라

비유를 설명하시다

10 제자들이 예수께 나아와 이르되

어찌하여 그들에게 비
유로 말씀하시나이까

11 대답하여 이르시되

천국의 비밀을 아는 것이 너희에게는 허
락되었으나 그들에게는 아니되었나니 12
무릇 있는 자는 받아 넉넉하게 되되 없는
자는 그 있는 것도 빼앗기리라 13 그러므
로 내가 그들에게 비유로 말하는 것은 그
들이 보아도 보지 못하며 들어도 듣지 못
하며 깨닫지 못함이니라 14 이사야의 예
언이 그들에게 이루어졌으니 일렀으되

너희가 듣기는 들어도 깨닫지 못할 것이요 보
기는 보아도 알지 못하리라 15 이 백성들의
마음이 완악하여져서 그 귀는 듣기에 둔하고
눈은 감았으니 이는 눈으로 보고 귀로 듣고 마
음으로 깨달아 돌이켜 내게 고침을 받을까 두
려워함이라 하였느니라 사 6:9,10

16 그러나 너희 눈은 봄으로, 너
희 귀는 들음으로 복이 있도다
17 내가 진실로 너희에게 이르노
니 많은 선지자와 의인이 너희가
보는 것들을 보고자 하여도 보지
못하였고 너희가 듣는 것들을 듣
고자 하여도 듣지 못하였느니라
18 그런즉 씨 뿌리는 비유를 들
으라 19 아무나 천국 말씀을 듣
고 깨닫지 못할 때는 악한 자가
와서 그 마음에 뿌려진 것을 빼
앗나니 이는 곧 길 가에 뿌려진
자요 20 돌밭에 뿌려졌다는 것
은 말씀을 듣고 즉시 기쁨으로
받되 21 그 속에 뿌리가 없어 잠
시 견디다가 말씀으로 말미암아
환난이나 박해가 일어날 때에는
곧 넘어지는 자요 22 가시떨기에
뿌려졌다는 것은 말씀을 들으나
세상의 염려와 재물의 유혹에 말
씀이 막혀 결실•하지 못하는 자
요 23 좋은 땅에 뿌려졌다는 것
은 말씀을 듣고 깨닫는 자니 결
실하여 어떤 것은 백 배, 어떤 것
은 육십 배, 어떤 것은 삼십 배가
되느니라 하시더라

24 예수께서 그들 앞에 또
비유를 들어 이르시되

천국은 좋은 씨를 제 밭에 뿌린
사람과 같으니 25 사람들이 잘
때에 그 원수가 와서 곡식 가운
데 가라지를 덧뿌리고 갔더니
26 싹이 나고 결실할 때에 가라
지도 보이거늘 27 집 주인의 종
들이 와서 말하되

주여 밭에 좋은 씨를 뿌리지 아니하였나이까 그런데 가라지가 어디서 생겼나이까

28 주인이
이르되

원수가 이렇게 하였구나

종들이 말하되

그러면 우리가 가서 이것을 뽑기를 원하시나이까

29 주인이 이르되

가만 두라 가라지를 뽑다가 곡식까지 뽑을까 염려하노라

30 둘 다 추수 때까지 함
께 자라게 두라 추수 때에
내가 추수꾼들에게 말하
기를 가라지는 먼저 거두
어 불사르게 단으로 묶고

곡식은 모아 내 곳간에 넣으라 하리라

13:22 **결실** 결실한다는 것은 하나님께서 원하시는 선한 것들이 삶에서 나타난다는 것을 의미한다.

겨자씨와 누룩 비유
31 또 비유를 들어 이르시되
천국은 마치 사람이 자기 밭에 갖다
심은 겨자씨 한 알 같으니 32 이는
모든 씨보다 작은 것이로되
자란 후에는 풀보다 커서 나무가 되
매 공중의 새들이 와서 그 가지에 깃
들이느니라
33 또 비유로 말씀하시되
천국은 마치 여자가 가루 서 말 속에 갖
다 넣어 전부 부풀게 한 누룩과 같으니라
비유로 말씀하신 까닭
34 예수께서 이 모든 것을
무리에게 비유로 말씀하시
고 비유가 아니면 아무 것도
말씀하지 아니하셨으니 35
이는 선지자를 통하여 말씀
하신 바
내가 입을 열어 비
유로 말하고 창세부
터 감추인 것들을
드러내리라 함을 이
루려 하심이라
시 78:2
가라지 비유를 설명하시다
36 이에 예수께서 무리를 떠
나사 집에 들어가시니

좋은 씨를 뿌리는 이는 인자요
38 밭은 세상이요 좋은 씨는 천
국의 아들들이요 가라지는 악한
자의 아들들이요 39 가라지를
뿌린 원수는 마귀요 추수 때는
세상 끝이요 추수꾼은 천사들이
니 40 그런즉 가라지를 거두어
불에 사르는 것 같이 세상 끝에
도 그러하리라 41 인자가 그 천
사들을 보내리니 그들이 그 나라
에서 모든 넘어지게 하는 것과
또 불법을 행하는 자들을 거두어
내어 42 풀무 불에 던져 넣으리
니 거기서 울며 이를 갈게 되리
라 43 그 때에 의인들은 자기 아
버지 나라에서 해와 같이 빛나리
라 귀 있는 자는 들으라

세 가지 비유

44 천국은 마치 밭에 감추인 보
화와 같으니 사람이 이를 발견한
후 숨겨 두고 기뻐하며 돌아가서
자기의 소유를 다 팔아 그 밭을

사느니라 45 또 천국은 마치 좋
은 진주를 구하는 장사와 같으니

46 극히 값진 진주 하나를 발견
하매 가서 자기의 소유를 다 팔
아 그 진주를 사느니라 47 또 천
국은 마치 바다에 치고 각종 물고
기를 모는 그물과 같으니 48 그물

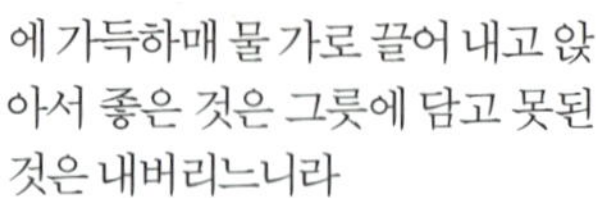

에 가득하매 물 가로 끌어 내고 앉
아서 좋은 것은 그릇에 담고 못된
것은 내버리느니라

53 예수께서 이 모든 비유를 마치신
후에 그 곳을 떠나서 54 고향으로 돌
아가사 그들의 회당에서 가르치시니
그들이 놀라 이르되

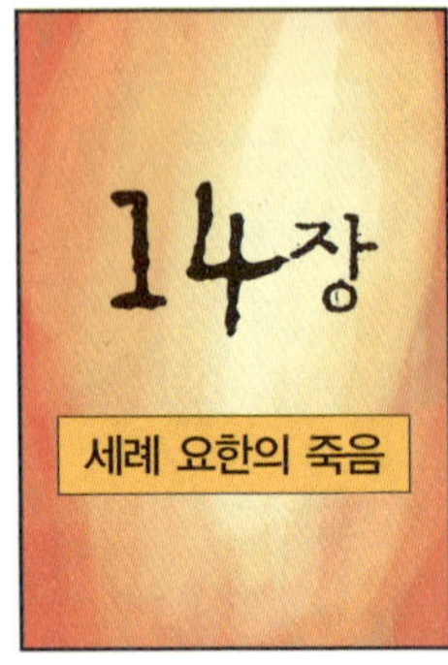

9 왕이 근심하나 자기가 맹세한 것과 그 함께 앉은 사람들 때문에 주라 명하고 10 사람을 보내어 옥에서 요한의 목을 베어 11 그 머리를 소반에 얹어서 그 소녀에게 주니 그가 자기 어머니에게로 가져가니라 12 요한의 제자들이 와서 시체를 가져다가 장사하고 가서 예수께 아뢰니라

오천 명을 먹이시다

13 예수께서 들으시고 배를 타고 떠나사 따로 빈 들에 가시니 무리가 듣고
여러 고을로부터 걸어서 따라간지라 14 예수께서 나오사 큰 무리를 보시
고 불쌍히 여기사 그 중에 있는 병자를 고쳐 주시니라

15 저녁이 되매 제자들이 나아와 이르되

16 예수께서 이르시되

17 제자들이 이르되

18 이르시되

19 무리를 명하여 잔디 위에 앉히시고 떡 다섯 개와 물고기
두 마리를 가지사 하늘을 우러러 축사하시고 떡을 떼어

제자들에게 주시매 제자들이
무리에게 주니 20 다 배불리 먹
고 남은 조각을 열두 바구니에
차게 거두었으며 21 먹은 사람
은 여자와 어린이 외에 오천 명
이나 되었더라

물 위로 걸으시다
22 예수께서 즉시 제자
들을 재촉하사 자기가
무리를 보내는 동안에
배를 타고 앞서 건너편
으로 가게 하시고 23 무
리를 보내신 후에 기도
하러 따로 산에 올라가
시니라 저물매 거기 혼
자 계시더니

24 배가 이미 육지에서 수 리나
떠나서 바람이 거스르므로 물결
로 말미암아 고난을 당하더라

25 밤 사경에
예수께서 바
다 위로 걸어
서 제자들에
게 오시니

26 제자들이 그가 바다 위로 걸어
오심을 보고 놀라
유령이라
하며 무서워하여 소리 지르거늘

27 예수께서 즉시 이르시되
안심하라 나니 두
려워하지 말라

28 베드로가 대답하여 이르되
주여 만일
주님이시거
든 나를 명
하사 물 위
로 오라 하
소서 하니

29 오라 하시니

베드로가 배에서
내려 물 위로 걸
어서 예수께로 가
되 30 바람을 보
고 무서워 빠져
가는지라 소리 질
러 이르되

주여 나를 구원
하소서 하니

31 예수께서 즉시 손을 내
밀어 그를 붙잡으시며 이
르시되
믿음이 작은 자
여 왜 의심하였
느냐 하시고

게네사렛에서 병자들을 고치시다

34 그들이 건너가 게네사
렛 땅에 이르니 35 그 곳
사람들이 예수이신 줄을
알고 그 근방에 두루 통
지하여 모든 병든 자를
예수께 데리고 와서 36
다만 예수의 옷자락에라
도 손을 대게 하시기를
간구하니 손을 대는 자
는 다 나음을 얻으니라

15장

장로들의 전통

1 그 때에 바리새인과 서기
관들이 예루살렘으로부터
예수께 나아와 이르되

2 당신의 제자들이 어찌
하여 장로들의 전통을 범
하나이까 떡 먹을 때에 손
을 씻지 아니하나이다

3 대답하여 이르시되

너희는 어찌하여 너희의 전통
으로 하나님의 계명을 범하느
냐 4 하나님이 이르셨으되 네
부모를 공경하라• 하시고 또
아버지나 어머니를 비방하는
자는 반드시 죽임을 당하리라•
하셨거늘 5 너희는 이르되 누
구든지 아버지에게나 어머니
에게 말하기를 내가 드려 유익
하게 할 것이 하나님께 드림이
되었다고 하기만 하면 6 그 부
모를 공경할 것이 없다 하여
너희의 전통으로 하나님의 말
씀을 폐하는도다 7 외식하는
자들아 이사야가 너희에 관하
여 잘 예언하였도다 일렀으되

8 이 백성이 입술로는 나
를 공경하되 마음은 내게
서 멀도다 9 사람의 계명
으로 교훈을 삼아 가르치
니 나를 헛되이 경배하는
도다 하였느니라 하시고

사 29:13

15:4 네 부모를 공경하라 출 20:12 또는 신 5:16 인용
15:4 아버지나 어머니를 … 당하리라 출 21:17 인용

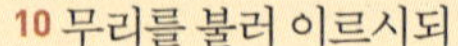

마태복음 15:10-21

10 무리를 불러 이르시되

듣고 깨달으라 11 입으로 들어
가는 것이 사람을 더럽게 하는
것이 아니라 입에서 나오는 그
것이 사람을 더럽게 하는 것이
니라

12 이에 제자들이 나아와 이르되

바리새인들이 이 말씀
을 듣고 걸림이 된 줄
아시나이까

13 예수께서 대답하여 이르시되

심은 것마다 내 하늘 아버
지께서 심으시지 않은 것
은 뽑힐 것이니 14 그냥
두라 그들은 맹인이 되어
맹인을 인도하는 자로다•
만일 맹인이 맹인을 인도
하면 둘이 다 구덩이에 빠
지리라 하시니

15 베드로가 대답하여 이르되

이 비유를 우
리에게 설명하
여 주옵소서

16 예수께서 이르시되

너희도 아직까지 깨달음이 없
느냐 17 입으로 들어가는 모
든 것은 배로 들어가서 뒤로
내버려지는 줄 알지 못하느냐
18 입에서 나오는 것들은 마음
에서 나오나니 이것이야말로
사람을 더럽게 하느니라

19 마음에서 나오는
것은 악한 생각과 살
인과 간음과 음란과
도둑질과 거짓 증언
과 비방이니 20 이런
것들이 사람을 더럽
게 하는 것이요 씻지
않은 손으로 먹는 것
은 사람을 더럽게 하
지 못하느니라

가나안 여자의 믿음

21 예수께서 거기서 나가사 두로
와 시돈 지방으로 들어가시니

15:14 **맹인을 인도하는 자로다** 일부 헬라어 사본들에는 '맹인을'이 나오지 않는다.

22 가나안 여자 하나가 그 지경에서 나와서 소리 질러 이르되

주 다윗의 자손이여 나를 불쌍히 여기소서 내 딸이 흉악하게 귀신 들렸나이다 하되

23 예수는 한 말씀도 대답하지 아니하시니 제자들이 와서 청하여 말하되

그 여자가 우리 뒤에서 소리를 지르오니 그를 보내소서

24 예수께서 대답하여 이르시되

나는 이스라엘 집의 잃어버린 양 외에는 다른 데로 보내심을 받지 아니하였노라 하시니

25 여자가 와서 예수께 절하며 이르되

주여 저를 도우소서

26 대답하여 이르시되

자녀의 떡을 취하여 개들에게 던짐이 마땅하지 아니하니라

27 여자가 이르되

주여 옳소이다마는 개들도 제 주인의 상에서 떨어지는 부스러기를 먹나이다 하니

28 이에 예수께서 대답하여 이르시되

여자여 네 믿음이 크도다 네 소원대로 되리라

하시니 그 때로부터 그의 딸이 나으니라

많은 사람들을 고치시다

29 예수께서 거기서 떠나사
갈릴리 호숫가에 이르러 산
에 올라가 거기 앉으시니 30
큰 무리가 다리 저는 사람과
장애인과 맹인과 말 못하는
사람과 기타 여럿을 데리고
와서 예수의 발 앞에 앉히매
고쳐 주시니

31 말 못하는 사람이 말하고 장애인이 온전하게 되고 다리 저는 사람이 걸으며 맹인이 보는 것을 무리가 보고 놀랍게 여겨 이스라엘의 하나님께 영광을 돌리니라

사천 명을 먹이시다

32 예수께서 제자들을 불러 이르시되
내가 무리를 불쌍히 여기노라 그들이 나와 함께 있은 지 이미 사흘이매 먹을 것이 없도다 길에서 기진할까 하여 굶겨 보내지 못하겠노라
33 제자들이 이르되
광야에 있어 우리가 어디서 이런 무리가 배부를 만큼 떡을 얻으리이까

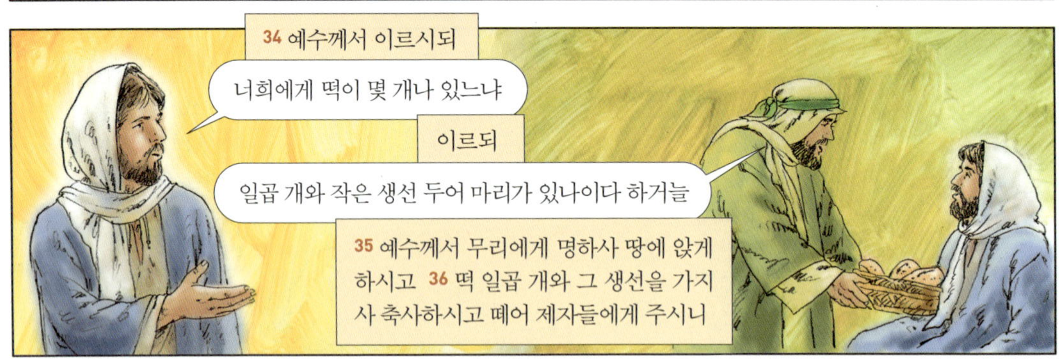
34 예수께서 이르시되
너희에게 떡이 몇 개나 있느냐
이르되
일곱 개와 작은 생선 두어 마리가 있나이다 하거늘
35 예수께서 무리에게 명하사 땅에 앉게 하시고 36 떡 일곱 개와 그 생선을 가지사 축사하시고 떼어 제자들에게 주시니

제자들이 무리에게 주매 37 다 배불리 먹고 남은 조각을 일곱 광주리에 차게 거두었으며
38 먹은 자는 여자와 어린이 외에 사천 명이었더라

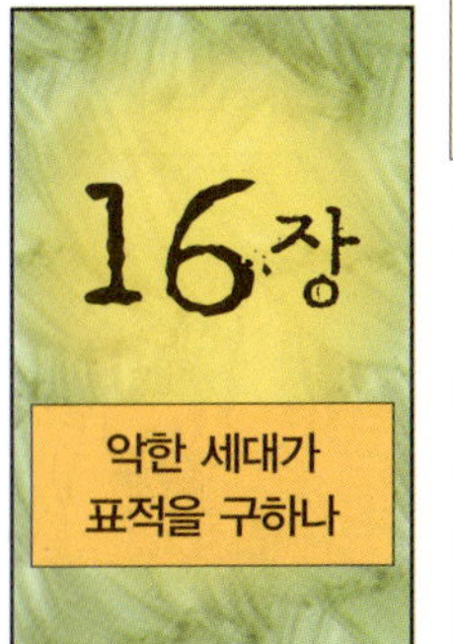

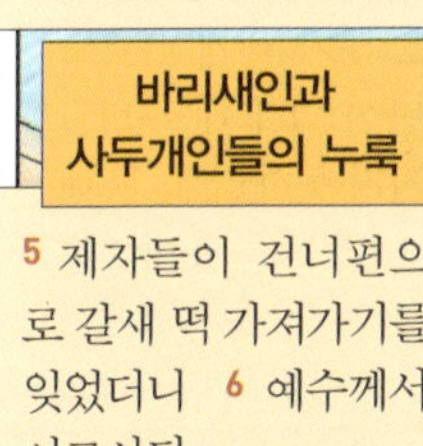

16:4 요나의 표적 요나가 큰 물고기 안에 3일간 있었던 사건은 예수님께서 3일간 무덤에 머물러 계셨던 사건과 유사하다.

베드로가 예수를 그리스도로 고백하다

이를 네게 알게 한 이는 혈육이 아니요 하늘에
계신 내 아버지시니라 18 또 내가 네게 이르노
니 너는 베드로•라 내가 이 반석 위에 내 교회를
세우리니 음부의 권세가 이기지 못하리라 19 내
가 천국 열쇠를 네게 주리니 네가 땅에서 무엇이
든지 매면 하늘에서도 매일 것이요 네가 땅에서
무엇이든지 풀면 하늘에서도 풀리리라 하시고

20 이에 제자들에게 경고하사 자기가 그리스도인 것을 아무에게도 이르지 말라 하시니라

죽음과 부활을 처음으로 이르시다

16:18 **베드로** '베드로'라는 헬라어 이름은 '게바'라는 아람어 이름과 마찬가지로 '반석'이라는 뜻이다.

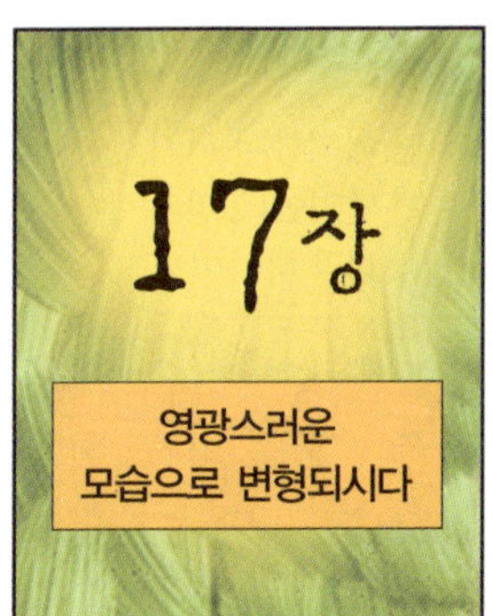

16:23 **사탄** '원수'라는 뜻을 가진 사탄이라는 말은 마귀를 가리킨다. 이 절에서 예수님은 베드로가 사탄처럼 말한다는 뜻으로 말씀하셨다.

17:3 **모세와 엘리야** 유대의 과거 역사에서 가장 중요한 지도자들 중 두 사람

귀신 들린 아이를 고치시다

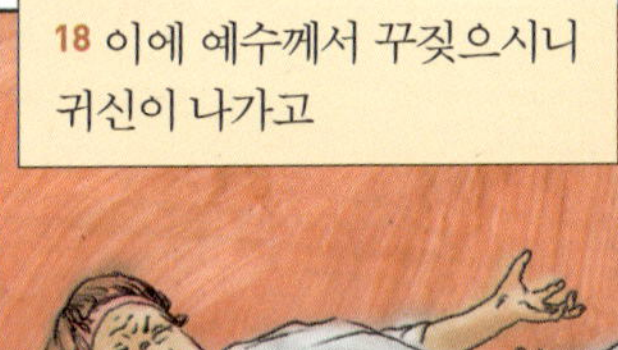

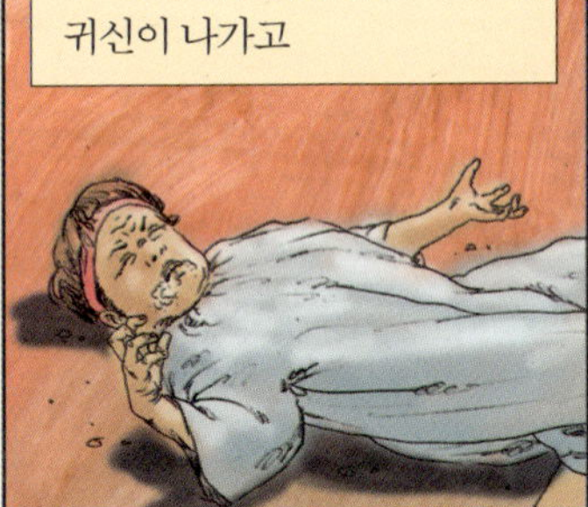

17:15 **간질** 이 병에 걸린 사람은 때때로 몸을 통제할 수 없어 기절하거나 심하게 몸을 흔들거나 또는 전혀 몸을 움직일 수 없게 된다.
17:20 **겨자씨** 겨자씨는 매우 작지만 나무가 다 자라면 사람의 키보다 커진다.

17:21 일부 헬라어 사본들에서는 괄호 안에 "오직 너희가 기도하고 금식할 때에만 저런 영을 내쫓을 수 있느니라"라고 기록되어 있다.

18:11 일부 헬라어 사본들에서는 괄호 안에 "인자는 잃어버린 자들을 구원하러 왔느니라"라고 기록되어 있다.

14 이와 같이 이 작은 자 중의 하나라도 잃
는 것은 하늘에 계신 너희 아버지의 뜻이
아니니라

형제가 죄를 범하거든

15 네 형제가 죄를 범하거든• 가서 너와
그 사람과만 상대하여 권고하라 만일 들
으면 네가 네 형제를 얻은 것이요 16 만일
듣지 않거든 한두 사람을 데리고 가서 두
세 증인의 입으로 말마다 확증하게 하라•
17 만일 그들의 말도 듣지 않거든 교회에
말하고 교회의 말도 듣지 않거든 이방인
과 세리와 같이 여기라 18 진실로 너희에
게 이르노니 무엇이든지 너희가 땅에서
매면 하늘에서도 매일 것이요 무엇이든지
땅에서 풀면 하늘에서도 풀리리라 19 진
실로 다시 너희에게 이르노니 너희 중의
두 사람이 땅에서 합심하여 무엇이든지
구하면 하늘에 계신 내 아버지께서 그들
을 위하여 이루게 하시리라

20 두세 사람이 내 이름
으로 모인 곳에는 나도
그들 중에 있느니라

용서할 줄 모르는 종 비유

21 그 때에 베드로가 나아와
이르되

주여 형제가 내게 죄를
범하면 몇 번이나 용서
하여 주리이까 일곱 번
까지 하오리이까

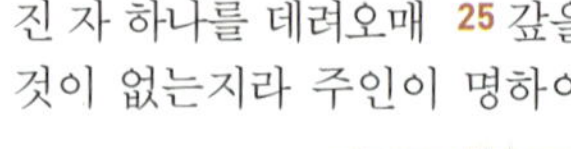

22 예수께서 이르시되

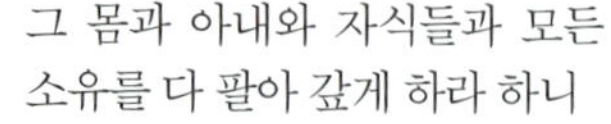

네게 이르
노니 일곱
번뿐 아니
라 일곱 번
을 일흔 번
까지라도
할지니라

23 그러므로 천국은 그 종들과
결산하려 하던 어떤 임금과 같으
니 24 결산할 때에 만 달란트 빚
진 자 하나를 데려오매 25 갚을
것이 없는지라 주인이 명하여
그 몸과 아내와 자식들과 모든
소유를 다 팔아 갚게 하라 하니

18:15 **네 형제가 죄를 범하거든** 일부 헬라어 사본들에서는 "네 형제가 네게 죄를 범하거든"이라고 기록되어 있다.
18:16 **두세 증인의 입으로 말마다 확증하게 하라** 신 19:15 인용

26 그 종이 엎드려 절하며 이르되

내게 참으소서 다 갚으리
이다 하거늘

27 그 종의 주인이 불쌍히 여겨
놓아 보내며 그 빚을 탕감하여
주었더니 28 그 종이 나가서 자
기에게 백 데나리온 빚진 동료
한 사람을 만나 붙들어 목을 잡
고 이르되

빚을 갚으라 하매

29 그 동료가 엎드려 간구하여
이르되

나에게 참아 주소서 갚으
리이다 하되

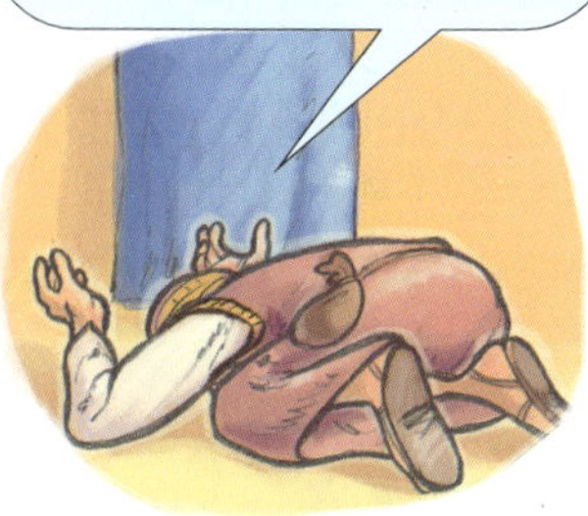

30 허락하지 아니하고 이에 가서
그가 빚을 갚도록 옥에 가두거늘
31 그 동료들이 그것을 보고 몹
시 딱하게 여겨 주인에게 가서

그 일을 다 알리니 32 이에 주인
이 그를 불러다가 말하되

악한 종아 네가 빌기에 내
가 네 빚을 전부 탕감하여
주었거늘 33 내가 너를
불쌍히 여김과 같이 너도
네 동료를 불쌍히 여김이
마땅하지 아니하냐 하고

34 주인이 노하여 그 빚을 다 갚
도록 그를 옥졸들에게 넘기니라
35 너희가 각각 마음으로부터 형
제를 용서하지 아니하면 나의 하
늘 아버지께서도 너희에게 이와
같이 하시리라

19장

이혼에 대하여 가르치시다

1 예수께서 이 말씀
을 마치시고 갈릴리
를 떠나 요단 강 건
너 유대 지경에 이
르시니 2 큰 무리가
따르거늘 예수께서
거기서 그들의 병을
고치시더라

3 바리새인들이 예수께 나아와 그를 시험하여 이르되

사람이 어떤 이유가 있으면 그 아내를 버리는 것이 옳으니이까

4 예수께서 대답하여 이르시되

사람을 지으신 이가 본래 그들을 남자와 여자로 지으시고• 5 말씀하시기를 그러므로 사람이 그 부모를 떠나서 아내에게 합하여 그 둘이 한 몸이 될지니라• 하신 것을 읽지 못하였느냐 6 그런즉 이제 둘이 아니요 한 몸이니 그러므로 하나님이 짝지어 주신 것을 사람이 나누지 못할지니라 하시니

7 여짜오되

그러면 어찌하여 모세는 이혼 증서를 주어서 버리라 명하였나이까

8 예수께서 이르시되

모세가 너희 마음의 완악함 때문에 아내 버림을 허락하였거니와 본래는 그렇지 아니하니라 9 내가 너희에게 말하노니 누구든지 음행한 이유 외에 아내를 버리고 다른 데 장가 드는 자는 간음함이니라•

19:4 **그들을 남자와 여자로 지으시고** 창 1:27 또는 5:2 인용
19:5 **사람이 … 될지니라** 창 2:24 인용
19:9 **간음함이니라** 일부 헬라어 사본들에서는 "또 누구든지 버림받은 여자에게 장가드는 자도 간음함이니라"라는 말이 이어진다(비교, 마 5:32).

어린 아이들에게 안수하시다

13 그 때에 사람들이 예수께서 안수하고• 기도해 주심을 바라고 어린 아이들을 데리고 오매 제자들이 꾸짖거늘

14 예수께서 이르시되

어린 아이들을 용납하고 내게 오는 것을 금하지 말라 천국이 이런 사람의 것이니라 하시고

15 그들에게 안수하시고 거기를 떠나시니라

재물이 많은 청년

19:13 **안수하고** 예수님께서 이 아이들을 특별히 축복하셨다는 것을 말해준다.
19:18,19 **살인하지 말라 … 공경하라** 출 20:12-16 또는 신 5:16-20 인용
19:19 **네 이웃을 … 사랑하라** 레 19:18 인용

20 그 청년이 이르되

이 모든 것을 내가 지키었사온대 아직도 무엇이 부족하니이까

21 예수께서 이르시되

네가 온전하고자 할진대 가서 네 소유를 팔아 가난한 자들에게 주라 그리하면 하늘에서 보화가 네게 있으리라 그리고 와서 나를 따르라 하시니

22 그 청년이 재물이 많으므로 이 말씀을 듣고 근심하며 가니라

23 예수께서 제자들에게 이르시되

내가 진실로 너희에게 이르노니 부자는 천국에 들어가기가 어려우니라
24 다시 너희에게 말하노니 낙타가 바늘귀로 들어가는 것이 부자가 하나님의 나라에 들어가는 것보다 쉬우니라 하시니

25 제자들이 듣고 몹시 놀라 이르되

그렇다면 누가 구원을 얻을 수 있으리이까

26 예수께서 그들을 보시며 이르시되

사람으로는 할 수 없으나 하나님으로서는 다 하실 수 있느니라

27 이에 베드로가 대답하여 이르되

보소서 우리가 모든 것을 버리고 주를 따랐사온대 그런즉 우리가 무엇을 얻으리이까

28 예수께서 이르시되

내가 진실로 너희에게 이르노니 세상이 새롭게 되어
인자가 자기 영광의 보좌에 앉을 때에 나를 따르는
너희도 열두 보좌에 앉아 이스라엘 열두 지파를 심판
하리라 29 또 내 이름을 위하여 집이나 형제나 자매
나 부모나 자식이나* 전토를 버린 자마다 여러 배를
받고 또 영생을 상속하리라 30 그러나 먼저 된 자로
서 나중 되고 나중 된 자로서 먼저 될 자가 많으니라

19:29 **부모나 자식이나** 일부 헬라어 사본들에서는 "부모나 아내나 자식이나"로 나온다.

20장

포도원의 품꾼들

1 천국은 마치 품꾼을 얻어 포도
원에 들여보내려고 이른 아침에
나간 집 주인과 같으니 2 그가
하루 한 데나리온•씩 품꾼들과
약속하여 포도원에 들여보내고
3 또 제삼시에 나가 보니 장터에
놀고 서 있는 사람들이 또 있는
지라 4 그들에게 이르되

너희도 포도원에 들어가
라 내가 너희에게 상당하
게 주리라 하니

그들이 가고 5 제육시와 제구시
에 또 나가 그와 같이 하고 6 제
십일시에도 나가 보니 서 있는
사람들이 또 있는지라 이르되

너희는 어찌하여 종일토
록 놀고 여기 서 있느냐

7 이르되

우리를 품꾼으로 쓰는 이
가 없음이니이다

이르되

너희도 포도원에
들어가라 하니라

8 저물매 포도원 주인이 청지기
에게 이르되

품꾼들을 불러 나중 온 자
로부터 시작하여 먼저 온
자까지 삯을 주라 하니

9 제십일시에 온 자들이 와서 한
데나리온씩을 받거늘 10 먼저
온 자들이 와서 더 받을 줄 알았
더니 그들도 한 데나리온씩 받은
지라 11 받은 후 집 주인을 원망
하여 이르되

12 나중 온 이 사람들은
한 시간밖에 일하지 아니
하였거늘 그들을 종일 수
고하며 더위를 견딘 우리
와 같게 하였나이다

13 주인이 그 중의 한
사람에게 대답하여 이르되

친구여 내가 네게 잘못한
것이 없노라 네가 나와 한
데나리온의 약속을 하지
아니하였느냐 14 네 것이
나 가지고 가라 나중 온
이 사람에게 너와 같이 주
는 것이 내 뜻이니라 15
내 것을 가지고 내 뜻대로
할 것이 아니냐 내가 선하
므로 네가 악하게 보느냐

20:2 **데나리온** 고대 로마의 은화. 한 데나리온은 하루 노동에 대한 평균 임금이었다.

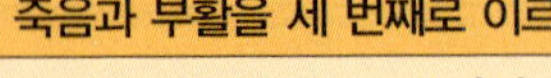

한 어머니의 요구

20 그 때에 세베대의 아들의
어머니가 그 아들들을 데리
고 예수께 와서 절하며 무엇
을 구하니 21 예수께서 이
르시되

무엇을 원하느냐

이르되

나의 이 두 아들을 주의 나라에
서 하나는 주의 우편에, 하나는
주의 좌편에 앉게 명하소서

22 예수께서 대답하여 이르시되

너희는 너희가 구하는 것을 알
지 못하는도다 내가 마시려는
잔을 너희가 마실 수 있느냐•

20:22 **내가 마시려는 … 마실 수 있느냐** 잔을 마신다는 것은 예수님께 일어날 고난을 함께 받는다는 것을 의미한다.

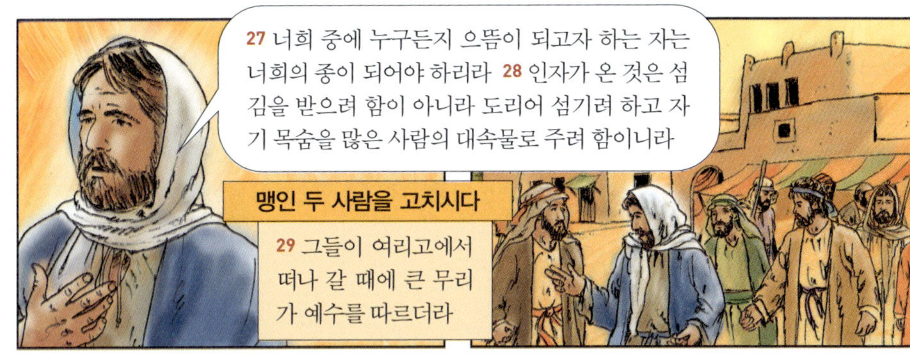

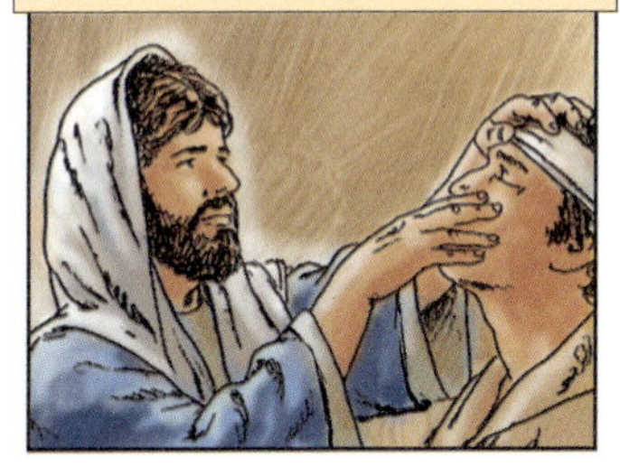

21장

예루살렘에 들어가시다

21:9 **호산나** 본래 하나님께 도움을 구하는 기도를 드릴 때 사용되었던 히브리어. 여기에서는 하나님이나 그분의 메시야를 찬양하는 기쁨의 외침으로 사용된 것으로 보인다.

성전을 깨끗하게 하시다

무화과나무가 마르다

21:13 **내 집은 … 집이라** 사 56:7 인용
21:13 **강도의 소굴** 렘 7:11 인용
21:16 **어린 아기와 … 하셨나이다** 《70인역 성경》(구약성경을 헬라어로 옮긴 역본)에 나오는 시 8:2 인용

네가 무슨 권위로 이런 일을 하느냐 또 누가 이 권위를 주었느냐

예수께서 이르시되

나도 무슨 권위로 이런 일을 하
는지 너희에게 이르지 아니하리
라 28 그러나 너희 생각에는 어
떠하냐 어떤 사람에게 두 아들이
있는데 맏아들에게 가서 이르되

29 대답하여
이르되

아버지
가겠나이다

하더니 가지 아니하고 30 둘째

아들에게 가서 또 그와 같이 말
하니 대답하여 이르되

하였다가 그 후에 뉘우치고 갔으
니 31 그 둘 중의 누가 아버지의
뜻대로 하였느냐

이르되

예수께서 그들에게 이르시되

내가 진실로 너희에게 이르노
니 세리들과 창녀들이 너희보
다 먼저 하나님의 나라에 들
어가리라 32 요한이 의의 도
로 너희에게 왔거늘 너희는
그를 믿지 아니하였으되 세리
와 창녀는 믿었으며

너희는 이것을 보고도 끝내 뉘우
쳐 믿지 아니하였도다

포도원 농부 비유

33 다른 한 비유를 들으라 한 집
주인이 포도원을 만들어 산울타
리로 두르고 거기에 즙 짜는 틀을
만들고 망대를 짓고 농부들에게
세로 주고 타국에 갔더니

34 열매 거둘 때가 가까우매 그
열매를 받으려고 자기 종들을 농

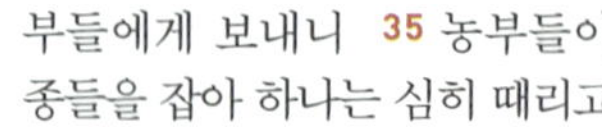

부들에게 보내니 35 농부들이
종들을 잡아 하나는 심히 때리고

하나는 죽이고 하나는 돌로 쳤거
늘 36 다시 다른 종들을 처음보

다 많이 보내니 그들에게도 그렇
게 하였는지라 37 후에 자기 아
들을 보내며 이르되 그들이 내
아들은 존대하리라 하였더니 38
농부들이 그 아들을 보고 서로
말하되

이는 상속자니 자 죽이고
그의 유산을 차지하자 하고

39 이에 잡아 포도원
밖에 내쫓아 죽였느
니라 40 그러면 포
도원 주인이 올 때에
그 농부들을 어떻게
하겠느냐

41 그들이 말하되

그 악한 자들을
진멸하고 포도
원은 제 때에 열
매를 바칠 만한
다른 농부들에
게 세로 줄지니
이다

42 예수께서 이르시되

너희가 성경에

건축자들이 버린 돌이 모
퉁이의 머릿돌이 되었나
니 이것은 주로 말미암아
된 것이요 우리 눈에 기이
하도다 함을 읽어 본 일이
없느냐 시 118:22,23

43 그러므로 내가 너희에게
이르노니 하나님의 나라를
너희는 빼앗기고 그 나라의
열매 맺는 백성이 받으리라

44 이 돌 위에 떨어지는 자는 깨지겠고 이 돌이
사람 위에 떨어지면 그를 가루로 만들어 흩으
리라 하시니

45 대제사장들과 바리새인들이 예
수의 비유를 듣고 자기들을 가리
켜 말씀하심인 줄 알고 46 잡고자
하나 무리를 무서워하니 이는 그
들이 예수를 선지자로 앎이었더라

22장

혼인 잔치 비유

1 예수께서 다시 비유로
대답하여 이르시되

2 천국은 마치 자기 아들을 위하여 혼인
잔치를 베푼 어떤 임금과 같으니

3 그 종들을 보내어 그 청한 사람
들을 혼인 잔치에 오라 하였더니
오기를 싫어하거늘

4 다시 다른 종들을 보내
며 이르되 청한 사람들에
게 이르기를

내가 오찬을 준비하되 나의
소와 살진 짐승을 잡고 모든
것을 갖추었으니 혼인 잔치
에 오소서 하라 하였더니

5 그들이 돌아 보지도 않고 한 사
람은 자기 밭으로, 한 사람은 자
기 사업하러 가고 6 그 남은 자

들은 종들을 잡아 모욕하고 죽이
니 7 임금이 노하여 군대를 보내

어 그 살인한 자들을 진멸하고
그 동네를 불사르고

8 이에 종들에게 이르되

혼인 잔치는 준비되었으나
청한 사람들은 합당하지 아
니하니 9 네거리 길에 가서
사람을 만나는 대로 혼인
잔치에 청하여 오라 한대

10 종들이 길에 나가 악한 자나
선한 자나 만나는 대로 모두 데
려오니 혼인 잔치에 손님들이 가
득한지라 11 임금이 손님들을 보

러 들어올새 거기서 예복을 입지
않은 한 사람을 보고 12 이르되

친구여 어찌하여 예복을 입지
않고 여기 들어왔느냐 하니

그가 아무 말도 못하거늘

13 임금이 사환들에게 말하되

그 손발을 묶어 바깥 어두운
데에 내던지라 거기서 슬피 울
며 이를 갈게 되리라 하니라

14 청함을 받은 자
는 많되 택함을 입
은 자는 적으니라

가이사에게 세금을 바치는 것

15 이에 바리새인들이 가서 어떻게
하면 예수를 말의 올무에 걸리게 할
까 상의하고

16 자기 제자들을 헤롯 당원들•과 함께 예수께 보내어 말하되

선생님이여 우리가 아노니 당신은
참되시고 진리로 하나님의 도를 가
르치시며 아무도 꺼리는 일이 없으
시니 이는 사람을 외모로 보지 아니
하심이니이다 17 그러면 당신의 생
각에는 어떠한지 우리에게 이르소서
가이사에게 세금을 바치는 것이 옳
으니이까 옳지 아니하니이까 하니

18 예수께서 그들의 악함을 아시고 이르시되

22:16 **헤롯 당원들** 헤롯과 그의 가문을 따랐던 정치적 무리

외식하는 자들아 어찌하여 나를 시험하느냐 19 세금 낼 돈을 내게 보이라 하시니
데나리온 하나를 가져 왔거늘 20 예수께서 말씀하시되
이 형상과 이 글이 누구의 것이냐
21 이르되
가이사의 것이니이다

이에 이르시되
그런즉 가이사의 것은 가이사에게, 하나님의 것은 하나님께 바치라 하시니
22 그들이 이 말씀을 듣고 놀랍게 여겨 예수를 떠나가니라

부활 논쟁

23 부활이 없다 하는 사두개인들이 그 날 예수께 와서 물어 이르되
24 선생님이여 모세가 일렀으되 사람이 만일 자식이 없이 죽으면 그 동생이 그 아내에게 장가 들어 형을 위하여 상속자를 세울지니라 하였나이다

25 우리 중에 칠 형제가 있었는데 맏이가 장가 들었다가 죽어 상속자가 없으므로 그 아내를 그 동생에게 물려 주고 26 그 둘째와 셋째로 일곱째까지 그렇게 하다가 27 최후에 그 여자도 죽었나이다 28 그런즉 그들이 다 그를 취하였으니 부활 때에 일곱 중의 누구의 아내가 되리이까

22:32 **나는 … 야곱의 하나님이로라** 출 3:6 인용
22:37 **네 마음을 … 하나님을 사랑하라** 신 6:5 인용
22:39 **네 이웃을 … 사랑하라** 레 19:18 인용

그리스도와 다윗의 자손

23장

서기관들과 바리새인들을 꾸짖으시다

23:5 **경문** 4개의 중요 성구를 쓴 종이를 담은 작은 가죽 상자. 일부 유대인들은 경문을 그들의 이마와 왼쪽 팔에 붙였는데 그것은 자기들의 경건을 과시하기 위함이었던 것으로 여겨진다.

8 그러나 너희는 랍비라 칭함을
받지 말라 너희 선생은 하나요
너희는 다 형제니라 9 땅에 있는
자를 아버지라 하지 말라 너희의
아버지는 한 분이시니 곧 하늘에
계신 이시니라 10 또한 지도자
라 칭함을 받지 말라 너희의 지
도자는 한 분이시니 곧 그리스도
시니라 11 너희 중에 큰 자는 너
희를 섬기는 자가 되어야 하리라
12 누구든지 자기를 높이는 자는
낮아지고 누구든지 자기를 낮추
는 자는 높아지리라 13 화 있을
진저 외식하는 서기관들과 바리
새인들이여 너희는 천국 문을 사
람들 앞에서 닫고 너희도 들어가
지 않고 들어가려 하는 자도 들
어가지 못하게 하는도다 14 (없
음)• 15 화 있을진저 외식하는
서기관들과 바리새인들이여 너
희는 교인 한 사람을 얻기 위하
여 바다와 육지를 두루 다니다가
생기면 너희보다 배나 더 지옥
자식이 되게 하는도다 16 화 있
을진저 눈 먼 인도자여 너희가
말하되 누구든지 성전으로 맹세
하면 아무 일 없거니와 성전의
금으로 맹세하면 지킬지라 하는
도다 17 어리석은 맹인들이여
어느 것이 크냐 그 금이냐 그 금
을 거룩하게 하는 성전이냐 18
너희가 또 이르되 누구든지 제단
으로 맹세하면 아무 일 없거니와
그 위에 있는 예물로 맹세하면
지킬지라 하는도다 19 맹인들이
여 어느 것이 크냐 그 예물이냐
그 예물을 거룩하게 하는 제단이
냐 20 그러므로 제단으로 맹세
하는 자는 제단과 그 위에 있는
모든 것으로 맹세함이요 21 또
성전으로 맹세하는 자는 성전과
그 안에 계신 이로 맹세함이요
22 또 하늘로 맹세하는 자는 하
나님의 보좌와 그 위에 앉으신
이로 맹세함이니라 23 화 있을
진저 외식하는 서기관들과 바리
새인들이여 너희가 박하와 회향
과 근채•의 십일조는 드리되 율
법의 더 중한 바 정의와 긍휼과
믿음은 버렸도다 그러나 이것도
행하고 저것도 버리지 말아야 할
지니라 24 맹인 된 인도자여 하
루살이는 걸러 내고 낙타는 삼키
는도다• 25 화 있을진저 외식하

23:14 일부 헬라어 사본들에는 "화 있을진저 외식하는 서기관들과 바리새인들이여 너희는 과부의 가산을 삼키며 외식으로 길게 기도하는 자니 그 받는 판결이 더욱 중하리라"라고 기록되어 있다.
23:23 **박하와 회향과 근채** 동산에서 자라는 작은 식물로서 향신료로 쓰였다. 매우 경건한 사람들만이 이런 것들의 십일조를 드렸다.
23:24 **하루살이는 … 낙타는 삼키는도다** 작은 실수들에 대해서는 걱정하면서 큰 죄를 범한다는 뜻

는 서기관들과 바리새인들이여
잔과 대접의 겉은 깨끗이 하되
그 안에는 탐욕과 방탕으로 가득
하게 하는도다 26 눈 먼 바리새
인이여 너는 먼저 안을 깨끗이
하라 그리하면 겉도 깨끗하리라
27 화 있을진저 외식하는 서기관
들과 바리새인들이여 회칠한 무
덤 같으니 겉으로는 아름답게 보
이나 그 안에는 죽은 사람의 뼈
와 모든 더러운 것이 가득하도다
28 이와 같이 너희도 겉으로는
사람에게 옳게 보이되 안으로는
외식과 불법이 가득하도다 29
화 있을진저 외식하는 서기관들
과 바리새인들이여 너희는 선지
자들의 무덤을 만들고 의인들의
비석을 꾸미며 이르되 30 만일
우리가 조상 때에 있었더라면 우
리는 그들이 선지자의 피를 흘리
는 데 참여하지 아니하였으리라
하니 31 그러면 너희가 선지자
를 죽인 자의 자손임을 스스로
증명함이로다 32 너희가 너희
조상의 분량을 채우라 33 뱀들
아 독사의 새끼들아 너희가 어떻
게 지옥의 판결을 피하겠느냐
34 그러므로 내가 너희에게 선지
자들과 지혜 있는 자들과 서기관
들을 보내매 너희가 그 중에서
더러는 죽이거나 십자가에 못 박
고 그 중에서 더러는 너희 회당
에서 채찍질하고 이 동네에서 저
동네로 따라다니며 박해하리라
35 그러므로 의인 아벨의 피로부
터 성전과 제단 사이에서 너희가
죽인 바라갸의 아들 사가랴•의
피까지 땅 위에서 흘린 의로운
피가 다 너희에게 돌아가리라
36 내가 진실로 너희에게 이르노
니 이것이 다 이 세대에 돌아가
리라

예루살렘을 두고 이르시다

37 예루살렘아 예루살렘아 선지
자들을 죽이고 네게 파송된 자들
을 돌로 치는 자여 암탉이 그 새끼
를 날개 아래에 모음 같이 내가 네
자녀를 모으려 한 일이 몇 번이더
냐 그러나 너희가 원하지 아니하
였도다 38 보라 너희 집이 황폐하
여 버려진 바 되리라 39 내가 너
희에게 이르노니 이제부터 너희
는 찬송하리로다 주의 이름으로
오시는 이여• 할 때까지 나를 보
지 못하리라 하시니라

23:35 **아벨 … 사가랴** 히브리 구약성경에서 제일 먼저 살해당한 사람과 제일 마지막에 살해당한 사람
23:39 **찬송하리로다 주의 이름으로 오시는 이여** 시 118:26 인용

24장

성전이 무너뜨려질 것을 예언하시다

1 예수께서 성전에서 나와서
가실 때에 제자들이 성전 건
물들을 가리켜 보이려고 나아
오니 2 대답하여 이르시되

너희가 이 모든 것을 보지 못하
느냐 내가 진실로 너희에게 이
르노니 돌 하나도 돌 위에 남지
않고 다 무너뜨려지리라

재난의 징조

3 예수께서 감람 산 위에 앉
으셨을 때에 제자들이 조
용히 와서 이르되

우리에게 이르소서 어느
때에 이런 일이 있겠사오
며 또 주의 임하심과 세상
끝에는 무슨 징조가 있사
오리이까

4 예수께서 대답하여 이르시되

너희가 사람의 미혹을 받지 않도
록 주의하라 5 많은 사람이 내 이
름으로 와서 이르되 나는 그리스
도라 하여 많은 사람을 미혹하리
라 6 난리와 난리 소문을 듣겠으나
너희는 삼가 두려워하지 말라 이
런 일이 있어야 하되 아직 끝은 아
니니라 7 민족이 민족을, 나라가
나라를 대적하여 일어나겠고 곳곳
에 기근과 지진이 있으리니 8 이
모든 것은 재난의 시작이니라 9 그
때에 사람들이 너희를 환난에 넘
겨 주겠으며 너희를 죽이리니 너
희가 내 이름 때문에 모든 민족에
게 미움을 받으리라

10 그 때에 많은 사람이 실족하게
되어 서로 잡아 주고 서로 미워
하겠으며 11 거짓 선지자가 많이
일어나 많은 사람을 미혹하겠으
며 12 불법이 성하므로 많은 사
람의 사랑이 식어지리라 13 그러
나 끝까지 견디는 자는 구원을
얻으리라 14 이 천국 복음이 모
든 민족에게 증언되기 위하여 온
세상에 전파되리니 그제야 끝이
오리라

가장 큰 환난

15 그러므로 너희가 선지자 다니
엘이 말한 바 멸망의 가증한 것•
이 거룩한 곳에 선 것을 보거든
(읽는 자는 깨달을진저) 16 그 때
에 유대에 있는 자들은 산으로
도망할지어다 17 지붕• 위에 있
는 자는 집 안에 있는 물건을 가
지러 내려 가지 말며 18 밭에 있
는 자는 겉옷을 가지러 뒤로 돌
이키지 말지어다 19 그 날에는
아이 밴 자들과 젖 먹이는 자들
에게 화가 있으리로다 20 너희
가 도망하는 일이 겨울에나 안
식일에 되지 않도록 기도하라
21 이는 그 때에 큰 환난이 있겠
음이라 창세로부터 지금까지 이
런 환난이 없었고 후에도 없으
리라 22 그 날들을 감하지 아니
하면 모든 육체가 구원을 얻지
못할 것이나 그러나 택하신 자
들을 위하여 그 날들을 감하시
리라 23 그 때에 사람이 너희에
게 말하되 보라 그리스도가 여
기 있다 혹은 저기 있다 하여도
믿지 말라 24 거짓 그리스도들
과 거짓 선지자들이 일어나 큰
표적과 기사를 보여 할 수만 있
으면 택하신 자들도 미혹하리라
25 보라 내가 너희에게 미리 말
하였노라 26 그러면 사람들이
너희에게 말하되 보라 그리스도
가 광야에 있다 하여도 나가지
말고 보라 골방에 있다 하여도
믿지 말라 27 번개가 동편에서
나서 서편까지 번쩍임 같이 인
자의 임함도 그러하리라 28 주
검이 있는 곳에는 독수리들이
모일 것이니라

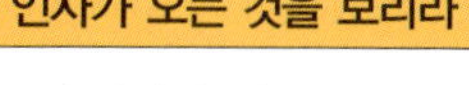

인자가 오는 것을 보리라

29 그 날 환난 후에

> 즉시 해가 어두워지며 달
> 이 빛을 내지 아니하며
> 별들이 하늘에서 떨어지
> 며 하늘의 권능들이 흔들
> 리리라 사 13:10; 34:4

30 그 때에 인자의 징조가 하늘
에서 보이겠고 그 때에 땅의 모
든 족속들이 통곡하며 그들이 인
자가 구름을 타고 능력과 큰 영
광으로 오는 것을 보리라 31 그
가 큰 나팔소리와 함께 천사들을
보내리니 그들이 그의 택하신 자
들을 하늘 이 끝에서 저 끝까지
사방에서 모으리라

무화과나무에서 배울 교훈

32 무화과나무의 비유를 배우라
그 가지가 연하여지고 잎사귀를
내면 여름이 가까운 줄을 아나니
33 이와 같이 너희도 이 모든 일
을 보거든 인자가 가까이 곧 문
앞에 이른 줄 알라 34 내가 진실
로 너희에게 말하노니 이 세대가
지나가기 전에 이 일이 다 일어
나리라 35 천지는 없어질지언정
내 말은 없어지지 아니하리라
36 그러나 그 날과 그 때는 아무
도 모르나니 하늘의 천사들도,
아들도 모르고 오직 아버지만 아
시느니라 37 노아의 때와 같이
인자의 임함도 그러하리라 38
홍수 전에 노아가 방주에 들어가
던 날까지 사람들이 먹고 마시고
장가 들고 시집 가고 있으면서

24:15 **멸망의 가증한 것** 다니엘서 9장 27절과 12장 11절에 언급되었다(단 11:31 참조).

24:17 **지붕** 성경 시대에 집들의 지붕은 평평했다. 당시 지붕은 열매와 아마(亞麻) 같은 것들을 말리는 장소로 사용되었다. 또 임시로 사용하는 방으로, 경배의 장소로 또는 여름에 잠자는 장소로 사용되었다.

39 홍수가 나서 그들을 다 멸하
기까지 깨닫지 못하였으니 인자
의 임함도 이와 같으리라 40 그
때에 두 사람이 밭에 있으매 한
사람은 데려가고 한 사람은 버
려둠을 당할 것이요 41 두 여자
가 맷돌질을 하고 있으매 한 사
람은 데려가고 한 사람은 버려
둠을 당할 것이니라 42 그러므
로 깨어 있으라 어느 날에 너희
주가 임할는지 너희가 알지 못
함이니라 43 너희도 아는 바니
만일 집 주인이 도둑이 어느 시
각에 올 줄을 알았더라면 깨어
있어 그 집을 뚫지 못하게 하였
으리라 44 이러므로 너희도 준
비하고 있으라 생각하지 않은
때에 인자가 오리라 45 충성되
고 지혜 있는 종이 되어 주인에
게 그 집 사람들을 맡아 때를 따
라 양식을 나눠 줄 자가 누구냐
46 주인이 올 때에 그 종이 이렇
게 하는 것을 보면 그 종이 복이
있으리로다 47 내가 진실로 너
희에게 이르노니 주인이 그의
모든 소유를 그에게 맡기리라
48 만일 그 악한 종이 마음에 생
각하기를 주인이 더디 오리라
하여 49 동료들을 때리며 술친
구들과 더불어 먹고 마시게 되
면 50 생각하지 않은 날 알지 못
하는 시각에 그 종의 주인이 이
르러 51 엄히 때리고 외식하는
자가 받는 벌에 처하리니 거기서
슬피 울며 이를 갈리라

25장

열 처녀 비유

1 그 때에 천국은 마치 등을
들고 신랑을 맞으러 나간 열
처녀와 같다 하리니 2 그 중
의 다섯은 미련하고 다섯은
슬기 있는 자라 3 미련한 자
들은 등을 가지되 기름을 가
지지 아니하고 4 슬기 있는
자들은 그릇에 기름을 담아
등과 함께 가져갔더니 5 신랑

이 더디 오므로 다 졸며 잘새 6
밤중에 소리가 나되

7 이에 그 처녀들이 다 일어나 등
을 준비할새 8 미련한 자들이 슬
기 있는 자들에게 이르되

9 슬기 있는 자들이 대답하여 이
르되

10 그들이 사러 간 사이에 신랑
이 오므로 준비하였던 자들은 함
께 혼인 잔치에 들어가고 문은
닫힌지라 11 그 후에 남은 처녀

들이 와서 이르되

주여 주여 우리에
게 열어 주소서

12 대답하여 이르되 진실로 너희
에게 이르노니

13 그런즉 깨어 있으라 너희는 그
날과 그 때를 알지 못하느니라

달란트 비유

14 또 어떤 사람이 타국에 갈 때
그 종들을 불러 자기 소유를 맡
김과 같으니 15 각각 그 재능대

로 한 사람에게는 금 다섯 달란
트를, 한 사람에게는 두 달란트
를, 한 사람에게는 한 달란트를
주고 떠났더니 16 다섯 달란트

받은 자는 바로 가서 그것으로
장사하여 또 다섯 달란트를 남기
고 17 두 달란트 받은 자도 그같
이 하여 또 두 달란트를 남겼으
되 18 한 달란트 받은 자는 가서
땅을 파고 그 주인의 돈을 감추
어 두었더니 19 오랜 후에 그 종
들의 주인이 돌아와 그들과 결산
할새 20 다섯 달란트 받았던 자
는 다섯 달란트를 더 가지고 와
서 이르되

21 그 주인이 이르되

22 두 달란트 받았던 자도 와서
이르되

23 그 주인이 이르되

잘하였도다 착하고 충성된
종아 네가 적은 일에 충성하
였으매 내가 많은 것을 네게
맡기리니 네 주인의 즐거움
에 참여할지어다 하고

24 한 달란트 받았던 자는 와서
이르되

주인이여 당신은 굳은 사람
이라 심지 않은 데서 거두
고 헤치지 않은 데서 모으
는 줄을 내가 알았으므로
25 두려워하여 나가서 당신
의 달란트를 땅에 감추어
두었었나이다 보소서 당신
의 것을 가지셨나이다

26 그 주인이 대답하여 이르되

악하고 게으른 종아 나는
심지 않은 데서 거두고 헤
치지 않은 데서 모으는 줄
로 네가 알았느냐 27 그러
면 네가 마땅히 내 돈을 취
리하는 자들에게나 맡겼다
가 내가 돌아와서 내 원금
과 이자를 받게 하였을 것
이니라 하고

28 그에게서 그 한 달란트를
빼앗아 열 달란트 가진 자
에게 주라 29 무릇 있는 자
는 받아 풍족하게 되고 없
는 자는 그 있는 것까지 빼
앗기리라 30 이 무익한 종
을 바깥 어두운 데로 내쫓으
라 거기서 슬피 울며 이를
갈리라 하니라

인자가 모든 천사와 함께 올 때

31 인자가 자기 영광으로 모든
천사와 함께 올 때에 자기 영광
의 보좌에 앉으리니 32 모든 민
족을 그 앞에 모으고 각각 구분
하기를 목자가 양과 염소를 구분
하는 것 같이 하여 33 양은 그 오
른편에 염소는 왼편에 두리라
34 그 때에 임금이 그 오른편에
있는 자들에게 이르시되 내 아버
지께 복 받을 자들이여 나아와
창세로부터 너희를 위하여 예비
된 나라를 상속받으라 35 내가
주릴 때에 너희가 먹을 것을 주
었고 목마를 때에 마시게 하였고
나그네 되었을 때에 영접하였고
36 헐벗었을 때에 옷을 입혔고
병들었을 때에 돌보았고 옥에 갇
혔을 때에 와서 보았느니라 37
이에 의인들이 대답하여 이르되
주여 우리가 어느 때에 주께서
주리신 것을 보고 음식을 대접하
였으며 목마르신 것을 보고 마시
게 하였나이까 38 어느 때에 나
그네 되신 것을 보고 영접하였으
며 헐벗으신 것을 보고 옷 입혔
나이까 39 어느 때에 병드신 것
이나 옥에 갇히신 것을 보고 가
서 뵈었나이까 하리니

26장

예수를 죽이려고 의논하다

예수의 머리에 향유를 붓다

6 예수께서 베다니 나
병환자 시몬의 집에
계실 때에 7 한 여자
가 매우 귀한 향유 한
옥합을 가지고 나아
와서 식사하시는 예
수의 머리에 부으니

8 제자들이 보고 분개
하여 이르되

10 예수께서 아시고 그들에게 이르시되

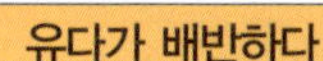

유다가 배반하다

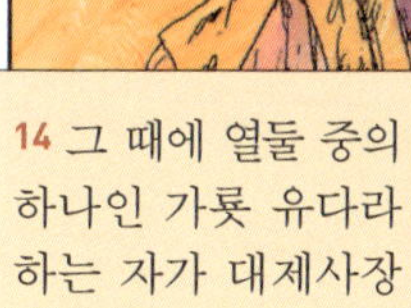

14 그 때에 열둘 중의
하나인 가룟 유다라
하는 자가 대제사장
들에게 가서 말하되

그들이 은 삼십을 달아 주거
늘 16 그가 그 때부터 예수를
넘겨 줄 기회를 찾더라

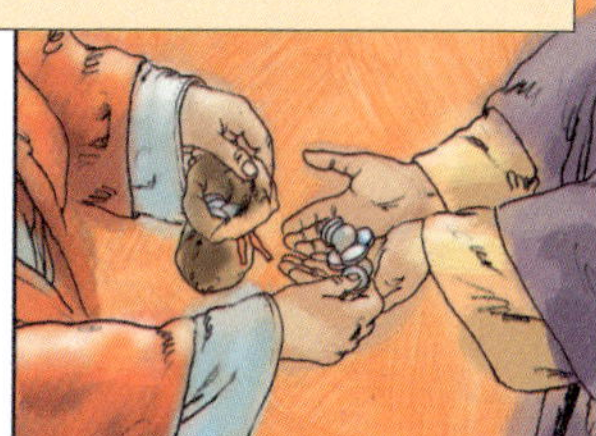

마태복음 26:17-26

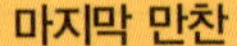

마지막 만찬

17 무교절의 첫날에 제자들이 예수께 나아와서 이르되

유월절 음식 잡수실 것을 우리가 어디서 준비하기를 원하시나이까

18 이르시되

성안 아무에게 가서 이르되 선생님 말씀이 내 때가 가까이 왔으니 내 제자들과 함께 유월절을 네 집에서 지키겠다 하시더라 하라 하시니

19 제자들이 예수께서 시키신 대로 하여 유월절을 준비하였더라

30 이에 그들이 찬미하고 감람 산으로 나아가니라

베드로가 부인할 것을 예언하시다

26:28 **언약** 일부 헬라어 사본들에서는 '새 언약'으로 기록되어 있다(비교, 눅 22:20).
26:29 **포도나무에서 난 것** 포도나무의 열매. 이것은 '포도주'로도 번역될 수 있다.

겟세마네에서 기도하시다

26:39 잔 여기에서 잔은 예수님께 닥칠 고난을 상징한다. 마치 매우 쓴 것이 들어 있는 잔을 마시는 것처럼 지극히 고통스럽다는 의미이다.

43 다시 오사 보신즉 그들이 자니 이는 그들
의 눈이 피곤함일러라 44 또 그들을 두시고
나아가 세 번째 같은 말씀으로 기도하신 후
45 이에 제자들에게 오사 이르시되

잡히시다

47 말씀하실 때에 열둘 중의 하나인 유다가 왔는데 대제사장들과 백성의
장로들에게서 파송된 큰 무리가 칼과 몽치를 가지고 그와 함께 하였더라

48 예수를 파는
자가 그들에게
군호를 짜 이르
되 내가 입맞추
는 자가 그이니
그를 잡으라 한
지라 49 곧 예
수께 나아와

하고 입을 맞추니 50 예수
께서 이르시되

이에 그들이 나아와 예수께 손을 대어
잡는지라 51 예수와 함께 있던 자 중
의 하나가 손을 펴 칼을 빼어

대제사장의 종을 쳐

그 귀를 떨어뜨리니 52 이에
예수께서 이르시되

55 그 때에 예수께서 무리에게 말씀하시되
너희가 강도를 잡는 것 같이 칼과 몽치를 가지고 나를 잡으러 나왔느냐 내가 날마다 성전에 앉아 가르쳤으되 너희가 나를 잡지 아니하였도다 56 그러나 이렇게 된 것은 다 선지자들의 글을 이루려 함이니라 하시더라

이에 제자들이 다 예수를 버리고 도망하니라

공회 앞에 서시다

57 예수를 잡은 자들이 그를 끌고 대제사장 가야바에게로 가니 거기 서기관과 장로들이 모여 있더라
58 베드로가 멀찍이 예수를 따라 대제사장의 집 뜰에까지 가서 그 결말을 보려고 안에 들어가 하인들과 함께 앉아 있더라

59 대제사장들과 온 공회가 예수를 죽이려고 그를 칠 거짓 증거를 찾으매 60 거짓 증인이 많이 왔으나
얻지 못하더니 후에 두 사람이 와서
61 이르되 이 사람의 말이 내가 하나님의 성전을 헐고 사흘 동안에 지을 수 있다 하더라 하니
62 대제사장이 일어서서 예수께 묻되
아무 대답도 없느냐 이 사람들이 너를 치는 증거가 어떠하냐 하되

63 예수께서 침묵하시거늘 대제사장이 이르되

64 예수께서 이르시되

65 이에 대제사장이 자기 옷을 찢으며 이르되

대답하여 이르되

67 이에 예수의 얼굴에 침 뱉으며 주먹으로 치고 어떤 사람은 손바닥으로 때리며
68 이르되

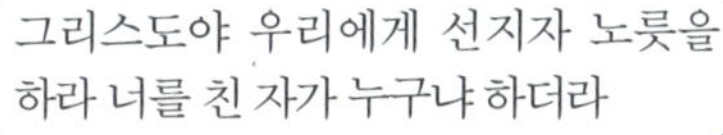

베드로가 예수를 알지 못한다고 하다

69 베드로가 바깥 뜰에 앉았더니

한 여종이 나아와 이르되

70 베드로가 모든 사람 앞에서 부인하여 이르되

71 앞문까지 나아가니 다른 여종이 그를 보고 거기 있는 사람들에게 말하되

하니 곧 닭이 울더라
75 이에 베드로가 예수의 말씀에 닭 울기 전에 네가 세 번 나를 부인하리라 하심이 생각나서 밖에 나가서 심히 통곡하니라

27장

예수를 빌라도에게 넘기다

1 새벽에 모든 대제사장과 백성의 장로들이 예수를 죽이려고 함께 의논하고 2 결박하여 끌고 가서 총독 빌라도에게 넘겨 주니라

6 대제사장들이 그 은을 거두며 이르되

이것은 핏값이라 성전고에 넣어 둠이 옳지 않다 하고

7 의논한 후 이것으로 토기장이의 밭
을 사서 나그네의 묘지를 삼았으니

8 그러므로 오늘날까지 그 밭을
피밭이라 일컫느니라 9 이에 선
지자 예레미야를 통하여 하신
말씀이 이루어졌나니 일렀으되
그들이 그 가격 매겨진 자 곧 이
스라엘 자손 중에서 가격 매긴
자의 가격 곧 은 삼십을 가지고
10 토기장이의 밭 값으로 주었
으니 이는 주께서 내게 명하신
바와 같으니라* 하였더라

십자가에 못 박히게 예수를 넘기다

14 한 마디도 대답하지 아니하시
니 총독이 크게 놀라워하더라 15
명절이 되면 총독이 무리의 청원
대로 죄수 한 사람을 놓아 주는 전
례가 있더니 16 그 때에 바라바*
라 하는 유명한 죄수가 있는데 17
그들이 모였을 때에 빌라도가 물
어 이르되

너희는 내가 누구를 너희에게 놓아 주기를 원하느냐 바라바냐 그리스도라 하는 예수냐 하니

27:9,10 **그들이 그 가격 매겨진 자 … 이는 주께서 내게 명하신 바와 같으니라** 스가랴서 11장 12,13절, 예레미야서 32장 6-9절을 보라.
27:16 **바라바** 일부 헬라어 사본들에서는 이 사람의 이름이 '예수 바라바'로 기록되어 있다.

27:24 **손을 씻으며** 빌라도는 자기가 유대인들의 행위에 참여하기를 원하지 않는다는 것을 보이기 위해 손을 씻었다.

26 이에 바라바는 그들에게 놓아 주고 예수는 채찍질하고 십자가에 못 박히게 넘겨 주니라

군병들이 예수를 희롱하다

27 이에 총독의 군병들이 예수를 데리고 관정 안으로 들어가서 온 군대를 그에게로 모으고 28 그의 옷을 벗기고 홍포를 입히며 29 가시관을 엮어 그 머리에 씌우고 갈대를 그 오른손에 들리고 그 앞에서 무릎을 꿇고 희롱하여 이르되

30 그에게 침 뱉고 갈대를 빼앗아 그의 머리를 치더라 31 희롱을 다 한 후 홍포를 벗기고 도로 그의 옷을 입혀 십자가에 못 박으려고 끌고 나가니라

십자가에 못 박히시다

32 나가다가 시몬이란 구레네 사람을 만나매 그에게 예수의 십자가를 억지로 지워 가게 하였더라

33 골고다 즉 해골의 곳이라는 곳에 이르러

34 쓸개 탄 포도주•를 예수께 주어 마시게 하려 하였더니 예수께서 맛보시고 마시고자 하지 아니하시더라

27:34 **쓸개 탄 포도주** 약제를 섞은 포도주에는 고통을 덜 느끼도록 도와주는 기능이 있었을 것이다.

27:35 **그 옷을 제비 뽑아 나누고** 일부 헬라어 사본들에서는 이 표현 다음에 "그리하여 하나님께서 선지자를 통해 하신 말씀, 즉 '그들이 내 옷을 나누고 내 옷을 제비 뽑나이다'라는 말씀이 이루어졌다"라고 기록되어 있다.

44 함께 십자가에 못 박힌 강도
들도 이와 같이 욕하더라

영혼이 떠나시다

45 제육시로부터 온 땅에 어
둠이 임하여 제구시까지 계
속되더니 46 제구시쯤에 예
수께서 크게 소리 질러 이르
시되

엘리 엘리 라마 사박다니 하시니
이는 곧
나의 하나님, 나의 하나님, 어찌하여 나를 버리
셨나이까 하는 뜻이라

47 거기 섰던 자 중 어떤
이들이 듣고 이르되

이 사람이 엘리야를
부른다 하고

48 그 중의 한 사람이 곧
달려가서 해면을 가져
다가 신 포도주에 적시
어 갈대에 꿰어 마시게
하거늘 49 그 남은 사람
들이 이르되

가만 두라 엘리야가 와서 그
를 구원하나 보자 하더라

50 예수께서 다시 크게 소리 지르
시고 영혼이 떠나시니라 51 이에
성소 휘장•이 위로부터 아래까지
찢어져 둘이 되고 땅이 진동하며
바위가 터지고 52 무덤들이 열리
며 자던 성도의 몸이 많이 일어나
되 53 예수의 부활 후에 그들이
무덤에서 나와서 거룩한 성에 들
어가 많은 사람에게 보이니라

27:51 **성소 휘장** 이것은 지성소를 성소의 다른 부분으로부터 분리시킨 휘장이다. 성소는 유대인들이 하나님의 명령에 따라 그분을 경배하는 장소로 사용했던 예루살렘의 특별한 건물이었다.

54 백부장과
및 함께 예수
를 지키던 자
들이 지진과
그 일어난 일
들을 보고 심
히 두려워하
여 이르되

55 예수를 섬기며 갈릴
리에서부터 따라온 많
은 여자가 거기 있어
멀리서 바라보고 있으
니 56 그 중에는 막달
라 마리아와 또 야고보
와 요셉의 어머니 마리
아와 또 세베대의 아들
들의 어머니도 있더라

요셉이 예수의 시체를 무덤에 넣어 두다

57 저물었을 때에 아리마대
의 부자 요셉이라 하는 사
람이 왔으니 그도 예수의
제자라 58 빌라도에게 가서
예수의 시체를 달라 하니 이
에 빌라도가 내주라 명령하
거늘

59 요셉이 시체를 가져
다가 깨끗한 세마포로
싸서

60 바위 속에
판 자기 새
무덤에 넣어
두고 큰 돌을
굴려 무덤 문
에 놓고 가니

61 거기 막달라 마리
아와 다른 마리아가
무덤을 향하여 앉았
더라

경비병이 무덤을 지키다

62 그 이튿날은 준비일 다음 날이라
대제사장들과 바리새인들이 함께
빌라도에게 모여 이르되

65 빌라도가 이르되
너희에게 경비병이 있으니 가서 힘대로 굳게 지키라 하거늘

66 그들이 경비병과 함께 가서 돌을 인봉하고 무덤을 굳게 지키니라

28장
살아나시다

1 안식일이 다 지나고 안식 후 첫날이 되려는 새벽에 막달라 마리아와 다른 마리아가 무덤을 보려고 갔더니 2 큰 지진이 나며 주의 천사가 하늘로부터 내려와 돌을 굴려 내고 그 위에 앉았는데 3 그 형상이 번개 같고 그 옷은 눈 같이 희거늘 4 지키던 자들이 그를 무서워하여 떨며 죽은 사람과 같이 되었더라

5 천사가 여자들에게 말하여 이르되
너희는 무서워하지 말라 십자가에 못 박히신 예수를 너희가 찾는 줄을 내가 아노라 6 그가 여기 계시지 않고 그가 말씀 하시던 대로 살아나셨느니라 와서 그가 누우셨던 곳을 보라 7 또 빨리 가서 그의 제자들에게 이르되 그가 죽은 자 가운데서 살아나셨고 너희보다 먼저 갈릴리로 가시나니 거기서 너희가 뵈오리라 하라 보라 내가 너희에게 일렀느니라 하거늘

8 그 여자들이 무서움과 큰 기쁨
으로 빨리 무덤을 떠나 제자들에
게 알리려고 달음질할새

9 예수께서 그
들을 만나 이
르시되 평안하
냐 하시거늘
여자들이 나아
가 그 발을 붙
잡고 경배하니
10 이에 예수
께서 이르시되

경비병의 보고

11 여자들이 갈 때 경비
병 중 몇이 성에 들어가
모든 된 일을 대제사장
들에게 알리니 12 그들
이 장로들과 함께 모여
의논하고 군인들에게
돈을 많이 주며 13 이
르되

15 군인들이 돈을 받
고 가르친 대로 하
였으니 이 말이 오
늘날까지 유대인 가
운데 두루 퍼지니라

제자들에게 할 일을 분부하시다

16 열한 제자가 갈릴리에
가서 예수께서 지시하신
산에 이르러 17 예수를 뵈
옵고 경배하나 아직도 의
심하는 사람들이 있더라
18 예수께서 나아와 말씀하
여 이르시되

마가복음 1장

복음을 전파하다

1 하나님의 아들 예수 그리스도의 복음
의 시작이라 2 선지자 이사야의 글에

> 보라 내가 내 사자를 네 앞
> 에 보내노니 그가 네 길을
> 준비하리라 말 3:1
>
> 3 광야에 외치는 자의 소리
> 가 있어 이르되 너희는 주
> 의 길을 준비하라 그의 오
> 실 길을 곧게 하라 기록된
> 것과 같이 사 40:3

4 세례 요한이 광야에 이르러 죄 사함을
받게 하는 회개의 세례를 전파하니 5 온
유대 지방과 예루살렘 사람이 다 나아가
자기 죄를 자복하고 요단 강에서 그에게
세례를 받더라 6 요한은 낙타털 옷을 입
고 허리에 가죽 띠를 띠고 메뚜기와 석
청을 먹더라 7 그가 전파하여 이르되

막

세례를 받으시다

9 그 때에 예수께서 갈
릴리 나사렛으로부터
와서 요단 강에서 요
한에게 세례를 받으시
고 10 곧 물에서 올라
오실새 하늘이 갈라짐
과 성령이 비둘기 같
이 자기에게 내려오심
을 보시더니

11 하늘로부터 소리가 나기를

시험을 받으시다

12 성령이 곧 예수를 광야로 몰아내신지라

13 광야에서 사십 일을 계시면서 사탄에게
시험을 받으시며 들짐승과 함께 계시니 천
사들이 수종들더라

갈릴리에서 복음을 전파하시다

14 요한이 잡힌 후 예수께서
갈릴리에 오셔서 하나님의 복
음을 전파하여 15 이르시되

때가 찼고 하나님의 나라가
가까이 왔으니 회개하고 복음
을 믿으라 하시더라

어부들을 부르시다

16 갈릴리 해변으로 지나
가시다가 시몬•과 그 형
제 안드레가 바다에 그물
던지는 것을 보시니 그들
은 어부라 17 예수께서
이르시되

나를 따라오라 내가 너희로 사람을
낚는 어부가 되게 하리라 하시니

18 곧 그물을 버려 두고 따
르니라 19 조금 더 가시다
가 세베대의 아들 야고보
와 그 형제 요한을 보시니
그들도 배에 있어 그물을
깁는데 20 곧 부르시니 그
아버지 세베대를 품꾼들과
함께 배에 버려 두고 예수
를 따라가니라

1:16 **시몬** 시몬의 또 다른 이름은 베드로이다.

더러운 귀신 들린 사람을 고치시다
21 그들이 가버나움에 들어가니라
예수께서 곧 안식일에 회당에 들
어가 가르치시매 22 뭇 사람이 그
의 교훈에 놀라니 이는 그가 가르
치시는 것이 권위 있는 자와 같고
서기관들과 같지 아니함일러라
23 마침 그들의 회당에 더러운 귀
신 들린 사람이 있어 소리 질러 이
르되

24 나사렛 예수여 우리가 당신과 무슨 상관이 있나이까 우리를 멸하러 왔나이까 나는 당신이 누구인 줄 아노니 하나님의 거룩한 자니이다

25 예수께서 꾸짖어 이르시되
잠잠하고 그 사람에게서 나오라 하시니
26 더러운 귀신이 그 사람에게 경련을 일으키고 큰 소리를 지르며 나오는지라

27 다 놀라 서로 물어 이르되
이는 어찜이냐 권위 있는 새 교훈이로다 더러운 귀신들에게 명한즉 순종하는도다 하더라
28 예수의 소문이 곧 온 갈릴리 사방에 퍼지더라

막

많은 사람을 고치시다

29 회당에서
나와 곧 야
고보와 요한
과 함께 시
몬과 안드레
의 집에 들
어가시니

30 시몬의 장모가 열병
으로 누워 있는지라 사
람들이 곧 그 여자에 대
하여 예수께 여짜온대
31 나아가사 그 손을 잡
아 일으키시니 열병이
떠나고 여자가 그들에게
수종드니라

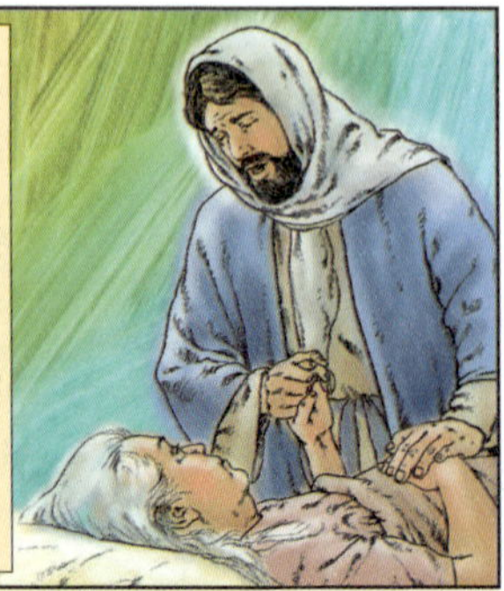

32 저물어 해 질 때
에 모든 병자와 귀
신 들린 자를 예수
께 데려오니 33 온
동네가 그 문 앞에
모였더라 34 예수
께서 각종 병이 든
많은 사람을 고치
시며 많은 귀신을
내쫓으시되 귀신이
자기를 알므로 그
말하는 것을 허락
하지 아니하시니라

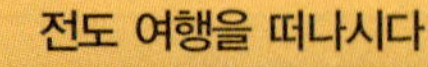

전도 여행을 떠나시다

35 새벽 아직도 밝
기 전에 예수께서
일어나 나가 한적
한 곳으로 가사 거
기서 기도하시더
니 36 시몬과 및
그와 함께 있는 자
들이 예수의 뒤를
따라가 37 만나서
이르되

나병환자를 깨끗하게 하시다

41 예수께서 불쌍히 여기사 손을 내밀어 그에게 대시며 이르시되

42 곧 나병이 그 사람에게서 떠나가고 깨끗하여진지라 43 곧 보내시며 엄히 경고하사

45 그러나 그 사람이 나가서 이 일을 많이 전파하여 널리 퍼지게 하니 그러므로 예수께서 다시는 드러나게 동네에 들어가지 못하시고 오직 바깥 한적한 곳에 계셨으나 사방에서 사람들이 그에게로 나아오더라

1:44 **모세가 명한** 더 자세한 것은 레위기 14장 1-32절을 읽으라.

3 사람들이 한 중풍
병자를 네 사람에
게 메워 가지고 예
수께로 올새 4 무
리들 때문에 예수
께 데려갈 수 없으
므로 그 계신 곳의
지붕을 뜯어 구멍
을 내고

중풍병자가 누운 상을 달아 내리니 5 예수께서
그들의 믿음을 보시고 중풍병자에게 이르시되
작은 자야 네 죄 사함을 받았느니라 하시니
6 어떤 서기관들이 거기 앉아
서 마음에 생각하기를
7 이 사람이 어찌 이렇게 말하는
가 신성모독이로다 오직 하나님
한 분 외에는 누가 능히 죄를 사
하겠느냐

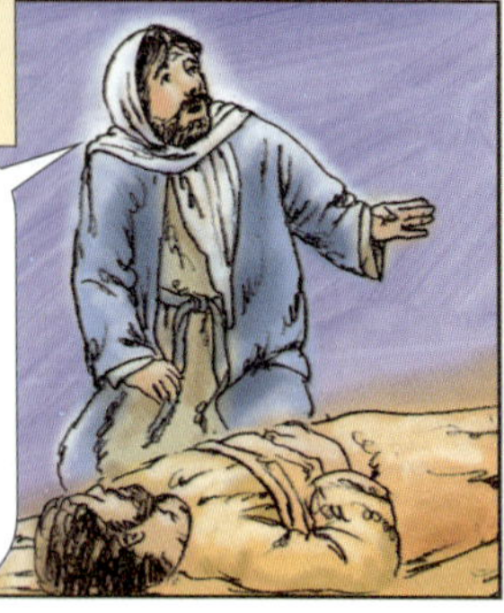
8 그들이 속으로 이렇게 생각하는 줄을
예수께서 곧 중심에 아시고 이르시되
어찌하여 이것을 마음에 생각하느냐
9 중풍병자에게 네 죄 사함을 받았느
니라 하는 말과 일어나 네 상을 가지
고 걸어가라 하는 말 중에서 어느 것
이 쉽겠느냐 10 그러나 인자가 땅에서
죄를 사하는 권세가 있는 줄을 너희로
알게 하려 하노라 하시고

중풍병자에게 말씀하시되
11 내가 네게 이르노니 일어나 네
상을 가지고 집으로 가라 하시니

레위를 부르시다

16 바리새인의
서기관들이 예
수께서 죄인 및
세리들과 함께
잡수시는 것을
보고 그의 제자
들에게 이르되

어찌하여 세리 및 죄인
들과 함께 먹는가

17 예수께서 들으시고 그들에게 이르시되

건강한 자에게는 의사가 쓸 데 없고 병든 자에게라야 쓸 데 있느니라 나는 의인을 부르러 온 것이 아니요 죄인을 부르러 왔노라 하시니라

금식 논쟁

18 요한•의 제자들과 바리새인들이 금식•하고 있는지라 사람들이 예수께 와서 말하되

요한의 제자들과 바리새인의 제자들은 금식하는데 어찌하여 당신의 제자들은 금식하지 아니하나이까

19 예수께서 그들에게 이르시되

혼인 집 손님들이 신랑과 함께 있을 때에 금식할 수 있느냐 신랑과 함께 있을 동안에는 금식할 수 없느니라

20 그러나 신랑을 빼앗길 날이 이르리니 그 날에는 금식할 것이니라

21 생베 조각을 낡은 옷에 붙이는 자가 없나니 만일 그렇게 하

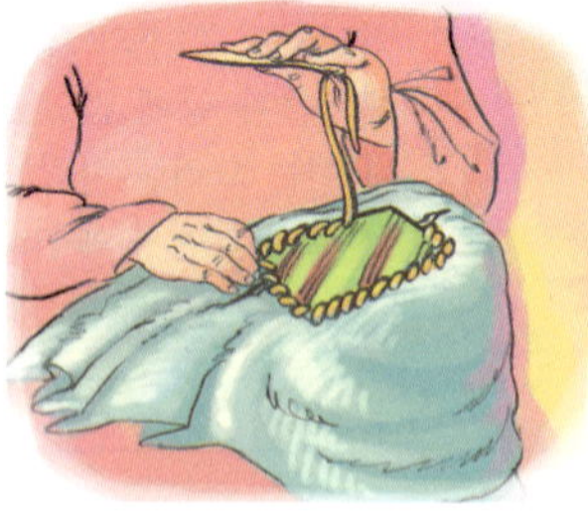

면 기운 새 것이 낡은 그것을 당기어 해어짐이 더하게 되느니라

22 새 포도주를 낡은 가죽 부대에 넣는 자가 없나니 만일 그렇

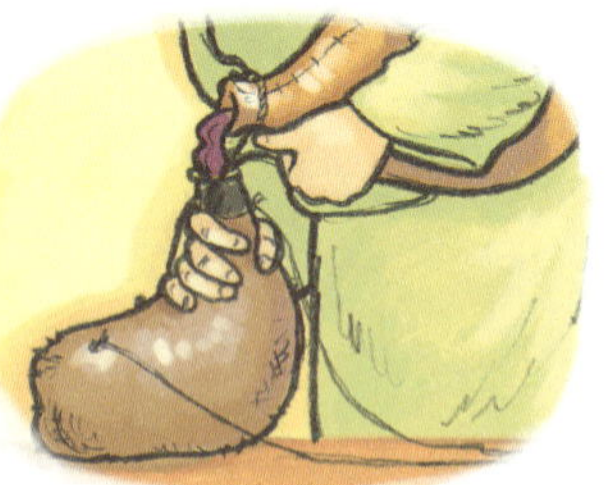

게 하면 새 포도주가 부대를 터뜨려 포도주와 부대를 버리게 되

리라 오직 새 포도주는 새 부대에 넣느니라 하시니라

2:18 **요한** 그리스도께서 오실 것을 사람들에게 미리 선포한 세례 요한(막 1:4-8 참조).
2:18 **금식** 기도하며 하나님을 경배하는 특별한 때에 사람들은 금식하였다. 또한 금식은 슬픔의 표현이기도 했다.

안식일에 밀 이삭을 자르다

25 예수께서 이르시되

다윗이 자기와 및 함께 한 자들이 먹을 것이 없
어 시장할 때에 한 일을 읽지 못하였느냐 26 그
가 아비아달 대제사장 때에 하나님의 전에 들어
가서 제사장 외에는 먹어서는 안 되는 진설병을
먹고 함께 한 자들에게도 주지 아니하였느냐

27 또 이르시되

안식일이 사람을 위하여 있는 것이요 사람이 안식일을 위하여
있는 것이 아니니 28 이러므로 인자는 안식일에도 주인이니라

3장

안식일에 손 마른 사람을 고치시다

1 예수께서 다시 회당에 들
어가시니 한쪽 손 마른 사
람이 거기 있는지라 2 사
람들이 예수를 고발하려
하여 안식일에 그 사람을
고치시는가 주시하고 있거
늘 3 예수께서 손 마른 사
람에게 이르시되

4 그들에게 이르시되

안식일에 선을 행하는
것과 악을 행하는 것,
생명을 구하는 것과
죽이는 것, 어느 것이
옳으냐 하시니

그들이 잠잠하거늘

3:6 **헤롯당** 헤롯과 그의 가문을 따랐던 정치적 무리

열두 제자를 세우시다

13 또 산에 오르사 자기가 원하는
자들을 부르시니 나아온지라 14
이에 열둘을 세우셨으니• 이는
자기와 함께 있게 하시고 또 보내
사 전도도 하며 15 귀신을 내쫓
는 권능도 가지게 하려 하심이러
라 16 이 열둘을 세우셨으니 시
몬에게는 베드로란 이름을 더하
셨고 17 또 세베대의 아들 야고
보와 야고보의 형제 요한이니 이
둘에게는 보아너게 곧 우레의 아
들이란 이름을 더하셨으며 18 또
안드레와 빌립과 바돌로매와 마
태와 도마와 알패오의 아들 야고
보와 및 다대오와 가나나인 시몬
이며 19 또 가룟 유다니 이는 예
수를 판 자더라

예수와 바알세불

20 집에 들어가시니 무리
가 다시 모이므로 식사할
겨를도 없는지라 21 예수
의 친족들이 듣고 그를 붙
들러 나오니 이는 그가 미
쳤다 함일러라

3:14 **열둘을 세우셨으니** 이 표현 다음에 일부 헬라어 사본들에서는 "그들을 사도라고 부르셨다"라는 말이 나온다.

3:32 **어머니와 동생들과 누이들이** 일부 헬라어 사본들에는 '누이들이'라는 표현이 나오지 않는다.

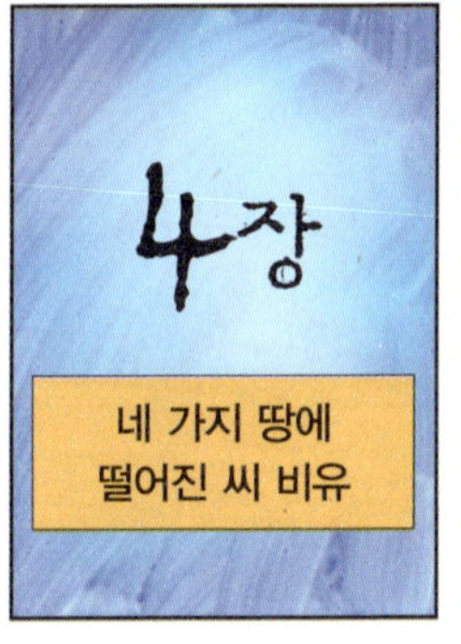

1 예수께서 다시 바닷가에
서 가르치시니 큰 무리가
모여들거늘 예수께서 바다
에 떠 있는 배에 올라 앉으
시고 온 무리는 바닷가 육
지에 있더라 2 이에 예수
께서 여러 가지를 비유로
가르치시니 그 가르치시는
중에 그들에게 이르시되

3 들으라 씨를 뿌리는 자가 뿌리
러 나가서 4 뿌릴새 더러는 길

가에 떨어지매 새들이 와서 먹어
버렸고 5 더러는 흙이 얕은 돌밭

에 떨어지매 흙이 깊지 아니하므
로 곧 싹이 나오나 6 해가 돋은

후에 타서 뿌리가 없으므로 말
랐고 7 더러는 가시떨기에 떨어

지매 가시가 자라 기운을 막으므
로 결실하지 못하였고

8 더러는 좋은 땅에 떨어지매 자라 무
성하여 결실하였으니 삼십 배나 육
십 배나 백 배가 되었느니라 하시고

9 또 이르시되

들을 귀 있는 자는
들으라 하시니라

비유를 설명하시다

10 예수께서 홀로 계실
때에 함께 한 사람들이
열두 제자와 더불어 그
비유들에 대하여 물으
니 11 이르시되

하나님 나라의 비밀을 너희에게
는 주었으나 외인에게는 모든 것
을 비유로 하나니 12 이는

> 그들로 보기는 보아도
> 알지 못하며 듣기는 들
> 어도 깨닫지 못하게 하
> 여 돌이켜 죄 사함을
> 얻지 못하게 하려 함이
> 라 하시고 사 6:9,10

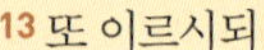

13 또 이르시되

너희가 이 비유를 알지 못할진대
어떻게 모든 비유를 알겠느냐
14 뿌리는 자는 말씀을 뿌리는 것
이라 15 말씀이 길 가에 뿌려졌
다는 것은 이들을 가리킴이니 곧
말씀을 들었을 때에 사탄이 즉시
와서 그들에게 뿌려진 말씀을 빼

앗는 것이요 16 또 이와 같이 돌
밭에 뿌려졌다는 것은 이들을 가

리킴이니 곧 말씀을 들을 때에
즉시 기쁨으로 받으나 17 그 속
에 뿌리가 없어 잠깐 견디다가
말씀으로 인하여 환난이나 박해

가 일어나는 때에는 곧 넘어지는
자요 18 또 어떤 이는 가시떨기
에 뿌려진 자니 이들은 말씀을
듣기는 하되 19 세상의 염려와
재물의 유혹과 기타 욕심이 들어
와 말씀을 막아 결실•하지 못하
게 되는 자요

4:19 **결실** 결실한다는 것은 하나님께서 원하시는 선한 것들이 삶에서 나타난다는 것을 의미한다.

막

20 좋은 땅에 뿌려졌다는 것은
곧 말씀을 듣고 받아 삼십 배나
육십 배나 백 배의 결실을 하는
자니라

등불은 등경 위에

21 또 그들에게 이르시되

사람이 등불을 가져오는 것은 말
아래에나 평상 아래에 두려 함이
냐 등경 위에 두려 함이 아니냐
22 드러내려 하지 않고는 숨긴
것이 없고 나타내려 하지 않고는
감추인 것이 없느니라 23 들을
귀 있는 자는 들으라 24 또 이르
시되 너희가 무엇을 듣는가 스스
로 삼가라 너희의 헤아리는 그
헤아림으로 너희가 헤아림을 받
을 것이며 더 받으리니 25 있는
자는 받을 것이요 없는 자는 그
있는 것까지도 빼앗기리라

자라나는 씨 비유

26 또 이르시되

하나님의 나라는 사람이 씨를 땅
에 뿌림과 같으니 27 그가 밤낮
자고 깨고 하는 중에 씨가 나서
자라되 어떻게 그리 되는지를 알
지 못하느니라 28 땅이 스스로
열매를 맺되 처음에는 싹이요 다
음에는 이삭이요 그 다음에는 이
삭에 충실한 곡식이라 29 열매가
익으면 곧 낫을 대나니 이는 추수
때가 이르렀음이라

겨자씨 비유

30 또 이르시되

우리가 하나님의 나라를 어떻게
비교하며 또 무슨 비유로 나타낼
까 31 겨자씨 한 알과 같으니 땅
에 심길 때에는 땅 위의 모든 씨
보다 작은 것이로되 32 심긴 후
에는 자라서 모든 풀보다 커지며
큰 가지를 내나니 공중의 새들이
그 그늘에 깃들일 만큼 되느니라

비유로 가르치시다

33 예수께서 이러한 많은 비유로
그들이 알아 들을 수 있는 대로
말씀을 가르치시되 34 비유가 아
니면 말씀하지 아니하시고 다만
혼자 계실 때에 그 제자들에게 모
든 것을 해석하시더라

바람과 바다를 잔잔하게 하시다

하시니 바람이 그치고
아주 잔잔하여지더라

40 이에 제자들에게 이르시되

41 그들이 심히 두려워하여 서로 말하되

그가 누구이기에 바람과 바다도
순종하는가 하였더라

5장

귀신 들린 사람을 고치시다

1 예수께서 바다 건너편 거라사
인의 지방•에 이르러 2 배에서
나오시매 곧 더러운 귀신 들린
사람이 무덤 사이에서 나와 예수
를 만나니라 3 그 사람은 무덤
사이에 거처하는데 이제는 아무
도 그를 쇠사슬로도 맬 수 없게
되었으니 4 이는 여러 번 고랑과
쇠사슬에 매였어도 쇠사슬을 끊
고 고랑을 깨뜨렸음이러라

그리하여 아무도 그를 제어할 힘이
없는지라 5 밤낮 무덤 사이에서나
산에서나 늘 소리 지르며 돌로 자
기의 몸을 해치고 있었더라 6 그가
멀리서 예수를 보고 달려와 절하며
7 큰 소리로 부르짖어 이르되

8 이는 예수께서 이미 그에게 이르시기를

더러운 귀신아 그 사람에
게서 나오라 하셨음이라

9 이에 물으시되

네 이름이 무엇이냐

이르되

내 이름은 군대•니 우리
가 많음이니이다 하고

10 자기를 그 지방에서 내보내지
마시기를 간구하더니

11 마침 거기 돼지의 큰 떼가 산
곁에서 먹고 있는지라

5:1 **거라사인의 지방** 갈릴리 호수 동남쪽에 있던 지역이지만 구체적인 위치는 불확실하다. 어떤 헬라어 사본들에서는 '게르게사인의 지방'으로, 또 다른 헬라어 사본들에서는 '가다라인의 지방'으로 나온다.
5:9 **군대** 이것은 매우 많다는 뜻이다. 고대 로마에서 하나의 군대는 약 5천 명으로 구성되었다.

12 이에 간구하여 이르되

13 허락하신대 더러운 귀신들이 나와서 돼지에게로
들어가매 거의 이천 마리 되는 떼가 바다를 향하여
비탈로 내리달아 바다에서 몰사하거늘

14 치던 자들이 도망하여 읍내와
여러 마을에 말하니 사람들이 어떻
게 되었는지를 보러 와서 15 예수
께 이르러 그 귀신 들렸던 자 곧 군
대 귀신 지폈던 자가 옷을 입고 정
신이 온전하여 앉은 것을 보고 두
려워하더라

16 이에 귀신 들렸던 자가 당한 것
과 돼지의 일을 본 자들이 그들에
게 알리매 17 그들이 예수께 그 지
방에서 떠나시기를 간구하더라

18 예수께서 배에 오르실 때에 귀신
들렸던 사람이 함께 있기를 간구하였
으나

19 허락하지 아니하시고 그에게 이르시되

20 그가 가서 예수께서 자기에게 어떻
게 큰 일 행하셨는지를 데가볼리•에 전
파하니 모든 사람이 놀랍게 여기더라

야이로의 딸과 예수의 옷에 손을 댄 여자

21 예수께서 배를 타시고 다시 맞은편으로
건너가시니 큰 무리가 그에게로 모이거늘
이에 바닷가에 계시더니

5:20 **데가볼리** '열 도시'라는 뜻의 헬라어. 갈릴리 호수 동편의 이 지역에는 한때 열 개의 주요 도시가 있었다.

가진 것도 다 허비하
였으되 아무 효험이
없고 도리어 더 중하
여졌던 차에 27 예수
의 소문을 듣고 무리
가운데 끼어 뒤로 와
서 그의 옷에 손을 대
니 28 이는

내가 그의 옷에만 손을 대어도 구
원을 받으리라 생각함일러라

29 이에 그의 혈루 근원이 곧 마
르매 병이 나은 줄을 몸에 깨달
으니라 30 예수께서 그 능력이
자기에게서 나간 줄을 곧 스스로
아시고 무리 가운데서 돌이켜

32 예수께서 이 일
행한 여자를 보려
고 둘러 보시니 33
여자가 자기에게
이루어진 일을 알
고 두려워하여 떨
며 와서 그 앞에 엎
드려 모든 사실을
여쭈니 34 예수께
서 이르시되

42 소녀가 곧 일어나서
걸으니 나이가 열두 살
이라 사람들이 곧 크게
놀라고 놀라거늘 43 예
수께서 이 일을 아무도
알지 못하게 하라고 그
들을 많이 경계하시고
이에 소녀에게 먹을 것
을 주라 하시니라

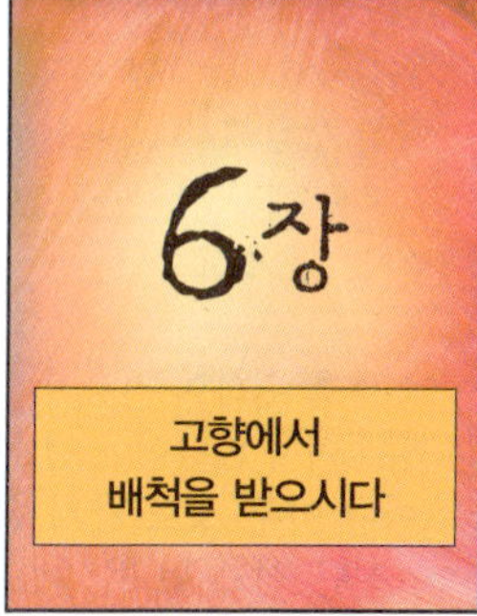

6장

고향에서 배척을 받으시다

3 이 사람이 마리아의 아들
목수가 아니냐 야고보와 요
셉과 유다와 시몬의 형제가
아니냐 그 누이들이 우리와
함께 여기 있지 아니하냐

하고 예수를 배척한지라 4 예수
께서 그들에게 이르시되

선지자가 자기 고향과 자기
친척과 자기 집 외에서는
존경을 받지 못함이 없느니
라 하시며

5 거기서는 아무 권능도 행하실
수 없어 다만 소수의 병자에게
안수하여 고치실 뿐이었고 6 그
들이 믿지 않음을 이상히 여기셨
더라

열두 제자를 부르사 둘씩 보내시다

이에 모든 촌에 두루 다니시며
가르치시더라

7 열두 제자를 부르사 둘
씩 둘씩 보내시며 더러운
귀신을 제어하는 권능을
주시고 8 명하시되

여행을 위하여 지팡이 외에는
양식이나 배낭이나 전대의 돈
이나 아무 것도 가지지 말며
9 신만 신고 두 벌 옷도 입지
말라 하시고

10 또 이르시되

어디서든지 누구의 집에 들어
가거든 그 곳을 떠나기까지
거기 유하라 11 어느 곳에서
든지 너희를 영접하지 아니하
고 너희 말을 듣지도 아니하
거든 거기서 나갈 때에 발 아
래 먼지를 떨어버려• 그들에
게 증거를 삼으라• 하시니

12 제자들이 나가서 회개하라 전파하고 13 많은 귀신을
쫓아내며 많은 병자에게 기름을 발라 고치더라

6:11 **먼지를 떨어버려** 이것은 그들이 사람들에게 할 말을 다했다는 표시가 된다.
6:11 **증거를 삼으라** 이 다음에 일부 헬라어 사본들에서는 "내가 진실로 너희에게 이르노니 심판 날에 소돔과 고모라 땅이 그 성의 사람들보다 견디기 쉬우리라"라는 기록이 나온다(마 10:15 참조).

세례 요한의 죽음

17 전에 헤롯이 자기가 동
생 빌립의 아내 헤로디아
에게 장가 든 고로 이 여
자를 위하여 사람을 보내
어 요한을 잡아 옥에 가두
었으니 18 이는 요한이
헤롯에게 말하되 동생의
아내를 취한 것이 옳지 않
다 하였음이라

19 헤로디아가 요한을 원수로 여
겨 죽이고자 하였으되 하지 못한
것은 20 헤롯이 요한을 의롭고 거
룩한 사람으로 알고 두려워하여
보호하며 또 그의 말을 들을 때에
크게 번민을 하면서도 달갑게 들
음이러라 21 마침 기회가 좋은 날
이 왔으니 곧 헤롯이 자기 생일에
대신들과 천부장들과 갈릴리의
귀인들로 더불어 잔치할새 22 헤
로디아의 딸•이 친히 들어와 춤을
추어 헤롯과 그와 함께 앉은 자들
을 기쁘게 한지라 왕이 그 소녀에
게 이르되

6:14 **헤롯 왕이** 일부 헬라어 사본들에서는 이것이 '어떤 사람들이'로 되어 있다.
6:15 **엘리야** 하나님의 말씀을 대언했던 사람. 그는 그리스도께서 오시기 몇 백 년 전에 살았다.
6:22 **헤로디아의 딸** 일부 헬라어 사본들에는 이것이 '그의 딸 헤로디아'로 되어 있다.

25 그가 곧 왕에게 급히 들어가
구하여 이르되

오천 명을 먹이시다

32 이에 배를 타고
따로 한적한 곳에
갈새 33 그들이 가
는 것을 보고 많은
사람이 그들인 줄
안지라 모든 고을
로부터 도보로 그
곳에 달려와 그들
보다 먼저 갔더라

34 예수께서 나오사 큰 무리를 보시고 그 목자 없는 양 같음으로 인하여 불쌍히 여기사 이에 여러 가지로 가르치시더라 35 때가 저물어가매 제자들이 예수께 나아와 여짜오되

이 곳은 빈 들이요 날도 저물어가니 36 무리를 보내어 두루 촌과 마을로 가서 무엇을 사 먹게 하옵소서
37 대답하여 이르시되
너희가 먹을 것을 주라
하시니 여짜오되
우리가 가서 이백 데나리온의 떡을 사다 먹이리이까

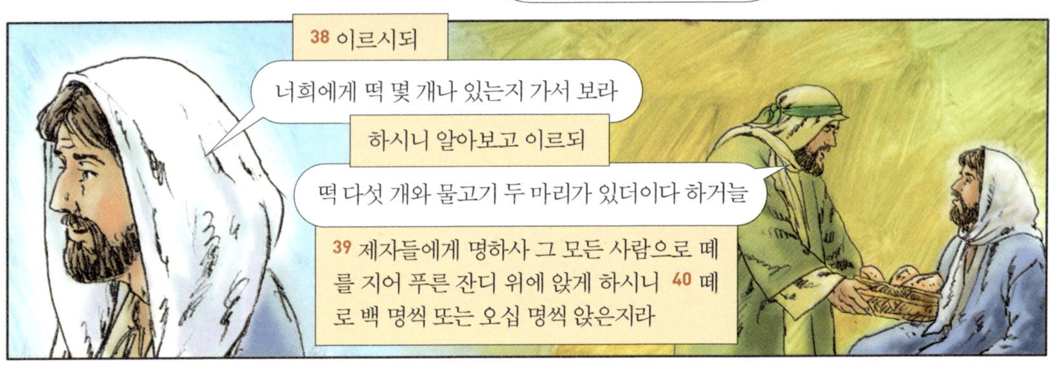
38 이르시되
너희에게 떡 몇 개나 있는지 가서 보라
하시니 알아보고 이르되
떡 다섯 개와 물고기 두 마리가 있더이다 하거늘
39 제자들에게 명하사 그 모든 사람으로 떼를 지어 푸른 잔디 위에 앉게 하시니 40 떼로 백 명씩 또는 오십 명씩 앉은지라

41 예수께서 떡 다섯 개와 물고기 두 마
리를 가지사 하늘을 우러러 축사하시고
떡을 떼어 제자들에게 주어 사람들에게
나누어 주게 하시고 또 물고기 두 마리
도 모든 사람에게 나누시매

바다 위로 걸으시다

45 예수께서 즉
시 제자들을 재
촉하사 자기가
무리를 보내는
동안에 배 타고
앞서 건너편 벳
새다로 가게 하
시고

46 무리를 작별
하신 후에 기도
하러 산으로 가
시니라

47 저물매 배는 바다
가운데 있고 예수께
서는 홀로 뭍에 계시
다가 48 바람이 거스
르므로 제자들이 힘
겹게 노 젓는 것을 보
시고 밤 사경쯤에 바
다 위로 걸어서 그들
에게 오사 지나가려
고 하시매

49 제자들이 그가 바다 위로
걸어 오심을 보고 유령인가
하여 소리 지르니 50 그들이
다 예수를 보고 놀람이라 이
에 예수께서 곧 그들에게 말
씀하여 이르시되

안심하라 내니 두려워하지
말라 하시고

51 배에 올라 그들에게 가시니 바람이 그치는
지라 제자들이 마음에 심히 놀라니 52 이는
그들이 그 떡 떼시던 일을 깨닫지 못하고 도리
어 그 마음이 둔하여졌음이러라

게네사렛에서 병자들을 고치시다

53 건너가 게네사렛 땅
에 이르러 대고 54 배
에서 내리니 사람들이
곧 예수신 줄을 알고
55 그 온 지방으로 달려
돌아 다니며 예수께서
어디 계시다는 말을 듣
는 대로 병든 자를 침
상째로 메고 나아오니

56 아무 데나 예수께서
들어가시는 지방이나
도시나 마을에서 병자
를 시장에 두고 예수께
그의 옷 가에라도 손을
대게 하시기를 간구하
니 손을 대는 자는 다
성함을 얻으니라

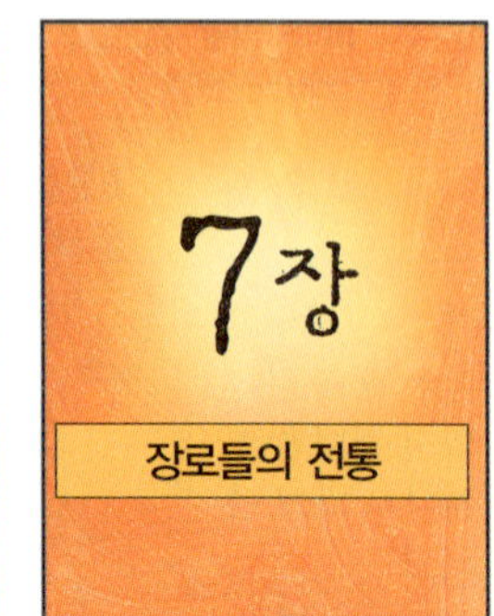

1 바리새인들과 또 서기관 중 몇
이 예루살렘에서 와서 예수께
모여들었다가 2 그의 제자 중
몇 사람이 부정한 손 곧 씻지 아
니한 손으로 떡 먹는 것을 보았
더라 3 (바리새인들과 모든 유
대인들은 장로들의 전통을 지키
어 손을 잘 씻지 않고서는 음식
을 먹지 아니하며

4 또 시장에서 돌아와서도 물을
뿌리지 않고서는 먹지 아니하며
그 외에도 여러 가지를 지키어
오는 것이 있으니 잔과 주발과
놋그릇을• 씻음이러라) 5 이에
바리새인들과 서기관들이 예수
께 묻되

어찌하여 당신의 제자들은 장
로들의 전통을 준행하지 아니
하고 부정한 손으로 떡을 먹
나이까

6 이르시되

이사야가 너희 외식하는 자에 대하여
잘 예언하였도다 기록하였으되

이 백성이 입술로는 나를
공경하되 마음은 내게서 멀
도다 7 사람의 계명으로 교
훈을 삼아 가르치니 나를
헛되이 경배하는도다

사 29:13

하였느니라 8 너희가 하나님의 계명
은 버리고 사람의 전통을 지키느니라•

7:4 **놋그릇을** 일부 헬라어 사본들에는 이것이 '놋그릇과 식사용 긴 의자를'로 되어 있다.
7:8 **전통을 지키느니라** 일부 헬라어 사본들에는 이 다음에 "너희가 놋그릇과 주전자를 씻고 또 그와 같은 일들을 많이 하느니라"라고 기록되어 있다.

7:10 네 부모를 공경하라 출 20:12 또는 신 5:16 인용
7:10 아버지나 어머니를 … 당하리라 출 21:17 인용
7:16 더럽게 하는 것이니라 일부 헬라어 사본들에는 이 다음에 "들을 귀 있는 자는 들을지어다"라고 기록되어 있다.

수로보니게 여자의 믿음

24 예수께서 일어나사 거기를
떠나 두로 지방으로 가서• 한
집에 들어가 아무도 모르게
하시려 하나 숨길 수 없더라
25 이에 더러운 귀신 들린 어
린 딸을 둔 한 여자가 예수의
소문을 듣고 곧 와서 그 발
아래에 엎드리니

26 그 여자는 헬라인이요 수로보
니게 족속이라 자기 딸에게서 귀
신 쫓아내 주시기를 간구하거늘
27 예수께서 이르시되

자녀로 먼저 배불리 먹
게 할지니 자녀의 떡을
취하여 개들에게 던짐
이 마땅치 아니하니라

28 여자가 대답하여 이르되

주여 옳소이다마는 상
아래 개들도 아이들이
먹던 부스러기를 먹나
이다

7:24 **두로 지방으로 가서** 일부 헬라어 사본들에서는 이것이 "두로와 시돈 지방으로 가서"라고 되어 있다.

29 예수께서 이르시되

이 말을 하였으니 돌아가라 귀신이
네 딸에게서 나갔느니라 하시매

30 여자가 집에 돌아가 본즉 아이가
침상에 누웠고 귀신이 나갔더라

귀 먹고 말 더듬는 사람을 고치시다

31 예수께서 다시 두로 지방에서 나
와 시돈을 지나고 데가볼리 지방을
통과하여 갈릴리 호수에 이르시매

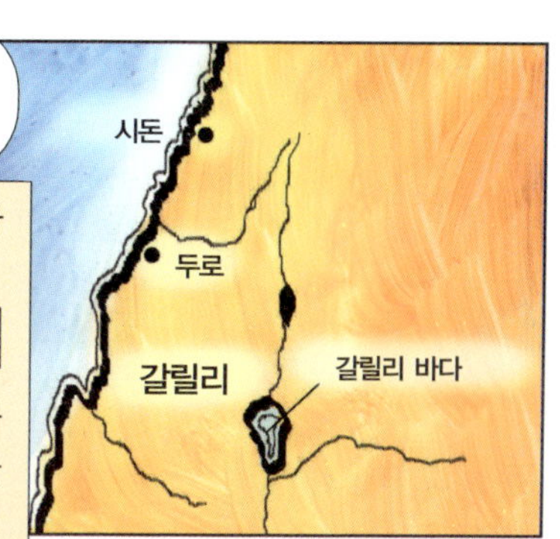

32 사람들이 귀
먹고 말 더듬는
자를 데리고 예
수께 나아와 안
수하여 주시기
를 간구하거늘
33 예수께서 그
사람을 따로 데
리고 무리를 떠
나사

손가락을 그의 양 귀에 넣고 침을 뱉어 그의
혀에 손을 대시며

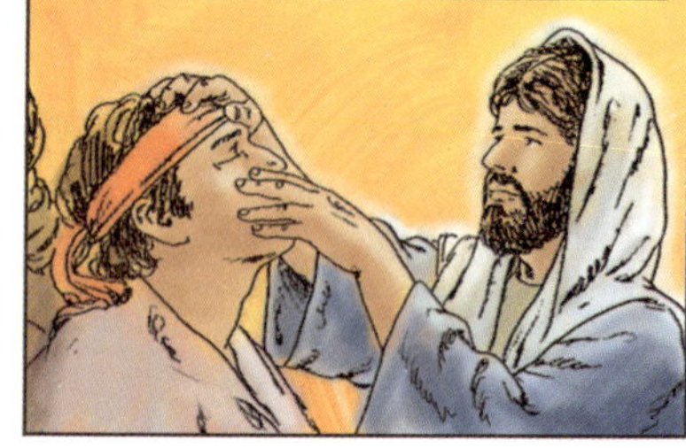

34 하늘을 우러러 탄식하시며
그에게 이르시되

에바다

하시니 이는 열리라는 뜻
이라 35 그의 귀가 열리
고 혀가 맺힌 것이 곧 풀
려 말이 분명하여졌더라

36 예수께서 그들에게 경고하
사 아무에게도 이르지 말라 하
시되 경고하실수록 그들이 더
욱 널리 전파하니 37 사람들이
심히 놀라 이르되

그가 모든 것을 잘하였도다 못
듣는 사람도 듣게 하고 말 못하
는 사람도 말하게 한다 하니라

8장

사천 명을 먹이시다

1 그 무렵에
또 큰 무리가
있어 먹을 것
이 없는지라
예수께서 제
자들을 불러
이르시되

2 내가 무리를 불쌍히
여기노라 그들이 나와
함께 있은 지 이미 사흘
이 지났으나 먹을 것이
없도다 3 만일 내가 그
들을 굶겨 집으로 보내
면 길에서 기진하리라
그 중에는 멀리서 온 사
람들도 있느니라

4 제자들이 대답하되

이 광야 어디서
떡을 얻어 이 사
람들로 배부르
게 할 수 있으리
이까

5 예수께서 물으시되

너희에게 떡 몇 개나 있느냐

6 예수께서 무리를
명하여 땅에 앉게
하시고 떡 일곱 개
를 가지사 축사하시
고 떼어 제자들에게
주어 나누어 주게
하시니 제자들이 무
리에게 나누어 주더
라 7 또 작은 생선
두어 마리가 있는지
라 이에 축복하시고
명하사 이것도 나누
어 주게 하시니 8
배불리 먹고 남은
조각 일곱 광주리를
거두었으며 9 사람
은 약 사천 명이었
더라 예수께서 그들
을 흩어 보내시고

10 곧 제자들과 함께 배에 오르사 달마누다 지방으로 가시니라

이 세대가 표적을 구하나

11 바리새인들이 나와서 예수를 힐난
하며 그를 시험하여 하늘로부터 오는
표적을 구하거늘 12 예수께서 마음속
으로 깊이 탄식하시며 이르시되

어찌하여 이 세대가 표적을 구하느냐 내가 진실로 너희에게
이르노니 이 세대에 표적을 주지 아니하리라 하시고

13 그들을 떠나 다시 배에 올라
건너편으로 가시니라

바리새인들과 헤롯의 누룩

14 제자들이 떡 가져오기를
잊었으매 배에 떡 한 개밖에
그들에게 없더라 15 예수께
서 경고하여 이르시되

삼가 바리새인들의 누룩과 헤롯의
누룩을 주의하라 하시니

16 제자들이 서로 수군거리
기를 이는 우리에게 떡이 없
음이로다 하거늘 17 예수께
서 아시고 이르시되

너희가 어찌 떡이 없음으로 수군
거리느냐 아직도 알지 못하며 깨
닫지 못하느냐 너희 마음이 둔하
냐 18 너희가 눈이 있어도 보지 못
하며 귀가 있어도 듣지 못하느냐

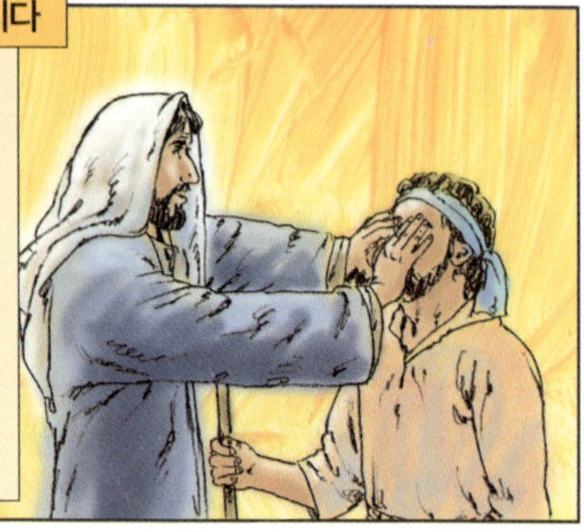

8:26 **마을에는 들어가지 말라** 일부 헬라어 사본들에는 이 다음에 "마을에 있는 사람에게 가서 말하지도 말라"라고 기록되어 있다.

31 인자가 많은 고난을 받
고 장로들과 대제사장들
과 서기관들에게 버린 바
되어 죽임을 당하고 사흘
만에 살아나야 할 것을 비
로소 그들에게 가르치시
되 32 드러내 놓고 이 말
씀을 하시니 베드로가 예
수를 붙들고 항변하매

33 예수께서 돌이키사 제자들을 보
시며 베드로를 꾸짖어 이르시되

사탄•아 내 뒤로 물러가라 네가 하나님
의 일을 생각하지 아니하고 도리어 사
람의 일을 생각하는도다 하시고

34 무리와 제자들을 불러 이르시되

누구든지 나를 따라오려거든 자
기를 부인하고 자기 십자가를 지
고 나를 따를 것이니라 35 누구
든지 자기 목숨을 구원하고자 하
면 잃을 것이요 누구든지 나와
복음을 위하여 자기 목숨을 잃으
면 구원하리라 36 사람이 만일
온 천하를 얻고도 자기 목숨을
잃으면 무엇이 유익하리요 37
사람이 무엇을 주고 자기 목숨과
바꾸겠느냐 38 누구든지 이 음
란하고 죄 많은 세대에서 나와
내 말을 부끄러워하면 인자도 아
버지의 영광으로 거룩한 천사들
과 함께 올 때에 그 사람을 부끄
러워하리라

9장

1 또 그들에게 이르시되

내가 진실로 너희에게 이르노니
여기 서 있는 사람 중에는 죽기
전에 하나님의 나라가 권능으로
임하는 것을 볼 자들도 있느니라
하시니라

8:33 **사탄** '원수'라는 뜻을 가진 사탄이라는 말은 마귀를 가리킨다. 이 절에서 예수님은 베드로가 사탄처럼 말한다는 뜻으로 말씀하셨다.

영광스러운 모습으로 변형되시다

2 엿새 후에 예수께서 베드로와 야고
보와 요한을 데리시고 따로 높은 산
에 올라가셨더니

그들 앞에서 변형되사
3 그 옷이 광채가 나며
세상에서 빨래하는 자
가 그렇게 희게 할 수
없을 만큼 매우 희어
졌더라 4 이에 엘리야
가 모세와 함께 그들
에게 나타나 예수와
더불어 말하거늘

5 베드로가 예수께 고하되

랍비여 우리가 여기 있는
것이 좋사오니 우리가 초
막 셋을 짓되 하나는 주를
위하여, 하나는 모세를 위
하여, 하나는 엘리야를 위
하여 하사이다 하니

6 이는 그들이 몹시 무서워하므로 그가
무슨 말을 할지 알지 못함이더라

7 마침 구름이 와서 그들을 덮으며 구
름 속에서 소리가 나되

이는 내 사랑하는 아들이니
너희는 그의 말을 들으라
하는지라

8 문득 둘러보니 아무도 보
이지 아니하고 오직 예수와
자기들뿐이었더라

9 그들이 산에서 내려올 때
에 예수께서 경고하시되

인자가 죽은 자 가운데서 살
아날 때까지는 본 것을 아무
에게도 이르지 말라 하시니

10 그들이 이 말씀을 마음에 두며
서로 문의하되 죽은 자 가운데서
살아나는 것이 무엇일까 하고

11 이에 예수께 묻자와 이르되

어찌하여 서
기관들이 엘
리야가 먼저
와야 하리라
하나이까

12 이르시되

엘리야가 과연 먼저 와서 모든
것을 회복하거니와 어찌 인자
에 대하여 기록하기를 많은 고
난을 받고 멸시를 당하리라 하
였느냐 13 그러나 내가 너희에
게 이르노니 엘리야가 왔으되
기록된 바와 같이 사람들이 함
부로 대우하였느니라 하시니라

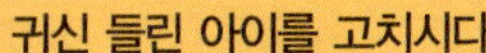

귀신 들린 아이를 고치시다

14 이에 그들이 제자들에
게 와서 보니 큰 무리가 그
들을 둘러싸고 서기관들이
그들과 더불어 변론하고
있더라 15 온 무리가 곧 예
수를 보고 매우 놀라며 달
려와 문안하거늘 16 예수
께서 물으시되

너희가 무엇을 그들과 변론하느냐

17 무리 중의 하나가 대답하되

선생님 말 못하게 귀신 들린 내 아들을 선생님께 데려왔나이다

18 귀신이 어디서든지 그를 잡으면 거꾸러져 거품을 흘리며 이를 갈며 그리고 파리해지는지라 내가 선생님의 제자들에게 내쫓아 달라 하였으나 그들이 능히 하지 못하더이다

19 대답하여 이르시되

믿음이 없는 세대여 내가 얼마나 너희와 함께 있으며 얼마나 너희에게 참으리요 그를 내게로 데려오라 하시매

20 이에 데리고 오니 귀신이 예수를
보고 곧 그 아이로 심히 경련을 일
으키게 하는지라 그가 땅에 엎드러
져 구르며 거품을 흘리더라

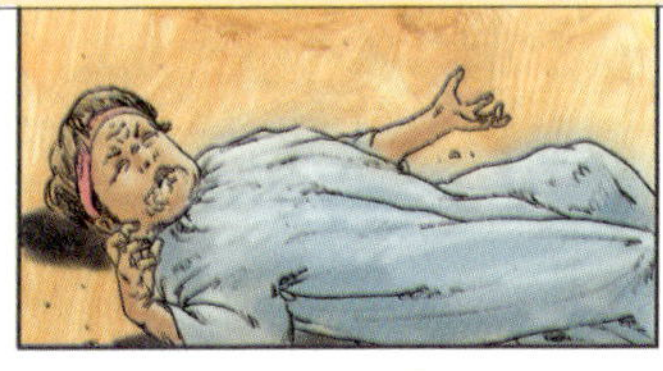

21 예수께서 그 아버지
에게 물으시되

언제부터 이렇게 되었느냐

하시니 이르되

어릴 때부터니이다
22 귀신이 그를 죽이려고 불과 물에 자주 던졌나이다 그러나 무엇을 하실 수 있거든 우리를 불쌍히 여기사 도와 주옵소서

23 예수께서 이르시되

할 수 있거든이 무슨 말이냐 믿는 자에게는 능히 하지 못할 일이 없느니라 하시니

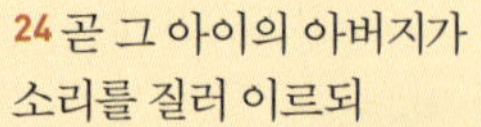

24 곧 그 아이의 아버지가
소리를 질러 이르되

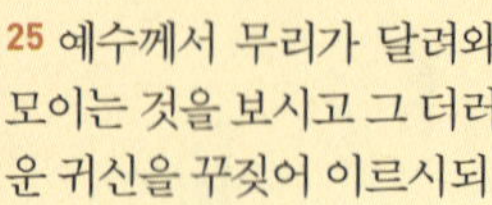

25 예수께서 무리가 달려와
모이는 것을 보시고 그 더러
운 귀신을 꾸짖어 이르시되

26 귀신이 소리 지르며
아이로 심히 경련을 일
으키게 하고 나가니

그 아이가 죽은 것
같이 되어 많은 사
람이 말하기를

27 예수께서 그 손을 잡
아 일으키시니 이에 일
어서니라

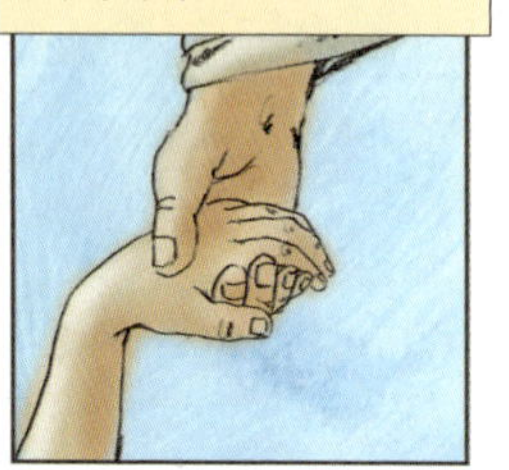

28 집에 들어가시매 제자
들이 조용히 묻자오되

29 이르시되

죽음과 부활을 두 번째로 말씀하시다

30 그 곳을 떠나 갈릴
리 가운데로 지날새
예수께서 아무에게도
알리고자 아니하시니
31 이는 제자들을 가
르치시며

32 그러나 제자들은 이 말씀을 깨
닫지 못하고 묻기도 두려워하더라

누가 크냐

33 가버나움에 이르러 집에
계실새

우리를 위하는 사람

9:44 일부 헬라어 사본들에는 "거기에서는 구더기도 죽지 않고 불도 꺼지지 아니하느니라"라고 기록되어 있다.

9:46 일부 헬라어 사본들에는 "거기에서는 구더기도 죽지 않고 불도 꺼지지 아니하느니라" 라고 기록되어 있다.

5 예수께서 그들에게 이르시되

너희 마음이 완악함으로 말미암아 이 명령을
기록하였거니와 6 창조 때로부터 사람을 남
자와 여자로 지으셨으니• 7 이러므로 사람이
그 부모를 떠나서• 8 그 둘이 한 몸이 될지니
라 이러한즉 이제 둘이 아니요 한 몸이니• 9
그러므로 하나님이 짝지어 주신 것을 사람이
나누지 못할지니라 하시더라

10 집에서 제자들이 다시 이
일을 물으니 11 이르시되

누구든지 그 아내를 버리고
다른 데에 장가 드는 자는
본처에게 간음을 행함이요
12 또 아내가 남편을 버리고
다른 데로 시집 가면 간음
을 행함이니라

어린 아이들을 축복하시다

13 사람들이 예수께서 만져 주심
을 바라고 어린 아이들을 데리고
오매 제자들이 꾸짖거늘 14 예수
께서 보시고 노하시어 이르시되

어린 아이들이 내게 오
는 것을 용납하고 금하
지 말라 하나님의 나라
가 이런 자의 것이니라
15 내가 진실로 너희에게
이르노니 누구든지 하나
님의 나라를 어린 아이
와 같이 받들지 않는 자
는 결단코 그 곳에 들어
가지 못하리라 하시고

16 그 어린 아이들을 안고
그들 위에 안수하시고 축복
하시니라

10:6 **남자와 여자로 지으셨으니** 창 1:27 인용
10:7 **그 부모를 떠나서** 일부 헬라어 사본들에는 이 다음에 "그의 아내와 연합할 것이라"라고 기록되어 있다.
10:7,8 **이러므로 … 한 몸이니** 창 2:24 인용

마가복음 10:17－27

재물이 많은 사람

17 예수께서 길에 나가실
새 한 사람이 달려와서 꿇
어 앉아 묻자오되

선한 선생님이여 내가
무엇을 하여야 영생을
얻으리이까

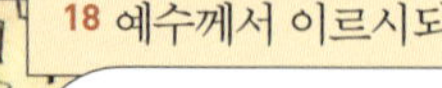

18 예수께서 이르시되

네가 어찌하여 나를 선하다
일컫느냐 하나님 한 분 외에
는 선한 이가 없느니라 19 네
가 계명을 아나니 살인하지
말라, 간음하지 말라, 도둑질
하지 말라, 거짓 증언 하지 말
라, 속여 빼앗지 말라, 네 부모
를 공경하라• 하였느니라

20 그가 여짜오되

선생님이여 이것은 내가 어려서
부터 다 지켰나이다

21 예수께서 그를 보시고 사랑하사 이르시되

네게 아직도 한 가지 부족한 것이
있으니 가서 네게 있는 것을 다 팔
아 가난한 자들에게 주라 그리하면
하늘에서 보화가 네게 있으리라 그
리고 와서 나를 따르라 하시니

22 그 사람은 재물이 많은 고로 이 말씀으로
인하여 슬픈 기색을 띠고 근심하며 가니라

23 예수께서 둘러 보시고 제자들에게 이르시되

재물이 있는 자는 하나님의 나라에
들어가기가 심히 어렵도다 하시니

24 제자들이 그 말씀에 놀라는지라
예수께서 다시 대답하여 이르시되

얘들아 하나님의 나라에• 들
어가기가 얼마나 어려운지

25 낙타가 바
늘귀로 나가
는 것이 부자
가 하나님의
나라에 들어
가는 것보다
쉬우니라 하
시니

26 제자들이 매우 놀라
서로 말하되

그런즉 누가 구원을 얻을 수 있는가 하니

27 예수께서 그들을 보시며 이르시되

사람으로는 할 수 없으되 하나님
으로는 그렇지 아니하니 하나님
으로서는 다 하실 수 있느니라

10:19 **살인하지 말라 … 네 부모를 공경하라** 출 20:12-16 또는 신 5:16-20 인용
10:24 **하나님의 나라에** 일부 헬라어 사본들에는 "재물을 의지하는 자가 하나님의 나라에"로 기록되어 있다.

28 베드로가 여짜
와 이르되

보소서 우리
가 모든 것을
버리고 주를
따랐나이다

29 예수께서 이르시되

내가 진실로 너희에게 이르
노니 나와 복음을 위하여 집
이나 형제나 자매나 어머니
나 아버지나 자식이나 전토
를 버린 자는 30 현세에 있어
집과 형제와 자매와 어머니
와 자식과 전토를 백 배나 받
되 박해를 겸하여 받고

내세에 영생을 받지 못할 자가
없느니라 31 그러나 먼저 된
자로서 나중 되고 나중 된 자
로서 먼저 될 자가 많으니라

죽음과 부활을 세 번째로 이르시다

32 예루살렘으로 올라가는
길에 예수께서 그들 앞에 서
서 가시는데 그들이 놀라고
따르는 자들은 두려워하더
라 이에 다시 열두 제자를 데
리시고 자기가 당할 일을 말
씀하여 이르시되

33 보라 우리가 예루살렘에 올라가노니
인자가 대제사장들과 서기관들에게 넘
겨지매 그들이 죽이기로 결의하고 이방
인들에게 넘겨 주겠고 34 그들은 능욕
하며 침 뱉으며 채찍질하고 죽일 것이나
그는 삼 일 만에 살아나리라 하시니라

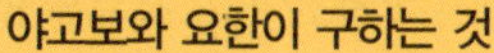

야고보와 요한이 구하는 것

35 세베대의 아들 야고보와 요한이
주께 나아와 여짜오되

선생님이여 무엇이든지 우리가 구하는 바를
우리에게 하여 주시기를 원하옵나이다

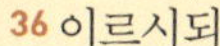

36 이르시되

너희에게 무엇을 하여 주기를 원하느냐

37 여짜오되

주의 영광중에서 우리를 하나는 주의 우편
에, 하나는 좌편에 앉게 하여 주옵소서

이방인의 집권자들이 그들을 임의로 주관하고 그 고관들이 그들에게 권세를 부리는 줄을 너희가 알거니와 43 너희 중에는 그렇지 않을지니 너희 중에 누구든지 크고자 하는 자는 너희를 섬기는 자가 되고 44 너희 중에 누구든지 으뜸이 되고자 하는 자는 모든 사람의 종이 되어야 하리라 45 인자가 온 것은 섬김을 받으려 함이 아니라 도리어 섬기려 하고 자기 목숨을 많은 사람의 대속물로 주려 함이니라

맹인 바디매오가 고침을 받다

10:38 **내가 마시는 … 받을 수 있느냐** 예수님께서는 그들이 그분께 닥칠 고난을 함께 당할 수 있느냐고 물으신 것이다.

하시니 그들이 그 맹인을 부르며 이르되
안심하고 일어나라 그가 너를 부르신다 하매

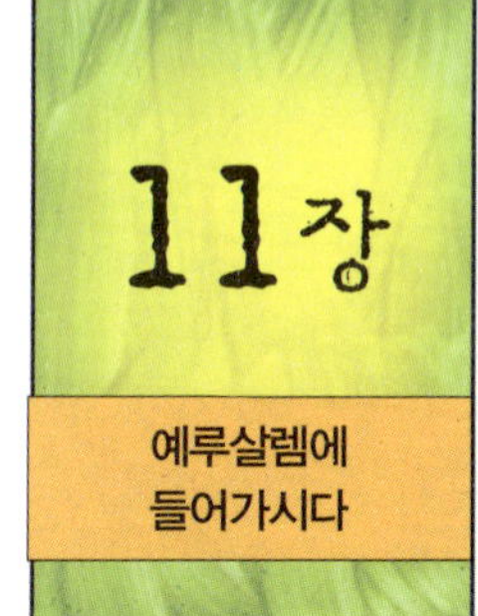

8 많은 사람들은 자기들의 겉옷을, 또 다른 이들은 들에서 벤 나뭇가지를 길에 펴며 9 앞에서 가고 뒤에서 따르는 자들이 소리 지르되

호산나• 찬송하리로다 주의 이름으로 오시는 이여
시 118:26

10 찬송하리로다 오는 우리 조상 다윗의 나라여 가장 높은 곳에서 호산나 하더라

11:9 **호산나** 본래 하나님께 도움을 구하는 기도를 드릴 때 사용되었던 히브리어. 여기에서는 하나님이나 그분의 메시야를 찬양하는 기쁨의 외침으로 사용된 것으로 보인다.

11 예수께서 예
루살렘에 이르
러 성전에 들어
가사 모든 것을
둘러 보시고 때
가 이미 저물매

열두 제자를 데리시고 베다니에
나가시니라

무화과나무에게 이르시다

12 이튿날 그들이 베다니에서 나왔
을 때에 예수께서 시장하신지라 13
멀리서 잎사귀 있는 한 무화과나무
를 보시고 혹 그 나무에 무엇이 있
을까 하여 가셨더니 가서 보신즉 잎
사귀 외에 아무 것도 없더라 이는
무화과의 때가 아님이라 14 예수께
서 나무에게 말씀하여 이르시되

성전을 깨끗하게 하시다

15 그들이 예루살렘
에 들어가니라 예수
께서 성전에 들어가
사 성전 안에서 매매
하는 자들을 내쫓으
시며 돈 바꾸는 자들
의 상과 비둘기 파는
자들의 의자를 둘러
엎으시며 16 아무나
물건을 가지고 성전
안으로 지나다님을
허락하지 아니하시
고 17 이에 가르쳐
이르시되

11:17 내 집은 … 칭함을 받으리라 사 56:7 인용
11:17 강도의 소굴 렘 7:11 인용

11:19 **그들이** 일부 헬라어 사본들에서는 '그들이' 대신에 '예수께서'라고 기록되어 있다.
11:26 일부 헬라어 사본들에는 "너희가 다른 사람들을 용서하지 아니하면 하늘에 계신 너희 아버지께서도 너희의 죄를 용서하지 아니하시리라"라고 기록되어 있다.

28 이르되
무슨 권위로 이런 일을 하느냐 누가 이런 일 할 권위를 주었느냐
29 예수께서 이르시되
나도 한 말을 너희에게 물으리니 대답하라 그리하면 나도 무슨 권위로 이런 일을 하는지 이르리라 30 요한의 세례가 하늘로부터냐 사람으로부터냐 내게 대답하라

31 그들이 서로 의논하여 이르되
만일 하늘로부터라 하면 어찌하여 그를 믿지 아니하였느냐 할 것이니
32 그러면 사람으로부터라 할까
하였으나 모든 사람이 요한을 참 선지자로 여기므로 그들이 백성을 두려워하는지라

33 이에 예수께 대답하여 이르되
우리가 알지 못하노라 하니

예수께서 이르시되
나도 무슨 권위로 이런 일을 하는지 너희에게 이르지 아니하리라 하시니라

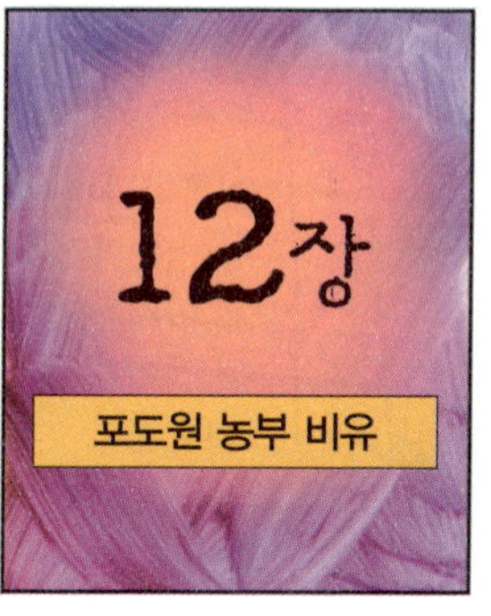

12장
포도원 농부 비유

1 예수께서 비유로 그들에게 말씀하시되

한 사람이 포도원을 만들어 산울타리로 두르고 즙 짜는 틀을 만들고 망대를 지어서 농부들에게 세로 주고 타국에 갔더니

2 때가 이르매 농부들에게 포도원 소출 얼마를 받으려고 한 종을 보내니

3 그들이 종을 잡아 심히 때리고
거저 보내었거늘 4 다시 다른 종

을 보내니 그의 머리에 상처를 내
고 능욕하였거늘 5 또 다른 종을

보내니 그들이 그를 죽이고 또 그
외 많은 종들도 더러는 때리고 더

러는 죽인지라 6 이제 한 사람이
남았으니 곧 그가 사랑하는 아들
이라 최후로 이를 보내며 이르되

내 아들은 존대하리라 하였더니

7 그 농부들이 서로 말하되

이는 상속자니 자 죽이자 그러면 그 유산이 우리 것이 되리라 하고

8 이에 잡아 죽여 포도원 밖에 내
던졌느니라

9 포도원 주인이
어떻게 하겠느
냐 와서 그 농부
들을 진멸하고
포도원을 다른
사람들에게 주
리라 10 너희가
성경에

건축자들이 버린 돌이 모퉁이의 머릿돌이 되었나니
11 이것은 주로 말미암아 된 것이요 우리 눈에 놀랍도다

시 118:22,23

함을 읽어 보지도 못하
였느냐 하시니라 12 그
들이 예수의 이 비유가 자기들을 가리켜 말씀하신인 줄 알고 잡고자 하되 무리를 두려워하여 예수를 두고 가니라

가이사에게 세금을 바치는 것

13 그들이 예수의 말씀을 책잡으려 하여 바리새인과
헤롯당• 중에서 사람을 보내매 14 와서 이르되

선생님이여 우리가 아노니 당신은 참되시고 아무도 꺼리는 일이 없으시니 이는 사람을 외모로 보지 않고 오직 진리로써 하나님의 도를 가르치심이니이다 가이사에게 세금을 바치는 것이 옳으니이까 옳지 아니하니이까
15 우리가 바치리이까 말리이까 한대

예수께서 그 외식함을 아시고 이르시되

어찌하여 나를 시험하느냐 데나리온 하나를 가져다가 내게 보이라 하시니

16 가져왔거늘 예수
께서 이르시되

이 형상과 이 글이 누구의 것이냐

12:13 **헤롯당** 헤롯과 그의 가문을 따랐던 정치적 무리

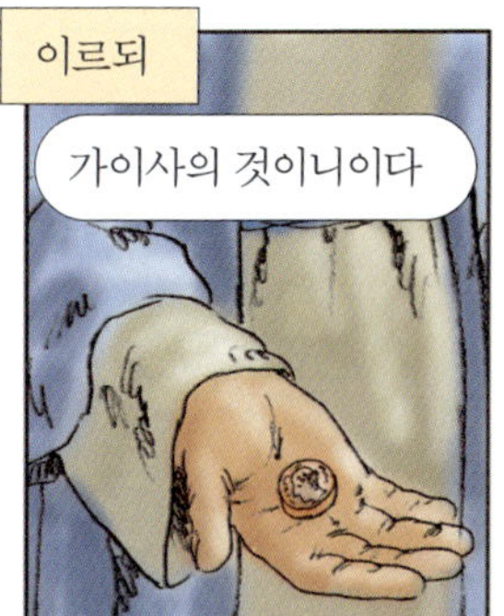

12:26 **가시나무 떨기** 이에 대해 자세히 알려면 구약의 출애굽기 3장 1-12절을 읽어보라.
12:26 **나는 아브라함의 하나님이요 … 야곱의 하나님이로라** 출 3:6 인용
12:29,30 **이스라엘아 들으라 … 사랑하라** 신 6:4,5 인용

31 둘째는 이것이니 네 이웃을 네 자신과 같이 사랑하라• 하신 것이라 이보다 더 큰 계명이 없느니라

32 서기관이 이르되

선생님이여 옳소이다 하나님은 한 분이시요 그 외에 다른 이가 없다 하신 말씀이 참이니이다 33 또 마음을 다하고 지혜를 다하고 힘을 다하여 하나님을 사랑하는 것과 또 이웃을 자기 자신과 같이 사랑하는 것이 전체로 드리는 모든 번제물과 기타 제물보다 나으니이다

34 예수께서 그가 지혜 있게 대답함을 보시고 이르시되

네가 하나님의 나라에서 멀지 않도다 하시니

그 후에 감히 묻는 자가 없더라

그리스도와 다윗의 자손

35 예수께서 성전에서 가르치실새 대답하여 이르시되

어찌하여 서기관들이 그리스도를 다윗의 자손이라 하느냐

36 다윗이 성령에 감동되어 친히 말하되

주께서 내 주께 이르시되 내가 네 원수를 네 발 아래에 둘 때까지 내 우편에 앉았으라 하셨도다 하였느니라 시 110:1

37 다윗이 그리스도를 주라 하였은즉 어찌 그의 자손이 되겠느냐 하시니

많은 사람들이 즐겁게 듣더라

서기관들을 삼가라

38 예수께서 가르치실 때에 이르시되

긴 옷을 입고 다니는 것과 시장에서 문안 받는 것과 39 회당의 높은 자리와 잔치의 윗자리를 원하는 서기관들을 삼가라 40 그들은 과부의 가산을 삼키며 외식으로 길게 기도하는 자니 그 받는 판결이 더욱 중하리라 하시니라

12:31 네 이웃을 … 사랑하라 레 19:18 인용

가난한 과부의 헌금

41 예수께서 헌금함을
대하여 앉으사 무리가
어떻게 헌금함에 돈 넣
는가를 보실새 여러 부
자는 많이 넣는데 42 한
가난한 과부는 와서 두
렙돈 곧 한 고드란트를
넣는지라

43 예수께서 제자들을
불러다가 이르시되

내가 진실로 너희에게 이르노니
이 가난한 과부는 헌금함에 넣는
모든 사람보다 많이 넣었도다 44
그들은 다 그 풍족한 중에서 넣었
거니와 이 과부는 그 가난한 중에
서 자기의 모든 소유 곧 생활비
전부를 넣었느니라 하시니라

13장

성전이 무너뜨려질 것을 이르시다

1 예수께서 성전에
서 나가실 때에 제자
중 하나가 이르되

선생님이여 보소서 이
돌들이 어떠하며 이 건
물들이 어떠하니이까

2 예수께서 이르시되

네가 이 큰 건물들을 보느냐 돌 하나
도 돌 위에 남지 않고 다 무너뜨려지
리라 하시니라

재난의 징조

3 예수께서 감람 산에서 성전을 마주
대하여 앉으셨을 때에 베드로와 야고
보와 요한과 안드레가 조용히 묻되

4 우리에게 이르소서 어느
때에 이런 일이 있겠사오
며 이 모든 일이 이루어지
려 할 때에 무슨 징조가
있사오리이까

5 예수께서 이르시되

너희가 사람의 미혹을 받지 않도
록 주의하라 6 많은 사람이 내
이름으로 와서 이르되 내가 그라
하여 많은 사람을 미혹하리라 7
난리와 난리의 소문을 들을 때에
두려워하지 말라 이런 일이 있어
야 하되 아직 끝은 아니니라 8
민족이 민족을, 나라가 나라를
대적하여 일어나겠고 곳곳에 지
진이 있으며 기근이 있으리니 이
는 재난의 시작이니라 9 너희는
스스로 조심하라 사람들이 너희
를 공회에 넘겨 주겠고 너희를
회당에서 매질하겠으며 나로 말
미암아 너희가 권력자들과 임금
들 앞에 서리니 이는 그들에게
증거가 되려 함이라 10 또 복음
이 먼저 만국에 전파되어야 할
것이니라 11 사람들이 너희를
끌어다가 넘겨 줄 때에 무슨 말
을 할까 미리 염려하지 말고 무
엇이든지 그 때에 너희에게 주시
는 그 말을 하라 말하는 이는 너
희가 아니요 성령이시니라 12
형제가 형제를, 아버지가 자식을
죽는 데에 내주며 자식들이 부모
를 대적하여 죽게 하리라 13 또
너희가 내 이름으로 말미암아 모
든 사람에게 미움을 받을 것이나
끝까지 견디는 자는 구원을 받으
리라

가장 큰 환난

14 멸망의 가증한 것•이 서지 못
할 곳에 선 것을 보거든 (읽는 자
는 깨달을진저) 그 때에 유대에
있는 자들은 산으로 도망할지어
다 15 지붕• 위에 있는 자는 내
려가지도 말고 집에 있는 무엇을
가지러 들어가지도 말며 16 밭
에 있는 자는 겉옷을 가지러 뒤
로 돌이키지 말지어다 17 그 날
에는 아이 밴 자들과 젖먹이는
자들에게 화가 있으리로다 18 이
일이 겨울에 일어나지 않도록 기
도하라 19 이는 그 날들이 환난
의 날이 되겠음이라 하나님께서
창조하신 시초부터 지금까지 이
런 환난이 없었고 후에도 없으리
라 20 만일 주께서 그 날들을 감
하지 아니하셨더라면 모든 육체
가 구원을 얻지 못할 것이거늘
자기가 택하신 자들을 위하여 그
날들을 감하셨느니라

13:14 **멸망의 가증한 것** 이것은 다니엘서 9장 27절과 12장 11절에 언급되어 있다(단 11:31 참조).
13:15 **지붕** 성경 시대에 집들의 지붕은 평평했다. 당시 지붕은 열매와 아마(亞麻) 같은 것들을 말리는 장소로 사용되었다. 또 임시로 사용하는 방으로, 경배의 장소로 또는 여름에 잠자는 장소로 사용되었다.

21 그 때에 어떤 사람이 너희에게
말하되 보라 그리스도가 여기 있
다 보라 저기 있다 하여도 믿지 말
라 22 거짓 그리스도들과 거짓 선
지자들이 일어나서 이적과 기사
를 행하여 할 수만 있으면 택하신
자들을 미혹하려 하리라 23 너희
는 삼가라 내가 모든 일을 너희에
게 미리 말하였노라

인자가 오는 것을 보리라

24 그 때에 그 환난 후

> 해가 어두워지며 달이
> 빛을 내지 아니하며 25
> 별들이 하늘에서 떨어
> 지며 하늘에 있는 권능
> 들이 흔들리리라
>
> 사 13:10 ; 34:4

26 그 때에 인자가 구름을 타고
큰 권능과 영광으로 오는 것을
사람들이 보리라 27 또 그 때에
그가 천사들을 보내어 자기가 택
하신 자들을 땅 끝으로부터 하늘
끝까지 사방에서 모으리라

무화과나무 비유에서 배울 교훈

28 무화과나무의 비유를 배우라
그 가지가 연하여지고 잎사귀를
내면 여름이 가까운 줄 아나니
29 이와 같이 너희가 이런 일이
일어나는 것을 보거든 인자가 가
까이 곧 문 앞에 이른 줄 알라 30
내가 진실로 너희에게 말하노니
이 세대가 지나가기 전에 이 일
이 다 일어나리라 31 천지는 없
어지겠으나 내 말은 없어지지 아
니하리라 32 그러나 그 날과 그
때는 아무도 모르나니 하늘에 있
는 천사들도, 아들도 모르고 아
버지만 아시느니라 33 주의하라
깨어 있으라• 그 때가 언제인지
알지 못함이라 34 가령 사람이
집을 떠나 타국으로 갈 때에 그
종들에게 권한을 주어 각각 사무
를 맡기며 문지기에게 깨어 있으
라 명함과 같으니 35 그러므로
깨어 있으라 집 주인이 언제 올
는지 혹 저물 때일는지, 밤중일
는지, 닭 울 때일는지, 새벽일는
지 너희가 알지 못함이라 36 그
가 홀연히 와서 너희가 자는 것
을 보지 않도록 하라 37 깨어 있
으라 내가 너희에게 하는 이 말
은 모든 사람에게 하는 말이니라
하시니라

13:33 **깨어 있으라** 일부 헬라어 사본들에서는 이것이 "깨어서 기도하라"로 되어 있다.

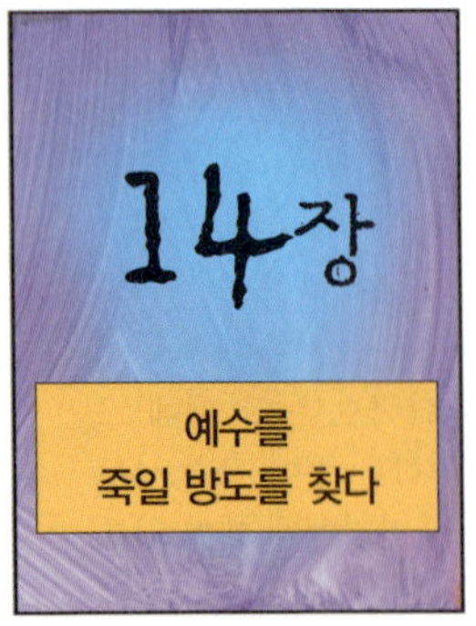

14장

예수를 죽일 방도를 찾다

예수의 머리에 향유를 붓다

3 예수께서 베다니 나병
환자 시몬의 집에서 식사
하실 때에 한 여자가 매
우 값진 향유 곧 순전한
나드 한 옥합을 가지고
와서 그 옥합을 깨뜨려
예수의 머리에 부으니

4 어떤 사람들이 화를 내
어 서로 말하되

어찌하여 이 향유를 허비
하는가 5 이 향유를 삼백
데나리온 이상에 팔아 가
난한 자들에게 줄 수 있
었겠도다 하며

그 여자를 책망하는지라

6 예수께서 이르시되

유다가 배반하다

10 열둘 중의 하나인 가룟
유다가 예수를 넘겨 주려고
대제사장들에게 가매 11 그
들이 듣고 기뻐하여 돈을 주
기로 약속하니 유다가 예수
를 어떻게 넘겨 줄까 하고
그 기회를 찾더라

제자들과 함께 유월절을 지키시다

12 무교절의 첫
날 곧 유월절 양
잡는 날에 제자
들이 예수께 여
짜오되

우리가 어디로 가서 선생님께서
유월절 음식을 잡수시게 준비하기
를 원하시나이까 하매

13 예수께서 제자 중의
둘을 보내시며 이르시되

성내로 들어가라 그리하면 물 한 동이를 가지고
가는 사람을 만나리니 그를 따라가서 14 어디든
지 그가 들어가는 그 집 주인에게 이르되 선생님
의 말씀이 내가 내 제자들과 함께 유월절 음식을
먹을 나의 객실이 어디 있느냐 하시더라 하라

15 그리하면 자리를 펴고 준비한
큰 다락방을 보이리니 거기서 우
리를 위하여 준비하라 하시니

16 제자들이 나가 성
내로 들어가서 예수께
서 하시던 말씀대로
만나 유월절 음식을
준비하니라 17 저물
매 그 열둘을 데리시
고 가서

18 다 앉아 먹을 때에 예수
께서 이르시되

내가 진실로 너
희에게 이르노니
너희 중의 한 사
람 곧 나와 함께
먹는 자가 나를
팔리라 하신대

마지막 만찬

22 그들이 먹을 때에 예수께서 떡을
가지사 축복하시고

23 또 잔을 가지사 감사 기도 하시고 그들에게
주시니 다 이를 마시매 24 이르시되

26 이에 그들이 찬미하고
감람 산으로 가니라

베드로가 부인할 것을 예언하시다

27 예수께서 제자들에게 이르시되

너희가 다 나를 버리리라 이는 기록된 바

> 내가 목자를 치리니 양들이 흩어지리라 하였음이니라
> 슥 13:7

28 그러나 내가 살아난 후에 너
희보다 먼저 갈릴리로 가리라

29 베드로가 여짜오되

다 버릴지라도 나는 그리 하지 않겠나이다

14:24 **언약** 일부 헬라어 사본들에는 이것이 ‘새 언약’으로 되어 있다(눅 22:20 참조).
14:25 **포도나무에서 난 것** 포도나무의 열매. 이것은 ‘포도주’로도 번역될 수 있다.

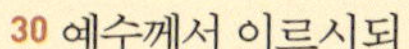

겟세마네에서 기도하시다

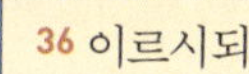

14:36 **아빠** 어린애가 아버지를 부를 때 사용한 말

14:36 **잔** 지금 여기서 예수님은 자신에게 닥칠 고난에 대해 말씀하고 계신다. 그것은 마치 매우 쓴 것이 들어 있는 잔을 마시는 것처럼 매우 고통스런 일이었다.

42 일어나라
함께 가자 보
라 나를 파는
자가 가까이
왔느니라

잡히시다

43 예수께서 말씀하실 때에 곧
열둘 중의 하나인 유다가 왔는
데 대제사장들과 서기관들과 장
로들에게서 파송된 무리가 검과
몽치를 가지고 그와 함께 하였
더라 44 예수를 파는 자가 이미
그들과 군호를 짜 이르되

한 청년이 벗은 몸으로 도망하다

51 한 청년이 벗은 몸에 베 홑이불
을 두르고 예수를 따라가다가 무리
에게 잡히매 52 베 홑이불을 버리
고 벗은 몸으로 도망하니라

공회 앞에 서시다

53 그들이 예수를 끌고 대제사장에
게로 가니 대제사장들과 장로들과
서기관들이 다 모이더라

54 베드로가 예수
를 멀찍이 따라
대제사장의 집 뜰
안까지 들어가서
아랫사람들과 함
께 앉아 불을 쬐
더라

55 대제사장들과 온 공회가
예수를 죽이려고 그를 칠 증
거를 찾되 얻지 못하니 56 이
는 예수를 쳐서 거짓 증언 하
는 자가 많으나 그 증언이 서
로 일치하지 못함이라 57 어
떤 사람들이 일어나 예수를
쳐서 거짓 증언 하여 이르되

59 그 증언
도 서로 일
치하지 않
더라 60 대
제사장이
가운데 일
어서서 예
수에게 물
어 이르되

베드로가 예수를 알지 못한다고 하다

66 베드로는 아랫뜰에 있더니 대제사장의 여종 하나가 와서

14:68 **앞뜰로 나갈새** 많은 헬라어 사본들에는 이 말 다음에 "닭이 울었다"라는 기록이 나온다.

70 또 부인하더라 조금 후에 곁에 서 있는 사람들이 다시 베드로에게 말하되
너도 갈릴리 사람이니 참으로 그 도당이니라
71 그러나 베드로가 저주하며 맹세하되
나는 너희가 말하는 이 사람을
알지 못하노라 하니
72 닭이 곧 두 번째 울더라

이에 베드로가 예수께서 자기에게 하신 말씀
곧 닭이 두 번 울기 전에 네가
세 번 나를 부인하리라
하심이 기억
되어 그 일을
생각하고 울
었더라
15장
빌라도가
예수께 묻다

1 새벽에 대제사장들이 즉시
장로들과 서기관들 곧 온 공회
와 더불어 의논하고 예수를 결
박하여 끌고 가서 빌라도에게
넘겨 주니 2 빌라도가 묻되
네가 유대인의 왕이냐
예수께서
대답하여
이르시되
네 말이 옳도다 하시매

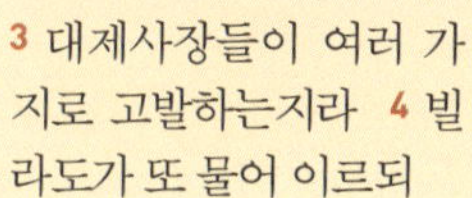
3 대제사장들이 여러 가
지로 고발하는지라 4 빌
라도가 또 물어 이르되

아무 대답도 없느냐 그들이 얼마나 많
은 것으로 너를 고발하는가 보라 하되
5 예수께서 다시 아무 말
씀으로도 대답하지 아니
하시니 빌라도가 놀랍게
여기더라
십자가에 못 박히게 예수를 넘기다
6 명절이 되면 백성들이 요구
하는 대로 죄수 한 사람을 놓
아 주는 전례가 있더니 7 민란
을 꾸미고 그 민란중에 살인
하고 체포된 자 중에 바라바
라 하는 자가 있는지라 8 무리
가 나아가서 전례대로 하여
주기를 요구한대

9 빌라도가 대답하여 이르되

10 이는 그가 대제사장들이 시
기로 예수를 넘겨 준 줄 앎이러
라 11 그러나 대제사장들이 무
리를 충동하여 도리어 바라바
를 놓아 달라 하게 하니 12 빌
라도가 또 대답하여 이르되

13 그들이 다시 소리 지르되

14 빌라도가 이르되

더욱 소리 지르되

15 빌라도가 무리에게 만족을 주고자 하여 바라바는 놓아 주고 예수는 채찍질하고 십자가에 못 박히게 넘겨 주니라

군인들이 예수를 희롱하다

16 군인들이 예수를 끌고 브라이도리온이라는 뜰 안으로 들어가서 온 군대를 모으고

17 예수에게 자색 옷을 입
히고 가시관을 엮어 씌우
고 18 경례하여 이르되

19 갈대로 그의 머리를 치며 침을 뱉으며 꿇어 절하더라

20 희롱을 다 한 후 자색 옷을 벗기고 도로 그의 옷을 입히고 십자가에 못 박으려고 끌고 나가니라

십자가에 못 박히시다

21 마침 알렉산더와 루포의 아버지인 구레네 사람 시몬이 시골로부터 와서 지나가는데 그들이 그를 억지로 같이 가게 하여 예수의 십자가를 지우고

22 예수를 끌고 골고다라 하는 곳
(번역하면 해골의 곳)에 이르러

23 몰약을 탄 포도주를 주었으나 예수께서
받지 아니하시니라 24 십자가에 못 박고

15:28 일부 헬라어 사본들에는 "불법자와 함께 인정함을 받았다 한 성경이 응하였느니라"라는 표현이 나온다. "불법자와 함께 인정함을 받았다"는 이사야서 53장 12절 인용함.

15:38 **성소 휘장** 이것은 지성소를 성소의 다른 부분으로부터 분리시킨 휘장이다. 성소는 유대인들이 하나님의 명령에 따라 그분을 경배하는 장소로 사용했던 예루살렘의 특별한 건물이었다.
15:39 **숨지심을 보고** 이것이 일부 헬라어 사본들에서는 "소리 지르신 후 숨지심을 보고"라고 되어 있다.

그 중에 막달라 마리아와 또 작은 야고보와 요세의 어머니 마리아와 또 살로메가 있었으니 41 이들은 예수께서 갈릴리에 계실 때에 따르며 섬기던 자들이요 또 이 외에 예수와 함께 예루살렘에 올라온 여자들도 많이 있었더라

요셉이 예수의 시체를 무덤에 넣어 두다

42 이 날은 준비일 곧 안식일 전날이므로 저물었을 때에 43 아리마대 사람 요셉이 와서 당돌히 빌라도에게 들어가 예수의 시체를 달라 하니 이 사람은 존경 받는 공회원이요 하나님의 나라를 기다리는 자라

44 빌라도는 예수께서 벌써 죽었을까 하고 이상히 여겨 백부장을 불러 죽은 지가 오래냐 묻고 45 백부장에게 알아 본 후에 요셉에게 시체를 내주는지라 46 요셉이 세마포를 사서 예수를 내려다가 그것으로 싸서

바위 속에 판 무덤에 넣어 두고 돌을 굴려 무덤 문에 놓으매 47 막달라 마리아와 요세의 어머니 마리아가 예수 둔 곳을 보더라

16장

살아나시다

1 안식일이 지나매 막달라 마리아와 야고보의 어머니 마리아와 또 살로메가 가서 예수께 바르기 위하여 향품을 사다 두었다가 2 안식 후 첫날 매우 일찍이 해 돋을 때에 그 무덤으로 가며 3 서로 말하되

4 눈을 들어본즉 벌써 돌이 굴려져 있는데 그 돌이 심히 크더라

5 무덤에 들어가서 흰 옷을 입은 한 청년이 우편에
앉은 것을 보고 놀라매 6 청년이 이르되

놀라지 말라 너희가 십자
가에 못 박히신 나사렛
예수를 찾는구나 그가 살
아나셨고 여기 계시지 아
니하니라 보라 그를 두었
던 곳이니라 7 가서 그의
제자들과 베드로에게 이
르기를 예수께서 너희보
다 먼저 갈릴리로 가시나
니 전에 너희에게 말씀하
신 대로 너희가 거기서
뵈오리라 하라 하는지라

8• 여자들이 몹시 놀라 떨며 나와
무덤에서 도망하고 무서워하여 아
무에게 아무 말도 하지 못하더라

막달라 마리아에게 보이시다

9 [예수께서 안
식 후 첫날 이른
아침에 살아나
신 후 전에 일곱
귀신을 쫓아내
어 주신 막달라
마리아에게 먼
저 보이시니

10 마리아가 가서
예수와 함께 하던
사람들이 슬퍼하며
울고 있는 중에 이
일을 알리매 11 그
들은 예수께서 살
아나셨다는 것과
마리아에게 보이셨
다는 것을 듣고도
믿지 아니하니라

두 제자에게 나타나시다

12 그 후에 그
들 중 두 사람
이 걸어서 시
골로 갈 때에
예수께서 다
른 모양으로
그들에게 나
타나시니

13 두 사람이 가서 남은 제자들에게
알리었으되 역시 믿지 아니하니라

16:8 일부 초기 헬라어 사본들에서는 8절로 마가복음이 끝난다.

만민에게 복음을 전파하라

14 그 후에 열한 제자가 음
식 먹을 때에 예수께서 그들
에게 나타나사 그들의 믿음
없는 것과 마음이 완악한 것
을 꾸짖으시니 이는 자기가
살아난 것을 본 자들의 말을
믿지 아니함일러라

15 또 이르시되

너희는 온 천하에 다니며 만민에게 복음을 전
파하라 16 믿고 세례를 받는 사람은 구원을
얻을 것이요 믿지 않는 사람은 정죄를 받으리
라 17 믿는 자들에게는 이런 표적이 따르리
니 곧 그들이 내 이름으로 귀신을 쫓아내며
새 방언을 말하며 18 뱀을 집어올리며 무슨
독을 마실지라도 해를 받지 아니하며 병든 사
람에게 손을 얹은즉 나으리라 하시더라

하늘로 올려지시다

19 주 예수께서 말씀을 마
치신 후에 하늘로 올려지
사 하나님 우편에 앉으시
니라 20 제자들이 나가 두
루 전파할새 주께서 함께
역사하사 그 따르는 표적
으로 말씀을 확실히 증언
하시니라]

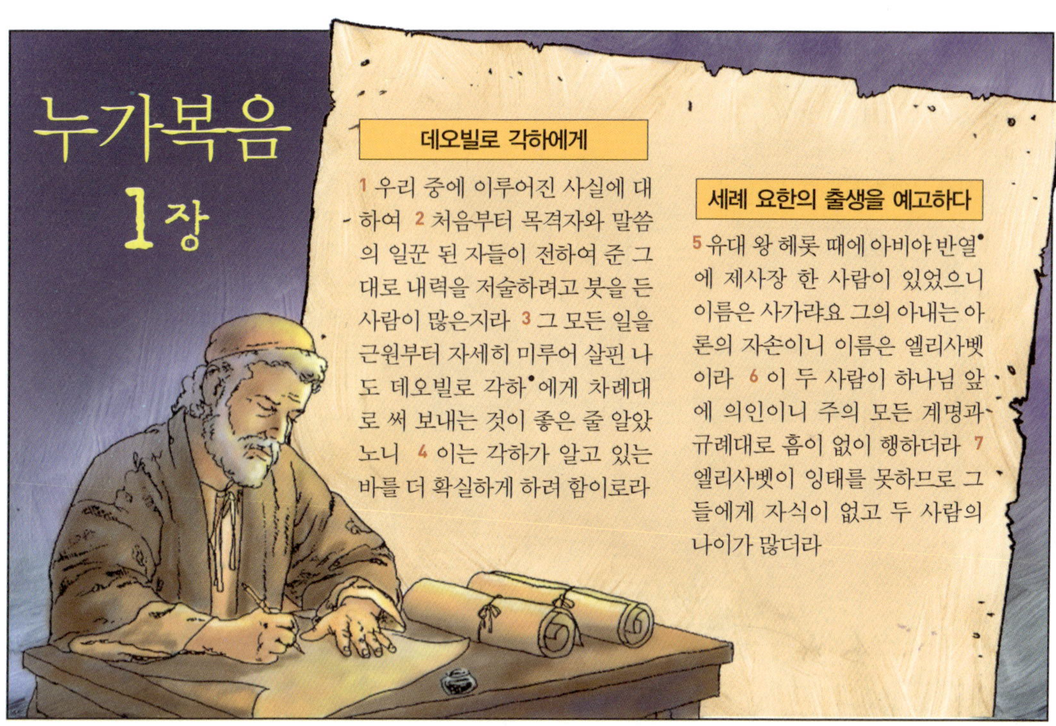

1:3 **각하** 왕이나 통치자 같은 중요한 사람에게 존경심을 표현할 때 사용되었다.
1:5 **아비야 반열** 유대의 제사장들은 24반열로 나뉘어 있었다(대상 24장 참조).

11 주의 사자가 그에게 나타나
향단 우편에 선지라 12 사가
랴가 보고 놀라며 무서워하니
13 천사가 그에게 이르되

사가랴여 무서워하지 말라 너의
간구함이 들린지라 네 아내 엘리
사벳이 네게 아들을 낳아 주리니
그 이름을 요한이라 하라 14 너도
기뻐하고 즐거워할 것이요 많은
사람도 그의 태어남을 기뻐하리니
15 이는 그가 주 앞에 큰 자가 되며
포도주나 독한 술을 마시지 아니
하며 모태로부터 성령의 충만함을
받아 16 이스라엘 자손을 주 곧 그
들의 하나님께로 많이 돌아오게
하겠음이라 17 그가 또 엘리야의
심령과 능력으로 주 앞에 먼저 와
서 아버지의 마음을 자식에게, 거
스르는 자를 의인의 슬기에 돌아
오게 하고 주를 위하여 세운 백성
을 준비하리라

21 백성들이 사가랴를 기다
리며 그가 성전 안에서 지
체함을 이상히 여기더라
22 그가 나와서 그들에게
말을 못하니 백성들이 그가
성전 안에서 환상을 본 줄
알았더라 그가 몸짓으로 뜻
을 표시하며 그냥 말 못하
는 대로 있더니

23 그 직무의 날이 다 되매
집으로 돌아가니라
24 이 후에 그의 아내 엘리
사벳이 잉태하고 다섯 달
동안 숨어 있으며 이르되

25 주께서 나를 돌보시는 날에 사람
들 앞에서 내 부끄러움•을 없게 하
시려고 이렇게 행하심이라 하더라

예수의 나심을 예고하다

26 여섯째 달에 천사 가브리엘이 하나님의 보내심
을 받아 갈릴리 나사렛이란 동네에 가서 27 다윗
의 자손 요셉이라 하는 사람과 약혼한 처녀에게
이르니 그 처녀의 이름은 마리아라

28 그에게 들어가 이르되

은혜를 받은 자여
평안할지어다
주께서 너와 함께 하시도다 하니

29 처녀가 그 말을 듣고 놀라

1:25 **부끄러움** 유대인들은 여자가 아이를 낳지 못하는 것을 부끄러운 일이라고 생각했다.

30 천사가 이르되

마리아여 무서워하지 말라 네
가 하나님께 은혜를 입었느니
라 31 보라 네가 잉태하여 아
들을 낳으리니 그 이름을 예수
라 하라 32 그가 큰 자가 되고
지극히 높으신 이의 아들이라
일컬어질 것이요 주 하나님께
서 그 조상 다윗의 왕위를 그
에게 주시리니 33 영원히 야곱
의 집을 왕으로 다스리실 것이
며 그 나라가 무궁하리라

38 마리아가 이르되
주의 여종이오니 말씀대로 내게 이루어지이다 하매
천사가 떠나가니라

마리아가 엘리사벳을 방문하다
39 이 때에 마리아가 일어나 빨리 산골로 가서 유대 한 동네에 이르러

40 사가랴의 집에 들어가 엘리사벳에게 문안하니 41 엘리사벳이 마리아가 문안함을 들으매 아이가 복중에서 뛰노는지라 엘리사벳이 성령의 충만함을 받아 42 큰 소리로 불러 이르되
여자 중에 네가 복이 있으며 네 태중의 아이도 복이 있도다 43 내 주의 어머니가 내게 나아오니 이 어찌 된 일인가 44 보라 네 문안하는 소리가 내 귀에 들릴 때에 아이가 내 복중에서 기쁨으로 뛰놀았도다 45 주께서 하신 말씀이 반드시 이루어지리라고 믿은 그 여자에게 복이 있도다
마리아의 찬가
46 마리아가 이르되
내 영혼이 주를 찬양하며 47 내 마음이 하나님 내 구주를 기뻐하였음은 48 그의 여종의 비천함을 돌보셨음이라 보라 이제 후로는 만세에 나를 복이 있다 일컬으리로다 49 능하신 이가 큰 일을 내게 행하셨으니 그 이름이 거룩하시며 50 긍휼하심이 두려워하는 자에게 대대로 이르는도다

51 그의 팔로 힘을 보이사
마음의 생각이 교만한 자들
을 흩으셨고

53 주리는 자를 좋은 것으
로 배불리셨으며 부자는 빈
손으로 보내셨도다

54 그 종 이스라엘을 도
우사 긍휼히 여기시고
기억하시되 55 우리 조
상에게 말씀하신 것과
같이 아브라함과 그 자
손에게 영원히 하시리
로다 하니라

56 마리아가 석
달쯤 함께 있다
가 집으로 돌아
가니라

세례 요한의 출생

57 엘리사벳이 해산
할 기한이 차서 아
들을 낳으니 58 이
웃과 친족이 주께
서 그를 크게 긍휼
히 여기심을 듣고
함께 즐거워하더라

59 팔 일이 되매
아이를 할례하러
와서 그 아버지
의 이름을 따라
사가랴라 하고자
하더니 60 그 어
머니가 대답하여
이르되

61 그들이 이르되

62 그의 아버지께 몸짓하여

무엇으로 이름을 지으려
하는가 물으니

63 그가 서판을 달라 하여 그
이름을 요한이라 쓰매 다 놀랍
게 여기더라 64 이에 그 입이
곧 열리고 혀가 풀리며 말을
하여 하나님을 찬송하니

65 그 근처에 사는
자가 다 두려워하
고 이 모든 말이 온
유대 산골에 두루
퍼지매 66 듣는 사
람이 다 이 말을 마
음에 두며 이르되

사가랴의 예언

67 그 부친 사가랴가 성령의 충
만함을 받아 예언하여 이르되

68 찬송하리로다 주 이스라
엘의 하나님이여 그 백성을
돌보사 속량하시며 69 우리
를 위하여 구원의 뿔을 그
종 다윗의 집에 일으키셨으
니 70 이것은 주께서 예로
부터 거룩한 선지자의 입으
로 말씀하신 바와 같이 71
우리 원수에게서와 우리를
미워하는 모든 자의 손에서
구원하시는 일이라 72 우리
조상을 긍휼히 여기시며 그
거룩한 언약을 기억하셨으
니 73 곧 우리 조상 아브라
함에게 하신 맹세라 74 우
리가 원수의 손에서 건지심
을 받고 75 종신토록 주의
앞에서 성결과 의로 두려움
이 없이 섬기게 하리라 하셨
도다 76 이 아이여 네가 지
극히 높으신 이의 선지자라
일컬음을 받고 주 앞에 앞서
가서 그 길을 준비하여 77
주의 백성에게 그 죄 사함으
로 말미암는 구원을 알게 하
리니 78 이는 우리 하나님
의 긍휼로 인함이라 이로써
돋는 해가 위로부터 우리에
게 임하여 79 어둠과 죽음
의 그늘에 앉은 자에게 비치
고 우리 발을 평강의 길로
인도하시리로다 하니라

2장

예수의 나심

1 그 때에 가이사 아구스도가
영을 내려 천하로 다 호적하
라 하였으니 2 이 호적•은 구
레뇨가 수리아 총독이 되었
을 때에 처음 한 것이라 3 모
든 사람이 호적하러 각각 고
향으로 돌아가매 4 요셉도
다윗의 집 족속이므로 갈릴
리 나사렛 동네에서 유대를
향하여 베들레헴이라 하는
다윗의 동네로 5 그 약혼한
마리아와 함께 호적하러 올
라가니 마리아가 이미 잉태
하였더라

2:2 **호적** 인구조사. 사람들과 그들의 재산을 조사하는 것

이는 여관에 있을 곳이
없음이러라

목자들이 예수 탄생 소식을 듣다
8 그 지역에 목자들이
밤에 밖에서 자기 양 떼
를 지키더니 9 주의 사
자가 곁에 서고 주의 영
광이 그들을 두루 비추
매 크게 무서워하는지
라 10 천사가 이르되
무서워하지 말라 보라 내
가 온 백성에게 미칠 큰
기쁨의 좋은 소식을 너희
에게 전하노라 11 오늘
다윗의 동네에 너희를 위
하여 구주가 나셨으니 곧
그리스도 주시니라 12 너
희가 가서 강보에 싸여 구
유에 뉘어 있는 아기를 보
리니 이것이 너희에게 표
적이니라 하더니

2:14 **땅에서는 … 평화로다** 일부 헬라어 사본들에서는 이 표현 대신 "땅에서는 사람들 중에 평화와 호의로다"라고 기록되어 있다.

21 할례할 팔 일이 되매 그 이름
을 예수라 하니 곧 잉태하기 전
에 천사가 일컬은 바러라

아기 예수의 정결예식

22 모세의 법대로 정결예식•의
날이 차매 아기를 데리고 예루살
렘에 올라가니

23 이는 주의 율법에 쓴 바

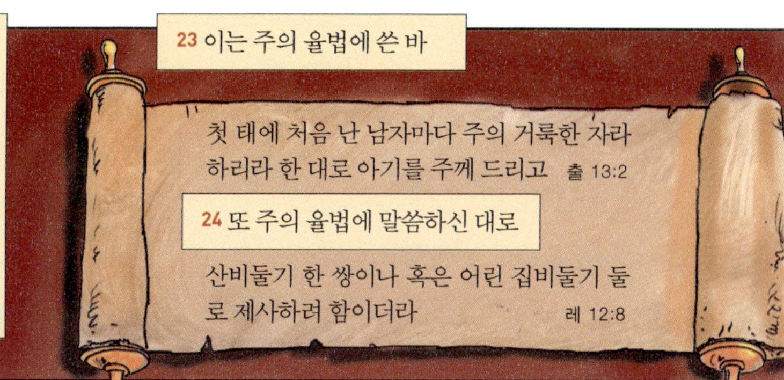

25 예루살렘에 시므온이라 하
는 사람이 있으니 이 사람은
의롭고 경건하여 이스라엘의
위로를 기다리는 자라 성령이
그 위에 계시더라 26 그가 주
의 그리스도를 보기 전에는
죽지 아니하리라 하는 성령의
지시를 받았더니

27 성령의 감동으로 성전에 들어가매 마
침 부모가 율법의 관례대로 행하고자 하
여 그 아기 예수를 데리고 오는지라

28 시므온이 아기를 안고 하나
님을 찬송하여 이르되

29 주재여 이제는 말씀하신 대
로 종을 평안히 놓아 주시는도
다 30 내 눈이 주의 구원•을 보
았사오니 31 이는 만민 앞에 예
비하신 것이요 32 이방을 비추
는 빛이요 주의 백성 이스라엘
의 영광이니이다 하니

33 그의 부모가 그에
대한 말들을 놀랍게
여기더라 34 시므온
이 그들에게 축복하고
그의 어머니 마리아에
게 말하여 이르되

보라 이는 이스라엘 중 많은 사
람을 패하거나 흥하게 하며 비
방을 받는 표적이 되기 위하여
세움을 받았고 35 또 칼이 네
마음을 찌르듯 하리니 이는 여
러 사람의 마음의 생각을 드러
내려 함이니라 하더라

36 또 아셀 지파 바누엘의 딸 안
나라 하는 선지자가 있어 나이
가 매우 많았더라 그가 결혼한
후 일곱 해 동안 남편과 함께 살
다가 37 과부가 되고 팔십사 세
가 되었더라 이 사람이 성전을
떠나지 아니하고 주야로 금식
하며 기도함으로 섬기더니

2:22 **정결예식** 모세의 법에 따르면, 유대 여자가 아기를 낳은 후 40일이 지나면 성전에서 정결케 되어야 했다(레 12:2-8 참조).
2:30 **구원** 시므온은 예수님에 대해 말한 것이다. '예수'라는 이름은 '구원'을 의미한다.

38 마침 이 때에 나아와
서 하나님께 감사하고 예
루살렘의 속량을 바라는
모든 사람에게 그에 대하
여 말하니라

39 주의 율법을 따라 모든 일을 마치고 갈릴리로
돌아가 본 동네 나사렛에 이르니라 40 아기가 자
라며 강하여지고 지혜가 충만하며 하나님의 은
혜가 그의 위에 있더라

열두 살 시절의 예수

41 그의 부모가 해마다 유월절
이 되면 예루살렘으로 가더니
42 예수께서 열두 살 되었을 때
에 그들이 이 절기의 관례를 따
라 올라갔다가 43 그 날들을 마
치고 돌아갈 때에 아이 예수는
예루살렘에 머무셨더라 그 부
모는 이를 알지 못하고 44 동행
중에 있는 줄로 생각하고 하룻
길을 간 후 친족과 아는 자 중
에서 찾되 45 만나지 못하매 찾
으면서 예루살렘에 돌아갔더니

46 사흘 후에 성전에서
만난즉 그가 선생들 중
에 앉으사 그들에게 듣
기도 하시며 묻기도 하
시니 47 듣는 자가 다
그 지혜와 대답을 놀랍
게 여기더라 48 그의
부모가 보고 놀라며

그의 어머니는 이르되

아이야 어찌 하여 우리에게 이렇게 하였느냐 보라 네 아버지와 내가 근심하여 너를 찾았노라

49 예수께서 이르시되

50 그 부모가 그가 하신
말씀을 깨닫지 못하더
라 51 예수께서 함께
내려가사 나사렛에 이
르러 순종하여 받드시
더라 그 어머니는 이 모
든 말을 마음에 두니라

52 예수는 지혜와 키가 자라가며 하나님
과 사람에게 더욱 사랑스러워 가시더라

3장

세례 요한의 전파

1 디베료 황제가 통치한 지 열다섯
해 곧 본디오 빌라도가 유대의 총독
으로, 헤롯이 갈릴리의 분봉 왕으로,
그 동생 빌립이 이두래와 드라고닛
지방의 분봉 왕으로, 루사니아가 아
빌레네의 분봉 왕으로, 2 안나스와
가야바가 대제사장으로 있을 때에
하나님의 말씀이 빈 들에서 사가랴
의 아들 요한에게 임한지라 3 요한
이 요단 강 부근 각처에 와서 죄 사
함을 받게 하는 회개의 세례를 전파
하니 4 선지자 이사야의 책에 쓴 바

광야에서 외치는 자의 소리가 있어 이르되 너희는 주의 길을 준
비하라 그의 오실 길을 곧게 하라 5 모든 골짜기가 메워지고 모
든 산과 작은 산이 낮아지고 굽은 것이 곧아지고 험한 길이 평탄
하여질 것이요 6 모든 육체가 하나님의 구원하심을 보리라 함과
같으니라 사 40:3-5

7 요한이 세례 받으러 나아오는 무리에게 이르되

독사의 자식들아 누가 너희에게
일러 장차 올 진노를 피하라 하
더냐 8 그러므로 회개에 합당한
열매를 맺고 속으로 아브라함이
우리 조상이라 말하지 말라 내가
너희에게 이르노니 하나님이 능
히 이 돌들로도 아브라함의 자손
이 되게 하시리라 9 이미 도끼가
나무 뿌리에 놓였으니 좋은 열매
맺지 아니하는 나무마다 찍혀 불
에 던져지리라•

3:9 **이미 도끼가 … 던져지리라** 이것은 하나님께서 그분께 순종하지 않는 그분의 백성을 심판할 준비를 하셨다는 것을 의미한다.

3:17 **손에 키를 … 불에 태우시리라** 이것은 예수님께서 오시어 선한 사람들과 악한 사람들을 구분하여 선한 사람들을 구원하고 악한 사람들에게 벌을 내리실 것이라는 뜻이다.

3:23 **요셉의 위는 헬리요** 요셉은 헬리의 아들이라는 뜻으로 유대인의 족보에서 '아들'(son)은 때때로 손자 또는 그보다 더 먼 친족을 가리킬 수도 있다.

4:4 사람이 … 아니라 신 8:3 인용
4:8 주 너의 … 섬기라 신 6:13 인용

이르되

네가 만일 하나님의 아들이어든 여기
서 뛰어내리라 10 기록되었으되

하나님이 너를 위하여 그 사자들을
명하사 너를 지키게 하시리라 하였고
11 또한 그들이 손으로 너를 받들어
네 발이 돌에 부딪치지 않게 하시리
라 하였느니라 시 91:11,12

12 예수께서 대답하여 이르시되

주 너의 하나님을 시험
하지 말라• 하였느니라

13 마귀가 모든 시험을 다 한
후에 얼마 동안 떠나니라

갈릴리 여러 회당에서 가르치시다

14 예수께서 성령의 능력으
로 갈릴리에 돌아가시니 그
소문이 사방에 퍼졌고 15 친
히 그 여러 회당에서 가르치
시매 뭇 사람에게 칭송을 받
으시더라

나사렛에서 배척을 받으시다

16 예수께서 그 자라나신 곳
나사렛에 이르사 안식일에 늘
하시던 대로 회당에 들어가사
성경을 읽으려고 서시매 17
선지자 이사야의 글을 드리거
늘 책을 펴서 이렇게 기록된
데를 찾으시니 곧

18 주의 성령이 내게 임하셨으니 이는 가난한
자에게 복음을 전하게 하시려고 내게 기름을
부으시고 나를 보내사 포로 된 자에게 자유를,
눈 먼 자에게 다시 보게 함을 전파하며 눌린
자를 자유롭게 하고 19 주의 은혜의 해를 전
파하게 하려 하심이라 하였더라 사 61:1,2

4:12 주 너의 하나님을 시험하지 말라 신 6:16 인용

20 책을 덮어 그 맡은
자에게 주시고 앉으시
니 회당에 있는 자들이
다 주목하여 보더라
21 이에 예수께서 그들
에게 말씀하시되

22 그들이 다 그
를 증언하고 그
입으로 나오는
바 은혜로운 말
을 놀랍게 여겨
이르되

23 예수께서 그들
에게 이르시되

24 또 이르시되

28 회당에 있는 자
들이 이것을 듣고
다 크게 화가 나서
29 일어나 동네 밖
으로 쫓아내어 그
동네가 건설된 산
낭떠러지까지 끌
고 가서 밀쳐 떨어
뜨리고자 하되

30 예수께서 그들 가운데로 지나서 가시니라

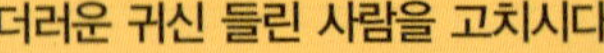

더러운 귀신 들린 사람을 고치시다

31 갈릴리의 가버나움 동
네에 내려오사 안식일에
가르치시매 32 그들이 그
가르치심에 놀라니 이는
그 말씀이 권위가 있음이
러라 33 회당에 더러운 귀
신 들린 사람이 있어

크게 소리 질러 이르되

34 아 나사렛 예수여
우리가 당신과 무슨
상관이 있나이까 우
리를 멸하러 왔나이
까 나는 당신이 누구
인 줄 아노니 하나님
의 거룩한 자니이다

35 예수께서 꾸짖어 이르시되

잠잠하고 그 사람에
게서 나오라 하시니

귀신이 그 사람을 무리 중에 넘어뜨리고 나오되 그 사람은 상하지 아니한지라

36 다 놀라 서로 말하여 이르되

이 어떠한 말씀인고 권위와 능력으로 더러운 귀신을 명하매 나가는도다 하더라

37 이에 예수의 소문이 그
근처 사방에 퍼지니라

온갖 병자들을 고치시다

38 예수께서 일어나 회당에서 나가
사 시몬*의 집에 들어가시니 시몬의
장모가 중한 열병을 앓고 있는지라
사람들이 그를 위하여 예수께 구하
니 39 예수께서 가까이 서서 열병을
꾸짖으신대 병이 떠나고 여자가 곧
일어나 그들에게 수종드니라

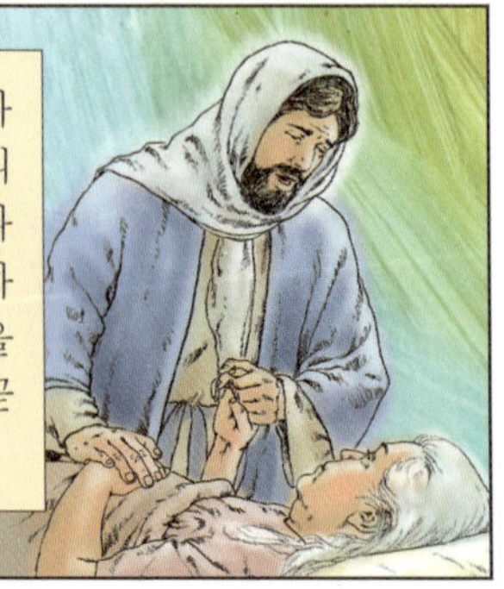

4:38 **시몬** 시몬의 또 다른 이름은 베드로이다.

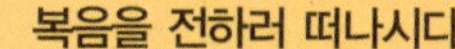

5장

어부들이 예수를 따르다

3 예수께서 한 배에 오르시니 그 배는 시몬의 배라 육지에서 조금 떼기를 청하시고 앉으사 배에서 무리를 가르치시더니

4 말씀을 마치시고 시몬에게 이르시되
깊은 데로 가서 그물을 내려 고기를 잡으라
5 시몬이 대답하여 이르되
선생님 우리들이 밤이 새도록 수고하였으되 잡은 것이 없지마는 말씀에 의지하여 내가 그물을 내리리이다 하고

6 그렇게 하니 고기를 잡은 것이 심히 많아 그물이 찢어지는지라

7 이에 다른 배에 있는 동무들에게 손짓하여 와서 도와 달라 하니 그들이 와서 두 배에 채우매 잠기게 되었더라

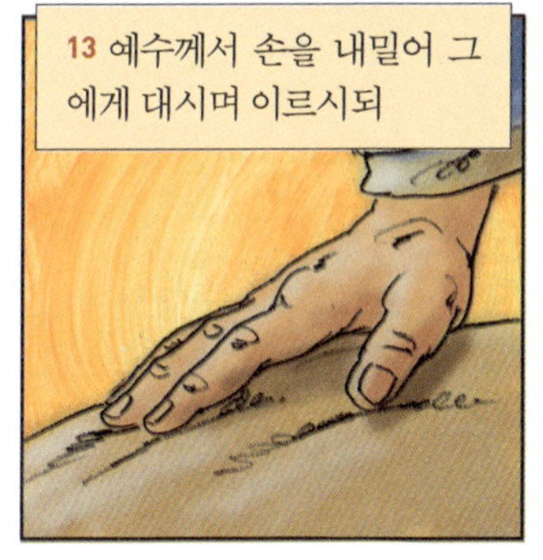

5:14 **제사장에게 네 몸을 보이고** 모세의 율법에 따르면, 제사장은 나병에 걸린 사람이 언제 회복된 것인지를 판단해 주어야 했다.
5:14 **모세가 명한 대로** 더 자세한 것은 레위기 14장 1-32절을 읽으라.

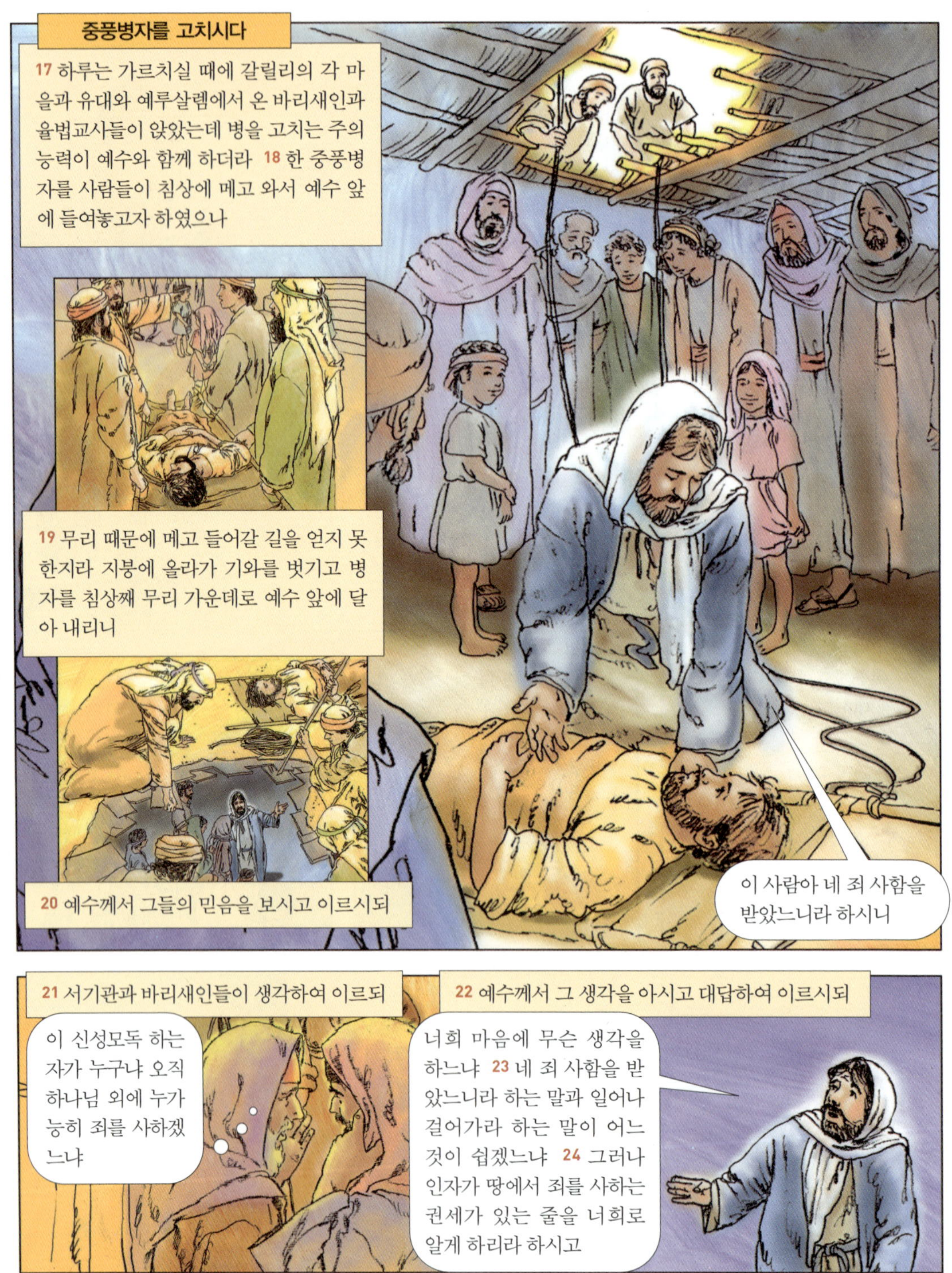
중풍병자를 고치시다
17 하루는 가르치실 때에 갈릴리의 각 마
을과 유대와 예루살렘에서 온 바리새인과
율법교사들이 앉았는데 병을 고치는 주의
능력이 예수와 함께 하더라 18 한 중풍병
자를 사람들이 침상에 메고 와서 예수 앞
에 들여놓고자 하였으나
19 무리 때문에 메고 들어갈 길을 얻지 못
한지라 지붕에 올라가 기와를 벗기고 병
자를 침상째 무리 가운데로 예수 앞에 달
아 내리니
20 예수께서 그들의 믿음을 보시고 이르시되
이 사람아 네 죄 사함을 받았느니라 하시니
21 서기관과 바리새인들이 생각하여 이르되
이 신성모독 하는 자가 누구냐 오직 하나님 외에 누가 능히 죄를 사하겠느냐
22 예수께서 그 생각을 아시고 대답하여 이르시되
너희 마음에 무슨 생각을
하느냐 23 네 죄 사함을 받
았느니라 하는 말과 일어나
걸어가라 하는 말이 어느
것이 쉽겠느냐 24 그러나
인자가 땅에서 죄를 사하는
권세가 있는 줄을 너희로
알게 하리라 하시고

25 그 사람이 그 들 앞에서 곧 일어나 그 누웠던 것을 가지고 하나님께 영광을 돌리며 자기 집으로 돌아가니

26 모든 사람이 놀라 하나님께 영광을 돌리며

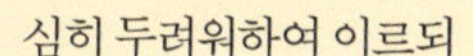

레위가 예수를 따르다

27 그 후에 예수께서 나가사 레위라 하는 세리가 세관에 앉아 있는 것을 보시고

28 그가 모든 것을 버리고 일어나 따르니라

29 레위가 예수를 위하여 자기 집에서 큰 잔치를 하니 세리와 다른 사람이 많이 함께 앉아 있는지라

30 바리새인과 그들의 서기관들이 그 제자들을 비방하여 이르되

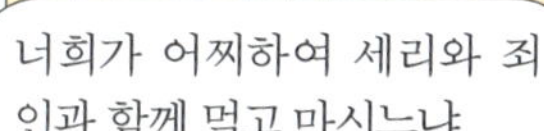

31 예수께서 대답하여 이르시되

36 또 비유하여 이르시되
새 옷에서 한 조각을 찢어 낡은 옷
에 붙이는 자가 없나니 만일 그렇
게 하면 새 옷을 찢을 뿐이요 또

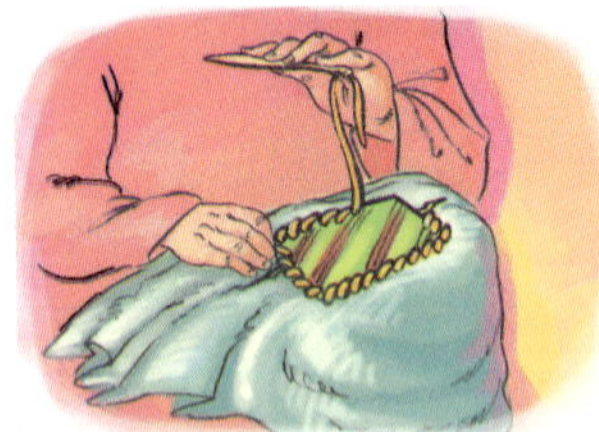

새 옷에서 찢은 조각이 낡은 것
에 어울리지 아니하리라 37 새

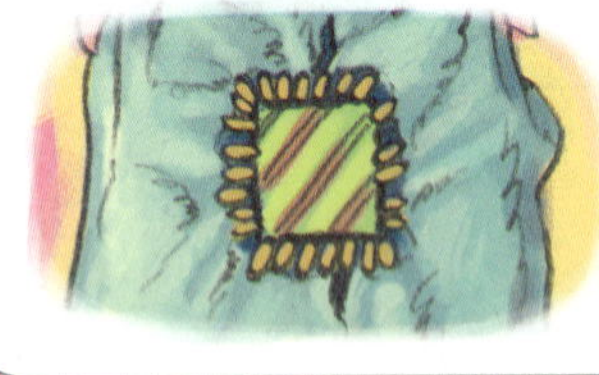

포도주를 낡은 가죽 부대에 넣는
자가 없나니 만일 그렇게 하면

새 포도주가 부대를 터뜨려 포도
주가 쏟아지고 부대도 못쓰게 되

리라 38 새 포도주는 새 부대에
넣어야 할 것이니라

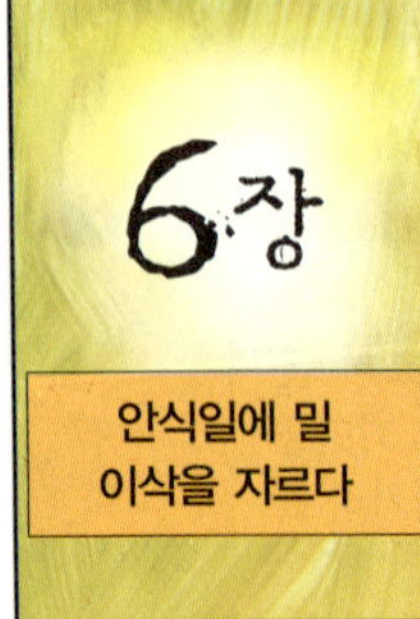

5:33 **금식** 기도하며 하나님을 경배하는 특별한 때에 사람들은 금식을 하였다. 또한 금식은 슬픔의 표현이기도 했다.

3 예수께서 대답하여 이르시되

안식일에 손 마른 사람을 고치시다

6 또 다른 안식일에 예수께서 회당
에 들어가사 가르치실새 거기 오른
손 마른 사람이 있는지라 7 서기관
과 바리새인들이 예수를 고발할 증
거를 찾으려 하여 안식일에 병을 고
치시는가 엿보니 8 예수께서 그들
의 생각을 아시고

열두 제자를 사도로 택하시다

12 이 때에 예수께서 기도하시러 산으로 가사 밤이 새도록 하나님께 기도하시고 13 밝으매 그 제자들을 부르사 그 중에서 열둘을 택하여 사도라 칭하셨으니

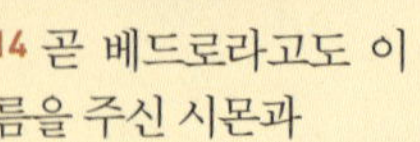

17 예수께서 그들과 함께 내려
오사 평지에 서시니 그 제자의
많은 무리와 예수의 말씀도 듣
고 병 고침을 받으려고 유대 사
방과 예루살렘과 두로와 시돈
의 해안으로부터 온 많은 백성
도 있더라 18 더러운 귀신에게
고난 받는 자들도 고침을 받은
지라 19 온 무리가 예수를 만
지려고 힘쓰니 이는 능력이 예
수께로부터 나와서 모든 사람
을 낫게 함이러라

복과 화를 선포하시다

20 예수께서 눈을 들어 제자들
을 보시고 이르시되

너희 가난한 자는 복이 있나니 하나
님의 나라가 너희 것임이요 21 지금
주린 자는 복이 있나니 너희가 배부
름을 얻을 것임이요 지금 우는 자는
복이 있나니 너희가 웃을 것임이요
22 인자로 말미암아 사람들이 너희
를 미워하며 멀리하고 욕하고 너희
이름을 악하다 하여 버릴 때에는 너
희에게 복이 있도다 23 그 날에 기
뻐하고 뛰놀라 하늘에서 너희 상이
큼이라 그들의 조상들이 선지자들
에게 이와 같이 하였느니라 24 그러
나 화 있을진저 너희 부요한 자여 너
희는 너희의 위로를 이미 받았도다
25 화 있을진저 너희 지금 배부른 자
여 너희는 주리리로다 화 있을진저
너희 지금 웃는 자여 너희가 애통하
며 울리로다 26 모든 사람이 너희를
칭찬하면 화가 있도다 그들의 조상
들이 거짓 선지자들에게 이와 같이
하였느니라

원수를 사랑하라

27 그러나 너희 듣는 자에게 내가 이
르노니 너희 원수를 사랑하며 너희
를 미워하는 자를 선대하며 28 너희
를 저주하는 자를 위하여 축복하며
너희를 모욕하는 자를 위하여 기도
하라 29 너의 이 뺨을 치는 자에게
저 뺨도 돌려대며 네 겉옷을 빼앗는
자에게 속옷도 거절하지 말라 30 네
게 구하는 자에게 주며 네 것을 가져
가는 자에게 다시 달라 하지 말며
31 남에게 대접을 받고자 하는 대로
너희도 남을 대접하라 32 너희가 만
일 너희를 사랑하는 자만을 사랑하
면 칭찬 받을 것이 무엇이냐 죄인들
도 사랑하는 자는 사랑하느니라

33 너희가 만일 선대하는 자만을
선대하면 칭찬 받을 것이 무엇이
냐 죄인들도 이렇게 하느니라 34
너희가 받기를 바라고 사람들에
게 꾸어 주면 칭찬 받을 것이 무
엇이냐 죄인들도 그만큼 받고자
하여 죄인에게 꾸어 주느니라 35
오직 너희는 원수를 사랑하고 선
대하며 아무 것도 바라지 말고
꾸어 주라 그리하면 너희 상이
클 것이요 또 지극히 높으신 이
의 아들이 되리니 그는 은혜를
모르는 자와 악한 자에게도 인자
하시니라 36 너희 아버지의 자비
로우심 같이 너희도 자비로운 자
가 되라 37 비판하지 말라 그리
하면 너희가 비판을 받지 않을
것이요 정죄하지 말라 그리하면
너희가 정죄를 받지 않을 것이요
용서하라 그리하면 너희가 용서
를 받을 것이요 38 주라 그리하
면 너희에게 줄 것이니 곧 후히
되어 누르고 흔들어 넘치도록 하
여 너희에게 안겨 주리라 너희가
헤아리는 그 헤아림으로 너희도
헤아림을 도로 받을 것이니라

네 눈 속에 있는 들보

39 또 비유로 말씀하시되

맹인이 맹인을 인도할 수 있느냐
둘이 다 구덩이에 빠지지 아니하
겠느냐 40 제자가 그 선생보다
높지 못하나 무릇 온전하게 된
자는 그 선생과 같으리라 41 어
찌하여 형제의 눈 속에 있는 티
는 보고 네 눈 속에 있는 들보는
깨닫지 못하느냐 42 너는 네 눈
속에 있는 들보를 보지 못하면서
어찌하여 형제에게 말하기를 형
제여 나로 네 눈 속에 있는 티를
빼게 하라 할 수 있느냐 외식하
는 자여 먼저 네 눈 속에서 들보
를 빼라 그 후에야 네가 밝히 보
고 형제의 눈 속에 있는 티를 빼
리라 43 못된 열매 맺는 좋은 나
무가 없고 또 좋은 열매 맺는 못
된 나무가 없느니라 44 나무는
각각 그 열매로 아나니 가시나무
에서 무화과를, 또는 찔레에서
포도를 따지 못하느니라 45 선한
사람은 마음에 쌓은 선에서 선을
내고 악한 자는 그 쌓은 악에서
악을 내나니 이는 마음에 가득한
것을 입으로 말함이니라

듣고 행하는 자와 행하지 아니하는 자

46 너희는 나를 불러 주여 주여
하면서도 어찌하여 내가 말하는
것을 행하지 아니하느냐 47 내게
나아와 내 말을 듣고 행하는 자
마다 누구와 같은 것을 너희에게
보이리라

48 집을 짓되 깊이 파고 주추를 반석 위에 놓은 사람과 같으니 큰 물이 나서 탁류가 그 집에 부딪치되 잘 지었기 때문에 능히 요동하지 못하게 하였거니와

49 듣고 행하지 아니하는 자는 주추 없이 흙 위에 집 지은 사람과 같으니 탁류가 부딪치매 집이 곧 무너져 파괴됨이 심하니라 하시니라

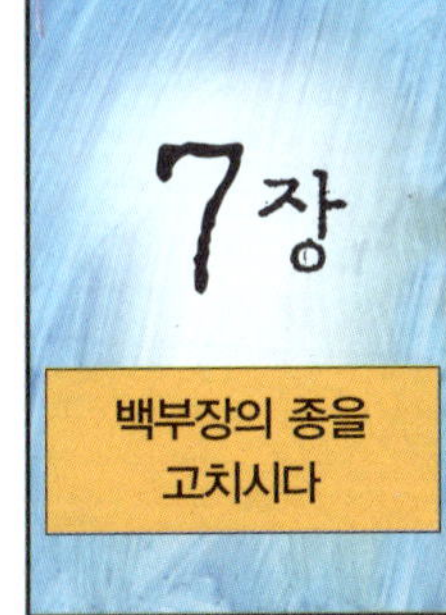
7장
백부장의 종을 고치시다

1 예수께서 모든 말씀을 백성에게 들려 주시기를 마치신 후에 가버나움으로 들어가시니라

2 어떤 백부장의 사랑하는 종이 병들어 죽게 되었더니 3 예수의 소문을 듣고 유대인의 장로 몇 사람을 예수께 보내어 오셔서 그 종을 구해 주시기를 청한지라 4 이에 그들이 예수께 나아와 간절히 구하여 이르되
이 일을 하시는 것이 이 사람에게는 합당하니이다 5 그가 우리 민족을 사랑하고 또한 우리를 위하여 회당을 지었나이다 하니

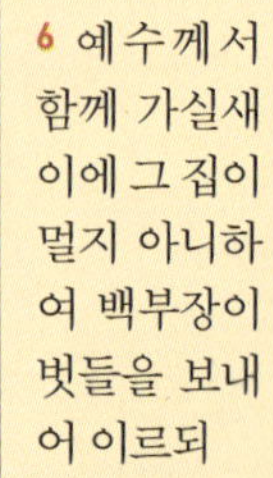

6 예수께서
함께 가실새
이에 그 집이
멀지 아니하
여 백부장이
벗들을 보내
어 이르되

9 예수께서 들으시고 그를 놀랍게 여겨
돌이키사 따르는 무리에게 이르시되

10 보내었던 사람들이 집으로 돌아가
보매 종이 이미 나아 있었더라

과부의 아들을 살리시다

11 그 후에 예수께서 나인이란 성으로 가실새 제자와 많은
무리가 동행하더니 12 성문에 가까이 이르실 때에 사람들이
한 죽은 자를 메고 나오니 이는 한 어머니의 독자요 그의 어
머니는 과부라 그 성의 많은 사람도 그와 함께 나오거늘

13 주께서 과부를 보시고 불
쌍히 여기사

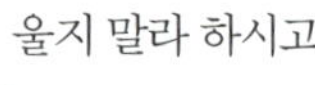

14 가까이 가서 그 관에 손을 대시니 멘
자들이 서는지라 예수께서 이르시되

15 죽었던 자가 일어나
앉고 말도 하거늘

17 예수께 대한 이 소문이 온 유대와
사방에 두루 퍼지니라

세례 요한의 제자들에게 대답하시다

18 요한의 제자들이 이 모든 일을 그
에게 알리니

7:24 **갈대** 요한이 바람에 흔들리는 갈대처럼 약하지 않았다는 뜻이 이 말씀에 담겨 있다.

26 그러면 너희가 무엇을 보려고 나갔
더냐 선지자냐 옳다 내가 너희에게 이
르노니 선지자보다도 훌륭한 자니라
27 기록된 바

보라 내가 내 사자를 네 앞에 보
내노니 그가 네 앞에서 네 길을
준비하리라 한 것이 이 사람에
대한 말씀이라 말 3:1

28 내가 너희에게 말하노니 여자가 낳
은 자 중에 요한보다 큰 자가 없도다
그러나 하나님의 나라에서는 극히 작
은 자라도 그보다 크니라 하시니

29 모든 백성과 세리들
은 이미 요한의 세례를
받은지라 이 말씀을 듣
고 하나님을 의롭다 하
되 30 바리새인과 율법
교사들은 그의 세례를
받지 아니함으로 그들
자신을 위한 하나님의
뜻을 저버리니라 31 또
이르시되

이 세대의 사람을 무엇으로 비유할까
무엇과 같은가 32 비유하건대 아이들
이 장터에 앉아 서로 불러 이르되 우
리가 너희를 향하여 피리를 불어도 너
희가 춤추지 않고 우리가 곡하여도 너
희가 울지 아니하였다 함과 같도다
33 세례 요한이 와서 떡도 먹지 아니하
며 포도주도 마시지 아니하매 너희 말
이 귀신이 들렸다 하더니 34 인자는
와서 먹고 마시매 너희 말이 보라 먹
기를 탐하고 포도주를 즐기는 사람이
요 세리와 죄인의 친구로다 하니 35
지혜는 자기의 모든 자녀로 인하여 옳
다 함을 얻느니라

한 여자가 예수께 향유를 붓다

36 한 바리새인이 예수께 자기와 함께
잡수시기를 청하니 이에 바리새인의
집에 들어가 앉으셨을 때에 37 그 동
네에 죄를 지은 한 여자가 있어 예수
께서 바리새인의 집에 앉아 계심을 알
고 향유 담은 옥합을 가지고 와서

38 예수의 뒤로 그 발 곁에 서서 울며 눈물로 그 발을 적시고 자기 머리털로 닦고 그 발에 입맞추고 향유를 부으니

39 예수를 청한 바리새인이 그것을 보고 마음에 이르되

이 사람이 만일 선지자라면 자기를 만지는 이 여자가 누구며 어떠한 자 곧 죄인인 줄을 알았으리라 하거늘

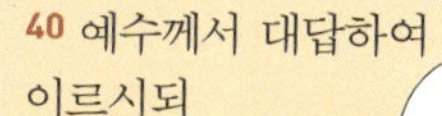

40 예수께서 대답하여 이르시되

시몬아 내가 네게 이를 말이 있다 하시니

그가 이르되

선생님 말씀하소서

41 이르시되

빚 주는 사람에게 빚진 자가 둘이 있어 하나는 오백 데나리온*을 졌고 하나는 오십 데나리온을 졌는데 42 갚을 것이 없으므로 둘 다 탕감하여 주었으니 둘 중에 누가 그를 더 사랑하겠느냐

43 시몬이 대답하여 이르되

내 생각에는 많이 탕감함을 받은 자니이다

이르시되

네 판단이 옳다 하시고

44 그 여자를 돌아보시며 시몬에게 이르시되

이 여자를 보느냐 내가 네 집에 들어올 때 너는 내게 발 씻을 물도 주지 아니하였으되 이 여자는 눈물로 내 발을 적시고 그 머리털로 닦았으며 45 너는 내게 입맞추지 아니하였으되 그는 내가 들어올 때로부터 내 발에 입맞추기를 그치지 아니하였으며

7:41 **데나리온** 고대 로마의 은화. 한 데나리온은 하루 노동에 대한 평균 임금이었다.

46 너는 내 머리에 감람유도
붓지 아니하였으되 그는 향
유를 내 발에 부었느니라 47
이러므로 내가 네게 말하노
니 그의 많은 죄가 사하여졌
도다 이는 그의 사랑함이 많
음이라 사함을 받은 일이 적
은 자는 적게 사랑하느니라

48 이에 여자에게 이르시되

네 죄 사함을 받았
느니라 하시니

49 함께 앉아 있는 자들이 속으로 말하되

50 예수께서 여자에게 이르시되

8장

여자들이 예수의 활동을 돕다

1 그 후에 예수께서
각 성과 마을에 두
루 다니시며 하나
님의 나라를 선포
하시며 그 복음을
전하실새 열두 제
자가 함께 하였고

2 또한 악귀를 쫓아내심과
병 고침을 받은 어떤 여자
들 곧 일곱 귀신이 나간
자 막달라인이라 하는 마
리아와 3 헤롯의 청지기
구사의 아내 요안나와 수
산나와 다른 여러 여자가
함께 하여 자기들의 소유
로 그들을 섬기더라

네 가지 땅에 떨어진 씨 비유

4 각 동네 사람들이 예수께로
나아와 큰 무리를 이루니 예
수께서 비유로 말씀하시되

5 씨를 뿌리는 자가 그 씨를 뿌리
러 나가서 뿌릴새 더러는 길 가

에 떨어지매 밟히며 공중의 새
들이 먹어버렸고 6 더러는 바위

위에 떨어지매 싹이 났다가 습기

가 없으므로 말랐고 7 더러는 가

시떨기 속에 떨어지매 가시가 함
께 자라서 기운을 막았고 8 더러

는 좋은 땅에 떨어지매 나서 백
배의 결실을 하였느니라

이 말씀을 하시고 외치시되

들을 귀 있는 자는 들을지어다

비유를 설명하시다

9 제자들이 이 비유의 뜻을
물으니 10 이르시되

하나님 나라의 비밀을 아는 것이
너희에게는 허락되었으나 다른
사람에게는 비유로 하나니

> 이는 그들로 보아도 보
> 지 못하고 들어도 깨닫
> 지 못하게 하려 함이라
> 사 6:9

11 이 비유는 이러하니라 씨는
하나님의 말씀이요 12 길 가에

있다는 것은 말씀을 들은 자니
이에 마귀가 가서 그들이 믿어
구원을 얻지 못하게 하려고 말씀
을 그 마음에서 빼앗는 것이요

13 바위 위에 있다는 것은 말씀
을 들을 때에 기쁨으로 받으나

뿌리가 없어 잠깐 믿다가 시련을
당할 때에 배반하는 자요 14 가
시떨기에 떨어졌다는 것은 말씀
을 들은 자이나 지내는 중 이생
의 염려와 재물과 향락에 기운이
막혀 온전히 결실하지 못하는 자

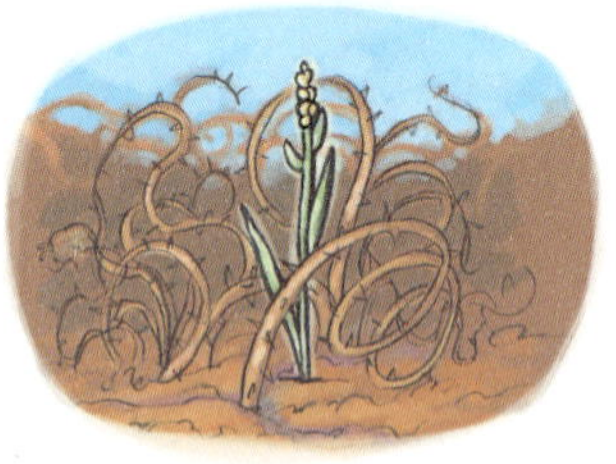

요 15 좋은 땅에 있다는 것은 착
하고 좋은 마음으로 말씀을 듣고
지키어 인내로 결실하는 자니라

등불은 등경 위에

16 누구든지 등불을 켜서 그릇으
로 덮거나 평상 아래에 두지 아

니하고 등경 위에 두나니 이는

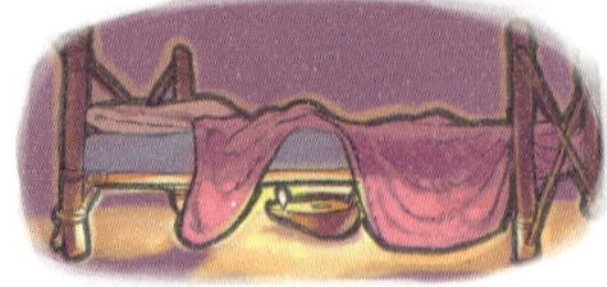

들어가는 자들로 그 빛을 보게
하려 함이라

예수의 어머니와 동생들

19 예수의 어머니와 그 동
생들이 왔으나 무리로 인
하여 가까이 하지 못하니
20 어떤 이가 알리되

당신의 어머니와 동생들이 당신
을 보려고 밖에 서 있나이다

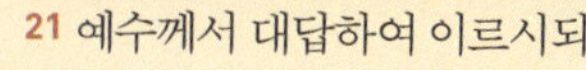
21 예수께서 대답하여 이르시되

바람과 물결을 잔잔하게 하시다

22 하루는 제자들과 함께 배에
오르사 그들에게 이르시되

하시매 이에 떠나

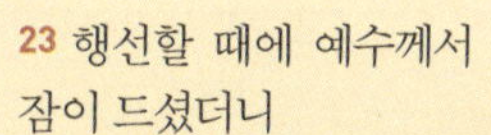
23 행선할 때에 예수께서
잠이 드셨더니

마침 광풍이 호수로 내리치매 배에
물이 가득하게 되어 위태한지라

누가복음 8:24-25

24 제자들이 나아와 깨워 이르되
주여 주여 우리가 죽겠나이다 한대

예수께서 잠을 깨사

바람과 물결을 꾸짖으시니

이에 그쳐 잔잔하여지더라

25 제자들에게 이르시되
너희 믿음이 어디 있느냐 하시니

그들이 두려워하
고 놀랍게 여겨 서
로 말하되

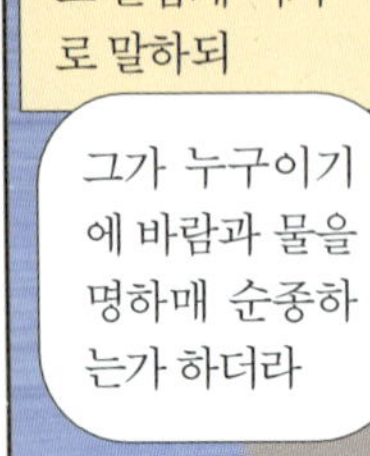
그가 누구이기
에 바람과 물을
명하매 순종하
는가 하더라

귀신 들린 사람을 고치시다

26 그들이 갈릴리 맞은편 거
라사인의 땅•에 이르러

27 예수께서 육지에 내리시
매 그 도시 사람으로서 귀신
들린 자 하나가 예수를 만나
니 그 사람은 오래 옷을 입지
아니하며 집에 거하지도 아
니하고 무덤 사이에 거하는
자라 28 예수를 보고 부르짖
으며 그 앞에 엎드려 큰 소리
로 불러 이르되

29 이는 예수께서 이미
더러운 귀신을 명하사
그 사람에게서 나오라
하셨음이라 (귀신이 가
끔 그 사람을 붙잡으므
로 그를 쇠사슬과 고랑
에 매어 지켰으되 그 맨
것을 끊고 귀신에게 몰
려 광야로 나갔더라)

30 예수께서

물으신즉 이르되

하니 이는 많은
귀신이 들렸음이
라 31 무저갱•으
로 들어가라 하
지 마시기를 간
구하더니

32 마침 그 곳에
많은 돼지 떼가 산
에서 먹고 있는지
라 귀신들이 그 돼
지에게로 들어가
게 허락하심을 간
구하니 이에 허락
하시니

33 귀신들이 그 사람에게서 나와
돼지에게로 들어가니 그 떼가
비탈로 내리달아 호수에 들어가
몰사하거늘

8:26 **거라사인의 땅** 갈릴리 호수 동남쪽에 있던 지역이지만 구체적인 위치는 불확실하다. 어떤 헬라어 사본들에서는 '가다라인의 지방'으로, 또 다른 헬라어 사본들에서는 '게르게사인의 지방'으로 나온다.
8:30 **군대** 이것은 매우 많다는 뜻이다. 고대 로마에서 하나의 군대는 약 5천 명으로 구성되었다.
8:31 **무저갱** 바닥이 없는 구덩이

34 치던 자들이 그 이루어진
일을 보고 도망하여 성내와
마을에 알리니 35 사람들이
그 이루어진 일을 보러 나
와서 예수께 이르러 귀신
나간 사람이 옷을 입고 정
신이 온전하여

예수의 발치에 앉아 있는 것을
보고 두려워하거늘 36 귀신 들
렸던 자가 어떻게 구원 받았는
지를 본 자들이 그들에게 이르
매 37 거라사인의 땅 근방 모든
백성이 크게 두려워하여 예수께
떠나가시기를 구하더라

예수께서 배에 올라 돌아가실
새 38 귀신 나간 사람이 함께
있기를 구하였으나 예수께서
그를 보내시며 이르시되

39 집으로 돌아가 하나님이
네게 어떻게 큰 일을 행하
셨는지를 말하라 하시니

그가 가서 예수께
서 자기에게 어떻
게 큰 일을 행하
셨는지를 온 성내
에 전파하니라

야이로의 딸과 예수의 옷에 손 댄 여자

40 예수께서 돌아오시매 무리가 환영하
니 이는 다 기다렸음이러라 41 이에 회당
장인 야이로라 하는 사람이 와서 예수의
발 아래에 엎드려 자기 집에 오시기를 간
구하니 42 이는 자기에게 열두 살 된 외
딸이 있어 죽어감이러라 예수께서 가실
때에 무리가 밀려들더라

43 이에 열두 해를 혈루증으로 앓는 중에 아무에게도 고침을 받지 못하던 여자가 44 예수의 뒤로 와서

그의 옷 가에 손을 대니

혈루증이 즉시 그쳤더라

45 예수께서 이르시되
내게 손을 댄 자가 누구냐 하시니
다 아니라 할 때에 베드로가 이르되
주여 무리가 밀려들어 미나이다

46 예수께서 이르시되
내게 손을 댄 자가 있도다 이는 내게서 능력이 나간 줄 앎이로다 하신대

47 여자가 스스로 숨기지 못할 줄 알고 떨며 나아와 엎드리어 그 손 댄 이유와 곧 나은 것을 모든 사람 앞에서 말하니 48 예수께서 이르시되
딸아 네 믿음이 너를 구원하였으니 평안히 가라 하시더라

49 아직 말씀하실 때에 회당장의 집에서 사람이 와서 말하되
당신의 딸이 죽었나이다 선생님을 더 괴롭게 하지 마소서 하거늘

50 예수께서 들으시고 이르시되
두려워하지 말고 믿기만 하라 그리하면 딸이 구원을 얻으리라 하시고

51 그 집에 이르러 베드로와 요한과 야고보와 아
이의 부모 외에는 함께 들어가기를 허락하지 아
니하시니라 52 모든 사람이 아이를 위하여 울며
통곡하매 예수께서 이르시되
울지 말라 죽은 것이 아니라 잔다 하시니
53 그들이 그 죽은 것을 아는
고로 비웃더라
54 예수께서 아이의 손을 잡고
불러 이르시되
아이야 일어나라 하시니

55 그 영이 돌아와 아이가 곧 일어나거늘 예수께서

먹을 것을 주라

명하시니 56 그 부모가 놀라는지라 예수께서 경
고하사 이 일을 아무에게도 말하지 말라 하시니라

9:5 **너희 발에서 먼지를 떨어 버려** 이것은 그들이 사람들에게 할 말을 다 했다는 표시가 된다.

헤롯이 듣고 심히 당황하다
7 분봉 왕 헤롯이 이 모든 일을 듣고 심히 당황하니 이는 어떤 사람은 요한이 죽은 자 가운데서 살아났다고도 하며 8 어떤 사람은 엘리야가 나타났다고도 하며 어떤 사람은 옛 선지자 한 사람이 다시 살아났다고도 함이라
9 헤롯이 이르되
요한은 내가 목을 베었거늘 이제 이런 일이 들리니 이 사람이 누군가 하며
그를 보고자 하더라

오천 명을 먹이시다
10 사도들이 돌아와 자기들이 행한 모든 것을 예수께 여쭈니 데리시고 따로 벳새다라는 고을로 떠나 가셨으나
11 무리가 알고 따라왔거늘 예수께서 그들을 영접하사 하나님 나라의 일을 이야기하시며 병 고칠 자들은 고치시더라

12 날이 저물어 가매 열두 사도가 나아와 여짜오되
무리를 보내어 두루 마을과 촌으로 가서 유하며 먹을 것을 얻게 하소서 우리가 있는 여기는 빈 들이니이다
13 예수께서 이르시되
너희가 먹을 것을 주라

하시니 여짜오되
우리에게 떡 다섯 개와 물고기 두 마리밖에 없으니 이 모든 사람을 위하여 먹을 것을 사지 아니하고서는 할 수 없사옵나이다 하니
14 이는 남자가 한 오천 명 됨이러라 제자들에게 이르시되
떼를 지어 한 오십 명씩 앉히라 하시니

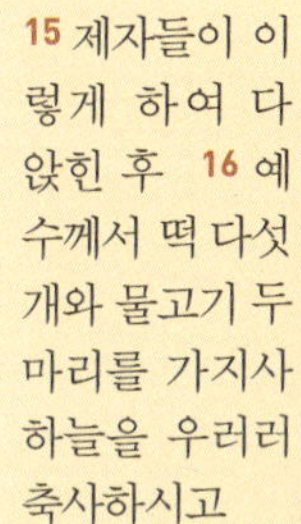

9:19 **엘리야** 하나님의 말씀을 대언했던 사람. 그는 그리스도께서 오시기 몇 백 년 전에 살았다.

21 경고하사 이 말을 아무에게
도 이르지 말라 명하시고 22
이르시되
인자가 많은
고난을 받고

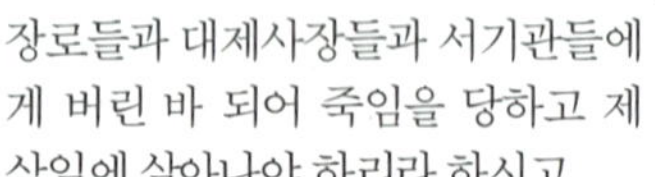

영광스러운 모습으로 변화되시다

28 이 말씀을 하신 후 팔 일쯤 되어 예
수께서 베드로와 요한과 야고보를 데
리고 기도하시러 산에 올라가사

29 기도하실 때에 용
모가 변화되고 그 옷
이 희어져 광채가 나
더라 30 문득 두 사람
이 예수와 함께 말하
니 이는 모세와 엘리
야•라 31 영광중에 나
타나서 장차 예수께
서 예루살렘에서 별
세하실 것을 말할새

9:26 **인자** 예수님을 가리키는 말
9:30 **모세와 엘리야** 유대의 과거 역사에서 가장 중요한 지도자들 중 두 사람

귀신 들린 아이를 낫게 하시다

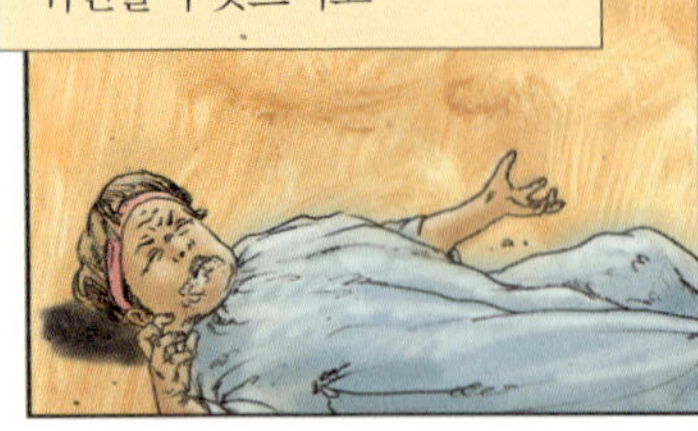
42 올 때에 귀신이 그를 거꾸
러뜨리고 심한 경련을 일으키
게 하는지라 예수께서 더러운
귀신을 꾸짖으시고

아이를 낫게 하사

그 아버지에게 도로 주시니

43 사람들이 다 하나
님의 위엄에 놀라니라
인자가 사람들의 손에 넘겨지리라
그들이 다 그 행하시는 모든 일을 놀랍게
여길새 예수께서 제자들에게 이르시되
44 이 말을 너희
귀에 담아 두라
인자가 장차 사람
들의 손에 넘겨지
리라 하시되

45 그들이 이 말씀
을 알지 못하니 이
는 그들로 깨닫지
못하게 숨긴 바 되
었음이라 또 그들
은 이 말씀을 묻기
도 두려워하더라

누가 크냐
46 제자 중에서 누가 크냐
하는 변론이 일어나니

47 예수께서 그 마음에
변론하는 것을 아시고 어
린 아이 하나를 데려다가
자기 곁에 세우시고

48 그들에게 이르시되
누구든지 내 이름으로
이런 어린 아이를 영접
하면 곧 나를 영접함이
요 또 누구든지 나를 영
접하면 곧 나를 보내신
이를 영접함이라 너희
모든 사람 중에 가장 작
은 그가 큰 자니라

너희를 위하는 사람

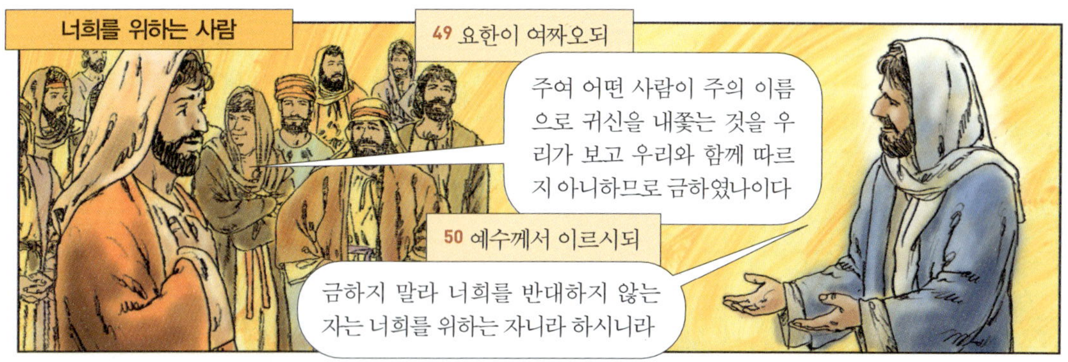

사마리아의 마을에서 예수를 받아들이지 않다

나를 따르라

9:54 **우리가 불을 명하여** 일부 헬라어 사본들에는 "우리가 엘리야가 했듯이 불을 명하여"라고 되어 있다.
9:55,56 **꾸짖으시고 함께 다른 마을로** '꾸짖으시고' 다음에 일부 헬라어 사본들에는 "말씀하시기를 너희는 너희가 어떤 영에 속해 있는지를 모르는구나. 인자는 사람들의 영혼을 멸하기 위해 오지 않고 구원하기 위해 왔노라 하시고"라고 기록되어 있다.

그가 이르되

60 이르시되

61 또 다른 사람이 이르되

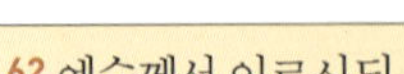

62 예수께서 이르시되

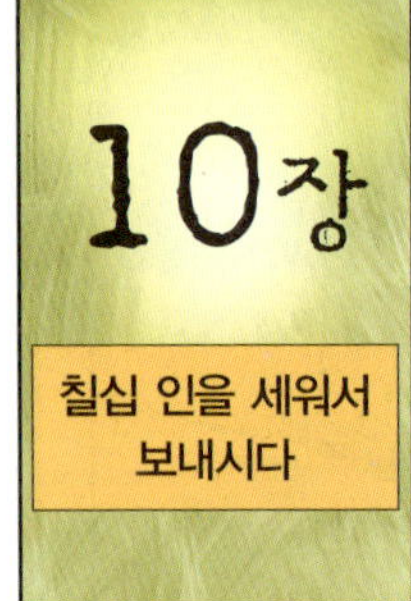

10장

칠십 인을 세워서 보내시다

1 그 후에 주께서 따로 칠십 인을 세우사 친히 가시
려는 각 동네와 각 지역으로 둘씩 앞서 보내시며

2 이르시되 추수할 것은 많되 일꾼
이 적으니 그러므로 추수하는 주
인에게 청하여 추수할 일꾼들을
보내 주소서 하라 3 갈지어다 내
가 너희를 보냄이 어린 양을 이
리 가운데로 보냄과 같도다 4 전
대나 배낭이나 신발을 가지지 말
며 길에서 아무에게도 문안하지
말며 5 어느 집에 들어가든지 먼
저 말하되 이 집이 평안할지어다
하라 6 만일 평안을 받을 사람이
거기 있으면 너희의 평안이 그에
게 머물 것이요 그렇지 않으면
너희에게로 돌아오리라 7 그 집
에 유하며 주는 것을 먹고 마시
라 일꾼이 그 삯을 받는 것이 마
땅하니라 이 집에서 저 집으로
옮기지 말라 8 어느 동네에 들어
가든지 너희를 영접하거든 너희
앞에 차려놓는 것을 먹고 9 거기
있는 병자들을 고치고 또 말하기
를 하나님의 나라가 너희에게 가
까이 왔다 하라 10 어느 동네에
들어가든지 너희를 영접하지 아
니하거든 그 거리로 나와서 말하
되 11 너희 동네에서 우리 발에
묻은 먼지도 너희에게 떨어버리
노라 그러나 하나님의 나라가 가
까이 온 줄을 알라 하라 12 내가
너희에게 말하노니 그 날에 소
돔•이 그 동네보다 견디기 쉬우
리라 13 화 있을진저 고라신아,
화 있을진저 벳새다야, 너희에게
행한 모든 권능을 두로와 시돈•
에서 행하였더라면 그들이 벌써
베옷을 입고 재에 앉아 회개하였
으리라 14 심판 때에 두로와 시
돈이 너희보다 견디기 쉬우리라
15 가버나움•아 네가 하늘에까지
높아지겠느냐 음부에까지 낮아
지리라 16 너희 말을 듣는 자는
곧 내 말을 듣는 것이요 너희를
저버리는 자는 곧 나를 저버리는
것이요 나를 저버리는 자는 나
보내신 이를 저버리는 것이라 하
시니라

10:12 **소돔** 너무나 악했기 때문에 하나님께 멸망당한 도시
10:13 **두로와 시돈** 사악한 사람들이 살았던 도시들
10:13-15 **고라신 … 벳새다 … 가버나움** 갈릴리 호수 옆에 있는 도시들로서 예수님께서 사람들에게 말씀을 전하신 곳

칠십 인이 돌아오다

17 칠십 인이 기뻐하며 돌아와 이르되

주여 주의 이름이면 귀신들도
우리에게 항복하더이다

18 예수께서 이르시되

사탄이 하늘로부터 번개 같이 떨
어지는 것을 내가 보았노라 19 내
가 너희에게 뱀과 전갈을 밟으며
원수의 모든 능력을 제어할 권능
을 주었으니 너희를 해칠 자가 결
코 없으리라 20 그러나 귀신들이
너희에게 항복하는 것으로 기뻐
하지 말고 너희 이름이 하늘에 기
록된 것으로 기뻐하라 하시니라

예수의 감사 기도

21 그 때에 예수께서 성령으로 기뻐하시며 이르시되

천지의 주재이신 아버지여
이것을 지혜롭고 슬기 있는
자들에게는 숨기시고

어린 아이들에게는 나타내심을
감사하나이다 옳소이다 이렇게
된 것이 아버지의 뜻이니이다

22 내 아버지께서 모
든 것을 내게 주셨으
니 아버지 외에는 아
들이 누구인지 아는
자가 없고 아들과 또
아들의 소원대로 계
시를 받는 자 외에는
아버지가 누구인지
아는 자가 없나이다
하시고

23 제자들을 돌아 보시며 조용히 이르시되

너희가 보는 것을 보는
눈은 복이 있도다 24 내
가 너희에게 말하노니
많은 선지자와 임금이
너희가 보는 바를 보고
자 하였으되 보지 못하
였으며 너희가 듣는 바
를 듣고자 하였으되 듣
지 못하였느니라

자비를 베푼 사마리아 사람

25 어떤 율법교사가 일어나 예수를 시험하여 이르되

선생님 내가 무엇을 하여야 영생을 얻으리이까

26 예수께서 이르시되

율법에 무엇이라 기록되었으며 네가 어떻게 읽느냐

27 대답하여 이르되

네 마음을 다하며 목숨을 다하며 힘을 다하며 뜻을 다하여 주 너의 하나님을 사랑하고 또한 네 이웃을 네 자신 같이 사랑하라• 하였나이다

28 예수께서 이르시되

네 대답이 옳도다 이를 행하라 그러면 살리라 하시니

29 그 사람이 자기를 옳게 보이려고 예수께 여짜오되

그러면 내 이웃이 누구니이까

30 예수께서 대답하여 이르시되

어떤 사람이 예루살렘에서 여리고로 내려가다가 강도를 만나매 강도들이 그 옷을 벗기고 때려 거의 죽은 것을 버리고 갔더라

31 마침 한 제사장이 그 길로 내려가다가 그를 보고 피하여 지나

가고 32 또 이와 같이 한 레위인•도 그 곳에 이르러 그를 보고 피

하여 지나가되 33 어떤 사마리아 사람•은 여행하는 중 거기 이

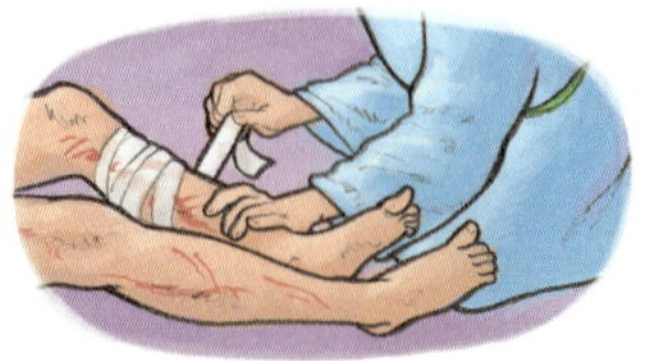

르러 그를 보고 불쌍히 여겨 34 가까이 가서 기름과 포도주•를 그 상처에 붓고 싸매고 자기 짐

승에 태워 주막으로 데리고 가서 돌보아 주니라

10:27 **네 마음을 … 사랑하라** 신 6:5, 레 19:18 인용

10:32 **레위인** 레위인들은 레위 지파 출신으로서 성전에서 유대 제사장들의 일을 도왔다(대상 23:24-32 참조).

10:33 **사마리아 사람** 그들은 유대인의 피와 이방인의 피가 섞인 사람들이었다. 유대인들은 그들을 진정한 유대인으로 받아들이지 않았다. 사마리아인들과 유대인들은 서로 미워했다.

10:34 **기름과 포도주** 상처를 깨끗이 씻고 완화시키기 위해 기름과 포도주가 마치 약품처럼 사용되었다.

35 그 이튿날 그가 주막 주인에게
데나리온 둘을 내어 주며 이르되
이 사람을 돌보아 주라 비용이
더 들면 내가 돌아올 때에 갚으
리라 하였으니 36 네 생각에는
이 세 사람 중에 누가 강도 만난
자의 이웃이 되겠느냐

37 이르되
자비를 베푼 자니이다

예수께서 이르시되
가서 너도 이와 같이 하라 하시니라
마르다와 마리아
38 그들이 길 갈 때에 예수께서
한 마을에 들어가시매

마르다라 이름하는 한 여자가 자기 집으로 영접하더라 39 그에게 마리아라 하는 동생이 있어
주의 발치에 앉아 그의 말씀을 듣더니 40 마르다는 준비하는 일이 많아 마음이 분주한지라

11장

기도를 가르치시다

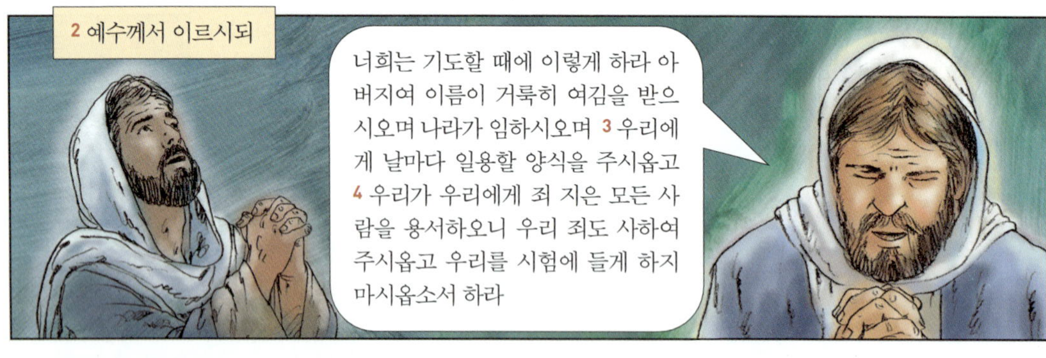

7 그가 안에서 대답하여 이르되

나를 괴롭게 하지 말라 문이 이미 닫혔고 아이들이 나와 함께 침실에 누웠으니 일어나 네게 줄 수가 없노라 하겠느냐

8 내가 너희에게 말하노니 비록 벗 됨으로 인하여서는 일어나서 주지 아니할지라도 그 간청함을 인하여 일어나 그 요구대로 주리

라 9 내가 또 너희에게 이르노니
구하라 그러면 너희에게 주실 것
이요 찾으라 그러면 찾아낼 것이
요 문을 두드리라 그러면 너희에
게 열릴 것이니 10 구하는 이마
다 받을 것이요 찾는 이는 찾아
낼 것이요 두드리는 이에게는 열
릴 것이니라 11 너희 중에 아버
지 된 자로서 누가 아들이 생선을
달라 하는데 생선 대신에 뱀을 주
며 12 알을 달라 하는 데 전갈을

주겠느냐 13 너희가 악할지라도
좋은 것을 자식에게 줄 줄 알거
든 하물며 너희 하늘 아버지께서
구하는 자에게 성령을 주시지 않
겠느냐 하시니라

예수와 바알세불

14 예수께서 한 말 못하게 하는 귀신을
쫓아내시니 귀신이 나가매 말 못하는
사람이 말하는지라 무리들이 놀랍게
여겼으나 15 그 중에 더러는 말하기를

그가 귀신의 왕 바알세불을 힘입어 귀신을 쫓아낸다 하고

16 또 더러는 예수를 시험하여 하늘로부터 오는 표적을 구하니

17 예수께서 그들의 생각을 아시고 이르시되

스스로 분쟁하는 나라마다 황폐하여지며 스스로 분쟁하는 집은 무너지느니라 18 너희 말이 내가 바알세불을 힘입어 귀신을 쫓아낸다 하니 만일 사탄이 스스로 분쟁하면 그의 나라가 어떻게 서겠느냐

19 내가 바알세불을 힘입
어 귀신을 쫓아내면 너희
아들들은 누구를 힘입어
쫓아내느냐 그러므로 그
들이 너희 재판관이 되리
라 20 그러나 내가 만일
하나님의 손을 힘입어
귀신을 쫓아낸다면 하나
님의 나라가 이미 너희
에게 임하였느니라

복이 있는 자

악한 세대가 표적을 구하나

11:29 **요나의 표적** 요나가 큰 물고기 안에 3일간 있었던 사건은 예수님께서 3일간 무덤에 머물러 계셨던 사건과 유사하다.
11:31 **남방 여왕** 스바의 여왕. 그녀는 솔로몬에게서 하나님의 지혜를 배우기 위해 1,600킬로미터를 여행했다(왕상 10:1-13 참조).

32 심판 때에 니느웨 사람들이
일어나 이 세대 사람을 정죄하
리니 이는 그들이 요나의 전도
를 듣고 회개하였음이거니와
요나보다 더 큰 이가 여기 있느
니라

눈은 몸의 등불

33 누구든지 등불을 켜서 움 속
에나 말 아래에 두지 아니하고

등경 위에 두나니 이는 들어가
는 자로 그 빛을 보게 하려 함
이라 34 네 몸의 등불은 눈이라

네 눈이 성하면 온 몸이 밝을 것
이요 만일 나쁘면 네 몸도 어두
우리라 35 그러므로 네 속에 있
는 빛이 어둡지 아니한가 보라
36 네 온 몸이 밝아 조금도 어두
운 데가 없으면 등불의 빛이 너
를 비출 때와 같이 온전히 밝으
리라 하시니라

바리새인과 율법교사

37 예수께서 말씀하실 때에 한 바
리새인이 자기와 함께 점심 잡수
시기를 청하므로 들어가 앉으셨
더니 38 잡수시기 전에 손 씻지
아니하심을• 그 바리새인이 보고
이상히 여기는지라 39 주께서 이
르시되

너희 바리새인은 지금 잔과
대접의 겉은 깨끗이 하나 너
희 속에는 탐욕과 악독이 가
득하도다 40 어리석은 자들
아 겉을 만드신 이가 속도 만
들지 아니하셨느냐 41 그러
나 그 안에 있는 것으로 구제
하라 그리하면 모든 것이 너
희에게 깨끗하리라

42 화 있을진저 너희 바리새인이
여 너희가 박하와 운향과 모든
채소의 십일조는 드리되 공의와
하나님께 대한 사랑은 버리는도
다 그러나 이것도 행하고 저것도
버리지 말아야 할지니라 43 화
있을진저 너희 바리새인이여 너
희가 회당의 높은 자리와 시장에
서 문안 받는 것을 기뻐하는도다

44 화 있을진저 너희여 너희는
평토장한 무덤 같아서 그 위를
밟는 사람이 알지 못하느니라

11:38 **손 씻지 아니하심을** 식사 전에 손을 씻는 것은 바리새인들이 매우 중요하게 여긴 유대인의 종교적 관습이었다.

48 이와 같이 그들은 죽이고 너
희는 무덤을 만드니 너희가 너희
조상의 행한 일에 증인이 되어
옳게 여기는도다 49 그러므로
하나님의 지혜가 일렀으되 내가
선지자와 사도들을 그들에게 보
내리니 그 중에서 더러는 죽이며
또 박해하리라 하였느니라 50
창세 이후로 흘린 모든 선지자의
피를 이 세대가 담당하되 51 곧
아벨의 피로부터 제단과 성전 사
이에서 죽임을 당한 사가랴*의
피까지 하리라 내가 너희에게 이
르노니 과연 이 세대가 담당하리
라 52 화 있을진저 너희 율법교
사여 너희가 지식의 열쇠를 가져
가서 너희도 들어가지 않고 또
들어가고자 하는 자도 막았느니
라 하시니라

53 거기서 나오실 때에
서기관과 바리새인들
이 거세게 달려들어
여러 가지 일을 따져
묻고 54 그 입에서 나
오는 말을 책잡고자
하여 노리고 있더라

12장

바리새인들의 외식을 주의하라

11:51 **아벨 … 사가랴** 히브리 구약성경에서 제일 먼저 살해당한 사람과 제일 마지막에 살해당한 사람

1 그 동안에 무리 수만 명이 모여
서로 밟힐 만큼 되었더니 예수께
서 먼저 제자들에게 말씀하여 이
르시되

바리새인들의 누룩 곧 외식을
주의하라 2 감추인 것이 드러나
지 않을 것이 없고 숨긴 것이 알
려지지 않을 것이 없나니 3 이
러므로 너희가 어두운 데서 말
한 모든 것이 광명한 데서 들리
고 너희가 골방에서 귀에 대고
말한 것이 지붕 위에서 전파되
리라 4 내가 내 친구 너희에게
말하노니 몸을 죽이고 그 후에
는 능히 더 못하는 자들을 두려
워하지 말라 5 마땅히 두려워할
자를 내가 너희에게 보이리니
곧 죽인 후에 또한 지옥에 던져
넣는 권세 있는 그를 두려워하
라 내가 참으로 너희에게 이르
노니 그를 두려워하라 6 참새
다섯 마리가 두 앗사리온에 팔
리는 것이 아니냐 그러나 하나
님 앞에는 그 하나도 잊어버리
시는 바 되지 아니하는도다 7
너희에게는 심지어 머리털까지
도 다 세신 바 되었나니 두려워
하지 말라 너희는 많은 참새보
다 더 귀하니라 8 내가 또한 너
희에게 말하노니 누구든지 사람
앞에서 나를 시인하면 인자도
하나님의 사자들 앞에서 그를
시인할 것이요 9 사람 앞에서
나를 부인하는 자는 하나님의
사자들 앞에서 부인을 당하리라
10 누구든지 말로 인자를 거역하
면 사하심을 받으려니와 성령을
모독하는 자는 사하심을 받지
못하리라 11 사람이 너희를 회
당이나 위정자나 권세 있는 자
앞에 끌고 가거든 어떻게 무엇
으로 대답하며 무엇으로 말할까
염려하지 말라 12 마땅히 할 말
을 성령이 곧 그 때에 너희에게
가르치시리라 하시니라

한 부자 비유

16 또 비유로 그들에게 말하여 이르시되

한 부자가 그 밭에 소출이 풍성하
매 17 심중에 생각하여 이르되

내가 곡식 쌓아 둘 곳이
없으니 어찌할까 하고

18 또 이르되

내가 이렇게 하리라 내 곳간을
헐고 더 크게 짓고 내 모든 곡식
과 물건을 거기 쌓아 두리라 19
또 내가 내 영혼에게 이르되 영
혼아 여러 해 쓸 물건을 많이 쌓
아 두었으니 평안히 쉬고 먹고
마시고 즐거워하자 하리라 하되

20 하나님은 이르시되 어리석은
자여 오늘 밤에 네 영혼을 도로 찾
으리니 그러면 네 준비한 것이 누
구의 것이 되겠느냐 하셨으니 21

자기를 위하여 재물을 쌓아 두고
하나님께 대하여 부요하지 못한
자가 이와 같으니라

목숨과 몸을 위하여 염려하지 말라

22 또 제자들에
게 이르시되

그러므로 내가 너희에게 이르노니 너희 목숨을 위하여
무엇을 먹을까 몸을 위하여 무엇을 입을까 염려하지 말
라 23 목숨이 음식보다 중하고 몸이 의복보다 중하니라

24 까마귀를 생각하라 심지도 아
니하고 거두지도 아니하며 골방
도 없고 창고도 없으되 하나님이
기르시나니 너희는 새보다 얼마

나 더 귀하냐 25 또 너희 중에 누
가 염려함으로 그 키를 한 자라
도 더할 수 있느냐 26 그런즉 가
장 작은 일도 하지 못하면서 어
찌 다른 일들을 염려하느냐 27
백합화를 생각하여 보라 실도 만
들지 않고 짜지도 아니하느니라

그러나 내가 너희에게 말하노니

솔로몬의 모든 영광으로도 입은
것이 이 꽃 하나만큼 훌륭하지
못하였느니라 28 오늘 있다가
내일 아궁이에 던져지는 들풀도
하나님이 이렇게 입히시거든 하
물며 너희일까보냐 믿음이 작은
자들아 29 너희는 무엇을 먹을
까 무엇을 마실까 하여 구하지
말며 근심하지도 말라 30 이 모
든 것은 세상 백성들이 구하는
것이라 너희 아버지께서는 이런
것이 너희에게 있어야 할 것을
아시느니라 31 다만 너희는 그
의 나라를 구하라 그리하면 이런
것들을 너희에게 더하시리라 32
적은 무리여 무서워 말라 너희
아버지께서 그 나라를 너희에게
주시기를 기뻐하시느니라 33 너
희 소유를 팔아 구제하여 낡아지
지 아니하는 배낭을 만들라 곧
하늘에 둔 바 다함이 없는 보물
이니 거기는 도둑도 가까이 하는
일이 없고 좀도 먹는 일이 없느
니라 34 너희 보물 있는 곳에는
너희 마음도 있으리라

깨어 준비하고 있으라

35 허리에 띠를 띠고 등불을 켜
고 서 있으라 36 너희는 마치 그
주인이 혼인 집에서 돌아와 문을
두드리면 곧 열어 주려고 기다리
는 사람과 같이 되라 37 주인이
와서 깨어 있는 것을 보면 그 종
들은 복이 있으리로다 내가 진실
로 너희에게 이르노니 주인이 띠
를 띠고 그 종들을 자리에 앉히
고 나아와 수종들리라 38 주인
이 혹 이경에나 혹 삼경에 이르
러서도 종들이 그같이 하고 있는
것을 보면 그 종들은 복이 있으
리로다 39 너희도 아는 바니 집
주인이 만일 도둑이 어느 때에
이를 줄 알았더라면 그 집을 뚫
지 못하게 하였으리라 40 그러
므로 너희도 준비하고 있으라 생
각하지 않은 때에 인자가 오리라
하시니라

누가복음 12:42-59

42 주께서 이르시되

지혜 있고 진실한 청지기가 되어
주인에게 그 집 종들을 맡아 때
를 따라 양식을 나누어 줄 자가
누구냐 43 주인이 이를 때에 그
종이 그렇게 하는 것을 보면 그
종은 복이 있으리로다 44 내가
참으로 너희에게 이르노니 주인
이 그 모든 소유를 그에게 맡기
리라 45 만일 그 종이 마음에 생
각하기를 주인이 더디 오리라 하
여 남녀 종들을 때리며 먹고 마
시고 취하게 되면 46 생각하지
않은 날 알지 못하는 시각에 그
종의 주인이 이르러 엄히 때리고
신실하지 아니한 자의 받는 벌에
처하리니 47 주인의 뜻을 알고
도 준비하지 아니하고 그 뜻대로
행하지 아니한 종은 많이 맞을
것이요 48 알지 못하고 맞을 일
을 행한 종은 적게 맞으리라 무
릇 많이 받은 자에게는 많이 요
구할 것이요 많이 맡은 자에게는
많이 달라 할 것이니라

불을 던지러, 분쟁을 일으키러 왔다

49 내가 불을 땅에 던지러 왔노
니 이 불이 이미 붙었으면 내가
무엇을 원하리요 50 나는 받을
세례가 있으니• 그것이 이루어
지기까지 나의 답답함이 어떠하
겠느냐 51 내가 세상에 화평을
주려고 온 줄로 아느냐 내가 너
희에게 이르노니 아니라 도리어
분쟁하게 하려 함이로라 52 이
후부터 한 집에 다섯 사람이 있
어 분쟁하되 셋이 둘과, 둘이 셋
과 하리니 53 아버지가 아들과,
아들이 아버지와, 어머니가 딸
과, 딸이 어머니와, 시어머니가
며느리와, 며느리가 시어머니와
분쟁하리라 하시니라

시대를 분간하고, 화해하기를 힘쓰라

54 또 무리에게 이르시되

너희가 구름이 서쪽에서 이는 것
을 보면 곧 말하기를 소나기가
오리라 하나니 과연 그러하고
55 남풍이 부는 것을 보면 말하
기를 심히 더우리라 하나니 과연
그러하니라 56 외식하는 자여
너희가 천지의 기상은 분간할 줄
알면서 어찌 이 시대는 분간하지
못하느냐 57 또 어찌하여 옳은
것을 스스로 판단하지 아니하느
냐 58 네가 너를 고발하는 자와
함께 법관에게 갈 때에 길에서
화해하기를 힘쓰라 그가 너를 재
판장에게 끌어 가고 재판장이 너
를 옥졸에게 넘겨 주어 옥졸이
옥에 가둘까 염려하라 59 네게
이르노니 한 푼이라도 남김이 없
이 갚지 아니하고서는 결코 거기
서 나오지 못하리라 하시니라

12:50 **나는 받을 세례가 있으니** 이것은 그분이 곧 당하게 될 고난을 가리키는 말씀이다.

13장

회개하지 아니하면 망하리라

1 그 때 마침 두어 사람이 와
서 빌라도•가 어떤 갈릴리
사람들의 피를 그들의 제물
에 섞은 일로 예수께 아뢰니
2 대답하여 이르시되

3 너희에게 이르노니 아니라 너희
도 만일 회개하지 아니하면 다 이
와 같이 망하리라 4 또 실로암에
서 망대가 무너져 치어 죽은 열여
덟 사람이 예루살렘에 거한 다른
모든 사람보다 죄가 더 있는 줄 아
느냐 5 너희에게 이르노니 아니
라 너희도 만일 회개하지 아니하
면 다 이와 같이 망하리라

열매 맺지 못하는 무화과나무 비유

6 이에 비유로 말씀하시되

한 사람이 포도원에 무화과나무
를 심은 것이 있더니 와서 그 열
매를 구하였으나 얻지 못한지라
7 포도원지기에게 이르되

8 대답하여 이르되

안식일에 꼬부라진 여자를 고치시다

10 예수께서 안식일에 한
회당에서 가르치실 때에

11 열여덟 해
동안이나 귀
신 들려 앓으
며 꼬부라져
조금도 펴지
못하는 한 여
자가 있더라

13:1 **빌라도** 본디오 빌라도는 주후 26년부터 36년까지 유대를 다스린 로마 총독이었다.

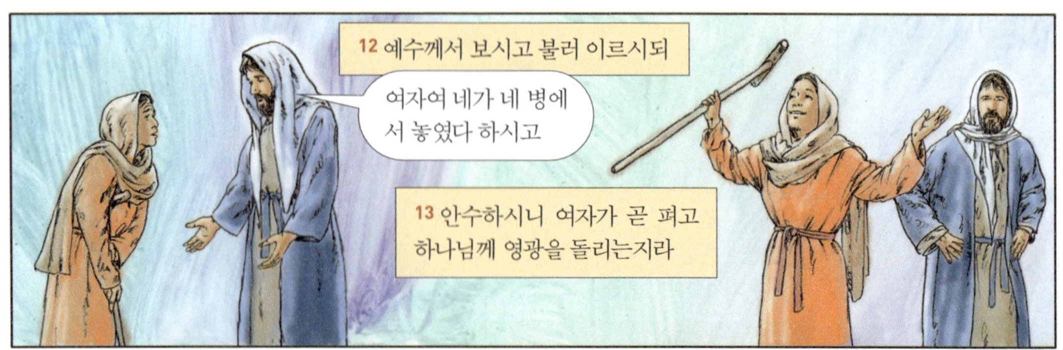
12 예수께서 보시고 불러 이르시되
여자여 네가 네 병에서 놓였다 하시고
13 안수하시니 여자가 곧 펴고 하나님께 영광을 돌리는지라

14 회당장이 예수께서 안식일에 병 고치시는 것을 분내어 무리에게 이르되
일할 날이 엿새가 있으니 그 동안에 와서 고침을 받을 것이요 안식일에는 하지 말 것이니라 하거늘

15 주께서 대답하여 이르시되
외식하는 자들아 너희가 각각 안식일에 자기의 소나 나귀를 외양간에서 풀어내어 이끌고 가서 물을 먹이지 아니하느냐 16 그러면 열여덟 해 동안 사탄에게 매인 바 된 이 아브라함의 딸을 안식일에 이 매임에서 푸는 것이 합당하지 아니하냐

17 예수께서 이 말씀을 하시매 모든 반대하는 자들은 부끄러워하고 온 무리는 그가 하시는 모든 영광스러운 일을 기뻐하니라

겨자씨와 누룩 비유

18 그러므로 예수께서 이르시되

하나님의 나라가 무엇과 같을까
내가 무엇으로 비교할까 19 마
치 사람이 자기 채소밭에 갖다
심은 겨자씨• 한 알 같으니 자라

나무가 되어 공중의 새들이 그
가지에 깃들였느니라

20 또 이르시되

내가 하나님의 나라를 무엇으로
비교할까 21 마치 여자가 가루 서
말 속에 갖다 넣어 전부 부풀게 한
누룩과 같으니라 하셨더라

13:19 **겨자씨** 겨자씨는 매우 작지만 나무가 다 자라면 사람의 키보다 커진다.

26 그 때에 너희가 말하되

우리는 주 앞에서 먹고 마셨으며 주는 또한 우리를 길거리에서 가르치셨나이다 하나

27 그가 너희에게 말하여 이르되

나는 너희가 어디에서 왔는지 알지 못하노라 행악하는 모든 자들아 나를 떠나 가라 하리라

28 너희가 아브라함과 이삭과 야곱과 모든 선지자는 하나님 나라에 있고 오직 너희는 밖에 쫓겨난 것을 볼 때에 거기서 슬피 울며 이를 갈리라 29 사람들이 동서남북으로부터 와서 하나님의 나라 잔치에 참여하리니

30 보라 나중 된 자로서 먼저 될 자도 있고 먼저 된 자로서 나중 될 자도 있느니라 하시더라

선지자들을 죽이는 예루살렘아

31 곧 그 때에 어떤 바리새인들이 나아와서 이르되

나가서 여기를 떠나소서 헤롯이 당신을 죽이고자 하나이다

32 이르시되

너희는 가서 저 여우에게 이르되 오늘과 내일은 내가 귀신을 쫓아내며 병을 고치다가 제삼일에는 완전하여지리라 하라 33 그러나 오늘과 내일과 모레는 내가 갈 길을 가야 하리니 선지자가 예루살렘 밖에서는 죽는 법이 없느니라

34 예루살렘아 예루살렘아 선지자들을 죽이고 네게 파송된 자들을 돌로 치는 자여 암탉이 제 새끼를 날개 아래에 모음 같이 내가 너희의 자녀를 모으려 한 일이 몇 번이냐 그러나 너희가 원하지 아니하였도다 35 보라 너희 집이 황폐하여 버린 바 되리라 내가 너희에게 이르노니 너희가 주의 이름으로 오시는 이를 찬송하리로다* 할 때까지는 나를 보지 못하리라 하시니라

13:35 **주의 이름으로 … 찬송하리로다** 시 118:26 인용

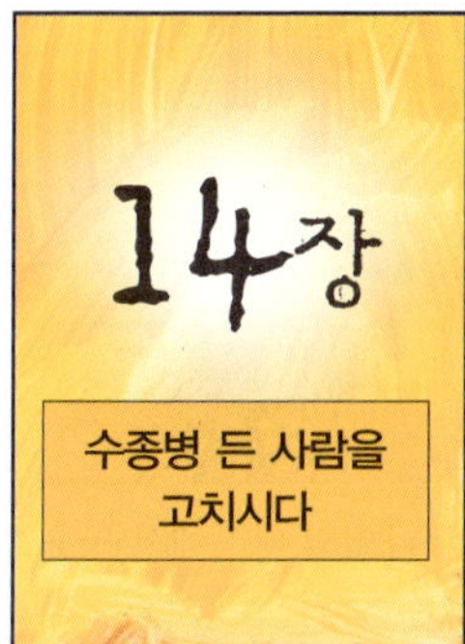

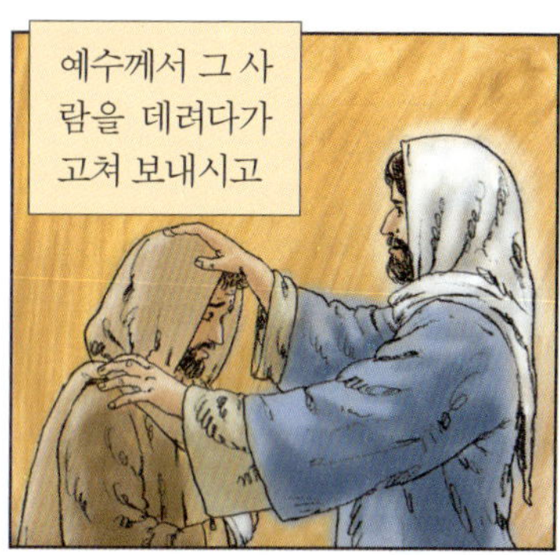

14:2 **수종병** 몸이 자꾸 붓는 병
14:5 **아들** 일부 헬라어 사본들에는 이것이 '나귀'로 되어 있다.

12 또 자기를 청한 자에게 이르시되

네가 점심이나 저녁이나 베풀거든 벗이나 형제나 친척이나 부한 이웃을 청하지 말라 두렵건대 그 사람들이 너를 도로 청하여 네게 갚음이 될까 하노라 13 잔치를 베풀거든 차라리 가난한 자들과 몸 불편한 자들과 저는 자들과 맹인들을 청하라 14 그리하면 그들이 갚을 것이 없으므로 네게 복이 되리니 이는 의인들의 부활시에 네가 갚음을 받겠음이라 하시더라

큰 잔치 비유

15 함께 먹는 사람 중의 하나가 이 말을 듣고 이르되

무릇 하나님의 나라에서 떡을 먹는 자는 복되도다 하니

16 이르시되

어떤 사람이 큰 잔치를 베풀고 많은 사람을 청하였더니 17 잔치할 시각에 그 청하였던 자들에게 종을 보내어 이르되

오소서 모든 것이 준비되었나이다 하매

18 다 일치하게 사양하여 한 사람은 이르되

나는 밭을 샀으매 아무래도 나가 보아야 하겠으니 청컨대 나를 양해하도록 하라 하고

19 또 한 사람은 이르되

나는 소 다섯 겨리를 샀으매 시험하러 가니 청컨대 나를 양해하도록 하라 하고

20 또 한 사람은 이르되

나는 장가 들었으니 그러므로 가지 못하겠노라 하는지라

21 종이 돌아와 주인에게 그대로 고하니 이에 집 주인이 노하여 그 종에게 이르되

빨리 시내의 거리와 골목으로 나가서 가난한 자들과 몸 불편한 자들과 맹인들과 저는 자들을 데려오라 하니라

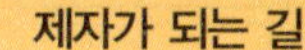

제자가 되는 길

25 수많은 무리가 함께 갈새 예수께서 돌이키사 이르시되

32 만일 못할 터이면 그가 아직
멀리 있을 때에 사신을 보내어
화친을 청할지니라 33 이와 같
이 너희 중의 누구든지 자기의
모든 소유를 버리지 아니하면
능히 내 제자가 되지 못하리라
34 소금이 좋은 것이나 소금도
만일 그 맛을 잃으면 무엇으로
짜게 하리요

35 땅에도, 거름에도 쓸 데 없
어 내버리느니라 들을 귀가 있
는 자는 들을지어다 하시니라

15장

잃은 양을 찾은 목자 비유

1 모든 세리와 죄인들이 말씀을 들으러 가까이 나아
오니 2 바리새인과 서기관들이 수군거려 이르되

이 사람이 죄인을 영접하고
음식을 같이 먹는다 하더라

3 예수께서 그들에게 이 비
유로 이르시되

4 너희 중에 어떤 사람이 양 백
마리가 있는데 그 중의 하나를
잃으면 아흔아홉 마리를 들에 두

고 그 잃은 것을 찾아내기까지
찾아다니지 아니하겠느냐 5 또

찾아낸즉 즐거워 어깨에 메고

6 집에 와서 그 벗과 이웃을 불러
모으고 말하되

나와 함께 즐기자 나의 잃은
양을 찾아내었노라 하리라

7 내가 너희에게 이르노니 이와
같이 죄인 한 사람이 회개하면
하늘에서는 회개할 것 없는 의인
아흔아홉으로 말미암아 기뻐하
는 것보다 더하리라

잃은 드라크마를 찾은 여인 비유

8 어떤 여자가 열 드라크마•가 있는데 하나를 잃으면 등불을 켜고 집을 쓸며 찾아내기까지 부지

런히 찾지 아니하겠느냐 9 또 찾아낸즉 벗과 이웃을 불러 모으고

말하되

10 내가 너희에게 이르노니 이와 같이 죄인 한 사람이 회개하면 하나님의 사자들 앞에 기쁨이 되느니라

잃은 아들을 되찾은 아버지 비유

11 또 이르시되

어떤 사람에게 두 아들이 있는데

12 그 둘째가 아버지에게 말하되

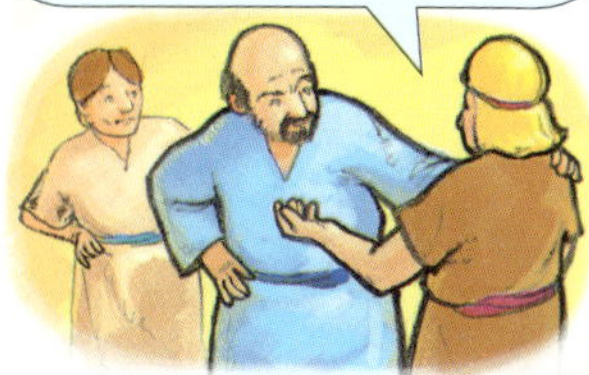

아버지가 그 살림을 각각 나눠 주었더니 13 그 후 며칠이 안 되어 둘째 아들이 재물을 다 모아 가지고 먼 나라에 가 거기서 허

랑방탕하여 그 재산을 낭비하더니 14 다 없앤 후 그 나라에 크게

흉년이 들어 그가 비로소 궁핍한지라 15 가서 그 나라 백성 중 한 사람에게 붙여 사니 그가 그를 들로 보내어 돼지를 치게 하였는

데 16 그가 돼지 먹는 쥐엄 열매로 배를 채우고자 하되 주는 자가 없는지라 17 이에 스스로 돌이켜 이르되

15:8 **드라크마** 헬라의 은화. 신약시대에 드라크마는 로마의 은화 한 데나리온, 곧 품꾼의 하루 품삯과 동등했다.

누가복음 15:20-32

20 이에 일어나서 아버지께로 돌
아가니라 아직도 거리가 먼데 아

버지가 그를 보고 측은히 여겨
달려가 목을 안고 입을 맞추니

21 아들이 이르되

아버지 내가 하늘과 아버지께
죄를 지었사오니 지금부터는
아버지의 아들이라 일컬음을
감당하지 못하겠나이다 하나

22 아버지는 종들에게 이르되

제일 좋은 옷을 내어다가 입히
고 손에 가락지를 끼우고 발에
신을 신기라

23 그리고 살진 송아지를 끌어
다가 잡으라 우리가 먹고 즐기
자 24 이 내 아들은 죽었다가
다시 살아났으며 내가 잃었다
가 다시 얻었노라 하니

그들이 즐거워하더라

25 맏아들은 밭에 있다가 돌아와
집에 가까이 왔을 때에 풍악과
춤추는 소리를 듣고 26 한 종을
불러 이 무슨 일인가 물은대

27 대답하되

당신의 동생이 돌아왔으매 당
신의 아버지가 건강한 그를
다시 맞아들이게 됨으로 인하
여 살진 송아지를 잡았나이다
하니

28 그가 노하여 들어가고자 하지
아니하거늘 아버지가 나와서 권한
대 29 아버지께 대답하여 이르되

내가 여러 해 아버지를 섬겨
명을 어김이 없거늘 내게는 염
소 새끼라도 주어 나와 내 벗
으로 즐기게 하신 일이 없더니
30 아버지의 살림을 창녀들과
함께 삼켜 버린 이 아들이 돌
아오매 이를 위하여 살진 송아
지를 잡으셨나이다

31 아버지가 이르되

얘 너는 항상 나와 함께 있으
니 내 것이 다 네 것이로되 32
이 네 동생은 죽었다가 살아났
으며 내가 잃었다가 얻었기로
우리가 즐거워하고 기뻐하는
것이 마땅하다 하니라

16장

옳지 않은 청지기 비유

1 또한 제자들에게 이르시되

어떤 부자에게 청지기가 있는데 그가 주인의 소유를 낭비한다는 말이 그 주인에게 들린지라 2 주인이 그를 불러 이르되

내가 네게 대하여 들은 이 말이 어찌 됨이냐 네가 보던 일을 셈하라 청지기 직무를 계속하지 못하리라 하니

3 청지기가 속으로 이르되

주인이 내 직분을 빼앗으니 내가 무엇을 할까 땅을 파자니 힘이 없고 빌어 먹자니 부끄럽구나 4 내가 할 일을 알았도다 이렇게 하면 직분을 빼앗긴 후에 사람들이 나를 자기 집으로 영접하리라 하고

5 주인에게 빚진 자를 일일이 불러다가 먼저 온 자에게 이르되

네가 내 주인에게 얼마나 빚졌느냐

6 말하되

기름 백 말이니이다

이르되

여기 네 증서를 가지고 빨리 앉아 오십이라 쓰라 하고

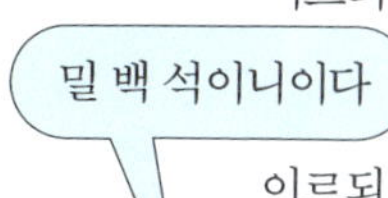

7 또 다른 이에게 이르되

너는 얼마나 빚졌느냐

이르되

밀 백 석이니이다

이르되

여기 네 증서를 가지고 팔십이라 쓰라 하였는지라

8 주인이 이 옳지 않은 청지기가 일을 지혜 있게 하였으므로 칭찬하였으니 이 세대의 아들들이 자기 시대에 있어서는 빛의 아들들보다 더 지혜로움이니라 9 내가

너희에게 말하노니 불의의 재물로 친구를 사귀라 그리하면 그 재물이 없어질 때에 그들이 너희를 영주할 처소로 영접하리라

16:16 **요한** 그리스도께서 오실 것을 사람들에게 미리 선포한 세례 요한(마 3장 ; 눅 3장 참조).

부자와 거지

19 한 부자가 있어 자색 옷과 고
운 베옷을 입고 날마다 호화롭게
즐기더라 20 그런데 나사로라 이
름하는 한 거지가 헌데 투성이로
그의 대문 앞에 버려진 채 21 그
부자의 상에서 떨어지는 것으로
배불리려 하매 심지어 개들이 와

서 그 헌데를 핥더라 22 이에 그
거지가 죽어 천사들에게 받들려
아브라함의 품에 들어가고 부자

도 죽어 장사되매 23 그가 음부

에서 고통중에 눈을 들어 멀리
아브라함과 그의 품에 있는 나사
로를 보고 24 불러 이르되

아버지 아브라함이여 나를 긍휼히 여기사 나사로를 보내어 그 손가락 끝에 물을 찍어 내 혀를 서늘하게 하소서 내가 이 불꽃 가운데서 괴로워하나이다

25 아브라함이 이르되

얘 너는 살았을 때에 좋은 것을 받았고 나사로는 고난을 받았으니 이것을 기억하라 이제 그는 여기서 위로를 받고 너는 괴로움을 받느니라

26 그뿐 아니라 너희와 우리 사이에 큰 구렁텅이가 놓여 있어 여기서 너희에게 건너가고자 하되 갈 수 없고 거기서 우리에게 건너올 수도 없게 하였느니라

27 이르되

그러면 아버지여 구하노니 나사로를 내 아버지의 집에 보내소서 28 내 형제 다섯이 있으니 그들에게 증언하게 하여 그들로 이 고통 받는 곳에 오지 않게 하소서

29 아브라함이 이르되

그들에게 모세와 선지자들이 있으니 그들에게 들을지니라

17장

용서, 믿음, 종이 할 일

나병환자 열 명이 깨끗함을 받다

11 예수께서 예루살렘으
로 가실 때에 사마리아와
갈릴리 사이로 지나가시
다가 12 한 마을에 들어
가시니 나병환자 열 명이
예수를 만나 멀리 서서
13 소리를 높여 이르되

14 보시고 이르시되

15 그 중의 한 사람이
자기가 나은 것을 보
고 큰 소리로 하나님
께 영광을 돌리며 돌
아와 16 예수의 발
아래에 엎드리어 감
사하니 그는 사마리
아 사람이라

17 예수께서 대답하여 이르시되

열 사람이 다 깨끗함을 받지 아니하
였느냐 그 아홉은 어디 있느냐 18
이 이방인 외에는 하나님께 영광을
돌리러 돌아온 자가 없느냐 하시고

19 그에게 이르시되

일어나 가라 네 믿음이 너를
구원하였느니라 하시더라

하나님의 나라는 너희 안에 있다

20 바리새인들이

묻거늘 예수께서 대답하여 이르시되

하나님의 나라는 볼 수 있게 임하는 것이 아
니요 21 또 여기 있다 저기 있다고도 못하
리니 하나님의 나라는 너희 안에 있느니라

22 또 제자들에게 이르시되
때가 이르리니 너희가 인자의 날
하루를 보고자 하되 보지 못하리
라 23 사람이 너희에게 말하되
보라 저기 있다 보라 여기 있다
하리라 그러나 너희는 가지도 말
고 따르지도 말라 24 번개가 하
늘 아래 이쪽에서 번쩍이어 하늘
아래 저쪽까지 비침같이 인자도
자기 날에 그러하리라 25 그러나
그가 먼저 많은 고난을 받으며
이 세대에게 버린 바 되어야 할
지니라 26 노아의 때에 된 것과
같이 인자의 때에도 그러하리라
27 노아가 방주에 들어가던 날까
지 사람들이 먹고 마시고 장가
들고 시집 가더니 홍수가 나서
그들을 다 멸망시켰으며 28 또
롯의 때와 같으리니 사람들이 먹
고 마시고 사고 팔고 심고 집을
짓더니 29 롯이 소돔에서 나가
던 날에 하늘로부터 불과 유황이
비오듯 하여 그들을 멸망시켰느
니라 30 인자가 나타나는 날에
도 이러하리라 31 그 날에 만일
사람이 지붕 위에 있고 그의 세간
이 그 집 안에 있으면 그것을 가
지러 내려가지 말 것이요 밭에 있
는 자도 그와 같이 뒤로 돌이키지
말 것이니라 32 롯의 처•를 기억
하라 33 무릇 자기 목숨을 보전
하고자 하는 자는 잃을 것이요 잃
는 자는 살리리라 34 내가 너희
에게 이르노니 그 밤에 둘이 한
자리에 누워 있으매 하나는 데려
감을 얻고 하나는 버려둠을 당할
것이요 35 두 여자가 함께 맷돌
을 갈고 있으매 하나는 데려감을
얻고 하나는 버려둠을 당할 것이
니라 36 (없음)•

17:32 **롯의 처** 롯의 처에게 일어난 일에 대한 기록은 창세기 19장 15-17,26절에 나온다.
17:36 일부 헬라어 사본들에는 "두 사람이 밭에 있으매 하나는 데려감을 당하고 하나는 버려둠을 당할 것이요"라고 기록되어 있다.

1 예수께서 그들에게 항상
기도하고 낙심하지 말아야
할 것을 비유로 말씀하여

2 이르시되 어떤 도시에 하나님
을 두려워하지 않고 사람을 무시
하는 한 재판장이 있는데 3 그
도시에 한 과부가 있어 자주 그
에게 가서

내 원수에 대한 나의 원한을 풀
어 주소서 하되

4 그가 얼마 동안 듣지 아니하다
가 후에 속으로 생각하되

내가 하나님을 두려워하지 않
고 사람을 무시하나 5 이 과부
가 나를 번거롭게 하니 내가
그 원한을 풀어 주리라 그렇지
않으면 늘 와서 나를 괴롭게
하리라 하였느니라

6 주께서 또 이르시되

불의한 재판장이 말한 것을 들으
라 7 하물며 하나님께서 그 밤낮
부르짖는 택하신 자들의 원한을
풀어 주지 아니하시겠느냐 그들
에게 오래 참으시겠느냐 8 내가
너희에게 이르노니 속히 그 원한
을 풀어 주시리라 그러나 인자가
올 때에 세상에서 믿음을 보겠느
냐 하시니라

바리새인과 세리 비유

9 또 자기를 의롭다고 믿고
다른 사람을 멸시하는 자들
에게 이 비유로 말씀하시되

10 두 사람이 기도하러 성전에
올라가니 하나는 바리새인이요
하나는 세리라 11 바리새인은 서

서 따로 기도하여 이르되

하나님이여 나는 다른 사람들
곧 토색, 불의, 간음을 하는 자
들과 같지 아니하고 이 세리와
도 같지 아니함을 감사하나이
다 12 나는 이레에 두 번씩 금
식하고 또 소득의 십일조를 드
리나이다 하고

13 세리는 멀리 서서 감히 눈을
들어 하늘을 쳐다보지도 못하고
다만 가슴을 치며 이르되

하나님이여 불쌍히 여
기소서 나는 죄인이로
소이다 하였느니라

14 내가 너희에게 이르노니 이에
저 바리새인이 아니고 이 사람이
의롭다 하심을 받고 그의 집으로
내려갔느니라 무릇 자기를 높이
는 자는 낮아지고 자기를 낮추는
자는 높아지리라 하시니라

누가복음 18:15 – 17

어린 아이들을 금하지 말라

하나님의 나라가 이런 자의 것 이니라 17 내가 진실로 너희에게 이르노니 누구든지 하나님의 나라를 어린 아이와 같이 받아들이지 않는 자는 결단코 거기 들어가지 못하리라 하시니라

18:20 **간음하지 말라 … 공경하라** 출 20:12-16 또는 신 5:16-20 인용

29 이르시되
내가 진실로 너희에게 이르노니 하나님의 나라를 위하여 집이나 아내나 형제나 부모나 자녀를 버린 자는 30 현세에 여러 배를 받고 내세에 영생을 받지 못할 자가 없느니라 하시니라

죽음과 부활을 다시 이르시다
31 예수께서 열두 제자를 데리시고 이르시되
보라 우리가 예루살렘으로 올라가노니 선지자들을 통하여 기록된 모든 것이 인자에게 응하리라 32 인자가 이방인들에게 넘겨져 희롱을 당하고 능욕을 당하고 침 뱉음을 당하겠으며 33 그들은 채찍질하고 그를 죽일 것이나 그는 삼 일 만에 살아나리라 하시되
34 제자들이 이것을 하나도 깨닫지 못하였으니 그 말씀이 감춰었으므로 그들이 그 이르신 바를 알지 못하였더라

맹인을 고치시다
35 여리고에 가까이 가셨을 때에 한 맹인이 길 가에 앉아 구걸하다가 36 무리가 지나감을 듣고
이 무슨 일이냐고 물은대 37 그들이 나사렛 예수께서 지나가신다 하니
38 맹인이 외쳐 이르되
다윗의 자손 예수여 나를 불쌍히 여기소서 하거늘

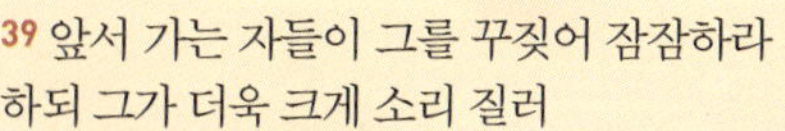
39 앞서 가는 자들이 그를 꾸짖어 잠잠하라
하되 그가 더욱 크게 소리 질러

다윗의 자손이여 나를 불
쌍히 여기소서 하는지라

40 예수께서 머물러 서서 명하여
데려오라
하셨더니 그가 가까이
오매 물어 이르시되
41 네게 무엇을 하여
주기를 원하느냐
이르되
주여 보기를
원하나이다

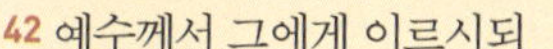
42 예수께서 그에게 이르시되
보라 네 믿음이 너를 구
원하였느니라 하시매

43 곧 보게 되어
하나님께 영광을 돌리며 예수를 따르니 백성이
다 이를 보고 하나님을 찬양하니라

19장
예수와 삭개오

1 예수께서 여리고로 들어가
지나가시더라 2 삭개오라 이
름하는 자가 있으니 세리장이
요 또한 부자라 3 그가 예수께
서 어떠한 사람인가 하여 보고
자 하되 키가 작고 사람이 많
아 할 수 없어 4 앞으로 달려
가서 보기 위하여 돌무화과나
무에 올라가니 이는 예수께서
그리로 지나가시게 됨이러라
5 예수께서 그 곳에 이르사 쳐
다 보시고 이르시되
삭개오야 속히 내려오라 내가 오늘
네 집에 유하여야 하겠다 하시니

6 급히 내려와 즐거워하며 영접하거늘
7 뭇 사람이 보고 수군거려 이르되

8 삭개오가 서서 주께 여짜오되

만일 누구의 것을
속여 빼앗은 일이
있으면 네 갑절이
나 갚겠나이다

9 예수께서 이르시되

오늘 구원이 이 집에 이르렀으니 이 사
람도 아브라함의 자손임이로다 10 인자
가 온 것은 잃어버린 자를 찾아 구원하
려 함이니라

은 열 므나 비유

11 그들이 이 말씀을 듣고 있을 때에 비유를 더하여 말
씀하시니 이는 자기가 예루살렘에 가까이 오셨고 그들
은 하나님의 나라가 당장에 나타날 줄로 생각함이더라

12 이르시되 어떤 귀인이 왕
위를 받아가지고 오려고 먼 나라
로 갈 때에 13 그 종 열을 불러 은
화 열 므나•를 주며 이르되

내가 돌아올 때까지
장사하라 하니라

14 그런데 그 백성이 그를 미워하
여 사자를 뒤로 보내어 이르되

우리는 이 사람이 우리의 왕
됨을 원하지 아니하나이다
하였더라

15 귀인이 왕위를 받아가지고 돌
아와서 은화를 준 종들이 각각
어떻게 장사하였는지를 알고자
하여 그들을 부르니

19:13 **므나** 고대 그리스의 화폐 단위. 한 므나는 석 달 품삯을 줄 수 있는 금액이었다.

16 그 첫째가 나아와 이르되

주인이여 당신의 한 므나로 열 므나를 남겼나이다

17 주인이 이르되

잘하였다 착한 종이여 네가 지극히 작은 것에 충성하였으니 열 고을 권세를 차지하라 하고

18 그 둘째가 와서 이르되

주인이여 당신의 한 므나로 다섯 므나를 만들었나이다

19 주인이 그에게도 이르되

너도 다섯 고을을 차지하라 하고

20 또 한 사람이 와서 이르되

주인이여 보소서 당신의 한
므나가 여기 있나이다 내가
수건으로 싸 두었었나이다 21
이는 당신이 엄한 사람인 것
을 내가 무서워함이라 당신은
두지 않은 것을 취하고 심지
않은 것을 거두나이다

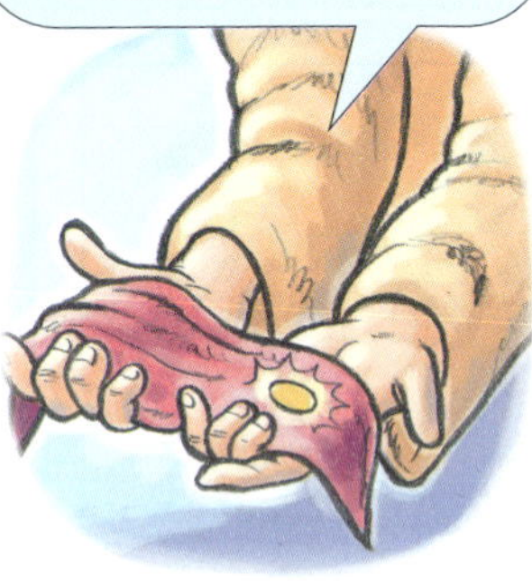

22 주인이 이르되

악한 종아 내가 네 말로 너를
심판하노니 너는 내가 두지
않은 것을 취하고 심지 않은
것을 거두는 엄한 사람인 줄
로 알았느냐 23 그러면 어찌
하여 내 돈을 은행에 맡기지
아니하였느냐 그리하였으면
내가 와서 그 이자와 함께 그
돈을 찾았으리라 하고

24 곁에 섰는 자들에게 이르되

그 한 므나를 빼앗아 열 므나 있는 자에게 주라 하니

25 그들이 이르되

주여 그에게 이미 열 므나가 있나이다

26 주인이 이르되

내가 너희에게 말하노니 무릇
있는 자는 받겠고 없는 자는
그 있는 것도 빼앗기리라 27
그리고 내가 왕 됨을 원하지
아니하던 저 원수들을 이리로
끌어다가 내 앞에서 죽이라
하였느니라

누가복음 19:28-36

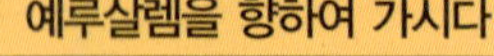
예루살렘을 향하여 가시다

28 예수께서 이 말씀을 하시
고 예루살렘을 향하여 앞서서
가시더라 29 감람원이라 불
리는 산쪽에 있는 벳바게와
베다니에 가까이 가셨을 때에

제자 중 둘을 보내시며 30 이르시되
너희는 맞은편 마을로 가라
그리로 들어가면 아직 아무
도 타 보지 않은 나귀 새끼
가 매여 있는 것을 보리니
풀어 끌고 오라 31 만일 누
가 너희에게 어찌하여 푸
느냐 묻거든 말하기를 주
가 쓰시겠다 하라 하시매

32 보내심을 받은 자들이 가서
그 말씀하신 대로 만난지라

33 나귀 새끼를 풀 때
에 그 임자들이 이르되
어찌하여 나귀
새끼를 푸느냐

34 대답하되
주께서 쓰시
겠다 하고

35 그것을 예수께로 끌고 와서
자기들의 겉옷을 나귀 새끼 위
에 걸쳐 놓고 예수를 태우니

36 가실 때에
그들이 자기의 겉옷을
길에 펴더라

37 이미 감람 산 내리막길에 가
까이 오시매 제자의 온 무리가
자기들이 본 바 모든 능한 일
로 인하여 기뻐하며 큰 소리로
하나님을 찬양하여 38 이르되

찬송하리로다 주의 이름으
로 오시는 왕이여 하늘에는
평화요 가장 높은 곳에는 영
광이로다 하니 시 118:26

39 무리 중 어떤 바리
새인들이 말하되

선생이여 당신의 제자들을
책망하소서 하거늘

40 대답하여 이르시되

내가 너희에게 말하노니 만일
이 사람들이 침묵하면 돌들이
소리 지르리라 하시니라

41 가까이 오사 성
을 보시고 우시며
42 이르시되

너도 오늘 평화에 관한 일을 알
았더라면 좋을 뻔하였거니와 지
금 네 눈에 숨겨졌도다 43 날이
이를지라 네 원수들이 토둔을 쌓
고 너를 둘러 사면으로 가두고
44 또 너와 및 그 가운데 있는 네
자식들을 땅에 메어치며 돌 하나
도 돌 위에 남기지 아니하리니
이는 네가 보살핌 받는 날을 알
지 못함을 인함이니라 하시니라

성전에 들어가신 예수

45 성전에 들어가사 장사
하는 자들을 내쫓으시며
46 그들에게 이르시되

기록된 바 내 집은 기도하는 집이 되리라• 하였거늘 너희는 강도의 소굴•을 만들었도다 하시니라

47 예수께서 날마다 성
전에서 가르치시니 대제
사장들과 서기관들과 백
성의 지도자들이 그를
죽이려고 꾀하되 48 백
성이 다 그에게 귀를 기
울여 들으므로 어찌할
방도를 찾지 못하였더라

20장

예수의 권위를 두고 말하다

1 하루는 예수께서 성전
에서 백성을 가르치시며
복음을 전하실새 대제사
장들과 서기관들이 장로
들과 함께 가까이 와서
2 말하여 이르되

당신이 무슨 권위로 이런 일을 하는지 이 권위를 준 이가 누구인지 우리에게 말하라

3 대답하여 이르시되

나도 한 말을 너희에게 물으리니 내게 말하라
4 요한의 세례가 하늘로부터냐 사람으로부터냐

19:46 내 집은 기도하는 집이 되리라 사 56:7 인용
19:46 강도의 소굴 렘 7:11 인용

포도원 농부 비유

9 그가 또 이 비유로 백성에게 말씀하시기 시작하시니라

한 사람이 포도원을 만들어 농부들에게 세로 주고 타국에 가서 오래 있다가 10 때가 이르매 포

도원 소출 얼마를 바치게 하려고 한 종을 농부들에게 보내니 농부

들이 종을 몹시 때리고 거저 보내었거늘 11 다시 다른 종을 보

내니 그도 몹시 때리고 능욕하고 거저 보내었거늘 12 다시 세 번

째 종을 보내니 이 종도 상하게 하고 내쫓은지라 13 포도원 주

인이 이르되

어찌할까 내 사랑하는 아들을 보내리니 그들이 혹 그는 존대하리라 하였더니

14 농부들이 그를 보고 서로 의논하여 이르되

이는 상속자니 죽이고 그 유산을 우리의 것으로 만들자 하고

15 포도원 밖에 내쫓아 죽였느니라 그런즉 포도원 주인이 이 사람들을 어떻게 하겠느냐

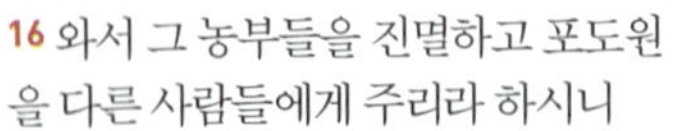

16 와서 그 농부들을 진멸하고 포도원을 다른 사람들에게 주리라 하시니

사람들이 듣고 이르되

그렇게 되지 말아지이다 하거늘

17 그들을 보시며 이르시되

그러면 기록된 바

건축자들의 버린 돌이 모퉁이의 머릿돌이 되었느니라 함이 어찜이냐 시 118:22

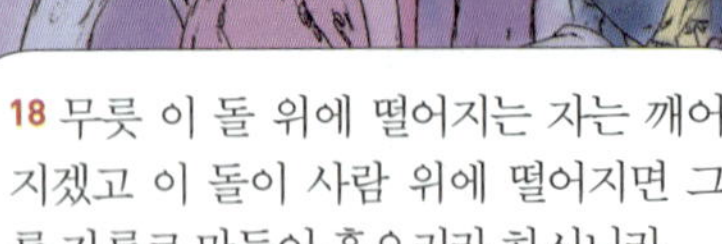

18 무릇 이 돌 위에 떨어지는 자는 깨어지겠고 이 돌이 사람 위에 떨어지면 그를 가루로 만들어 흩으리라 하시니라

가이사에게 세를 바치는 것

19 서기관들과 대제사장들이 예수의 이 비유는 자기들을 가리켜 말씀하심인 줄 알고 즉시 잡고자 하되 백성을 두려워하더라 20 이에 그들이 엿보다가 예수를 총독의 다스림과 권세 아래에 넘기려 하여 정탐들을 보내어 그들로 스스로 의인인 체하며 예수의 말을 책잡게 하니

21 그들이 물어 이르되

선생님이여 우리가 아노니 당신은 바로 말씀하시고 가르치시며 사람을 외모로 취하지 아니하시고 오직 진리로써 하나님의 도를 가르치시나이다 22 우리가 가이사에게 세를 바치는 것이 옳으니이까 옳지 않으니이까 하니

23 예수께서 그 간계를 아시고 이르시되

24 데나리온 하나를 내게 보이라 누구의 형상과 글이 여기 있느냐

대답하되

가이사의 것이니이다

25 이르시되

그런즉 가이사의 것은 가이사에게, 하나님의 것은 하나님께 바치라 하시니

26 그들이 백성 앞에서 그의 말을 능히 책잡지 못하고 그의 대답을 놀랍게 여겨 침묵하니라

부활 논쟁

27 부활이 없다고 주장하는 사
두개인 중 어떤 이들이 와서

28 물어 이르되 선생님이여 모세
가 우리에게 써 주기를 만일 어떤
사람의 형이 아내를 두고 자식이
없이 죽으면 그 동생이 그 아내를
취하여 형을 위하여 상속자를 세
울지니라 하였나이다 29 그런데
칠 형제가 있었는데 맏이가 아내
를 취하였다가 자식이 없이 죽고
30 그 둘째와 셋째가 그를 취하고
31 일곱이 다 그와 같이 자식이
없이 죽고 32 그 후에 여자도 죽
었나이다 33 일곱이 다 그를 아
내로 취하였으니 부활 때에 그 중
에 누구의 아내가 되리이까

34 예수께서 이르시되

이 세상의 자녀들은 장가도 가
고 시집도 가되 35 저 세상과
및 죽은 자 가운데서 부활함을
얻기에 합당히 여김을 받은 자
들은 장가 가고 시집 가는 일
이 없으며 36 그들은 다시 죽
을 수도 없나니 이는 천사와
동등이요 부활의 자녀로서 하
나님의 자녀임이라 37 죽은 자
가 살아난다는 것은 모세도 가
시나무 떨기•에 관한 글에서
주를 아브라함의 하나님이요
이삭의 하나님이요 야곱의 하
나님이시라• 칭하였나니 38
하나님은 죽은 자의 하나님이
아니요 살아 있는 자의 하나님
이시라 하나님에게는 모든 사
람이 살았느니라 하시니

39 서기관 중 어떤 이들이 말하되

선생님 잘 말씀하셨나이다 하니

40 그들은 아무 것도 감히 더 물
을 수 없음이더라

그리스도와 다윗의 자손

41 예수께서 그들에게 이르시되

사람들이 어찌하여 그리스도를
다윗의 자손이라 하느냐 42 시
편에 다윗이 친히 말하였으되

주께서 내 주께 이르시되 43
내가 네 원수를 네 발등상으
로 삼을 때까지• 내 우편에
앉았으라 하셨도다 하였느
니라 시 110:1

44 그런즉 다윗이 그리스도를
주라 칭하였으니 어찌 그의 자
손이 되겠느냐 하시니라

서기관들을 삼가라

45 모든 백성이 들을 때에 예수
께서 그 제자들에게 이르시되

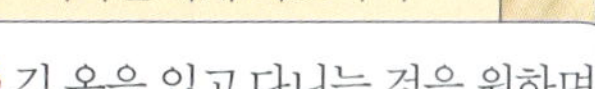

46 긴 옷을 입고 다니는 것을 원하며

20:37 **가시나무 떨기** 이에 대해 자세히 알려면 구약의 출애굽기 3장 1-12절을 읽어라.
20:37 **아브라함의 … 하나님이시라** 출 3:6 인용
20:43 **내가 네 원수를 네 발등상으로 삼을 때까지** 이것은 직역이다. "내가 네 원수를 네 지배 아래에 둘 때까지"라고 번역될 수도 있다.

21장

가난한 과부의 헌금

1 예수께서 눈을 들어 부자들이 헌금함• 에 헌금 넣는 것을 보시고
2 또 어떤 가난한 과부가 두 렙돈 넣는 것을 보시고 3 이르시되

성전이 무너뜨려질 것을 이르시다

5 어떤 사람들이 성전을 가리켜 그 아름다운 돌과 헌물로 꾸민 것을 말하매 예수께서 이르시되

7 그들이 물어 이르되

8 이르시되

미혹을 받지 않도록 주의하라 많은 사람이 내 이름으로 와서 이르되 내가 그라 하며 때가 가까이 왔다 하겠으나 그들을 따르지 말라 9 난리와 소요의 소문을 들을 때에 두려워하지 말라 이 일이 먼저 있어야 하되 끝은 곧 되지 아니하리라

21:1 **헌금함** 유대인들의 예배 장소에서 사람들이 하나님께 드리는 헌금을 넣었던 특별한 상자

환난의 징조

10 또 이르시되

민족이 민족을, 나라가 나라를
대적하여 일어나겠고 11 곳곳에
큰 지진과 기근과 전염병이 있겠
고 또 무서운 일과 하늘로부터
큰 징조들이 있으리라 12 이 모
든 일 전에 내 이름으로 말미암
아 너희에게 손을 대어 박해하며
회당과 옥에 넘겨 주며 임금들과
집권자들 앞에 끌어 가려니와
13 이 일이 도리어 너희에게 증
거가 되리라 14 그러므로 너희
는 변명할 것을 미리 궁리하지
않도록 명심하라 15 내가 너희
의 모든 대적이 능히 대항하거나
변박할 수 없는 구변과 지혜를
너희에게 주리라 16 심지어 부
모와 형제와 친척과 벗이 너희를
넘겨 주어 너희 중의 몇을 죽이
게 하겠고 17 또 너희가 내 이름
으로 말미암아 모든 사람에게 미
움을 받을 것이나 18 너희 머리
털 하나도 상하지 아니하리라
19 너희의 인내로 너희 영혼을
얻으리라

예루살렘의 환난과 인자의 오심

20 너희가 예루살렘이 군대들에
게 에워싸이는 것을 보거든 그
멸망이 가까운 줄을 알라 21 그
때에 유대에 있는 자들은 산으로
도망갈 것이며 성내에 있는 자들
은 나갈 것이며 촌에 있는 자들
은 그리로 들어가지 말지어다
22 이 날들은 기록된 모든 것을
이루는 징벌의 날이니라 23 그
날에는 아이 밴 자들과 젖먹이는
자들에게 화가 있으리니 이는 땅
에 큰 환난과 이 백성에게 진노
가 있겠음이로다 24 그들이 칼
날에 죽임을 당하며 모든 이방에
사로잡혀 가겠고 예루살렘은 이
방인의 때가 차기까지 이방인들
에게 밟히리라 25 일월 성신에
는 징조가 있겠고 땅에서는 민족
들이 바다와 파도의 성난 소리로
인하여 혼란한 중에 곤고하리라

26 사람들이 세상에 임할 일을
생각하고 무서워하므로 기절하
리니 이는 하늘의 권능들이 흔들
리겠음이라 27 그 때에 사람들
이 인자가 구름을 타고 능력과
큰 영광으로 오는 것을 보리라
28 이런 일이 되기를 시작하거든
일어나 머리를 들라 너희 속량이
가까웠느니라 하시더라

무화과나무에서 배울 교훈

29 이에 비유로 이르시되

무화과나무와 모든 나무를 보라
30 싹이 나면 너희가 보고 여름
이 가까운 줄을 자연히 아나니
31 이와 같이 너희가 이런 일이
일어나는 것을 보거든 하나님의
나라가 가까이 온 줄을 알라 32
내가 진실로 너희에게 말하노니
이 세대가 지나가기 전에 모든
일이 다 이루어지리라 33 천지
는 없어지겠으나 내 말은 없어지
지 아니하리라

항상 기도하며 깨어 있으라

34 너희는 스스로 조심하라 그렇
지 않으면 방탕함과 술취함과 생
활의 염려로 마음이 둔하여지고
뜻밖에 그 날이 덫과 같이 너희
에게 임하리라 35 이 날은 온 지
구상에 거하는 모든 사람에게 임
하리라 36 이러므로 너희는 장차
올 이 모든 일을 능히 피하고 인
자 앞에 서도록 항상 기도하며
깨어 있으라 하시니라

37 예수께서 낮에
는 성전에서 가르
치시고 밤에는 나
가 감람원이라 하
는 산에서 쉬시니

38 모든 백성
이 그 말씀을
들으려고 이
른 아침에 성
전에 나아가
더라

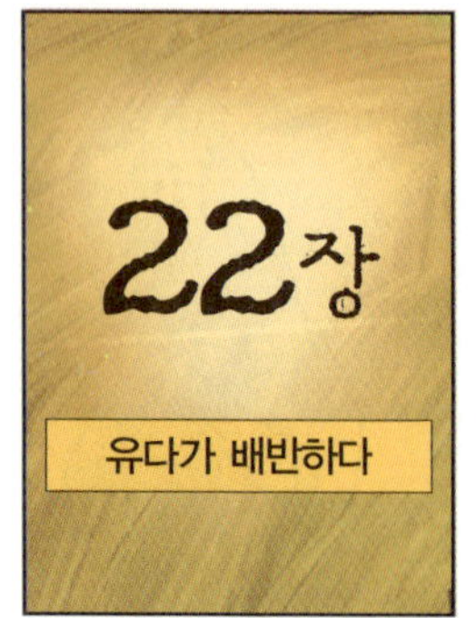

22장

유다가 배반하다

1 유월절이라 하는 무교절이
다가오매 2 대제사장들과 서
기관들이 예수를 무슨 방도로
죽일까 궁리하니 이는 그들이
백성을 두려워함이더라 3 열
둘 중의 하나인 가룟인이라 부
르는 유다에게 사탄이 들어가
니 4 이에 유다가 대제사장들
과 성전 경비대장들에게 가서
예수를 넘겨 줄 방도를 의논하
매 5 그들이 기뻐하여 돈을 주
기로 언약하는지라 6 유다가
허락하고 예수를 무리가 없을
때에 넘겨 줄 기회를 찾더라

유월절을 준비하다

7 유월절 양을 잡을 무교
절날이 이른지라 8 예수
께서 베드로와 요한을
보내시며 이르시되
가서 우리를 위하여 유월절을 준비하여 우리로 먹게 하라
9 여짜오되
어디서 준비하기를 원하시나이까

10 이르시되
보라 너희가 성내로 들
어가면 물 한 동이를 가지고 가는 사람
을 만나리니 그가 들어가는 집으로 따
라 들어가서 11 그 집 주인에게 이르되
선생님이 네게 하는 말씀이 내가 내 제
자들과 함께 유월절을 먹을 객실이 어
디 있느냐 하시더라 하라 12 그리하면
그가 자리를 마련한 큰 다락방을 보이
리니 거기서 준비하라 하시니

13 그들이 나가 그 하신 말씀대로
만나 유월절을 준비하니라

마지막 만찬

14 때가 이르매 예수께서 사도들과
함께 앉으사 15 이르시되

내가 고난을 받기 전에 너희와
함께 이 유월절 먹기를 원하고
원하였노라 16 내가 너희에게
이르노니 이 유월절이 하나님
의 나라에서 이루기까지 다시
먹지 아니하리라 하시고

17 이에 잔을 받으사 감사
기도 하시고 이르시되

이것을 갖다가 너희끼리
나누라 18 내가 너희에
게 이르노니 내가 이제
부터 하나님의 나라가
임할 때까지 포도나무에
서 난 것•을 다시 마시지
아니하리라 하시고

22:18 **포도나무에서 난 것** 포도나무의 열매. 이것은 '포도주'로도 번역될 수 있다.
22:19 **떡** 일부 헬라어 사본들에서는 19,20절이 "또 떡을 가져 감사 기도 하시고 떼어 그들에게 주시며 이르시되 이것은 내 몸이라"라고만 되어 있다.

21 그러나 보라 나를 파는
자의 손이 나와 함께 상 위
에 있도다 22 인자는 이미
작정된 대로 가거니와 그
를 파는 그 사람에게는 화
가 있으리로다 하시니

베드로가 부인할 것을 이르시다

24 또 그들 사이에 그 중 누
가 크냐 하는 다툼이 난지라
25 예수께서 이르시되

이방인의 임금들은 그들을 주관
하며 그 집권자들은 은인이라 칭
함을 받으나 26 너희는 그렇지
않을지니 너희 중에 큰 자는 젊
은 자와 같고 다스리는 자는 섬
기는 자와 같을지니라 27 앉아
서 먹는 자가 크냐 섬기는 자가
크냐 앉아서 먹는 자가 아니냐
그러나 나는 섬기는 자로 너희
중에 있노라 28 너희는 나의 모
든 시험 중에 항상 나와 함께 한
자들인즉 29 내 아버지께서 나
라를 내게 맡기신 것 같이 나도
너희에게 맡겨 30 너희로 내 나
라에 있어 내 상에서 먹고 마시
며 또는 보좌에 앉아 이스라엘
열두 지파를 다스리게 하려 하
노라

31 시몬아, 시몬아, 보라 사탄이 너희를 밀 까부르듯 하려고 요구하였으나 32 그러나 내가 너를 위하여 네 믿음이 떨어지지 않기를 기도하였노니 너는 돌이킨 후에 네 형제를 굳게 하라

전대와 배낭과 검

35 그들에게 이르시되
내가 너희를 전대와 배낭과 신발도 없이 보내었을 때에 부족한 것이 있더냐
이르되
없었나이다

36 이르시되
이제는 전대 있는 자는 가질 것이요 배낭도 그리하고 검 없는 자는 겉옷을 팔아 살지어다 37 내가 너희에게 말하노니 기록된 바 그는 불법자의 동류로 여김을 받았다* 한 말이 내게 이루어져야 하리니 내게 관한 일이 이루어져 감이니라

대답하시되
족하다 하시니라

감람 산에서 기도하시다

39 예수께서 나가사 습관을 따라 감람 산에 가시매 제자들도 따라갔더니 40 그 곳에 이르러 그들에게 이르시되

22:37 그는 … 받았다 사 53:12 인용

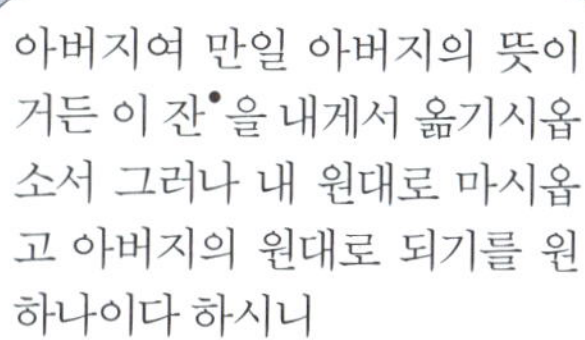

49 그의 주위 사람들이 그
된 일을 보고 여짜오되
주여 우리가 칼로
치리이까 하고

22:42 **잔** 여기에서 잔은 예수님께 닥칠 고난을 상징한다. 마치 매우 쓴 것이 들어 있는 잔을 마시는 것처럼 지극히 고통스럽다는 의미이다.

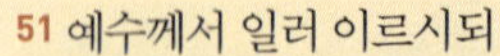

베드로가 예수를 모른다고 하다

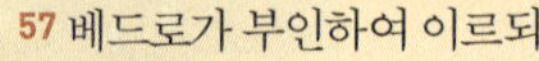

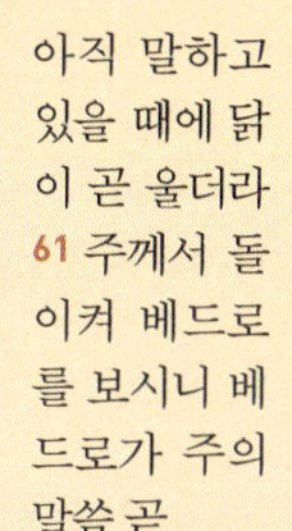

예수를 희롱하고 때리다

63 지키는 사람들이 예수를
희롱하고 때리며 64 그의 눈
을 가리고 물어 이르되

선지자 노릇 하라 너를 친 자가 누구냐 하고

65 이 외에도 많은 말로 욕하더라

공회 앞에 서시다

66 날이 새매 백성의 장로들 곧 대제사
장들과 서기관들이 모여서 예수를 그 공
회로 끌어들여 67 이르되

네가 그리스도이거든 우리에게 말하라

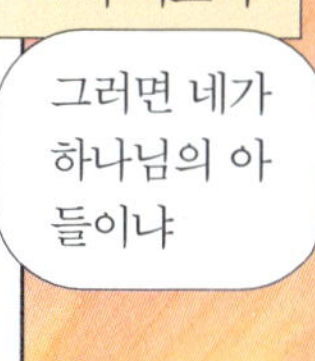

23장

빌라도가 예수께 묻다

23:1 **빌라도** 본디오 빌라도는 주후 26년부터 36년까지 유대를 다스린 로마 총독이었다.

11 헤롯이 그 군인들
과 함께 예수를 업신
여기며 희롱하고 빛
난 옷을 입혀 빌라도
에게 도로 보내니

12 헤롯과 빌라도가 전
에는 원수였으나 당일
에 서로 친구가 되니라

십자가에 못 박히게 예수를 넘기다

13 빌라도가 대제사장
들과 관리들과 백성을
불러 모으고 14 이르되

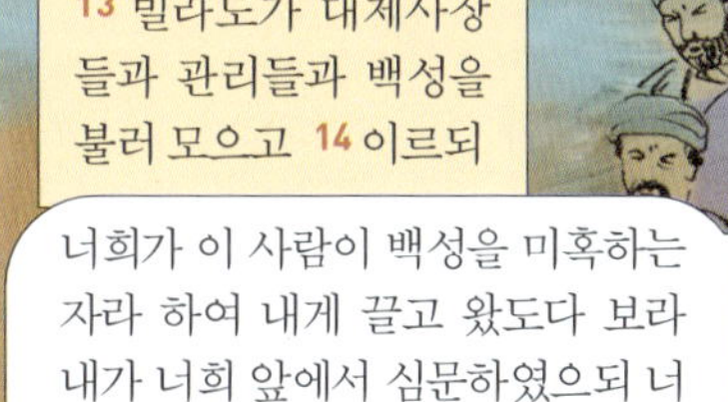

23:17 일부 헬라어 사본들에는 "매년 유월절에 빌라도는 죄수 한 사람을 백성에게 놓아주어야 했다"라고 기록되어 있다.

십자가에 못 박히시다

26 그들이 예수를 끌고 갈 때에 시몬이라는 구레
네 사람이 시골에서 오는 것을 붙들어 그에게 십
자가를 지워 예수를 따르게 하더라 27 또 백성과
및 그를 위하여 가슴을 치며 슬피 우는 여자의
큰 무리가 따라오는지라 28 예수께서 돌이켜 그
들을 향하여 이르시되

예루살렘의 딸들아 나를 위하여 울지 말고 너희와 너
희 자녀를 위하여 울라 29 보라 날이 이르면 사람이
말하기를 잉태하지 못하는 이와 해산하지 못한 배와
먹이지 못한 젖이 복이 있다 하리라 30 그 때에 사람
이 산들을 대하여 우리 위에 무너지라 하며 작은 산들
을 대하여 우리를 덮으라 하리라 31 푸른 나무에도 이
같이 하거든 마른 나무에는 어떻게 되리요• 하시니라

32 또 다른 두 행악자도 사형
을 받게 되어 예수와 함께 끌
려 가니라 33 해골이라 하는
곳에 이르러 거기서 예수를 십
자가에 못 박고 두 행악자도
그렇게 하니 하나는 우편에,
하나는 좌편에 있더라

23:31 **푸른 나무에도 … 어떻게 되리요** 이것은 "좋은 시절인 지금도 사람들이 이와 같이 행하거든 나쁜 시절이 오면 어떻게 되겠느냐" 라고 번역될 수도 있다.

23:34 이에 예수께서 … 알지 못함이니이다 하시더라 일부 헬라어 사본들에는 이 부분이 나오지 않는다.

23:43 **낙원** 선한 사람들이 죽어서 가는 곳

요셉이 예수의 시체를 무덤에 넣어 두다

50 공회 의원으로 선하고
의로운 요셉이라 하는 사람
이 있으니 51 (그들의 결의
와 행사에 찬성하지 아니한
자라) 그는 유대인의 동네
아리마대 사람이요 하나님
의 나라를 기다리는 자라

52 그가 빌라도에게 가서
예수의 시체를 달라 하여
53 이를 내려 세마포로 싸
고 아직 사람을 장사한 일
이 없는 바위에 판 무덤에
넣어 두니

23:45 **성소의 휘장** 이것은 지성소를 성소의 다른 부분으로부터 분리시킨 휘장이다. 성소는 유대인들이 하나님의 명령에 따라 그분을 경배하는 장소로 사용했던 예루살렘의 특별한 건물이었다.

54 이 날은 준비일이
요 안식일이 거의 되
었더라 55 갈릴리에
서 예수와 함께 온
여자들이 뒤를 따라
그 무덤과 그의 시체
를 어떻게 두었는지
를 보고

56 돌아가 향품과
향유를 준비하더라

살아나시다

계명을 따라 안식
일에 쉬더라

24장

1 안식 후 첫날 새벽에 이 여자들이 그
준비한 향품을 가지고 무덤에 가서

2 돌이 무덤에서 굴려 옮겨진
것을 보고 3 들어가니 주 예수
의 시체가 보이지 아니하더라

4 이로 인하여 근심할
때에 문득 찬란한 옷
을 입은 두 사람이 곁
에 섰는지라 5 여자
들이 두려워 얼굴을
땅에 대니 두 사람이
이르되

어찌하여 살아 있는 자
를 죽은 자 가운데서 찾
느냐 6 여기 계시지 않
고 살아나셨느니라 갈
릴리에 계실 때에 너희
에게 어떻게 말씀하셨
는지를 기억하라 7 이
르시기를 인자가 죄인
의 손에 넘겨져 십자가
에 못 박히고 제삼일에
다시 살아나야 하리라
하셨느니라 한대

8 그들이 예수의 말씀
을 기억하고 9 무덤에
서 돌아가 이 모든 것
을 열한 사도와 다른
모든 이에게 알리니
10 (이 여자들은 막달
라 마리아와 요안나와
야고보의 모친 마리아
라 또 그들과 함께 한
다른 여자들도 이것을
사도들에게 알리니라)
11 사도들은 그들의
말이 허탄한 듯이 들
려 믿지 아니하나

12 베드로는 일어나 무덤에 달려가서 구
부려 들여다 보니 세마포만 보이는지라

그 된 일을 놀랍
게 여기며 집으
로 돌아가니라

엠마오 길에서 제자들에게 나타나시다

13 그 날에 그들 중 둘이 예루살
렘에서 이십오 리 되는 엠마오
라 하는 마을로 가면서 14 이
모든 된 일을 서로 이야기하더
라 15 그들이 서로 이야기하며
문의할 때에 예수께서 가까이
이르러 그들과 동행하시나

16 그들의 눈이 가리어져서 그인 줄 알
아보지 못하거늘 17 예수께서 이르시되

두 사람이 슬픈 빛을 띠고 머물러 서더라

18 그 한 사람인 글로바라
하는 자가 대답하여 이르되

19 이르시되
무슨 일이냐 이르되

나사렛 예수의 일이니 그는 하나
님과 모든 백성 앞에서 말과 일에
능하신 선지자이거늘 20 우리 대
제사장들과 관리들이 사형 판결
에 넘겨 주어 십자가에 못 박았느
니라 21 우리는 이 사람이 이스라
엘을 속량할 자라고 바랐노라

이뿐 아니라 이 일이 일어
난 지가 사흘째요 22 또한
우리 중에 어떤 여자들이
우리로 놀라게 하였으니
이는 그들이 새벽에 무덤
에 갔다가 23 그의 시체는
보지 못하고 와서 그가 살
아나셨다 하는 천사들의
나타남을 보았다 함이라

24 또 우리와 함
께 한 자 중에
두어 사람이 무
덤에 가 과연 여
자들이 말한 바
와 같음을 보았
으나 예수는 보
지 못하였느니
라 하거늘

25 이르시되
미련하고 선지자들이 말
한 모든 것을 마음에 더디
믿는 자들이여 26 그리스
도가 이런 고난을 받고 자
기의 영광에 들어가야 할
것이 아니냐 하시고
27 이에 모세와 모든 선지
자의 글로 시작하여 모든
성경에 쓴 바 자기에 관한
것을 자세히 설명하시니
라 28 그들이 가는 마을
에 가까이 가매 예수는 더
가려 하는 것 같이 하시니

29 그들이 강권하여 이르되
우리와 함께 유하사이다 때
가 저물어가고 날이 이미
기울었나이다 하니

이에 그들과 함께
유하러 들어가시니
라 30 그들과 함께
음식 잡수실 때에
떡을 가지사 축사하
시고 떼어 그들에게
주시니 31 그들의
눈이 밝아져 그인
줄 알아 보더니

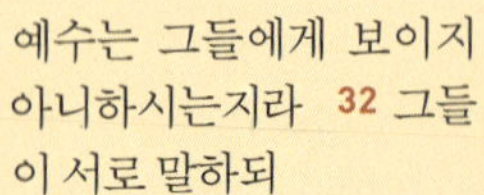

열한 제자에게 나타나시다

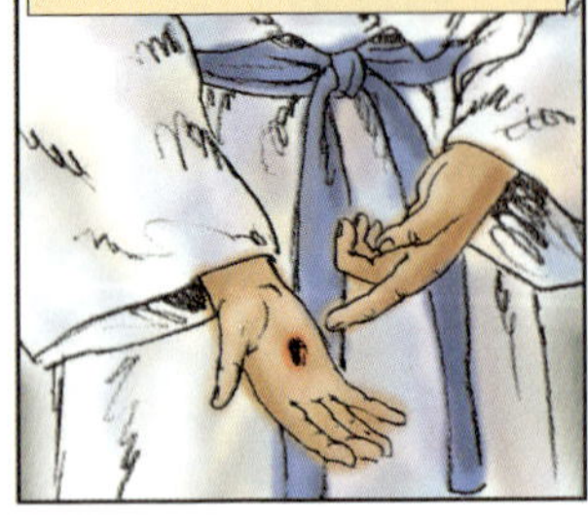

하늘로 올려지시다

50 예수께서 그들을 데리고
베다니 앞까지 나가사 손을
들어 그들에게 축복하시더
니 51 축복하실 때에 그들을
떠나 [하늘로 올려지시니]

52 그들이 [그에게 경배하
고] 큰 기쁨으로 예루살렘에
돌아가 53 늘 성전에서 하
나님을 찬송하니라

1:1 **말씀** '로고스'라는 헬라어를 번역한 말. 로고스는 의사소통을 의미하며, '메시지'라고 번역될 수도 있다. 여기서는 그리스도를 가리킨다. 하나님께서는 그리스도를 통해 자신에 대해 사람들에게 말씀해 주셨다.

1:5 **깨닫지 못하더라** "이기지 못하더라"라고 번역될 수도 있다.

6 하나님께로부터 보내심을 받은
사람이 있으니 그의 이름은 요한•
이라 7 그가 증언하러 왔으니 곧
빛에 대하여 증언하고 모든 사람
이 자기로 말미암아 믿게 하려 함
이라 8 그는 이 빛이 아니요 이 빛
에 대하여 증언하러 온 자라

9 참 빛 곧 세상에 와서 각 사람에게 비추는
빛이 있었나니 10 그가 세상에 계셨으며 세
상은 그로 말미암아 지은 바 되었으되 세상
이 그를 알지 못하였고 11 자기 땅에 오매 자
기 백성이 영접하지 아니하였으나 12 영접하
는 자 곧 그 이름을 믿는 자들에게는 하나님
의 자녀가 되는 권세를 주셨으니 13 이는 혈
통으로나 육정으로나 사람의 뜻으로 나지 아
니하고 오직 하나님께로부터 난 자들이니라
14 말씀이 육신이 되어 우리 가운데 거하시매
우리가 그의 영광을 보니 아버지의 독생자의
영광이요 은혜와 진리가 충만하더라

1:6 **요한** 그리스도께서 오실 것을 사람들에게 미리 선포한 세례 요한(마 3장 ; 눅 3장 참조).

요

세례 요한의 증언

1:18 아버지 … 나타내셨느니라 이것은 "유일한 하나님께서는 아버지와 매우 가까우시다"라고 번역될 수도 있다. 일부 헬라어 사본들에는 이것이 "유일한 아들께서는 아버지와 매우 가까우시다"라고 기록되어 있다.

1:21 엘리야 하나님의 말씀을 대언했던 사람. 그는 그리스도께서 오시기 몇 백 년 전에 살았다.

1:21 네가 그 선지자냐 이 질문에는 "네가 하나님께서 보내시리라고 모세에게 말씀하셨던 그 선지자냐"라는 의미가 담겨 있는 것 같다(신 18:15-19 참조).

1:23 주의 길을 … 소리로라 사 40:3 인용

하나님의 어린 양을 보라

1:29 **하나님의 어린 양** 예수님을 가리키는 말. 예수님은 하나님께 제물로 드려졌던 어린 양들 같은 분이시다.
1:34 **하나님의 아들** 일부 헬라어 사본들에는 '하나님께서 선택하신 분'이라고 되어 있다.

요한의 두 제자

35 또 이튿날 요한이 자기 제자 중 두 사람과 함
께 섰다가 36 예수께서 거니심을 보고 말하되

37 두 제자가 그의 말을 듣고 예수를 따르거늘 38 예수
께서 돌이켜 그 따르는 것을 보시고 물어 이르시되

이르되

(랍비는 번역하면 선생이라)

39 예수께서 이르시되

그러므로 그들이 가서 계신 데를 보고 그 날 함께 거하니 때가 열 시쯤 되었더라

40 요한의 말을 듣고 예수를
따르는 두 사람 중의 하나는
시몬 베드로의 형제 안드레
라 41 그가 먼저 자기의 형제
시몬을 찾아 말하되

우리가 메시야를 만났다 하고

(메시야는 번역하면 그리스도라)

42 데리고 예수께로 오니 예수
께서 보시고 이르시되

네가 요한의 아들 시몬이니 장차 게바라 하리라 하시니라

(게바는 번역하면 베드로•라)

빌립과 나다나엘을 부르시다

43 이튿날 예수께서 갈릴리로 나가려
하시다가 빌립을 만나 이르시되

44 빌립은 안드레와
베드로와 한 동네 벳
새다 사람이라

1:42 **베드로** '베드로'라는 헬라어 이름은 '게바'라는 아람어 이름과 마찬가지로 '반석'이라는 뜻이다.

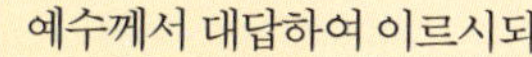

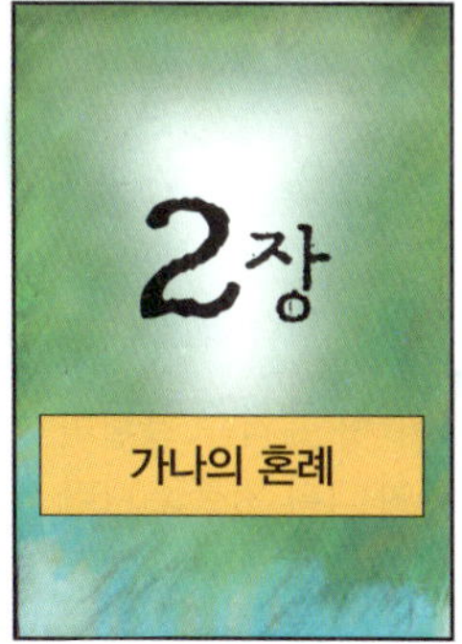

1:51 하나님의 사자들이 … 하는 창 28:12 인용

2 예수와 그 제자들
도 혼례에 청함을
받았더니 3 포도주
가 떨어진지라 예
수의 어머니가 예
수에게 이르되

저들에게 포도주가 없다 하니

4 예수께서 이르시되

여자여 나와 무슨 상관이 있나이까
내 때가 아직 이르지 아니하였나이다

5 그의 어머니가 하인
들에게 이르되

너희에게 무슨 말씀을 하시
든지 그대로 하라 하니라

6 거기에 유대인
의 정결 예식•을
따라 두세 통 드
는 돌항아리 여
섯이 놓였는지라
7 예수께서 그들
에게 이르시되

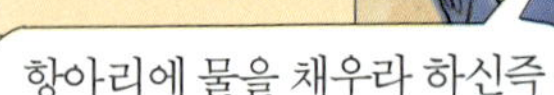

아귀까지 채우니

10 말하되

사람마다 먼저 좋은 포도주를
내고 취한 후에 낮은 것을 내거
늘 그대는 지금까지 좋은 포도
주를 두었도다 하니라

11 예수께서 이 첫 표적을 갈릴리
가나에서 행하여 그의 영광을 나타
내시매 제자들이 그를 믿으니라

2:6 **정결 예식** 식사 전에, 성전에서 예배하기 전에, 그리고 그 밖의 특별한 경우들에 유대인들은 특별한 방법으로 자신을 씻었다.

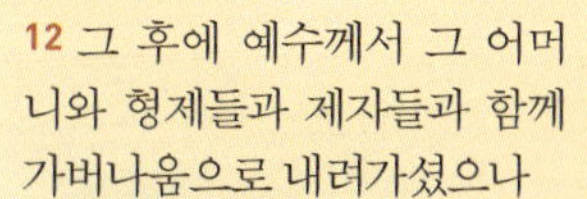

12 그 후에 예수께서 그 어머
니와 형제들과 제자들과 함께
가버나움으로 내려가셨으나

거기에 여러 날 계시지는 아니하시니라

성전을 깨끗하게 하시다

13 유대인의 유월절이 가까운지라
예수께서 예루살렘으로 올라가셨
더니 14 성전 안에서 소와 양과 비
둘기 파는 사람들과 돈 바꾸는 사
람들이 앉아 있는 것을 보시고

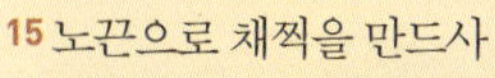

15 노끈으로 채찍을 만드사

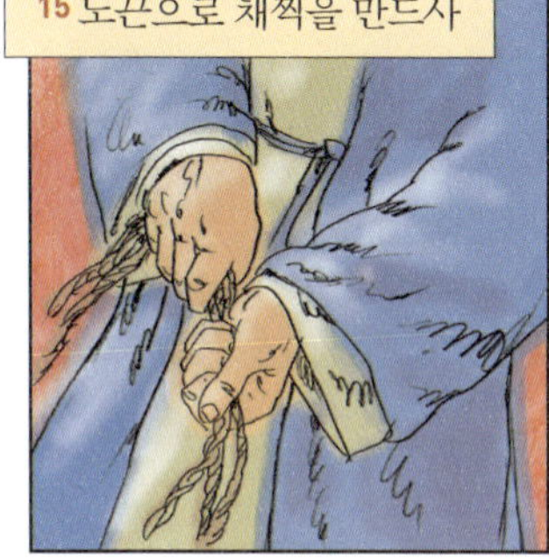

양이나 소를 다 성전에
서 내쫓으시고 돈 바꾸
는 사람들의 돈을 쏟으
시며 상을 엎으시고

16 비둘기 파는 사람
들에게 이르시되

17 제자들이 성경 말씀에

18 이에 유대인들이 대답
하여 예수께 말하기를

19 예수께서 대답하여 이르시되

20 유대인들이 이르되

요

21 그러나 예수는 성전된 자기
육체를 가리켜 말씀하신 것이
라 22 죽은 자 가운데서 살아
나신 후에야 제자들이 이 말씀
하신 것을 기억하고 성경과 예
수께서 하신 말씀을 믿었더라

예수는 사람의 마음속을 아신다

23 유월절에 예수께서 예루살
렘에 계시니 많은 사람이 그의
행하시는 표적을 보고 그의 이
름을 믿었으나 24 예수는 그
의 몸을 그들에게 의탁하지 아
니하셨으니 이는 친히 모든 사
람을 아심이요 25 또 사람에
대하여 누구의 증언도 받으실
필요가 없었으니 이는 그가 친
히 사람의 속에 있는 것을 아
셨음이니라

예수와 니고데모

3장

1 그런데 바리새인 중에 니고데모라
하는 사람이 있으니 유대인의 지도자
라 2 그가 밤에 예수께 와서 이르되

랍비여 우리가 당신은 하나님께
로부터 오신 선생인 줄 아나이다
하나님이 함께 하시지 아니하시
면 당신이 행하시는 이 표적을
아무도 할 수 없음이니이다

3 예수께서 대답하여 이르시되

진실로 진실로 네게 이르노니
사람이 거듭나지 아니하면 하
나님의 나라를 볼 수 없느니라

4 니고데모가 이르되

사람이 늙으면 어떻게 날 수 있
사옵나이까 두 번째 모태에 들
어갔다가 날 수 있사옵나이까

5 예수께서 대답하시되

진실로 진실로 네게 이르노니 사람
이 물과 성령으로 나지 아니하면
하나님의 나라에 들어갈 수 없느니
라 6 육으로 난 것은 육이요 영으
로 난 것은 영이니 7 내가 네게 거
듭나야 하겠다 하는 말을 놀랍게
여기지 말라 8 바람이 임의로 불매
네가 그 소리는 들어도 어디서 와
서 어디로 가는지 알지 못하나니
성령으로 난 사람도 다 그러하니라

9 니고데모가 대답하여 이르되

어찌 그러한 일이
있을 수 있나이까

3:13 **인자** 일부 헬라어 사본들에서는 이것이 '하늘에 있는 인자'로 되어 있다.

3:14 **모세가 … 뱀을 든 것 같이** 이스라엘 사람들이 뱀에 물려 죽어가고 있을 때 모세가 놋뱀을 만들어 장대 위에 매달았고 놋뱀을 쳐다본 사람들은 살았다(민 21:4-9).

20 악을 행하는 자마다 빛을 미
워하여 빛으로 오지 아니하나
니 이는 그 행위가 드러날까 함
이요 21 진리를 따르는 자는 빛
으로 오나니 이는 그 행위가 하
나님 안에서 행한 것임을 나타
내려 함이라 하시니라

그는 흥하고 나는 쇠하여야 하리라

22 그 후에 예수께서 제
자들과 유대 땅으로 가
서 거기 함께 유하시며
세례를 베푸시더라

23 요한도 살렘 가까운 애논에서 세
례를 베푸니 거기 물이 많음이라 그
러므로 사람들이 와서 세례를 받더
라 24 요한이 아직 옥에 갇히지 아
니하였더라 25 이에 요한의 제자 중
에서 한 유대인과 더불어 정결예식
에 대하여 변론이 되었더니

26 그들이 요한에게
가서 이르되

랍비여 선생님과 함
께 요단 강 저편에 있
던 이 곧 선생님이 증
언하시던 이가 세례
를 베풀매 사람이 다
그에게로 가더이다

27 요한이 대답하여 이르되

만일 하늘에서 주신 바
아니면 사람이 아무 것
도 받을 수 없느니라
28 내가 말한 바 나는
그리스도가 아니요 그
의 앞에 보내심을 받은
자라고 한 것을 증언할
자는 너희니라

하늘로부터 오시는 이

29 신부를 취하는 자는 신랑이
나 서서 신랑의 음성을 듣는 친
구가 크게 기뻐하나니 나는 이
러한 기쁨으로 충만하였노라
30 그는 흥하여야 하겠고 나는
쇠하여야 하리라 하니라

31 위로부터 오시는 이는 만물 위에
계시고 땅에서 난 이는 땅에 속하여
땅에 속한 것을 말하느니라 하늘로
부터 오시는 이는 만물 위에 계시나
니 32 그가 친히 보고 들은 것을 증
언하되 그의 증언을 받는 자가 없도
다 33 그의 증언을 받는 자는 하나님
이 참되시다는 것을 인쳤느니라

34 하나님이 보내신 이는 하나
님의 말씀을 하나니 이는 하나
님이 성령을 한량 없이 주심이
니라 35 아버지께서 아들을 사
랑하사 만물을 다 그의 손에 주
셨으니 36 아들을 믿는 자에게
는 영생이 있고 아들에게 순종
하지 아니하는 자는 영생을 보
지 못하고 도리어 하나님의 진
노가 그 위에 머물러 있느니라

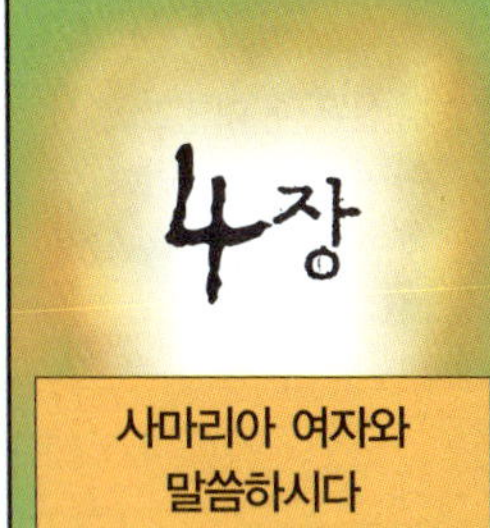

4장

사마리아 여자와 말씀하시다

1 예수께서 제자를 삼고 세
례를 베푸시는 것이 요한보
다 많다 하는 말을 바리새인
들이 들은 줄을 주께서 아신
지라 2 (예수께서 친히 세
례를 베푸신 것이 아니요 제
자들이 베푼 것이라) 3 유
대를 떠나사 다시 갈릴리로
가실새 4 사마리아를 통과
하여야 하겠는지라 5 사마
리아에 있는 수가라 하는 동
네에 이르시니 야곱이 그 아
들 요셉에게 준 땅이 가깝고

4:9 **유대인이 사마리아인과 상종하지 아니함이러라** 이것은 "유대인은 사마리아인이 사용한 것들을 사용하지 아니함이러라"라고 번역될 수도 있다.

예수께서 이르시되
네가 남편이 없다 하는 말이 옳도다 18 너에게 남편 다섯이 있었고 지금 있는 자도 네 남편이 아니니 네 말이 참되도다

19 여자가 이르되
주여 내가 보니 선지자로소이다 20 우리 조상들은 이 산에서 예배하였는데 당신들의 말은 예배할 곳이 예루살렘에 있다 하더이다

21 예수께서 이르시되
여자여 내 말을 믿으라 이 산에서도 말고 예루살렘에서도 말고 너희가 아버지께 예배할 때가 이르리라 22 너희는 알지 못하는 것을 예배하고 우리는 아는 것을 예배하노니 이는 구원이 유대인에게서 남이라 23 아버지께 참되게 예배하는 자들은 영과 진리로 예배할 때가 오나니 곧 이 때라 아버지께서는 자기에게 이렇게 예배하는 자들을 찾으시느니라 24 하나님은 영이시니 예배하는 자가 영과 진리로 예배할지니라

25 여자가 이르되
메시야 곧 그리스도라 하는 이가 오실 줄을 내가 아노니 그가 오시면 모든 것을 우리에게 알려 주시리이다
26 예수께서 이르시되
네게 말하는 내가 그라 하시니라

27 이 때에 제자들이 돌아와서 예수께서 여자와 말씀하시는 것을 이상히 여겼으나 무엇을 구하시나이까 어찌하여 그와 말씀하시나이까 묻는 자가 없더라

28 여자가 물동이를 버려 두고 동네로 들어가서 사람들에게 이르되

29 내가 행한 모든 일을 내게 말한 사람을 와서 보라 이는 그리스도가 아니냐 하니

30 그들이 동네에서 나와 예수께로 오더라

34 예수께서 이르시되

나의 양식은 나를 보내신 이의 뜻을 행하며 그의 일을 온전히 이루는 이것이니라 35 너희는 넉 달이 지나야 추수할 때가 이르겠다 하지 아니하느냐 그러나 나는 너희에게 이르노니 너희 눈을 들어 밭을 보라 희어져 추수하게 되었도다

36 거두는 자가 이미 삯도 받고 영생에 이르는 열매를 모으나니 이는 뿌리는 자와 거두는 자가 함께 즐거워하게 하려 함이라 37 그런즉 한 사람이 심고 다른 사람이 거둔다 하는 말이 옳도다 38 내가 너희로 노력하지 아니한 것을 거두러 보내었노니 다른 사람들은 노력하였고 너희는 그들이 노력한 것에 참여하였느니라*

4:35-38 **밭을 보라 … 참여하였느니라** 농부가 일꾼들을 보내어 곡식을 거둬들이게 하듯이 예수님께서는 자신의 추종자들을 보내시어 사람들을 하나님께 데리고 오도록 하신다.

39 여자의 말이 내가 행한 모든
것을 그가 내게 말하였다 증언
하므로 그 동네 중에 많은 사
마리아인이 예수를 믿는지라
40 사마리아인들이 예수께 와
서 자기들과 함께 유하시기를
청하니 거기서 이틀을 유하시
매 41 예수의 말씀으로 말미암
아 믿는 자가 더욱 많아 42 그
여자에게 말하되
이제 우리가 믿는 것은 네 말
로 인함이 아니니 이는 우리가
친히 듣고 그가 참으로 세상의
구주신 줄 앎이라 하였더라
왕의 신하의 아들을 고치시다
43 이틀이 지나매 예수
께서 거기를 떠나 갈릴
리로 가시며

44 친히 증언하시기를 선지자가 고향에서는
높임을 받지 못한다 하시고 45 갈릴리에 이
르시매 갈릴리인들이 그를 영접하니 이는 자
기들도 명절에 갔다가 예수께서 명절중 예루
살렘에서 하신 모든 일을 보았음이더라 46
예수께서 다시 갈릴리 가나에 이르시니 전에
물로 포도주를 만드신 곳이라 왕의 신하가 있
어 그의 아들이 가버나움에서 병들었더니

53 그의 아버지가 예수께서 네 아들이 살아 있다 말씀하신 그 때인 줄 알고 자기와 그 온 집안이 다 믿으니라 54 이것은 예수께서 유대에서 갈릴리로 오신 후에 행하신 두 번째 표적이니라

5:2 **히브리 말** 1세기의 유대인들이 사용한 아람어
5:2 **베데스다** 예루살렘 성전 북쪽에 있던 연못으로 '벳자다' 또는 '벳사이다'로도 불렸다.
5:3,4 **[물의 움직임을 기다리니 … 낫게 됨이러라]** 일부 헬라어 사본들에는 이 구절의 전부 또는 대부분이 나오지 않는다.

9 그 사람이 곧 나아서 자리를 들고 걸어가니라 이 날은 안식일이니 10 유대인들이 병 나은 사람에게 이르되
안식일인데 네가 자리를 들고 가는 것이 옳지 아니하니라

11 대답하되
나를 낫게 한 그가 자리를 들고 걸어가라 하더라 하니

12 그들이 묻되
너에게 자리를 들고 걸어가라 한 사람이 누구냐 하되

13 고침을 받은 사람은 그가 누구인지 알지 못하니 이는 거기 사람이 많으므로 예수께서 이미 피하셨음이라 14 그 후에 예수께서 성전에서 그 사람을 만나 이르시되
보라 네가 나았으니 더 심한 것이 생기지 않게 다시는 죄를 범하지 말라 하시니
15 그 사람이 유대인들에게 가서 자기를 고친 이는 예수라 하니라 16 그러므로 안식일에 이러한 일을 행하신다 하여 유대인들이 예수를 박해하게 된지라

17 예수께서 그들에게 이르시되
내 아버지께서 이제까지 일하시니 나도 일한다 하시매
18 유대인들이 이로 말미암아 더욱 예수를 죽이고자 하니 이는 안식일을 범할 뿐만 아니라 하나님을 자기의 친 아버지라 하여 자기를 하나님과 동등으로 삼으심이러라

아들의 권한

19 그러므로 예수께서 그들에게 이르시되

내가 진실로 진실로 너희에게 이르노
니 아들이 아버지께서 하시는 일을
보지 않고는 아무 것도 스스로 할 수
없나니 아버지께서 행하시는 그것을
아들도 그와 같이 행하느니라 20 아
버지께서 아들을 사랑하사 자기가 행
하시는 것을 다 아들에게 보이시고

또 그보다 더 큰 일을 보이
사 너희로 놀랍게 여기게
하시리라 21 아버지께서
죽은 자들을 일으켜 살리
심 같이 아들도 자기가 원
하는 자들을 살리느니라
22 아버지께서 아무도 심
판하지 아니하시고 심판을
다 아들에게 맡기셨으니

23 이는 모든 사람으로 아버지를
공경하는 것 같이 아들을 공경하
게 하려 하심이라 아들을 공경하
지 아니하는 자는 그를 보내신
아버지도 공경하지 아니하느니
라 24 내가 진실로 진실로 너희
에게 이르노니 내 말을 듣고 또
나 보내신 이를 믿는 자는 영생
을 얻었고 심판에 이르지 아니하
나니 사망에서 생명으로 옮겼느
니라 25 진실로 진실로 너희에게
이르노니 죽은 자들이 하나님의
아들의 음성을 들을 때가 오나니
곧 이 때라 듣는 자는 살아나리
라 26 아버지께서 자기 속에 생
명이 있음 같이 아들에게도 생명
을 주어 그 속에 있게 하셨고 27
또 인자됨으로 말미암아 심판하
는 권한을 주셨느니라 28 이를
놀랍게 여기지 말라 무덤 속에
있는 자가 다 그의 음성을 들을
때가 오나니 29 선한 일을 행한
자는 생명의 부활로, 악한 일을 행
한 자는 심판의 부활로 나오리라

예수를 믿게 하는 증언

30 내가 아무 것도 스스로 할 수
없노라 듣는 대로 심판하노니 나
는 나의 뜻대로 하려 하지 않고
나를 보내신 이의 뜻대로 하려
하므로 내 심판은 의로우니라 31
내가 만일 나를 위하여 증언하면
내 증언은 참되지 아니하되 32
나를 위하여 증언하시는 이가 따
로 있으니 나를 위하여 증언하시
는 그 증언이 참인 줄 아노라 33
너희가 요한에게 사람을 보내매
요한이 진리에 대하여 증언하였
느니라 34 그러나 나는 사람에게
서 증언을 취하지 아니하노라 다
만 이 말을 하는 것은 너희로 구
원을 받게 하려 함이니라 35 요
한은 켜서 비추이는 등불이라 너
희가 한때 그 빛에 즐거이 있기
를 원하였거니와 36 내게는 요한
의 증거보다 더 큰 증거가 있으
니 아버지께서 내게 주사 이루게
하시는 역사 곧 내가 하는 그 역
사가 아버지께서 나를 보내신 것
을 나를 위하여 증언하는 것이요
37 또한 나를 보내신 아버지께서
친히 나를 위하여 증언하셨느니
라 너희는 아무 때에도 그 음성
을 듣지 못하였고 그 형상을 보
지 못하였으며 38 그 말씀이 너
희 속에 거하지 아니하니 이는 그
가 보내신 이를 믿지 아니함이라
39 너희가 성경에서 영생을 얻는
줄 생각하고 성경을 연구하거니
와 이 성경이 곧 내게 대하여 증
언하는 것이니라 40 그러나 너희
가 영생을 얻기 위하여 내게 오기
를 원하지 아니하는도다 41 나는
사람에게서 영광을 취하지 아니
하노라 42 다만 하나님을 사랑하
는 것이 너희 속에 없음을 알았노
라 43 나는 내 아버지의 이름으
로 왔으매 너희가 영접하지 아니
하나 만일 다른 사람이 자기 이름
으로 오면 영접하리라 44 너희가
서로 영광을 취하고 유일하신 하
나님께로부터 오는 영광은 구하
지 아니하니 어찌 나를 믿을 수
있느냐 45 내가 너희를 아버지께
고발할까 생각하지 말라 너희를
고발하는 이가 있으니 곧 너희가
바라는 자 모세니라 46 모세를
믿었더라면 또 나를 믿었으리니
이는 그가 내게 대하여 기록하였
음이라 47 그러나 그의 글도 믿
지 아니하거든 어찌 내 말을 믿겠
느냐 하시니라

3 예수께서 산에 오르사
제자들과 함께 거기 앉
으시니 4 마침 유대인의
명절인 유월절이 가까운
지라 5 예수께서 눈을
들어 큰 무리가 자기에
게로 오는 것을 보시고
빌립에게 이르시되

6 이렇게 말씀하심은 친히 어떻게
하실지를 아시고 빌립을 시험하고
자 하심이라 7 빌립이 대답하되

8 제자 중 하나 곧 시몬 베드로의 형
제 안드레가 예수께 여짜오되

10 예수께서 이르시되

그 곳에 잔디가 많은지라 사람들이
앉으니 수가 오천 명쯤 되더라 11 예
수께서 떡을 가져 축사하신 후에

앉아 있는 자들에게 나눠 주시고 물고
기도 그렇게 그들의 원대로 주시니라

12 그들이 배부른 후에 예수께서
제자들에게 이르시되

13 이에 거두니 보리떡 다섯 개
로 먹고 남은 조각이 열두 바구
니에 찼더라

14 그 사람들이 예수께서 행하신
이 표적을 보고 말하되

15 그러므로 예수께
서 그들이 와서 자기
를 억지로 붙들어 임
금으로 삼으려는 줄
아시고 다시 혼자 산
으로 떠나 가시니라

바다 위로 걸어오시다

16 저물매 제자들이 바다에 내려
가서 17 배를 타고 바다를 건너
가버나움으로 가는데 이미 어두
웠고 예수는 아직 그들에게 오시
지 아니하셨더니 18 큰 바람이
불어 파도가 일어나더라

생명의 떡

22 이튿날 바다 건너편에 서 있
던 무리가 배 한 척 외에 다른
배가 거기 없는 것과 또 어제
예수께서 제자들과 함께 그 배
에 오르지 아니하시고 제자들
만 가는 것을 보았더니

23 (그러나 디베랴에서 배
들이 주께서 축사하신 후
여럿이 떡 먹던 그 곳에 가
까이 왔더라) 24 무리가
거기에 예수도 안 계시고
제자들도 없음을 보고 곧
배들을 타고 예수를 찾으
러 가버나움으로 가서

25 바다 건너편에서 만나

랍비여 언제 여기 오셨나이까 하니

26 예수께서 대답하여 이르시되

내가 진실로 진실로 너희에게 이르
노니 너희가 나를 찾는 것은 표적
을 본 까닭이 아니요 떡을 먹고 배
부른 까닭이로다 27 썩을 양식을
위하여 일하지 말고 영생하도록 있
는 양식을 위하여 하라 이 양식은
인자가 너희에게 주리니 인자는 아
버지 하나님께서 인치신 자니라

28 그들이 묻되

우리가 어떻게 하여야 하
나님의 일을 하오리이까

6:31 **하늘에서 … 먹게 하였다** 시 78:24 인용

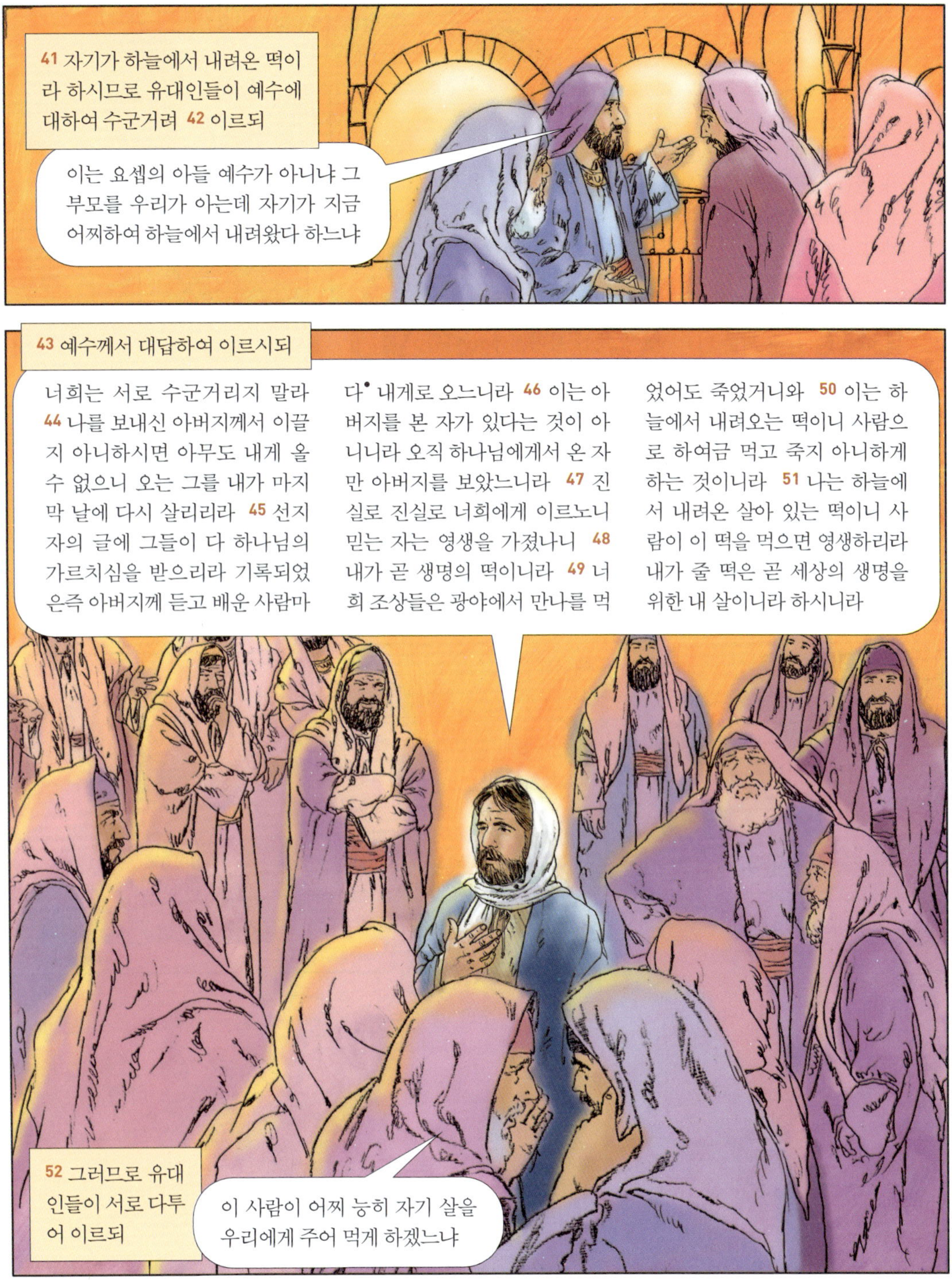

43 예수께서 대답하여 이르시되

너희는 서로 수군거리지 말라
44 나를 보내신 아버지께서 이끌
지 아니하시면 아무도 내게 올
수 없으니 오는 그를 내가 마지
막 날에 다시 살리리라 45 선지
자의 글에 그들이 다 하나님의
가르치심을 받으리라 기록되었
은즉 아버지께 듣고 배운 사람마
다• 내게로 오느니라 46 이는 아
버지를 본 자가 있다는 것이 아
니니라 오직 하나님에게서 온 자
만 아버지를 보았느니라 47 진
실로 진실로 너희에게 이르노니
믿는 자는 영생을 가졌나니 48
내가 곧 생명의 떡이니라 49 너
희 조상들은 광야에서 만나를 먹
었어도 죽었거니와 50 이는 하
늘에서 내려오는 떡이니 사람으
로 하여금 먹고 죽지 아니하게
하는 것이니라 51 나는 하늘에
서 내려온 살아 있는 떡이니 사
람이 이 떡을 먹으면 영생하리라
내가 줄 떡은 곧 세상의 생명을
위한 내 살이니라 하시니라

52 그러므로 유대
인들이 서로 다투
어 이르되

이 사람이 어찌 능히 자기 살을
우리에게 주어 먹게 하겠느냐

6:45 아버지께 … 사람마다 사 54:13 인용

요한복음 6:53-65

영생의 말씀

7장

형제들까지도 예수를 믿지 아니하다

명절을 지키러 올라가시다

10 그 형제들이 명절에 올라간 후에 자기도 올라가시되 나타내지 않고 은밀히 가시니라
11 명절중에 유대인들이 예수를 찾으면서

그가 어디 있느냐 하고

12 예수에 대하여 무리 중에서 수군거림이 많아 어떤 사람은

좋은 사람이라 하며

어떤 사람은

아니라 무리를 미혹한다 하나

13 그러나 유대인들을 두려워하므로 드러나게 그에 대하여 말하는 자가 없더라

14 이미 명절의 중간이 되어 예수께서 성전에 올라가사 가르치시니
15 유대인들이 놀랍게 여겨 이르되

이 사람은 배우지 아니하였거늘 어떻게 글을 아느냐 하니

16 예수께서 대답하여 이르시되

내 교훈은 내 것이 아니요 나를 보내신 이의 것이니라

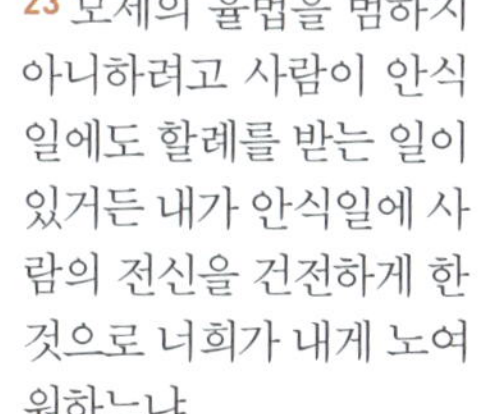

7:19 **율법** 모세는 시내 산에서 하나님께 받은 율법을 하나님의 백성에게 전했다(출 34:29-32).

예수를 잡고자 하나

25 예루살렘 사람 중에서
어떤 사람이 말하되

이는 그들이 죽이고자 하는 그 사
람이 아니냐 26 보라 드러나게 말
하되 그들이 아무 말도 아니하는
도다 당국자들은 이 사람을 참으
로 그리스도인 줄 알았는가

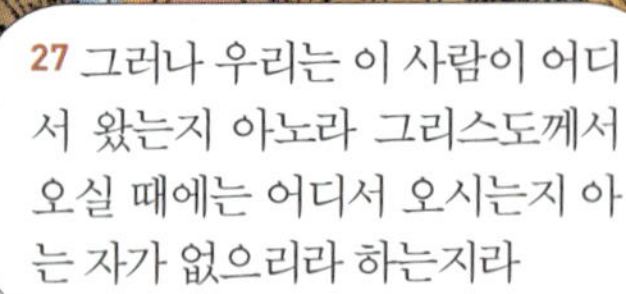

28 예수께서 성전에서 가르
치시며 외쳐 이르시되

너희가 나를 알고 내가 어디서
온 것도 알거니와 내가 스스로
온 것이 아니니라 나를 보내신
이는 참되시니 너희는 그를 알지
못하나 29 나는 아노니 이는 내
가 그에게서 났고 그가 나를 보
내셨음이라 하시니

30 그들이 예수를 잡고자 하나
손을 대는 자가 없으니 이는 그
의 때가 아직 이르지 아니하였
음이러라 31 무리 중의 많은
사람이 예수를 믿고 말하되

그리스도께서 오실지라도
그 행하실 표적이 이 사람이
행한 것보다 더 많으랴 하니

32 예수에 대하여 무리가 수군거
리는 것이 바리새인들에게 들린
지라 대제사장들과 바리새인들
이 그를 잡으려고 아랫사람들을
보내니 33 예수께서 이르시되

내가 너희와 함께 조금 더 있다가 나를
보내신 이에게로 돌아가겠노라 34 너
희가 나를 찾아도 만나지 못할 터이요
나 있는 곳에 오지도 못하리라 하시니

배에서 생수의 강이 흘러나오리라

37 명절 끝날 곧 큰 날에 예수께서 서서 외쳐 이르시되

누구든지 목마르거든 내게로 와서 마시라
38 나를 믿는 자는 성경에 이름과 같이 그 배에서 생수의 강이 흘러나오리라 하시니

39 이는 그를 믿는 자들이 받을 성령을 가리켜 말씀하신 것이라 (예수께서 아직 영광을 받지 않으셨으므로 성령이 아직 그들에게 계시지 아니하시더라)
40 이 말씀을 들은 무리 중에서 어떤 사람은

이 사람이 참으로 그 선지자라 하며

41 어떤 사람은

그리스도라 하며

어떤 이들은

그리스도가 어찌 갈릴리에서 나오겠느냐
42 성경에 이르기를 그리스도는 다윗의 씨로 또 다윗이 살던 마을 베들레헴에서 나오리라 하지 아니하였느냐 하며

43 예수로 말미암아 무리 중에서 쟁론이 되니
44 그 중에는 그를 잡고자 하는 자들도 있으나 손을 대는 자가 없었더라

7:50 **그 중의 한 사람 곧 전에 예수께 왔던 니고데모** 니고데모가 예수님을 찾아가 대화를 나눈 사건은 요한복음 3장 1-21절에 기록되어 있다.
7:53 현존하는 가장 초기의 헬라어 사본들 중 일부에는 7장 53절부터 8장 11절까지가 기록되어 있지 않다.

2 아침에 다시 성전으로 들어오시니 백성이 다
나아오는지라 앉으사 그들을 가르치시더니 3 서
기관들과 바리새인들이 음행중에 잡힌 여자를
끌고 와서 가운데 세우고 4 예수께 말하되
선생이여 이 여자가 간음하다가 현
장에서 잡혔나이다 5 모세는 율법에
이러한 여자를 돌로 치라 명하였거
니와 선생은 어떻게 말하겠나이까

6 그들이 이렇게 말함은
고발할 조건을 얻고자
하여 예수를 시험함이
러라 예수께서 몸을 굽
히사 손가락으로 땅에
쓰시니 7 그들이 묻기
를 마지 아니하는지라
이에 일어나 이르시되
너희 중에 죄 없는
자가 먼저 돌로 치
라 하시고
8 다시 몸을 굽
혀 손가락으로
땅에 쓰시니

9 그들이 이 말씀을 듣고 양
심에 가책을 느껴 어른으로
시작하여 젊은이까지 하나
씩 하나씩 나가고 오직 예수
와 그 가운데 섰는 여자만
남았더라 10 예수께서 일어
나사 여자 외에 아무도 없는
것을 보시고 이르시되
여자여 너를 고발하던 그들이 어디
있느냐 너를 정죄한 자가 없느냐
11 대답하되
주여 없나이다
예수께서 이르시되
나도 너를 정죄하지 아니하노니 가서
다시는 죄를 범하지 말라 하시니라]

요한복음 8:12－21

내가 가는 곳

21 다시 이르시되

내가 가리니 너희가
나를 찾다가 너희 죄
가운데서 죽겠고 내
가 가는 곳에는 너희
가 오지 못하리라

22 유대인들이 이르되
그가 말하기를 내가
가는 곳에는 너희가
오지 못하리라 하니
그가 자결하려는가

23 예수께서 이르시되
너희는 아래에서 났고 나는 위에
서 났으며 너희는 이 세상에 속하
였고 나는 이 세상에 속하지 아니
하였느니라 24 그러므로 내가 너
희에게 말하기를 너희가 너희 죄
가운데서 죽으리라 하였노라 너희
가 만일 내가 그인 줄 믿지 아니하
면 너희 죄 가운데서 죽으리라

25 그들이 말하되
네가 누구냐
예수께서 이르시되
나는 처음부터 너희에
게 말하여 온 자니라
26 내가 너희에게 대하
여 말하고 판단할 것이
많으나 나를 보내신 이
가 참되시매 내가 그에
게 들은 그것을 세상에
말하노라 하시되

27 그들은 아버지를 가리켜 말씀하신 줄을 깨
닫지 못하더라 28 이에 예수께서 이르시되
너희가 인자를 든 후에 내가 그인 줄을 알고
또 내가 스스로 아무 것도 하지 아니하고 오
직 아버지께서 가르치신 대로 이런 것을 말하
는 줄도 알리라 29 나를 보내신 이가 나와 함
께 하시도다 나는 항상 그가 기뻐하시는 일을
행하므로 나를 혼자 두지 아니하셨느니라

30 이 말씀을 하시매 많은 사람이 믿더라
진리가 너희를
자유롭게 하리라
31 그러므로 예수께서 자기를
믿은 유대인들에게 이르시되
너희가 내 말에 거하면 참으로 내
제자가 되고 32 진리를 알지니
진리가 너희를 자유롭게 하리라

33 그들이 대답하되
우리가 아브라함의 자손이라 남의 종이 된 적이 없거늘 어찌하여 우리가 자유롭게 되리라 하느냐
34 예수께서 대답하시되
진실로 진실로 너희에게 이르노니 죄를 범하는 자마다 죄의 종이라 35 종은 영원히 집에 거하지 못하되 아들은 영원히 거하나니 36 그러므로 아들이 너희를 자유롭게 하면 너희가 참으로 자유로우리라

37 나도 너희가 아브라함의 자손인 줄 아노라 그러나 내 말이 너희 안에 있을 곳이 없으므로 나를 죽이려 하는도다 38 나는 내 아버지에게서 본 것을 말하고 너희는 너희 아비에게서 들은 것을 행하느니라
39 대답하여 이르되
우리 아버지는 아브라함이라 하니

예수께서 이르시되
너희가 아브라함의 자손이면 아브라함이 행한 일들을 할 것이거늘 40 지금 하나님께 들은 진리를 너희에게 말한 사람인 나를 죽이려 하는도다 아브라함은 이렇게 하지 아니하였느니라 41 너희는 너희 아비가 행한 일들을 하는도다
대답하되
우리가 음란한 데서 나지 아니하였고 아버지는 한 분뿐이시니 곧 하나님이시로다

42 예수께서 이르시되
하나님이 너희 아버지였으면 너희가 나를 사랑하였으리니 이는 내가 하나님께로부터 나와서 왔음이라 나는 스스로 온 것이 아니요 아버지께서 나를 보내신 것이니라 43 어찌하여 내 말을 깨닫지 못하느냐 이는 내 말을 들을 줄 알지 못함이로다 44 너희는 너희 아비 마귀에게서 났으니 너희 아비의 욕심대로 너희도 행하고자 하느니라 그는 처음부터 살인한 자요 진리가 그 속에 없으므로 진리에 서지 못하고 거짓을 말할 때마다 제 것으로 말하나니 이는 그가 거짓말쟁이요 거짓의 아비가 되었음이라 45 내가 진리를 말하므로 너희가 나를 믿지 아니하는도다 46 너희 중에 누가 나를 죄로 책잡겠느냐 내가 진리를 말하는데도 어찌하여 나를 믿지 아니하느냐 47 하나님께 속한 자는 하나님의 말씀을 듣나니 너희가 듣지 아니함은 하나님께 속하지 아니하였음이로다
48 유대인들이 대답하여 이르되
우리가 너를 사마리아 사람이라 또는 귀신이 들렸다 하는 말이 옳지 아니하냐

49 예수께서 대답하시되
나는 귀신 들린 것이 아니라 오직 내 아버지를 공경함이거늘 너희가 나를 무시하는도다 50 나는 내 영광을 구하지 아니하나 구하고 판단하시는 이가 계시니라 51 진실로 진실로 너희에게 이르노니 사람이 내 말을 지키면 영원히 죽음을 보지 아니하리라
52 유대인들이 이르되
지금 네가 귀신 들린 줄을 아노라 아브라함과 선지자들도 죽었거늘 네 말은 사람이 내 말을 지키면 영원히 죽음을 맛보지 아니하리라 하니

54 예수께서 대답하시되

53 너는 이미 죽은 우리 조상 아브
라함보다 크냐 또 선지자들도 죽
었거늘 너는 너를 누구라 하느냐

내가 내게 영광을 돌리면 내 영광이 아무 것도 아니거니와 내게
영광을 돌리시는 이는 내 아버지시니 곧 너희가 너희 하나님이
라 칭하는 그이시라 55 너희는 그를 알지 못하되 나는 아노니
만일 내가 알지 못한다 하면 나도 너희 같이 거짓말쟁이가 되리
라 나는 그를 알고 또 그의 말씀을 지키노라 56 너희 조상 아브
라함은 나의 때 볼 것을 즐거워하다가 보고 기뻐하였느니라

57 유대인들이 이르되

네가 아직 오십 세도 못되었
는데 아브라함을 보았느냐

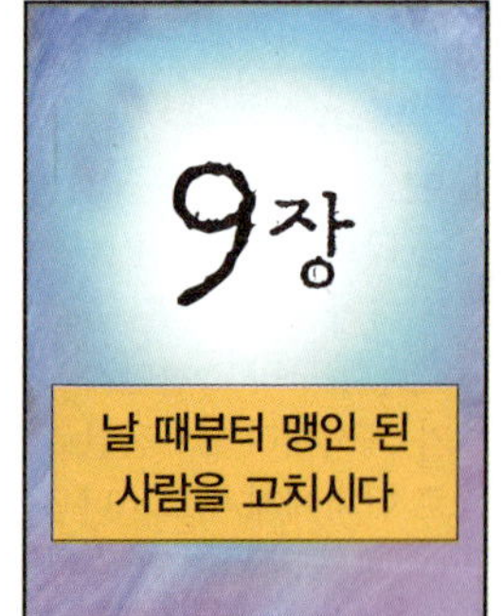

1 예수께서 길을 가실
때에 날 때부터 맹인 된
사람을 보신지라 2 제
자들이 물어 이르되
랍비여 이 사람이 맹인으
로 난 것이 누구의 죄로
인함이니이까 자기니이
까 그의 부모니이까

3 예수께서 대답하시되
이 사람이나 그 부모의
죄로 인한 것이 아니라

그에게서 하나님이 하시는
일을 나타내고자 하심이라

4 때가 아직 낮이매 나를 보
내신 이의 일을 우리가 하여
야 하리라 밤이 오리니 그 때
는 아무도 일할 수 없느니라
5 내가 세상에 있는 동안에는
세상의 빛이로라

6 이 말씀을 하시고
땅에 침을 뱉어

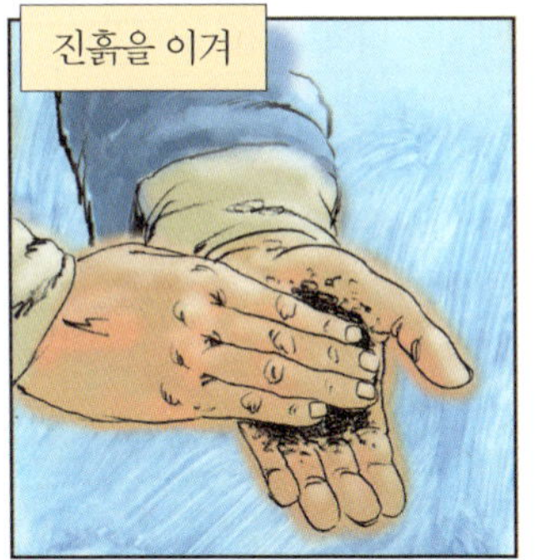
진흙을 이겨

그의 눈에 바르시고 7 이르시되
실로암 못에 가서 씻으라 하시니
(실로암은 번역하면 보
냄을 받았다는 뜻이라)

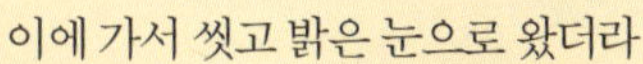
이에 가서 씻고 밝은 눈으로 왔더라

8 이웃 사람들과 전에 그가 걸인인 것을 보았던 사람들이 이르되
이는 앉아서 구걸하던 자가 아니냐
9 어떤 사람은
그 사람이라 하며
어떤 사람은
아니라 그와 비슷하다 하거늘
자기 말은
내가 그라 하니
10 그들이 묻되
그러면 네 눈이 어떻게 떠졌느냐
11 대답하되
예수라 하는 그 사람이 진흙을 이겨 내 눈에 바르고 나더러 실로암에 가서 씻으라 하기에 가서 씻었더니 보게 되었노라
12 그들이 이르되
그가 어디 있느냐
이르되
알지 못하노라 하니라
보게 된 맹인과 바리새인들
13 그들이 전에 맹인이었던 사람을 데리고 바리새인들에게 갔더라 14 예수께서 진흙을 이겨 눈을 뜨게 하신 날은 안식일이라 15 그러므로 바리새인들도
그가 어떻게 보게 되었는지를 물으니
이르되
그 사람이 진흙을 내 눈에 바르매 내가 씻고 보나이다 하니
16 바리새인 중에 어떤 사람은 말하되
이 사람이 안식일을 지키지 아니하니 하나님께로부터 온 자가 아니라 하며
어떤 사람은 말하되
죄인으로서 어떻게 이러한 표적을 행하겠느냐 하여
그들 중에 분쟁이 있었더니

22 그 부모가 이렇게 말한 것은 이미 유대인들이 누구든지 예수를 그리스도로 시인하는 자는 출교하기로 결의하였으므로 그들을 무서워함이러라 23 이러므로 그 부모가 말하기를 그가 장성하였으니 그에게 물어 보소서 하였더라 24 이에 그들이 맹인이었던 사람을 두 번째 불러 이르되

25 대답하되

그가 죄인인지 내가 알지 못하나 한 가지 아는 것은 내가 맹인으로 있다가 지금 보는 그것이니이다

28 그들이 욕하여 이르되
너는 그의 제자이나 우리는 모세의 제자라 29 하나님이 모세에게는 말씀하신 줄을 우리가 알거니와 이 사람은 어디서 왔는지 알지 못하노라
30 그 사람이 대답하여 이르되
이상하다 이 사람이 내 눈을 뜨게 하였으되 당신들은 그가 어디서 왔는지 알지 못하는도다

31 하나님이 죄인의 말을 듣지 아니하시고 경건하여 그의 뜻대로 행하는 자의 말은 들으시는 줄을 우리가 아나이다 32 창세 이후로 맹인으로 난 자의 눈을 뜨게 하였다 함을 듣지 못하였으니 33 이 사람이 하나님께로부터 오지 아니하였으면 아무 일도 할 수 없으리이다

34 그들이 대답하여 이르되
네가 온전히 죄 가운데서 나서 우리를 가르치느냐 하고
이에 쫓아내어 보내니라

맹인이 되었더라면 죄가 없으려니와
35 예수께서 그들이 그 사람을 쫓아냈다 하는 말을 들으셨더니

그를 만나사 이르시되
네가 인자를 믿느냐

36 대답하여 이르되
주여 그가 누구시오니이까 내가 믿고자 하나이다

37 예수께서 이르시되
네가 그를 보았거니와 지금 너와 말하는 자가 그이니라

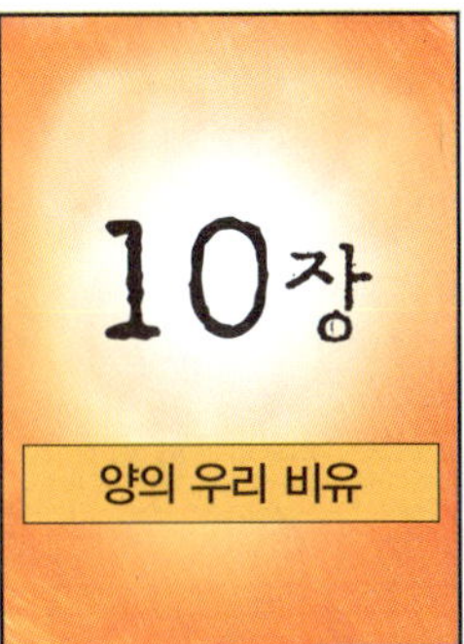

9:39 여기서 '보지 못한다'는 것은 육신적으로 보지 못하는 것이 아니라 영적으로 보지 못하는 것을 가리킨다.

선한 목자

7 그러므로 예수께서 다시 이르시되

내가 진실로 진실로 너희에게 말
하노니 나는 양의 문이라 8 나보
다 먼저 온 자는 다 절도요 강도니
양들이 듣지 아니하였느니라 9 내
가 문이니 누구든지 나로 말미암
아 들어가면 구원을 받고 또는 들
어가며 나오며 꼴을 얻으리라 10
도둑이 오는 것은 도둑질하고 죽
이고 멸망시키려는 것뿐이요 내가
온 것은 양으로 생명을 얻게 하고
더 풍성히 얻게 하려는 것이라 11
나는 선한 목자라 선한 목자는 양
들을 위하여 목숨을 버리거니와
12 삯꾼은 목자가 아니요 양도 제
양이 아니라 이리가 오는 것을 보
면 양을 버리고 달아나나니 이리가
양을 물어 가고 또 헤치느니라 13
달아나는 것은 그가 삯꾼인 까닭에
양을 돌보지 아니함이나 14 나는
선한 목자라 나는 내 양을 알고 양
도 나를 아는 것이 15 아버지께서
나를 아시고 내가 아버지를 아는
것 같으니 나는 양을 위하여 목숨
을 버리노라 16 또 이 우리에 들지
아니한 다른 양들이 내게 있어 내
가 인도하여야 할 터이니 그들도
내 음성을 듣고 한 무리가 되어 한
목자에게 있으리라 17 내가 내 목
숨을 버리는 것은 그것을 내가 다
시 얻기 위함이니 이로 말미암아
아버지께서 나를 사랑하시느니라
18 이를 내게서 빼앗는 자가 있는
것이 아니라 내가 스스로 버리노라
나는 버릴 권세도 있고 다시 얻을
권세도 있으니 이 계명은 내 아버
지에게서 받았노라 하시니라

유대인들이 예수를 돌로 치려 하다

22 예루살렘에 수전절이 이르니
때는 겨울이라 23 예수께서 성전
안 솔로몬 행각에서 거니시니 24
유대인들이 에워싸고 이르되

당신이 언제까지나 우리 마음을 의혹하게 하려
하나이까 그리스도이면 밝히 말씀하소서 하니

25 예수께서 대답하시되

내가 너희에게 말하였으되 믿지
아니하는도다 내가 내 아버지의
이름으로 행하는 일들이 나를 증
거하는 것이거늘 26 너희가 내 양
이 아니므로 믿지 아니하는도다

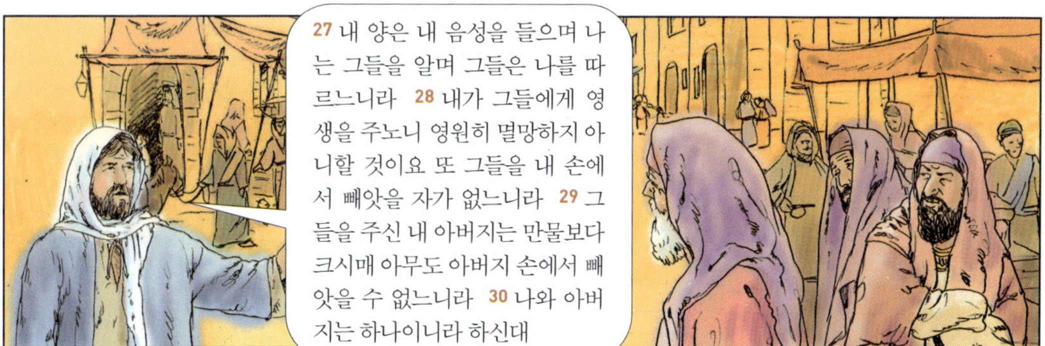

27 내 양은 내 음성을 들으며 나
는 그들을 알며 그들은 나를 따
르느니라 28 내가 그들에게 영
생을 주노니 영원히 멸망하지 아
니할 것이요 또 그들을 내 손에
서 빼앗을 자가 없느니라 29 그
들을 주신 내 아버지는 만물보다
크시매 아무도 아버지 손에서 빼
앗을 수 없느니라 30 나와 아버
지는 하나이니라 하신대

32 예수께서 대답하시되

내가 아버지로
말미암아 여러
가지 선한 일로
너희에게 보였
거늘 그 중에 어
떤 일로 나를 돌
로 치려 하느냐

10:34 **내가 너희를 … 하였노라** 시 82:6 인용

11장

죽은 나사로를 살리시다

1 어떤 병자가 있으니 이는
마리아와 그 자매 마르다의
마을 베다니에 사는 나사로
라 2 이 마리아는 향유를 주
께 붓고 머리털로 주의 발을
닦던 자요 병든 나사로는 그
의 오라버니더라 3 이에 그
누이들이 예수께 사람을 보
내어 이르되

4 예수께서 들으시고 이르시되

5 예수께서 본래 마르다와 그 동생과 나사로를 사랑하시더니

6 나사로가 병
들었다 함을 들
으시고 그 계시
던 곳에 이틀을
더 유하시고

7 그 후에 제자들에게 이르시되

8 제자들이 말하되

9 예수께서 대답하시되

11 이 말씀을 하신 후에 또 이르시되
우리 친구 나사로가 잠들었도다 그러나 내가 깨우러 가노라
12 제자들이 이르되
주여 잠들었으면 낫겠나이다 하더라
13 예수는 그의 죽음을 가리켜 말씀하신 것이나 그들은 잠들어 쉬는 것을 가리켜 말씀하심인 줄 생각하는지라
14 이에 예수께서 밝히 이르시되
나사로가 죽었느니라

15 내가 거기 있지 아니한 것을 너희를 위하여 기뻐하노니 이는 너희로 믿게 하려 함이라 그러나 그에게로 가자 하시니
16 디두모라고도 하는 도마가 다른 제자들에게 말하되
우리도 주와 함께 죽으러 가자 하니라

나는 부활이요 생명이니
17 예수께서 와서 보시니 나사로가 무덤에 있은 지 이미 나흘이라 18 베다니는 예루살렘에서 가깝기가 한 오 리쯤 되매 19 많은 유대인이 마르다와 마리아에게 그 오라비의 일로 위문하러 왔더니 20 마르다는 예수께서 오신다는 말을 듣고 곧 나가 맞이하되 마리아는 집에 앉았더라

11:24 **부활** 죽었다가 다시 살아나는 것

34 이르시되
그를 어디 두었느냐
이르되
주여 와서 보옵소서 하니

35 예수께서 눈물을 흘리시더라

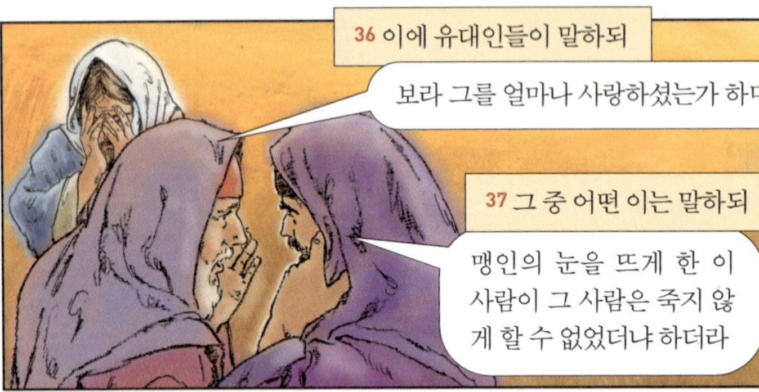
36 이에 유대인들이 말하되
보라 그를 얼마나 사랑하셨는가 하며
37 그 중 어떤 이는 말하되
맹인의 눈을 뜨게 한 이 사람이 그 사람은 죽지 않게 할 수 없었더냐 하더라

38 이에 예수께서 다시 속으로 비통히 여기시며 무덤에 가시니 무덤이 굴이라 돌로 막았거늘

39 예수께서 이르시되
돌을 옮겨 놓으라 하시니
그 죽은 자의 누이 마르다가 이르되
주여 죽은 지가 나흘이 되었으매 벌써 냄새가 나나이다

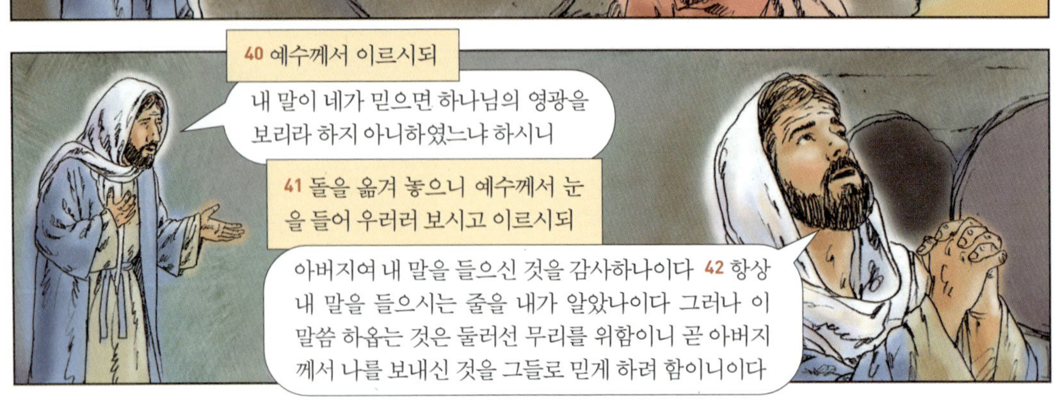
40 예수께서 이르시되
내 말이 네가 믿으면 하나님의 영광을 보리라 하지 아니하였느냐 하시니
41 돌을 옮겨 놓으니 예수께서 눈을 들어 우러러 보시고 이르시되
아버지여 내 말을 들으신 것을 감사하나이다 42 항상 내 말을 들으시는 줄을 내가 알았나이다 그러나 이 말씀 하옵는 것은 둘러선 무리를 위함이니 곧 아버지께서 나를 보내신 것을 그들로 믿게 하려 함이니이다

43 이 말씀을 하시고 큰 소리로
나사로야 나오라

부르시니 44 죽은 자가 수족을 베로 동인 채로 나오는데 그 얼굴은 수건에 싸였더라
예수께서 이르시되
풀어 놓아 다니게 하라 하시니라

예수를 죽이려고 모의하다
45 마리아에게 와서 예수께서 하신 일을 본 많은 유대인이 그를 믿었으나 46 그 중에 어떤 자는 바리새인들에게 가서 예수께서 하신 일을 알리니라 47 이에 대제사장들과 바리새인들이 공회를 모으고 이르되
이 사람이 많은 표적을 행하니 우리가 어떻게 하겠느냐 48 만일 그를 이대로 두면 모든 사람이 그를 믿을 것이요 그리고 로마인들이 와서 우리 땅과 민족을 빼앗아 가리라 하니
49 그 중의 한 사람 그 해의 대제사장인 가야바가 그들에게 말하되

너희가 아무 것도 알지 못하는도다 50 한 사람이 백성을 위하여 죽어서 온 민족이 망하지 않게 되는 것이 너희에게 유익한 줄을 생각하지 아니하는도다 하였으니
51 이 말은 스스로 함이 아니요 그 해의 대제사장이므로
예수께서 그 민족을 위하시고 52 또 그 민족만 위할 뿐 아니라 흩어진 하나님의 자녀를 모아 하나가 되게 하기 위하여 죽으실 것을 미리 말함이러라 53 이 날부터는 그들이 예수를 죽이려고 모의하니라

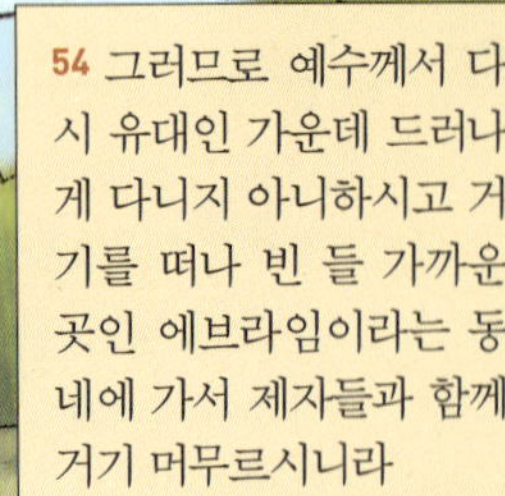

54 그러므로 예수께서 다
시 유대인 가운데 드러나
게 다니지 아니하시고 거
기를 떠나 빈 들 가까운
곳인 에브라임이라는 동
네에 가서 제자들과 함께
거기 머무르시니라

55 유대인의 유월절이 가
까우매 많은 사람이 자기
를 성결하게 하기 위하여
유월절 전에 시골에서 예
루살렘으로 올라갔더니
56 그들이 예수를 찾으며
성전에 서서 서로 말하되

57 이는 대제사장
들과 바리새인들
이 누구든지 예수
있는 곳을 알거든
신고하여 잡게 하
라 명령하였음이
러라

12장

예수의 발에 향유를 붓다

1 유월절 엿새 전에 예수께
서 베다니에 이르시니 이
곳은 예수께서 죽은 자 가
운데서 살리신 나사로가 있
는 곳이라 2 거기서 예수를
위하여 잔치할새 마르다는
일을 하고 나사로는 예수와
함께 앉은 자 중에 있더라

3 마리아는 지극히 비싼 향유
곧 순전한 나드 한 근을 가져
다가 예수의 발에 붓고

자기 머리털로
그의 발을 닦으
니 향유 냄새가
집에 가득하더
라 4 제자 중 하
나로서 예수를
잡아 줄 가룟 유
다가 말하되

5 이 향유를 어찌하여 삼백 데
나리온에 팔아 가난한 자들에
게 주지 아니하였느냐 하니

6 이렇게 말함은 가
난한 자들을 생각함
이 아니요 그는 도둑
이라 돈궤를 맡고 거
기 넣는 것을 훔쳐
감이러라 7 예수께
서 이르시되

그를 가만 두어 나의 장례할 날을 위하여 그것을
간직하게 하라 8 가난한 자들은 항상 너희와 함께
있거니와 나는 항상 있지 아니하리라 하시니라

12:13 **호산나** 본래 하나님께 도움을 구하는 기도를 드릴 때 사용되었던 히브리어. 여기에서는 하나님이나 그분의 메시야를 찬양하는 기쁨의 외침으로 사용된 것으로 보인다.

22 빌립이 안드
레에게 가서 말
하고 안드레와
빌립이 예수께
가서 여쭈니 23
예수께서 대답
하여 이르시되

인자가 영광을 얻을 때가 왔도다
24 내가 진실로 진실로 너희에게
이르노니 한 알의 밀이 땅에 떨어
져 죽지 아니하면 한 알 그대로
있고 죽으면 많은 열매를 맺느니
라 25 자기의 생명을 사랑하는 자
는 잃어버릴 것이요 이 세상에서
자기의 생명을 미워하는 자는 영
생하도록 보전하리라

26 사람이 나를 섬기려면 나를 따르라 나 있는 곳에 나를 섬기는 자도 거기 있으리니 사람이 나를 섬기면 내 아버지께서 그를 귀히 여기시리라 27 지금 내 마음이 괴로우니 무슨 말을 하리요 아버지여 나를 구원하여 이 때를 면하게 하여 주옵소서 그러나 내가 이를 위하여 이 때에 왔나이다

28 아버지여, 아버지의 이름을 영광스럽게 하옵소서 하시니
이에 하늘에서 소리가 나서 이르되

내가 이미 영광스럽게 하였고 또다시 영광스럽게 하리라 하시니

29 곁에 서서 들은 무리는 천둥이 울었다고도 하며 또 어떤 이들은
천사가 그에게 말하였다고도 하니

30 예수께서 대답하여 이르시되
이 소리가 난 것은 나를 위한 것이 아니요 너희를 위한 것이니라 31 이제 이 세상에 대한 심판이 이르렀으니 이 세상의 임금이 쫓겨나리라 32 내가 땅에서 들리면 모든 사람을 내게로 이끌겠노라 하시니
33 이렇게 말씀하심은 자기가 어떠한 죽음으로 죽을 것을 보이심이러라 34 이에 무리가 대답하되
우리는 율법에서 그리스도가 영원히 계신다 함을 들었거늘 너는 어찌하여 인자가 들려야 하리라 하느냐 이 인자는 누구냐

35 예수께서 이르시되
아직 잠시 동안 빛이 너희 중에 있으니 빛이 있을 동안에 다녀 어둠에 붙잡히지 않게 하라 어둠에 다니는 자는 그 가는 곳을 알지 못하느니라 36 너희에게 아직 빛이 있을 동안에 빛을 믿으라 그리하면 빛의 아들이 되리라
그들이 예수를 믿지 아니하다
예수께서 이 말씀을 하시고 그들을 떠나가서 숨으시니라 37 이렇게 많은 표적을 그들 앞에서 행하셨으나 그를 믿지 아니하니

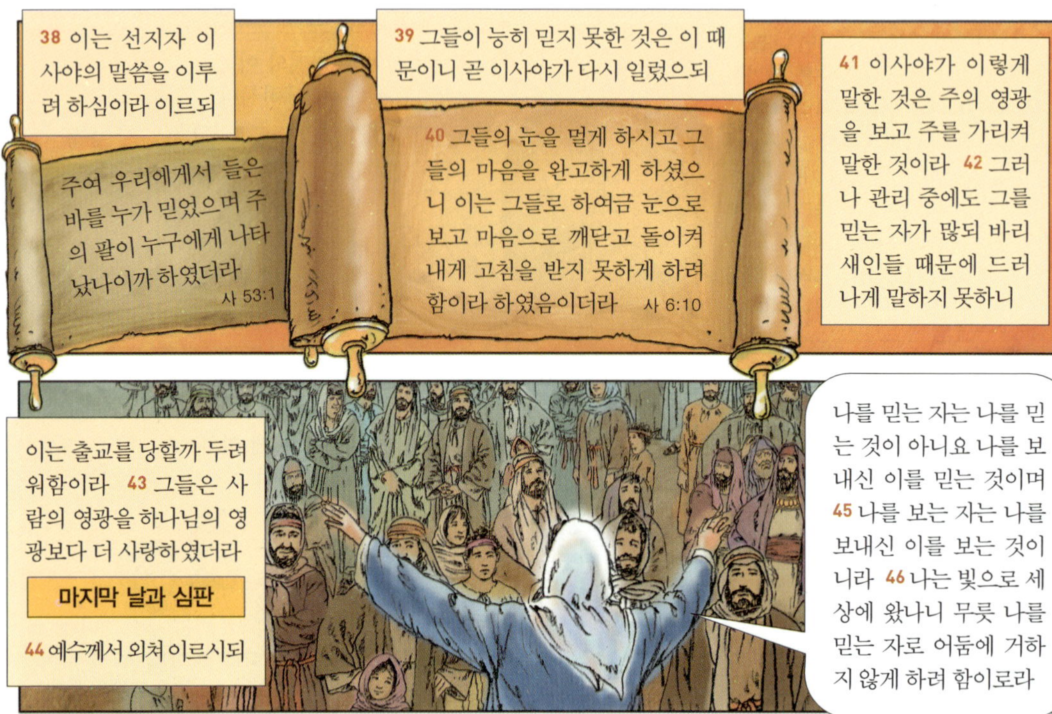

47 사람이 내 말을 듣고 지키지 아니할지라
도 내가 그를 심판하지 아니하노라 내가 온
것은 세상을 심판하려 함이 아니요 세상을
구원하려 함이로라 48 나를 저버리고 내
말을 받지 아니하는 자를 심판할 이가 있으
니 곧 내가 한 그 말이 마지막 날에 그를 심
판하리라 49 내가 내 자의로 말한 것이 아
니요 나를 보내신 아버지께서 내가 말할 것
과 이를 것을 친히 명령하여 주셨으니 50
나는 그의 명령이 영생인 줄 아노라 그러므
로 내가 이르는 것은 내 아버지께서 내게
말씀하신 그대로니라 하시니라

13장

제자들의 발을 씻으시다

1 유월절 전에 예수께서 자기가 세상을 떠나 아버지
께로 돌아가실 때가 이른 줄 아시고 세상에 있는 자기
사람들을 사랑하시되 끝까지 사랑하시니라 2 마귀가
벌써 시몬의 아들 가룟 유다의 마음에 예수를 팔려는
생각을 넣었더라 3 저녁 먹는 중 예수는 아버지께서
모든 것을 자기 손에 맡기신 것과 또 자기가 하나님께
로부터 오셨다가 하나님께로 돌아가실 것을 아시고

6 시몬 베드로에게 이르시니 베드로가 이르되
주여 주께서 내 발을 씻으시나이까

7 예수께서 대답하여 이르시되
내가 하는 것을 네가 지금은 알지 못하나 이 후에는 알리라

8 베드로가 이르되
내 발을 절대로 씻지 못하시리이다

예수께서 대답하시되
내가 너를 씻어 주지 아니하면 네가 나와 상관이 없느니라

9 시몬 베드로가 이르되
주여 내 발뿐 아니라 손과 머리도 씻어 주옵소서
10 예수께서 이르시되
이미 목욕한 자는 발밖에 씻을 필요가 없느니라 온 몸이 깨끗하니라 너희가 깨끗하나 다는 아니니라 하시니
11 이는 자기를 팔 자가 누구인지 아심이라 그러므로 다는 깨끗하지 아니하다 하시니라

12 그들의 발을 씻으신 후에 옷을 입으시고 다시 앉아 그들에게 이르시되
내가 너희에게 행한 것을 너희가 아느냐 13 너희가 나를 선생이라 또는 주라 하니 너희 말이 옳도다 내가 그러하다

14 내가 주와 또는 선생이 되어 너희 발을 씻었으니 너희도 서로 발을 씻어 주는 것이 옳으니라 15 내가 너희에게 행한 것 같이 너희도 행하게 하려 하여 본을 보였노라 16 내가 진실로 진실로 너희에게 이르노니 종이 주인보다 크지 못하고 보냄을 받은 자가 보낸 자보다 크지 못하나니 17 너희가 이것을 알고 행하면 복이 있으리라 18 내가 너희 모두를 가리켜 말하는 것이 아니니라 나는 내가 택한 자들이 누구인지 앎이라

그러나 내 떡을 먹는 자가 내게 발꿈치를
들었다• 한 성경을 응하게 하려는 것이니
라 19 지금부터 일이 일어나기 전에 미리
너희에게 일러 둠은 일이 일어날 때에 내
가 그인 줄 너희가 믿게 하려 함이로라
20 내가 진실로 진실로 너희에게 이르노
니 내가 보낸 자를 영접하는 자는 나를 영
접하는 것이요 나를 영접하는 자는 나를
보내신 이를 영접하는 것이니라

너희 중 하나가 나를 팔리라

21 예수께서 이 말씀을 하시고 심
령이 괴로워 증언하여 이르시되

내가 진실로 진실로 너희
에게 이르노니 너희 중 하
나가 나를 팔리라 하시니

22 제자들이 서로 보며 누구에게
대하여 말씀하시는지 의심하더라

23 예수의 제자 중 하나
곧 그가 사랑하시는 자가
예수의 품에 의지하여 누
웠는지라• 24 시몬 베드
로가 머릿짓을 하여 말하
되 말씀하신 자가 누구인
지 말하라 하니

26 예수께서 대답하시되

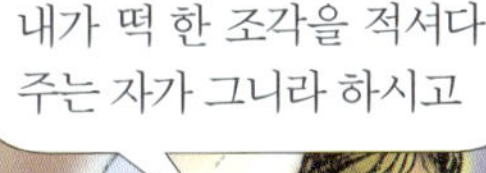

13:18 **내 떡을 … 들었다** 시 41:9
13:23 **누웠는지라** 이것은 직역한 표현이다. "앉았는지라"로도 번역될 수 있다. 그 당시 사람들은 한 팔에 의지하여 비스듬히 누워서 식사를 했다.

27 조각을 받은 후 곧 사탄이 그 속에 들어
간지라 이에 예수께서 유다에게 이르시되

28 이 말씀을 무슨 뜻으
로 하셨는지 그 앉은 자
중에 아는 자가 없고 29
어떤 이들은 유다가 돈궤
를 맡았으므로 명절에 우
리가 쓸 물건을 사라 하
시는지 혹은 가난한 자들
에게 무엇을 주라 하시는
줄로 생각하더라

30 유다가 그 조각을 받
고 곧 나가니 밤이러라

새 계명

31 그가 나간 후에 예수께서 이르시되

지금 인자가 영광을 받았고 하
나님도 인자로 말미암아 영광을
받으셨도다 32 만일 하나님이
그로 말미암아 영광을 받으셨으
면 하나님도 자기로 말미암아
그에게 영광을 주시리니 곧 주
시리라 33 작은 자들아 내가 아
직 잠시 너희와 함께 있겠노라
너희가 나를 찾을 것이나 일찍이
내가 유대인들에게 너희는 내가
가는 곳에 올 수 없다고 말한 것
과 같이 지금 너희에게도 이르노
라 34 새 계명을 너희에게 주노
니 서로 사랑하라 내가 너희를
사랑한 것 같이 너희도 서로 사
랑하라 35 너희가 서로 사랑하면
이로써 모든 사람이 너희가 내
제자인 줄 알리라

베드로가 부인할 것을 이르시다

36 시몬 베드로가 이르되

예수께서 대답하시되

내가 가는 곳에 네가 지금은 따라
올 수 없으나 후에는 따라오리라

37 베드로가 이르되

38 예수께서 대답하시되

내가 진실로 진실로 네게
이르노니 닭 울기 전에 네
가 세 번 나를 부인하리라

14:4 내가 어디로 가는지 그 길을 너희가 아느니라 일부 헬라어 사본들에는 이것이 "너희는 내가 어디로 가는지 알고 또 그 곳에 이르는 길을 아느니라"라고 되어 있다.

9 예수께서 이르시되

빌립아 내가 이렇게 오래 너희와
함께 있으되 네가 나를 알지 못
하느냐 나를 본 자는 아버지를
보았거늘 어찌하여 아버지를 보
이라 하느냐 10 내가 아버지 안
에 거하고 아버지는 내 안에 계
신 것을 네가 믿지 아니하느냐
내가 너희에게 이르는 말은 스스
로 하는 것이 아니라 아버지께서
내 안에 계셔서 그의 일을 하시
는 것이라 11 내가 아버지 안에
거하고 아버지께서 내 안에 계심
을 믿으라 그렇지 못하겠거든 행
하는 그 일로 말미암아 나를 믿
으라 12 내가 진실로 진실로 너
희에게 이르노니 나를 믿는 자는
내가 하는 일을 그도 할 것이요
또한 그보다 큰 일도 하리니 이
는 내가 아버지께로 감이라 13
너희가 내 이름으로 무엇을 구하
든지 내가 행하리니 이는 아버지
로 하여금 아들로 말미암아 영광
을 받으시게 하려 함이라 14 내
이름으로 무엇이든지 내게 구하
면 내가 행하리라 15 너희가 나
를 사랑하면 나의 계명을 지키리
라 16 내가 아버지께 구하겠으니
그가 또 다른 보혜사•를 너희에
게 주사 영원토록 너희와 함께
있게 하리니 17 그는 진리의 영
이라 세상은 능히 그를 받지 못
하나니 이는 그를 보지도 못하고
알지도 못함이라 그러나 너희는
그를 아나니 그는 너희와 함께
거하심이요 또 너희 속에 계시겠
음이라 18 내가 너희를 고아와
같이 버려두지 아니하고 너희에
게로 오리라 19 조금 있으면 세
상은 다시 나를 보지 못할 것이
로되 너희는 나를 보리니 이는
내가 살아 있고 너희도 살아 있
겠음이라 20 그 날에는 내가 아
버지 안에, 너희가 내 안에, 내가
너희 안에 있는 것을 너희가 알
리라 21 나의 계명을 지키는 자
라야 나를 사랑하는 자니

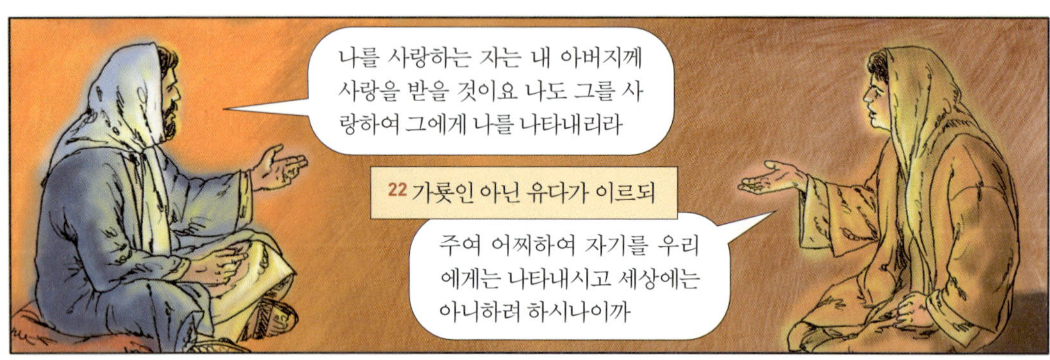

14:16 **보혜사** '돕는 분', '상담해 주는 분' 또는 '위로하는 분'. 여기서 예수님은 성령을 가리켜 말씀하신 것이다.

23 예수께서 대답하여 이르시되

사람이 나를 사랑하면 내 말을 지
키리니 내 아버지께서 그를 사랑
하실 것이요 우리가 그에게 가서
거처를 그와 함께 하리라 24 나
를 사랑하지 아니하는 자는 내 말
을 지키지 아니하나니 너희가 듣
는 말은 내 말이 아니요 나를 보내
신 아버지의 말씀이니라

보혜사

25 내가 아직 너희와 함께 있어
서 이 말을 너희에게 하였거니와
26 보혜사 곧 아버지께서 내 이
름으로 보내실 성령 그가 너희에
게 모든 것을 가르치고 내가 너
희에게 말한 모든 것을 생각나게
하리라 27 평안을 너희에게 끼
치노니 곧 나의 평안을 너희에게
주노라 내가 너희에게 주는 것은
세상이 주는 것과 같지 아니하니
라 너희는 마음에 근심하지도 말
고 두려워하지도 말라 28 내가
갔다가 너희에게로 온다 하는 말
을 너희가 들었나니 나를 사랑하
였더라면 내가 아버지께로 감을
기뻐하였으리라 아버지는 나보
다 크심이라 29 이제 일이 일어
나기 전에 너희에게 말한 것은
일이 일어날 때에 너희로 믿게
하려 함이라 30 이 후에는 내가
너희와 말을 많이 하지 아니하리
니 이 세상의 임금이 오겠음이라
그러나 그는 내게 관계할 것이
없으니 31 오직 내가 아버지를
사랑하는 것과 아버지께서 명하
신 대로 행하는 것을 세상이 알
게 하려 함이로라 일어나라 여기
를 떠나자 하시니라

15장

나는 포도나무요 너희는 가지라

1 나는 참포도나무요 내 아버지
는 농부라 2 무릇 내게 붙어 있
어 열매를 맺지 아니하는 가지는
아버지께서 그것을 제거해 버리
시고 무릇 열매를 맺는 가지는
더 열매를 맺게 하려 하여 그것
을 깨끗하게 하시느니라 3 너희
는 내가 일러준 말로 이미 깨끗
하여졌으니 4 내 안에 거하라 나
도 너희 안에 거하리라 가지가
포도나무에 붙어 있지 아니하면
스스로 열매를 맺을 수 없음 같
이 너희도 내 안에 있지 아니하
면 그러하리라 5 나는 포도나무
요 너희는 가지라 그가 내 안에,
내가 그 안에 거하면 사람이 열
매를 많이 맺나니 나를 떠나서는
너희가 아무 것도 할 수 없음이
라 6 사람이 내 안에 거하지 아
니하면 가지처럼 밖에 버려져 마
르나니 사람들이 그것을 모아다
가 불에 던져 사르느니라 7 너희
가 내 안에 거하고 내 말이 너희
안에 거하면 무엇이든지 원하는
대로 구하라 그리하면 이루리라
8 너희가 열매를 많이 맺으면 내
아버지께서 영광을 받으실 것이
요 너희는 내 제자가 되리라 9
아버지께서 나를 사랑하신 것 같
이 나도 너희를 사랑하였으니 나
의 사랑 안에 거하라 10 내가 아
버지의 계명을 지켜 그의 사랑
안에 거하는 것 같이 너희도 내
계명을 지키면 내 사랑 안에 거
하리라 11 내가 이것을 너희에
게 이름은 내 기쁨이 너희 안에
있어 너희 기쁨을 충만하게 하려
함이라 12 내 계명은 곧 내가 너
희를 사랑한 것 같이 너희도 서
로 사랑하라 하는 이것이니라
13 사람이 친구를 위하여 자기
목숨을 버리면 이보다 더 큰 사
랑이 없나니 14 너희는 내가 명
하는 대로 행하면 곧 나의 친구
라 15 이제부터는 너희를 종이
라 하지 아니하리니 종은 주인이
하는 것을 알지 못함이라 너희를
친구라 하였노니 내가 내 아버지
께 들은 것을 다 너희에게 알게
하였음이라 16 너희가 나를 택한
것이 아니요 내가 너희를 택하여
세웠나니 이는 너희로 가서 열매

를 맺게 하고 또 너희 열매가 항상
있게 하여 내 이름으로 아버지께
무엇을 구하든지 다 받게 하려 함
이라 17 내가 이것을 너희에게 명
함은 너희로 서로 사랑하게 하려
함이라 18 세상이 너희를 미워하
면 너희보다 먼저 나를 미워한 줄
을 알라 19 너희가 세상에 속하였
으면 세상이 자기의 것을 사랑할
것이나 너희는 세상에 속한 자가
아니요 도리어 내가 너희를 세상
에서 택하였기 때문에 세상이 너
희를 미워하느니라 20 내가 너희
에게 종이 주인보다 더 크지 못하
다 한 말을 기억하라 사람들이 나
를 박해하였은즉 너희도 박해할
것이요 내 말을 지켰은즉 너희 말
도 지킬 것이라 21 그러나 사람들
이 내 이름으로 말미암아 이 모든
일을 너희에게 하리니 이는 나를
보내신 이를 알지 못함이라 22 내
가 와서 그들에게 말하지 아니하
였더라면 죄가 없었으려니와 지
금은 그 죄를 핑계할 수 없느니라
23 나를 미워하는 자는 또 내 아버
지를 미워하느니라 24 내가 아무
도 못한 일을 그들 중에서 하지 아
니하였더라면 그들에게 죄가 없
었으려니와 지금은 그들이 나와
내 아버지를 보았고 또 미워하였
도다 25 그러나 이는 그들의 율법
에 기록된 바 그들이 이유 없이 나
를 미워하였다• 한 말을 응하게
하려 함이라 26 내가 아버지께로
부터 너희에게 보낼 보혜사 곧 아
버지께로부터 나오시는 진리의
성령이 오실 때에 그가 나를 증언
하실 것이요 27 너희도 처음부터
나와 함께 있었으므로 증언하느
니라

16장

성령의 일

1 내가 이것을 너희에게 이름은
너희로 실족하지 않게 하려 함이
니 2 사람들이 너희를 출교할 뿐
아니라 때가 이르면 무릇 너희를
죽이는 자가 생각하기를 이것이
하나님을 섬기는 일이라 하리라
3 그들이 이런 일을 할 것은 아버
지와 나를 알지 못함이라 4 오직
너희에게 이 말을 한 것은 너희
로 그 때를 당하면 내가 너희에
게 말한 이것을 기억나게 하려
함이요 처음부터 이 말을 하지
아니한 것은 내가 너희와 함께
있었음이라 5 지금 내가 나를 보
내신 이에게로 가는데 너희 중에
서 나더러 어디로 가는지 묻는
자가 없고 6 도리어 내가 이 말을
하므로 너희 마음에 근심이 가득
하였도다 7 그러나 내가 너희에
게 실상을 말하노니 내가 떠나가
는 것이 너희에게 유익이라 내가
떠나가지 아니하면 보혜사가 너
희에게로 오시지 아니할 것이요
가면 내가 그를 너희에게로 보내
리니 8 그가 와서 죄에 대하여,
의에 대하여, 심판에 대하여 세
상을 책망하시리라 9 죄에 대하
여라 함은 그들이 나를 믿지 아
니함이요 10 의에 대하여라 함은
내가 아버지께로 가니 너희가 다
시 나를 보지 못함이요 11 심판
에 대하여라 함은 이 세상 임금
이 심판을 받았음이라 12 내가
아직도 너희에게 이를 것이 많으
나 지금은 너희가 감당하지 못하
리라 13 그러나 진리의 성령이
오시면 그가 너희를 모든 진리
가운데로 인도하시리니 그가 스
스로 말하지 않고 오직 들은 것
을 말하며 장래 일을 너희에게
알리시리라 14 그가 내 영광을
나타내리니 내 것을 가지고 너희
에게 알리시겠음이라 15 무릇 아
버지께 있는 것은 다 내 것이라
그러므로 내가 말하기를 그가 내
것을 가지고 너희에게 알리시리
라 하였노라 16 조금 있으면 너
희가 나를 보지 못하겠고 또 조
금 있으면 나를 보리라 하시니

15:25 **그들이 이유 없이 나를 미워하였다** 이것은 시편 35편 19절 또는 시편 69편 4절의 인용으로 추정된다.

19 예수께서 그 묻고자 함을
아시고 이르시되

내 말이 조금 있으면 나를 보지
못하겠고 또 조금 있으면 나를
보리라 하므로 서로 문의하느냐
20 내가 진실로 진실로 너희에게
이르노니 너희는 곡하고 애통하
겠으나 세상은 기뻐하리라 너희
는 근심하겠으나 너희 근심이 도
리어 기쁨이 되리라 21 여자가
해산하게 되면 그 때가 이르렀으
므로 근심하나 아기를 낳으면 세
상에 사람 난 기쁨으로 말미암아
그 고통을 다시 기억하지 아니하
느니라 22 지금은 너희가 근심
하나 내가 다시 너희를 보리니
너희 마음이 기쁠 것이요 너희
기쁨을 빼앗을 자가 없으리라
23 그 날에는 너희가 아무 것도
내게 묻지 아니하리라 내가 진실
로 진실로 너희에게 이르노니 너
희가 무엇이든지 아버지께 구하
는 것을 내 이름으로 주시리라
24 지금까지는 너희가 내 이름으
로 아무 것도 구하지 아니하였으
나 구하라 그리하면 받으리니 너
희 기쁨이 충만하리라

내가 세상을 이기었다

25 이것을 비유로 너희에게 일렀
거니와 때가 이르면 다시는 비유
로 너희에게 이르지 않고 아버지
에 대한 것을 밝히 이르리라 26
그 날에 너희가 내 이름으로 구
할 것이요 내가 너희를 위하여
아버지께 구하겠다 하는 말이 아
니니 27 이는 너희가 나를 사랑
하고 또 내가 하나님께로부터 온
줄 믿었으므로 아버지께서 친히
너희를 사랑하심이라 28 내가 아
버지에게서 나와 세상에 왔고 다
시 세상을 떠나 아버지께로 가노
라 하시니

1 예수께서 이 말씀을 하시
고 눈을 들어 하늘을 우러러
이르시되
아버지여 때가 이르렀사오니 아
들을 영화롭게 하사 아들로 아버
지를 영화롭게 하게 하옵소서 2
아버지께서 아들에게 주신 모든
사람에게 영생을 주게 하시려고
만민을 다스리는 권세를 아들에
게 주셨음이로소이다 3 영생은
곧 유일하신 참 하나님과 그가
보내신 자 예수 그리스도를 아는
것이니이다 4 아버지께서 내게
하라고 주신 일을 내가 이루어
아버지를 이 세상에서 영화롭게
하였사오니 5 아버지여 창세 전
에 내가 아버지와 함께 가졌던
영화로써 지금도 아버지와 함께
나를 영화롭게 하옵소서 6 세상
중에서 내게 주신 사람들에게 내
가 아버지의 이름을 나타내었나
이다 그들은 아버지의 것이었는
데 내게 주셨으며 그들은 아버지
의 말씀을 지키었나이다 7 지금
그들은 아버지께서 내게 주신 것
이 다 아버지로부터 온 것인 줄
알았나이다 8 나는 아버지께서
내게 주신 말씀들을 그들에게 주
었사오며 그들은 이것을 받고 내
가 아버지께로부터 나온 줄을 참
으로 아오며 아버지께서 나를 보
내신 줄도 믿었사옵나이다 9 내
가 그들을 위하여 비옵나니 내가
비옵는 것은 세상을 위함이 아니
요 내게 주신 자들을 위함이니이
다 그들은 아버지의 것이로소이
다 10 내 것은 다 아버지의 것이
요 아버지의 것은 내 것이온데
내가 그들로 말미암아 영광을 받
았나이다 11 나는 세상에 더 있
지 아니하오나 그들은 세상에 있
사옵고 나는 아버지께로 가옵나
니 거룩하신 아버지여 내게 주신
아버지의 이름으로 그들을 보전
하사 우리와 같이 그들도 하나가
되게 하옵소서 12 내가 그들과
함께 있을 때에 내게 주신 아버
지의 이름으로 그들을 보전하고
지키었나이다 그 중의 하나도 멸
망하지 않고 다만 멸망의 자식뿐
이오니 이는 성경을 응하게 함이
니이다

13 지금 내가 아버지께로 가오니
내가 세상에서 이 말을 하옵는
것은 그들로 내 기쁨을 그들 안
에 충만히 가지게 하려 함이니이
다 14 내가 아버지의 말씀을 그
들에게 주었사오매 세상이 그들
을 미워하였사오니 이는 내가 세
상에 속하지 아니함 같이 그들도
세상에 속하지 아니함으로 인함
이니이다 15 내가 비옵는 것은
그들을 세상에서 데려가시기를
위함이 아니요 다만 악에 빠지지
않게 보전하시기를 위함이니이
다 16 내가 세상에 속하지 아니
함 같이 그들도 세상에 속하지
아니하였사옵나이다 17 그들을
진리로 거룩하게 하옵소서 아버
지의 말씀은 진리니이다 18 아버
지께서 나를 세상에 보내신 것
같이 나도 그들을 세상에 보내었
고 19 또 그들을 위하여 내가 나
를 거룩하게 하오니 이는 그들도
진리로 거룩함을 얻게 하려 함이
니이다 20 내가 비옵는 것은 이
사람들만 위함이 아니요 또 그들
의 말로 말미암아 나를 믿는 사
람들도 위함이니 21 아버지여,
아버지께서 내 안에, 내가 아버
지 안에 있는 것 같이 그들도 다
하나가 되어 우리 안에 있게 하
사 세상으로 아버지께서 나를 보
내신 것을 믿게 하옵소서 22 내
게 주신 영광을 내가 그들에게
주었사오니 이는 우리가 하나가
된 것 같이 그들도 하나가 되게
하려 함이니이다 23 곧 내가 그
들 안에 있고 아버지께서 내 안
에 계시어 그들로 온전함을 이루
어 하나가 되게 하려 함은 아버
지께서 나를 보내신 것과 또 나
를 사랑하심 같이 그들도 사랑하
신 것을 세상으로 알게 하려 함
이로소이다 24 아버지여 내게 주
신 자도 나 있는 곳에 나와 함께
있어 아버지께서 창세 전부터 나
를 사랑하시므로 내게 주신 나의
영광을 그들로 보게 하시기를 원
하옵나이다 25 의로우신 아버지
여 세상이 아버지를 알지 못하여
도 나는 아버지를 알았사옵고 그
들도 아버지께서 나를 보내신 줄
알았사옵나이다 26 내가 아버지
의 이름을 그들에게 알게 하였고
또 알게 하리니 이는 나를 사랑하
신 사랑이 그들 안에 있고 나도
그들 안에 있게 하려 함이니이다

18장

잡히시다

1 예수께서 이 말씀을
하시고 제자들과 함께
기드론 시내 건너편으
로 나가시니 그 곳에
동산이 있는데 제자들
과 함께 들어가시니라

2 그 곳은 가끔 예수께서 제자
들과 모이시는 곳이므로 예수
를 파는 유다도 그 곳을 알더라
3 유다가 군대와 대제사장들과
바리새인들에게서 얻은 아랫사
람들을 데리고 등과 횃불과 무
기를 가지고 그리로 오는지라

4 예수께서 그 당할 일을 다 아시고 나아가 이르시되
너희가 누구를 찾느냐
5 대답하되
나사렛 예수라 하거늘

이르시되
내가 그니라 하시니라

그를 파는 유다도 그들과 함께 섰더라 6 예수께서 그들에게 내가 그니라 하실 때에 그들이 물러가서 땅에 엎드러지는지라 7 이에 다시

누구를 찾느냐고 물으신대

그들이 말하되
나사렛 예수라 하거늘

8 예수께서 대답하시되
너희에게 내가 그니라 하였으니 나를 찾거든 이 사람들이 가는 것은 용납하라 하시니

9 이는 아버지께서 내게 주신 자 중에서 하나도 잃지 아니하였사옵나이다 하신 말씀을 응하게 하려 함이러라

10 이에 시몬 베드로가 칼을 가졌는데 그것을 빼어

대제사장의 종을 쳐서 오른편 귀를 베어버리니 그 종의 이름은 말고라

14 가야바는 유대인들에게 한 사
람이 백성을 위하여 죽는 것이
유익하다고 권고하던 자러라

베드로가 제자가 아니라고 하다

15 시몬 베드로와 또 다른 제자
한 사람이 예수를 따르니 이 제
자는 대제사장과 아는 사람이라

예수와 함께 대제사장의
집 뜰에 들어가고 16 베드
로는 문 밖에 서 있는지라
대제사장을 아는 그 다른
제자가 나가서 문 지키는
여자에게 말하여 베드로를
데리고 들어오니

18:11 **잔** 여기에서 잔은 예수님께 닥칠 고난을 상징한다. 마치 매우 쓴 것이 들어 있는 잔을 마시는 것처럼 지극히 고통스럽다는 의미이다.

대제사장이 예수에게 묻다

베드로가 다시 제자가 아니라고 하다

18:28 **그들은 더럽힘을 … 먹고자 하여** 유대의 법에 따르면, 비유대인의 지역에 들어간 유대인은 유월절 잔치를 먹을 수 없었다.

4 빌라도가 다시 밖에 나가 말하되

보라 이 사람을 데리고 너희에게 나오나니 이는 내가 그에게서 아무 죄도 찾지 못한 것을 너희로 알게 하려 함이로라 하더라

5 이에 예수께서 가시관을 쓰고 자색 옷을 입고 나오시니 빌라도가 그들에게 말하되

보라 이 사람이로다 하매

6 대제사장들과 아랫사람들이
예수를 보고 소리 질러 이르되

십자가에 못 박으소서
십자가에 못 박으소서

하는지라 빌라도가 이르되

너희가 친히 데려다가 십자가에 못 박으
라 나는 그에게서 죄를 찾지 못하였노라

7 유대인들이 대답하되

우리에게 법이
있으니 그 법대
로 하면 그가 당
연히 죽을 것은
그가 자기를 하
나님의 아들이
라 함이니이다

8 빌라도가 이 말을 듣고 더욱 두려워하여
9 다시 관정에 들어가서 예수께 말하되

너는 어디로부터냐 하되

예수께서 대답하여 주지 아니하
시는지라 10 빌라도가 이르되

내게 말하지 아니하느냐 내가 너를
놓을 권한도 있고 십자가에 못 박을
권한도 있는 줄 알지 못하느냐

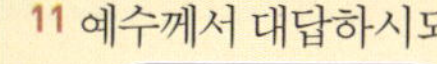
11 예수께서 대답하시되

위에서 주지 아니
하셨더라면 나를
해할 권한이 없었
으리니 그러므로
나를 네게 넘겨 준
자의 죄는 더 크다
하시니라

12 이러하므로 빌라도가 예
수를 놓으려고 힘썼으나 유
대인들이 소리 질러 이르되

이 사람을 놓으면 가이사의 충신이
아니니이다 무릇 자기를 왕이라 하는
자는 가이사를 반역하는 것이니이다

13 빌라도가 이 말을
듣고 예수를 끌고 나
가서 돌을 깐 뜰(히브
리 말•로 가바다)에 있
는 재판석에 앉아 있
더라 14 이 날은 유월
절의 준비일이요 때는
제육시라 빌라도가 유
대인들에게 이르되

보라 너희 왕이로다

15 그들이 소리 지르되

없이 하소서 없이 하소서 그
를 십자가에 못 박게 하소서

19:13 **히브리 말** 1세기의 유대인들이 사용한 아람어

18 그들이 거기서 예수를 십자가
에 못 박을새 다른 두 사람도 그
와 함께 좌우편에 못 박으니 예수
는 가운데 있더라 19 빌라도가
패를 써서 십자가 위에 붙이니 나
사렛 예수 유대인의 왕이라 기록
되었더라 20 예수께서 못 박히신
곳이 성에서 가까운 고로 많은 유
대인이 이 패를 읽는데 히브리와
로마와 헬라 말로 기록되었더라

19:24 그들이 내 옷을 … 뽑나이다 시 22:18 인용

26 예수께서 자기의 어머니와 사랑
하시는 제자가 곁에 서 있는 것을
보시고 자기 어머니께 말씀하시되

여자여 보소서 아들
이니이다 하시고

27 또 그 제자에게 이르시되

보라 네 어머니라 하신대

그 때부터 그 제자가
자기 집에 모시니라

19:28 **내가 목마르다** 시 22:15 ; 69:21 인용

창으로 옆구리를 찌르다

31 이 날은 준비일이라 유대인들은 그
안식일이 큰 날이므로 그 안식일에 시
체들을 십자가에 두지 아니하려 하여
빌라도에게 그들의 다리를 꺾어• 시체
를 치워 달라 하니 32 군인들이 가서
예수와 함께 못 박힌 첫째 사람과 또
그 다른 사람의 다리를 꺾고 33 예수께
이르러서는 이미 죽으신 것을 보고 다
리를 꺾지 아니하고 34 그 중 한 군인
이 창으로 옆구리를 찌르니 곧 피와 물
이 나오더라 35 이를 본 자가 증언하였
으니 그 증언이 참이라 그가 자기의 말
하는 것이 참인 줄 알고 너희로 믿게
하려 함이니라 36 이 일이 일어난 것은

그 뼈가 하나도 꺾이지
아니하리라• 시 34:20

한 성경을 응하게 하려 함
이라 37 또 다른 성경에

그들이 그 찌른 자를 보
리라 하였느니라
슥 12:10

19:31 **다리를 꺾어** 십자가에 달린 사람들의 뼈를 꺾으면 그들을 좀 더 빨리 죽게 할 수 있었다.
19:36 **그 뼈가 하나도 꺾이지 아니하리라** 본래 이 개념은 출애굽기 12장 46절과 민수기 9장 12절에서 나왔다.

새 무덤에 예수를 두다

38 아리마대 사람 요셉은 예수
의 제자이나 유대인이 두려워
그것을 숨기더니 이 일 후에
빌라도에게 예수의 시체를 가
져가기를 구하매 빌라도가 허
락하는지라 이에 가서 예수의
시체를 가져가니라

39 일찍이 예수께 밤에 찾아
왔던 니고데모도 몰약과 침
향 섞은 것을 백 리트라쯤
가지고 온지라 40 이에 예
수의 시체를 가져다가 유대
인의 장례 법대로 그 향품과
함께 세마포로 쌌더라

41 예수께서 십자가에 못 박
히신 곳에 동산이 있고 동산
안에 아직 사람을 장사한 일
이 없는 새 무덤이 있는지라
42 이 날은 유대인의 준비일
이요 또 무덤이 가까운 고로
예수를 거기 두니라

20장

살아나시다

1 안식 후 첫날
일찍이 아직 어
두울 때에 막달
라 마리아가 무
덤에 와서 돌이
무덤에서 옮겨
진 것을 보고

2 시몬 베드로와 예수께
서 사랑하시던 그 다른 제
자에게 달려가서 말하되

사람들이 주님을 무덤에서
가져다가 어디 두었는지 우
리가 알지 못하겠다 하니

3 베드로와 그 다른 제자가 나
가서 무덤으로 갈새 4 둘이 같
이 달음질하더니 그 다른 제자
가 베드로보다 더 빨리 달려가
서 먼저 무덤에 이르러 5 구부
려 세마포 놓인 것을 보았으나
들어가지는 아니하였더니

6 시몬 베드로는 따라와서 무덤에
들어가 보니 세마포가 놓였고

7 또 머리를 쌌던 수건
은 세마포와 함께 놓
이지 않고 딴 곳에 쌌
던 대로 놓여 있더라
8 그 때에야 무덤에 먼
저 갔던 그 다른 제자
도 들어가 보고 믿더
라 9 (그들은 성경에
그가 죽은 자 가운데
서 다시 살아나야 하
리라 하신 말씀을 아
직 알지 못하더라)

10 이에 두 제자가 자기들의
집으로 돌아가니라

막달라 마리아에게 나타나시다

11 마리아는 무덤 밖에 서서 울고
있더니 울면서 구부려 무덤 안을 들
여다보니 12 흰 옷 입은 두 천사가
예수의 시체 뉘었던 곳에 하나는 머
리 편에, 하나는 발 편에 앉았더라

13 천사들이 이르되

이르되
사람들이 내 주님을 옮겨다가 어디 두었는지 내가 알지 못함이니이다

14 이 말을 하고 뒤로 돌이켜 예수께서 서 계신 것을 보았으나 예수이신 줄은 알지 못하더라 15 예수께서 이르시되
여자여 어찌하여 울며 누구를 찾느냐 하시니
마리아는 그가 동산지기인 줄 알고 이르되
주여 당신이 옮겼거든 어디 두었는지 내게 이르소서 그리하면 내가 가져가리이다

16 예수께서
마리아야 하시거늘

마리아가 돌이켜 히브리 말로
랍오니 하니
(이는 선생님이라는 말이라)
17 예수께서 이르시되
나를 붙들지 말라 내가 아직 아버지께로 올라가지 아니하였노라 너는 내 형제들에게 가서 이르되 내가 내 아버지 곧 너희 아버지, 내 하나님 곧 너희 하나님께로 올라간다 하라 하시니

18 막달라 마리아가 가서 제자들에게
내가 주를 보았다 하고
또 주께서 자기에게 이렇게 말씀하셨다 이르니라

제자들에게 나타나시다

19 이 날 곧 안식 후 첫날 저
녁 때에 제자들이 유대인들
을 두려워하여 모인 곳의 문
들을 닫았더니 예수께서 오
사 가운데 서서 이르시되

20 이 말씀을 하시고 손과
옆구리를 보이시니 제자들
이 주를 보고 기뻐하더라
21 예수께서 또 이르시되

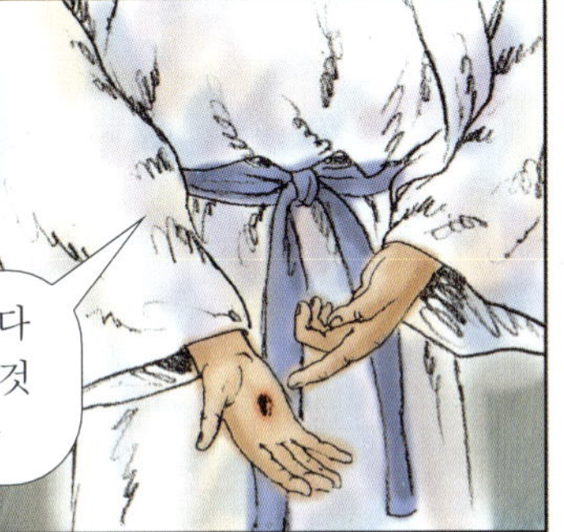

22 이 말씀을 하시고 그들을
향하사 숨을 내쉬며 이르시되

도마가 의심하다

24 열두 제자 중의
하나로서 디두모
라 불리는 도마는
예수께서 오셨을
때에 함께 있지 아
니한지라 25 다른
제자들이 그에게
이르되

26 여드레를 지나서
제자들이 다시 집
안에 있을 때에 도
마도 함께 있고 문
들이 닫혔는데 예수
께서 오사 가운데
서서 이르시되

이 책을 기록한 목적

30 예수께서 제자들 앞에서 이
책에 기록되지 아니한 다른 표
적도 많이 행하셨으나 31 오
직 이것을 기록함은 너희로 예
수께서 하나님의 아들 그리스
도이심을 믿게 하려 함이요 또
너희로 믿고 그 이름을 힘입어
생명을 얻게 하려 함이니라

21장

일곱 제자에게 나타나시다

1 그 후에 예수께서 디베랴
호수•에서 또 제자들에게 자
기를 나타내셨으니 나타내신
일은 이러하니라 2 시몬 베
드로와 디두모라 하는 도마
와 갈릴리 가나 사람 나다나
엘과 세베대의 아들들과 또
다른 제자 둘이 함께 있더니

나가서 배에 올랐으나 그 날 밤에
아무 것도 잡지 못하였더니

21:1 **디베랴 호수** 직역하면 '디베랴 바다'이다. 갈릴리 호수를 가리킨다.

4 날이 새어갈 때에 예
수께서 바닷가에 서셨
으나 제자들이 예수이
신 줄 알지 못하는지라
5 예수께서 이르시되
얘들아 너희에게
고기가 있느냐
대답하되
없나이다

6 이르시되
그물을 배 오른편에 던지라
그리하면 잡으리라 하시니

이에 던졌더니 물고기가 많아 그물을 들 수 없더라
7 예수께서 사랑하시는 그 제자가 베드로에게 이르되
주님이시라 하니

시몬 베드로가 벗고 있다
가 주님이라 하는 말을 듣
고 겉옷을 두른 후에 바다
로 뛰어 내리더라 8 다른
제자들은 육지에서 거리
가 불과 한 오십 칸쯤 되
므로 작은 배를 타고 물고
기 든 그물을 끌고 와서

9 육지에 올라보니
숯불이 있는데 그
위에 생선이 놓였
고 떡도 있더라 10
예수께서 이르시되
지금 잡은 생선을 좀
가져오라 하시니
11 시몬 베드로가 올라가서
그물을 육지에 끌어 올리니
가득히 찬 큰 물고기가 백쉰
세 마리라 이같이 많으나 그
물이 찢어지지 아니하였더라

내 양을 먹이라

15 그들이 조반 먹은
후에 예수께서 시몬
베드로에게 이르시되

요한의 아들 시몬아 네가 이 사람들보다 나를 더 사랑하느냐 하시니

이르시되

내 양을 치라 하시고

17 세 번째 이르시되

요한의 아들 시몬아 네가 나를 사랑하느냐 하시니

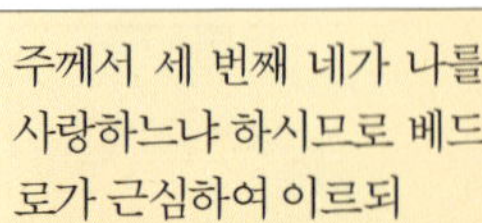

베드로에게 이르시되
나를 따르라 하시니

20 베드로가 돌이켜 예수
께서 사랑하시는 그 제자
가 따르는 것을 보니 그는
만찬석에서 예수의 품에
의지하여 주님 주님을 파
는 자가 누구오니이까 묻
던 자더라 21 이에 베드
로가 그를 보고 예수께 여
짜오되
주님 이 사람은 어떻게 되겠사옵나이까

22 예수께서 이르시되
내가 올 때까지 그를 머물게 하고자 할지라도 네게 무슨 상관이냐

너는 나를 따르라 하시더라
23 이 말씀이 형제들에
게 나가서 그 제자는 죽
지 아니하겠다 하였으
나 예수의 말씀은 그가
죽지 않겠다 하신 것이
아니라 내가 올 때까지
그를 머물게 하고자 할
지라도 네게 무슨 상관
이냐 하신 것이러라

24 이 일들을 증
언하고 이 일들
을 기록한 제자
가 이 사람이라
우리는 그의 증
언이 참된 줄 아
노라 25 예수께
서 행하신 일이
이 외에도 많으
니 만일 낱낱이
기록된다면 이
세상이라도 이
기록된 책을 두
기에 부족할 줄
아노라

행

사도행전
1장
성령으로 세례를 받으리라
1 데오빌로여 내가 먼저 쓴 글에는 무릇 예수
께서 행하시며 가르치시기를 시작하심부터
2 그가 택하신 사도들에게 성령으로 명하시
고 승천하신 날까지의 일을 기록하였노라 3
그가 고난 받으신 후에 또한 그들에게 확실한
많은 증거로 친히 살아 계심을 나타내사

사십 일 동
안 그들에
게 보이시
며 하나님
나라의 일
을 말씀하
시니라

4 사도와 함께 모이사 그들
에게 분부하여 이르시되

예루살렘을 떠나
지 말고 내게서 들
은 바 아버지께서
약속하신 것을 기
다리라 5 요한은
물로 세례를 베풀
었으나 너희는 몇
날이 못되어 성령
으로 세례를 받으
리라 하셨느니라
예수께서 하늘로 올려지시다
6 그들이 모였
을 때에 예수께
여쭈어 이르되
주께서 이스라엘 나라를 회
복하심이 이 때니이까 하니
7 이르시되
때와 시기는 아버지께서 자기의 권
한에 두셨으니 너희가 알 바 아니요

8 오직 성령이
너희에게 임하
시면 너희가
권능을 받고
예루살렘과 온
유대와 사마리
아와 땅 끝까
지 이르러 내
증인이 되리라
하시니라
9 이 말씀을 마치시고 그
들이 보는데 올려져 가시
니 구름이 그를 가리어 보
이지 않게 하더라 10 올
라가실 때에 제자들이 자
세히 하늘을 쳐다보고 있
는데 흰 옷 입은 두 사람
이 그들 곁에 서서

11 이르되

갈릴리 사람들아 어찌하여 서서 하늘을
쳐다보느냐 너희 가운데서 하늘로 올려
지신 이 예수는
하늘로 가심을
본 그대로 오시
리라 하였느니라

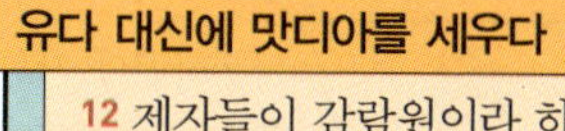

유다 대신에 맛디아를 세우다

12 제자들이 감람원이라 하는 산으로부터 예
루살렘에 돌아오니 이 산은 예루살렘에서 가
까워 안식일에 가기 알맞은 길이라 13 들어
가 그들이 유하는 다락방으로 올라가니

행

베드로, 요한, 야고보, 안드레와 빌립, 도마와 바
돌로매, 마태와 및 알패오의 아들 야고보, 셀롯인
시몬, 야고보의 아들 유다가 다 거기 있어

14 여자들과 예
수의 어머니 마
리아와 예수의
아우들과 더불
어 마음을 같이
하여 오로지 기
도에 힘쓰더라

15 모인 무리의 수가 약
백이십 명이나 되더라 그
때에 베드로가 그 형제들
가운데 일어서서 이르되

16 형제들아 성령이 다윗의
입을 통하여 예수 잡는 자
들의 길잡이가 된 유다를
가리켜 미리 말씀하신 성경
이 응하였으니 마땅하도다
17 이 사람은 본래 우리 수
가운데 참여하여 이 직무의
한 부분을 맡았던 자라

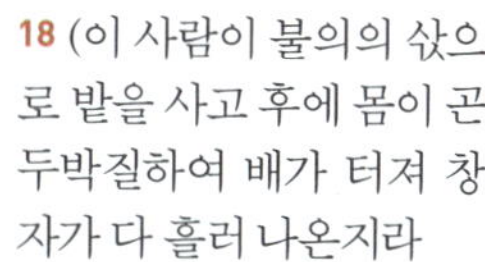

18 (이 사람이 불의의 삯으
로 밭을 사고 후에 몸이 곤
두박질하여 배가 터져 창
자가 다 흘러 나온지라

19 이 일이 예루살렘에
사는 모든 사람에게 알리
어져 그들의 말로는 그
밭을 아겔다마라 하니 이
는 피밭이라는 뜻이라)

행

20 시편에 기록하였으되
그의 거처를 황폐하게 하시며 거기 거하는 자가 없게 하소서 하였고 시 69:25
또 일렀으되
그의 직분을 타인이 취하게 하소서 하였도다 시 109:8
21 이러하므로 요한의 세례로부터 우리 가운데서 올려져 가신 날까지 주 예수께서 우리 가운데 출입하실 때에 22 항상 우리와 함께 다니던 사람 중에 하나를 세워 우리와 더불어 예수께서 부활하심을 증언할 사람이 되게 하여야 하리라 하거늘

23 그들이 두 사람을 내세우니 하나는 바사바라고도 하고 별명은 유스도라고 하는 요셉이요
하나는 맛디아라

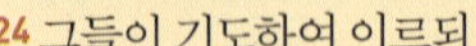
24 그들이 기도하여 이르되

뭇 사람의 마음을 아시는 주여 이 두 사람 중에 누가 주님께 택하신 바 되어 25 봉사와 및 사도의 직무를 대신할 자인지를 보이시옵소서 유다는 이 직무를 버리고 제 곳으로 갔나이다 하고

요셉
맛디아

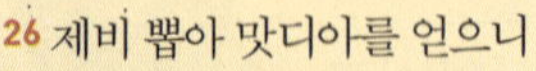
26 제비 뽑아 맛디아를 얻으니

맛디아
그가 열한 사도의 수에 들어가니라

2장
성령이 임하시다

1 오순절 날이 이미 이르매 그들이 다같
이 한 곳에 모였더니 2 홀연히 하늘로부
터 급하고 강한 바람 같은 소리가 있어 그
들이 앉은 온 집에 가득하며 3 마치 불의
혀처럼 갈라지는 것들이 그들에게 보여
각 사람 위에 하나씩 임하여 있더니

4 그들이 다 성령의 충만함을 받고 성
령이 말하게 하심을 따라 다른 언어들
로 말하기를 시작하니라

5 그 때에 경건한 유대인
들이 천하 각국으로부터
와서 예루살렘에 머물러
있더니 6 이 소리가 나매
큰 무리가 모여 각각 자
기의 방언으로 제자들이
말하는 것을 듣고 소동하
여 7 다 놀라 신기하게
여겨 이르되

12 다 놀라며 당황하여 서로 이르되

13 또 어떤 이들은 조롱하여 이르되

베드로의 오순절 설교

14 베드로가 열한 사도와 함께 서서 소리를 높여 이르되

2:7 **다 갈릴리 사람** 사람들은 갈릴리 사람들이 오직 그들의 언어만을 할 줄 알 것이라고 생각했다.

16 이는 곧 선지자 요엘을 통하
여 말씀하신 것이니 일렀으되

17 하나님이 말씀하시기를 말세
에 내가 내 영을 모든 육체에 부
어 주리니 너희의 자녀들은 예언
할 것이요 너희의 젊은이들은 환
상을 보고 너희의 늙은이들은 꿈
을 꾸리라 18 그 때에 내가 내 영
을 내 남종과 여종들에게 부어
주리니 그들이 예언할 것이요
19 또 내가 위로 하늘에서는 기사
를 아래로 땅에서는 징조를 베풀
리니 곧 피와 불과 연기로다 20
주의 크고 영화로운 날이 이르기
전에 해가 변하여 어두워지고 달
이 변하여 피가 되리라 21 누구
든지 주의 이름을 부르는 자는
구원을 받으리라 하였느니라
욜 2:28-32

22 이스라엘 사람들아 이 말
을 들으라 너희도 아는 바와
같이 하나님께서 나사렛 예
수로 큰 권능과 기사와 표적
을 너희 가운데서 베푸사 너
희 앞에서 그를 증언하셨느
니라 23 그가 하나님께서 정
하신 뜻과 미리 아신 대로 내
준 바 되었거늘

너희가 법 없는 자들의 손을 빌
려 못 박아 죽였으나 24 하나
님께서 그를 사망의 고통에서
풀어 살리셨으니 이는 그가 사
망에 매여 있을 수 없었음이라
25 다윗이 그를 가리켜 이르되

내가 항상 내 앞에 계신 주를 뵈었음이여 나
로 요동하지 않게 하기 위하여 그가 내 우편
에 계시도다 26 그러므로 내 마음이 기뻐하
였고 내 혀도 즐거워하였으며 육체도 희망에
거하리니 27 이는 내 영혼을 음부에 버리지
아니하시며 주의 거룩한 자로 썩음을 당하지
않게 하실 것임이로다 28 주께서 생명의 길
을 내게 보이셨으니 주 앞에서 내게 기쁨이
충만하게 하시리로다 하였으므로 시 16:8-11

29 형제들아 내가 조상 다윗에 대하여 담대히 말할 수 있노니
다윗이 죽어 장사되어 그 묘가 오늘까지 우리 중에 있도다 30
그는 선지자라 하나님이 이미 맹세하사 그 자손 중에서 한 사
람을 그 위에 앉게 하리라 하심을 알고• 31 미리 본 고로 그리
스도의 부활을 말하되 그가
음부에 버림이 되지 않고 그
의 육신이 썩음을 당하지 아
니하시리라 하더니

32 이 예수를 하나님이 살리신
지라 우리가 다 이 일에 증인
이로다 33 하나님이 오른손으
로 예수를 높이시매 그가 약속
하신 성령을 아버지께 받아서
너희가 보고 듣는 이것을 부어
주셨느니라 34 다윗은 하늘에
올라가지 못하였으나 친히 말
하여 이르되

주께서 내 주에게 말씀하시기를 35
내가 네 원수로 네 발등상이 되게 하
기까지• 너는 내 우편에 앉아 있으라
하셨도다 하였으니 시 110:1

36 그런즉 이스라엘 온 집은 확실히 알지니 너
희가 십자가에 못 박은 이 예수를 하나님이
주와 그리스도가 되게 하셨느니라 하니라

2:30 하나님이 이미 … 한 사람을 그 위에 앉게 하리라 하심을 알고 사무엘하 7장 13절과 시편 132편 11절을 참조하라.
2:35 내가 네 원수로 네 발등상이 되게 하기까지 이것은 직역이다. "내가 네 원수를 네 지배 아래에 둘 때까지"라고 번역될 수도 있다.

믿는 사람이 모든 물건을 통용하다

44 믿는 사람이 다 함께 있어 모든 물건을 서로 통용하고 45 또 재산과 소유를 팔아 각 사람의 필요를 따라 나눠 주며 46 날마다 마음을 같이하여 성전에 모이기를 힘쓰고 집에서 떡을 떼며 기쁨과 순전한 마음으로 음식을 먹고 47 하나님을 찬미하며 또 온 백성에게 칭송을 받으니 주께서 구원 받는 사람을 날마다 더하게 하시니라

2:42 **떡을 떼며** 이것은 46절에 기록된 것 같은 보통 식사를 의미할 수도 있고 아니면 예수님께서 그분의 제자들에게 행하라고 말씀하신 성찬을 의미할 수도 있다. 주님은 성찬이라는 특별한 식사를 통해 그분을 기억하라고 말씀하셨다(눅 22:14-20).

3장

베드로와 요한이 못 걷게 된 이를 고치다

1 제 구 시 기도 시간에 베드로
와 요한이 성전에 올라갈새 2
나면서 못 걷게 된 이를 사람들
이 메고 오니 이는 성전에 들어
가는 사람들에게 구걸하기 위하
여 날마다 미문이라는 성전 문
에 두는 자라 3 그가 베드로와
요한이 성전에 들어가려 함을
보고 구걸하거늘 4 베드로가 요
한과 더불어 주목하여 이르되

5 그가 그들에
게서 무엇을 얻
을까 하여 바라
보거늘

6 베드로가 이르되

7 오른손을 잡아
일으키니

발과 발목이 곧 힘을 얻고 8 뛰
어 서서 걸으며

그들과 함께 성전으로 들어가면서 걷기도 하고 뛰기도 하며 하나님을 찬송하니

9 모든 백성이 그 걷는 것과 하
나님을 찬송함을 보고 10 그가
본래 성전 미문에 앉아 구걸하
던 사람인 줄 알고 그에게 일
어난 일로 인하여 심히 놀랍게
여기며 놀라니라

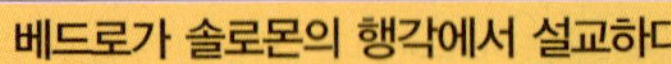

베드로가 솔로몬의 행각에서 설교하다

11 나은 사람이 베드로와
요한을 붙잡으니 모든 백
성이 크게 놀라며 달려 나
아가 솔로몬의 행각이라
불리우는 행각에 모이거
늘 12 베드로가 이것을
보고 백성에게 말하되

3:14 **살인한 사람** 바라바를 가리킨다. 유대인들은 예수님 대신에 바라바를 놓아달라고 빌라도에게 요구했다(눅 23:18).
3:22,23 **주 하나님이 … 멸망 받으리라** 신 18:15,19 인용
3:25 **땅 위의 … 복을 받으리라** 창 22:18 ; 26:24 인용

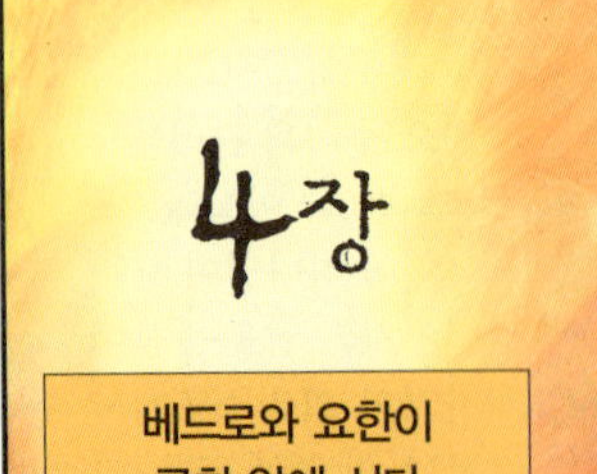

1 사도들이 백성에게 말할
때에 제사장들과 성전 맡은
자와 사두개인들이 이르러
2 예수 안에 죽은 자의 부활
이 있다고 백성을 가르치고
전함을 싫어하여

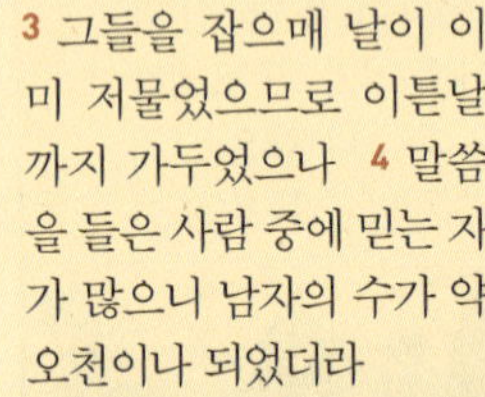

3 그들을 잡으매 날이 이
미 저물었으므로 이튿날
까지 가두었으나 4 말씀
을 들은 사람 중에 믿는 자
가 많으니 남자의 수가 약
오천이나 되었더라

5 이튿날 관리
들과 장로들과
서기관들이 예
루살렘에 모였
는데

6 대제사장 안나스와 가야바와 요한과 알렉
산더와 및 대제사장의 문중이 다 참여하여

7 사도들을 가운데 세우고 묻되

너희가 무슨 권세와 누구의 이름으로 이 일을 행하였느냐

8 이에 베드로가 성령이 충만하여 이르되

백성의 관리들과 장로들아

9 만일 병자에게 행한 착한 일에 대하여 이 사람이 어떻게 구원을 받았느냐고 오늘 우리에게 질문한다면 10 너희와 모든 이스라엘 백성들은 알라 너희가 십자가에 못 박고 하나님이 죽은 자 가운데서 살리신 나사렛 예수 그리스도의 이름으로 이 사람이 건강하게 되어 너희 앞에 섰느니라

11 이 예수는

너희 건축자들의 버린 돌•로서 집 모퉁이의 머릿돌이 되었느니라 시 118:22

12 다른 이로써는 구원을 받을 수 없나니 천하 사람 중에 구원을 받을 만한 다른 이름을 우리에게 주신 일이 없음이라 하였더라

13 그들이 베드로와 요한이 담대하게 말함을 보고 그들을 본래 학문 없는 범인으로 알았다가 이상히 여기며 또 전에 예수와 함께 있던 줄도 알고

14 또 병 나은 사람이 그들과 함께 서 있는 것을 보고 비난할 말이 없는지라 15 명하여 공회에서 나가라 하고 서로 의논하여 이르되

16 이 사람들을 어떻게 할까

그들로 말미암아 유명한 표적 나타난 것이 예루살렘에 사는 모든 사람에게 알려졌으니 우리도 부인할 수 없는지라

17 이것이 민간에 더 퍼지지 못하게 그들을 위협하여

4:11 **건축자들의 버린 돌** 예수님을 가리키는 상징

20 우리는 보고 들은 것을
말하지 아니할 수 없다 하니

21 관리들이 백성들 때문에 그들을 어떻게 처벌할지 방
법을 찾지 못하고 다시 위협하여 놓아 주었으니 이는 모
든 사람이 그 된 일을 보고 하나님께 영광을 돌림이라
22 이 표적으로 병 나은 사람은 사십여 세나 되었더라

한마음으로 하나님께 기도하다

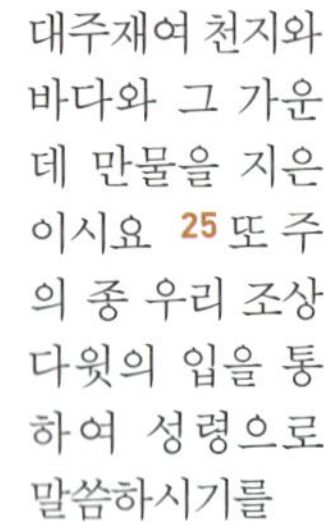

어찌하여 열방이 분노하며
족속들이 허사를 경영하였
는고 26 세상의 군왕들이
나서며 관리들이 함께 모여
주와 그의 그리스도를 대적
하도다 하신 이로소이다

시 2:1,2

27 과연 헤롯과 본디오 빌라도는
이방인과 이스라엘 백성과 합세
하여 하나님께서 기름 부으신 거
룩한 종 예수를 거슬러 28 하나
님의 권능과 뜻대로 이루려고 예
정하신 그것을 행하려고 이 성에
모였나이다 29 주여 이제도 그
들의 위협함을 굽어보시옵고 또
종들로 하여금 담대히 하나님의
말씀을 전하게 하여 주시오며

30 손을 내밀어 병을 낫게 하
시옵고 표적과 기사가 거룩
한 종 예수의 이름으로 이루
어지게 하옵소서 하더라

31 빌기를 다하매 모인 곳이 진동하
더니 무리가 다 성령이 충만하여 담
대히 하나님의 말씀을 전하니라

물건을 서로 통용하다

32 믿는 무리가 한마음과 한 뜻이 되어 모든
물건을 서로 통용하고 자기 재물을 조금이
라도 자기 것이라 하는 이가 하나도 없더라
33 사도들이 큰 권능으로 주 예수의 부활을
증언하니 무리가 큰 은혜를 받아 34 그 중에
가난한 사람이 없으니 이는 밭과 집 있는 자
는 팔아 그 판 것의 값을 가져다가

35 사도들의 발 앞에 두매 그들이
각 사람의 필요를 따라 나누어 줌
이라 36 구브로에서 난 레위족 사
람이 있으니 이름은 요셉이라 사
도들이 일컬어 바나바라(번역하
면 위로의 아들이라) 하니 37 그
가 밭이 있으매 팔아 그 값을 가
지고 사도들의 발 앞에 두니라

아나니아와 삽비라

1 아나니아라 하는 사
람이 그의 아내 삽비라
와 더불어 소유를 팔아
2 그 값에서 얼마를 감
추매 그 아내도 알더라
얼마만 가져다가 사도
들의 발 앞에 두니

3 베드로가 이르되
아나니아야 어찌하여 사탄이 네 마음에 가득하여 네가 성령을 속이고 땅 값 얼마를 감추었느냐

4 땅이 그대로 있을 때에는 네 땅이 아니며 판 후에도 네 마음대로 할 수가 없더냐
어찌하여 이 일을 네 마음에 두었느냐 사람에게 거짓말한 것이 아니요 하나님께로다

5 아나니아가 이 말을 듣고 엎드러져 혼이 떠나니
이 일을 듣는 사람이 다 크게 두려워하더라 6 젊은 사람들이 일어나 시신을 싸서 메고 나가 장사하니라

7 세 시간쯤 지나 그의 아내가 그 일어난 일을 알지 못하고 들어오니 8 베드로가 이르되
그 땅 판 값이 이것뿐이냐 내게 말하라 하니
이르되
예 이것뿐이라 하더라

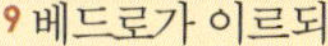

젊은 사람들이 들
어와 죽은 것을 보
고 메어다가 그의
남편 곁에 장사하
니 11 온 교회와
이 일을 듣는 사람
들이 다 크게 두려
워하니라

사도들이 표적을 일으키다

12 사도들의 손을 통하여 민간에
표적과 기사가 많이 일어나매

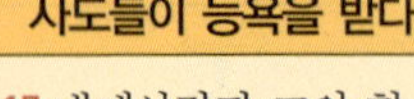

17 대제사장과 그와 함
께 있는 사람 즉 사두
개인의 당파가 다 마음
에 시기가 가득하여 일
어나서

행

18 사도들을 잡아다가
옥에 가두었더니

19 주의 사자가 밤에 옥문을
열고 끌어내어 이르되

20 가서 성전
에 서서 이
생명의 말씀
을 다 백성
에게 말하라
하매

21 그들이 듣고 새벽에 성전에
들어가서 가르치더니

대제사장과 그와 함께 있
는 사람들이 와서 공회와
이스라엘 족속의 원로들을
다 모으고 사람을 옥에 보
내어 사도들을 잡아오라
하니 22 부하들이 가서 옥
에서 사도들을 보지 못하
고 돌아와 23 이르되

24 성전 맡은 자와 제
사장들이 이 말을 듣고
의혹하여 이 일이 어찌
될까 하더니 25 사람
이 와서 알리되

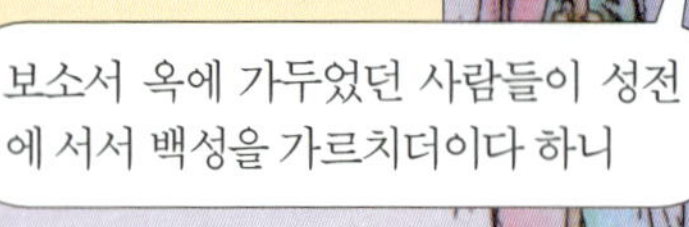

26 성전 맡은 자가 부하들
과 같이 가서 그들을 잡아
왔으나 강제로 못함은 백
성들이 돌로 칠까 두려워
함이더라 27 그들을 끌어
다가 공회 앞에 세우니 대
제사장이 물어

35 말하되

이스라엘 사람들아 너희가 이
사람들에게 대하여 어떻게 하려
는지 조심하라 36 이 전에 드다
가 일어나 스스로 선전하매 사
람이 약 사백 명이나 따르더니
그가 죽임을 당하매 따르던 모
든 사람들이 흩어져 없어졌고

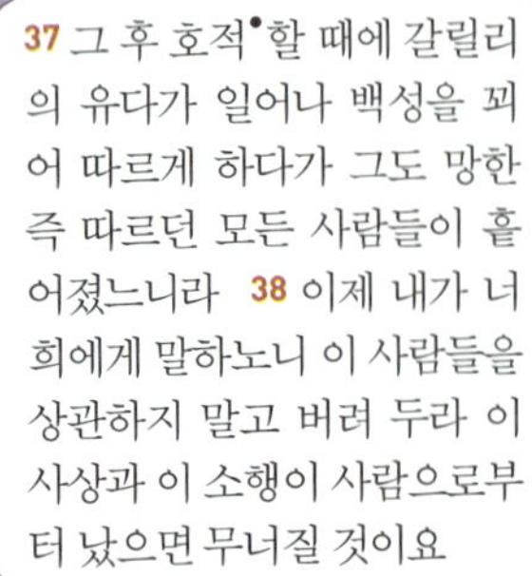

37 그 후 호적•할 때에 갈릴리
의 유다가 일어나 백성을 꾀
어 따르게 하다가 그도 망한
즉 따르던 모든 사람들이 흩
어졌느니라 38 이제 내가 너
희에게 말하노니 이 사람들을
상관하지 말고 버려 두라 이
사상과 이 소행이 사람으로부
터 났으면 무너질 것이요

39 만일 하나님께로부터
났으면 너희가 그들을 무
너뜨릴 수 없겠고 도리어
하나님을 대적하는 자가
될까 하노라 하니

40 그들이 옳게 여
겨 사도들을 불러
들여 채찍질하며
예수의 이름으로
말하는 것을 금하
고 놓으니

41 사도들은 그 이름을 위하여 능욕
받는 일에 합당한 자로 여기심을 기
뻐하면서 공회 앞을 떠나니라

42 그들이 날마다
성전에 있든지 집에
있든지 예수는 그리
스도라고 가르치기
와 전도하기를 그치
지 아니하니라

6장

일곱 일꾼을 택하다

1 그 때에 제자가 더 많아
졌는데 헬라파 유대인들
이 자기의 과부들이 매일
의 구제에 빠지므로 히브
리파 사람을 원망하니

5:37 **호적** 인구조사. 사람들과 그들의 재산을 조사하는 것

2 열두 사도가 모든 제자를 불러 이르되

우리가 하나님의 말씀을 제쳐 놓고 접대를 일삼는 것이 마땅하
지 아니하니 3 형제들아 너희 가운데서 성령과 지혜가 충만하여
칭찬 받는 사람 일곱을 택하라 우리가 이 일을 그들에게 맡기고
4 우리는 오로지 기도하는 일과 말씀 사역에 힘쓰리라 하니

5 온 무리가 이 말을 기뻐하여 믿음
과 성령이 충만한 사람 스데반과
또 빌립•과 브로고로와 니가노르
와 디몬과 바메나와 유대교에 입교
했던 안디옥 사람 니골라를 택하여

6 사도들 앞에 세우니 사
도들이 기도하고 그들에
게 안수하니라• 7 하나님
의 말씀이 점점 왕성하여
예루살렘에 있는 제자의
수가 더 심히 많아지고 허
다한 제사장의 무리도 이
도에 복종하니라

스데반이 잡히다

8 스데반이 은혜와 권능이 충만하
여 큰 기사와 표적을 민간에 행하니

9 이른 바 자유민들• 즉 구레
네인, 알렉산드리아인, 길리
기아와 아시아에서 온 사람
들의 회당에서 어떤 자들이
일어나 스데반과 더불어 논
쟁할새 10 스데반이 지혜와
성령으로 말함을 그들이 능
히 당하지 못하여 11 사람들
을 매수하여 말하게 하되

6:5 **빌립** 사도 빌립과는 다른 사람이다.
6:6 **안수하니라** 여기서 안수는 이 일곱 사람에게 하나님의 특별한 일이 맡겨졌다는 것을 말해주었다.
6:9 **자유민들** 자신이 노예였거나 또는 조상이 노예였다가 이제는 자유로운 몸이 된 유대인들

12 백성과 장로와
서기관들을 충동시
켜 와서 잡아가지
고 공회에 이르러
13 거짓 증인들을
세우니 이르되

이 사람이 이 거룩한
곳과 율법을 거슬러 말
하기를 마지 아니하는
도다 14 그의 말에 이
나사렛 예수가 이 곳을
헐고 또 모세가 우리에
게 전하여 준 규례를
고치겠다 함을 우리가
들었노라 하거늘

7장

스데반이 설교하다

7:3 **네 고향과 … 땅으로 가라** 창 12:1 인용

7:6,7 그 후손이 … 나를 섬기리라 창 15:13,14 과 출 3:12 인용
7:8 열두 조상 유대인들의 중요한 조상들로서 유대 열두 지파의 지도자들이었다.

11 그 때에 애굽과 가나안 온 땅에 흉년이
들어 큰 환난이 있을새 우리 조상들이 양식
이 없는지라 12 야곱이 애굽에 곡식 있다
는 말을 듣고 먼저 우리 조상들을 보내고

13 또 재차 보내매 요셉이 자기 형제들
에게 알려지게 되고 또 요셉의 친족이
바로에게 드러나게 되니라 14 요셉이
사람을 보내어 그의 아버지 야곱과 온
친족 일흔다섯 사람을 청하였더니 15
야곱이 애굽으로 내려가 자기와 우리 조
상들이 거기서 죽고 16 세겜으로 옮겨
져 아브라함이 세겜 하몰의 자손에게서
은으로 값 주고 산 무덤에 장사되니라
17 하나님이 아브라함에게 약속하신 때
가 가까우매 이스라엘 백성이 애굽에서
번성하여 많아졌더니 18 요셉을 알지
못하는 새 임금이 애굽 왕위에 오르매
19 그가 우리 족속에게 교활한 방법을
써서 조상들을 괴롭게 하여 그 어린 아
이들을 내버려 살지 못하게 하려 할새

20 그 때에 모세가 났는
데 하나님 보시기에 아름
다운지라 그의 아버지의
집에서 석 달 동안 길리
더니 21 버려진 후에 바
로의 딸이 그를 데려다
가 자기 아들로 기르매

7:27,28 누가 너를 … 또 나를 죽이려느냐 출 2:14 인용
7:32 나는 … 하나님이라 출 3:6 인용

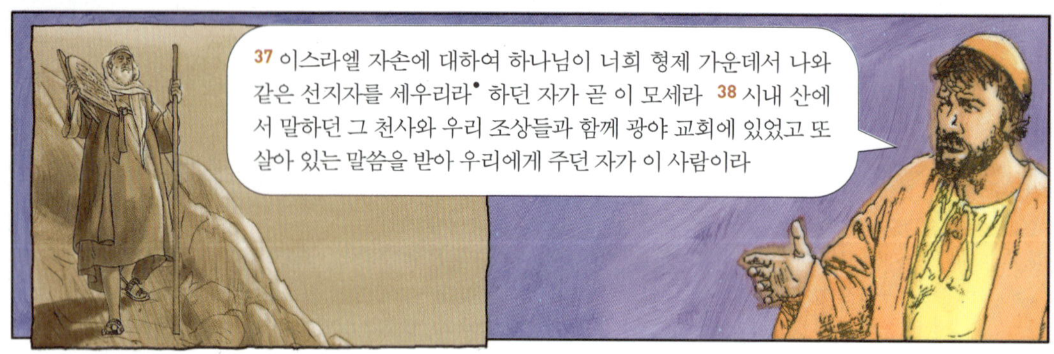

7:33,34 네 발의 신을 … 애굽으로 보내리라 출 3:5-10 인용
7:37 하나님이 … 선지자를 세우리라 신 18:15 인용

7:40 **우리를 인도할 … 알지 못하노라** 출 32:1 인용

7:46 **야곱의 집을 … 준비하게 하여 달라고** 이것이 일부 헬라어 사본들에서는 "야곱의 하나님을 위하여 집을 짓게 하여 달라고"로 기록되어 있다. '야곱의 집'은 이스라엘 민족을 의미한다.

스데반이 순교하다

54 그들이 이 말을 듣고 마
음에 찔려 그를 향하여 이를
갈거늘 55 스데반이 성령
충만하여 하늘을 우러러 주
목하여 하나님의 영광과 및
예수께서 하나님 우편에 서
신 것을 보고

56 말하되

보라 하늘이 열리고 인자가 하나
님 우편에 서신 것을 보노라 한대

57 그들이 큰 소리
를 지르며 귀를
막고 일제히 그에
게 달려들어

58 성 밖으로 내치고 돌로 칠새

증인들이 옷을
벗어 사울이라
하는 청년의
발 앞에 두니
라 59 그들이
돌로 스데반
을 치니 스데
반이 부르짖
어 이르되

60 무릎을 꿇고 크
게 불러 이르되
주여 이 죄를 그들에
게 돌리지 마옵소서
이 말을 하고 자니라

8장
1 사울은 그가 죽임 당
함을 마땅히 여기더라

사울이 교회를 박해하다
그 날에 예루살렘에 있는 교
회에 큰 박해가 있어 사도
외에는 다 유대와 사마리아
모든 땅으로 흩어지니라

2 경건한 사람들
이 스데반을 장사
하고 위하여 크게
울더라 3 사울이
교회를 잔멸할새
각 집에 들어가
남녀를 끌어다가
옥에 넘기니라

사마리아에 복음을 전하다

4 그 흩어진 사람들이
두루 다니며 복음의 말
씀을 전할새 5 빌립•
이 사마리아 성에 내려
가 그리스도를 백성에
게 전파하니

6 무리가 빌립의 말도 듣고 행하는 표적도
보고 한마음으로 그가 하는 말을 따르더라

7 많은 사람에게 붙었던 더러운 귀신들이 크게
소리를 지르며 나가고 또 많은 중풍병자와 못 걷
는 사람이 나으니 8 그 성에 큰 기쁨이 있더라

8:5 **빌립** 전도자 빌립 집사. 사도 빌립과는 다른 사람이다.

9 그 성에 시몬이라 하
는 사람이 전부터 있
어 마술을 행하여 사
마리아 백성을 놀라게
하며 자칭 큰 자라 하
니 10 낮은 사람부터
높은 사람까지 다 따
르며 이르되

이 사람은 크다 일컫는 하
나님의 능력이라 하더라

14 예루살렘에 있는 사도들이 사마리아도 하나님의 말씀을 받았다 함을 듣고 베드로와 요한을 보내매

15 그들이 내려가서 그들을 위하여 성령 받기를 기도하니 16 이는 아직 한 사람에게도 성령 내리신 일이 없고 오직 주 예수의 이름으로 세례만 받을 뿐이더라

17 이에 두 사도가 그들에게 안수하매 성령을 받는지라 18 시몬이 사도들의 안수로 성령 받는 것을 보고 돈을 드려 19 이르되

이 권능을 내게도 주어 누구든지 내가 안수하는 사람은 성령을 받게 하여 주소서 하니

20 베드로가 이르되
네가 하나님의 선물을 돈 주고 살 줄로 생각하였으니 네 은과 네가 함께 망할지어다 21 하나님 앞에서 네 마음이 바르지 못하니 이 도에는 네가 관계도 없고 분깃 될 것도 없느니라

22 그러므로 너의 이 악함을 회개하고 주께 기도하라 혹 마음에 품은 것을 사하여 주시리라
23 내가 보니 너는 악독이 가득하며 불의에 매인 바 되었도다

24 시몬이 대답하여 이르되
나를 위하여 주께 기도하여 말한 것이 하나도 내게 임하지 않게 하소서 하니라

25 두 사도가 주의 말씀을 증언하여 말한 후 예루살렘으로 돌아갈새 사마리아인의 여러 마을에서 복음을 전하니라
빌립과 에디오피아 내시
26 주의 사자가 빌립에게 말하여 이르되
일어나서 남쪽으로 향하여 예루살렘에서 가사로 내려가는 길까지 가라 하니 그 길은 광야라

27 일어나 가서 보니
에디오피아 사람 곧 에디오피아 여왕 간다게의 모든 국고를 맡은 관리인 내시가 예배하러 예루살렘에 왔다가

28 돌아가는데 수레를 타고 선지자 이사야의 글을 읽더라
29 성령이 빌립더러 이르시되
이 수레로 가까이 나아가라 하시거늘

32 읽는 성경 구절은 이것이니 일렀으되

그가 도살자에게로 가는 양과 같이 끌려갔고 털 깎는 자 앞에 있는 어린 양이 조용함과 같이 그의 입을 열지 아니하였도다
33 그가 굴욕을 당했을 때 공정한 재판도 받지 못하였으니 누가 그의 세대를 말하리요 그의 생명이 땅에서 빼앗김이로다 하였거늘 사 53:7,8

34 그 내시가 빌립에게 말하되

청컨대 내가 묻노니 선지자가 이 말한 것이 누구를 가리킴이냐 자기를 가리킴이냐 타인을 가리킴이냐

35 빌립이 입을 열어 이 글에서 시작하여 예수를 가르쳐 복음을 전하니 36 길 가다가 물 있는 곳에 이르러 그 내시가 말하되

보라 물이 있으니 내가 세례를 받음에 무슨 거리낌이 있느냐

37 (없음)•

8:37 일부 헬라어 사본들에는 "빌립이 이르되 네가 마음을 온전히 하여 믿으면 가하니라 대답하여 이르되 내가 예수 그리스도께서 하나님의 아들인 줄 믿노라"라고 기록되어 있다.

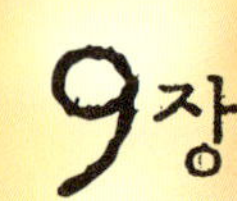

사울이 회개하다

1 사울이 주의 제자들에 대하
여 여전히 위협과 살기가 등등
하여 대제사장에게 가서 2 다
메섹 여러 회당에 가져갈 공문
을 청하니 이는 만일 그 도를
따르는 사람을 만나면 남녀를
막론하고 결박하여 예루살렘
으로 잡아오려 함이라

3 사울이 길을 가다가 다메섹에 가까이 이르더니 홀
연히 하늘로부터 빛이 그를 둘러 비추는지라 4 땅에
엎드러져 들으매 소리가 있어 이르시되

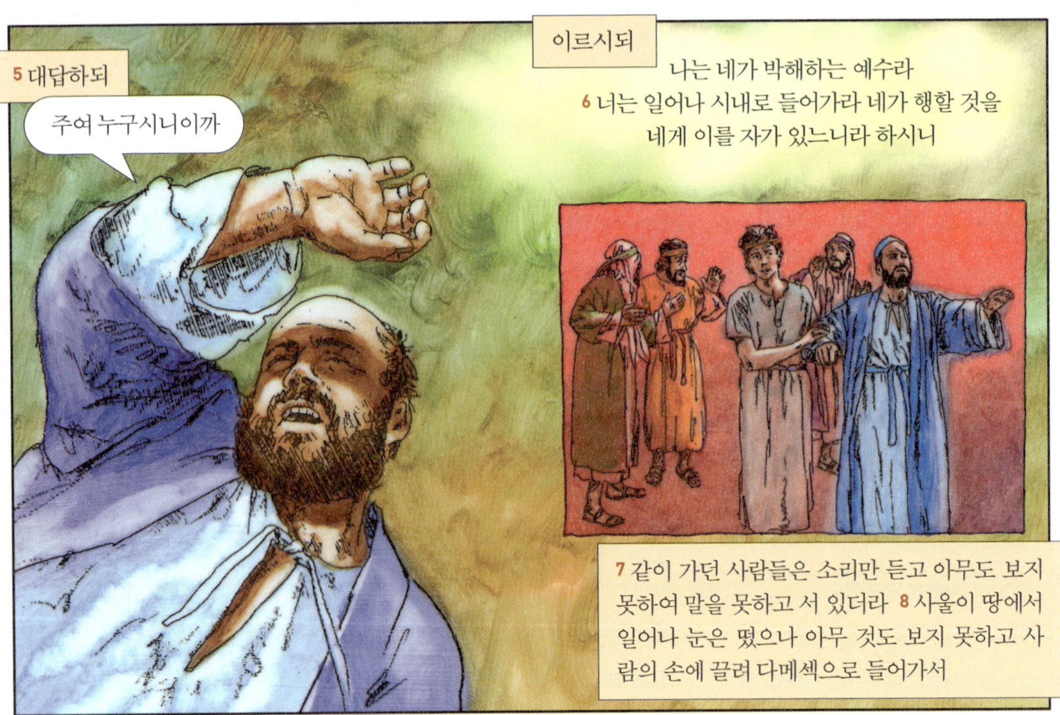

9:11 **유다** 이 사람은 유다라는 이름의 사도들과는 다른 사람이다.

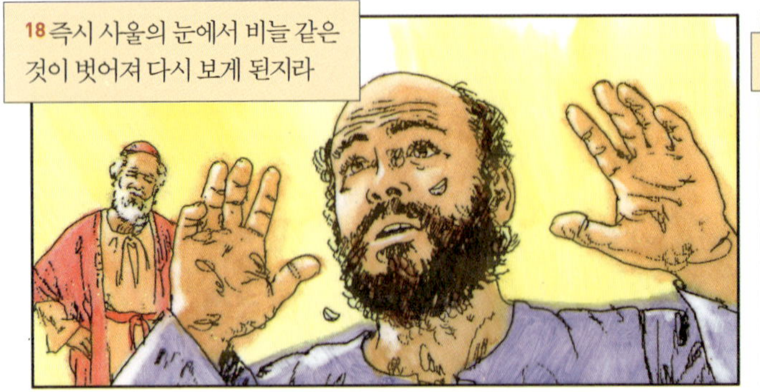
18 즉시 사울의 눈에서 비늘 같은 것이 벗어져 다시 보게 된지라

일어나 세례를 받고

19 음식을 먹으매 강건하여지니라
사울이 다메섹에서 전도하다
사울이 다메섹에 있는 제자들과 함께 며칠 있을새

20 즉시로 각 회당에서 예수가 하나님의 아들이심을 전파하니

21 듣는 사람이 다 놀라 말하되
이 사람이 예루살렘에서 이 이름을 부르는 사람을 멸하려던 자가 아니냐 여기 온 것도 그들을 결박하여 대제사장들에게 끌어 가고자 함이 아니냐 하더라
22 사울은 힘을 더 얻어 예수를 그리스도라 증언하여 다메섹에 사는 유대인들을 당혹하게 하니라

사울이 피신하다
23 여러 날이 지나매 유대인들이 사울 죽이기를 공모하더니 24 그 계교가 사울에게 알려지니라 그들이 그를 죽이려고 밤낮으로 성문까지 지키거늘
25 그의 제자들이 밤에 사울을 광주리에 담아 성벽에서 달아 내리니라

사울이 예루살렘에 가다
26 사울이 예루살렘에 가서 제자들을 사귀고자 하나 다 두려워하여 그가 제자 됨을 믿지 아니하니
27 바나바가 데리고 사도들에게 가서 그가 길에서 어떻게 주를 보았는지와 주께서 그에게 말씀하신 일과 다메섹에서 그가 어떻게 예수의 이름으로 담대히 말하였는지를 전하니라
28 사울이 제자들과 함께 있어 예루살렘에 출입하며

29 또 주 예수의 이름으로 담대히 말하고 헬라파 유대인들과 함께 말하며 변론하니 그 사람들이 죽이려고 힘쓰거늘
30 형제들이 알고 가이사랴로 데리고 내려가서 다소로 보내니라
31 그리하여 온 유대와 갈릴리와 사마리아 교회가 평안하여 든든히 서 가고 주를 경외함과 성령의 위로로 진행하여 수가 더 많아지니라

베드로가 중풍병자를 고치다
32 그 때에 베드로가 사방으로 두루 다니다
가 룻다에 사는 성도들에게도 내려갔더니

33 거기서 애니아라 하는 사람을 만나매 그는 중
풍병으로 침상 위에 누운 지 여덟 해라

34 베드로가 이르되
애니아야 예수 그리스도께
서 너를 낫게 하시니 일어나
네 자리를 정돈하라 한대
곧 일어나니 35 룻다
와 사론에 사는 사람
들이 다 그를 보고 주
께로 돌아오니라

베드로가 도르가를 살리다
36 욥바에 다비다라 하는 여제
자가 있으니 그 이름을 번역하
면 도르가라 선행과 구제하는
일이 심히 많더니
37 그 때에 병들어 죽으매 시
체를 씻어 다락에 누이니라

38 룻다가 욥바에서 가까운지라 제자들이 베드로가 거기 있음을 듣고 두 사람을 보내어
지체 말고 와 달라고 간청하여
39 베드로가 일어나 그들과 함께 가서 이르매 그들이 데리고 다락방에 올라가니 모든 과부가 베드로 곁에 서서 울며 도르가가 그들과 함께 있을 때에 지은 속옷과 겉옷을 다 내보이거늘

40 베드로가 사람을 다 내보내고 무릎을 꿇고 기도하고

돌이켜 시체를 향하여 이르되
다비다야 일어나라 하니
그가 눈을 떠 베드로를 보고 일어나 앉는지라
41 베드로가 손을 내밀어 일으키고

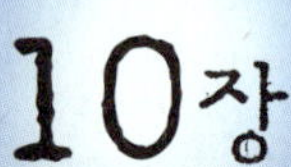

고넬료가 베드로를 청하다

1 가이사랴에
고넬료라 하
는 사람이 있
으니 이달리
야 부대라 하
는 군대의 백
부장이라

2 그가 경건하여 온 집안과
더불어 하나님을 경외하며
백성을 많이 구제하고 하나
님께 항상 기도하더니 3 하
루는 제 구 시쯤 되어 환상 중
에 밝히 보매 하나님의 사자
가 들어와 이르되

10:9 **지붕** 성경 시대에 집들의 지붕은 평평했다. 당시 지붕은 열매와 아마(亞麻) 같은 것들을 말리는 장소로 사용되었다. 또 임시로 사용하는 방으로, 경배의 장소로 또는 여름에 잠자는 장소로 사용되었다.

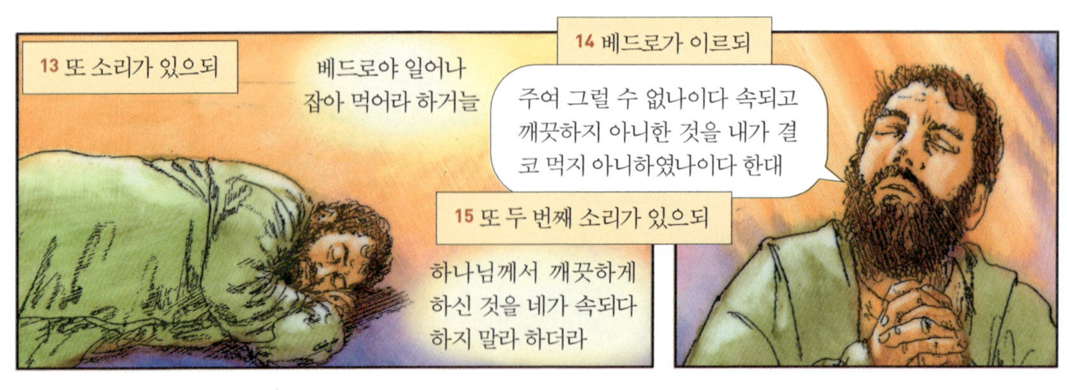

10:19 **두 사람** 한 고대 사본에는 '둘' 어떤 사본에는 수가 밝혀져 있지 않음. 이 책의 원서(The Illustrated International Children's Bible)에도 그림과 동일하게 'three men'으로 나온다. 개역한글과 개역개정판에서는 '두 사람'이라고 번역되었으며 새번역과 표준새번역에는 '세 사람', '셋'이라고 나온다.

22 그들이 대답하되
백부장 고넬료는 의인이요 하나님을 경외하는 사람이라 유대 온 족속이 칭찬하더니 그가 거룩한 천사의 지시를 받아 당신을 그 집으로 청하여 말을 들으려 하느니라 한대
23 베드로가 불러 들여 유숙하게 하니라

베드로가 고넬료의 집에서 설교하다
이튿날 일어나 그들과 함께 갈새 욥바에서 온 어떤 형제들도 함께 가니라 24 이튿날 가이사랴에 들어가니

고넬료가 그의 친척과 가까운 친구들을 모아 기다리더니 25 마침 베드로가 들어올 때에 고넬료가 맞아 발 앞에 엎드리어 절하니

26 베드로가 일으켜 이르되
일어서라 나도 사람이라 하고

27 더불어 말하며 들어가 여러 사람이 모인 것을 보고
28 이르되
유대인으로서 이방인과 교제하며 가까이 하는 것이 위법인 줄은 너희도 알거니와 하나님께서 내게 지시하사 아무도 속되다 하거나 깨끗하지 않다 하지 말라 하시기로

29 부름을 사양하지 아니하고 왔노라 묻노니 무슨 일로 나를 불렀느냐
30 고넬료가 이르되
내가 나흘 전 이맘때까지 내 집에서 제 구 시 기도를 하는데 갑자기 한 사람이 빛난 옷을 입고 내 앞에 서서

31 말하되
고넬료야 하나님이 네 기도를 들으시고 네 구제를 기억하셨으니 32 사람을 욥바에 보내어 베드로라 하는 시몬을 청하라 그가 바닷가 무두장이 시몬의 집에 유숙하느니라 하시기로
33 내가 곧 당신에게 사람을 보내었는데 오셨으니 잘하였나이다 이제 우리는 주께서 당신에게 명하신 모든 것을 듣고자 하여 다 하나님 앞에 있나이다

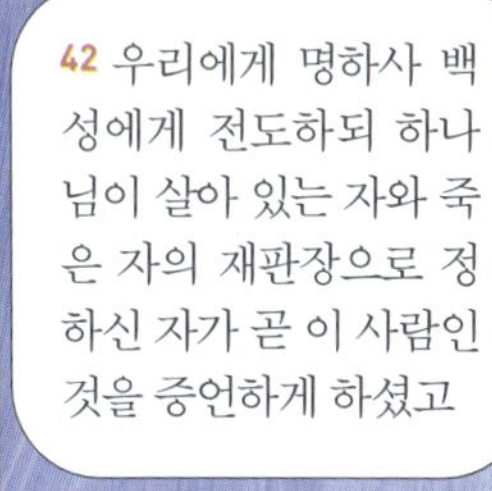

10:37 **요한** 그리스도께서 오실 것을 사람들에게 미리 선포한 세례 요한(마 3장 ; 눅 3장 참조).

이방인들도 성령을 받다

44 베드로가 이 말을 할 때에 성령이
말씀 듣는 모든 사람에게 내려오시니
45 베드로와 함께 온 할례 받은 신자
들이 이방인들에게도 성령 부어 주심
으로 말미암아 놀라니 46 이는 방언
을 말하며 하나님 높임을 들음이러라

47 이에 베드로가 이르되 이 사람들이 우리와 같이 성령
을 받았으니 누가 능히 물로 세례 베풂을 금하리요 하고

48 명하여 예수 그리스도의 이름으로
세례를 베풀라 하니라 그들이 베드
로에게 며칠 더 머물기를 청하니라

11장

베드로가 예루살렘 교회에 보고하다

7 또 들으니 소리 있
어 내게 이르되 베
드로야 일어나 잡아
먹으라 하거늘

8 내가 이르되 주님 그럴 수 없나이다 속되
거나 깨끗하지 아니한 것은 결코 내 입에 들
어간 일이 없나이다 하니 9 또 하늘로부터
두 번째 소리 있어 내게 이르되 하나님이 깨
끗하게 하신 것을 네가 속되다고 하지 말라
하더라 10 이런 일이 세 번 있은 후에 모든
것이 다시 하늘로 끌려 올라가더라

11 마침 세 사람이 내가
유숙한 집 앞에 서 있
으니 가이사랴에서 내
게로 보낸 사람이라

12 성령이 내게 명하사 아무 의심 말고
함께 가라 하시매 이 여섯 형제도 나와
함께 가서 그 사람의 집에 들어가니
13 그가 우리에게 말하
기를 천사가 내 집에 서
서 말하되 네가 사람을
욥바에 보내어 베드로
라 하는 시몬을 청하라

16 내가 주의 말씀에 요한은 물로 세례를 베풀었으나 너희는 성령으로 세례를 받으리라 하신 것이 생각났노라 17 그런즉 하나님이 우리가 주 예수 그리스도를 믿을 때에 주신 것과 같은 선물을 그들에게도 주셨으니 내가 누구이기에 하나님을 능히 막겠느냐 하더라

18 그들이 이 말을 듣고 잠잠하여 하나님께 영광을 돌려 이르되

그러면 하나님께서 이방인에게도 생명 얻는 회개를 주셨도다 하니라

안디옥 교회

19 그 때에 스데반의 일로 일어
난 환난으로 말미암아 흩어진
자들이 베니게와 구브로와 안
디옥까지 이르러 유대인에게
만 말씀을 전하는데 20 그 중
에 구브로와 구레네 몇 사람이
안디옥에 이르러 헬라인*에게
도 말하여 주 예수를 전파하니
21 주의 손이 그들과 함께 하
시매 수많은 사람들이 믿고 주
께 돌아오더라 22 예루살렘 교
회가 이 사람들의 소문을 듣고
바나바를 안디옥까지 보내니

23 그가 이르러 하나님의 은혜를
보고 기뻐하여 모든 사람에게

굳건한 마음으로 주와 함께
머물러 있으라

권하니 24 바나바는 착한 사람이
요 성령과 믿음이 충만한 사람이
라 이에 큰 무리가 주께 더하여지
더라 25 바나바가 사울을 찾으러
다소에 가서 26 만나매 안디옥에
데리고 와서 둘이 교회에 일 년간
모여 있어 큰 무리를 가르쳤고 제
자들이 안디옥에서 비로소 그리
스도인이라 일컬음을 받게 되었
더라 27 그 때에 선지자들이 예루
살렘에서 안디옥에 이르니 28 그
중에 아가보라 하는 한 사람이 일
어나 성령으로 말하되

천하에 큰 흉년이 들리라

하더니 글라우디오 때에 그렇게
되니라 29 제자들이 각각 그 힘대
로 유대에 사는 형제들에게 부조
를 보내기로 작정하고 30 이를 실
행하여 바나바와 사울의 손으로
장로들에게 보내니라

11:20 **헬라인** 일부 헬라어 사본들에는 이것이 '헬라파 유대인'으로 되어 있다. 헬라파 유대인은 헬라인이 아니지만 헬라어를 말하는 사람을 가리켰다.

3 유대인들이 이
일을 기뻐하는
것을 보고 베드
로도 잡으려 할
새 때는 무교절
기간이라

4 잡으매 옥에 가두어 군인
넷씩인 네 패에게 맡겨 지
키고 유월절 후에 백성 앞
에 끌어 내고자 하더라

5 이에 베드로는 옥에 갇혔고
교회는 그를 위하여 간절히
하나님께 기도하더라

6 헤롯이 잡아 내려고 하는 그 전날 밤에 베드로가 두 군인 틈에서
두 쇠사슬에 매여 누워 자는데 파수꾼들이 문 밖에서 옥을 지키더니

7 홀연히 주의 사자가 나타나매 옥중에 광채가
빛나며 또 베드로의 옆구리를 쳐 깨워 이르되
급히
일어나라 하니
쇠사슬이 그 손에서 벗어지
더라 8 천사가 이르되
띠를 띠고
신을 신으라 하거늘

베드로가 그대로 하니 천사가 또 이르되
겉옷을 입고
따라오라 한대
9 베드로가 나
와서 따라갈새
천사가 하는 것
이 생시인 줄
알지 못하고 환
상을 보는가 하
니라
10 이에 첫째와 둘째 파수를 지나 시내로 통
한 쇠문에 이르니 문이 저절로 열리는지라 나
와서 한 거리를 지나매 천사가 곧 떠나더라

11 이에 베드로가 정신
이 들어 이르되
내가 이제야 참으로 주께
서 그의 천사를 보내어 나
를 헤롯의 손과 유대 백성
의 모든 기대에서 벗어나
게 하신 줄 알겠노라 하여

12 깨닫고 마가라 하는 요한의 어머니
마리아의 집에 가니 여러 사람이 거기
에 모여 기도하고 있더라 13 베드로가
대문을 두드린대 로데라 하는 여자 아
이가 영접하러 나왔다가

14 베드로의 음성인 줄 알고 기뻐하
여 문을 미처 열지 못하고

16 베드로가 문 두드리기를 그치지 아니하니
그들이 문을 열어 베드로를 보고 놀라는지라
17 베드로가 그들에게 손짓하여 조
용하게 하고 주께서 자기를 이끌어
옥에서 나오게 하던 일을 말하고 또
야고보와 형제들에게 이 말을 전하라 하고
떠나 다른 곳으로 가니라

18 날이 새매 군인들은 베드
로가 어떻게 되었는지 알지
못하여 적지 않게 소동하니
19 헤롯이 그를 찾아도 보지 못하매 파수꾼들을 심문하고 죽이
라 명하니라 헤롯이 유대를 떠나 가이사랴로 내려가서 머무니라

헤롯이 죽다
20 헤롯이 두로와 시돈 사람들을 대단히 노여
워하니 그들의 지방이 왕국에서 나는 양식을
먹는 까닭에 한마음으로 그에게 나아와 왕의
침소 맡은 신하 블라스도를 설득하여 화목하
기를 청한지라 21 헤롯이 날을 택하여 왕복
을 입고 단상에 앉아 백성에게 연설하니
22 백성들이 크게 부르되
이것은 신의 소리요 사람
의 소리가 아니라 하거늘
23 헤롯이 영광을
하나님께로 돌리
지 아니하므로 주
의 사자가 곧 치니
벌레에게 먹혀 죽
으니라
24 하나님의 말씀은 흥왕
하여 더하더라 25 바나
바와 사울이 부조하는 일
을 마치고 마가라 하는
요한을 데리고 예루살렘
에서 돌아오니라

13:2 **금식** 기도하며 하나님을 경배하는 특별한 때에 사람들은 금식을 하였다. 또한 금식은 슬픔의 표현이기도 했다.
13:3 **안수하여** 여기서 안수는 이 사람들에게 하나님의 특별한 일이 맡겨졌다는 것을 의미했다.

실루기아에 내려가 거기서 배 타고 구브로에 가서

5 살라미에 이르
러 하나님의 말씀
을 유대인의 여러
회당에서 전할새
요한을 수행원으
로 두었더라 6 온
섬 가운데로 지나
서 바보에 이르러

바예수라 하는 유
대인 거짓 선지자
인 마술사를 만나
니 7 그가 총독
서기오 바울과 함
께 있으니 서기오
바울은 지혜 있는
사람이라

바나바와 사울을 불러 하나님의 말씀
을 듣고자 하더라 8 이 마술사 엘루
마는 (이 이름을 번역하면 마술사라)
그들을 대적하여 총독으로 믿지 못하
게 힘쓰니 9 바울이라고 하는 사울이
성령이 충만하여 그를 주목하고

10 이르되
모든 거짓과 악행이 가득한 자요 마귀의 자식이요 모든 의의 원수여 주의 바른 길을 굽게 하기를 그치지 아니하겠느냐

11 보라 이제 주의 손이 네 위에 있으니 네가 맹인이 되어 얼마 동안 해를 보지 못하리라 하니
즉시 안개와 어둠이 그를 덮어 인도할 사람을 두루 구하는지라

12 이에 총독이 그렇게 된 것을 보고 믿으며 주의 가르치심을 놀랍게 여기니라

바울과 바나바가 비시디아 안디옥에서 전도하다
13 바울과 및 동행하는 사람들이 바보에서 배 타고 밤빌리아에 있는 버가에 이르니 요한은 그들에게서 떠나 예루살렘으로 돌아가고

14 그들은 버가에서 더 나아가 비시디아 안디옥에 이르러

13:18 **그들의 소행을 참으시고** 일부 헬라어 사본들에는 이것이 '그들을 돌보시고'라고 되어 있다.

23 하나님이 약속하신 대로 이 사람의 후손에서 이스라엘을 위
하여 구주를 세우셨으니 곧 예수라 24 그가 오시기에 앞서 요
한이 먼저 회개의 세례를 이스라엘 모든 백성에게 전파하니라
25 요한이 그 달려갈 길을
마칠 때에 말하되 너희가 나
를 누구로 생각하느냐 나는
그리스도가 아니라 내 뒤에
오시는 이가 있으니 나는 그
발의 신발끈을 풀기도 감당
하지 못하리라 하였으니

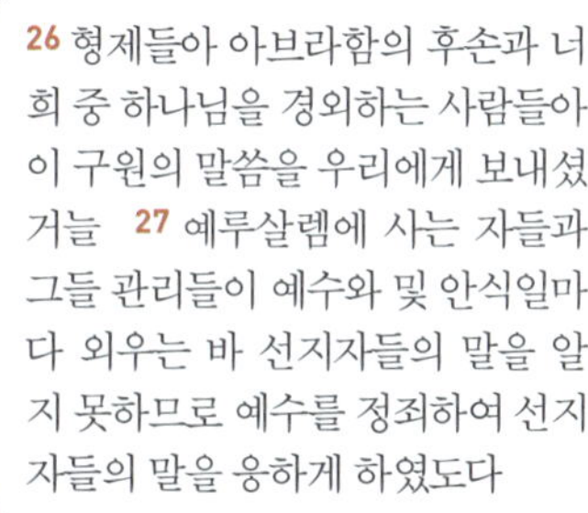
26 형제들아 아브라함의 후손과 너
희 중 하나님을 경외하는 사람들아
이 구원의 말씀을 우리에게 보내셨
거늘 27 예루살렘에 사는 자들과
그들 관리들이 예수와 및 안식일마
다 외우는 바 선지자들의 말을 알
지 못하므로 예수를 정죄하여 선지
자들의 말을 응하게 하였도다

28 죽일 죄를 하나도 찾
지 못하였으나 빌라도에
게 죽여 달라 하였으니

29 성경에 그를 가리켜 기록한 말씀을 다 응하게 한 것이라 후에 나무에서 내려다가 무덤에 두었으나

30 하나님이 죽은 자 가운데서 그를 살리신지라
31 갈릴리로부터 예루살렘에 함께 올라간 사람들에게 여러 날 보이셨으니 그들이 이제 백성 앞에서 그의 증인이라

32 우리도 조상들에게 주신 약속을 너희에게 전파하노니 33 곧 하나님이 예수를 일으키사 우리 자녀들에게 이 약속을 이루게 하셨다 함이라 시편 둘째 편에 기록한 바와 같이
너는 내 아들이라 오늘 너를 낳았다 하셨고 시 2:7

34 또 하나님께서 죽은 자 가운데서 그를 일으키사 다시 썩음을 당하지 않게 하실 것을 가르쳐 이르시되
내가 다윗의 거룩하고 미쁜 은사를 너희에게 주리라 하셨으며 사 55:3
35 또 다른 시편에 일렀으되
주의 거룩한 자로 썩음을 당하지 않게 하시리라 하셨느니라 시 16:10
36 다윗은 당시에 하나님의 뜻을 따라 섬기다가 잠들어 그 조상들과 함께 묻혀 썩음을 당하였으되 37 하나님께서 살리신 이는 썩음을 당하지 아니하였나니

38 그러므로 형제들아 너희가 알 것
은 이 사람을 힘입어 죄 사함을 너희
에게 전하는 이것이며 39 또 모세의
율법으로 너희가 의롭다 하심을 얻
지 못하던 모든 일에도 이 사람을 힘
입어 믿는 자마다 의롭다 하심을 얻
는 이것이라 40 그런즉 너희는 선지
자들을 통하여 말씀하신 것이 너희
에게 미칠까 삼가라 41 일렀으되
보라 멸시하는 사람들아 너희는 놀
라고 멸망하라 내가 너희 때를 당하
여 한 일을 행할 것이니 사람이 너희
에게 일러줄지라도 도무지 믿지 못
할 일이라 하였느니라 하니라 합 1:5

42 그들이 나갈새 사람들이 청하
되 다음 안식일에도 이 말씀을
하라 하더라 43 회당의 모임이
끝난 후에 유대인과 유대교에 입
교한 경건한 사람들이 많이 바울
과 바나바를 따르니 두 사도가
더불어 말하고 항상 하나님의 은
혜 가운데 있으라 권하니라

44 그 다음 안식일에는 온 시민이 거의 다
하나님의 말씀을 듣고자 하여 모이니

13:51 **발의 티끌을 떨어 버리고** 이것은 그들이 사람들에게 할 말을 다했다는 표시가 된다.

14장

바울과 바나바가 이고니온에서 전도하다

1 이에 이고니온에서 두 사도가 함께
유대인의 회당에 들어가 말하니 유대
와 헬라의 허다한 무리가 믿더라

2 그러나 순종하지 아니하
는 유대인들이 이방인들의
마음을 선동하여 형제들에
게 악감을 품게 하거늘

4 그 시내의 무리가 나뉘어 유대인을 따르는
자도 있고 두 사도를 따르는 자도 있는지라
5 이방인과 유대인과 그 관리들이 두 사도를 모욕하며 돌로 치
려고 달려드니 6 그들이 알고 도망하여 루가오니아의 두 성 루
스드라와 더베와 그 근방으로 가서 7 거기서 복음을 전하니라

바울과 바나바가 루스드라에서 전도하다
8 루스드라에 발을 쓰지 못하는 한
사람이 앉아 있는데 나면서 걷지 못
하게 되어 걸어 본 적이 없는 자라

14:12 **제우스** 헬라인들은 많은 신들을 믿었는데 그중에서도 가장 중요한 신이 제우스였다.
14:12 **헤르메스** 헬라인들은 헤르메스가 다른 신들의 말을 전하는 자라고 믿었다.

15 이르되

여러분이여 어찌하여 이러한 일을 하느
냐 우리도 여러분과 같은 성정을 가진
사람이라 여러분에게 복음을 전하는 것
은 이런 헛된 일을 버리고 천지와 바다
와 그 가운데 만물을 지으시고 살아 계
신 하나님께로 돌아오게 함이라 16 하
나님이 지나간 세대에는 모든 민족으로
자기들의 길들을 가게 방임하셨으나

17 그러나 자기를 증언하지 아니
하신 것이 아니니 곧 여러분에게
하늘로부터 비를 내리시며 결실
기를 주시는 선한 일을 하사 음
식과 기쁨으로 여러분의 마음에
만족하게 하셨느니라 하고

18 이렇게 말하여 겨우 무리를 말려
자기들에게 제사를 못하게 하니라

19 유대인들이 안디
옥과 이고니온에서
와서 무리를 충동하
니 그들이 돌로 바
울을 쳐서 죽은 줄
로 알고 시외로 끌
어 내치니라

20 제자들이 둘러섰을 때에 바울이 일어나 그 성
에 들어갔다가 이튿날 바나바와 함께 더베로 가서

21 복음을 그 성에서 전하여 많은 사람을 제
자로 삼고 루스드라와 이고니온과 안디옥으
로 돌아가서 22 제자들의 마음을 굳게 하여
이 믿음에 머물러 있으라 권하고 또 우리가
하나님의 나라에 들어가려면 많은 환난을
겪어야 할 것이라 하고 23 각 교회에서 장로
들을 택하여 금식 기도 하며 그들이 믿는 주
께 그들을 위탁하고 24 비시디아 가운데로
지나서 밤빌리아에 이르러 25 말씀을 버가
에서 전하고 앗달리아로 내려가서 26 거기
서 배 타고 안디옥에 이르니 이 곳은 두 사
도가 이룬 그 일을 위하여 전에 하나님의 은
혜에 부탁하던 곳이라 27 그들이 이르러 교
회를 모아 하나님이 함께 행하신 모든 일과
이방인들에게 믿음의 문을 여신 것을 보고
하고 28 제자들과 함께 오래 있으니라

15장
예루살렘 회의
1 어떤 사람들이 유대로부터 내려와서 형제들을 가르치되
너희가 모세의 법대로 할례를 받지 아니하면 능히 구원을 받지 못하리라 하니
2 바울 및 바나바와 그들 사이에 적지 아니한 다툼과 변론이 일어난지라 형제들이 이 문제에 대하여 바울과 바나바와 및 그 중의 몇 사람을 예루살렘에 있는 사도와 장로들에게 보내기로 작정하니라

3 그들이 교회의 전송을 받고 베니게와 사마리아로 다니며 이방인들이 주께 돌아온 일을 말하여 형제들을 다 크게 기쁘게 하더라

4 예루살렘에 이르러 교회와 사도와 장로들에게 영접을 받고 하나님이 자기들과 함께 계셔 행하신 모든 일을 말하매

5 바리새파 중에 어떤 믿는 사람들이 일어나 말하되
죄인으로서 어떻게 이러한 표적을 행하겠느냐 하여 이방인에게 할례를 행하고 모세의 율법을 지키라 명하는 것이 마땅하다 하니라

6 사도와 장로들이 이 일을 의논하러 모여 7 많은 변론이 있은 후에 베드로가 일어나 말하되
형제들아 너희도 알거니와 하나님이 이방인들로 내 입에서 복음의 말씀을 들어 믿게 하시려고 오래 전부터 너희 가운데서 나를 택하시고

8 또 마음을 아시는 하나님이 우리에게와 같이 그들에게도 성령을 주어 증언하시고 9 믿음으로 그들의 마음을 깨끗이 하사 그들이나 우리나 차별하지 아니하셨느니라

10 그런데 지금 너희가 어찌하여 하나님을 시험하여 우리 조상과 우리도 능히 메지 못하던 멍에를 제자들의 목에 두려느냐

11 그러나 우리는 그들이 우리와 동일하게 주 예수의 은혜로 구원 받는 줄을 믿노라 하니라

12 온 무리가 가만히 있어 바나바와 바울이 하나님께서 자기들로 말미
암아 이방인 중에서 행하신 표적과 기사에 관하여 말하는 것을 듣더니

13 말을 마치매 야고보
가 대답하여 이르되
형제들아
내 말을 들으라

14 하나님이 처음으로 이방인 중에서 자기 이름을 위할
백성을 취하시려고 그들을 돌보신 것을 시므온이 말하였
으니 15 선지자들의 말씀이 이와 일치하도다 기록된 바

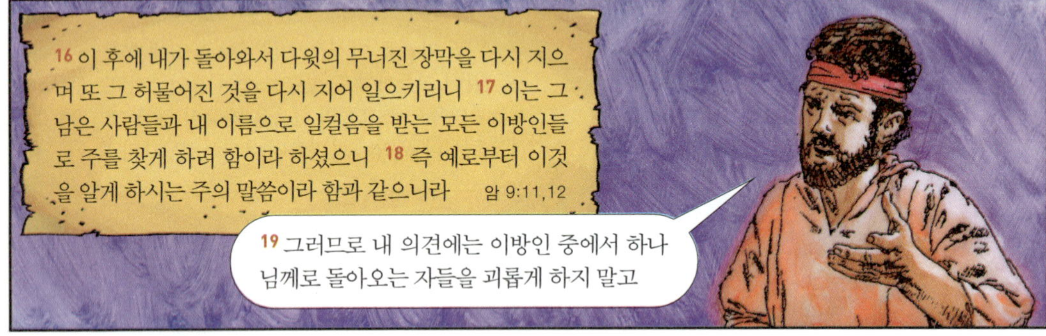
16 이 후에 내가 돌아와서 다윗의 무너진 장막을 다시 지으
며 또 그 허물어진 것을 다시 지어 일으키리니 17 이는 그
남은 사람들과 내 이름으로 일컬음을 받는 모든 이방인들
로 주를 찾게 하려 함이라 하셨으니 18 즉 예로부터 이것
을 알게 하시는 주의 말씀이라 함과 같으니라 암 9:11,12
19 그러므로 내 의견에는 이방인 중에서 하나
님께로 돌아오는 자들을 괴롭게 하지 말고

20 다만 우상의 더러운 것과 음행과 목매어 죽인 것
과 피를 멀리하라고 편지하는 것이 옳으니 21 이는
예로부터 각 성에서 모세를 전하는 자가 있어 안식
일마다 회당에서 그 글을 읽음이라 하더라

이방인 신자들에게 보내는 편지

22 이에 사도와 장로와 온
교회가 그 중에서 사람들을
택하여 바울과 바나바와 함
께 안디옥으로 보내기를 결
정하니 곧 형제 중에 인도
자인 바사바라 하는 유다와
실라더라 23 그 편에 편지
를 부쳐 이르되

사도와 장로 된 형제들은 안디옥과 수리
아와 길리기아에 있는 이방인 형제들에게
문안하노라 24 들은즉 우리 가운데서 어
떤 사람들이 우리의 지시도 없이 나가서
말로 너희를 괴롭게 하고 마음을 혼란하
게 한다 하기로 25-26 사람을 택하여 우
리 주 예수 그리스도의 이름을 위하여 생
명을 아끼지 아니하는 자인 우리가 사랑
하는 바나바와 바울과 함께 너희에게 보
내기를 만장일치로 결정하였노라 27 그
리하여 유다와 실라를 보내니 그들도 이
일을 말로 전하리라 28 성령과 우리는 이
요긴한 것들 외에는 아무 짐도 너희에게
지우지 아니하는 것이 옳은 줄 알았노니
29 우상의 제물과 피와 목매어 죽인 것과
음행을 멀리할지니라 이에 스스로 삼가면
잘되리라 평안함을 원하노라 하였더라

30 그들이 작별하고 안디옥에 내려가
무리를 모은 후에 편지를 전하니

31 읽고 그 위로한
말을 기뻐하더라
32 유다와 실라도
선지자라 여러 말
로 형제를 권면하
여 굳게 하고

15:34 일부 헬라어 사본들에는 "실라는 그들과 함께 유하기를 작정하고"라고 기록되어 있다.

16장

바울이 디모데를 데리고 가다

1 바울이 더베와 루스드라에도 이르매
거기 디모데라 하는 제자가 있으니 그
어머니는 믿는 유대 여자요 아버지는
헬라인이라 2 디모데는 루스드라와
이고니온에 있는 형제들에게 칭찬 받
는 자니 3 바울이 그를 데리고 떠나고
자 할새 그 지역에 있는 유대인으로
말미암아 그를 데려다가 할례를 행하
니 이는 그 사람들이 그의 아버지는
헬라인인 줄 다 앎이러라

4 여러 성으로 다녀 갈 때에 예
루살렘에 있는 사도와 장로들
이 작정한 규례를 그들에게 주
어 지키게 하니 5 이에 여러 교
회가 믿음이 더 굳건해지고 수
가 날마다 늘어가니라

16:11 **네압볼리** 마게도냐의 도시. 바울이 유럽 대륙에서 가장 먼저 방문한 도시이다.
16:12 **로마의 식민지** 로마인들이 로마의 법과 관습과 특권을 적용하여 시작한 도시

13 안식일에 우리가 기도할 곳이 있
을까 하여 문 밖 강가에 나가 거기
앉아서 모인 여자들에게 말하는데

바울과 실라가 갇히다

16 우리가 기도하는 곳에 가다가 점치는
귀신• 들린 여종 하나를 만나니 점으로
그 주인들에게 큰 이익을 주는 자라

16:16 귀신 이것은 마귀에게서 온 영이다. 이 영 때문에 여종은 자기에게 특별한 지식이 있다고 말했다.

20 상관들 앞에 데리고 가서 말하되
이 사람들이 유대인인데 우리 성을 심히 요란
하게 하여 21 로마 사람인 우리가 받지도 못
하고 행하지도 못할 풍속을 전한다 하거늘

22 무리가 일제히 일어나 고발하니 상관
들이 옷을 찢어 벗기고 매로 치라 하여

23 많이 친 후에 옥에 가두
고 간수에게 명하여 든든
히 지키라 하니 24 그가 이
러한 명령을 받아 그들을
깊은 옥에 가두고 그 발을
차꼬에 든든히 채웠더니

16:27 **자결하려 하거늘** 간수는 그의 상관들이 그가 죄수들을 놓아주었다고 생각해서 그를 죽일 것이라고 생각했다.

28 바울이 크게 소리 질러 이르되
네 몸을 상하지 말라 우리가 다 여기 있노라 하니
29 간수가 등불을 달라고 하며 뛰어 들어가 무서워 떨며 바울과 실라 앞에 엎드리고 30 그들을 데리고 나가 이르되
선생들이여 내가 어떻게 하여야 구원을 받으리이까 하거늘
31 이르되
주 예수를 믿으라 그리하면 너와 네 집이 구원을 받으리라 하고

32 주의 말씀을 그 사람과 그 집에 있는 모든 사람에게 전하더라 33 그 밤 그 시각에 간수가 그들을 데려다가 그 맞은 자리를 씻어 주고 자기와 그 온 가족이 다 세례를 받은 후 34 그들을 데리고 자기 집에 올라가서 음식을 차려 주고 그와 온 집안이 하나님을 믿으므로 크게 기뻐하니라

35 날이 새매 상관들이 부하를 보내어
이 사람들을 놓으라 하니

36 간수가 그 말대로 바울에게 말하되
상관들이 사람을 보내어 너희를 놓으라 하였으니 이제는 나가서 평안히 가라 하거늘

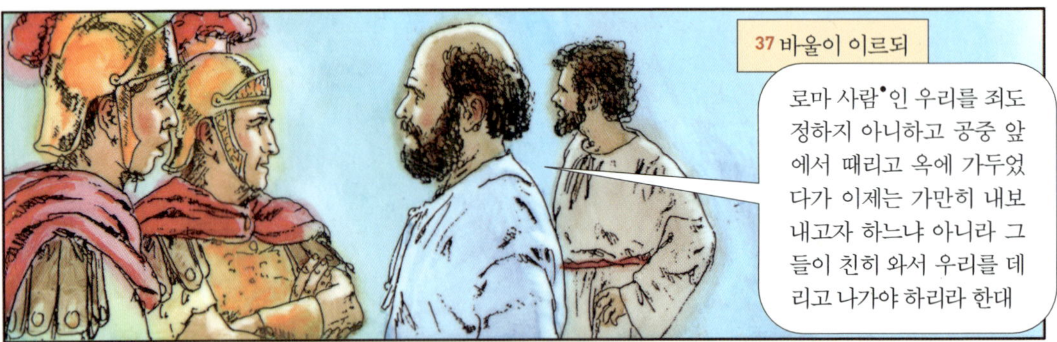

16:37 **로마 사람** 로마의 법에 의하면, 로마 시민은 재판을 받기 전에 매질을 할 수 없었다.

17장
바울이 데살로니가에서 전도하다
마게도냐
빌립보
암비볼리
네아볼리
데살로니가
아볼로니아
에게해
드로아
1 그들이 암비볼리와 아볼로니아로 다녀가 데살
로니가에 이르니 거기 유대인의 회당이 있는지라

2 바울이 자기의 관례
대로 그들에게로 들어
가서 세 안식일에 성
경을 가지고 강론하며
3 뜻을 풀어 그리스도가 해를 받고 죽은 자 가운
데서 다시 살아나야 할 것을 증언하고 이르되
내가 너희에게 전하는 이
예수가 곧 그리스도라 하니

4 그 중의 어떤 사람
곧 경건한 헬라인의
큰 무리와 적지 않은
귀부인도 권함을 받고
바울과 실라를 따르나

5 그러나 유대
인들은 시기하
여 저자의 어떤
불량한 사람들
을 데리고 떼를
지어 성을 소동
하게 하여

야손의 집에 침입하여 그
들을 백성에게 끌어내려
고 찾았으나 6 발견하지
못하매 야손과 몇 형제들
을 끌고 읍장들 앞에 가서
소리 질러 이르되

천하를 어지럽게 하던
이 사람들이 여기도 이
르매 7 야손이 그들을
맞아 들였도다 이 사람
들이 다 가이사의 명을
거역하여 말하되 다른
임금 곧 예수라 하는 이
가 있다 하더이다 하니

8 무리와 읍장들이 이 말을
듣고 소동하여 9 야손과 그
나머지 사람들에게 보석금
을 받고 놓아 주니라

베뢰아 사람들이 말씀을 받다

11 베뢰아에 있는 사람들은
데살로니가에 있는 사람들보
다 더 너그러워서 간절한 마
음으로 말씀을 받고 이것이
그러한가 하여 날마다 성경을
상고하므로 12 그 중에 믿는
사람이 많고 또 헬라의 귀부
인과 남자가 적지 아니하나

13 데살로니가에
있는 유대인들은
바울이 하나님의
말씀을 베뢰아에
서도 전하는 줄을
알고 거기도 가서
무리를 움직여 소
동하게 하거늘

14 형제들이 곧 바울을 내보내어
바다까지 가게 하되 실라와 디모데
는 아직 거기 머물더라 15 바울을
인도하는 사람들이 그를 데리고 아
덴까지 이르러 그에게서 실라와 디
모데를 자기에게로 속히 오게 하라
는 명령을 받고 떠나니라

바울이 아덴에서 전도하다

16 바울이 아덴에서 그들을 기다리다가 그 성
에 우상이 가득한 것을 보고 마음에 격분하여

17:18 **에피쿠로스와 스토아 철학자들** 철학자들은 진리를 탐구하는 사람들이었다. 에피쿠로스 철학자들은 쾌락 특히 정신적 쾌락이 인생의 목표라고 믿었다. 스토아 철학자들은 기쁨이나 슬픔의 감정이 없는 삶을 목표로 삼았다.

아덴 사람들아 너희를 보니 범사
에 종교심이 많도다 23 내가 두
루 다니며 너희가 위하는 것들을
보다가 알지 못하는 신에게라고
새긴 단도 보았으니 그런즉 너희
가 알지 못하고 위하는 그것을 내
가 너희에게 알게 하리라

24 우주와 그 가운데 있는 만물
을 지으신 하나님께서는 천지의
주재시니 손으로 지은 전에 계
시지 아니하시고 25 또 무엇이
부족한 것처럼 사람의 손으로
섬김을 받으시는 것이 아니니
이는 만민에게 생명과 호흡과
만물을 친히 주시는 이심이라

26 인류의 모든 족속을 한 혈통
으로 만드사 온 땅에 살게 하시
고 그들의 연대를 정하시며 거
주의 경계를 한정하셨으니 27
이는 사람으로 혹 하나님을 더
듬어 찾아 발견하게 하려 하심
이로되 그는 우리 각 사람에게
서 멀리 계시지 아니하도다

17:19 **아레오바고** 아덴의 중요한 지도자들의 모임. 그들은 마치 재판관 같은 사람들이었다.

28 우리가 그를 힘입어 살며 기
동하며 존재하느니라 너희 시인
중 어떤 사람들의 말과 같이 우
리가 그의 소생이라 하니 29 이
와 같이 하나님의 소생이 되었은
즉 하나님을 금이나 은이나 돌에
다 사람의 기술과 고안으로 새긴
것들과 같이 여길 것이 아니니라

30 알지 못하던 시대에
는 하나님이 간과하셨
거니와 이제는 어디든
지 사람에게 다 명하
사 회개하라 하셨으니

31 이는 정하신 사람으
로 하여금 천하를 공의
로 심판할 날을 작정하
시고 이에 그를 죽은
자 가운데서 다시 살리
신 것으로 모든 사람에
게 믿을 만한 증거를
주셨음이니라 하니라

32 그들이 죽은 자의 부활을 듣
고 어떤 사람은 조롱도 하고 어
떤 사람은

이 일에 대하여 네 말
을 다시 듣겠다 하니

33 이에 바울이 그들 가운데서 떠나매
34 몇 사람이 그를 가까이하여 믿으니
그 중에는 아레오바고 관리 디오누시오
와 다마리라 하는 여자와 또 다른 사람
들도 있었더라

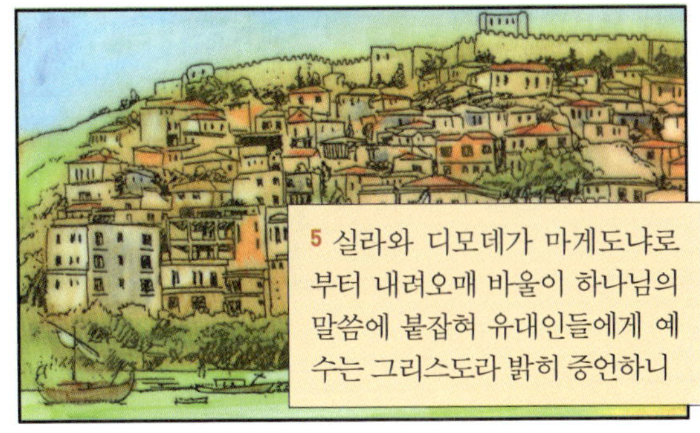

18:2 **글라우디오** 주후 41년부터 54년까지 로마의 황제이었던 사람

18:6 **바울이 옷을 털면서** 이것은 바울이 유대인들에게 할 말을 다 했음을 표시하는 행동이었다.

12 갈리오가 아가야 총독 되었을 때에 유대인이 일제히 일어나 바울을 대적하여 법정으로 데리고 가서 13 말하되
이 사람이 율법을 어기면서 하나님을 경외하라고 사람들을 권한다 하거늘

14 바울이 입을 열고자 할 때에 갈리오가 유대인들에게 이르되
너희 유대인들아 만일 이것이 무슨 부정한 일이나 불량한 행동이었으면 내가 너희 말을 들어 주는 것이 옳거니와 15 만일 문제가 언어와 명칭과 너희 법에 관한 것이면 너희가 스스로 처리하라 나는 이러한 일에 재판장 되기를 원하지 아니하노라 하고

16 그들을 법정에서 쫓아내니
17 모든 사람이 회당장 소스데네를 잡아 법정 앞에서 때리되 갈리오가 이 일을 상관하지 아니하니라

18:18 머리를 깎았더라 하나님께 한 특별한 약속의 때가 끝났다는 것을 보여주기 위해 유대인들은 머리를 깎았다.

22 가이사랴에 상륙하여 올라가 교회의
안부를 물은 후에 안디옥으로 내려가서

23 얼마 있다가 떠나 갈라디아와
브루기아 땅을 차례로 다니며 모
든 제자를 굳건하게 하니라

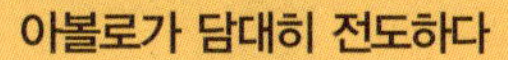

아볼로가 담대히 전도하다

24 알렉산드리아에서
난 아볼로라 하는 유대
인이 에베소에 이르니
이 사람은 언변이 좋고
성경에 능통한 자라

25 그가 일찍이 주의 도를
배워 열심으로 예수에 관한
것을 자세히 말하며 가르치
나 요한의 세례만 알 따름
이라 26 그가 회당에서 담
대히 말하기 시작하거늘 브
리스길라와 아굴라가 듣고

데려다가 하나님의
도를 더 정확하게 풀
어 이르더라

27 아볼로가 아가야로
건너가고자 함으로 형
제들이 그를 격려하며
제자들에게 편지를 써
영접하라 하였더니 그
가 가매 은혜로 말미암
아 믿은 자들에게 많은
유익을 주니

6 바울이 그들에게 안수하매• 성령이 그들에게 임하시므로 방언도 하고 예언도 하니 7 모두 열두 사람쯤 되니라

19:3 **요한** 그리스도께서 오실 것을 사람들에게 미리 선포한 세례 요한(마 3장 ; 눅 3장 참조).
19:6 **바울이 그들에게 안수하매** 안수는 성령의 특별한 능력을 줄 수 있는 하나님의 권세나 능력이 바울에게 있었음을 보여주는 표시였다.

8 바울이 회당에 들어가 석 달 동안 담대히 하나님 나라에 관하여 강론하며 권면하되
9 어떤 사람들은 마음이 굳어 순종하지 않고 무리 앞에서 이 도를 비방하거늘

바울이 그들을 떠나 제자들을 따로 세우고 두란노 서원에서 날마다 강론하니라
10 두 해 동안 이같이 하니 아시아에 사는 자는 유대인이나 헬라인이나 다 주의 말씀을 듣더라

11 하나님이 바울의 손으로 놀라운 능력을 행하게 하시니 12 심지어 사람들이 바울의 몸에서 손수건이나 앞치마를 가져다가 병든 사람에게 얹으면 그 병이 떠나고 악귀도 나가더라
13 이에 돌아다니며 마술하는 어떤 유대인들이 시험삼아 악귀 들린 자들에게 주 예수의 이름을 불러 말하되

19:19 **은 오만** 여기서 돈의 단위는 드라크마인 것 같다. 은화 한 닢은 한 사람에게 하루 품삯으로 줄 수 있는 금액이었다.

19:24 아데미 소아시아 사람들이 숭배했던 헬라의 여신

27 우리의 이 영업이 천하여질 위험이 있을 뿐 아니라
큰 여신 아데미의 신전도 무시 당하게 되고 온 아시아
와 천하가 위하는 그의 위엄도 떨어질까 하노라 하더라
28 그들이 이 말을 듣고 분
노가 가득하여 외쳐 이르되
크다 에베소 사람의 아데미여 하니

29 온 시내가 요란하여 바울과
같이 다니는 마게도냐 사람 가이
오와 아리스다고를 붙들어 일제
히 연극장으로 달려 들어가는지
라 30 바울이 백성 가운데로 들
어가고자 하나 제자들이 말리고
31 또 아시아 관리 중에 바울의
친구된 어떤 이들이 그에게 통지
하여 연극장에 들어가지 말라 권
하더라 32 사람들이 외쳐 어떤
이는 이런 말을, 어떤 이는 저런
말을 하니 모인 무리가 분란하여
태반이나 어찌하여 모였는지 알
지 못하더라

35 서기장이 무리를 진정시키고 이르되

에베소 사람들아 에베소 시가 큰
아데미와 제우스에게서 내려온
우상의 신전지기가 된 줄을 누가
알지 못하겠느냐 36 이 일이 그렇
지 않다 할 수 없으니 너희가 가만
히 있어서 무엇이든지 경솔히 아
니하여야 하리라 37 신전의 물건
을 도둑질하지도 아니하였고 우
리 여신을 비방하지도 아니한 이
사람들을 너희가 붙잡아 왔으니
38 만일 데메드리오와 그와 함께
있는 직공들이 누구에게 고발할
것이 있으면 재판 날도 있고 총독
들도 있으니 피차 고소할 것이요
39 만일 그 외에 무엇을 원하면 정
식으로 민회에서 결정할지라

20장

바울이 마게도냐와 헬라를 다니다

20:7 **그 주간의 첫날** 주일. 유대인들에게 이 날은 우리의 토요일 일몰 때에 시작되었다. 그러나 아시아의 이 지역에서 다른 요일 계산법이 사용되었다면 이 집회는 우리의 주일 밤에 있었던 일이 된다.

삼 층에서 떨어지
거늘 일으켜보니
죽었는지라

10 바울이 내려가서
그 위에 엎드려 그 몸
을 안고 말하되
떠들지 말라 생명이
그에게 있다 하고

11 올라가 떡을 떼어
먹고 오랫동안 곧 날이
새기까지 이야기하고
떠나니라 12 사람들이
살아난 청년을 데리고
가서 적지 않게 위로를
받았더라

드로아에서 밀레도까지 항해하다
13 우리는 앞서 배를
타고 앗소에서 바울을
태우려고 그리로 가니
이는 바울이 걸어서 가
고자 하여 그렇게 정하
여 준 것이라

14 바울이 앗소에서 우리를
만나니 우리가 배에 태우
고 미둘레네로 가서 15 거
기서 떠나 이튿날 기오 앞
에 오고 그 이튿날 사모에
들르고 또 그 다음 날 밀레
도에 이르니라 16 바울이
아시아에서 지체하지 않기
위하여 에베소를 지나 배
타고 가기로 작정하였으니
이는 될 수 있는 대로 오순
절 안에 예루살렘에 이르
려고 급히 감이러라
비두니아와 본도
부르사
드로아
앗소
미둘레네
버가모
두아디라
소 아 시 아
사데
서머나
기오
사모
에베소
밀레도
비시디아 안디옥
이고니온
루스드라
더베
골로새
안티오코스
길리기아 관문
앗달리아
버가
다소
안디옥
바다라
무라
그레데
구브로
살라미
피난항
바보
다메섹
시돈
두로
지 중 해
돌레마이
가이사랴
유대
안디바드리
알렉산드리아
예루살렘
사해
에베소 장로들에게 고별 설교를 하다
17 바울이 밀레도에서 사
람을 에베소로 보내어
교회 장로들을 청하니

18 오매 그들에게 말하되
아시아에 들어온 첫날부터
지금까지 내가 항상 여러분
가운데서 어떻게 행하였는지
를 여러분도 아는 바니 19 곧
모든 겸손과 눈물이며 유대
인의 간계로 말미암아 당한
시험을 참고 주를 섬긴 것과

20 유익한 것은 무엇이든지 공중
앞에서나 각 집에서나 거리낌이
없이 여러분에게 전하여 가르치고
21 유대인과 헬라인들에게 하나님
께 대한 회개와 우리 주 예수 그리
스도께 대한 믿음을 증언한 것이라

22 보라 이제 나는 성령에 매여 예루살렘으로 가는데 거기서 무슨 일을 당할는지 알지 못하노라 23 오직 성령이 각 성에서 내게 증언하여 결박과 환난이 나를 기다린다 하시나
24 내가 달려갈 길과 주 예수께 받은 사명 곧 하나님의 은혜의 복음을 증언하는 일을 마치려 함에는 나의 생명조차 조금도 귀한 것으로 여기지 아니하노라

25 보라 내가 여러분 중에 왕래하며 하나님의 나라를 전파하였으나 이제는 여러분이 다 내 얼굴을 다시 보지 못할 줄 아노라 26 그러므로 오늘 여러분에게 증언하거니와 모든 사람의 피에 대하여 내가 깨끗하니 27 이는 내가 꺼리지 않고 하나님의 뜻을 다 여러분에게 전하였음이라

28 여러분은 자기를 위하여 또는 온 양 떼를 위하여 삼가라 성령이 그들 가운데 여러분을 감독자로 삼고 하나님이 자기 피로 사신 교회를 보살피게 하셨느니라
29 내가 떠난 후에 사나운 이리가 여러분에게 들어와서 그 양 떼를 아끼지 아니하며

30 또한 여러분 중에서도 제자들을 끌어 자기를 따르게 하려고 어그러진 말을 하는 사람들이 일어날 줄을 내가 아노라
31 그러므로 여러분이 일깨어 내가 삼 년이나 밤낮 쉬지 않고 눈물로 각 사람을 훈계하던 것을 기억하라

32 지금 내가 여러분을 주와 및 그 은혜의 말씀에 부탁하노니 그 말씀이 여러분을 능히 든든히 세우사 거룩하게 하심을 입은 모든 자 가운데 기업이 있게 하시리라

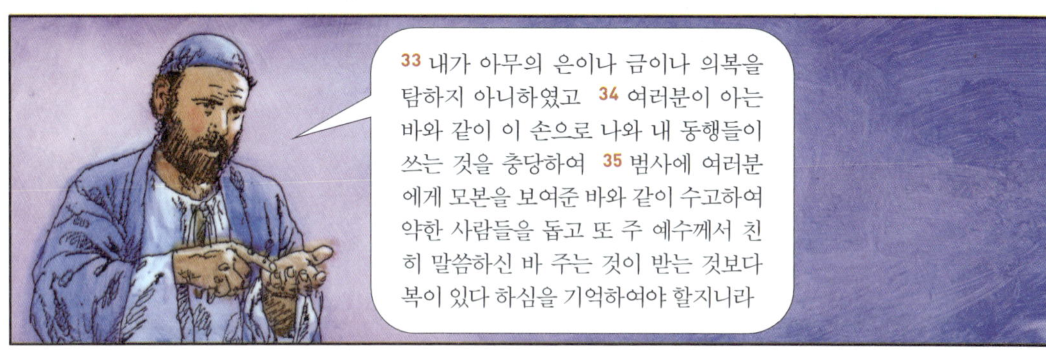
33 내가 아무의 은이나 금이나 의복을 탐하지 아니하였고 34 여러분이 아는 바와 같이 이 손으로 나와 내 동행들이 쓰는 것을 충당하여 35 범사에 여러분에게 모본을 보여준 바와 같이 수고하여 약한 사람들을 돕고 또 주 예수께서 친히 말씀하신 바 주는 것이 받는 것보다 복이 있다 하심을 기억하여야 할지니라

36 이 말을 한 후 무릎을 꿇고 그 모든 사람들과 함께 기도하니

37 다 크게 울며 바울의 목을 안고 입을 맞추고 38 다시 그 얼굴을 보지 못하리라 한 말로 말미암아 더욱 근심하고 배에까지 그를 전송하니라

바울이 예루살렘으로 가다

1 우리가 그들을 작별하고 배를 타
고 바로 고스로 가서 이튿날 로도
에 이르러 거기서부터 바다라로
가서 2 베니게로 건너가는 배를
만나서 타고 가다가 3 구브로를
바라보고 이를 왼편에 두고 수리
아로 항해하여 두로에서 상륙하니
거기서 배의 짐을 풀려 함이러라

4 제자들을 찾아 거기서 이레를
머물더니 그 제자들이 성령의 감
동으로 바울더러 예루살렘에 들
어가지 말라 하더라 5 이 여러 날
을 지낸 후 우리가 떠나갈새 그들
이 다 그 처자와 함께 성문 밖까
지 전송하거늘 우리가 바닷가에
서 무릎을 꿇어 기도하고

6 서로 작별한 후 우리는 배에 오
르고 그들은 집으로 돌아가니라

21:8 **일곱 집사** 사도행전 6장 1-6절에 언급된 특별한 일을 위해 선택된 일곱 사람

15 이 여러 날 후에 여
장을 꾸려 예루살렘으
로 올라갈새 16 가이사
랴의 몇 제자가 함께 가
며 한 오랜 제자 구브로
사람 나손을 데리고 가
니 이는 우리가 그의 집
에 머물려 함이라

바울이 야고보를 방문하다
17 예루살렘에 이르니 형제들
이 우리를 기꺼이 영접하거늘
18 그 이튿날 바울이 우리와 함
께 야고보에게로 들어가니 장
로들도 다 있더라

19 바울이 문안하고 하나
님이 자기의 사역으로 말
미암아 이방 가운데서 하
신 일을 낱낱이 말하니

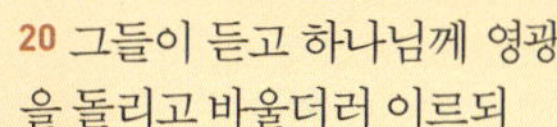

21:24 **결례** 유대인들이 나실인의 서원을 끝낼 때에 행했던 것
21:24 **머리를 깎게 하라** 유대인들은 그들의 서원이 끝났다는 것을 보여주기 위해 머리를 깎았다.

바울이 잡히다
27 그 이레가 거의 차매 아
시아로부터 온 유대인들이
성전에서 바울을 보고 모든
무리를 충동하여 그를 붙들
고 28 외치되
이스라엘 사람들아 도우라 이 사람은
각처에서 우리 백성과 율법과 이 곳을
비방하여 모든 사람을 가르치는 그 자
인데 또 헬라인을 데리고 성전에 들어
가서 이 거룩한 곳을 더럽혔다 하니
29 이는 그들이 전에 에베소
사람 드로비모가 바울과 함
께 시내에 있음을 보고 바울
이 그를 성전에 데리고 들어
간 줄로 생각함이러라

30 온 성이 소동하여 백성이 달려와 모여 바울을 잡아 성전 밖으
로 끌고 나가니 문들이 곧 닫히더라 31 그들이 그를 죽이려 할 때
에 온 예루살렘이 요란하다는 소문이 군대의 천부장에게 들리매
32 그가 급히 군인들과 백부
장들을 거느리고 달려 내려가
니 그들이 천부장과 군인들을
보고 바울 치기를 그치는지라

21:40 **히브리 말** 1세기 유대인들이 사용한 아람어

22장

1 부형들아 내가 지금 여러분
앞에서 변명하는 말을 들으라

바울이 변명하다

2 그들이 그가 히브
리 말로 말함을 듣
고 더욱 조용한지
라 이어 이르되

3 나는 유대인으로 길
리기아 다소에서 났고

이 성에서 자라 가말리엘•의
문하에서 우리 조상들의 율법
의 엄한 교훈을 받았고 오늘
너희 모든 사람처럼 하나님께
대하여 열심이 있는 자라 4 내
가 이 도를 박해하여 사람을
죽이기까지 하고 남녀를 결박
하여 옥에 넘겼노니

5 이에 대제사장과 모
든 장로들이 내 증인
이라 또 내가 그들에
게서 다메섹 형제들에
게 가는 공문을 받아
가지고 거기 있는 자
들도 결박하여 예루살
렘으로 끌어다가 형벌
받게 하려고 가더니

6 가는 중 다메섹에 가까
이 갔을 때에 오정쯤 되
어 홀연히 하늘로부터 큰
빛이 나를 둘러 비치매 7
내가 땅에 엎드러져 들으
니 소리 있어 이르되 사
울아 사울아 네가 왜 나
를 박해하느냐 하시거늘

8 내가 대답하되 주님 누구시니이까 하니 이
르시되 나는 네가 박해하는 나사렛 예수라 하
시더라 9 나와 함께 있는 사람들이 빛은 보면
서도 나에게 말씀하시는 이의 소리는 듣지 못
하더라 10 내가 이르되 주님 무엇을 하리이
까 주께서 이르시되 일어나 다메섹으로 들어
가라 네가 해야 할 모든 것을 거기서 누가 이
르리라 하시거늘 11 나는 그 빛의 광채로 말
미암아 볼 수 없게 되었으므로 나와 함께 있
는 사람들의 손에 끌려 다메섹에 들어갔노라

22:3 **가말리엘** 유대인들의 한 종파인 바리새파의 저명한 선생(행 5:34 참조).

12 율법에 따라 경건
한 사람으로 거기 사
는 모든 유대인들에
게 칭찬을 듣는 아나
니아라 하는 이가 13
내게 와 곁에 서서 말
하되 형제 사울아 다
시 보라 하거늘 즉시
그를 쳐다보았노라

14 그가 또 이르되 우리 조상들의 하
나님이 너를 택하여 너로 하여금 자
기 뜻을 알게 하시며 그 의인을 보게
하시고 그 입에서 나오는 음성을 듣
게 하셨으니 15 네가 그를 위하여 모
든 사람 앞에서 네가 보고 들은 것에
증인이 되리라 16 이제는 왜 주저하
느냐 일어나 주의 이름을 불러 세례
를 받고 너의 죄를 씻으라 하더라

17 후에 내가 예루살렘으
로 돌아와서 성전에서 기
도할 때에 황홀한 중에 18
보매 주께서 내게 말씀하
시되 속히 예루살렘에서
나가라 그들은 네가 내게
대하여 증언하는 말을 듣
지 아니하리라 하시거늘
19 내가 말하기를 주님 내
가 주를 믿는 사람들을 가
두고 또 각 회당에서 때리
고 20 또 주의 증인 스데
반이 피를 흘릴 때에 내가
곁에 서서 찬성하고 그 죽
이는 사람들의 옷을 지킨
줄 그들도 아나이다

21 나더러 또 이르시되 떠나
가라 내가 너를 멀리 이방인
에게로 보내리라 하셨느니라

22:23 **옷을 벗어 던지고** 이것은 유대인들이 바울에게 매우 화가 났다는 것을 말해준다.
22:23 **티끌을 공중에 날리니** 이것은 훨씬 더 큰 분노를 말해준다.
22:25 **로마 시민 된 자** 로마의 법에 의하면, 로마 시민은 재판을 받기 전에 체벌할 수 없었다.

바울이 공회 앞에서 증언하다

23장

1 바울이 공회를 주목하여 이르되

여러분 형제들아 오늘까지 나는 범사에 양심을 따라 하나님을 섬겼노라 하거늘

23:2 **아나니아** 이 사람은 사도행전 22장 12절에 언급된 아나니아와 다른 사람이다.

6 바울이 그 중 일부는 사두개인이요 다른 일부
는 바리새인인 줄 알고 공회에서 외쳐 이르되
여러분 형제들아 나는 바리새인이요 또 바리새인의 아들이라 죽은 자의 소망 곧 부활로 말미암아 내가 심문을 받노라
7 그 말을 한즉 바리새인과
사두개인 사이에 다툼이 생
겨 무리가 나누어지니 8 이
는 사두개인은 부활도 없
고 천사도 없고 영도 없다
하고 바리새인은 다 있다
함이라 9 크게 떠들새 바
리새인 편에서 몇 서기관
이 일어나 다투어 이르되

우리가 이 사람을 보니 악한 것이 없도다 혹 영이나 혹 천사가 그에게 말하였으면 어찌 하겠느냐 하여
10 큰 분쟁이 생기니
천부장은 바울이 그
들에게 찢겨질까 하
여 군인을 명하여 내
려가 무리 가운데서
빼앗아 가지고 영내
로 들어가라 하니라

11 그 날 밤에 주
께서 바울 곁에
서서 이르시되
담대하라 네가 예루살렘에서 나의 일을 증언한 것 같이 로마에서도 증언하여야 하리라 하시니라

바울을 죽이려는 간계
12 날이 새매 유대인들이 당을 지어 맹세하
되 바울을 죽이기 전에는 먹지도 아니하고
마시지도 아니하겠다 하고 13 이같이 동맹
한 자가 사십여 명이더라 14 대제사장들과
장로들에게 가서 말하되
우리가 바울을 죽이기 전에는 아무 것도 먹지 않기로
굳게 맹세하였으니 15 이제 너희는 그의 사실을 더 자
세히 물어보려는 척하면서 공회와 함께 천부장에게 청
하여 바울을 너희에게로 데리고 내려오게 하라 우리는
그가 가까이 오기 전에 죽이기로 준비하였노라 하더니

16 바울의 생질이 그들이 매복하
여 있다 함을 듣고 와서 영내에
들어가 바울에게 알린지라
17 바울이 한 백부장을 청하여 이르되
이 청년을 천부장에게로 인도하라
그에게 무슨 할 말이 있다 하니

18 천부장에게로 데리고 가서 이르되

죄수 바울이 나를 불러 이 청년 이 당신께 할 말이 있다 하여 데리고 가기를 청하더이다 하매

19 천부장이 그의 손을 잡고 물러가서 조용히 묻되

내게 할 말이 무엇이냐

23 백부장 둘을 불러 이르되

밤 제 삼 시에 가이사랴까지 갈
보병 이백 명과 기병 칠십 명과
창병 이백 명을 준비하라 하고

24 또 바울을 태워 총독 벨릭
스에게로 무사히 보내기 위하
여 짐승을 준비하라 명하며

25 또 이 아래와 같이
편지하니 일렀으되

26 글라우디오 루시아는 총독 벨
릭스 각하께 문안하나이다 27 이
사람이 유대인들에게 잡혀 죽게
된 것을 내가 로마 사람인 줄 들
어 알고 군대를 거느리고 가서 구
원하여다가 28 유대인들이 무슨
일로 그를 고발하는지 알고자 하
여 그들의 공회로 데리고 내려갔
더니 29 고발하는 것이 그들의 율
법 문제에 관한 것뿐이요 한 가지
도 죽이거나 결박할 사유가 없음
을 발견하였나이다 30 그러나 이
사람을 해하려는 간계가 있다고
누가 내게 알려 주기로 곧 당신께
로 보내며 또 고발하는 사람들도
당신 앞에서 그에 대하여 말하라
하였나이다 하였더라

바울을 벨릭스 총독 앞에 세우다
31 보병이 명을 받은 대로 밤에
바울을 데리고 안디바드리에
이르러 32 이튿날 기병으로 바
울을 호송하게 하고 영내로 돌
아가니라 33 그들이 가이사랴
에 들어가서 편지를 총독에게
드리고 바울을 그 앞에 세우니
그레데
피난항
구브로
살라미
바보
수리아
지 중 해
시돈
두로
다메섹
돌레마이
가이사랴
안디바드리
예루살렘
사해
알렉산드리아

34 총독이 읽고 바울더
러 어느 영지 사람이냐
물어 길리기아 사람인
줄 알고 35 이르되
너를 고발하는 사람들이 오
거든 네 말을 들으리라 하고
헤롯 궁에 그를 지
키라 명하니라

24장
바울을 고발하다
1 닷새 후에 대제사장 아나니아가 어떤 장
로들과 한 변호사 더둘로와 함께 내려와서
총독 앞에서 바울을 고발하니라 2 바울을
부르매 더둘로가 고발하여 이르되
3 벨릭스 각하여 우리
가 당신을 힘입어 태
평을 누리고 또 이 민
족이 당신의 선견으로
말미암아 여러 가지로
개선된 것을 우리가
어느 모양으로나 어느
곳에서나 크게 감사하
나이다 4 당신을 더
괴롭게 아니하려 하여
우리가 대강 여짜옵나
니 관용하여 들으시기
를 원하나이다

24:6-8 일부 헬라어 사본들에서는 6절의 하반과 8절의 상반 사이에 "그래서 우리의 율법대로 재판하려고 했으나 (7절) 천부장 루시아가 와서 그를 우리 손에서 강제로 빼앗아 갔나이다 (8절) 그리고는 그를 고발하는 사람들에게 각하께 가라고 명하였나이다"라고 기록되어 있다.

18 드리는 중에 내가 결례를 행하였고
모임도 없고 소동도 없이 성전에 있는
것을 그들이 보았나이다 그러나 아시아
로부터 온 어떤 유대인들이 있었으니

19 그들이 만일 나를 반대할 사건이 있으면 마땅히 당신 앞에 와
서 고발하였을 것이요 20 그렇지 않으면 이 사람들이 내가 공회
앞에 섰을 때에 무슨 옳지 않은 것을 보았는가 말하라 하소서

22 벨릭스가 이 도에 관한 것을 더 자
세히 아는 고로 연기하여 이르되

23 백부장에게 명하여 바울을 지키되 자유를 주고 그의
친구들이 그를 돌보아 주는 것을 금하지 말라 하니라

바울이 감옥에 갇혀 지내다

24 수일 후에 벨릭스가 그 아내 유
대 여자 드루실라와 함께 와서 바
울을 불러 그리스도 예수 믿는 도
를 듣거늘 25 바울이 의와 절제와
장차 오는 심판을 강론하니 벨릭
스가 두려워하여 대답하되

26 동시에 또 바울에게서 돈을 받을까 바라는 고로 더 자주 불러 같이 이야기하더라 27 이태가 지난 후 보르기오 베스도가 벨릭스의 소임을 이어받으니 벨릭스가 유대인의 마음을 얻고자 하여 바울을 구류하여 두니라

25장

바울이 가이사에게 상소하다

1 베스도가 부임한 지 삼 일 후에 가이사랴에서 예루살렘으로 올라가니 2 대제사장들과 유대인 중 높은 사람들이 바울을 고소할새

3 베스도의 호의로 바울을 예루살렘으로 옮기기를 청하니 이는 길에 매복하였다가 그를 죽이고자 함이더라 4 베스도가 대답하여 바울이 가이사랴에 구류된 것과 자기도 멀지 않아 떠나갈 것을 말하고 5 또 이르되

6 베스도가 그들 가운데서 팔 일 혹은 십 일을 지낸 후 가이사랴로 내려가서 이튿날 재판 자리에 앉고 바울을 데려오라 명하니

7 그가 나오매 예루살렘에서 내려온 유대인들이 둘러서서 여러 가지 중대한 사건으로 고발하되 능히 증거를 대지 못한지라 8 바울이 변명하여 이르되
유대인의 율법이나 성전이나 가이사에게나 내가 도무지 죄를 범하지 아니하였노라 하니
9 베스도가 유대인의 마음을 얻고자 하여 바울더러 묻되
네가 예루살렘에 올라가서 이 사건에 대하여 내 앞에서 심문을 받으려느냐

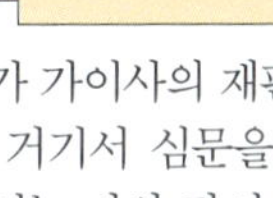
10 바울이 이르되
내가 가이사의 재판 자리 앞에 섰으니 마땅히 거기서 심문을 받을 것이라 당신도 잘 아시는 바와 같이 내가 유대인들에게 불의를 행한 일이 없나이다 11 만일 내가 불의를 행하여 무슨 죽을 죄를 지었으면 죽기를 사양하지 아니할 것이나 만일 이 사람들이 나를 고발하는 것이 다 사실이 아니면 아무도 나를 그들에게 내줄 수 없나이다

내가 가이사께 상소하노라 한대

12 베스도가 배석자들과 상의하고 이르되
네가 가이사에게 상소하였으니 가이사에게 갈 것이라 하니라

바울이 아그립바 왕과 버니게 앞에 서다

25:21 **황제** 당시 온 세상을 지배했다고 말할 수 있는 로마제국의 최고 통치자

23 이튿날 아그립바와 버니게가 크게 위엄을 갖추고 와서 천부장들과 시중의 높은 사람들과 함께 접견 장소에 들어오고 베스도의 명으로 바울을 데려오니 24 베스도가 말하되

26장
바울이 변명하다
1 아그립바가 바울에게 이르되
너를 위하여 말하기를 네게 허락하노라 하니
이에 바울이 손을 들어 변명하되

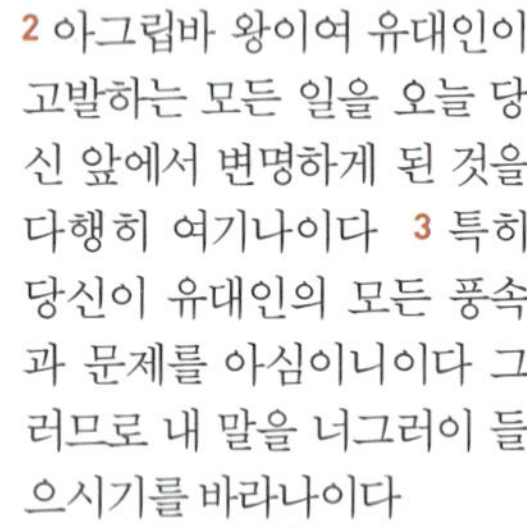

2 아그립바 왕이여 유대인이 고발하는 모든 일을 오늘 당신 앞에서 변명하게 된 것을 다행히 여기나이다 3 특히 당신이 유대인의 모든 풍속과 문제를 아심이니이다 그러므로 내 말을 너그러이 들으시기를 바라나이다
4 내가 처음부터 내 민족과 더불어 예루살렘에서 젊었을 때 생활한 상황을 유대인이 다 아는 바라

5 일찍부터 나를 알았으니 그들이 증언하려 하면 내가 우리 종교의 가장 엄한 파를 따라 바리새인의 생활을 하였다고 할 것이라 6 이제도 여기 서서 심문 받는 것은 하나님이 우리 조상에게 약속하신 것을 바라는 까닭이니
7 이 약속은 우리 열두 지파가 밤낮으로 간절히 하나님을 받들어 섬김으로 얻기를 바라는 바인데 아그립바 왕이여 이 소망으로 말미암아 내가 유대인들에게 고소를 당하는 것이니이다 8 당신들은 하나님이 죽은 사람을 살리심을 어찌하여 못 믿을 것으로 여기나이까

9 나도 나사렛 예수의 이름을 대적하
여 많은 일을 행하여야 될 줄 스스로
생각하고 10 예루살렘에서 이런 일을
행하여 대제사장들에게서 권한을 받
아 가지고 많은 성도를 옥에 가두며
또 죽일 때에 내가 찬성 투표를 하였
고 11 또 모든 회당에서 여러 번 형벌
하여 강제로 모독하는 말을 하게 하고

그들에 대하여 심히 격
분하여 외국 성에까지
가서 박해하였고 12 그
일로 대제사장들의 권
한과 위임을 받고 다메
섹으로 갔나이다 13 왕
이여 정오가 되어 길에
서 보니 하늘로부터

해보다 더 밝은 빛이 나와 내 동행들을
둘러 비추는지라 14 우리가 다 땅에 엎
드러지매 내가 소리를 들으니 히브리
말로 이르되 사울아 사울아 네가 어찌
하여 나를 박해하느냐 가시채를 뒷발
질하기가 네게 고생이니라 15 내가 대
답하되 주님 누구시니이까 주께서 이
르시되 나는 네가 박해하는 예수라

16 일어나 너의 발로 서라
내가 네게 나타난 것은 곧
네가 나를 본 일과 장차 내
가 네게 나타날 일에 너로
종과 증인을 삼으려 함이
니 17 이스라엘과 이방인
들에게서 내가 너를 구원
하여 그들에게 보내어
18 그 눈을 뜨게 하여 어둠에
서 빛으로, 사탄의 권세에서
하나님께로 돌아오게 하고
죄 사함과 나를 믿어 거룩하
게 된 무리 가운데서 기업을
얻게 하리라 하더이다

19 아그립바 왕이여 그러므로 하늘에서 보이신 것을 내가 거스르지 아니하고 20 먼저 다메섹과 예루살렘에 있는 사람과 유대 온 땅과 이방인에게까지 회개하고 하나님께로 돌아와서 회개에 합당한 일을 하라 전하므로 21 유대인들이 성전에서 나를 잡아 죽이고자 하였으나

22 하나님의 도우심을 받아 내가 오늘까지 서서 높고 낮은 사람 앞에서 증언하는 것은 선지자들과 모세가 반드시 되리라고 말한 것밖에 없으니 23 곧 그리스도가 고난을 받으실 것과 죽은 자 가운데서 먼저 다시 살아나사 이스라엘과 이방인들에게 빛을 전하시리라 함이니이다 하니라
바울이 아그립바 왕에게 전도하다

24 바울이 이같이 변명하매 베스도가 크게 소리 내어 이르되
바울아 네가 미쳤도다 네 많은 학문이 너를 미치게 한다 하니

25 바울이 이르되
베스도 각하여 내가 미친 것이 아니요 참되고 온전한 말을 하나이다
26 왕께서는 이 일을 아시기로 내가 왕께 담대히 말하노니 이 일에 하나라도 아시지 못함이 없는 줄 믿나이다 이 일은 한쪽 구석에서 행한 것이 아니니이다 27 아그립바 왕이여 선지자를 믿으시나이까 믿으시는 줄 아나이다

28 아그립바가 바울에게 이르되
네가 적은 말로 나를 권하여 그리스도인이 되게 하려 하는도다
29 바울이 이르되
말이 적으나 많으나 당신뿐만 아니라 오늘 내 말을 듣는 모든 사람도 다 이렇게 결박된 것 외에는 나와 같이 되기를 하나님께 원하나이다 하니라

30 왕과 총독과 버니게와 그 함께 앉은 사람들이 다 일어나서 31 물러가 서로 말하되
이 사람은 사형이나 결박을 당할 만한 행위가 없다 하더라
32 이에 아그립바가 베스도에게 이르되
이 사람이 만일 가이사에게 상소하지 아니하였더라면 석방될 수 있을 뻔하였다 하니라

27장
바울이 로마로 압송되다
1 우리가 배를 타고 이달리야에 가기로 작정되매 바울과 다른 죄수 몇 사람을 아구스도대의 백부장 율리오란 사람에게 맡기니
2 아시아 해변 각처로 가려 하는 아드라뭇데노 배에 우리가 올라 항해할새 마게도냐의 데살로니가 사람 아리스다고도 함께 하니라

3 이튿날 시돈에 대니 율리오가 바울을 친절히 대하여 친구들에게 가서 대접 받기를 허락하더니 4 또 거기서 우리가 떠나가다가 맞바람을 피하여 구브로 해안을 의지하고 항해하여

27:9 **금식하는 절기** 가을(9,10월경)에 유대인들이 지켰던 절기. 일 년 중 그 즈음에는 바다에서 거센 폭풍이 일어났다.

12 그 항구가 겨울을 지내기
에 불편하므로 거기서 떠나
아무쪼록 뵈닉스에 가서 겨
울을 지내자 하는 자가 더
많으니 뵈닉스는 그레데 항
구라 한쪽은 서남을, 한쪽은
서북을 향하였더라

13 남풍이 순하게 불매 그들이 뜻을 이룬 줄 알고 닻을 감
아 그레데 해변을 끼고 항해하더니 14 얼마 안 되어 섬 가
운데로부터 유라굴로라는 광풍이 크게 일어나니

15 배가 밀려 바람을 맞추어 갈 수 없
어 가는 대로 두고 쫓겨가다가 16 가
우다라는 작은 섬 아래로 지나 간신
히 거루를 잡아

그레데
가우다
피난항

17 끌어 올리고 줄을 가지고 선체를 둘
러 감고 스르디스• 에 걸릴까 두려워
하여 연장을 내리고 그냥 쫓겨가더니

27:17 **스르디스** 리비아 해안 근처의 수심이 얕은 해역

21 여러 사람이 오
래 먹지 못하였으
매 바울이 가운데
서서 말하되

여러분이여 내 말을
듣고 그레데에서 떠
나지 아니하여 이 타
격과 손상을 면하였
더라면 좋을 뻔하였
느니라 22 내가 너
희를 권하노니 이제
는 안심하라 너희 중
아무도 생명에는 아
무런 손상이 없겠고
오직 배뿐이리라

27:27 **아드리아 바다** 헬라와 이탈리아 사이의 바다로서 지중해의 중심부를 포함한다.

30 사공들이 도망하고자 하여 이물에서 닻을 내리는 체하고 거룻배를 바다에 내려 놓거늘 31 바울이 백부장과 군인들에게 이르되
이 사람들이 배에 있지 아니하면 너희가 구원을 얻지 못하리라 하니
32 이에 군인들이 거룻줄을 끊어 떼어 버리니라

33 날이 새어 가매 바울이 여러 사람에게 음식 먹기를 권하여 이르되
너희가 기다리고 기다리며 먹지 못하고 주린 지가 오늘까지 열나흘인즉 34 음식 먹기를 권하노니 이것이 너희의 구원을 위하는 것이요 너희 중 머리카락 하나도 잃을 자가 없으리라 하고
35 떡을 가져다가 모든 사람 앞에서 하나님께 축사하고 떼어 먹기를 시작하매
36 그들도 다 안심하고 받아 먹으니 37 배에 있는 우리의 수는 전부 이백칠십육 명이더라

38 배부르게 먹고 밀을 바다에
버려 배를 가볍게 하였더니

39 날이 새매 어느 땅인지 알지 못
하나 경사진 해안으로 된 항만이
눈에 띄거늘 배를 거기에 들여다
댈 수 있는가 의논한 후 40 닻을
끊어 바다에 버리는 동시에 키를
풀어 늦추고 돛을 달고 바람에 맞
추어 해안을 향하여 들어가다가

41 두 물이 합하여 흐르는 곳을
만나 배를 걸매 이물은 부딪쳐
움직일 수 없이 붙고 고물은 큰
물결에 깨어져 가니 42 군인들
은 죄수가 헤엄쳐서 도망할까 하
여 그들을 죽이는 것이 좋다 하
였으나 43 백부장이 바울을 구
원하려 하여 그들의 뜻을 막고
헤엄칠 줄 아는 사람들을 명하여
물에 뛰어내려 먼저 육지에 나가
게 하고 44 그 남은 사람들은 널
조각 혹은 배 물건에 의지하여
나가게 하니 마침내 사람들이 다
상륙하여 구조되니라

28:4 **공의** 원주민들은 악한 사람들을 처벌하는 '공의'라는 이름의 신이 있다고 믿었다.

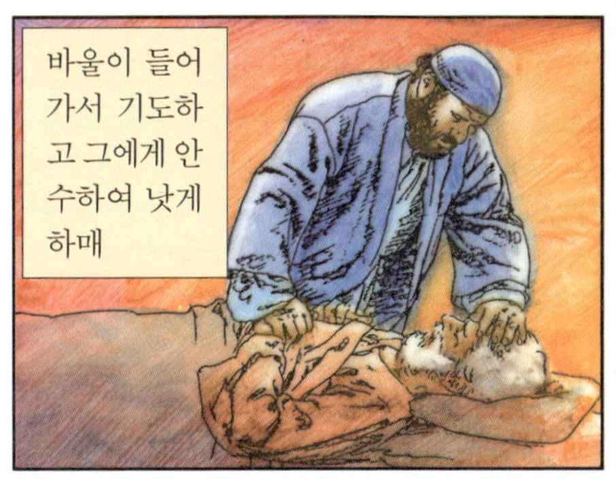

28:8 **이질** 설사와 비슷한 병

28:11 **디오스구로** 그리스신화에 나오는 카스토르와 폴룩스의 상(像)
28:15 **압비오 광장** 로마에서 약 43킬로미터 떨어진 곳에 있었다.
28:15 **트레이스 타베르네** 로마에서 약 48킬로미터 떨어진 곳에 있었다.

17 사흘 후에 바울이 유대인 중 높은 사
람들을 청하여 그들이 모인 후에 이르되
여러분 형제들아 내가 이스라엘 백성이나
우리 조상의 관습을 배척한 일이 없는데
예루살렘에서 로마인의 손에 죄수로 내준
바 되었으니 18 로마인은 나를 심문하여
죽일 죄목이 없으므로 석방하려 하였으나

19 유대인들이 반대하기로 내가 마지
못하여 가이사에게 상소함이요 내 민
족을 고발하려는 것이 아니니라
20 이러므로 너희를 보고
함께 이야기하려고 청하였
으니 이스라엘의 소망으로
말미암아 내가 이 쇠사슬
에 매인 바 되었노라

21 그들이 이르되
우리가 유대에서 네게 대한 편지도 받은 일이
없고 또 형제 중 누가 와서 네게 대하여 좋지
못한 것을 전하든지 이야기한 일도 없느니라
22 이에 우리가 너의 사상이 어떠한가 듣
고자 하니 이 파에 대하여는 어디서든지
반대를 받는 줄 알기 때문이라 하더라

23 그들이 날짜를 정하고 그가 유숙
하는 집에 많이 오니 바울이 아침
부터 저녁까지 강론하여 하나님의
나라를 증언하고 모세의 율법과 선
지자의 말을 가지고 예수에 대하여
권하더라 24 그 말을 믿는 사람도
있고 믿지 아니하는 사람도 있어
25 서로 맞지 아니하여 흩어질 때에
바울이 한 말로 이르되 성령이 선
지자 이사야를 통하여 너희 조상들
에게 말씀하신 것이 옳도다

26 일렀으되 이 백성에게 가서 말하기를

너희가 듣기는 들어도 도무지 깨닫
지 못하며 보기는 보아도 도무지 알
지 못하는도다 27 이 백성들의 마
음이 우둔하여져서 그 귀로는 둔하
게 듣고 그 눈은 감았으니 이는 눈
으로 보고 귀로 듣고 마음으로 깨달
아 돌아오면 내가 고쳐 줄까 함이라
하였으니 사 6:9,10

28 그런즉 하나님의 이 구원이
이방인에게로 보내어진 줄 알라
그들은 그것을 들으리라 하더라

29 (없음)•

28:29 일부 헬라어 사본들에는 "그가 이 말을 마칠 때에 유대인들이 서로 큰 쟁론을 하며 물러가더라"라고 기록되어 있다.

로마서

인사

1장

1 예수 그리스도의 종 바
울은 사도로 부르심을 받
아 하나님의 복음을 위하
여 택정함을 입었으니 2 이 복음은 하나님이 선지자들을
통하여 그의 아들에 관하여 성경에 미리 약속하신 것이라

3 그의 아들에 관하여 말하면 육
신으로는 다윗의 혈통에서 나셨

고 4 성결의 영으로는 죽은 자
들 가운데서 부활하사 능력으로

하나님의 아들로 선포되셨으니
곧 우리 주 예수 그리스도시니
라 5 그로 말미암아 우리가 은혜
와 사도의 직분을 받아 그의 이
름을 위하여 모든 이방인 중에서
믿어 순종하게 하나니 6 너희도
그들 중에서 예수 그리스도의 것
으로 부르심을 받은 자니라 7 로
마에서 하나님의 사랑하심을 받
고 성도로 부르심을 받은 모든
자에게 하나님 우리 아버지와 주
예수 그리스도로부터 은혜와 평
강이 있기를 원하노라

바울의 로마 방문 계획

8 먼저 내가 예수 그리스도로 말
미암아 너희 모든 사람에 관하여
내 하나님께 감사함은 너희 믿음
이 온 세상에 전파됨이로다 9 내
가 그의 아들의 복음 안에서 내
심령으로 섬기는 하나님이 나의
증인이 되시거니와 항상 내 기도
에 쉬지 않고 너희를 말하며 10
어떻게 하든지 이제 하나님의 뜻
안에서 너희에게로 나아갈 좋은
길 얻기를 구하노라 11 내가 너
희 보기를 간절히 원하는 것은
어떤 신령한 은사를 너희에게 나
누어 주어 너희를 견고하게 하려
함이니 12 이는 곧 내가 너희 가
운데서 너희와 나의 믿음으로 말
미암아 피차 안위함을 얻으려 함
이라 13 형제들아 내가 여러 번
너희에게 가고자 한 것을 너희가
모르기를 원하지 아니하노니 이
는 너희 중에서도 다른 이방인
중에서와 같이 열매를 맺게 하려
함이로되 지금까지 길이 막혔도
다 14 헬라인이나 야만인이나
지혜 있는 자나 어리석은 자에게
다 내가 빚진 자라 15 그러므로
나는 할 수 있는 대로 로마에 있
는 너희에게도 복음 전하기를 원
하노라 16 내가 복음을 부끄러
워하지 아니하노니 이 복음은 모
든 믿는 자에게 구원을 주시는
하나님의 능력이 됨이라 먼저는
유대인에게요 그리고 헬라인에
게로다 17 복음에는 하나님의
의가 나타나서 믿음으로 믿음에
이르게 하나니 기록된 바 오직
의인은 믿음으로 말미암아 살리
라• 함과 같으니라

모든 경건하지 않음과 불의

18 하나님의 진노가 불의로 진리
를 막는 사람들의 모든 경건하지
않음과 불의에 대하여 하늘로부
터 나타나나니 19 이는 하나님
을 알 만한 것이 그들 속에 보임
이라 하나님께서 이를 그들에게
보이셨느니라 20 창세로부터 그
의 보이지 아니하는 것들 곧 그
의 영원하신 능력과 신성이 그가

1:17 오직 의인은 … 살리라 합 2:4 인용

만드신 만물에 분명히 보여 알려
졌나니 그러므로 그들이 핑계하
지 못할지니라 21 하나님을 알
되 하나님을 영화롭게도 아니하
며 감사하지도 아니하고 오히려
그 생각이 허망하여지며 미련한
마음이 어두워졌나니 22 스스로
지혜 있다 하나 어리석게 되어
23 썩어지지 아니하는 하나님의
영광을 썩어질 사람과 새와 짐승
과 기어다니는 동물 모양의 우상
으로 바꾸었느니라 24 그러므로
하나님께서 그들을 마음의 정욕
대로 더러움에 내버려 두사 그들
의 몸을 서로 욕되게 하게 하셨
으니 25 이는 그들이 하나님의
진리를 거짓 것으로 바꾸어 피조
물을 조물주보다 더 경배하고 섬
김이라 주는 곧 영원히 찬송할
이시로다 아멘 26 이 때문에 하
나님께서 그들을 부끄러운 욕심
에 내버려 두셨으니 곧 그들의
여자들도 순리대로 쓸 것을 바꾸
어 역리로 쓰며 27 그와 같이 남
자들도 순리대로 여자 쓰기를 버
리고 서로 향하여 음욕이 불 일
듯 하매 남자가 남자와 더불어
부끄러운 일을 행하여 그들의 그
릇됨에 상당한 보응을 그들 자신
이 받았느니라 28 또한 그들이
마음에 하나님 두기를 싫어하매
하나님께서 그들을 그 상실한 마
음대로 내버려 두사 합당하지 못
한 일을 하게 하셨으니 29 곧 모
든 불의, 추악, 탐욕, 악의가 가득
한 자요 시기, 살인, 분쟁, 사기,
악독이 가득한 자요 수군수군하
는 자요 30 비방하는 자요 하나
님께서 미워하시는 자요 능욕하
는 자요 교만한 자요 자랑하는
자요 악을 도모하는 자요 부모를
거역하는 자요 31 우매한 자요
배약하는 자요 무정한 자요 무자
비한 자라 32 그들이 이같은 일
을 행하는 자는 사형에 해당한다
고 하나님께서 정하심을 알고도
자기들만 행할 뿐 아니라 또한
그런 일을 행하는 자들을 옳다
하느니라

2장

하나님의 심판

1 그러므로 남을 판단하는 사람
아, 누구를 막론하고 네가 핑계
하지 못할 것은 남을 판단하는
것으로 네가 너를 정죄함이니 판
단하는 네가 같은 일을 행함이니
라 2 이런 일을 행하는 자에게
하나님의 심판이 진리대로 되는
줄 우리가 아노라 3 이런 일을
행하는 자를 판단하고도 같은 일
을 행하는 사람아, 네가 하나님
의 심판을 피할 줄로 생각하느냐
4 혹 네가 하나님의 인자하심이
너를 인도하여 회개하게 하심을
알지 못하여 그의 인자하심과 용
납하심과 길이 참으심이 풍성함
을 멸시하느냐 5 다만 네 고집과
회개하지 아니한 마음을 따라 진
노의 날 곧 하나님의 의로우신
심판이 나타나는 그 날에 임할
진노를 네게 쌓는도다 6 하나님
께서 각 사람에게 그 행한 대로
보응하시되 7 참고 선을 행하여
영광과 존귀와 썩지 아니함을 구
하는 자에게는 영생으로 하시고
8 오직 당을 지어 진리를 따르지
아니하고 불의를 따르는 자에게
는 진노와 분노로 하시리라 9 악
을 행하는 각 사람의 영에는 환
난과 곤고가 있으리니 먼저는 유
대인에게요 그리고 헬라인에게
며 10 선을 행하는 각 사람에게
는 영광과 존귀와 평강이 있으리
니 먼저는 유대인에게요 그리고
헬라인에게라 11 이는 하나님께
서 외모로 사람을 취하지 아니하
심이라 12 무릇 율법 없이 범죄
한 자는 또한 율법 없이 망하고
무릇 율법이 있고 범죄한 자는
율법으로 말미암아 심판을 받으
리라 13 하나님 앞에서는 율법
을 듣는 자가 의인이 아니요 오
직 율법을 행하는 자라야 의롭다
하심을 얻으리니 14 (율법 없는
이방인이 본성으로 율법의 일을

행할 때에는 이 사람은 율법이
없어도 자기가 자기에게 율법이
되나니 15 이런 이들은 그 양심
이 증거가 되어 그 생각들이 서로
혹은 고발하며 혹은 변명하여 그
마음에 새긴 율법의 행위를 나타
내느니라) 16 곧 나의 복음에 이
른 바와 같이 하나님이 예수 그리
스도로 말미암아 사람들의 은밀
한 것을 심판하시는 그 날이라

유대인과 율법

17 유대인이라 불리는 네가 율법
을 의지하며 하나님을 자랑하며
18 율법의 교훈을 받아 하나님의
뜻을 알고 지극히 선한 것을 분
간하며 19 맹인의 길을 인도하
는 자요 어둠에 있는 자의 빛이
요 20 율법에 있는 지식과 진리
의 모본을 가진 자로서 어리석은
자의 교사요 어린 아이의 선생이
라고 스스로 믿으니 21 그러면
다른 사람을 가르치는 네가 네
자신은 가르치지 아니하느냐 도
둑질하지 말라 선포하는 네가 도
둑질하느냐 22 간음하지 말라
말하는 네가 간음하느냐 우상을
가증히 여기는 네가 신전 물건을
도둑질하느냐 23 율법을 자랑하
는 네가 율법을 범함으로 하나님
을 욕되게 하느냐 24 기록된 바
와 같이 하나님의 이름이 너희
때문에 이방인 중에서 모독을 받
는도다• 25 네가 율법을 행하면
할례가 유익하나 만일 율법을 범
하면 네 할례는 무할례가 되느니
라 26 그런즉 무할례자가 율법
의 규례를 지키면 그 무할례를
할례와 같이 여길 것이 아니냐
27 또한 본래 무할례자가 율법을
온전히 지키면 율법 조문과 할례
를 가지고 율법을 범하는 너를
정죄하지 아니하겠느냐 28 무릇
표면적 유대인이 유대인이 아니
요 표면적 육신의 할례가 할례가
아니니라 29 오직 이면적 유대
인이 유대인이며 할례는 마음에
할지니 영에 있고 율법 조문에
있지 아니한 것이라 그 칭찬이
사람에게서가 아니요 다만 하나
님에게서니라

3장

1 그런즉 유대인의 나음이 무엇
이며 할례의 유익이 무엇이냐 2
범사에 많으니 우선은 그들이 하
나님의 말씀을 맡았음이니라 3
어떤 자들이 믿지 아니하였으면
어찌하리요 그 믿지 아니함이 하
나님의 미쁘심을 폐하겠느냐 4
그럴 수 없느니라 사람은 다 거
짓되되 오직 하나님은 참되시다
할지어다 기록된 바

> 주께서 주의 말씀에 의롭다
> 함을 얻으시고 판단 받으실
> 때에 이기려 하심이라 함과
> 같으니라 시 51:4

5 그러나 우리 불의가 하나님의
의를 드러나게 하면 무슨 말 하
리요 [내가 사람의 말하는 대로
말하노니] 진노를 내리시는 하나
님이 불의하시냐 6 결코 그렇지
아니하니라 만일 그러하면 하나
님께서 어찌 세상을 심판하시리
요 7 그러나 나의 거짓말로 하나
님의 참되심이 더 풍성하여 그의
영광이 되었다면 어찌 내가 죄인
처럼 심판을 받으리요 8 또는 그
러면 선을 이루기 위하여 악을
행하자 하지 않겠느냐 어떤 이들
이 이렇게 비방하여 우리가 이런
말을 한다고 하니 그들은 정죄
받는 것이 마땅하니라

다 죄 아래에 있다

9 그러면 어떠하냐 우리는 나으
냐 결코 아니라 유대인이나 헬라
인이나 다 죄 아래에 있다고 우
리가 이미 선언하였느니라 10
기록된 바

2:24 하나님의 이름이 … 모독을 받는도다 사 52:5 ; 겔 36:20 인용

의인은 없나니 하나도 없으
며 11 깨닫는 자도 없고 하
나님을 찾는 자도 없고 12
다 치우쳐 함께 무익하게
되고 선을 행하는 자는 없
나니 하나도 없도다
시 14:1-3

13 그들의 목구멍은 열린
무덤이요 시 5:9

그 혀로는 속임을 일삼으며
그 입술에는 독사의 독이
있고 시 140:3

14 그 입에는 저주와 악독
이 가득하고 시 10:7

15 그 발은 피 흘리는 데 빠
른지라 16 파멸과 고생이
그 길에 있어 17 평강의 길
을 알지 못하였고
사 59:7,8

18 그들의 눈 앞에 하나님
을 두려워함이 없느니라 함
과 같으니라 시 36:1

하나님의 의

19 우리가 알거니와 무릇 율법이
말하는 바는 율법 아래에 있는
자들에게 말하는 것이니 이는 모
든 입을 막고 온 세상으로 하나
님의 심판 아래에 있게 하려 함
이라 20 그러므로 율법의 행위
로 그의 앞에 의롭다 하심을 얻
을 육체가 없나니 율법으로는 죄
를 깨달음이니라 21 이제는 율
법 외에 하나님의 한 의가 나타
났으니 율법과 선지자들에게 증
거를 받은 것이라 22 곧 예수 그
리스도를 믿음으로 말미암아 모
든 믿는 자에게 미치는 하나님의
의니 차별이 없느니라 23 모든
사람이 죄를 범하였으매 하나님
의 영광에 이르지 못하더니 24
그리스도 예수 안에 있는 속량으
로 말미암아 하나님의 은혜로 값
없이 의롭다 하심을 얻은 자 되
었느니라 25 이 예수를 하나님
이 그의 피로써 믿음으로 말미
암는 화목제물로 세우셨으니 이
는 하나님께서 길이 참으시는
중에 전에 지은 죄를 간과하심
으로 자기의 의로우심을 나타내
려 하심이니 26 곧 이 때에 자기
의 의로우심을 나타내사 자기도
의로우시며 또한 예수 믿는 자
를 의롭다 하려 하심이라 27 그
런즉 자랑할 데가 어디냐 있을
수가 없느니라 무슨 법으로냐
행위로냐 아니라 오직 믿음의
법으로니라 28 그러므로 사람이
의롭다 하심을 얻는 것은 율법
의 행위에 있지 않고 믿음으로
되는 줄 우리가 인정하노라 29
하나님은 다만 유대인의 하나님
이시냐 또한 이방인의 하나님은
아니시냐 진실로 이방인의 하나
님도 되시느니라 30 할례자도
믿음으로 말미암아 또한 무할례
자도 믿음으로 말미암아 의롭다
하실 하나님은 한 분이시니라
31 그런즉 우리가 믿음으로 말미
암아 율법을 파기하느냐 그럴 수
없느니라 도리어 율법을 굳게 세
우느니라

4장

아브라함의 믿음과 그로 말미암은 언약

1 그런즉 육신으로 우리 조상인
아브라함•이 무엇을 얻었다 하
리요 2 만일 아브라함이 행위로
써 의롭다 하심을 받았으면 자랑
할 것이 있으려니와 하나님 앞에
서는 없느니라 3 성경이 무엇을
말하느냐 아브라함이 하나님을

믿으매 그것이 그에게 의로 여겨
진 바 되었느니라• 4 일하는 자
에게는 그 삯이 은혜로 여겨지지
아니하고 보수로 여겨지거니와
5 일을 아니할지라도 경건하지
아니한 자를 의롭다 하시는 이
를 믿는 자에게는 그의 믿음을
의로 여기시나니 6 일한 것이
없이 하나님께 의로 여기심을
받는 사람의 복에 대하여 다윗
이 말한 바

4:1 **아브라함** 유대인들이 지극히 존경한 조상. 모든 유대인은 아브라함 보기를 원했다.
4:3 **아브라함이 … 되었느니라** 창 15:6 인용

7 불법이 사함을 받고 죄가
가리어짐을 받는 사람들은
복이 있고 8 주께서 그 죄
를 인정하지 아니하실 사람
은 복이 있도다 함과 같으
니라 시 32:1,2

롬

9 그런즉 이 복이 할례자에게냐
혹은 무할례자에게도냐 무릇 우
리가 말하기를 아브라함에게는
그 믿음이 의로 여겨졌다 하노라
10 그런즉 그것이 어떻게 여겨졌
느냐 할례시냐 무할례시냐 할례
시가 아니요 무할례시니라 11
그가 할례의 표를 받은 것은 무
할례시에 믿음으로 된 의를 인친
것이니 이는 무할례자로서 믿는
모든 자의 조상이 되어 그들도
의로 여기심을 얻게 하려 하심이
라 12 또한 할례자의 조상이 되
었나니 곧 할례 받을 자에게뿐
아니라 우리 조상 아브라함이 무
할례시에 가졌던 믿음의 자취를
따르는 자들에게도 그러하니라
13 아브라함이나 그 후손에게 세
상의 상속자가 되리라고 하신 언
약은 율법으로 말미암은 것이 아
니요 오직 믿음의 의로 말미암은
것이니라 14 만일 율법에 속한
자들이 상속자이면 믿음은 헛것
이 되고 약속은 파기되었느니라
15 율법은 진노를 이루게 하나니
율법이 없는 곳에는 범법도 없느
니라 16 그러므로 상속자가 되
는 그것이 은혜에 속하기 위하여
믿음으로 되나니 이는 그 약속을
그 모든 후손에게 굳게 하려 하
심이라 율법에 속한 자에게뿐만
아니라 아브라함의 믿음에 속한
자에게도 그러하니 아브라함은
우리 모든 사람의 조상이라 17
기록된 바 내가 너를 많은 민족
의 조상으로 세웠다• 하심과 같
으니 그가 믿은 바 하나님은 죽
은 자를 살리시며 없는 것을 있
는 것으로 부르시는 이시니라
18 아브라함이 바랄 수 없는 중
에 바라고 믿었으니 이는 네 후
손이 이같으리라• 하신 말씀대
로 많은 민족의 조상이 되게 하
려 하심이라 19 그가 백 세나 되
어 자기 몸이 죽은 것 같고 사라
의 태가 죽은 것 같음을 알고도
믿음이 약하여지지 아니하고 20
믿음이 없어 하나님의 약속을 의
심하지 않고 믿음으로 견고하여
져서 하나님께 영광을 돌리며
21 약속하신 그것을 또한 능히
이루실 줄을 확신하였으니 22
그러므로 그것이 그에게 의로 여
겨졌느니라 23 그에게 의로 여
겨졌다 기록된 것은 아브라함만
위한 것이 아니요 24 의로 여기
심을 받을 우리도 위함이니 곧
예수 우리 주를 죽은 자 가운데
서 살리신 이를 믿는 자니라 25
예수는 우리가 범죄한 것 때문에
내줌이 되고 또한 우리를 의롭다
하시기 위하여 살아나셨느니라

5장

의롭다 하심을 받은 사람의 삶

1 그러므로 우리가 믿음으로 의
롭다 하심을 받았으니 우리 주
예수 그리스도로 말미암아 하나
님과 화평을 누리자 2 또한 그로
말미암아 우리가 믿음으로 서 있
는 이 은혜에 들어감을 얻었으며
하나님의 영광을 바라고 즐거워
하느니라 3 다만 이뿐 아니라 우
리가 환난 중에도 즐거워하나니
이는 환난은 인내를, 4 인내는
연단을, 연단은 소망을 이루는
줄 앎이로다 5 소망이 우리를 부
끄럽게 하지 아니함은 우리에게
주신 성령으로 말미암아 하나님
의 사랑이 우리 마음에 부은 바
됨이니 6 우리가 아직 연약할 때
에 기약대로 그리스도께서 경건

4:17 **내가 너를 … 세웠다** 창 17:5 인용
4:18 **네 후손이 이같으리라** 창 15:5 인용

하지 않은 자를 위하여 죽으셨도
다 7 의인을 위하여 죽는 자가 쉽
지 않고 선인을 위하여 용감히 죽
는 자가 혹 있거니와 8 우리가 아
직 죄인 되었을 때에 그리스도께
서 우리를 위하여 죽으심으로 하

나님께서 우리에 대한 자기의 사
랑을 확증하셨느니라 9 그러면
이제 우리가 그의 피로 말미암아
의롭다 하심을 받았으니 더욱 그
로 말미암아 진노하심에서 구원
을 받을 것이니 10 곧 우리가 원
수 되었을 때에 그의 아들의 죽
으심으로 말미암아 하나님과 화
목하게 되었은즉 화목하게 된 자
로서는 더욱 그의 살아나심으로
말미암아 구원을 받을 것이니라
11 그뿐 아니라 이제 우리로 화
목하게 하신 우리 주 예수 그리
스도로 말미암아 하나님 안에서
또한 즐거워하느니라

아담과 그리스도

12 그러므로 한 사람으로 말미암
아 죄가 세상에 들어오고 죄로 말
미암아 사망이 들어왔나니 이와
같이 모든 사람이 죄를 지었으므
로 사망이 모든 사람에게 이르렀
느니라 13 죄가 율법 있기 전에도
세상에 있었으나 율법이 없었을
때에는 죄를 죄로 여기지 아니하
였느니라 14 그러나 아담으로부
터 모세까지 아담의 범죄와 같은
죄를 짓지 아니한 자들까지도 사
망이 왕 노릇 하였나니 아담은 오
실 자의 모형이라 15 그러나 이
은사는 그 범죄와 같지 아니하니
곧 한 사람의 범죄를 인하여 많은
사람이 죽었은즉 더욱 하나님의
은혜와 또한 한 사람 예수 그리스
도의 은혜로 말미암은 선물은 많
은 사람에게 넘쳤느니라 16 또
이 선물은 범죄한 한 사람으로 말
미암은 것과 같지 아니하니 심판

은 한 사람으로 말미암아 정죄에
이르렀으나 은사는 많은 범죄로
말미암아 의롭다 하심에 이름이
니라 17 한 사람의 범죄로 말미
암아 사망이 그 한 사람을 통하여
왕 노릇 하였은즉 더욱 은혜와 의
의 선물을 넘치게 받는 자들은 한
분 예수 그리스도를 통하여 생명
안에서 왕 노릇 하리로다 18 그
런즉 한 범죄로 많은 사람이 정죄
에 이른 것 같이 한 의로운 행위
로 말미암아 많은 사람이 의롭다

하심을 받아 생명에 이르렀느니
라 19 한 사람이 순종하지 아니
함으로 많은 사람이 죄인 된 것
같이 한 사람이 순종하심으로 많
은 사람이 의인이 되리라 20 율
법이 들어온 것은 범죄를 더하게
하려 함이라 그러나 죄가 더한
곳에 은혜가 더욱 넘쳤나니 21
이는 죄가 사망 안에서 왕 노릇
한 것 같이 은혜도 또한 의로 말
미암아 왕 노릇 하여 우리 주 예
수 그리스도로 말미암아 영생에
이르게 하려 함이라

6장

그리스도와 함께 죽고 함께 산다

1 그런즉 우리가 무슨 말을 하리
요 은혜를 더하게 하려고 죄에
거하겠느냐 2 그럴 수 없느니라
죄에 대하여 죽은 우리가 어찌
그 가운데 더 살리요 3 무릇 그
리스도 예수와 합하여 세례를 받
은 우리는 그의 죽으심과 합하여
세례를 받은 줄을 알지 못하느냐
4 그러므로 우리가 그의 죽으심
과 합하여 세례를 받음으로 그와
함께 장사되었나니 이는 아버지
의 영광으로 말미암아 그리스도
를 죽은 자 가운데서 살리심과
같이 우리로 또한 새 생명 가운
데서 행하게 하려 함이라 5 만일
우리가 그의 죽으심과 같은 모양
으로 연합한 자가 되었으면 또한
그의 부활과 같은 모양으로 연합
한 자도 되리라 6 우리가 알거니
와 우리의 옛 사람이 예수와 함께
십자가에 못 박힌 것은 죄의 몸이

죽어 다시는 우리가 죄에게 종 노
릇 하지 아니하려 함이니 7 이는
죽은 자가 죄에서 벗어나 의롭다
하심을 얻었음이라 8 만일 우리
가 그리스도와 함께 죽었으면 또
한 그와 함께 살 줄을 믿노니 9
이는 그리스도께서 죽은 자 가운
데서 살아나셨으매 다시 죽지 아
니하시고 사망이 다시 그를 주장
하지 못할 줄을 앎이로라 10 그
가 죽으심은 죄에 대하여 단번에
죽으심이요 그가 살아 계심은 하
나님께 대하여 살아 계심이니 11
이와 같이 너희도 너희 자신을 죄
에 대하여는 죽은 자요 그리스도
예수 안에서 하나님께 대하여는
살아 있는 자로 여길지어다 12
그러므로 너희는 죄가 너희 죽을
몸을 지배하지 못하게 하여 몸의
사욕에 순종하지 말고 13 또한
너희 지체를 불의의 무기로 죄에
게 내주지 말고 오직 너희 자신을
죽은 자 가운데서 다시 살아난 자
같이 하나님께 드리며 너희 지체
를 의의 무기로 하나님께 드리라
14 죄가 너희를 주장하지 못하리
니 이는 너희가 법 아래에 있지 아
니하고 은혜 아래에 있음이라

의의 종

15 그런즉 어찌하리요 우리가 법
아래에 있지 아니하고 은혜 아래
에 있으니 죄를 지으리요 그럴 수
없느니라 16 너희 자신을 종으로
내주어 누구에게 순종하든지 그
순종함을 받는 자의 종이 되는 줄
을 너희가 알지 못하느냐 혹은 죄
의 종으로 사망에 이르고 혹은 순
종의 종으로 의에 이르느니라 17
하나님께 감사하리로다 너희가
본래 죄의 종이더니 너희에게 전
하여 준 바 교훈의 본을 마음으로
순종하여 18 죄로부터 해방되어
의에게 종이 되었느니라 19 너희
육신이 연약하므로 내가 사람의
예대로 말하노니 전에 너희가 너
희 지체를 부정과 불법에 내주어
불법에 이른 것 같이 이제는 너희
지체를 의에게 종으로 내주어 거
룩함에 이르라 20 너희가 죄의
종이 되었을 때에는 의에 대하여
자유로웠느니라 21 너희가 그 때
에 무슨 열매를 얻었느냐 이제는
너희가 그 일을 부끄러워하나니
이는 그 마지막이 사망임이라 22
그러나 이제는 너희가 죄로부터
해방되고 하나님께 종이 되어 거
룩함에 이르는 열매를 맺었으니
그 마지막은 영생이라 23 죄의

삯은 사망이요 하나님의 은사는
그리스도 예수 우리 주 안에 있
는 영생이니라

7장

혼인 관계로 비유한 율법과 죄

1 형제들아 내가 법 아는 자들에
게 말하노니 너희는 그 법이 사
람이 살 동안만 그를 주관하는
줄 알지 못하느냐 2 남편 있는
여인이 그 남편 생전에는 법으로
그에게 매인 바 되나 만일 그 남
편이 죽으면 남편의 법에서 벗어
나느니라 3 그러므로 만일 그 남
편 생전에 다른 남자에게 가면
음녀라 그러나 만일 남편이 죽으
면 그 법에서 자유롭게 되나니
다른 남자에게 갈지라도 음녀가
되지 아니하느니라 4 그러므로
내 형제들아 너희도 그리스도의
몸으로 말미암아 율법에 대하여
죽임을 당하였으니 이는 다른 이
곧 죽은 자 가운데서 살아나신
이에게 가서 우리가 하나님을 위
하여 열매를 맺게 하려 함이라 5
우리가 육신에 있을 때에는 율법
으로 말미암는 죄의 정욕이 우리
지체 중에 역사하여 우리로 사망
을 위하여 열매를 맺게 하였더니
6 이제는 우리가 얽매였던 것에
대하여 죽었으므로 율법에서 벗
어났으니 이러므로 우리가 영의
새로운 것으로 섬길 것이요 율법
조문의 묵은 것으로 아니할지니
라 7 그런즉 우리가 무슨 말을
하리요 율법이 죄냐 그럴 수 없
느니라 율법으로 말미암지 않고
는 내가 죄를 알지 못하였으니
곧 율법이 탐내지 말라* 하지 아
니하였더라면 내가 탐심을 알지

7:7 **탐내지 말라** 출 20:13,15-17 인용

못하였으리라 8 그러나 죄가 기
회를 타서 계명으로 말미암아 내
속에서 온갖 탐심을 이루었나니
이는 율법이 없으면 죄가 죽은
것임이라 9 전에 율법을 깨닫지
못했을 때에는 내가 살았더니 계
명이 이르매 죄는 살아나고 나는
죽었도다 10 생명에 이르게 할
그 계명이 내게 대하여 도리어
사망에 이르게 하는 것이 되었도
다 11 죄가 기회를 타서 계명으
로 말미암아 나를 속이고 그것으
로 나를 죽였는지라 12 이로 보
건대 율법은 거룩하고 계명도 거
룩하고 의로우며 선하도다 13
그런즉 선한 것이 내게 사망이
되었느냐 그럴 수 없느니라 오직
죄가 죄로 드러나기 위하여 선한
그것으로 말미암아 나를 죽게 만
들었으니 이는 계명으로 말미암
아 죄로 심히 죄 되게 하려 함이
라 14 우리가 율법은 신령한 줄
알거니와 나는 육신에 속하여 죄
아래에 팔렸도다 15 내가 행하
는 것을 내가 알지 못하노니 곧
내가 원하는 것은 행하지 아니하
고 도리어 미워하는 것을 행함이
라 16 만일 내가 원하지 아니하
는 그것을 행하면 내가 이로써
율법이 선한 것을 시인하노니
17 이제는 그것을 행하는 자가
내가 아니요 내 속에 거하는 죄
니라 18 내 속 곧 내 육신에 선한
것이 거하지 아니하는 줄을 아노
니 원함은 내게 있으나 선을 행
하는 것은 없노라 19 내가 원하
는 바 선은 행하지 아니하고 도
리어 원하지 아니하는 바 악을
행하는도다 20 만일 내가 원하
지 아니하는 그것을 하면 이를
행하는 자는 내가 아니요 내 속
에 거하는 죄니라 21 그러므로
내가 한 법을 깨달았노니 곧 선
을 행하기 원하는 나에게 악이
함께 있는 것이로다 22 내 속사
람으로는 하나님의 법을 즐거워
하되 23 내 지체 속에서 한 다른
법이 내 마음의 법과 싸워 내 지
체 속에 있는 죄의 법으로 나를
사로잡는 것을 보는도다 24 오
호라 나는 곤고한 사람이로다 이
사망의 몸에서 누가 나를 건져내
랴 25 우리 주 예수 그리스도로
말미암아 하나님께 감사하리로
다 그런즉 내 자신이 마음으로는
하나님의 법을 육신으로는 죄의
법을 섬기노라

8장

생명의 성령의 법

1 그러므로 이제 그리스도 예수
안에 있는 자에게는 결코 정죄함
이 없나니* 2 이는 그리스도 예
수 안에 있는 생명의 성령의 법
이 죄와 사망의 법에서 너를 해
방하였음이라 3 율법이 육신으
로 말미암아 연약하여 할 수 없
는 그것을 하나님은 하시나니 곧
죄로 말미암아 자기 아들을 죄
있는 육신의 모양으로 보내어 육
신에 죄를 정하사 4 육신을 따르
지 않고 그 영을 따라 행하는 우
리에게 율법의 요구가 이루어지
게 하려 하심이니라 5 육신을 따
르는 자는 육신의 일을, 영을 따
르는 자는 영의 일을 생각하나니
6 육신의 생각은 사망이요 영의
생각은 생명과 평안이니라 7 육
신의 생각은 하나님과 원수가 되
나니 이는 하나님의 법에 굴복하
지 아니할 뿐 아니라 할 수도 없
음이라 8 육신에 있는 자들은 하
나님을 기쁘시게 할 수 없느니라
9 만일 너희 속에 하나님의 영이

8:1 **예수 안에 있는 자에게는 결코 정죄함이 없나니** 이것이 일부 헬라어 사본들에는 "그리스도 예수 안에 있는 자, 즉 자기의 악한 자아의 능력 안에서 살지 않고 성령의 능력 안에서 사는 자에게는 결코 정죄함이 없나니"라고 되어 있다.

롬

거하시면 너희가 육신에 있지 아
니하고 영에 있나니 누구든지 그
리스도의 영이 없으면 그리스도
의 사람이 아니라 10 또 그리스
도께서 너희 안에 계시면 몸은
죄로 말미암아 죽은 것이나 영은
의로 말미암아 살아 있는 것이니
라 11 예수를 죽은 자 가운데서
살리신 이의 영이 너희 안에 거
하시면 그리스도 예수를 죽은 자
가운데서 살리신 이가 너희 안에
거하시는 그의 영으로 말미암아
너희 죽을 몸도 살리시리라 12
그러므로 형제들아 우리가 빚진
자로되 육신에게 져서 육신대로
살 것이 아니니라 13 너희가 육
신대로 살면 반드시 죽을 것이로
되 영으로써 몸의 행실을 죽이면
살리니 14 무릇 하나님의 영으
로 인도함을 받는 사람은 곧 하
나님의 아들이라 15 너희는 다
시 무서워하는 종의 영을 받지
아니하고 양자의 영을 받았으므
로 우리가 아빠 아버지•라고 부
르짖느니라 16 성령이 친히 우
리의 영과 더불어 우리가 하나님
의 자녀인 것을 증언하시나니
17 자녀이면 또한 상속자 곧 하
나님의 상속자요 그리스도와 함
께 한 상속자니 우리가 그와 함
께 영광을 받기 위하여 고난도
함께 받아야 할 것이니라

모든 피조물이 구원을 고대하다

18 생각하건대 현재의 고난은 장
차 우리에게 나타날 영광과 비교
할 수 없도다 19 피조물이 고대
하는 바는 하나님의 아들들이 나
타나는 것이니 20 피조물이 허
무한 데 굴복하는 것은 자기 뜻
이 아니요 오직 굴복하게 하시는
이로 말미암음이라 21 그 바라
는 것은 피조물도 썩어짐의 종
노릇 한 데서 해방되어 하나님의
자녀들의 영광의 자유에 이르는
것이니라 22 피조물이 다 이제
까지 함께 탄식하며 함께 고통을
겪고 있는 것을 우리가 아느니라
23 그뿐 아니라 또한 우리 곧 성
령의 처음 익은 열매를 받은 우
리까지도 속으로 탄식하여 양자
될 것 곧 우리 몸의 속량을 기다
리느니라 24 우리가 소망으로
구원을 얻었으매 보이는 소망이
소망이 아니니 보는 것을 누가
바라리요 25 만일 우리가 보지
못하는 것을 바라면 참음으로 기
다릴지니라 26 이와 같이 성령
도 우리의 연약함을 도우시나니
우리는 마땅히 기도할 바를 알지
못하나 오직 성령이 말할 수 없
는 탄식으로 우리를 위하여 친히
간구하시느니라 27 마음을 살피
시는 이가 성령의 생각을 아시나
니 이는 성령이 하나님의 뜻대로
성도를 위하여 간구하심이니라
28 우리가 알거니와 하나님을 사
랑하는 자 곧 그의 뜻대로 부르
심을 입은 자들에게는 모든 것이
합력하여 선을 이루느니라• 29
하나님이 미리 아신 자들을 또한
그 아들의 형상을 본받게 하기
위하여 미리 정하셨으니 이는 그
로 많은 형제 중에서 맏아들이
되게 하려 하심이니라• 30 또 미
리 정하신 그들을 또한 부르시고
부르신 그들을 또한 의롭다 하시
고 의롭다 하신 그들을 또한 영
화롭게 하셨느니라

그리스도의 사랑 하나님의 사랑

31 그런즉 이 일에 대하여 우리
가 무슨 말 하리요 만일 하나님
이 우리를 위하시면 누가 우리를

8:15 아빠 아버지 문자적으로는 '아바 아버지'(Abba, Father)이다. 유대의 어린아이들은 그들의 아버지를 '아바'라고 불렀다.

8:28 우리가 알거니와 … 선을 이루느니라 일부 헬라어 사본들에서는 이것이 "우리가 알거니와 모든 것에서 하나님께서는 그분을 사랑하는 자들의 유익을 위해 일하시느니라"라고 되어 있다.

8:29 그로 … 맏아들이 되게 하려 하심이니라 이것은 그리스도께서 하나님의 가족 중에서 하나님의 영광에 가장 먼저 참여한 자가 되셨다는 뜻으로 해석되어야 할 것 같다.

대적하리요 32 자기 아들을 아
끼지 아니하시고 우리 모든 사람
을 위하여 내주신 이가 어찌 그
아들과 함께 모든 것을 우리에게
주시지 아니하겠느냐 33 누가
능히 하나님께서 택하신 자들을
고발하리요 의롭다 하신 이는 하
나님이시니 34 누가 정죄하리요
죽으실 뿐 아니라 다시 살아나신
이는 그리스도 예수시니 그는 하
나님 우편에 계신 자요 우리를
위하여 간구하시는 자시니라 35
누가 우리를 그리스도의 사랑에
서 끊으리요 환난이나 곤고나 박
해나 기근이나 적신이나 위험이
나 칼이랴 36 기록된 바

> 우리가 종일 주를 위하여
> 죽임을 당하게 되며 도살
> 당할 양 같이 여김을 받았
> 나이다 함과 같으니라
>
> 시 44:22

37 그러나 이 모든 일에 우리를
사랑하시는 이로 말미암아 우리
가 넉넉히 이기느니라 38 내가
확신하노니 사망이나 생명이나
천사들이나 권세자들이나 현재
일이나 장래 일이나 능력이나
39 높음이나 깊음이나 다른 어떤
피조물이라도 우리를 우리 주 그
리스도 예수 안에 있는 하나님의
사랑에서 끊을 수 없으리라

9장

약속의 자녀 약속의 말씀

1-2 내가 그리스도 안에서 참말
을 하고 거짓말을 아니하노라 나
에게 큰 근심이 있는 것과 마음
에 그치지 않는 고통이 있는 것
을 내 양심이 성령 안에서 나와
더불어 증언하노니 3 나의 형제
곧 골육의 친척을 위하여 내 자
신이 저주를 받아 그리스도에게
서 끊어질지라도 원하는 바로라
4 그들은 이스라엘 사람이라 그
들에게는 양자 됨과 영광과 언약
들과 율법을 세우신 것과 예배와
약속들이 있고 5 조상들도 그들
의 것이요 육신으로 하면 그리스
도가 그들에게서 나셨으니 그는
만물 위에 계셔서 세세에 찬양을
받으실 하나님이시니라 아멘 6
그러나 하나님의 말씀이 폐하여
진 것 같지 않도다 이스라엘•에
게서 난 그들이 다 이스라엘이
아니요 7 또한 아브라함의 씨가
다 그의 자녀가 아니라 오직 이
삭으로부터 난 자라야 네 씨라
불리리라• 하셨으니 8 곧 육신
의 자녀가 하나님의 자녀가 아니

요 오직 약속의 자녀가 씨로 여
기심을 받느니라 9 약속의 말씀
은 이것이니 명년 이 때에 내가
이르리니 사라에게 아들이 있으
리라• 하심이라 10 그뿐 아니라
또한 리브가가 우리 조상 이삭 한
사람으로 말미암아 임신하였는
데 11 그 자식들이 아직 나지도
아니하고 무슨 선이나 악을 행하
지 아니한 때에 택하심을 따라 되
는 하나님의 뜻이 행위로 말미암
지 않고 오직 부르시는 이로 말미
암아 서게 하려 하사 12 리브가에

게 이르시되 큰 자가 어린 자를 섬
기리라• 하셨나니 13 기록된 바
내가 야곱은 사랑하고 에서는 미
워하였다• 하심과 같으니라 14
그런즉 우리가 무슨 말을 하리요
하나님께 불의가 있느냐 그럴 수
없느니라 15 모세에게 이르시되
내가 긍휼히 여길 자를 긍휼히
여기고 불쌍히 여길 자를 불쌍히
여기리라• 하셨으니 16 그런즉
원하는 자로 말미암음도 아니요
달음박질하는 자로 말미암음도
아니요 오직 긍휼히 여기시는 하
나님으로 말미암음이니라 17 성
경이 바로에게 이르시되 내가 이
일을 위하여 너를 세웠으니 곧
너로 말미암아 내 능력을 보이고
내 이름이 온 땅에 전파되게 하
려 함이라• 하셨으니 18 그런즉
하나님께서 하고자 하시는 자를

9:6 **이스라엘** 이것은 문자적 번역이다. 이것은 '하나님의 백성'을 가리킨다. 이스라엘은 하나님께서 세상에 복을 주시기 위해 선택한 민족이다.
9:7 **오직 이삭으로부터 … 불리리라** 창 21:12 인용
9:9 **명년 … 아들이 있으리라** 창 18:10,14 인용
9:12 **큰 자가 어린 자를 섬기리라** 창 25:23 인용
9:13 **내가 야곱은 … 미워하였다** 말 1:2,3 인용
9:15 **내가 … 불쌍히 여기리라** 출 33:19 인용
9:17 **내가 이 일을 위하여 … 전파되게 하려 함이라** 출 9:16 인용

긍휼히 여기시고 하고자 하시는
자를 완악하게 하시느니라

하나님의 진노와 긍휼

19 혹 네가 내게 말하기를 그러
면 하나님이 어찌하여 허물하시
느냐 누가 그 뜻을 대적하느냐
하리니 20 이 사람아 네가 누구
이기에 감히 하나님께 반문하느
냐 지음을 받은 물건이 지은 자
에게 어찌 나를 이같이 만들었느
냐 말하겠느냐 21 토기장이가

진흙 한 덩이로 하나는 귀히 쓸
그릇을, 하나는 천히 쓸 그릇을
만들 권한이 없느냐 22 만일 하
나님이 그의 진노를 보이시고 그
의 능력을 알게 하고자 하사 멸
하기로 준비된 진노의 그릇을 오
래 참으심으로 관용하시고 23
또한 영광 받기로 예비하신 바
긍휼의 그릇에 대하여 그 영광의
풍성함을 알게 하고자 하셨을지
라도 무슨 말을 하리요 24 이 그
릇은 우리니 곧 유대인 중에서뿐
아니라 이방인 중에서도 부르신
자니라 25 호세아의 글에도 이
르기를

> 내가 내 백성 아닌 자를 내
> 백성이라, 사랑하지 아니한
> 자를 사랑한 자라 부르리라
>
> 호 2:23
>
> 26 너희는 내 백성이 아니
> 라 한 그 곳에서 그들이 살
> 아 계신 하나님의 아들이라
> 일컬음을 받으리라 함과 같
> 으니라
>
> 호 1:10

27 또 이사야가 이스라엘에 관하
여 외치되 이스라엘 자손들의 수
가 비록 바다의 모래 같을지라도
남은 자만 구원을 받으리니 28
주께서 땅 위에서 그 말씀을 이
루고 속히 시행하시리라 하셨느
니라 29 또한 이사야가 미리 말
한 바

> 만일 만군의 주께서 우리
> 에게 씨를 남겨 두지 아니
> 하셨더라면 우리가 소돔과
> 같이 되고 고모라와 같았
> 으리로다 함과 같으니라
>
> 사 1:9

믿음에서 난 의

30 그런즉 우리가 무슨 말을 하
리요 의를 따르지 아니한 이방인
들이 의를 얻었으니 곧 믿음에서
난 의요 31 의의 법을 따라간 이
스라엘은 율법에 이르지 못하였
으니 32 어찌 그러하냐 이는 그
들이 믿음을 의지하지 않고 행위
를 의지함이라 부딪칠 돌에 부딪
쳤느니라 33 기록된 바

> 보라 내가 걸림돌과 거치
> 는 바위를 시온에 두노니
> 그를 믿는 자는 부끄러움
> 을 당하지 아니하리라 함
> 과 같으니라
>
> 사 28:16

10장

1 형제들아 내 마음에 원하는 바
와 하나님께 구하는 바는 이스
라엘을 위함이니 곧 그들로 구
원을 받게 함이라 2 내가 증언하
노니 그들이 하나님께 열심이
있으나 올바른 지식을 따른 것
이 아니니라 3 하나님의 의를 모
르고 자기 의를 세우려고 힘써
하나님의 의에 복종하지 아니하
였느니라 4 그리스도는 모든 믿
는 자에게 의를 이루기 위하여
율법의 마침이 되시니라 5 모세
가 기록하되 율법으로 말미암는
의를 행하는 사람은 그 의로 살
리라* 하였거니와 6 믿음으로
말미암는 의는 이같이 말하되
네 마음에 누가 하늘에 올라가
겠느냐 하지 말라 하니 올라가
겠느냐 함은 그리스도를 모셔
내리려는 것이요 7 혹은 누가 무
저갱에 내려가겠느냐 하지 말라
하니 내려가겠느냐 함은 그리스
도를 죽은 자 가운데서 모셔 올
리려는 것이라 8 그러면 무엇을
말하느냐 말씀이 네게 가까워
네 입에 있으며 네 마음에 있다
하였으니* 곧 우리가 전파하는
믿음의 말씀이라 9 네가 만일 네
입으로 예수를 주로 시인하며 또

10:5 율법으로 말미암는 … 그 의로 살리라 레 18:5 인용
10:6-8 네 마음에 … 있다 하였으니 신 30:12-14 인용

하나님께서 그를 죽은 자 가운데
서 살리신 것을 네 마음에 믿으
면 구원을 받으리라 10 사람이
마음으로 믿어 의에 이르고 입으
로 시인하여 구원에 이르느니라
11 성경에 이르되 누구든지 그를
믿는 자는 부끄러움을 당하지 아
니하리라* 하니 12 유대인이나
헬라인이나 차별이 없음이라 한
분이신 주께서 모든 사람의 주가
되사 그를 부르는 모든 사람에게
부요하시도다 13 누구든지 주의
이름을 부르는 자는 구원을 받으
리라* 14 그런즉 그들이 믿지 아
니하는 이를 어찌 부르리요 듣지
도 못한 이를 어찌 믿으리요 전
파하는 자가 없이 어찌 들으리요
15 보내심을 받지 아니하였으면
어찌 전파하리요 기록된 바 아름
답도다 좋은 소식을 전하는 자들
의 발이여* 함과 같으니라

믿음과 들음과 그리스도의 말씀

16 그러나 그들이 다 복음을 순
종하지 아니하였도다 이사야가
이르되 주여 우리가 전한 것을
누가 믿었나이까* 하였으니 17
그러므로 믿음은 들음에서 나며
들음은 그리스도의 말씀으로 말
미암았느니라 18 그러나 내가
말하노니 그들이 듣지 아니하였
느냐 그렇지 아니하니

> 그 소리가 온 땅에 퍼졌고
> 그 말씀이 땅 끝까지 이르
> 렀도다 하였느니라 시 19:4

19 그러나 내가 말하노니 이스라
엘이 알지 못하였느냐 먼저 모세
가 이르되

> 내가 백성 아닌 자로써 너
> 희를 시기하게 하며 미련한
> 백성으로써 너희를 노엽게
> 하리라 하였고 신 32:21

20 이사야는 매우 담대하여

> 내가 나를 찾지 아니한 자
> 들에게 찾은 바 되고 내게
> 묻지 아니한 자들에게 나타
> 났노라 말하였고 사 65:1

21 이스라엘에 대하여 이르되

> 순종하지 아니하고 거슬러
> 말하는 백성에게 내가 종
> 일 내 손을 벌렸노라 하였
> 느니라 사 65:2

11장

이스라엘의 남은 자

1 그러므로 내가 말하노니 하나
님이 자기 백성을 버리셨느냐 그
럴 수 없느니라 나도 이스라엘인
이요 아브라함의 씨에서 난 자요
베냐민 지파라 2 하나님이 그 미
리 아신 자기 백성을 버리지 아
니하셨나니 너희가 성경이 엘리
야를 가리켜 말한 것을 알지 못
하느냐 그가 이스라엘을 하나님
께 고발하되

> 3 주여 그들이 주의 선지자
> 들을 죽였으며 주의 제단
> 들을 헐어 버렸고 나만 남
> 았는데 내 목숨도 찾나이
> 다* 하니

4 그에게 하신 대답이 무엇이냐
내가 나를 위하여 바알에게 무릎
을 꿇지 아니한 사람 칠천 명을
남겨 두었다* 하셨으니 5 그런
즉 이와 같이 지금도 은혜로 택
하심을 따라 남은 자가 있느니라
6 만일 은혜로 된 것이면 행위로
말미암지 않음이니 그렇지 않으
면 은혜가 은혜 되지 못하느니라
7 그런즉 어떠하냐 이스라엘이
구하는 그것을 얻지 못하고 오직
택하심을 입은 자가 얻었고 그
남은 자들은 우둔하여졌느니라
8 기록된 바

> 하나님이 오늘까지 그들에
> 게 혼미한 심령과 보지 못
> 할 눈과 듣지 못할 귀를 주
> 셨다 함과 같으니라
> 사 29:10 ; 신 29:4

10:11 누구든지 … 당하지 아니하리라 사 28:16 인용
10:13 누구든지 … 구원을 받으리라 욜 2:32 인용
10:15 아름답도다 … 자들의 발이여 사 52:7 인용
10:16 주여 … 누가 믿었나이까 사 53:1 인용
11:3 주여 그들이 … 내 목숨도 찾나이다 왕상 19:10,14 인용
11:4 내가 나를 위하여 … 남겨 두었다 왕상 19:18 인용

9 또 다윗이 이르되

> 그들의 밥상이 올무와 덫과
> 거치는 것과 보응이 되게
> 하시옵고 10 그들의 눈은
> 흐려 보지 못하고 그들의
> 등은 항상 굽게 하옵소서
> 하였느니라
> 시 69:22,23

11 그러므로 내가 말하노니 그들
이 넘어지기까지 실족하였느냐
그럴 수 없느니라 그들이 넘어
짐으로 구원이 이방인에게 이르
러 이스라엘로 시기나게 함이니
라 12 그들의 넘어짐이 세상의
풍성함이 되며 그들의 실패가
이방인의 풍성함이 되거든 하물
며 그들의 충만함이리요

이방인의 구원

13 내가 이방인인 너희에게 말하
노라 내가 이방인의 사도인 만큼
내 직분을 영광스럽게 여기노니
14 이는 혹 내 골육을 아무쪼록
시기하게 하여 그들 중에서 얼마
를 구원하려 함이라 15 그들을
버리는 것이 세상의 화목이 되거
든 그 받아들이는 것이 죽은 자
가운데서 살아나는 것이 아니면
무엇이리요 16 제사하는 처음 익
은 곡식 가루가 거룩한즉 떡덩이

도 그러하고 뿌리가 거룩한즉 가
지도 그러하니라 17 또한 가지
얼마가 꺾이었는데 돌감람나무
인 네가 그들 중에 접붙임이 되

어 참감람나무 뿌리의 진액을 함
께 받는 자가 되었은즉 18 그 가
지들을 향하여 자랑하지 말라 자
랑할지라도 네가 뿌리를 보전하
는 것이 아니요 뿌리가 너를 보
전하는 것이니라 19 그러면 네
말이 가지들이 꺾인 것은 나로
접붙임을 받게 하려 함이라 하리
니 20 옳도다 그들은 믿지 아니
하므로 꺾이고 너는 믿으므로 섰
느니라 높은 마음을 품지 말고
도리어 두려워하라 21 하나님이
원 가지들도 아끼지 아니하셨은
즉 너도 아끼지 아니하시리라
22 그러므로 하나님의 인자하심
과 준엄하심을 보라 넘어지는 자
들에게는 준엄하심이 있으니 너
희가 만일 하나님의 인자하심에
머물러 있으면 그 인자가 너희에
게 있으리라 그렇지 않으면 너도
찍히는 바 되리라 23 그들도 믿
지 아니하는 데 머무르지 아니하
면 접붙임을 받으리니 이는 그들
을 접붙이실 능력이 하나님께 있
음이라 24 네가 원 돌감람나무
에서 찍힘을 받고 본성을 거슬러
좋은 감람나무에 접붙임을 받았
으니 원 가지인 이 사람들이야
얼마나 더 자기 감람나무에 접붙
이심을 받으랴

이스라엘의 구원

25 형제들아 너희가 스스로 지혜
있다 하면서 이 신비를 너희가
모르기를 내가 원하지 아니하노
니 이 신비는 이방인의 충만한
수가 들어오기까지 이스라엘의
더러는 우둔하게 된 것이라 26
그리하여 온 이스라엘이 구원을
받으리라 기록된 바

> 구원자가 시온에서 오사 야
> 곱•에게서 경건하지 않은
> 것을 돌이키시겠고
> 사 59:20,21

> 27 내가 그들의 죄를 없이
> 할 때에 그들에게 이루어질
> 내 언약이 이것이라 함과
> 같으니라 사 27:9

28 복음으로 하면 그들이 너희
로 말미암아 원수 된 자요 택하
심으로 하면 조상들로 말미암아
사랑을 입은 자라 29 하나님의
은사와 부르심에는 후회하심이
없느니라 30 너희가 전에는 하
나님께 순종하지 아니하더니 이
스라엘이 순종하지 아니함으로
이제 긍휼을 입었는지라 31 이
와 같이 이 사람들이 순종하지
아니하니 이는 너희에게 베푸시
는 긍휼로 이제 그들도 긍휼을
얻게 하려 하심이라 32 하나님
이 모든 사람을 순종하지 아니
하는 가운데 가두어 두심은 모
든 사람에게 긍휼을 베풀려 하
심이로다 33 깊도다 하나님의
지혜와 지식의 풍성함이여, 그의

11:26 **야곱** 이스라엘, 즉 하나님께서 그분의 백성으로 선택하신 민족의 열두 지파의 아버지

판단은 헤아리지 못할 것이며 그
의 길은 찾지 못할 것이로다

34 누가 주의 마음을 알았
느냐 누가 그의 모사가 되
었느냐 35 누가 주께 먼저
드려서 갚으심을 받겠느냐
사 40:13 ; 욥 41:11

36 이는 만물이 주에게서 나오고
주로 말미암고 주에게로 돌아감
이라 그에게 영광이 세세에 있을
지어다 아멘

12장

하나님의 뜻을 분별하는 새 생활

1 그러므로 형제들아 내가 하나
님의 모든 자비하심으로 너희를
권하노니 너희 몸을 하나님이 기
뻐하시는 거룩한 산 제물로 드리
라 이는 너희가 드릴 영적 예배
니라 2 너희는 이 세대를 본받지
말고 오직 마음을 새롭게 함으로
변화를 받아 하나님의 선하시고
기뻐하시고 온전하신 뜻이 무엇
인지 분별하도록 하라 3 내게 주
신 은혜로 말미암아 너희 각 사
람에게 말하노니 마땅히 생각할
그 이상의 생각을 품지 말고 오
직 하나님께서 각 사람에게 나누
어 주신 믿음의 분량대로 지혜롭
게 생각하라 4 우리가 한 몸에
많은 지체를 가졌으나 모든 지체
가 같은 기능을 가진 것이 아니
니 5 이와 같이 우리 많은 사람
이 그리스도 안에서 한 몸이 되
어 서로 지체가 되었느니라 6 우
리에게 주신 은혜대로 받은 은사
가 각각 다르니 혹 예언이면 믿
음의 분수대로, 7 혹 섬기는 일
이면 섬기는 일로, 혹 가르치는
자면 가르치는 일로, 8 혹 위로
하는 자면 위로하는 일로, 구제
하는 자는 성실함으로, 다스리는
자는 부지런함으로, 긍휼을 베푸
는 자는 즐거움으로 할 것이니라
9 사랑에는 거짓이 없나니 악을
미워하고 선에 속하라 10 형제
를 사랑하여 서로 우애하고 존경
하기를 서로 먼저 하며 11 부지
런하여 게으르지 말고 열심을 품
고 주를 섬기라 12 소망 중에 즐
거워하며 환난 중에 참으며 기도
에 항상 힘쓰며 13 성도들의 쓸
것을 공급하며 손 대접하기를 힘
쓰라

그리스도인의 생활

14 너희를 박해하는 자를 축복하
라 축복하고 저주하지 말라 15
즐거워하는 자들과 함께 즐거워
하고 우는 자들과 함께 울라 16
서로 마음을 같이하며 높은 데 마
음을 두지 말고 도리어 낮은 데
처하며 스스로 지혜 있는 체 하지
말라 17 아무에게도 악을 악으로
갚지 말고 모든 사람 앞에서 선
한 일을 도모하라 18 할 수 있거
든 너희로서는 모든 사람과 더불
어 화목하라 19 내 사랑하는 자
들아 너희가 친히 원수를 갚지
말고 하나님의 진노하심에 맡기
라 기록되었으되 원수 갚는 것이
내게 있으니 내가 갚으리라•고
주께서 말씀하시니라

20 네 원수가 주리거든 먹
이고 목마르거든 마시게
하라 그리함으로 네가 숯
불을 그 머리에 쌓아 놓으
리라 잠 25:21,22

21 악에게 지지 말고 선으로 악
을 이기라

롬

12:19 원수 갚는 … 내가 갚으리라 신 32:35 인용

13장

그리스도인과 세상 권세

1 각 사람은 위에 있는 권세들에
게 복종하라 권세는 하나님으로
부터 나지 않음이 없나니 모든
권세는 다 하나님께서 정하신 바
라 2 그러므로 권세를 거스르는
자는 하나님의 명을 거스름이니
거스르는 자들은 심판을 자취하
리라 3 다스리는 자들은 선한 일
에 대하여 두려움이 되지 않고
악한 일에 대하여 되나니 네가
권세를 두려워하지 아니하려느
냐 선을 행하라 그리하면 그에게
칭찬을 받으리라 4 그는 하나님
의 사역자가 되어 네게 선을 베
푸는 자니라 그러나 네가 악을
행하거든 두려워하라 그가 공연
히 칼을 가지지 아니하였으니 곧
하나님의 사역자가 되어 악을 행
하는 자에게 진노하심을 따라 보
응하는 자니라 5 그러므로 복종
하지 아니할 수 없으니 진노 때
문에 할 것이 아니라 양심을 따
라 할 것이라 6 너희가 조세를
바치는 것도 이로 말미암음이라
그들이 하나님의 일꾼이 되어 바
로 이 일에 항상 힘쓰느니라 7
모든 자에게 줄 것을 주되 조세
를 받을 자에게 조세를 바치고
관세를 받을 자에게 관세를 바치
고 두려워할 자를 두려워하며 존
경할 자를 존경하라

사랑은 율법의 완성

8 피차 사랑의 빚 외에는 아무에
게든지 아무 빚도 지지 말라 남
을 사랑하는 자는 율법을 다 이
루었느니라 9 간음하지 말라, 살
인하지 말라, 도둑질하지 말라,
탐내지 말라 한 것과 그 외에 다

른 계명이 있을지라도

하신 그 말씀 가운데 다 들었느
니라 10 사랑은 이웃에게 악을
행하지 아니하나니 그러므로 사
랑은 율법의 완성이니라

구원의 때가 가까워졌다

11 또한 너희가 이 시기를 알거니
와 자다가 깰 때가 벌써 되었으
니 이는 이제 우리의 구원이 처
음 믿을 때보다 가까웠음이라 12
밤•이 깊고 낮•이 가까웠으니 그
러므로 우리가 어둠의 일을 벗고
빛의 갑옷을 입자 13 낮에와 같
이 단정히 행하고 방탕하거나 술
취하지 말며 음란하거나 호색하
지 말며 다투거나 시기하지 말고
14 오직 주 예수 그리스도로 옷
입고 정욕을 위하여 육신의 일을
도모하지 말라

14장

형제를 비판하지 말라

1 믿음이 연약한 자를 너희가 받
되 그의 의견을 비판하지 말라
2 어떤 사람은 모든 것을 먹을 만
한 믿음이 있고 믿음이 연약한
자는 채소만 먹느니라• 3 먹는
자는 먹지 않는 자를 업신여기
지 말고 먹지 않는 자는 먹는 자
를 비판하지 말라 이는 하나님
이 그를 받으셨음이라 4 남의 하
인을 비판하는 너는 누구냐 그
가 서 있는 것이나 넘어지는 것
이 자기 주인에게 있으매 그가
세움을 받으리니 이는 그를 세
우시는 권능이 주께 있음이라 5
어떤 사람은 이 날을 저 날보다
낫게 여기고 어떤 사람은 모든
날을 같게 여기나니 각각 자기
마음으로 확정할지니라 6 날을
중히 여기는 자도 주를 위하여

13:9 **네 이웃을 … 사랑하라** 레 19:18 인용
13:12 **밤** 우리가 사는 죄 많은 세상을 상징하는 말. 이 세상은 곧 끝날 것이다.
13:12 **낮** 다가오고 있는 선한 때를 상징하는 말. 그 때가 되면 우리는 하나님과 함께 있게 될 것이다.
14:2 **어떤 사람은 … 채소만 먹느니라** 유대의 율법에 따르면, 유대인들이 먹어서는 안 되는 음식들이 일부 있었다. 유대인들이 그리스도인이 되었을 때 그들 중 어떤 사람들은 자기들이 모든 음식을 먹을 수 있다는 것을 이해하지 못했다.

중히 여기고 먹는 자도 주를 위
하여 먹으니 이는 하나님께 감
사함이요 먹지 않는 자도 주를
위하여 먹지 아니하며 하나님께
감사하느니라 7 우리 중에 누구
든지 자기를 위하여 사는 자가
없고 자기를 위하여 죽는 자도
없도다 8 우리가 살아도 주를
위하여 살고 죽어도 주를 위하
여 죽나니 그러므로 사나 죽으
나 우리가 주의 것이로다 9 이
를 위하여 그리스도께서 죽었다
가 다시 살아나셨으니 곧 죽은
자와 산 자의 주가 되려 하심이
라 10 네가 어찌하여 네 형제를
비판하느냐 어찌하여 네 형제를
업신여기느냐 우리가 다 하나님
의 심판대 앞에 서리라 11 기록
되었으되

> 주께서 이르시되 내가 살았
> 노니 모든 무릎이 내게 꿇을
> 것이요 모든 혀가 하나님께
> 자백하리라 하였느니라
> 사 45:23

12 이러므로 우리 각 사람이 자
기 일을 하나님께 직고하리라

형제로 거리끼게 하지 말라

13 그런즉 우리가 다시는 서로
비판하지 말고 도리어 부딪칠 것
이나 거칠 것을 형제 앞에 두지
아니하도록 주의하라 14 내가
주 예수 안에서 알고 확신하노니
무엇이든지 스스로 속된 것이 없
으되 다만 속되게 여기는 그 사
람에게는 속되니라 15 만일 음
식으로 말미암아 네 형제가 근심
하게 되면 이는 네가 사랑으로
행하지 아니함이라 그리스도께
서 대신하여 죽으신 형제를 네
음식으로 망하게 하지 말라 16
그러므로 너희의 선한 것이 비방
을 받지 않게 하라 17 하나님의
나라는 먹는 것과 마시는 것이
아니요 오직 성령 안에 있는 의
와 평강과 희락이라 18 이로써
그리스도를 섬기는 자는 하나님
을 기쁘시게 하며 사람에게도 칭
찬을 받느니라 19 그러므로 우
리가 화평의 일과 서로 덕을 세
우는 일을 힘쓰나니 20 음식으
로 말미암아 하나님의 사업을 무
너지게 하지 말라 만물이 다 깨
끗하되 거리낌으로 먹는 사람에
게는 악한 것이라 21 고기도 먹
지 아니하고 포도주도 마시지 아
니하고 무엇이든지 네 형제로 거
리끼게 하는 일을 아니함이 아름
다우니라 22 네게 있는 믿음을
하나님 앞에서 스스로 가지고 있
으라 자기가 옳다 하는 바로 자
기를 정죄하지 아니하는 자는 복
이 있도다 23 의심하고 먹는 자
는 정죄되었나니 이는 믿음을 따
라 하지 아니하였기 때문이라 믿
음을 따라 하지 아니하는 것은
다 죄니라

15장

선을 이루고 덕을 세우라

1 믿음이 강한 우리는 마땅히 믿
음이 약한 자의 약점을 담당하고
자기를 기쁘게 하지 아니할 것이
라 2 우리 각 사람이 이웃을 기
쁘게 하되 선을 이루고 덕을 세
우도록 할지니라 3 그리스도께
서도 자기를 기쁘게 하지 아니하
셨나니 기록된 바 주를 비방하는
자들의 비방이 내게 미쳤나이다•
함과 같으니라 4 무엇이든지 전
에 기록된 바는 우리의 교훈을
위하여 기록된 것이니 우리로 하
여금 인내로 또는 성경의 위로로
소망을 가지게 함이니라 5 이제
인내와 위로의 하나님이 너희로
그리스도 예수를 본받아 서로 뜻
이 같게 하여 주사 6 한마음과
한 입으로 하나님 곧 우리 주 예
수 그리스도의 아버지께 영광을
돌리게 하려 하노라 7 그러므로
그리스도께서 우리를 받아 하나
님께 영광을 돌리심과 같이 너희
도 서로 받으라 8 내가 말하노니
그리스도께서 하나님의 진실하
심을 위하여 할례의 추종자가 되
셨으니 이는 조상들에게 주신 약
속들을 견고하게 하시고 9 이방
인들도 그 긍휼하심으로 말미암
아 하나님께 영광을 돌리게 하려
하심이라 기록된 바

> 그러므로 내가 열방 중에
> 서 주께 감사하고 주의 이
> 름을 찬송하리로다 함과
> 같으니라 시 18:49

10 또 이르되

> 열방들아 주의 백성과 함
> 께 즐거워하라 하였으며
> 신 32:43

롬

15:3 주를 비방하는 자들의 비방이 내게 미쳤나이다 시 69:9 인용

롬

11 또

> 모든 열방들아 주를 찬양하
> 며 모든 백성들아 그를 찬
> 송하라 하였으며 시 117:1

12 또 이사야가 이르되

> 이새의 뿌리• 곧 열방을 다스
> 리기 위하여 일어나시는 이
> 가 있으리니 열방이 그에게
> 소망을 두리라 하였느니라
> 사 11:10

13 소망의 하나님이 모든 기쁨과
평강을 믿음 안에서 너희에게 충
만하게 하사 성령의 능력으로 소
망이 넘치게 하시기를 원하노라

하나님의 복음의 제사장 직분

14 내 형제들아 너희가 스스로
선함이 가득하고 모든 지식이 차
서 능히 서로 권하는 자임을 나
도 확신하노라 15 그러나 내가
너희로 다시 생각나게 하려고 하
나님께서 내게 주신 은혜로 말미
암아 더욱 담대히 대략 너희에게
썼노니 16 이 은혜는 곧 나로 이
방인을 위하여 그리스도 예수의
일꾼이 되어 하나님의 복음의 제
사장 직분을 하게 하사 이방인을
제물로 드리는 것이 성령 안에서
거룩하게 되어 받으실 만하게 하
려 하심이라 17 그러므로 내가
그리스도 예수 안에서 하나님의
일에 대하여 자랑하는 것이 있거
니와 18 그리스도께서 이방인들
을 순종하게 하기 위하여 나를
통하여 역사하신 것 외에는 내가
감히 말하지 아니하노라 그 일은
말과 행위로 19 표적과 기사의
능력으로 성령의 능력으로 이루
어졌으며 그리하여 내가 예루살
렘으로부터 두루 행하여 일루리
곤까지 그리스도의 복음을 편만
하게 전하였노라 20 또 내가 그
리스도의 이름을 부르는 곳에는
복음을 전하지 않기를 힘썼노니
이는 남의 터 위에 건축하지 아
니하려 함이라 21 기록된 바

> 주의 소식을 받지 못한 자
> 들이 볼 것이요 듣지 못한
> 자들이 깨달으리라 함과 같
> 으니라 사 52:15

바울의 로마 방문 계획

22 그러므로 또한 내가 너희에게
가려 하던 것이 여러 번 막혔더
니 23 이제는 이 지방에 일할 곳
이 없고 또 여러 해 전부터 언제
든지 서바나로 갈 때에 너희에게
가기를 바라고 있었으니 24 이
는 지나가는 길에 너희를 보고
먼저 너희와 사귐으로 얼마간 기
쁨을 가진 후에 너희가 그리로
보내주기를 바람이라 25 그러나
이제는 내가 성도를 섬기는 일로
예루살렘에 가노니 26 이는 마
게도냐와 아가야 사람들이 예루
살렘 성도 중 가난한 자들을 위
하여 기쁘게 얼마를 연보하였음
이라 27 저희가 기뻐서 하였거
니와 또한 저희는 그들에게 빚진
자니 만일 이방인들이 그들의 영
적인 것을 나눠 가졌으면 육적인
것으로 그들을 섬기는 것이 마땅
하니라 28 그러므로 내가 이 일
을 마치고 이 열매를 그들에게
확증한 후에 너희에게 들렀다가
서바나로 가리라 29 내가 너희
에게 나아갈 때에 그리스도의 충
만한 복을 가지고 갈 줄을 아노
라 30 형제들아 내가 우리 주 예
수 그리스도와 성령의 사랑으로
말미암아 너희를 권하노니 너희
기도에 나와 힘을 같이하여 나를
위하여 하나님께 빌어 31 나로
유대에서 순종하지 아니하는 자
들로부터 건짐을 받게 하고 또
예루살렘에 대하여 내가 섬기는
일을 성도들이 받을 만하게 하고
32 나로 하나님의 뜻을 따라 기
쁨으로 너희에게 나아가 너희와
함께 편히 쉬게 하라 33 평강의
하나님께서 너희 모든 사람과 함
께 계실지어다 아멘

16장

인사

1 내가 겐그레아 교회의 일꾼•으

15:12 **이새의 뿌리** 이새는 이스라엘의 왕 다윗의 아버지이었다. 예수님께서는 이새와 다윗의 후손으로 오셨다.
16:1 **일꾼** 직역하면 '여집사'라는 말이다. 이것은 디모데전서 3장 11절에 언급된 특별한 여자 일꾼들 중 하나와 동일한 것을 의미하는 것 같다.

로 있는 우리 자매 뵈뵈를 너희
에게 추천하노니 2 너희는 주 안
에서 성도들의 합당한 예절로 그
를 영접하고 무엇이든지 그에게
소용되는 바를 도와 줄지니 이는
그가 여러 사람과 나의 보호자가
되었음이라 3 너희는 그리스도
예수 안에서 나의 동역자들인 브
리스가와 아굴라에게 문안하라
4 그들은 내 목숨을 위하여 자기
들의 목까지도 내놓았나니 나뿐
아니라 이방인의 모든 교회도 그
들에게 감사하느니라 5 또 저의
집에 있는 교회에도 문안하라 내
가 사랑하는 에배네도에게 문안
하라 그는 아시아에서 그리스도
께 처음 맺은 열매니라 6 너희를
위하여 많이 수고한 마리아에게
문안하라 7 내 친척이요 나와 함
께 갇혔던 안드로니고와 유니아
에게 문안하라 그들은 사도들에
게 존중히 여겨지고 또한 나보다
먼저 그리스도 안에 있는 자라 8
또 주 안에서 내 사랑하는 암블
리아에게 문안하라 9 그리스도
안에서 우리의 동역자인 우르바
노와 나의 사랑하는 스다구에게
문안하라 10 그리스도 안에서
인정함을 받은 아벨레에게 문안
하라 아리스도불로의 권속에게
문안하라 11 내 친척 헤로디온
에게 문안하라 나깃수의 가족 중
주 안에 있는 자들에게 문안하라
12 주 안에서 수고한 드루배나와
드루보사에게 문안하라 주 안에
서 많이 수고하고 사랑하는 버시
에게 문안하라 13 주 안에서 택
하심을 입은 루포와 그의 어머니
에게 문안하라 그의 어머니는 곧
내 어머니니라 14 아순그리도와
블레곤과 허메와 바드로바와 허
마와 및 그들과 함께 있는 형제
들에게 문안하라 15 빌롤로고와
율리아와 또 네레오와 그의 자매
와 올름바와 그들과 함께 있는
모든 성도에게 문안하라 16 너
희가 거룩하게 입맞춤으로 서로
문안하라 그리스도의 모든 교회
가 다 너희에게 문안하느니라
17 형제들아 내가 너희를 권하노
니 너희가 배운 교훈을 거슬러
분쟁을 일으키거나 거치게 하는
자들을 살피고 그들에게서 떠나
라 18 이같은 자들은 우리 주 그
리스도를 섬기지 아니하고 다만
자기들의 배만 섬기나니 교활한
말과 아첨하는 말로 순진한 자들
의 마음을 미혹하느니라 19 너
희의 순종함이 모든 사람에게 들
리는지라 그러므로 내가 너희로
말미암아 기뻐하노니 너희가 선
한 데 지혜롭고 악한 데 미련하
기를 원하노라 20 평강의 하나님
께서 속히 사탄을 너희 발 아래에
서 상하게 하시리라 우리 주 예수
의 은혜가 너희에게 있을지어다

문안과 찬양

21 나의 동역자 디모데와 나의
친척 누기오와 야손과 소시바더
가 너희에게 문안하느니라 22
이 편지를 기록하는 나 더디오도
주 안에서 너희에게 문안하노라
23 나와 온 교회를 돌보아 주는
가이오도 너희에게 문안하고 이
성의 재무관 에라스도와 형제 구
아도도 너희에게 문안하느니라
24 (없음)• 25 나의 복음과 예수
그리스도를 전파함은 영세 전부
터 감추어졌다가 26 이제는 나
타내신 바 되었으며 영원하신 하
나님의 명을 따라 선지자들의 글
로 말미암아 모든 민족이 믿어
순종하게 하시려고 알게 하신 바
그 신비의 계시를 따라 된 것이
니 이 복음으로 너희를 능히 견
고하게 하실 27 지혜로우신 하
나님께 예수 그리스도로 말미암
아 영광이 세세무궁하도록 있을
지어다 아멘

16:24 일부 헬라어 사본들에는 "우리 주 예수 그리스도의 은혜가 너희 모든 이에게 있을지어다"라고 기록되어 있다.

고린도전서

1장

인사와 감사

1 하나님의 뜻을 따라 그리스도 예
수의 사도로 부르심을 받은 바울과
형제 소스데네는 2 고린도에 있는
하나님의 교회 곧 그리스도 예수 안에서 거룩하여지고 성도라 부르심
을 받은 자들과 또 각처에서 우리의 주 곧 그들과 우리의 주 되신 예수
그리스도의 이름을 부르는 모든 자들에게 3 하나님 우리 아버지와 주
예수 그리스도로부터 은혜와 평강이 있기를 원하노라 4 그리스도 예

수 안에서 너희에게 주신 하나님
의 은혜로 말미암아 내가 너희를
위하여 항상 하나님께 감사하노
니 5 이는 너희가 그 안에서 모
든 일 곧 모든 언변과 모든 지식
에 풍족하므로 6 그리스도의 증
거가 너희 중에 견고하게 되어 7
너희가 모든 은사에 부족함이 없
이 우리 주 예수 그리스도의 나
타나심을 기다림이라 8 주께서
너희를 우리 주 예수 그리스도의
날에 책망할 것이 없는 자로 끝
까지 견고하게 하시리라 9 너희
를 불러 그의 아들 예수 그리스
도 우리 주와 더불어 교제하게
하시는 하나님은 미쁘시도다

고린도 교회의 분쟁

10 형제들아 내가 우리 주 예수
그리스도의 이름으로 너희를 권
하노니 모두가 같은 말을 하고 너
희 가운데 분쟁이 없이 같은 마음
과 같은 뜻으로 온전히 합하라
11 내 형제들아 글로에의 집 편
으로 너희에 대한 말이 내게 들
리니 곧 너희 가운데 분쟁이 있
다는 것이라 12 내가 이것을 말
하거니와 너희가 각각 이르되 나
는 바울에게, 나는 아볼로에게,
나는 게바에게, 나는 그리스도에
게 속한 자라 한다는 것이니 13
그리스도께서 어찌 나뉘었느냐
바울이 너희를 위하여 십자가에
못 박혔으며 바울의 이름으로 너
희가 세례를 받았느냐 14 나는
그리스보와 가이오 외에는 너희
중 아무에게도 내가 세례를 베풀
지 아니한 것을 감사하노니 15
이는 아무도 나의 이름으로 세례
를 받았다 말하지 못하게 하려 함
이라 16 내가 또한 스데바나 집
사람에게 세례를 베풀었고 그 외

에는 다른 누구에게 세례를 베풀
었는지 알지 못하노라 17 그리스
도께서 나를 보내심은 세례를 베
풀게 하려 하심이 아니요 오직

복음을 전하게 하려 하심이로되
말의 지혜로 하지 아니함은 그리
스도의 십자가•가 헛되지 않게
하려 함이라

하나님의 능력과 지혜이신 그리스도

18 십자가의 도가 멸망하는 자들
에게는 미련한 것이요 구원을 받
는 우리에게는 하나님의 능력이
라 19 기록된 바

> 내가 지혜 있는 자들의 지
> 혜를 멸하고 총명한 자들의
> 총명을 폐하리라
>
> 사 29:14

하였으니 20 지혜 있는 자가 어
디 있느냐 선비가 어디 있느냐
이 세대에 변론가•가 어디 있느
냐 하나님께서 이 세상의 지혜를
미련하게 하신 것이 아니냐 21
하나님의 지혜에 있어서는 이 세
상이 자기 지혜로 하나님을 알지
못하므로 하나님께서 전도의 미
련한 것으로 믿는 자들을 구원하
시기를 기뻐하셨도다 22 유대인
은 표적을 구하고 헬라인은 지혜
를 찾으나 23 우리는 십자가에

못 박힌 그리스도를 전하니 유대
인에게는 거리끼는 것이요 이방
인에게는 미련한 것이로되 24 오
직 부르심을 받은 자들에게는 유
대인이나 헬라인이나 그리스도
는 하나님의 능력이요 하나님의
지혜니라 25 하나님의 어리석음
이 사람보다 지혜롭고 하나님의
약하심이 사람보다 강하니라 26
형제들아 너희를 부르심을 보라
육체를 따라 지혜로운 자가 많지
아니하며 능한 자가 많지 아니하
며 문벌 좋은 자가 많지 아니하
도다 27 그러나 하나님께서 세상
의 미련한 것들을 택하사 지혜
있는 자들을 부끄럽게 하려 하시
고 세상의 약한 것들을 택하사
강한 것들을 부끄럽게 하려 하시
며 28 하나님께서 세상의 천한

1:17 **십자가** 바울은 십자가를 복음의 상징으로 내세운다. 복음은 그리스도께서 사람들의 죗값을 대신 치르기 위해 십자가에서 죽고 다시 사신 사건에 대한 증언이다.

1:20 **변론가** '철학자'라고 번역될 수도 있다. 철학자들은 진리를 탐구하는 사람들이었다.

것들과 멸시 받는 것들과 없는
것들을 택하사 있는 것들을 폐하
려 하시나니 29 이는 아무 육체
도 하나님 앞에서 자랑하지 못하
게 하려 하심이라 30 너희는 하
나님으로부터 나서 그리스도 예
수 안에 있고 예수는 하나님으로
부터 나와서 우리에게 지혜와 의
로움과 거룩함과 구원함이 되셨
으니 31 기록된 바 자랑하는 자
는 주 안에서 자랑하라• 함과 같
게 하려 함이라

2장

십자가에 못 박히신 그리스도

1 형제들아 내가 너희에게 나아
가 하나님의 증거를 전할 때에
말과 지혜의 아름다운 것으로 아
니하였나니 2 내가 너희 중에서
예수 그리스도와 그가 십자가에
못 박히신 것 외에는 아무 것도
알지 아니하기로 작정하였음이
라 3 내가 너희 가운데 거할 때
에 약하고 두려워하고 심히 떨었
노라 4 내 말과 내 전도함이 설득
력 있는 지혜의 말로 하지 아니하
고 다만 성령의 나타나심과 능력
으로 하여 5 너희 믿음이 사람의
지혜에 있지 아니하고 다만 하나
님의 능력에 있게 하려 하였노라

성령으로 보이셨다

6 그러나 우리가 온전한 자들 중에
서는 지혜를 말하노니 이는 이 세
상의 지혜가 아니요 또 이 세상에
서 없어질 통치자들의 지혜도 아
니요 7 오직 은밀한 가운데 있는
하나님의 지혜를 말하는 것으로
서 곧 감추어졌던 것인데 하나님
이 우리의 영광을 위하여 만세 전
에 미리 정하신 것이라 8 이 지혜
는 이 세대의 통치자들이 한 사람
도 알지 못하였나니 만일 알았더
라면 영광의 주를 십자가에 못 박
지 아니하였으리라 9 기록된 바

> 하나님이 자기를 사랑하는
> 자들을 위하여 예비하신 모
> 든 것은 눈으로 보지 못하고
> 귀로 듣지 못하고 사람의 마
> 음으로 생각하지도 못하였
> 다 함과 같으니라 사 64:4

10 오직 하나님이 성령으로 이것
을 우리에게 보이셨으니 성령은
모든 것 곧 하나님의 깊은 것까
지도 통달하시느니라 11 사람의
일을 사람의 속에 있는 영 외에
누가 알리요 이와 같이 하나님의
일도 하나님의 영 외에는 아무도
알지 못하느니라 12 우리가 세
상의 영을 받지 아니하고 오직
하나님으로부터 온 영을 받았으
니 이는 우리로 하여금 하나님께
서 우리에게 은혜로 주신 것들을
알게 하려 하심이라 13 우리가
이것을 말하거니와 사람의 지혜
가 가르친 말로 아니하고 오직
성령께서 가르치신 것으로 하니
영적인 일은 영적인 것으로 분별
하느니라 14 육에 속한 사람은
하나님의 성령의 일들을 받지 아
니하나니 이는 그것들이 그에게
는 어리석게 보임이요, 또 그는
그것들을 알 수도 없나니 그러한
일은 영적으로 분별되기 때문이
라 15 신령한 자는 모든 것을 판
단하나 자기는 아무에게도 판단
을 받지 아니하느니라

> 16 누가 주의 마음을 알아
> 서 주를 가르치겠느냐
> 사 40:13

그러나 우리가 그리스도의 마음
을 가졌느니라

1:31 자랑하는 자는 주 안에서 자랑하라 렘 9:24 인용

3장

하나님의 동역자들

1 형제들아 내가 신령한 자들을
대함과 같이 너희에게 말할 수
없어서 육신에 속한 자 곧 그리
스도 안에서 어린 아이들을 대함
과 같이 하노라 2 내가 너희를

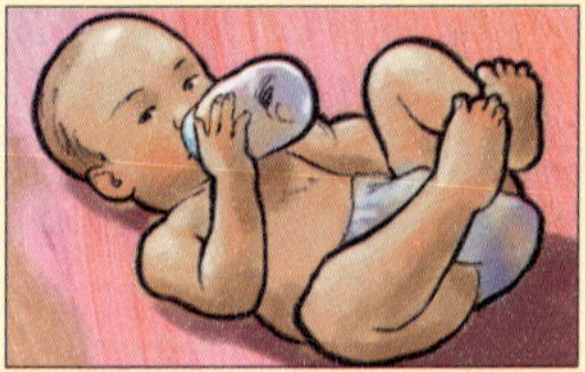

젖으로 먹이고 밥으로 아니하였
노니 이는 너희가 감당하지 못하
였음이거니와 지금도 못하리라
3 너희는 아직도 육신에 속한 자
로다 너희 가운데 시기와 분쟁이
있으니 어찌 육신에 속하여 사람
을 따라 행함이 아니리요 4 어떤
이는 말하되 나는 바울에게라 하
고 다른 이는 나는 아볼로에게라
하니 너희가 육의 사람이 아니리
요 5 그런즉 아볼로는 무엇이며
바울은 무엇이냐 그들은 주께서
각각 주신 대로 너희로 하여금
믿게 한 사역자들이니라 6 나는
심었고 아볼로는 물을 주었으되
오직 하나님께서 자라나게 하셨
나니 7 그런즉 심는 이나 물 주
는 이는 아무 것도 아니로되 오
직 자라게 하시는 이는 하나님뿐
이니라 8 심는 이와 물 주는 이
는 한가지이나 각각 자기가 일한
대로 자기의 상을 받으리라 9 우
리는 하나님의 동역자들이요 너
희는 하나님의 밭이요 하나님의
집이니라 10 내게 주신 하나님
의 은혜를 따라 내가 지혜로운

건축자와 같이 터를 닦아 두매
다른 이가 그 위에 세우나 그러
나 각각 어떻게 그 위에 세울까
를 조심할지니라 11 이 닦아 둔
것 외에 능히 다른 터를 닦아 둘
자가 없으니 이 터는 곧 예수 그
리스도라 12 만일 누구든지 금이
나 은이나 보석이나 나무나 풀이
나 짚으로 이 터 위에 세우면 13
각 사람의 공적이 나타날 터인데
그 날•이 공적을 밝히리니 이는
불로 나타내고 그 불이 각 사람
의 공적이 어떠한 것을 시험할
것임이라 14 만일 누구든지 그
위에 세운 공적이 그대로 있으면
상을 받고 15 누구든지 그 공적
이 불타면 해를 받으리니 그러나
자신은 구원을 받되 불 가운데서
받은 것 같으리라 16 너희는 너
희가 하나님의 성전인 것과 하나
님의 성령이 너희 안에 계시는
것을 알지 못하느냐 17 누구든지
하나님의 성전을 더럽히면 하나
님이 그 사람을 멸하시리라 하나
님의 성전은 거룩하니 너희도 그
러하니라 18 아무도 자신을 속이
지 말라 너희 중에 누구든지 이
세상에서 지혜 있는 줄로 생각하
거든 어리석은 자가 되라 그리하
여야 지혜로운 자가 되리라 19
이 세상 지혜는 하나님께 어리석
은 것이니 기록된 바 하나님은
지혜 있는 자들로 하여금 자기
꾀에 빠지게 하시는 이라• 하였
고 20 또 주께서 지혜 있는 자들
의 생각을 헛것으로 아신다• 하
셨느니라 21 그런즉 누구든지
사람을 자랑하지 말라 만물이 다
너희 것임이라 22 바울이나 아
볼로나 게바나 세계나 생명이나
사망이나 지금 것이나 장래 것이
나 다 너희의 것이요 23 너희는
그리스도의 것이요 그리스도는
하나님의 것이니라

3:13 **그 날** 그 날이 오면 그리스도께서 오시어 모든 사람들을 심판하실 것이고 또 자신의 사람들을 본향으로 데려가시어 함께 사실 것이다.
3:19 **하나님은 … 하시는 이라** 욥 5:13 인용
3:20 **주께서 … 아신다** 시 94:11 인용

4장

그리스도의 일꾼

1 사람이 마땅히 우리를 그리스
도의 일꾼이요 하나님의 비밀을
맡은 자로 여길지어다 2 그리고
맡은 자들에게 구할 것은 충성이
니라 3 너희에게나 다른 사람에
게나 판단 받는 것이 내게는 매
우 작은 일이라 나도 나를 판단
하지 아니하노니 4 내가 자책할
아무 것도 깨닫지 못하나 이로
말미암아 의롭다 함을 얻지 못하
노라 다만 나를 심판하실 이는
주시니라 5 그러므로 때가 이르
기 전 곧 주께서 오시기까지 아
무 것도 판단하지 말라 그가 어
둠에 감추인 것들을 드러내고 마
음의 뜻을 나타내시리니 그 때에
각 사람에게 하나님으로부터 칭
찬이 있으리라 6 형제들아 내가
너희를 위하여 이 일에 나와 아
볼로를 들어서 본을 보였으니 이
는 너희로 하여금 기록된 말씀
밖으로 넘어가지 말라 한 것을
우리에게서 배워 서로 대적하여
교만한 마음을 가지지 말게 하려
함이라 7 누가 너를 남달리 구별
하였느냐 네게 있는 것 중에 받
지 아니한 것이 무엇이냐 네가
받았은즉 어찌하여 받지 아니한
것 같이 자랑하느냐 8 너희가 이
미 배 부르며 이미 풍성하며 우
리 없이도 왕이 되었도다 우리가
너희와 함께 왕 노릇 하기 위하
여 참으로 너희가 왕이 되기를
원하노라 9 내가 생각하건대 하
나님이 사도인 우리를 죽이기로
작정된 자 같이 끄트머리에 두셨
으매 우리는 세계 곧 천사와 사
람에게 구경거리가 되었노라 10
우리는 그리스도 때문에 어리석
으나 너희는 그리스도 안에서 지
혜롭고 우리는 약하나 너희는 강
하고 너희는 존귀하나 우리는 비
천하여 11 바로 이 시각까지 우
리가 주리고 목마르며 헐벗고 매
맞으며 정처가 없고 12 또 수고
하여 친히 손으로 일을 하며 모
욕을 당한즉 축복하고 박해를 받
은즉 참고 13 비방을 받은즉 권
면하니 우리가 지금까지 세상의
더러운 것과 만물의 찌꺼기 같이
되었도다 14 내가 너희를 부끄
럽게 하려고 이것을 쓰는 것이
아니라 오직 너희를 내 사랑하는
자녀 같이 권하려 하는 것이라
15 그리스도 안에서 일만 스승이
있으되 아버지는 많지 아니하니
그리스도 예수 안에서 내가 복음
으로써 너희를 낳았음이라 16
그러므로 내가 너희에게 권하노
니 너희는 나를 본받는 자가 되
라 17 이로 말미암아 내가 주 안
에서 내 사랑하고 신실한 아들
디모데를 너희에게 보내었으니
그가 너희로 하여금 그리스도 예
수 안에서 나의 행사 곧 내가 각
처 각 교회에서 가르치는 것을
생각나게 하리라 18 어떤 이들
은 내가 너희에게 나아가지 아니
할 것 같이 스스로 교만하여졌으
나 19 주께서 허락하시면 내가
너희에게 속히 나아가서 교만한
자들의 말이 아니라 오직 그 능
력을 알아보겠으니 20 하나님의
나라는 말에 있지 아니하고 오직
능력에 있음이라 21 너희가 무
엇을 원하느냐 내가 매를 가지고
너희에게 나아가랴 사랑과 온유
한 마음으로 나아가랴

고전

5장

음행한 자를 판단하다

1 너희 중에 심지어 음행이 있다
함을 들으니 그런 음행은 이방인
중에서도 없는 것이라 누가 그
아버지의 아내를 취하였다 하는
도다 2 그리하고도 너희가 오히
려 교만하여져서 어찌하여 통한
히 여기지 아니하고 그 일 행한
자를 너희 중에서 쫓아내지 아니
하였느냐 3 내가 실로 몸으로는
떠나 있으나 영으로는 함께 있어
서 거기 있는 것 같이 이런 일 행
한 자를 이미 판단하였노라 4 주
예수의 이름으로 너희가 내 영과
함께 모여서 우리 주 예수의 능
력으로 5 이런 자를 사탄에게 내
주었으니 이는 육신은 멸하고 영
은 주 예수의 날에 구원을 받게
하려 함이라 6 너희가 자랑하는
것이 옳지 아니하도다 적은 누룩
이 온 덩어리에 퍼지는 것을 알
지 못하느냐 7 너희는 누룩 없는
자인데 새 덩어리가 되기 위하여
묵은 누룩을 내버리라 우리의 유
월절 양 곧 그리스도께서 희생되
셨느니라 8 이러므로 우리가 명
절을 지키되 묵은 누룩으로도 말
고 악하고 악의에 찬 누룩으로도
말고 누룩이 없이 오직 순전함과
진실함의 떡으로 하자 9 내가 너
희에게 쓴 편지에 음행하는 자들
을 사귀지 말라 하였거니와 10
이 말은 이 세상의 음행하는 자
들이나 탐하는 자들이나 속여 빼
앗는 자들이나 우상 숭배하는 자
들을 도무지 사귀지 말라 하는
것이 아니니 만일 그리하려면 너
희가 세상 밖으로 나가야 할 것
이라 11 이제 내가 너희에게 쓴
것은 만일 어떤 형제라 일컫는
자가 음행하거나 탐욕을 부리거
나 우상 숭배를 하거나 모욕하거
나 술 취하거나 속여 빼앗거든
사귀지도 말고 그런 자와는 함께
먹지도 말라 함이라 12 밖에 있
는 사람들을 판단하는 것이야 내
게 무슨 상관이 있으리요마는 교
회 안에 있는 사람들이야 너희가
판단하지 아니하랴 13 밖에 있
는 사람들은 하나님이 심판하시
려니와 이 악한 사람은 너희 중
에서 내쫓으라

6장

세상 법정에 송사하지 말라

1 너희 중에 누가 다른 이와 더불
어 다툼이 있는데 구태여 불의
한 자들 앞에서 고발하고 성도
앞에서 하지 아니하느냐 2 성도
가 세상을 판단할 것을 너희가
알지 못하느냐 세상도 너희에게
판단을 받겠거든 지극히 작은
일 판단하기를 감당하지 못하겠
느냐 3 우리가 천사를 판단할 것
을 너희가 알지 못하느냐 그러
하거든 하물며 세상 일이랴 4 그
런즉 너희가 세상 사건이 있을
때에 교회에서 경히 여김을 받
는 자들을 세우느냐 5 내가 너
희를 부끄럽게 하려 하여 이 말
을 하노니 너희 가운데 그 형제
간의 일을 판단할 만한 지혜 있
는 자가 이같이 하나도 없느냐
6 형제가 형제와 더불어 고발할
뿐더러 믿지 아니하는 자들 앞
에서 하느냐 7 너희가 피차 고
발함으로 너희 가운데 이미 뚜
렷한 허물이 있나니 차라리 불

의를 당하는 것이 낫지 아니하
며 차라리 속는 것이 낫지 아니
하냐 8 너희는 불의를 행하고
속이는구나 그는 너희 형제로다
9 불의한 자가 하나님의 나라를
유업으로 받지 못할 줄을 알지
못하느냐 미혹을 받지 말라 음
행하는 자나 우상 숭배하는 자
나 간음하는 자나 탐색하는 자
나 남색하는 자나 10 도적이나
탐욕을 부리는 자나 술 취하는
자나 모욕하는 자나 속여 빼앗는
자들은 하나님의 나라를 유업으
로 받지 못하리라 11 너희 중에
이와 같은 자들이 있더니 주 예
수 그리스도의 이름과 우리 하나
님의 성령 안에서 씻음과 거룩함
과 의롭다 하심을 받았느니라

몸으로 하나님께 영광을 돌리라

12 모든 것이 내게 가하나 다 유
익한 것이 아니요 모든 것이 내
게 가하나 내가 무엇에든지 얽매
이지 아니하리라 13 음식은 배
를 위하여 있고 배는 음식을 위
하여 있으나 하나님은 이것 저것
을 다 폐하시리라 몸은 음란을
위하여 있지 않고 오직 주를 위
하여 있으며 주는 몸을 위하여

계시느니라 14 하나님이 주를
다시 살리셨고 또한 그의 권능으
로 우리를 다시 살리시리라 15
너희 몸이 그리스도의 지체인 줄
을 알지 못하느냐 내가 그리스도
의 지체를 가지고 창녀의 지체를
만들겠느냐 결코 그럴 수 없느니
라 16 창녀와 합하는 자는 그와
한 몸인 줄을 알지 못하느냐 일
렀으되 둘이 한 육체가 된다* 하
셨나니 17 주와 합하는 자는 한
영이니라 18 음행을 피하라 사
람이 범하는 죄마다 몸 밖에 있
거니와 음행하는 자는 자기 몸에
죄를 범하느니라 19 너희 몸은
너희가 하나님께로부터 받은 바
너희 가운데 계신 성령의 전인
줄을 알지 못하느냐 너희는 너희
자신의 것이 아니라 20 값으로
산 것이 되었으니 그런즉 너희
몸으로 하나님께 영광을 돌리라

7장

결혼에 대하여 이르다

1 너희가 쓴 문제에 대하여 말하
면 남자가 여자를 가까이 아니함
이 좋으나 2 음행을 피하기 위하
여 남자마다 자기 아내를 두고
여자마다 자기 남편을 두라 3 남
편은 그 아내에 대한 의무를 다
하고 아내도 그 남편에게 그렇게
할지라 4 아내는 자기 몸을 주장
하지 못하고 오직 그 남편이 하
며 남편도 그와 같이 자기 몸을
주장하지 못하고 오직 그 아내가
하나니 5 서로 분방하지 말라 다
만 기도할 틈을 얻기 위하여 합

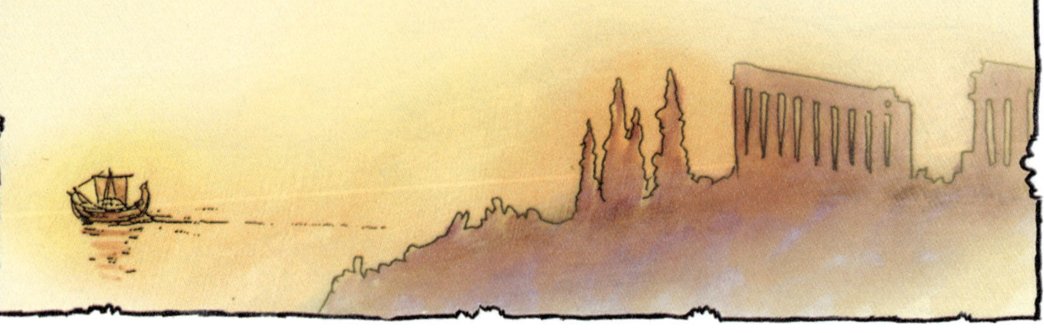

6:16 둘이 한 육체가 된다 창 2:24 인용

의상 얼마 동안은 하되 다시 합
하라 이는 너희가 절제 못함으로
말미암아 사탄이 너희를 시험하
지 못하게 하려 함이라 6 그러나
내가 이 말을 함은 허락이요 명
령은 아니니라 7 나는 모든 사람
이 나와 같기를 원하노라 그러나
각각 하나님께 받은 자기의 은사
가 있으니 이 사람은 이러하고
저 사람은 저러하니라 8 내가 결
혼하지 아니한 자들과 과부들에
게 이르노니 나와 같이 그냥 지
내는 것이 좋으니라 9 만일 절제
할 수 없거든 결혼하라 정욕이
불 같이 타는 것보다 결혼하는
것이 나으니라 10 결혼한 자들
에게 내가 명하노니 (명하는 자
는 내가 아니요 주시라) 여자는
남편에게서 갈라서지 말고 11
(만일 갈라섰으면 그대로 지내든
지 다시 그 남편과 화합하든지
하라) 남편도 아내를 버리지 말
라 12 그 나머지 사람들에게 내
가 말하노니 (이는 주의 명령이
아니라) 만일 어떤 형제에게 믿
지 아니하는 아내가 있어 남편과
함께 살기를 좋아하거든 그를 버
리지 말며 13 어떤 여자에게 믿
지 아니하는 남편이 있어 아내와
함께 살기를 좋아하거든 그 남편
을 버리지 말라 14 믿지 아니하
는 남편이 아내로 말미암아 거룩
하게 되고 믿지 아니하는 아내가
남편으로 말미암아 거룩하게 되
나니 그렇지 아니하면 너희 자녀
도 깨끗하지 못하니라 그러나 이
제 거룩하니라 15 혹 믿지 아니
하는 자가 갈리거든 갈리게 하라
형제나 자매나 이런 일에 구애될
것이 없느니라 그러나 하나님은
화평 중에서 너희를 부르셨느니
라• 16 아내 된 자여 네가 남편
을 구원할는지 어찌 알 수 있으
며 남편 된 자여 네가 네 아내를
구원할는지 어찌 알 수 있으리요
17 오직 주께서 각 사람에게 나
눠 주신 대로 하나님이 각 사람
을 부르신 그대로 행하라 내가
모든 교회에서 이와 같이 명하노
라 18 할례자로서 부르심을 받
은 자가 있느냐 무할례자가 되지
말며 무할례자로 부르심을 받은
자가 있느냐 할례를 받지 말라
19 할례 받는 것도 아무 것도 아
니요 할례 받지 아니하는 것도
아무 것도 아니로되 오직 하나님
의 계명을 지킬 따름이니라 20
각 사람은 부르심을 받은 그 부
르심 그대로 지내라 21 네가 종
으로 있을 때에 부르심을 받았느

7:15 **화평 중에서 너희를 부르셨느니라** 일부 헬라어 사본들에서는 '너희를'이 '우리를'로 되어 있다.

냐 염려하지 말라 그러나 네가
자유롭게 될 수 있거든 그것을
이용하라 22 주 안에서 부르심
을 받은 자는 종이라도 주께 속
한 자유인이요 또 그와 같이 자
유인으로 있을 때에 부르심을 받
은 자는 그리스도의 종이니라
23 너희는 값으로 사신 것이니
사람들의 종이 되지 말라 24 형
제들아 너희는 각각 부르심을 받
은 그대로 하나님과 함께 거하라

처녀와 과부에게 주는 권면

25 처녀에 대하여는 내가 주께
받은 계명이 없으되 주의 자비하
심을 받아서 충성스러운 자가 된
내가 의견을 말하노니 26 내 생
각에는 이것이 좋으니 곧 임박한
환난으로 말미암아 사람이 그냥
지내는 것이 좋으니라 27 네가
아내에게 매였느냐 놓이기를 구
하지 말며 아내에게서 놓였느냐
아내를 구하지 말라 28 그러나
장가 가도 죄 짓는 것이 아니요
처녀가 시집 가도 죄 짓는 것이
아니로되 이런 이들은 육신에 고
난이 있으리니 나는 너희를 아끼
노라 29 형제들아 내가 이 말을
하노니 그 때가 단축하여진 고로
이 후부터 아내 있는 자들은 없
는 자 같이 하며 30 우는 자들은
울지 않는 자 같이 하며 기쁜 자
들은 기쁘지 않은 자 같이 하며
매매하는 자들은 없는 자 같이
하며 31 세상 물건을 쓰는 자들
은 다 쓰지 못하는 자 같이 하라
이 세상의 외형은 지나감이니라
32 너희가 염려 없기를 원하노라
장가 가지 않은 자는 주의 일을
염려하여 어찌하여야 주를 기쁘
시게 할까 하되 33 장가 간 자는
세상 일을 염려하여 어찌하여야
아내를 기쁘게 할까 하여 34 마
음이 갈라지며 시집 가지 않은
자와 처녀는 주의 일을 염려하여
몸과 영을 다 거룩하게 하려 하
되 시집 간 자는 세상 일을 염려
하여 어찌하여야 남편을 기쁘게
할까 하느니라 35 내가 이것을
말함은 너희의 유익을 위함이요
너희에게 올무를 놓으려 함이 아
니니 오직 너희로 하여금 이치에
합당하게 하여 흐트러짐이 없이
주를 섬기게 하려 함이라 36 그
러므로 만일 누가 자기의 약혼녀
에 대한 행동이 합당하지 못한
줄로 생각할 때에 그 약혼녀의
혼기도 지나고 그같이 할 필요가
있거든 원하는 대로 하라 그것은
죄 짓는 것이 아니니 그들로 결
혼하게 하라 37 그러나 그가 마
음을 정하고 또 부득이한 일도
없고 자기 뜻대로 할 권리가 있
어서 그 약혼녀를 그대로 두기로
하여도 잘하는 것이니라 38 그
러므로 결혼하는 자도 잘하거니
와 결혼하지 아니하는 자는 더
잘하는 것이니라 39 아내는 그
남편이 살아 있는 동안에 매여
있다가 남편이 죽으면 자유로워
자기 뜻대로 시집 갈 것이나 주
안에서만 할 것이니라 40 그러
나 내 뜻에는 그냥 지내는 것이
더욱 복이 있으리로다 나도 또한
하나님의 영을 받은 줄로 생각하
노라

8장

우상에게 바친 제물

1 우상의 제물에 대하여는 우리
가 다 지식이 있는 줄을 아나 지
식은 교만하게 하며 사랑은 덕을
세우나니 2 만일 누구든지 무엇
을 아는 줄로 생각하면 아직도

마땅히 알 것을 알지 못하는 것
이요 3 또 누구든지 하나님을 사
랑하면 그 사람은 하나님도 알아
주시느니라 4 그러므로 우상의
제물을 먹는 일에 대하여는 우리
가 우상은 세상에 아무 것도 아
니며 또한 하나님은 한 분밖에
없는 줄 아노라 5 비록 하늘에나
땅에나 신이라 불리는 자가 있어
많은 신과 많은 주가 있으나 6
그러나 우리에게는 한 하나님 곧
아버지가 계시니 만물이 그에게
서 났고 우리도 그를 위하여 있
고 또한 한 주 예수 그리스도께
서 계시니 만물이 그로 말미암고
우리도 그로 말미암아 있느니라
7 그러나 이 지식은 모든 사람에
게 있는 것은 아니므로 어떤 이
들은 지금까지 우상에 대한 습관
이 있어 우상의 제물로 알고 먹
는 고로 그들의 양심이 약하여지
고 더러워지느니라 8 음식은 우
리를 하나님 앞에 내세우지 못하
나니 우리가 먹지 않는다고 해서
더 못사는 것도 아니고 먹는다고
해서 더 잘사는 것도 아니니라 9
그런즉 너희의 자유가 믿음이 약
한 자들에게 걸려 넘어지게 하는
것이 되지 않도록 조심하라 10
지식 있는 네가 우상의 집에 앉
아 먹는 것을 누구든지 보면 그
믿음이 약한 자들의 양심이 담력
을 얻어 우상의 제물을 먹게 되
지 않겠느냐 11 그러면 네 지식
으로 그 믿음이 약한 자가 멸망
하나니 그는 그리스도께서 위하
여 죽으신 형제라 12 이같이 너
희가 형제에게 죄를 지어 그 약
한 양심을 상하게 하는 것이 곧
그리스도에게 죄를 짓는 것이니
라 13 그러므로 만일 음식이 내
형제를 실족하게 한다면 나는 영
원히 고기를 먹지 아니하여 내
형제를 실족하지 않게 하리라

9장

사도의 권리

1 내가 자유인이 아니냐 사도가
아니냐 예수 우리 주를 보지 못
하였느냐 주 안에서 행한 나의
일이 너희가 아니냐 2 다른 사람
들에게는 내가 사도가 아닐지라
도 너희에게는 사도이니 나의 사
도 됨을 주 안에서 인친 것이 너
희라 3 나를 비판하는 자들에게
변명할 것이 이것이니 4 우리가
먹고 마실 권리가 없겠느냐 5 우
리가 다른 사도들과 주의 형제들
과 게바와 같이 믿음의 자매 된
아내를 데리고 다닐 권리가 없겠
느냐 6 어찌 나와 바나바만 일하
지 아니할 권리가 없겠느냐 7 누
가 자기 비용으로 군 복무를 하
겠느냐 누가 포도를 심고 그 열
매를 먹지 않겠느냐 누가 양 떼
를 기르고 그 양 떼의 젖을 먹지
않겠느냐 8 내가 사람의 예대로

이것을 말하느냐 율법도 이것을
말하지 아니하느냐 9 모세의 율
법에 곡식을 밟아 떠는 소에게

망을 씌우지 말라* 기록하였으
니 하나님께서 어찌 소들을 위하
여 염려하심이냐 10 오로지 우
리를 위하여 말씀하심이 아니냐
과연 우리를 위하여 기록된 것이
니 밭 가는 자는 소망을 가지고
갈며 곡식 떠는 자는 함께 얻을
소망을 가지고 떠는 것이라 11
우리가 너희에게 신령한 것을 뿌
렸은즉 너희의 육적인 것을 거두

기로 과하다 하겠느냐 12 다른
이들도 너희에게 이런 권리를 가
졌거든 하물며 우리일까보냐 그
러나 우리가 이 권리를 쓰지 아
니하고 범사에 참는 것은 그리스
도의 복음에 아무 장애가 없게
하려 함이로다 13 성전의 일을
하는 이들은 성전에서 나는 것을
먹으며 제단에서 섬기는 이들은
제단과 함께 나누는 것을 너희가
알지 못하느냐 14 이와 같이 주
께서도 복음 전하는 자들이 복음
으로 말미암아 살리라 명하셨느
니라 15 그러나 내가 이것을 하
나도 쓰지 아니하였고 또 이 말
을 쓰는 것은 내게 이같이 하여
달라는 것이 아니라 내가 차라리
죽을지언정 누구든지 내 자랑하
는 것을 헛된 데로 돌리지 못하
게 하리라 16 내가 복음을 전할
지라도 자랑할 것이 없음은 내가
부득불 할 일임이라 만일 복음을
전하지 아니하면 내게 화가 있을
것이로다 17 내가 내 자의로 이
것을 행하면 상을 얻으려니와 내
가 자의로 아니한다 할지라도 나
는 사명을 받았노라 18 그런즉
내 상이 무엇이냐 내가 복음을
전할 때에 값없이 전하고 복음으
로 말미암아 내게 있는 권리를
다 쓰지 아니하는 이것이로다
19 내가 모든 사람에게서 자유로
우나 스스로 모든 사람에게 종이
된 것은 더 많은 사람을 얻고자
함이라 20 유대인들에게 내가
유대인과 같이 된 것은 유대인들
을 얻고자 함이요 율법 아래에
있는 자들에게는 내가 율법 아래
에 있지 아니하나 율법 아래에
있는 자 같이 된 것은 율법 아래
에 있는 자들을 얻고자 함이요
21 율법 없는 자에게는 내가 하
나님께는 율법 없는 자가 아니요
도리어 그리스도의 율법 아래에
있는 자이나 율법 없는 자와 같
이 된 것은 율법 없는 자들을 얻
고자 함이라 22 약한 자들에게
내가 약한 자와 같이 된 것은 약
한 자들을 얻고자 함이요 내가
여러 사람에게 여러 모습이 된
것은 아무쪼록 몇 사람이라도 구
원하고자 함이니 23 내가 복음
을 위하여 모든 것을 행함은 복
음에 참여하고자 함이라 24 운
동장에서 달음질하는 자들이 다
달릴지라도 오직 상을 받는 사람

은 한 사람인 줄을 너희가 알지
못하느냐 너희도 상을 받도록 이
와 같이 달음질하라 25 이기기를
다투는 자마다 모든 일에 절제하
나니 그들은 썩을 승리자의 관을

얻고자 하되 우리는 썩지 아니할
것을 얻고자 하노라 26 그러므
로 나는 달음질하기를 향방 없는
것 같이 아니하고 싸우기를 허공
을 치는 것 같이 아니하며 27 내

가 내 몸을 쳐 복종하게 함은 내
가 남에게 전파한 후에 자신이
도리어 버림을 당할까 두려워함
이로다

10장

우상 숭배하는 일을 피하라

1 형제들아 나는 너희가 알지 못
하기를 원하지 아니하노니 우리
조상들이 다 구름 아래에 있고
바다 가운데로 지나며 2 모세에

9:9 곡식을 밟아 떠는 소에게 망을 씌우지 말라 신 25:4 인용

게 속하여 다 구름과 바다에서
세례를 받고 3 다 같은 신령한
음식을 먹으며 4 다 같은 신령한

음료를 마셨으니 이는 그들을 따
르는 신령한 반석으로부터 마셨
으매 그 반석은 곧 그리스도시라

5 그러나 그들의 다수를 하나님
이 기뻐하지 아니하셨으므로 그
들이 광야에서 멸망을 받았느니
라 6 이러한 일은 우리의 본보기
가 되어 우리로 하여금 그들이
악을 즐겨 한 것 같이 즐겨 하는
자가 되지 않게 하려 함이니 7
그들 가운데 어떤 사람들과 같이
너희는 우상 숭배하는 자가 되지
말라 기록된 바 백성이 앉아서
먹고 마시며 일어나서 뛰논다•
함과 같으니라 8 그들 중의 어떤
사람들이 음행하다가 하루에 이
만 삼천 명이 죽었나니 우리는
그들과 같이 음행하지 말자 9 그
들 가운데 어떤 사람들이 주를
시험하다가 뱀에게 멸망하였나
니 우리는 그들과 같이 시험하지
말자 10 그들 가운데 어떤 사람
들이 원망하다가 멸망시키는 자
에게 멸망하였나니 너희는 그들
과 같이 원망하지 말라 11 그들
에게 일어난 이런 일은 본보기가
되고 또한 말세를 만난 우리를
깨우치기 위하여 기록되었느니
라 12 그런즉 선 줄로 생각하는
자는 넘어질까 조심하라 13 사
람이 감당할 시험 밖에는 너희가
당한 것이 없나니 오직 하나님은
미쁘사 너희가 감당하지 못할 시
험 당함을 허락하지 아니하시고
시험 당할 즈음에 또한 피할 길
을 내사 너희로 능히 감당하게
하시느니라 14 그런즉 내 사랑
하는 자들아 우상 숭배하는 일을
피하라 15 나는 지혜 있는 자들
에게 말함과 같이 하노니 너희는
내가 이르는 말을 스스로 판단하
라 16 우리가 축복하는 바 축복
의 잔•은 그리스도의 피에 참여
함이 아니며 우리가 떼는 떡은
그리스도의 몸에 참여함이 아니
냐 17 떡이 하나요 많은 우리가
한 몸이니 이는 우리가 다 한 떡
에 참여함이라 18 육신을 따라
난 이스라엘을 보라 제물을 먹는
자들이 제단에 참여하는 자들이
아니냐 19 그런즉 내가 무엇을
말하느냐 우상의 제물은 무엇이
며 우상은 무엇이냐 20 무릇 이
방인이 제사하는 것은 귀신에게
하는 것이요 하나님께 제사하는
것이 아니니 나는 너희가 귀신과
교제하는 자가 되기를 원하지 아
니하노라 21 너희가 주의 잔과
귀신의 잔을 겸하여 마시지 못하
고 주의 식탁과 귀신의 식탁에
겸하여 참여하지 못하리라 22
그러면 우리가 주를 노여워하시
게 하겠느냐 우리가 주보다 강한
자냐

다 하나님의 영광을 위하여 하라

23 모든 것이 가하나 모든 것이
유익한 것은 아니요 모든 것이
가하나 모든 것이 덕을 세우는
것은 아니니 24 누구든지 자기
의 유익을 구하지 말고 남의 유
익을 구하라 25 무릇 시장에서
파는 것은 양심을 위하여 묻지
말고 먹으라 26 이는 땅과 거기

충만한 것이 주의 것임이라• 27
불신자 중 누가 너희를 청할 때
에 너희가 가고자 하거든 너희

고전

10:7 **백성이 앉아서 먹고 마시며 일어나서 뛰논다** 출 32:6 인용
10:16 **축복의 잔** 성찬식에서 그리스도인들은 포도나무의 열매의 잔을 하나님께 감사하며 마신다.
10:26 **땅과 거기 충만한 것이 주의 것임이라** 시 24:1 ; 50:12 ; 89:11 인용

앞에 차려 놓은 것은 무엇이든지
양심을 위하여 묻지 말고 먹으라
28 누가 너희에게 이것이 제물이
라 말하거든 알게 한 자와 그 양
심을 위하여 먹지 말라 29 내가
말한 양심은 너희의 것이 아니요
남의 것이니 어찌하여 내 자유가
남의 양심으로 말미암아 판단을
받으리요 30 만일 내가 감사함
으로 참여하면 어찌하여 내가 감
사하는 것에 대하여 비방을 받으
리요 31 그런즉 너희가 먹든지
마시든지 무엇을 하든지 다 하나
님의 영광을 위하여 하라 32 유
대인에게나 헬라인에게나 하나
님의 교회에나 거치는 자가 되지
말고 33 나와 같이 모든 일에 모
든 사람을 기쁘게 하여 자신의
유익을 구하지 아니하고 많은 사
람의 유익을 구하여 그들로 구원
을 받게 하라

11장

1 내가 그리스도를 본받는 자가
된 것 같이 너희는 나를 본받는
자가 되라

여자가 머리를 가리는 것

2 너희가 모든 일에 나를 기억하
고 또 내가 너희에게 전하여 준
대로 그 전통을 너희가 지키므로
너희를 칭찬하노라 3 그러나 나
는 너희가 알기를 원하노니 각
남자의 머리는 그리스도요 여자
의 머리는 남자요• 그리스도의
머리는 하나님이시라 4 무릇 남
자로서 머리에 무엇을 쓰고 기도
나 예언을 하는 자는 그 머리를
욕되게 하는 것이요 5 무릇 여자
로서 머리에 쓴 것을 벗고 기도
나 예언을 하는 자는 그 머리를
욕되게 하는 것이니 이는 머리를
민 것과 다름이 없음이라 6 만일
여자가 머리를 가리지 않거든 깎
을 것이요 만일 깎거나 미는 것
이 여자에게 부끄러움이 되거든
가릴지니라 7 남자는 하나님의
형상과 영광이니 그 머리를 마땅
히 가리지 않거니와 여자는 남자
의 영광이니라 8 남자가 여자에
게서 난 것이 아니요 여자가 남
자에게서 났으며 9 또 남자가 여

자를 위하여 지음을 받지 아니하
고 여자가 남자를 위하여 지음을
받은 것이니 10 그러므로 여자
는 천사들로 말미암아 권세 아래
에 있는 표를 그 머리 위에 둘지
니라 11 그러나 주 안에는 남자
없이 여자만 있지 않고 여자 없
이 남자만 있지 아니하니라 12
이는 여자가 남자에게서 난 것
같이 남자도 여자로 말미암아 났
음이라 그리고 모든 것은 하나님

에게서 났느니라 13 너희는 스
스로 판단하라 여자가 머리를 가
리지 않고 하나님께 기도하는 것
이 마땅하냐 14 만일 남자에게
긴 머리가 있으면 자기에게 부끄
러움이 되는 것을 본성이 너희에
게 가르치지 아니하느냐 15 만
일 여자가 긴 머리가 있으면 자
기에게 영광이 되나니 긴 머리는
가리는 것을 대신하여 주셨기 때
문이니라 16 논쟁하려는 생각을
가진 자가 있을지라도 우리에게
나 하나님의 모든 교회에는 이런
관례가 없느니라

성만찬의 제정

17 내가 명하는 이 일에 너희를
칭찬하지 아니하나니 이는 너희
의 모임이 유익이 못되고 도리
어 해로움이라 18 먼저 너희가
교회에 모일 때에 너희 중에 분
쟁이 있다 함을 듣고 어느 정도

11:3 **여자의 머리는 남자요** 여기서 '남자'는 '그녀의 남편'으로 해석될 수도 있다.

믿거니와 19 너희 중에 파당이
있어야 너희 중에 옳다 인정함
을 받은 자들이 나타나게 되리
라 20 그런즉 너희가 함께 모여
서 주의 만찬•을 먹을 수 없으니
21 이는 먹을 때에 각각 자기의
만찬을 먼저 갖다 먹으므로 어
떤 사람은 시장하고 어떤 사람
은 취함이라 22 너희가 먹고 마
실 집이 없느냐 너희가 하나님
의 교회를 업신여기고 빈궁한
자들을 부끄럽게 하느냐 내가
너희에게 무슨 말을 하랴 너희
를 칭찬하랴 이것으로 칭찬하지
않노라 23 내가 너희에게 전한
것은 주께 받은 것이니 곧 주 예
수께서 잡히시던 밤에 떡을 가지
사 24 축사하시고 떼어 이르시되

이것은 너희를 위하는 내 몸이니• 이것을 행하여 나를 기념하라 하시고

25 식후에 또한 그와 같이 잔을
가지시고 이르시되

이 잔은 내 피로 세운 새 언약이니 이것을 행하여 마실 때마다 나를 기념하라 하셨으니

26 너희가 이 떡을 먹으며 이 잔
을 마실 때마다 주의 죽으심을
그가 오실 때까지 전하는 것이니
라 27 그러므로 누구든지 주의
떡이나 잔을 합당하지 않게 먹고
마시는 자는 주의 몸과 피에 대
하여 죄를 짓는 것이니라 28 사
람이 자기를 살피고 그 후에야
이 떡을 먹고 이 잔을 마실지니
29 주의 몸을 분별하지 못하고
먹고 마시는 자는 자기의 죄를
먹고 마시는 것이니라 30 그러
므로 너희 중에 약한 자와 병든
자가 많고 잠자는 자도 적지 아
니하니 31 우리가 우리를 살폈
으면 판단을 받지 아니하려니와
32 우리가 판단을 받는 것은 주
께 징계를 받는 것이니 이는 우
리로 세상과 함께 정죄함을 받지
않게 하려 하심이라 33 그런즉
내 형제들아 먹으러 모일 때에
서로 기다리라 34 만일 누구든
지 시장하거든 집에서 먹을지니
이는 너희의 모임이 판단 받는
모임이 되지 않게 하려 함이라
그밖의 일들은 내가 언제든지 갈
때에 바로잡으리라

12장

성령의 은사

1 형제들아 신령한 것에 대하여
나는 너희가 알지 못하기를 원하
지 아니하노니 2 너희도 알거니
와 너희가 이방인으로 있을 때에
말 못하는 우상에게로 끄는 그대
로 끌려 갔느니라 3 그러므로 내
가 너희에게 알리노니 하나님의
영으로 말하는 자는 누구든지 예
수를 저주할 자라 하지 아니하고
또 성령으로 아니하고는 누구든
지 예수를 주시라 할 수 없느니
라 4 은사는 여러 가지나 성령은
같고 5 직분은 여러 가지나 주는
같으며 6 또 사역은 여러 가지나
모든 것을 모든 사람 가운데서
이루시는 하나님은 같으니 7 각
사람에게 성령을 나타내심은 유

11:20 **주의 만찬** 예수님께서 제자들에게 행하라고 말씀하신 식사. 주님은 주의 만찬을 통해 자신을 기억하라고 말씀하셨다(눅 22:14-20).
11:24 **너희를 위하는 내 몸이니** 이것이 일부 헬라어 사본들에서는 "너희를 위하여 떼어진 내 몸이니"라고 되어 있다.

익하게 하려 하심이라 8 어떤 사
람에게는 성령으로 말미암아 지
혜의 말씀을, 어떤 사람에게는
같은 성령을 따라 지식의 말씀

을, 9 다른 사람에게는 같은 성
령으로 믿음을, 어떤 사람에게는
한 성령으로 병 고치는 은사를,
10 어떤 사람에게는 능력 행함
을, 어떤 사람에게는 예언함을,

어떤 사람에게는 영들 분별함을,
다른 사람에게는 각종 방언 말함
을, 어떤 사람에게는 방언들 통
역함을 주시나니 11 이 모든 일

은 같은 한 성령이 행하사 그의
뜻대로 각 사람에게 나누어 주시
는 것이니라

하나의 몸과 많은 지체

12 몸은 하나인데 많은 지체가 있
고 몸의 지체가 많으나 한 몸임과
같이 그리스도도 그러하니라 13
우리가 유대인이나 헬라인이나
종이나 자유인이나 다 한 성령으
로 세례를 받아 한 몸이 되었고
또 다 한 성령을 마시게 하셨느니
라 14 몸은 한 지체뿐만 아니요
여럿이니 15 만일 발이 이르되

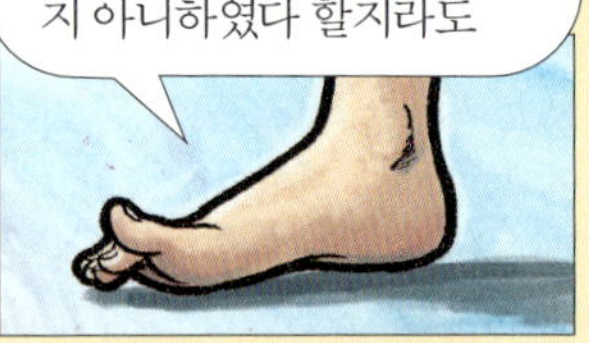

이로써 몸에 붙지 아니한 것이
아니요 16 또 귀가 이르되

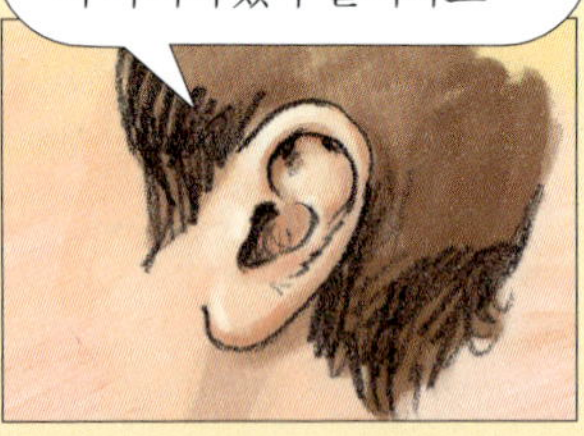

이로써 몸에 붙지 아니한 것이
아니니 17 만일 온 몸이 눈이면
듣는 곳은 어디며 온 몸이 듣는
곳이면 냄새 맡는 곳은 어디냐
18 그러나 이제 하나님이 그 원
하시는 대로 지체를 각각 몸에
두셨으니 19 만일 다 한 지체뿐
이면 몸은 어디냐 20 이제 지체
는 많으나 몸은 하나라 21 눈이
손더러

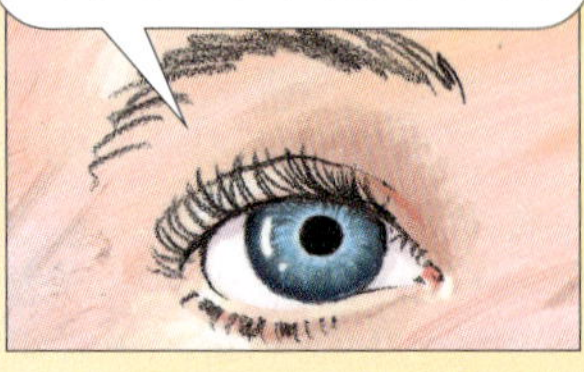

또한 머리가 발더러

22 그뿐 아니라 더 약하게 보이
는 몸의 지체가 도리어 요긴하고
23 우리가 몸의 덜 귀히 여기는
그것들을 더욱 귀한 것들로 입혀
주며 우리의 아름답지 못한 지체
는 더욱 아름다운 것을 얻느니라
그런즉 24 우리의 아름다운 지
체는 그럴 필요가 없느니라 오직
하나님이 몸을 고르게 하여 부족
한 지체에게 귀중함을 더하사
25 몸 가운데서 분쟁이 없고 오
직 여러 지체가 서로 같이 돌보
게 하셨느니라 26 만일 한 지체
가 고통을 받으면 모든 지체가
함께 고통을 받고 한 지체가 영
광을 얻으면 모든 지체가 함께
즐거워하느니라 27 너희는 그리
스도의 몸이요 지체의 각 부분이
라 28 하나님이 교회 중에 몇을
세우셨으니 첫째는 사도요 둘째
는 선지자요 셋째는 교사요 그

다음은 능력을 행하는 자요 그
다음은 병 고치는 은사와 서로
돕는 것과 다스리는 것과 각종
방언을 말하는 것이라 29 다 사
도이겠느냐 다 선지자이겠느냐
다 교사이겠느냐 다 능력을 행하
는 자이겠느냐 30 다 병 고치는
은사를 가진 자이겠느냐 다 방언
을 말하는 자이겠느냐 다 통역하
는 자이겠느냐 31 너희는 더욱
큰 은사를 사모하라 내가 또한
가장 좋은 길을 너희에게 보이
리라

13장

사랑

1 내가 사람의 방언과 천사의 말
을 할지라도 사랑이 없으면 소리
나는 구리와 울리는 꽹과리가 되

고 2 내가 예언하는 능력이 있어
모든 비밀과 모든 지식을 알고
또 산을 옮길 만한 모든 믿음이
있을지라도 사랑이 없으면 내가
아무 것도 아니요 3 내가 내게
있는 모든 것으로 구제하고 또
내 몸을 불사르게 내줄지라도*
사랑이 없으면 내게 아무 유익이

없느니라 4 사랑은 오래 참고 사
랑은 온유하며 시기하지 아니하
며 사랑은 자랑하지 아니하며 교
만하지 아니하며 5 무례히 행하
지 아니하며 자기의 유익을 구하
지 아니하며 성내지 아니하며 악
한 것을 생각하지 아니하며 6 불
의를 기뻐하지 아니하며 진리와
함께 기뻐하고 7 모든 것을 참으
며 모든 것을 믿으며 모든 것을
바라며 모든 것을 견디느니라 8
사랑은 언제까지나 떨어지지 아
니하되 예언도 폐하고 방언도 그
치고 지식도 폐하리라 9 우리는
부분적으로 알고 부분적으로 예
언하니 10 온전한 것이 올 때에
는 부분적으로 하던 것이 폐하리
라 11 내가 어렸을 때에는 말하
는 것이 어린 아이와 같고 깨닫
는 것이 어린 아이와 같고 생각
하는 것이 어린 아이와 같다가

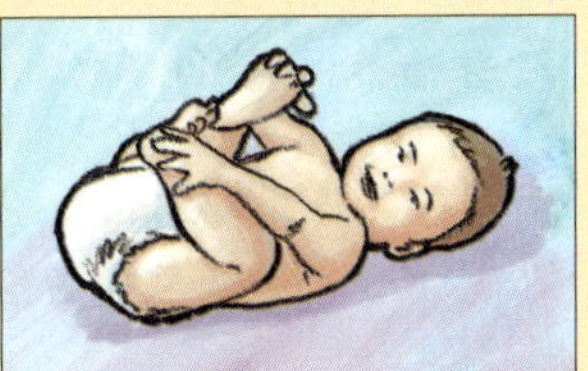

장성한 사람이 되어서는 어린 아
이의 일을 버렸노라 12 우리가
지금은 거울로 보는 것 같이 희
미하나 그 때에는 얼굴과 얼굴을

대하여 볼 것이요 지금은 내가
부분적으로 아나 그 때에는 주께
서 나를 아신 것 같이 내가 온전

히 알리라 13 그런즉 믿음, 소망,
사랑, 이 세 가지는 항상 있을 것
인데 그 중의 제일은 사랑이라

14장

방언과 예언

1 사랑을 추구하며 신령한 것들
을 사모하되 특별히 예언을 하려
고 하라 2 방언을 말하는 자는
사람에게 하지 아니하고 하나님
께 하나니 이는 알아 듣는 자가
없고 영으로 비밀을 말함이라 3
그러나 예언하는 자는 사람에게
말하여 덕을 세우며 권면하며 위
로하는 것이요 4 방언을 말하는
자는 자기의 덕을 세우고 예언하
는 자는 교회의 덕을 세우나니 5
나는 너희가 다 방언 말하기를
원하나 특별히 예언하기를 원하
노라 만일 방언을 말하는 자가
통역하여 교회의 덕을 세우지 아
니하면 예언하는 자만 못하니라
6 그런즉 형제들아 내가 너희에

13:3 **내 몸을 불사르게 내줄지라도** 이것이 다른 헬라어 사본들에서는 "내가 자랑하기 위해 내 몸을 넘겨줄지라도"라고 기록되어 있다.

게 나아가서 방언으로 말하고 계
시나 지식이나 예언이나 가르치
는 것으로 말하지 아니하면 너희
에게 무엇이 유익하리요 7 혹 피
리나 거문고와 같이 생명 없는
것이 소리를 낼 때에 그 음의 분

별을 나타내지 아니하면 피리 부
는 것인지 거문고 타는 것인지
어찌 알게 되리요 8 만일 나팔이
분명하지 못한 소리를 내면 누가

전투를 준비하리요 9 이와 같이
너희도 혀로써 알아 듣기 쉬운
말을 하지 아니하면 그 말하는
것을 어찌 알리요 이는 허공에다
말하는 것이라 10 이같이 세상
에 소리의 종류가 많으나 뜻 없
는 소리는 없나니 11 그러므로
내가 그 소리의 뜻을 알지 못하
면 내가 말하는 자에게 외국인이
되고 말하는 자도 내게 외국인이
되리니 12 그러므로 너희도 영
적인 것을 사모하는 자인즉 교회
의 덕을 세우기 위하여 그것이
풍성하기를 구하라 13 그러므로
방언을 말하는 자는 통역하기를
기도할지니 14 내가 만일 방언
으로 기도하면 나의 영이 기도하
거니와 나의 마음은 열매를 맺지
못하리라 15 그러면 어떻게 할
까 내가 영으로 기도하고 또 마
음으로 기도하며 내가 영으로 찬
송하고 또 마음으로 찬송하리라

16 그렇지 아니하면 네가 영으로
축복할 때에 알지 못하는 처지에
있는 자가 네가 무슨 말을 하는
지 알지 못하고 네 감사에 어찌
아멘* 하리요 17 너는 감사를 잘
하였으나 그러나 다른 사람은 덕
세움을 받지 못하리라 18 내가
너희 모든 사람보다 방언을 더
말하므로 하나님께 감사하노라
19 그러나 교회에서 네가 남을
가르치기 위하여 깨달은 마음으
로 다섯 마디 말을 하는 것이 일
만 마디 방언으로 말하는 것보다
나으니라 20 형제들아 지혜에는
아이가 되지 말고 악에는 어린
아이가 되라 지혜에는 장성한 사
람이 되라 21 율법에 기록된 바
주께서 이르시되 내가 다른 방언
을 말하는 자와 다른 입술로 이
백성에게 말할지라도 그들이 여
전히 듣지 아니하리라 하였으니
22 그러므로 방언은 믿는 자들을
위하지 아니하고 믿지 아니하는
자들을 위하는 표적이나 예언은
믿지 아니하는 자들을 위하지 않
고 믿는 자들을 위함이니라 23
그러므로 온 교회가 함께 모여
다 방언으로 말하면 알지 못하는
자들이나 믿지 아니하는 자들이
들어와서 너희를 미쳤다 하지 아
니하겠느냐 24 그러나 다 예언
을 하면 믿지 아니하는 자들이나
알지 못하는 자들이 들어와서 모
든 사람에게 책망을 들으며 모든
사람에게 판단을 받고 25 그 마
음의 숨은 일들이 드러나게 되므
로 엎드리어 하나님께 경배하며
하나님이 참으로 너희 가운데 계
신다 전파하리라

차례를 따라 하라

26 그런즉 형제들아 어찌할까 너
희가 모일 때에 각각 찬송시도
있으며 가르치는 말씀도 있으며
계시도 있으며 방언도 있으며 통
역함도 있나니 모든 것을 덕을
세우기 위하여 하라 27 만일 누
가 방언으로 말하거든 두 사람이
나 많아야 세 사람이 차례를 따
라 하고 한 사람이 통역할 것이
요 28 만일 통역하는 자가 없으
면 교회에서는 잠잠하고 자기와
하나님께 말할 것이요 29 예언
하는 자는 둘이나 셋이나 말하고

14:16 아멘 '아멘'이라고 말하는 것은 다른 사람이 한 말에 동의한다는 것을 의미한다.

다른 이들은 분별할 것이요 30
만일 곁에 앉아 있는 다른 이에
게 계시가 있으면 먼저 하던 자
는 잠잠할지니라 31 너희는 다
모든 사람으로 배우게 하고 모든
사람으로 권면을 받게 하기 위하
여 하나씩 하나씩 예언할 수 있
느니라 32 예언하는 자들의 영
은 예언하는 자들에게 제재를 받
나니 33 하나님은 무질서의 하
나님이 아니시요 오직 화평의 하
나님이시니라 모든 성도가 교회
에서 함과 같이 34 여자는 교회
에서 잠잠하라 그들에게는 말하
는 것을 허락함이 없나니 율법에
이른 것 같이 오직 복종할 것이
요 35 만일 무엇을 배우려거든
집에서 자기 남편에게 물을지니
여자가 교회에서 말하는 것은 부
끄러운 것이라 36 하나님의 말
씀이 너희로부터 난 것이냐 또는
너희에게만 임한 것이냐 37 만
일 누구든지 자기를 선지자나 혹
은 신령한 자로 생각하거든 내가
너희에게 편지하는 이 글이 주의
명령인 줄 알라 38 만일 누구든
지 알지 못하면 그는 알지 못한
자니라 39 그런즉 내 형제들아
예언하기를 사모하며 방언 말하
기를 금하지 말라 40 모든 것을
품위 있게 하고 질서 있게 하라

15장

그리스도의 부활

1 형제들아 내가 너희에게 전한 복
음을 너희에게 알게 하노니 이는
너희가 받은 것이요 또 그 가운데
선 것이라 2 너희가 만일 내가 전
한 그 말을 굳게 지키고 헛되이 믿
지 아니하였으면 그로 말미암아
구원을 받으리라 3 내가 받은 것
을 먼저 너희에게 전하였노니 이
는 성경대로 그리스도께서 우리
죄를 위하여 죽으시고 4 장사 지
낸 바 되셨다가 성경대로 사흘
만에 다시 살아나사 5 게바에게
보이시고 후에 열두 제자에게와
6 그 후에 오백여 형제에게 일시
에 보이셨나니 그 중에 지금까지
대다수는 살아 있고 어떤 사람은
잠들었으며 7 그 후에 야고보에
게 보이셨으며 그 후에 모든 사
도에게와 8 맨 나중에 만삭되지
못하여 난 자 같은 내게도 보이
셨느니라 9 나는 사도 중에 가장
작은 자라 나는 하나님의 교회를
박해하였으므로 사도라 칭함 받
기를 감당하지 못할 자니라 10
그러나 내가 나 된 것은 하나님
의 은혜로 된 것이니 내게 주신
그의 은혜가 헛되지 아니하여 내
가 모든 사도보다 더 많이 수고
하였으나 내가 한 것이 아니요
오직 나와 함께 하신 하나님의

고전

은혜로라 11 그러므로 나나 그
들이나 이같이 전파하매 너희도
이같이 믿었느니라

죽은 사람의 부활

12 그리스도께서 죽은 자 가운데
서 다시 살아나셨다 전파되었거
늘 너희 중에서 어떤 사람들은
어찌하여 죽은 자 가운데서 부활
이 없다 하느냐 13 만일 죽은 자
의 부활이 없으면 그리스도도 다
시 살아나지 못하셨으리라 14
그리스도께서 만일 다시 살아나
지 못하셨으면 우리가 전파하는
것도 헛것이요 또 너희 믿음도
헛것이며 15 또 우리가 하나님
의 거짓 증인으로 발견되리니 우
리가 하나님이 그리스도를 다시
살리셨다고 증언하였음이라 만
일 죽은 자가 다시 살아나는 일
이 없으면 하나님이 그리스도를
다시 살리지 아니하셨으리라 16
만일 죽은 자가 다시 살아나는
일이 없으면 그리스도도 다시 살
아나신 일이 없었을 터이요 17
그리스도께서 다시 살아나신 일
이 없으면 너희의 믿음도 헛되고
너희가 여전히 죄 가운데 있을
것이요 18 또한 그리스도 안에
서 잠자는 자도 망하였으리니
19 만일 그리스도 안에서 우리가
바라는 것이 다만 이 세상의 삶
뿐이면 모든 사람 가운데 우리가
더욱 불쌍한 자이리라 20 그러
나 이제 그리스도께서 죽은 자
가운데서 다시 살아나사 잠자는
자들의 첫 열매가 되셨도다 21
사망이 한 사람으로 말미암았으
니 죽은 자의 부활도 한 사람으
로 말미암는도다 22 아담 안에
서 모든 사람이 죽은 것 같이 그
리스도 안에서 모든 사람이 삶을
얻으리라 23 그러나 각각 자기
차례대로 되리니 먼저는 첫 열매

인 그리스도요 다음에는 그가 강
림하실 때에 그리스도에게 속한
자요 24 그 후에는 마지막이니
그가 모든 통치와 모든 권세와
능력을 멸하시고 나라를 아버지
하나님께 바칠 때라 25 그가 모
든 원수를 그 발 아래에 둘 때까
지 반드시 왕 노릇 하시리니 26
맨 나중에 멸망 받을 원수는 사
망이니라 27 만물을 그의 발 아
래에 두셨다* 하셨으니 만물을
아래에 둔다 말씀하실 때에 만물
을 그의 아래에 두신 이가 그 중
에 들지 아니한 것이 분명하도다
28 만물을 그에게 복종하게 하실
때에는 아들 자신도 그 때에 만
물을 자기에게 복종하게 하신 이
에게 복종하게 되리니 이는 하나
님이 만유의 주로서 만유 안에
계시려 하심이라 29 만일 죽은
자들이 도무지 다시 살아나지 못
하면 죽은 자들을 위하여 세례를
받는 자들이 무엇을 하겠느냐 어
찌하여 그들을 위하여 세례를 받
느냐 30 또 어찌하여 우리가 언
제나 위험을 무릅쓰리요 31 형
제들아 내가 그리스도 예수 우리
주 안에서 가진 바 너희에 대한

나의 자랑을 두고 단언하노니 나
는 날마다 죽노라 32 내가 사람
의 방법으로 에베소에서 맹수와
더불어 싸웠다면 내게 무슨 유익
이 있으리요 죽은 자가 다시 살
아나지 못한다면 내일 죽을 터이
니 먹고 마시자* 하리라 33 속지
말라 악한 동무들은 선한 행실을
더럽히나니 34 깨어 의를 행하
고 죄를 짓지 말라 하나님을 알
지 못하는 자가 있기로 내가 너
희를 부끄럽게 하기 위하여 말하
노라

몸의 부활

35 누가 묻기를 죽은 자들이 어
떻게 다시 살아나며 어떠한 몸으
로 오느냐 하리니 36 어리석은
자여 네가 뿌리는 씨가 죽지 않
으면 살아나지 못하겠고 37 또
네가 뿌리는 것은 장래의 형체를
뿌리는 것이 아니요 다만 밀이나
다른 것의 알맹이 뿐이로되 38

하나님이 그 뜻대로 그에게 형체
를 주시되 각 종자에게 그 형체
를 주시느니라 39 육체는 다 같
은 육체가 아니니 하나는 사람의
육체요 하나는 짐승의 육체요 하
나는 새의 육체요 하나는 물고기
의 육체라 40 하늘에 속한 형체
도 있고 땅에 속한 형체도 있으나
하늘에 속한 것의 영광이 따로 있
고 땅에 속한 것의 영광이 따로
있으니 41 해의 영광이 다르고

달의 영광이 다르며 별의 영광도
다른데 별과 별의 영광이 다르도
다 42 죽은 자의 부활도 그와 같
으니 썩을 것으로 심고 썩지 아
니할 것으로 다시 살아나며 43
욕된 것으로 심고 영광스러운 것
으로 다시 살아나며 약한 것으로
심고 강한 것으로 다시 살아나며
44 육의 몸으로 심고 신령한 몸으
로 다시 살아나나니 육의 몸이
있은즉 또 영의 몸도 있느니라
45 기록된 바 첫 사람 아담은 생
령이 되었다* 함과 같이 마지막
아담은 살려 주는 영이 되었나니
46 그러나 먼저는 신령한 사람이
아니요 육의 사람이요 그 다음에
신령한 사람이니라 47 첫 사람은
땅에서 났으니 흙에 속한 자이거

니와 둘째 사람은 하늘에서 나셨
느니라 48 무릇 흙에 속한 자들
은 저 흙에 속한 자와 같고 무릇
하늘에 속한 자들은 저 하늘에
속한 이와 같으니 49 우리가 흙
에 속한 자의 형상을 입은 것 같

고전

15:27 **만물을 그의 발 아래에 두셨다** 시 8:6 인용
15:32 **내일 죽을 터이니 먹고 마시자** 사 22:13 인용
15:45 **첫 사람 아담은 생령이 되었다** 창 2:7 인용

이 또한 하늘에 속한 이의 형상
을 입으리라 50 형제들아 내가
이것을 말하노니 혈과 육은 하나
님 나라를 이어 받을 수 없고 또
한 썩는 것은 썩지 아니하는 것
을 유업으로 받지 못하느니라
51 보라 내가 너희에게 비밀을
말하노니 우리가 다 잠 잘 것이
아니요 마지막 나팔에 순식간에
홀연히 다 변화되리니 52 나팔
소리가 나매 죽은 자들이 썩지
아니할 것으로 다시 살아나고 우
리도 변화되리라 53 이 썩을 것
이 반드시 썩지 아니할 것을 입
겠고 이 죽을 것이 죽지 아니함
을 입으리로다 54 이 썩을 것이
썩지 아니함을 입고 이 죽을 것
이 죽지 아니함을 입을 때에는

> 사망을 삼키고 이기리라고
> 사 25:8

기록된 말씀이 이루어지리라

> 55 사망아 너의 승리가 어디
> 있느냐 사망아 네가 쏘는
> 것이 어디 있느냐 호 13:14

56 사망이 쏘는 것은 죄요 죄의
권능은 율법이라 57 우리 주 예
수 그리스도로 말미암아 우리에
게 승리를 주시는 하나님께 감사
하노니 58 그러므로 내 사랑하는
형제들아 견실하며 흔들리지 말
고 항상 주의 일에 더욱 힘쓰는
자들이 되라 이는 너희 수고가 주
안에서 헛되지 않은 줄 앎이라

16장

성도를 위하는 연보

1 성도를 위하는 연보에 관하여
는 내가 갈라디아 교회들에게 명
한 것 같이 너희도 그렇게 하라
2 매주 첫날에 너희 각 사람이 수
입에 따라 모아 두어서 내가 갈
때에 연보를 하지 않게 하라 3
내가 이를 때에 너희가 인정한
사람에게 편지를 주어 너희의 은
혜를 예루살렘으로 가지고 가게
하리니 4 만일 나도 가는 것이
합당하면 그들이 나와 함께 가리
라 5 내가 마게도냐를 지날 터이
니 마게도냐를 지난 후에 너희에
게 가서 6 혹 너희와 함께 머물

며 겨울을 지낼 듯도 하니 이는
너희가 나를 내가 갈 곳으로 보
내어 주게 하려 함이라 7 이제는
지나는 길에 너희 보기를 원하지
아니하노니 이는 만일 주께서 허
락하시면 얼마 동안 너희와 함께
머물기를 바람이라 8 내가 오순
절까지 에베소에 머물려 함은 9
내게 광대하고 유효한 문이 열렸
으나 대적하는 자가 많음이라
10 디모데가 이르거든 너희는 조
심하여 그로 두려움이 없이 너희
가운데 있게 하라 이는 그도 나
와 같이 주의 일을 힘쓰는 자임
이라 11 그러므로 누구든지 그
를 멸시하지 말고 평안히 보내어
내게로 오게 하라 나는 그가 형
제들과 함께 오기를 기다리노라
12 형제 아볼로에 대하여는 그에
게 형제들과 함께 너희에게 가라
고 내가 많이 권하였으되 지금은
갈 뜻이 전혀 없으나 기회가 있
으면 가리라

권면과 끝 인사

13 깨어 믿음에 굳게 서서 남자
답게 강건하라 14 너희 모든 일
을 사랑으로 행하라 15 형제들
아 스데바나의 집은 곧 아가야의
첫 열매요 또 성도 섬기기로 작
정한 줄을 너희가 아는지라 내가
너희를 권하노니 16 이같은 사
람들과 또 함께 일하며 수고하는
모든 사람에게 순종하라 17 내
가 스데바나와 브드나도와 아가
이고가 온 것을 기뻐하노니 그들
이 너희의 부족한 것을 채웠음이
라 18 그들이 나와 너희 마음을
시원하게 하였으니 그러므로 너
희는 이런 사람들을 알아 주라
19 아시아의 교회들이 너희에게
문안하고 아굴라와 브리스가와
그 집에 있는 교회가 주 안에서
너희에게 간절히 문안하고 20
모든 형제도 너희에게 문안하니
너희는 거룩하게 입맞춤으로 서
로 문안하라 21 나 바울은 친필
로 너희에게 문안하노니 22 만
일 누구든지 주를 사랑하지 아니
하면 저주를 받을지어다 우리 주
여 오시옵소서 23 주 예수 그리
스도의 은혜가 너희와 함께 하고
24 나의 사랑이 그리스도 예수 안
에서 너희 무리와 함께 할지어다

고린도후서

1장

고난과 위로와 구원과 감사

1 하나님의 뜻으로 말미암아 그
리스도 예수의 사도 된 바울과
형제 디모데는 고린도에 있는 하
나님의 교회와 또 온 아가야에
있는 모든 성도에게 2 하나님 우
리 아버지와 주 예수 그리스도로
부터 은혜와 평강이 있기를 원하
노라 3 찬송하리로다 그는 우리
주 예수 그리스도의 하나님이시
요 자비의 아버지시요 모든 위로
의 하나님이시며 4 우리의 모든
환난 중에서 우리를 위로하사 우
리로 하여금 하나님께 받는 위로
로써 모든 환난 중에 있는 자들
을 능히 위로하게 하시는 이시로
다 5 그리스도의 고난이 우리에
게 넘친 것 같이 우리가 받는 위
로도 그리스도로 말미암아 넘치
는도다 6 우리가 환난 당하는 것
도 너희가 위로와 구원을 받게
하려는 것이요 우리가 위로를 받
는 것도 너희가 위로를 받게 하
려는 것이니 이 위로가 너희 속
에 역사하여 우리가 받는 것 같
은 고난을 너희도 견디게 하느니
라 7 너희를 위한 우리의 소망이
견고함은 너희가 고난에 참여하
는 자가 된 것 같이 위로에도 그
러할 줄을 앎이라 8 형제들아 우
리가 아시아에서 당한 환난을 너
희가 모르기를 원하지 아니하노
니 힘에 겹도록 심한 고난을 당
하여 살 소망까지 끊어지고 9 우
리는 우리 자신이 사형 선고를
받은 줄 알았으니 이는 우리로
자기를 의지하지 말고 오직 죽은
자를 다시 살리시는 하나님만 의
지하게 하심이라 10 그가 이같
이 큰 사망에서 우리를 건지셨고
또 건지실 것이며 이 후에도 건
지시기를 그에게 바라노라 11
너희도 우리를 위하여 간구함으
로 도우라 이는 우리가 많은 사
람의 기도로 얻은 은사로 말미암
아 많은 사람이 우리를 위하여
감사하게 하려 함이라

고린도 교회 방문을 연기하다

12 우리가 세상에서 특별히 너희
에 대하여 하나님의 거룩함과 진
실함•으로 행하되 육체의 지혜로
하지 아니하고 하나님의 은혜로
행함은 우리 양심이 증언하는 바
니 이것이 우리의 자랑이라 13
오직 너희가 읽고 아는 것 외에
우리가 다른 것을 쓰지 아니하노
니 너희가 완전히 알기를 내가
바라는 것은 14 너희가 우리를
부분적으로 알았으나 우리 주 예
수의 날에는 너희가 우리의 자랑
이 되고 우리가 너희의 자랑이
되는 그것이라 15 내가 이 확신
을 가지고 너희로 두 번 은혜를
얻게 하기 위하여 먼저 너희에게
이르렀다가 16 너희를 지나 마
게도냐로 갔다가 다시 마게도냐
에서 너희에게 가서 너희의 도움
으로 유대로 가기를 계획하였으
니 17 이렇게 계획할 때에 어찌
경솔히 하였으리요 혹 계획하기
를 육체를 따라 계획하여 예 예
하면서 아니라 아니라 하는 일이
내게 있겠느냐 18 하나님은 미
쁘시니라 우리가 너희에게 한 말
은 예 하고 아니라 함이 없노라
19 우리 곧 나와 실루아노와 디
모데로 말미암아 너희 가운데 전
파된 하나님의 아들 예수 그리스
도는 예 하고 아니라 함이 되지
아니하셨으니 그에게는 예만 되
었느니라 20 하나님의 약속은 얼
마든지 그리스도 안에서 예가 되
니 그런즉 그로 말미암아 우리가
아멘• 하여 하나님께 영광을 돌
리게 되느니라 21 우리를 너희와

1:12 **거룩함과 진실함** 일부 헬라어 사본들에는 이것이 '정직함과 진실함'으로 되어 있다.
1:20 **아멘** '아멘'이라고 말하는 것은 다른 사람이 한 말에 동의한다는 것을 의미한다.

함께 그리스도 안에서 굳건하게
하시고 우리에게 기름을 부으신
이는 하나님이시니 22 그가 또
한 우리에게 인치시고 보증으로
우리 마음에 성령을 주셨느니라
23 내가 내 목숨을 걸고 하나님
을 불러 증언하시게 하노니 내가
다시 고린도에 가지 아니한 것은
너희를 아끼려 함이라 24 우리
가 너희 믿음을 주관하려는 것이
아니요 오직 너희 기쁨을 돕는
자가 되려 함이니 이는 너희가
믿음에 섰음이라

2장

1 내가 다시는 너희에게 근심 중
에 나아가지 아니하기로 스스로
결심하였노니 2 내가 너희를 근
심하게 한다면 내가 근심하게 한
자밖에 나를 기쁘게 할 자가 누
구냐 3 내가 이같이 쓴 것은 내
가 갈 때에 마땅히 나를 기쁘게
할 자로부터 도리어 근심을 얻을
까 염려함이요 또 너희 모두에
대한 나의 기쁨이 너희 모두의
기쁨인 줄 확신함이로라 4 내가
마음에 큰 눌림과 걱정이 있어
많은 눈물로 너희에게 썼노니 이
는 너희로 근심하게 하려 한 것
이 아니요 오직 내가 너희를 향
하여 넘치는 사랑이 있음을 너희
로 알게 하려 함이라

근심하게 한 사람을 용서하라

5 근심하게 한 자가 있었을지라도
나를 근심하게 한 것이 아니요 어
느 정도 너희 모두를 근심하게 한
것이니 어느 정도라 함은 내가 너
무 지나치게 말하지 아니하려 함
이라 6 이러한 사람은 많은 사람
에게서 벌 받는 것이 마땅하도다
7 그런즉 너희는 차라리 그를 용
서하고 위로할 것이니 그가 너무
많은 근심에 잠길까 두려워하노
라 8 그러므로 너희를 권하노니
사랑을 그들에게 나타내라 9 너
희가 범사에 순종하는지 그 증거
를 알고자 하여 내가 이것을 너희
에게 썼노라 10 너희가 무슨 일
에든지 누구를 용서하면 나도 그
리하고 내가 만일 용서한 일이 있
으면 용서한 그것은 너희를 위하
여 그리스도 앞에서 한 것이니
11 이는 우리로 사탄에게 속지 않
게 하려 함이라 우리는 그 계책을
알지 못하는 바가 아니로라

그리스도의 향기

12 내가 그리스도의 복음을 위하
여 드로아에 이르매 주 안에서
문이 내게 열렸으되 13 내가 내
형제 디도를 만나지 못하므로 내
심령이 편하지 못하여 그들을 작
별하고 마게도냐로 갔노라 14
항상 우리를 그리스도 안에서 이
기게 하시고 우리로 말미암아 각
처에서 그리스도를 아는 냄새를
나타내시는 하나님께 감사하노
라 15 우리는 구원 받는 자들에
게나 망하는 자들에게나 하나님
앞에서 그리스도의 향기니 16
이 사람에게는 사망으로부터 사
망에 이르는 냄새요 저 사람에게
는 생명으로부터 생명에 이르는
냄새라 누가 이 일을 감당하리요
17 우리는 수많은 사람들처럼 하
나님의 말씀을 혼잡하게 하지 아
니하고 곧 순전함으로 하나님께
받은 것 같이 하나님 앞에서와
그리스도 안에서 말하노라

3장

새 언약의 일꾼들

1 우리가 다시 자천하기를 시작
하겠느냐 우리가 어찌 어떤 사람
처럼 추천서를 너희에게 부치거
나 혹은 너희에게 받거나 할 필
요가 있느냐 2 너희는 우리의 편
지라 우리 마음에 썼고 뭇 사람
이 알고 읽는 바라 3 너희는 우
리로 말미암아 나타난 그리스도
의 편지니 이는 먹으로 쓴 것이
아니요 오직 살아 계신 하나님의
영으로 쓴 것이며 또 돌판•에 쓴
것이 아니요 오직 육의 마음판에
쓴 것이라 4 우리가 그리스도로
말미암아 하나님을 향하여 이같

3:3 **돌판** 돌판에 쓰인 모세의 율법을 의미한다(출 24:12 ; 25:16).

은 확신이 있으니 5 우리가 무슨
일이든지 우리에게서 난 것 같이
스스로 만족할 것이 아니니 우리
의 만족은 오직 하나님으로부터
나느니라 6 그가 또한 우리를 새
언약의 일꾼 되기에 만족하게 하
셨으니 율법 조문으로 하지 아니
하고 오직 영으로 함이니 율법
조문은 죽이는 것이요 영은 살리
는 것이니라 7 돌에 써서 새긴
죽게 하는 율법 조문의 직분도
영광이 있어 이스라엘 자손들은
모세의 얼굴의 없어질 영광 때문
에도 그 얼굴을 주목하지 못하였
거든 8 하물며 영의 직분은 더욱
영광이 있지 아니하겠느냐 9 정
죄의 직분도 영광이 있은즉 의의
직분은 영광이 더욱 넘치리라
10 영광되었던 것이 더 큰 영광
으로 말미암아 이에 영광될 것이
없으나 11 없어질 것도 영광으
로 말미암았은즉 길이 있을 것은
더욱 영광 가운데 있느니라 12
우리가 이같은 소망이 있으므로
담대히 말하노니 13 우리는 모
세가 이스라엘 자손들에게 장차
없어질 것의 결국을 주목하지 못
하게 하려고 수건을 그 얼굴에
쓴 것 같이 아니하노라 14 그러
나 그들의 마음이 완고하여 오늘
까지도 구약을 읽을 때에 그 수
건이 벗겨지지 아니하고 있으니
그 수건은 그리스도 안에서 없어
질 것이라 15 오늘까지 모세의
글을 읽을 때에 수건이 그 마음
을 덮었도다 16 그러나 언제든
지 주께로 돌아가면 그 수건이
벗겨지리라 17 주는 영이시니
주의 영이 계신 곳에는 자유가
있느니라 18 우리가 다 수건을
벗은 얼굴로 거울을 보는 것 같
이 주의 영광을 보매 그와 같은
형상으로 변화하여 영광에서 영
광에 이르니 곧 주의 영으로 말
미암음이니라

4장

질그릇에 담긴 보배

1 그러므로 우리가 이 직분을 받
아 긍휼하심을 입은 대로 낙심하
지 아니하고 2 이에 숨은 부끄러
움의 일을 버리고 속임으로 행하
지 아니하며 하나님의 말씀을 혼
잡하게 하지 아니하고 오직 진리
를 나타냄으로 하나님 앞에서 각
사람의 양심에 대하여 스스로 추
천하노라 3 만일 우리의 복음이
가리었으면 망하는 자들에게 가
리어진 것이라 4 그 중에 이 세
상의 신이 믿지 아니하는 자들의
마음을 혼미하게 하여 그리스도
의 영광의 복음의 광채가 비치지
못하게 함이니 그리스도는 하나
님의 형상이니라 5 우리는 우리
를 전파하는 것이 아니라 오직
그리스도 예수의 주 되신 것과
또 예수를 위하여 우리가 너희의
종 된 것을 전파함이라 6 어두운
데에 빛이 비치라 말씀하셨던 그
하나님께서 예수 그리스도의 얼
굴에 있는 하나님의 영광을 아는
빛을 우리 마음에 비추셨느니라

7 우리가 이 보배를 질그릇에 가
졌으니 이는 심히 큰 능력은 하
나님께 있고 우리에게 있지 아니
함을 알게 하려 함이라 8 우리가

사방으로 욱여쌈을 당하여도 싸
이지 아니하며 답답한 일을 당하
여도 낙심하지 아니하며 9 박해
를 받아도 버린 바 되지 아니하
며 거꾸러뜨림을 당하여도 망하
지 아니하고 10 우리가 항상 예
수의 죽음을 몸에 짊어짐은 예수
의 생명이 또한 우리 몸에 나타
나게 하려 함이라 11 우리 살아
있는 자가 항상 예수를 위하여
죽음에 넘겨짐은 예수의 생명이
또한 우리 죽을 육체에 나타나게
하려 함이라 12 그런즉 사망은
우리 안에서 역사하고 생명은 너
희 안에서 역사하느니라 13 기
록된 바 내가 믿었으므로 말하였
다* 한 것 같이 우리가 같은 믿음
의 마음을 가졌으니 우리도 믿었
으므로 또한 말하노라 14 주 예
수를 다시 살리신 이가 예수와 함
께 우리도 다시 살리사 너희와 함
께 그 앞에 서게 하실 줄을 아노
라 15 이는 모든 것이 너희를 위
함이니 많은 사람의 감사로 말미
암아 은혜가 더하여 넘쳐서 하나
님께 영광을 돌리게 하려 함이라

겉사람과 속사람

16 그러므로 우리가 낙심하지 아
니하노니 우리의 겉사람은 낡아

4:13 **내가 믿었으므로 말하였다** 시 116:10 인용

지나 우리의 속사람은 날로 새로
워지도다 17 우리가 잠시 받는 환
난의 경한 것이 지극히 크고 영원
한 영광의 중한 것을 우리에게 이
루게 함이니 18 우리가 주목하는
것은 보이는 것이 아니요 보이지
않는 것이니 보이는 것은 잠깐이
요 보이지 않는 것은 영원함이라

5장

1 만일 땅에 있는 우리의 장막 집
이 무너지면 하나님께서 지으신
집 곧 손으로 지은 것이 아니요
하늘에 있는 영원한 집이 우리에
게 있는 줄 아느니라 2 참으로
우리가 여기 있어 탄식하며 하늘
로부터 오는 우리 처소로 덧입기
를 간절히 사모하노라 3 이렇게
입음은 우리가 벗은 자들로 발견
되지 않으려 함이라 4 참으로 이
장막에 있는 우리가 짐진 것 같
이 탄식하는 것은 벗고자 함이
아니요 오히려 덧입고자 함이니
죽을 것이 생명에 삼킨 바 되게
하려 함이라 5 곧 이것을 우리에
게 이루게 하시고 보증으로 성령
을 우리에게 주신 이는 하나님이
시니라 6 그러므로 우리가 항상
담대하여 몸으로 있을 때에는 주
와 따로 있는 줄을 아노니 7 이
는 우리가 믿음으로 행하고 보는
것으로 행하지 아니함이로라 8
우리가 담대하여 원하는 바는 차
라리 몸을 떠나 주와 함께 있는
그것이라 9 그런즉 우리는 몸으
로 있든지 떠나든지 주를 기쁘시
게 하는 자가 되기를 힘쓰노라
10 이는 우리가 다 반드시 그리
스도의 심판대 앞에 나타나게 되
어 각각 선악간에 그 몸으로 행
한 것을 따라 받으려 함이라

화목하게 하는 직분

11 우리는 주의 두려우심을 알므
로 사람들을 권면하거니와 우리
가 하나님 앞에 알리어졌으니 또
너희의 양심에도 알리어지기를
바라노라 12 우리가 다시 너희
에게 자천하는 것이 아니요 오직
우리로 말미암아 자랑할 기회를
너희에게 주어 마음으로 하지 않
고 외모로 자랑하는 자들에게 대
답하게 하려 하는 것이라 13 우
리가 만일 미쳤어도 하나님을 위
한 것이요 정신이 온전하여도 너
희를 위한 것이니 14 그리스도
의 사랑이 우리를 강권하시는도
다 우리가 생각하건대 한 사람이
모든 사람을 대신하여 죽었은즉
모든 사람이 죽은 것이라 15 그
가 모든 사람을 대신하여 죽으심
은 살아 있는 자들로 하여금 다
시는 그들 자신을 위하여 살지
않고 오직 그들을 대신하여 죽었
다가 다시 살아나신 이를 위하여
살게 하려 함이라 16 그러므로
우리가 이제부터는 어떤 사람도
육신을 따라 알지 아니하노라 비
록 우리가 그리스도도 육신을 따
라 알았으나 이제부터는 그같이
알지 아니하노라 17 그런즉 누
구든지 그리스도 안에 있으면 새
로운 피조물이라 이전 것은 지나
갔으니 보라 새 것이 되었도다
18 모든 것이 하나님께로서 났으
며 그가 그리스도로 말미암아 우
리를 자기와 화목하게 하시고 또
우리에게 화목하게 하는 직분을
주셨으니 19 곧 하나님께서 그
리스도 안에 계시사 세상을 자기
와 화목하게 하시며 그들의 죄를
그들에게 돌리지 아니하시고 화
목하게 하는 말씀을 우리에게 부
탁하셨느니라 20 그러므로 우리
가 그리스도를 대신하여 사신이
되어 하나님이 우리를 통하여 너
희를 권면하시는 것 같이 그리스
도를 대신하여 간청하노니 너희
는 하나님과 화목하라 21 하나
님이 죄를 알지도 못하신 이를
우리를 대신하여 죄로 삼으신 것
은 우리로 하여금 그 안에서 하
나님의 의가 되게 하려 하심이라

6장

1 우리가 하나님과 함께 일하는
자로서 너희를 권하노니 하나님
의 은혜를 헛되이 받지 말라 2
이르시되

> 내가 은혜 베풀 때에 너에
> 게 듣고 구원의 날에 너를
> 도왔다 하셨으니 사 49:8

보라 지금은 은혜 받을 만한 때
요 보라 지금은 구원의 날이로다
3 우리가 이 직분이 비방을 받지
않게 하려고 무엇에든지 아무에
게도 거리끼지 않게 하고 4 오직
모든 일에 하나님의 일꾼으로 자
천하여 많이 견디는 것과 환난과
궁핍과 고난과 5 매 맞음과 갇힘
과 난동과 수고로움과 자지 못함
과 먹지 못함 가운데서도 6 깨끗

함과 지식과 오래 참음과 자비함
과 성령의 감화와 거짓이 없는
사랑과 7 진리의 말씀과 하나님
의 능력으로 의의 무기를 좌우에
가지고 8 영광과 욕됨으로 그러
했으며 악한 이름과 아름다운 이
름으로 그러했느니라 우리는 속
이는 자 같으나 참되고 9 무명한
자 같으나 유명한 자요 죽은 자
같으나 보라 우리가 살아 있고
징계를 받는 자 같으나 죽임을
당하지 아니하고 10 근심하는
자 같으나 항상 기뻐하고 가난한
자 같으나 많은 사람을 부요하게
하고 아무 것도 없는 자 같으나
모든 것을 가진 자로다 11 고린
도인들이여 너희를 향하여 우리
의 입이 열리고 우리의 마음이
넓어졌으니 12 너희가 우리 안
에서 좁아진 것이 아니라 오직
너희 심정에서 좁아진 것이니라
13 내가 자녀에게 말하듯 하노니
보답하는 것으로 너희도 마음을
넓히라

우리는 살아 계신 하나님의 성전

14 너희는 믿지 않는 자와 멍에
를 함께 메지 말라 의와 불법이
어찌 함께 하며 빛과 어둠이 어
찌 사귀며 15 그리스도와 벨리
알이 어찌 조화되며 믿는 자와
믿지 않는 자가 어찌 상관하며
16 하나님의 성전과 우상이 어찌
일치가 되리요 우리는 살아 계신
하나님의 성전이라 이와 같이 하
나님께서 이르시되 내가 그들 가
운데 거하며 두루 행하여 나는
그들의 하나님이 되고 그들은 나
의 백성이 되리라•

> 17 그러므로 너희는 그들 중
> 에서 나와서 따로 있고 부정
> 한 것을 만지지 말라 내가
> 너희를 영접하여 사 52:11

> 18 너희에게 아버지가 되고
> 너희는 내게 자녀가 되리라
> 전능하신 주의 말씀이니라
> 하셨느니라 삼하 7:14

7장

1 그런즉 사랑하는 자들아 이 약
속을 가진 우리는 하나님을 두려
워하는 가운데서 거룩함을 온전
히 이루어 육과 영의 온갖 더러운
것에서 자신을 깨끗하게 하자

고린도 교회의 회개를 기뻐하다

2 마음으로 우리를 영접하라 우
리는 아무에게도 불의를 행하지
않고 아무에게도 해롭게 하지 않
고 아무에게서도 속여 빼앗은 일
이 없노라 3 내가 이 말을 하는
것은 너희를 정죄하려고 하는 것
이 아니라 내가 이전에 말하였거
니와 너희가 우리 마음에 있어
함께 죽고 함께 살게 하고자 함
이라 4 나는 너희를 향하여 담대
한 것도 많고 너희를 위하여 자
랑하는 것도 많으니 내가 우리의
모든 환난 가운데서도 위로가 가
득하고 기쁨이 넘치는도다 5 우
리가 마게도냐에 이르렀을 때에
도 우리 육체가 편하지 못하였고
사방으로 환난을 당하여 밖으로
는 다툼이요 안으로는 두려움이

6:16 내가 그들 가운데 … 백성이 되리라 레 26:12 ; 렘 32:38 ; 겔 37:27 인용

었노라 6 그러나 낙심한 자들을
위로하시는 하나님이 디도가 옴
으로 우리를 위로하셨으니 7 그
가 온 것뿐 아니요 오직 그가 너
희에게서 받은 그 위로로 위로하
고 너희의 사모함과 애통함과 나
를 위하여 열심 있는 것을 우리
에게 보고함으로 나를 더욱 기쁘
게 하였느니라 8 그러므로 내가
편지로 너희를 근심하게 한 것을
후회하였으나 지금은 후회하지
아니함은 그 편지가 너희로 잠시
만 근심하게 한 줄을 앎이라 9
내가 지금 기뻐함은 너희로 근심
하게 한 까닭이 아니요 도리어
너희가 근심함으로 회개함에 이
른 까닭이라 너희가 하나님의 뜻
대로 근심하게 된 것은 우리에게
서 아무 해도 받지 않게 하려 함
이라 10 하나님의 뜻대로 하는
근심은 후회할 것이 없는 구원에
이르게 하는 회개를 이루는 것이
요 세상 근심은 사망을 이루는
것이니라 11 보라 하나님의 뜻
대로 하게 된 이 근심이 너희로
얼마나 간절하게 하며 얼마나 변
증하게 하며 얼마나 분하게 하며
얼마나 두렵게 하며 얼마나 사모
하게 하며 얼마나 열심 있게 하
며 얼마나 벌하게 하였는가 너희
가 그 일에 대하여 일체 너희 자
신의 깨끗함을 나타내었느니라
12 그런즉 내가 너희에게 쓴 것
은 그 불의를 행한 자를 위한 것
도 아니요 그 불의를 당한 자를
위한 것도 아니요 오직 우리를
위한 너희의 간절함이 하나님 앞
에서 너희에게 나타나게 하려 함
이로라 13 이로 말미암아 우리
가 위로를 받았고 우리가 받은
위로 위에 디도의 기쁨으로 우리
가 더욱 많이 기뻐함은 그의 마
음이 너희 무리로 말미암아 안심
함을 얻었음이라 14 내가 그에
게 너희를 위하여 자랑한 것이
있더라도 부끄럽지 아니하니 우
리가 너희에게 이른 말이 다 참
된 것 같이 디도 앞에서 우리가
자랑한 것도 참되게 되었도다
15 그가 너희 모든 사람들이 두
려움과 떪으로 자기를 영접하여
순종한 것을 생각하고 너희를 향
하여 그의 심정이 더욱 깊었으니
16 내가 범사에 너희를 신뢰하게
된 것을 기뻐하노라

8장

풍성한 연보

1 형제들아 하나님께서 마게도냐
교회들에게 주신 은혜를 우리가
너희에게 알리노니 2 환난의 많
은 시련 가운데서 그들의 넘치는
기쁨과 극심한 가난이 그들의 풍
성한 연보를 넘치도록 하게 하였
느니라 3 내가 증언하노니 그들
이 힘대로 할 뿐 아니라 힘에 지
나도록 자원하여 4 이 은혜와 성
도 섬기는 일에 참여함에 대하여
우리에게 간절히 구하니 5 우리
가 바라던 것뿐 아니라 그들이
먼저 자신을 주께 드리고 또 하
나님의 뜻을 따라 우리에게 주었
도다 6 그러므로 우리가 디도를
권하여 그가 이미 너희 가운데서
시작하였은즉 이 은혜를 그대로
성취하게 하라 하였노라 7 오직
너희는 믿음과 말과 지식과 모든
간절함과 우리를 사랑하는 이 모
든 일에• 풍성한 것 같이 이 은혜
에도 풍성하게 할지니라 8 내가
명령으로 하는 말이 아니요 오직
다른 이들의 간절함을 가지고 너
희의 사랑의 진실함을 증명하고
자 함이로라 9 우리 주 예수 그
리스도의 은혜를 너희가 알거니
와 부요하신 이로서 너희를 위하
여 가난하게 되심은 그의 가난함
으로 말미암아 너희를 부요하게
하려 하심이라 10 이 일에 관하
여 나의 뜻을 알리노니 이 일은
너희에게 유익함이라 너희가 일
년 전에 행하기를 먼저 시작할
뿐 아니라 원하기도 하였은즉
11 이제는 하던 일을 성취할지니
마음에 원하던 것과 같이 완성하
되 있는 대로 하라 12 할 마음만
있으면 있는 대로 받으실 터이요
없는 것은 받지 아니하시리라
13 이는 다른 사람들은 평안하게
하고 너희는 곤고하게 하려는 것
이 아니요 균등하게 하려 함이니
14 이제 너희의 넉넉한 것으로

8:7 **우리를 사랑하는 이 모든 일에** 일부 헬라어 사본들에는 이것이 '우리를 향한 너희의 사랑에'로 되어 있다.

그들의 부족한 것을 보충함은 후
에 그들의 넉넉한 것으로 너희의
부족한 것을 보충하여 균등하게
하려 함이라 15 기록된 것 같이
많이 거둔 자도 남지 아니하였고
적게 거둔 자도 모자라지 아니하
였느니라•

디도와 그의 동역자

16 너희를 위하여 같은 간절함을
디도의 마음에도 주시는 하나님
께 감사하노니 17 그가 권함을
받고 더욱 간절함으로 자원하여
너희에게 나아갔고 18 또 그와
함께 그 형제를 보내었으니 이
사람은 복음으로써 모든 교회에
서 칭찬을 받는 자요 19 이뿐 아
니라 그는 동일한 주의 영광과
우리의 원을 나타내기 위하여 여
러 교회의 택함을 받아 우리가
맡은 은혜의 일로 우리와 동행하
는 자라 20 이것을 조심함은 우
리가 맡은 이 거액의 연보에 대
하여 아무도 우리를 비방하지 못
하게 하려 함이니 21 이는 우리
가 주 앞에서뿐 아니라 사람 앞
에서도 선한 일에 조심하려 함이
라 22 또 그들과 함께 우리의 한
형제를 보내었노니 우리는 그가
여러 가지 일에 간절한 것을 여
러 번 확인하였거니와 이제 그가
너희를 크게 믿으므로 더욱 간절
하니라 23 디도로 말하면 나의
동료요 너희를 위한 나의 동역자
요 우리 형제들로 말하면 여러
교회의 사자들이요 그리스도의
영광이니라 24 그러므로 너희는
여러 교회 앞에서 너희의 사랑과
너희에 대한 우리 자랑의 증거를
그들에게 보이라

9장

가난한 성도를 섬기는 연보

1 성도를 섬기는 일에 대하여는
내가 너희에게 쓸 필요가 없나니
2 이는 내가 너희의 원함을 앎이라
내가 너희를 위하여 마게도냐인
들에게 아가야에서는 일 년 전부
터 준비하였다는 것을 자랑하였
는데 과연 너희의 열심이 퍽 많은
사람들을 분발하게 하였느니라 3
그런데 이 형제들을 보낸 것은 이
일에 너희를 위한 우리의 자랑이
헛되지 않고 내가 말한 것 같이 준
비하게 하려 함이라 4 혹 마게도
냐인들이 나와 함께 가서 너희가
준비하지 아니한 것을 보면 너희
는 고사하고 우리가 이 믿던 것에
부끄러움을 당할까 두려워하노라
5 그러므로 내가 이 형제들로 먼
저 너희에게 가서 너희가 전에 약
속한 연보를 미리 준비하게 하도
록 권면하는 것이 필요한 줄 생각
하였노니 이렇게 준비하여야 참
연보답고 억지가 아니니라 6 이
것이 곧 적게 심는 자는 적게 거두
고 많이 심는 자는 많이 거둔다 하
는 말이로다 7 각각 그 마음에 정
한 대로 할 것이요 인색함으로나
억지로 하지 말지니 하나님은 즐
겨 내는 자를 사랑하시느니라 8
하나님이 능히 모든 은혜를 너희
에게 넘치게 하시나니 이는 너희
로 모든 일에 항상 모든 것이 넉넉
하여 모든 착한 일을 넘치게 하게
하려 하심이라 9 기록된 바

> 그가 흩어 가난한 자들에게
> 주었으니 그의 의가 영원토
> 록 있느니라 함과 같으니라
>
> 시 112:9

10 심는 자에게 씨와 먹을 양식
을 주시는 이가 너희 심을 것을
주사 풍성하게 하시고 너희 의의
열매를 더하게 하시리니 11 너
희가 모든 일에 넉넉하여 너그럽
게 연보를 함은 그들이 우리로
말미암아 하나님께 감사하게 하
는 것이라 12 이 봉사의 직무가
성도들의 부족한 것을 보충할 뿐
아니라 사람들이 하나님께 드리

8:15 많이 거둔 … 아니하였느니라 출 16:18 인용

고후

고후

는 많은 감사로 말미암아 넘쳤느
니라 13 이 직무로 증거를 삼아
너희가 그리스도의 복음을 진실
히 믿고 복종하는 것과 그들과
모든 사람을 섬기는 너희의 후한
연보로 말미암아 하나님께 영광
을 돌리고 14 또 그들이 너희를
위하여 간구하며 하나님이 너희
에게 주신 지극한 은혜로 말미암
아 너희를 사모하느니라 15 말
할 수 없는 그의 은사로 말미암
아 하나님께 감사하노라

10장

바울이 자기의 사도직을 변호하다

1 너희를 대면하면 유순하고 떠
나 있으면 너희에 대하여 담대한
나 바울은 이제 그리스도의 온유
와 관용으로 친히 너희를 권하고
2 또한 우리를 육신에 따라 행하
는 자로 여기는 자들에 대하여
내가 담대히 대하는 것 같이 너
희와 함께 있을 때에 나로 하여
금 이 담대한 태도로 대하지 않
게 하기를 구하노라 3 우리가 육
신으로 행하나 육신에 따라 싸우
지 아니하노니 4 우리의 싸우는
무기는 육신에 속한 것이 아니요
오직 어떤 견고한 진도 무너뜨리
는 하나님의 능력이라 모든 이론
을 무너뜨리며 5 하나님 아는 것
을 대적하여 높아진 것을 다 무
너뜨리고 모든 생각을 사로잡아
그리스도에게 복종하게 하니 6
너희의 복종이 온전하게 될 때에
모든 복종하지 않는 것을 벌하려
고 준비하는 중에 있노라 7 너희
는 외모만 보는도다 만일 사람이
자기가 그리스도에게 속한 줄을
믿을진대 자기가 그리스도에게
속한 것 같이 우리도 그러한 줄
을 자기 속으로 다시 생각할 것
이라 8 주께서 주신 권세는 너희
를 무너뜨리려고 하신 것이 아니
요 세우려고 하신 것이니 내가
이에 대하여 지나치게 자랑하여
도 부끄럽지 아니하리라 9 이는
내가 편지들로 너희를 놀라게 하
려는 것 같이 생각하지 않게 함
이라 10 그들의 말이 그의 편지
들은 무게가 있고 힘이 있으나
그가 몸으로 대할 때는 약하고
그 말도 시원하지 않다 하니 11
이런 사람은 우리가 떠나 있을
때에 편지들로 말하는 것과 함께
있을 때에 행하는 일이 같은 것
임을 알지라 12 우리는 자기를
칭찬하는 어떤 자와 더불어 감히
짝하며 비교할 수 없노라 그러나
그들이 자기로써 자기를 헤아리
고 자기로써 자기를 비교하니 지
혜가 없도다 13 그러나 우리는
분수 이상의 자랑을 하지 않고
오직 하나님이 우리에게 나누어
주신 그 범위의 한계를 따라 하
노니 곧 너희에게까지 이른 것이
라 14 우리가 너희에게 미치지
못할 자로서 스스로 지나쳐 나아
간 것이 아니요 그리스도의 복음
으로 너희에게까지 이른 것이라
15 우리는 남의 수고를 가지고
분수 이상의 자랑을 하는 것이
아니라 오직 너희 믿음이 자랄수
록 우리의 규범을 따라 너희 가
운데서 더욱 풍성하여지기를 바
라노라 16 이는 남의 규범으로
이루어 놓은 것으로 자랑하지 아
니하고 너희 지역을 넘어 복음을
전하려 함이라 17 자랑하는 자
는 주 안에서 자랑할지니라• 18
옳다 인정함을 받는 자는 자기를
칭찬하는 자가 아니요 오직 주께
서 칭찬하시는 자니라

11장

바울과 거짓 사도들

1 원하건대 너희는 나의 좀 어리
석은 것을 용납하라 청하건대 나
를 용납하라 2 내가 하나님의 열
심으로 너희를 위하여 열심을 내
노니 내가 너희를 정결한 처녀로
한 남편인 그리스도께 드리려고
중매함이로다 그러나 나는 3 뱀
이 그 간계로 하와를 미혹한 것
같이 너희 마음이 그리스도를 향

10:17 자랑하는 자는 주 안에서 자랑할지니라 렘 9:24 인용

하는 진실함과 깨끗함에서 떠나
부패할까 두려워하노라 4 만일
누가 가서 우리가 전파하지 아니
한 다른 예수를 전파하거나 혹은
너희가 받지 아니한 다른 영을
받게 하거나 혹은 너희가 받지
아니한 다른 복음을 받게 할 때
에는 너희가 잘 용납하는구나 5
나는 지극히 크다는 사도들보다
부족한 것이 조금도 없는 줄로
생각하노라 6 내가 비록 말에는
부족하나 지식에는 그렇지 아니
하니 이것을 우리가 모든 사람
가운데서 모든 일로 너희에게 나
타내었노라 7 내가 너희를 높이
려고 나를 낮추어 하나님의 복음
을 값없이 너희에게 전함으로 죄
를 지었느냐 8 내가 너희를 섬기
기 위하여 다른 여러 교회에서
비용을 받은 것은 탈취한 것이라
9 또 내가 너희와 함께 있을 때
비용이 부족하였으되 아무에게
도 누를 끼치지 아니하였음은 마
게도냐에서 온 형제들이 나의 부
족한 것을 보충하였음이라 내가
모든 일에 너희에게 폐를 끼치지
않기 위하여 스스로 조심하였고
또 조심하리라 10 그리스도의
진리가 내 속에 있으니 아가야
지방에서 나의 이 자랑이 막히지
아니하리라 11 어떠한 까닭이냐
내가 너희를 사랑하지 아니함이
냐 하나님이 아시느니라 12 나
는 내가 해 온 그대로 앞으로도
하리니 기회를 찾는 자들이 그
자랑하는 일로 우리와 같이 인정
받으려는 그 기회를 끊으려 함이
라 13 그런 사람들은 거짓 사도
요 속이는 일꾼이니 자기를 그리
스도의 사도로 가장하는 자들이
니라 14 이것은 이상한 일이 아
니니라 사탄도 자기를 광명의 천
사•로 가장하나니 15 그러므로
사탄의 일꾼들도 자기를 의의 일
꾼으로 가장하는 것이 또한 대단
한 일이 아니니라 그들의 마지막
은 그 행위대로 되리라

바울의 참된 자랑

16 내가 다시 말하노니 누구든지
나를 어리석은 자로 여기지 말라
만일 그러하더라도 내가 조금 자
랑할 수 있도록 어리석은 자로
받으라 17 내가 말하는 것은 주
를 따라 하는 말이 아니요 오직
어리석은 자와 같이 기탄 없이
자랑하노라 18 여러 사람이 육
신을 따라 자랑하니 나도 자랑하
겠노라 19 너희는 지혜로운 자
로서 어리석은 자들을 기쁘게 용
납하는구나 20 누가 너희를 종
으로 삼거나 잡아먹거나 빼앗거
나 스스로 높이거나 뺨을 칠지라
도 너희가 용납하는도다 21 나
는 우리가 약한 것 같이 욕되게
말하노라 그러나 누가 무슨 일에
담대하면 어리석은 말이나마 나
도 담대하리라 22 그들이 히브
리인•이냐 나도 그러하며 그들
이 이스라엘인이냐 나도 그러하
며 그들이 아브라함의 후손이냐
나도 그러하며 23 그들이 그리
스도의 일꾼이냐 정신 없는 말을
하거니와 나는 더욱 그러하도다
내가 수고를 넘치도록 하고 옥에
갇히기도 더 많이 하고 매도 수
없이 맞고 여러 번 죽을 뻔하였
으니 24 유대인들에게 사십에서
하나 감한 매를 다섯 번 맞았으
며 25 세 번 태장으로 맞고 한 번
돌로 맞고 세 번 파선하고 일 주
야를 깊은 바다에서 지냈으며

26 여러 번 여행하면서 강의 위
험과 강도의 위험과 동족의 위험
과 이방인의 위험과 시내의 위험
과 광야의 위험과 바다의 위험과
거짓 형제 중의 위험을 당하고

11:14 **광명의 천사** 하나님의 말씀을 전하는 존재. 마귀는 사람들을 속여서 자기가 하나님으로부터 왔다고 믿도록 만든다.
11:22 **히브리인** 유대인을 가리키는 말. 일부 유대인들은 히브리인이라는 이름을 매우 자랑스럽게 여겼다.

27 또 수고하며 애쓰고 여러 번
자지 못하고 주리며 목마르고 여
러 번 굶고 춥고 헐벗었노라 28
이 외의 일은 고사하고 아직도
날마다 내 속에 눌리는 일이 있
으니 곧 모든 교회를 위하여 염
려하는 것이라 29 누가 약하면
내가 약하지 아니하며 누가 실족
하게 되면 내가 애타지 아니하더
냐 30 내가 부득불 자랑할진대
내가 약한 것을 자랑하리라 31
주 예수의 아버지 영원히 찬송
할 하나님이 내가 거짓말 아니
하는 것을 아시느니라 32 다메

섹에서 아레다 왕의 고관이 나를
잡으려고 다메섹 성을 지켰으나
33 나는 광주리를 타고 들창문으
로 성벽을 내려가 그 손에서 벗
어났노라

12장

주께서 보여 주신 환상과 계시

1 무익하나마 내가 부득불 자랑
하노니 주의 환상과 계시•를 말
하리라 2 내가 그리스도 안에 있
는 한 사람을 아노니 그는 십사
년 전에 셋째 하늘에 이끌려 간
자라 (그가 몸 안에 있었는지 몸
밖에 있었는지 나는 모르거니와
하나님은 아시느니라) 3 내가 이
런 사람을 아노니 (그가 몸 안에
있었는지 몸 밖에 있었는지 나는
모르거니와 하나님은 아시느니
라) 4 그가 낙원•으로 이끌려 가
서 말로 표현할 수 없는 말을 들
었으니 사람이 가히 이르지 못할
말이로다 5 내가 이런 사람을 위
하여 자랑하겠으나 나를 위하여
는 약한 것들 외에 자랑하지 아
니하리라 6 내가 만일 자랑하고
자 하여도 어리석은 자가 되지
아니할 것은 내가 참말을 함이라
그러나 누가 나를 보는 바와 내
게 듣는 바에 지나치게 생각할까
두려워하여 그만두노라 7 여러
계시를 받은 것이 지극히 크므로
너무 자만하지 않게 하시려고 내
육체에 가시• 곧 사탄의 사자를
주셨으니 이는 나를 쳐서 너무
자만하지 않게 하려 하심이라 8
이것이 내게서 떠나가게 하기 위
하여 내가 세 번 주께 간구하였
더니 9 나에게 이르시기를 내 은
혜가 네게 족하도다 이는 내 능
력이 약한 데서 온전하여짐이라
하신지라 그러므로 도리어 크게
기뻐함으로 나의 여러 약한 것들
에 대하여 자랑하리니 이는 그리
스도의 능력이 내게 머물게 하려
함이라 10 그러므로 내가 그리
스도를 위하여 약한 것들과 능욕
과 궁핍과 박해와 곤고를 기뻐하
노니 이는 내가 약한 그 때에 강
함이라

고린도 교회의 일을 염려하다

11 내가 어리석은 자가 되었으나
너희가 억지로 시킨 것이니 나는
너희에게 칭찬을 받아야 마땅하
도다 내가 아무 것도 아니나 지
극히 크다는 사도들보다 조금도
부족하지 아니하니라 12 사도의
표가 된 것은 내가 너희 가운데
서 모든 참음과 표적과 기사와
능력을 행한 것이라 13 내 자신
이 너희에게 폐를 끼치지 아니한
일밖에 다른 교회보다 부족하게
한 것이 무엇이 있느냐 너희는
나의 이 공평하지 못한 것을 용
서하라 14 보라 내가 이제 세 번
째 너희에게 가기를 준비하였으
나 너희에게 폐를 끼치지 아니하
리라 내가 구하는 것은 너희의
재물이 아니요 오직 너희니라 어
린 아이가 부모를 위하여 재물을
저축하는 것이 아니요 부모가 어
린 아이를 위하여 하느니라 15
내가 너희 영혼을 위하여 크게
기뻐하므로 재물을 사용하고 또
내 자신까지도 내어 주리니 너희
를 더욱 사랑할수록 나는 사랑을
덜 받겠느냐 16 하여간 어떤 이
의 말이 내가 너희에게 짐을 지
우지는 아니하였을지라도 교활
한 자가 되어 너희를 속임수로
취하였다 하니 17 내가 너희에
게 보낸 자 중에 누구로 너희의
이득을 취하더냐 18 내가 디도
를 권하고 함께 한 형제를 보내
었으니 디도가 너희의 이득을 취
하더냐 우리가 동일한 성령으로
행하지 아니하더냐 동일한 보조
로 하지 아니하더냐 19 너희는
이 때까지 우리가 자기 변명을

12:1 **계시** 감추어졌던 진리를 드러내는 것
12:4 **낙원** 선한 사람들이 죽어서 가는 곳
12:7 **육체에 가시** 이것은 문자적 번역이다. '고통스런 문제'라고 번역될 수도 있다.

하는 줄로 생각하는구나 우리는
그리스도 안에서 하나님 앞에 말
하노라 사랑하는 자들아 이 모든
것은 너희의 덕을 세우기 위함이
니라 20 내가 갈 때에 너희를 내
가 원하는 것과 같이 보지 못하
고 또 내가 너희에게 너희가 원
하지 않는 것과 같이 보일까 두
려워하며 또 다툼과 시기와 분냄
과 당 짓는 것과 비방과 수군거
림과 거만함과 혼란이 있을까 두
려워하고 21 또 내가 다시 갈 때
에 내 하나님이 나를 너희 앞에
서 낮추실까 두려워하고 또 내가
전에 죄를 지은 여러 사람의 그
행한 바 더러움과 음란함과 호색
함을 회개하지 아니함 때문에 슬
퍼할까 두려워하노라

13장

권면과 끝 인사

1 내가 이제 세 번째 너희에게 가
리니 두세 증인의 입으로 말마다
확정하리라• 2 내가 이미 말하
였거니와 지금 떠나 있으나 두
번째 대면하였을 때와 같이 전에
죄 지은 자들과 그 남은 모든 사
람에게 미리 말하노니 내가 다시
가면 용서하지 아니하리라 3 이
는 그리스도께서 내 안에서 말씀
하시는 증거를 너희가 구함이니
그는 너희에게 대하여 약하지 않
고 도리어 너희 안에서 강하시니
라 4 그리스도께서 약하심으로
십자가에 못 박히셨으나 하나님
의 능력으로 살아 계시니 우리도
그 안에서 약하나 너희에게 대하
여 하나님의 능력으로 그와 함께
살리라 5 너희는 믿음 안에 있는
가 너희 자신을 시험하고 너희
자신을 확증하라 예수 그리스도
께서 너희 안에 계신 줄을 너희
가 스스로 알지 못하느냐 그렇지
않으면 너희는 버림 받은 자니라
6 우리가 버림 받은 자 되지 아니
한 것을 너희가 알기를 내가 바
라고 7 우리가 하나님께서 너희
로 악을 조금도 행하지 않게 하
시기를 구하노니 이는 우리가 옳
은 자임을 나타내고자 함이 아니
라 오직 우리는 버림 받은 자 같
을지라도 너희는 선을 행하게 하
고자 함이라 8 우리는 진리를 거
슬러 아무 것도 할 수 없고 오직
진리를 위할 뿐이니 9 우리가 약
할 때에 너희가 강한 것을 기뻐
하고 또 이것을 위하여 구하니
곧 너희가 온전하게 되는 것이라
10 그러므로 내가 떠나 있을 때
에 이렇게 쓰는 것은 대면할 때
에 주께서 너희를 넘어뜨리려 하
지 않고 세우려 하여 내게 주신
그 권한을 따라 엄하지 않게 하
려 함이라 11 마지막으로 말하
노니 형제들아 기뻐하라 온전하
게 되며 위로를 받으며 마음을
같이하며 평안할지어다 또 사랑
과 평강의 하나님이 너희와 함께
계시리라 거룩하게 입맞춤으로
서로 문안하라 12 모든 성도가
너희에게 문안하느니라 13 주
예수 그리스도의 은혜와 하나님
의 사랑과 성령의 교통하심이 너
희 무리와 함께 있을지어다

13:1 두세 증인의 입으로 말마다 확정하리라 신 19:15 인용

갈라디아서

1장

인사

1 사람들에게서 난 것도 아니요
사람으로 말미암은 것도 아니요
오직 예수 그리스도와 그를 죽은
자 가운데서 살리신 하나님 아버
지로 말미암아 사도 된 바울은 2
함께 있는 모든 형제와 더불어
갈라디아• 여러 교회들에게 3
우리 하나님 아버지와 주 예수
그리스도로부터 은혜와 평강이
있기를 원하노라 4 그리스도께
서 하나님 곧 우리 아버지의 뜻
을 따라 이 악한 세대에서 우리
를 건지시려고 우리 죄를 대속하
기 위하여 자기 몸을 주셨으니 5
영광이 그에게 세세토록 있을지
어다 아멘

다른 복음은 없다

6 그리스도의 은혜로 너희를 부
르신 이를 이같이 속히 떠나 다
른 복음을 따르는 것을 내가 이
상하게 여기노라 7 다른 복음은

없나니 다만 어떤 사람들이 너희
를 교란하여 그리스도의 복음을
변하게 하려 함이라 8 그러나 우
리나 혹은 하늘로부터 온 천사라
도 우리가 너희에게 전한 복음
외에 다른 복음을 전하면 저주를
받을지어다 9 우리가 전에 말하
였거니와 내가 지금 다시 말하노
니 만일 누구든지 너희가 받은
것 외에 다른 복음을 전하면 저
주를 받을지어다 10 이제 내가
사람들에게 좋게 하랴 하나님께
좋게 하랴 사람들에게 기쁨을 구
하랴 내가 지금까지 사람들의 기
쁨을 구하였다면 그리스도의 종
이 아니니라

바울이 사도가 된 내력

11 형제들아 내가 너희에게 알게
하노니 내가 전한 복음은 사람의
뜻을 따라 된 것이 아니니라 12
이는 내가 사람에게서 받은 것도
아니요 배운 것도 아니요 오직 예
수 그리스도의 계시로 말미암은
것이라 13 내가 이전에 유대교에
있을 때에 행한 일을 너희가 들었

거니와 하나님의 교회를 심히 박
해하여 멸하고 14 내가 내 동족
중 여러 연갑자보다 유대교를 지
나치게 믿어 내 조상의 전통에
대하여 더욱 열심이 있었으나
15 그러나 내 어머니의 태로부터
나를 택정하시고 그의 은혜로 나
를 부르신 이가 16 그의 아들을
이방에 전하기 위하여 그를 내
속에 나타내시기를 기뻐하셨을

때에 내가 곧 혈육과 의논하지
아니하고 17 또 나보다 먼저 사
도 된 자들을 만나려고 예루살렘
으로 가지 아니하고 아라비아로
갔다가 다시 다메섹으로 돌아갔
노라 18 그 후 삼 년 만에 내가
게바를 방문하려고 예루살렘에
올라가서 그와 함께 십오 일을
머무는 동안 19 주의 형제 야고
보 외에 다른 사도들을 보지 못
하였노라 20 보라 내가 너희에
게 쓰는 것은 하나님 앞에서 거
짓말이 아니로다 21 그 후에 내
가 수리아와 길리기아 지방에 이
르렀으나 22 그리스도 안에 있
는 유대의 교회들이 나를 얼굴로
는 알지 못하고 23 다만 우리를
박해하던 자가 전에 멸하려던 그

1:2 **갈라디아** 바울이 그의 제1차 선교여행 때에 복음을 전하고 교회들을 세웠던 지역인 것으로 보인다. 사도행전 13-14장을 읽어보라.

갈

믿음을 지금 전한다 함을 듣고
24 나로 말미암아 하나님께 영광
을 돌리니라

2장

할례자의 사도와 이방인의 사도

1 십사 년 후에 내가 바나바와 함
께 디도를 데리고 다시 예루살렘
에 올라갔나니 2 계시를 따라 올
라가 내가 이방 가운데서 전파하
는 복음을 그들에게 제시하되 유
력한 자들에게 사사로이 한 것은
내가 달음질하는 것이나 달음질
한 것이 헛되지 않게 하려 함이
라 3 그러나 나와 함께 있는 헬
라인 디도까지도 억지로 할례를
받게 하지 아니하였으니 4 이는
가만히 들어온 거짓 형제들 때문
이라 그들이 가만히 들어온 것은
그리스도 예수 안에서 우리가 가
진 자유를 엿보고 우리를 종으로
삼고자 함이로되 5 그들에게 우
리가 한시도 복종하지 아니하였
으니 이는 복음의 진리가 항상
너희 가운데 있게 하려 함이라 6
유력하다는 이들 중에 (본래 어
떤 이들이든지 내게 상관이 없으
며 하나님은 사람을 외모로 취하
지 아니하시나니) 저 유력한 이
들은 내게 의무를 더하여 준 것
이 없고 7 도리어 그들은 내가
무할례자에게 복음 전함을 맡은
것이 베드로가 할례자에게 맡음
과 같은 것을 보았고 8 베드로에
게 역사하사 그를 할례자의 사도
로 삼으신 이가 또한 내게 역사
하사 나를 이방인의 사도로 삼으
셨느니라 9 또 기둥 같이 여기는
야고보와 게바와 요한도 내게 주
신 은혜를 알므로 나와 바나바에
게 친교의 악수를 하였으니 우리
는 이방인에게로, 그들은 할례자
에게로 가게 하려 함이라 10 다
만 우리에게 가난한 자들을 기억
하도록 부탁하였으니 이것은 나
도 본래부터 힘써 행하여 왔노라

믿음으로 의롭게 되다

11 게바가 안디옥에 이르렀을 때
에 책망 받을 일이 있기로 내가
그를 대면하여 책망하였노라 12
야고보에게서 온 어떤 이들이 이
르기 전에 게바가 이방인과 함께
먹다가 그들이 오매 그가 할례자
들을 두려워하여 떠나 물러가매
13 남은 유대인들도 그와 같이
외식하므로 바나바도 그들의 외
식에 유혹되었느니라 14 그러므
로 나는 그들이 복음의 진리를
따라 바르게 행하지 아니함을 보
고 모든 자 앞에서 게바에게 이
르되 네가 유대인으로서 이방인
을 따르고 유대인답게 살지 아니
하면서 어찌하여 억지로 이방인
을 유대인답게 살게 하려느냐 하
였노라 15 우리는 본래 유대인
이요 이방 죄인이 아니로되 16
사람이 의롭게 되는 것은 율법의
행위로 말미암음이 아니요 오직
예수 그리스도를 믿음으로 말미
암는 줄 알므로 우리도 그리스도
예수를 믿나니 이는 우리가 율법
의 행위로써가 아니고 그리스도
를 믿음으로써 의롭다 함을 얻으
려 함이라 율법의 행위로써는 의
롭다 함을 얻을 육체가 없느니라
17 만일 우리가 그리스도 안에서
의롭게 되려 하다가 죄인으로 드
러나면 그리스도께서 죄를 짓게
하는 자냐 결코 그럴 수 없느니
라 18 만일 내가 헐었던 것을 다
시 세우면 내가 나를 범법한 자
로 만드는 것이라 19 내가 율법
으로 말미암아 율법에 대하여 죽
었나니 이는 하나님에 대하여 살
려 함이라 20 내가 그리스도와
함께 십자가에 못 박혔나니 그런
즉 이제는 내가 사는 것이 아니
요 오직 내 안에 그리스도께서
사시는 것이라 이제 내가 육체
가운데 사는 것은 나를 사랑하사
나를 위하여 자기 자신을 버리신
하나님의 아들을 믿는 믿음 안에
서 사는 것이라 21 내가 하나님

갈

의 은혜를 폐하지 아니하노니 만
일 의롭게 되는 것이 율법으로
말미암으면 그리스도께서 헛되
이 죽으셨느니라

3장

갈라디아 사람들에게 호소하다

1 어리석도다 갈라디아 사람들아
예수 그리스도께서 십자가에 못
박히신 것이 너희 눈 앞에 밝히
보이거늘 누가 너희를 꾀더냐 2
내가 너희에게서 다만 이것을 알
려 하노니 너희가 성령을 받은 것
이 율법의 행위로냐 혹은 듣고 믿
음으로냐 3 너희가 이같이 어리
석으냐 성령으로 시작하였다가
이제는 육체로 마치겠느냐 4 너
희가 이같이 많은 괴로움을 헛되
이 받았느냐 과연 헛되냐 5 너희
에게 성령을 주시고 너희 가운데
서 능력을 행하시는 이의 일이 율
법의 행위에서냐 혹은 듣고 믿음
에서냐 6 아브라함이 하나님을
믿으매 그것을 그에게 의로 정하
셨다• 함과 같으니라 7 그런즉

믿음으로 말미암은 자들은 아브
라함의 자손인 줄 알지어다 8 또
하나님이 이방을 믿음으로 말미
암아 의로 정하실 것을 성경이 미
리 알고 먼저 아브라함에게 복음
을 전하되 모든 이방인이 너로 말
미암아 복을 받으리라• 하였느니

라 9 그러므로 믿음으로 말미암
은 자는 믿음이 있는 아브라함과
함께 복을 받느니라 10 무릇 율
법 행위에 속한 자들은 저주 아래
에 있나니 기록된 바 누구든지 율
법 책에 기록된 대로 모든 일을
항상 행하지 아니하는 자는 저주
아래에 있는 자라• 하였음이라
11 또 하나님 앞에서 아무도 율법
으로 말미암아 의롭게 되지 못할
것이 분명하니 이는 의인은 믿음
으로 살리라 하였음이라 12 율법
은 믿음에서 난 것이 아니니 율법
을 행하는 자는 그 가운데서 살리
라 하였느니라 13 그리스도께서
우리를 위하여 저주를 받은 바
되사 율법의 저주에서 우리를 속
량하셨으니 기록된 바 나무에 달
린 자마다 저주 아래에 있는 자
라• 하였음이라 14 이는 그리스
도 예수 안에서 아브라함의 복이
이방인에게 미치게 하고 또 우리
로 하여금 믿음으로 말미암아 성
령의 약속을 받게 하려 함이라

율법과 약속

15 형제들아 내가 사람의 예대로
말하노니 사람의 언약이라도 정
한 후에는 아무도 폐하거나 더하
거나 하지 못하느니라 16 이 약
속들은 아브라함과 그 자손에게
말씀하신 것인데 여럿을 가리켜
그 자손들이라 하지 아니하시고
오직 한 사람을 가리켜 네 자손
이라 하셨으니 곧 그리스도라
17 내가 이것을 말하노니 하나님
께서 미리 정하신 언약을 사백삼
십 년 후에 생긴 율법이 폐기하
지 못하고 그 약속을 헛되게 하
지 못하리라 18 만일 그 유업이
율법에서 난 것이면 약속에서 난
것이 아니리라 그러나 하나님이

갈

3:6 아브라함이 … 정하셨다 창 15:6 인용
3:8 모든 이방인이 … 받으리라 창 12:3 인용
3:10 누구든지 … 있는 자라 신 27:26 인용
3:13 나무에 … 있는 자라 죽을 죄를 범하여 죽임을 당한 사람의 시체를 나무에 달아놓는 것은 그의 수치를 드러내기 위함이었다(신 21:22,23). 바울은 예수님의 십자가가 그런 것이었다고 말한다.

약속으로 말미암아 아브라함에
게 주신 것이라 19 그런즉 율법
은 무엇이냐 범법하므로 더하여
진 것이라 천사들을 통하여 한
중보자의 손으로 베푸신 것인데
약속하신 자손이 오시기까지 있
을 것이라 20 그 중보자는 한 편
만 위한 자가 아니나 하나님은
한 분이시니라 21 그러면 율법
이 하나님의 약속들과 반대되는
것이냐 결코 그럴 수 없느니라
만일 능히 살게 하는 율법을 주
셨더라면 의가 반드시 율법으로
말미암았으리라 22 그러나 성경
이 모든 것을 죄 아래에 가두었
으니 이는 예수 그리스도를 믿음
으로 말미암는 약속을 믿는 자들
에게 주려 함이라

하나님의 아들

23 믿음이 오기 전에 우리는 율
법 아래에 매인 바 되고 계시될
믿음의 때까지 갇혔느니라 24

이같이 율법이 우리를 그리스도
께로 인도하는 초등교사가 되어
우리로 하여금 믿음으로 말미암
아 의롭다 함을 얻게 하려 함이
라 25 믿음이 온 후로는 우리가

초등교사 아래에 있지 아니하도
다 26 너희가 다 믿음으로 말미
암아 그리스도 예수 안에서 하나
님의 아들이 되었으니 27 누구
든지 그리스도와 합하기 위하여
세례를 받은 자는 그리스도로 옷
입었느니라 28 너희는 유대인이
나 헬라인이나 종이나 자유인이
나 남자나 여자나 다 그리스도
예수 안에서 하나이니라 29 너
희가 그리스도의 것이면 곧 아브
라함의 자손이요 약속대로 유업
을 이을 자니라

4장

1 내가 또 말하노니 유업을 이을
자가 모든 것의 주인이나 어렸
을 동안에는 종과 다름이 없어
서 2 그 아버지가 정한 때까지

후견인과 청지기 아래에 있나니
3 이와 같이 우리도 어렸을 때에
이 세상의 초등학문 아래에 있
어서 종 노릇 하였더니 4 때가
차매 하나님이 그 아들을 보내
사 여자에게서 나게 하시고 율
법 아래에 나게 하신 것은 5 율
법 아래에 있는 자들을 속량하
시고 우리로 아들의 명분을 얻
게 하려 하심이라 6 너희가 아
들이므로 하나님이 그 아들의
영을 우리 마음 가운데 보내사
아빠 아버지*라 부르게 하셨느
니라 7 그러므로 네가 이 후로

는 종이 아니요 아들이니 아들
이면 하나님으로 말미암아 유업
을 받을 자니라

바울이 갈라디아 교회를 염려하다

8 그러나 너희가 그 때에는 하나
님을 알지 못하여 본질상 하나님
이 아닌 자들에게 종 노릇 하였
더니 9 이제는 너희가 하나님을
알 뿐 아니라 더욱이 하나님이
아신 바 되었거늘 어찌하여 다시
약하고 천박한 초등학문으로 돌
아가서 다시 그들에게 종 노릇
하려 하느냐 10 너희가 날과 달
과 절기와 해를 삼가 지키니 11
내가 너희를 위하여 수고한 것이
헛될까 두려워하노라 12 형제들
아 내가 너희와 같이 되었은즉
너희도 나와 같이 되기를 구하노
라 너희가 내게 해롭게 하지 아
니하였느니라 13 내가 처음에
육체의 약함으로 말미암아 너희
에게 복음을 전한 것을 너희가
아는 바라 14 너희를 시험하는
것이 내 육체에 있으되 이것을
너희가 업신여기지도 아니하며
버리지도 아니하고 오직 나를 하
나님의 천사와 같이 또는 그리스
도 예수와 같이 영접하였도다
15 너희의 복이 지금 어디 있느

4:6 아빠 아버지 문자적으로는 '아바 아버지'(Abba, Father)이다. 유대의 어린아이들은 그들의 아버지를 '아바'라고 불렀다.

냐 내가 너희에게 증언하노니 너
희가 할 수만 있었더라면 너희의
눈이라도 빼어 나에게 주었으리
라 16 그런즉 내가 너희에게 참
된 말을 하므로 원수가 되었느냐
17 그들이• 너희에게 대하여 열
심 내는 것은 좋은 뜻이 아니요
오직 너희를 이간시켜 너희로 그
들에게 대하여 열심을 내게 하려
함이라 18 좋은 일에 대하여 열
심으로 사모함을 받음은 내가 너
희를 대하였을 때뿐 아니라 언제
든지 좋으니라 19 나의 자녀들
아 너희 속에 그리스도의 형상을
이루기까지 다시 너희를 위하여
해산하는 수고를 하노니 20 내
가 이제라도 너희와 함께 있어
내 언성을 높이려 함은 너희에
대하여 의혹이 있음이라

하갈과 사라

21 내게 말하라 율법 아래에 있
고자 하는 자들아 율법을 듣지
못하였느냐 22 기록된 바 아브

라함에게 두 아들이 있으니 하나
는 여종에게서, 하나는 자유 있
는 여자에게서 났다 하였으며
23 여종에게서는 육체를 따라 났
고 자유 있는 여자에게서는 약속
으로 말미암았느니라 24 이것은
비유니 이 여자들은 두 언약이라
하나는 시내 산•으로부터 종을
낳은 자니 곧 하갈이라 25 이 하
갈은 아라비아에 있는 시내 산으

로서 지금 있는 예루살렘과 같은
곳이니 그가 그 자녀들과 더불어

종 노릇 하고 26 오직 위에 있는
예루살렘은 자유자니 곧 우리 어
머니라 27 기록된 바

> 잉태하지 못한 자여 즐거워
> 하라 산고를 모르는 자여
> 소리 질러 외치라 이는 홀
> 로 사는 자의 자녀가 남편
> 있는 자의 자녀보다 많음이
> 라 하였으니 사 54:1

28 형제들아 너희는 이삭과 같이
약속의 자녀라 29 그러나 그 때
에 육체를 따라 난 자가 성령을
따라 난 자를 박해한 것 같이 이
제도 그러하도다 30 그러나 성
경이 무엇을 말하느냐 여종과 그
아들을 내쫓으라 여종의 아들이
자유 있는 여자의 아들과 더불어
유업을 얻지 못하리라• 하였느
니라 31 그런즉 형제들아 우리
는 여종의 자녀가 아니요 자유
있는 여자의 자녀니라

5장

1 그리스도께서 우리를 자유롭게
하려고 자유를 주셨으니 그러므
로 굳건하게 서서 다시는 종의
멍에를 메지 말라

그리스도인의 자유와 사랑

2 보라 나 바울은 너희에게 말하
노니 너희가 만일 할례를 받으면
그리스도께서 너희에게 아무 유
익이 없으리라 3 내가 할례를 받
는 각 사람에게 다시 증언하노니
그는 율법 전체를 행할 의무를
가진 자라 4 율법 안에서 의롭다
함을 얻으려 하는 너희는 그리스
도에게서 끊어지고 은혜에서 떨

4:17 **그들이** 이 사람들은 갈라디아의 신자들을 힘들게 했던 거짓 선생들이다(갈 1:7).
4:24 **시내 산** 아라비아에 있는 산으로 그곳에서 하나님께서 모세에게 율법을 주셨다(출 19-20장).
4:30 **여종과 그 아들을 … 못하리라** 창 21:10 인용

어진 자로다 5 우리가 성령으로
믿음을 따라 의의 소망을 기다리
노니 6 그리스도 예수 안에서는
할례나 무할례나 효력이 없으되
사랑으로써 역사하는 믿음뿐이
니라 7 너희가 달음질을 잘 하더
니 누가 너희를 막아 진리를 순
종하지 못하게 하더냐 8 그 권면
은 너희를 부르신 이에게서 난
것이 아니니라 9 적은 누룩이 온
덩이에 퍼지느니라 10 나는 너
희가 아무 다른 마음을 품지 아
니할 줄을 주 안에서 확신하노라
그러나 너희를 요동하게 하는 자
는 누구든지 심판을 받으리라
11 형제들아 내가 지금까지 할례
를 전한다면 어찌하여 지금까지
박해를 받으리요 그리하였으면
십자가의 걸림돌이 제거되었으
리니 12 너희를 어지럽게 하는
자들은 스스로 베어 버리기•를
원하노라 13 형제들아 너희가 자
유를 위하여 부르심을 입었으나
그러나 그 자유로 육체의 기회를
삼지 말고 오직 사랑으로 서로
종 노릇 하라 14 온 율법은 네 이
웃 사랑하기를 네 자신 같이 하
라• 하신 한 말씀에서 이루어졌
나니 15 만일 서로 물고 먹으면
피차 멸망할까 조심하라

육체의 일과 성령의 열매

16 내가 이르노니 너희는 성령을
따라 행하라 그리하면 육체의 욕
심을 이루지 아니하리라 17 육
체의 소욕은 성령을 거스르고 성
령은 육체를 거스르나니 이 둘이
서로 대적함으로 너희가 원하는
것을 하지 못하게 하려 함이니라
18 너희가 만일 성령의 인도하시
는 바가 되면 율법 아래에 있지
아니하리라 19 육체의 일은 분
명하니 곧 음행과 더러운 것과
호색과 20 우상 숭배와 주술과
원수 맺는 것과 분쟁과 시기와
분냄과 당 짓는 것과 분열함과
이단과 21 투기와 술 취함과 방
탕함과 또 그와 같은 것들이라
전에 너희에게 경계한 것 같이
경계하노니 이런 일을 하는 자들
은 하나님의 나라를 유업으로 받
지 못할 것이요 22 오직 성령의
열매는 사랑과 희락과 화평과 오
래 참음과 자비와 양선과 충성과
23 온유와 절제니 이같은 것을
금지할 법이 없느니라 24 그리
스도 예수의 사람들은 육체와 함
께 그 정욕과 탐심을 십자가에
못 박았느니라 25 만일 우리가
성령으로 살면 또한 성령으로 행
할지니 26 헛된 영광을 구하여
서로 노엽게 하거나 서로 투기하
지 말지니라

6장

짐을 서로 지라

1 형제들아 사람이 만일 무슨 범
죄한 일이 드러나거든 신령한 너
희는 온유한 심령으로 그러한 자
를 바로잡고 너 자신을 살펴보아
너도 시험을 받을까 두려워하라
2 너희가 짐을 서로 지라 그리하
여 그리스도의 법을 성취하라 3
만일 누가 아무 것도 되지 못하
고 된 줄로 생각하면 스스로 속
임이라 4 각각 자기의 일을 살피
라 그리하면 자랑할 것이 자기에
게는 있어도 남에게는 있지 아니
하리니 5 각각 자기의 짐을 질
것이라 6 가르침을 받는 자는 말
씀을 가르치는 자와 모든 좋은
것을 함께 하라 7 스스로 속이지
말라 하나님은 업신여김을 받지
아니하시나니 사람이 무엇으로
심든지 그대로 거두리라 8 자기
의 육체를 위하여 심는 자는 육
체로부터 썩어질 것을 거두고 성
령을 위하여 심는 자는 성령으로
부터 영생을 거두리라 9 우리가
선을 행하되 낙심하지 말지니 포
기하지 아니하면 때가 이르매 거
두리라 10 그러므로 우리는 기
회 있는 대로 모든 이에게 착한
일을 하되 더욱 믿음의 가정들에
게 할지니라

할례와 그리스도의 십자가

11 내 손으로 너희에게 이렇게

5:12 **베어 버리기** 음경의 일부를 잘라내는 것. 바울이 이 표현을 사용한 것은 이것이 할례와 비슷하기 때문이다. 바울은 자신이 거짓 선생들에게 매우 분노하고 있다는 것을 나타내기 위해 이 표현을 사용했다.
5:14 **네 이웃 … 같이 하라** 레 19:18 인용

큰 글자로 쓴 것을 보라 12 무릇
육체의 모양을 내려 하는 자들이
억지로 너희에게 할례를 받게 함
은 그들이 그리스도의 십자가•
로 말미암아 박해를 면하려 함뿐
이라 13 할례를 받은 그들이라
도 스스로 율법은 지키지 아니하
고 너희에게 할례를 받게 하려
하는 것은 그들이 너희의 육체로
자랑하려 함이라 14 그러나 내
게는 우리 주 예수 그리스도의
십자가 외에 결코 자랑할 것이
없으니 그리스도로 말미암아 세
상이 나를 대하여 십자가에 못
박히고 내가 또한 세상을 대하여
그러하니라 15 할례나 무할례가
아무 것도 아니로되 오직 새로
지으심을 받는 것만이 중요하니
라 16 무릇 이 규례를 행하는 자
에게와 하나님의 이스라엘에게
평강과 긍휼이 있을지어다 17
이 후로는 누구든지 나를 괴롭게
하지 말라 내가 내 몸에 예수의
흔적•을 지니고 있노라 18 형제
들아 우리 주 예수 그리스도의
은혜가 너희 심령에 있을지어다
아멘

6:12 **그리스도의 십자가** 바울은 십자가를 복음의 상징으로 내세운다. 복음은 그리스도께서 사람들의 죗값을 대신 치르기 위해 십자가에서 죽고 다시 사신 사건에 대한 증언이다. 십자가, 즉 그리스도의 죽음은 하나님께서 사람들을 구원하시는 방법이다.

6:17 **예수의 흔적** 몸에 생긴 흉터를 의미한다. 그리스도를 전했기 때문에 바울은 그를 반대하는 사람들에게 여러 번 매를 맞고 채찍질을 당했다. 그의 흉터는 그런 고난 때문에 생겼다.

에베소서

1장

인사

1 하나님의 뜻으로 말미암아 그리스도 예수의
사도 된 바울은 에베소에 있는 성도들과 그리
스도 예수 안에 있는 신실한 자들에게 편지하
노니 2 하나님 우리 아버지와 주 예수 그리스
도로부터 은혜와 평강이 너희에게 있을지어다

하늘에 속한 신령한 복

3 찬송하리로다 하나님 곧 우리
주 예수 그리스도의 아버지께서
그리스도 안에서 하늘에 속한 모
든 신령한 복을 우리에게 주시되
4 곧 창세 전에 그리스도 안에서
우리를 택하사 우리로 사랑 안에
서 그 앞에 거룩하고 흠이 없게
하시려고 5 그 기쁘신 뜻대로 우
리를 예정하사 예수 그리스도로
말미암아 자기의 아들들이 되게
하셨으니 6 이는 그가 사랑하시
는 자 안에서 우리에게 거저 주
시는 바 그의 은혜의 영광을 찬
송하게 하려는 것이라 7 우리는
그리스도 안에서 그의 은혜의 풍
성함을 따라 그의 피로 말미암아
속량 곧 죄 사함을 받았느니라 8
이는 그가 모든 지혜와 총명을
우리에게 넘치게 하사 9 그 뜻의
비밀을 우리에게 알리신 것이요
그의 기뻐하심을 따라 그리스도
안에서 때가 찬 경륜을 위하여
예정하신 것이니 10 하늘에 있
는 것이나 땅에 있는 것이 다 그
리스도 안에서 통일되게 하려 하
심이라 11 모든 일을 그의 뜻의
결정대로 일하시는 이의 계획을
따라 우리가 예정을 입어 그 안
에서 기업이 되었으니 12 이는
우리가 그리스도 안에서 전부터
바라던 그의 영광의 찬송이 되게
하려 하심이라 13 그 안에서 너
희도 진리의 말씀 곧 너희의 구
원의 복음을 듣고 그 안에서 또
한 믿어 약속의 성령으로 인치심
을 받았으니 14 이는 우리 기업
의 보증이 되사 그 얻으신 것을
속량하시고 그의 영광을 찬송하
게 하려 하심이라

바울의 기도

15 이로 말미암아 주 예수 안에
서 너희 믿음과 모든 성도를 향
한 사랑을 나도 듣고 16 내가 기
도할 때에 기억하며 너희로 말미
암아 감사하기를 그치지 아니하
고 17 우리 주 예수 그리스도의
하나님, 영광의 아버지께서 지혜
와 계시의 영을 너희에게 주사
하나님을 알게 하시고 18 너희
마음의 눈을 밝히사 그의 부르심
의 소망이 무엇이며 성도 안에서
그 기업의 영광의 풍성함이 무엇
이며 19 그의 힘의 위력으로 역
사하심을 따라 믿는 우리에게 베
푸신 능력의 지극히 크심이 어떠
한 것을 너희로 알게 하시기를
구하노라 20 그의 능력이 그리
스도 안에서 역사하사 죽은 자들
가운데서 다시 살리시고 하늘에
서 자기의 오른편에 앉히사 21
모든 통치와 권세와 능력과 주권
과 이 세상뿐 아니라 오는 세상
에 일컫는 모든 이름 위에 뛰어
나게 하시고 22 또 만물을 그의
발 아래에 복종하게 하시고 그를
만물 위에 교회의 머리로 삼으셨
느니라 23 교회는 그의 몸이니
만물 안에서 만물을 충만하게 하
시는 이의 충만함이니라

2장

허물과 죄로 죽었던 너희를 살리셨다

1 그는 허물과 죄로 죽었던 너희
를 살리셨도다 2 그 때에 너희는
그 가운데서 행하여 이 세상 풍
조를 따르고 공중의 권세 잡은
자를 따랐으니 곧 지금 불순종의
아들들 가운데서 역사하는 영이

라 3 전에는 우리도 다 그 가운
데서 우리 육체의 욕심을 따라
지내며 육체와 마음의 원하는 것
을 하여 다른 이들과 같이 본질
상 진노의 자녀이었더니 4 긍휼
이 풍성하신 하나님이 우리를 사
랑하신 그 큰 사랑을 인하여 5
허물로 죽은 우리를 그리스도와
함께 살리셨고 (너희는 은혜로
구원을 받은 것이라) 6 또 함께
일으키사 그리스도 예수 안에서
함께 하늘에 앉히시니 7 이는 그
리스도 예수 안에서 우리에게 자
비하심으로써 그 은혜의 지극히
풍성함을 오는 여러 세대에 나타
내려 하심이라 8 너희는 그 은혜
에 의하여 믿음으로 말미암아 구
원을 받았으니 이것은 너희에게
서 난 것이 아니요 하나님의 선
물이라 9 행위에서 난 것이 아니

니 이는 누구든지 자랑하지 못하
게 함이라 10 우리는 그가 만드
신 바라 그리스도 예수 안에서
선한 일을 위하여 지으심을 받은
자니 이 일은 하나님이 전에 예
비하사 우리로 그 가운데서 행하
게 하려 하심이니라

십자가로 화목하게 하시다

11 그러므로 생각하라 너희는 그
때에 육체로는 이방인이요 손으
로 육체에 행한 할례를 받은 무리
라 칭하는 자들로부터 할례를 받
지 않은 무리•라 칭함을 받는 자

들이라 12 그 때에 너희는 그리
스도 밖에 있었고 이스라엘 나라
밖의 사람이라 약속의 언약들에
대하여는 외인이요 세상에서 소
망이 없고 하나님도 없는 자이더
니 13 이제는 전에 멀리 있던 너
희가 그리스도 예수 안에서 그리
스도의 피로 가까워졌느니라 14
그는 우리의 화평이신지라 둘로
하나를 만드사 원수 된 것 곧 중
간에 막힌 담을 자기 육체로 허
시고 15 법조문으로 된 계명의
율법을 폐하셨으니 이는 이 둘로
자기 안에서 한 새 사람을 지어
화평하게 하시고 16 또 십자가
로 이 둘을 한 몸으로 하나님과
화목하게 하려 하심이라 원수 된
것을 십자가로 소멸하시고 17
또 오셔서 먼 데 있는 너희에게
평안을 전하시고 가까운 데 있는
자들에게 평안을 전하셨으니 18
이는 그로 말미암아 우리 둘이
한 성령 안에서 아버지께 나아감
을 얻게 하려 하심이라 19 그러
므로 이제부터 너희는 외인도 아
니요 나그네도 아니요 오직 성도
들과 동일한 시민이요 하나님의
권속이라 20 너희는 사도들과
선지자들의 터 위에 세우심을 입
은 자라 그리스도 예수께서 친히
모퉁잇돌•이 되셨느니라 21 그
의 안에서 건물마다 서로 연결하

2:11 **할례를 받지 않은 무리** 유대인들과는 달리 할례의 표시가 없는 사람들
2:20 **모퉁잇돌** 이것은 직역한 표현이다. '가장 중요한 돌'이라고 번역할 수도 있다. 건물에서 제일 중요한 돌을 가리킨다.

여 주 안에서 성전이 되어 가고
22 너희도 성령 안에서 하나님이
거하실 처소가 되기 위하여 그리
스도 예수 안에서 함께 지어져
가느니라

3장

하나님의 구원의 경륜의 비밀

1 이러므로 그리스도 예수의 일
로 너희 이방인을 위하여 갇힌
자 된 나 바울이 말하거니와 2
너희를 위하여 내게 주신 하나님
의 그 은혜의 경륜을 너희가 들
었을 터이라 3 곧 계시로 내게
비밀을 알게 하신 것은 내가 먼
저 간단히 기록함과 같으니 4 그
것을 읽으면 내가 그리스도의 비
밀을 깨달은 것을 너희가 알 수
있으리라 5 이제 그의 거룩한 사
도들과 선지자들에게 성령으로
나타내신 것 같이 다른 세대에서
는 사람의 아들들에게 알리지 아
니하셨으니 6 이는 이방인들이
복음으로 말미암아 그리스도 예
수 안에서 함께 상속자가 되고
함께 지체가 되고 함께 약속에
참여하는 자가 됨이라 7 이 복음
을 위하여 그의 능력이 역사하시
는 대로 내게 주신 하나님의 은
혜의 선물을 따라 내가 일꾼이
되었노라 8 모든 성도 중에 지극
히 작은 자보다 더 작은 나에게
이 은혜를 주신 것은 측량할 수
없는 그리스도의 풍성함을 이방
인에게 전하게 하시고 9 영원부
터 만물을 창조하신 하나님 속에
감추어졌던 비밀의 경륜이 어떠
한 것을 드러내게 하려 하심이라
10 이는 이제 교회로 말미암아
하늘에 있는 통치자들과 권세들
에게 하나님의 각종 지혜를 알게
하려 하심이니 11 곧 영원부터
우리 주 그리스도 예수 안에서
예정하신 뜻대로 하신 것이라
12 우리가 그 안에서 그를 믿음
으로 말미암아 담대함과 확신을
가지고 하나님께 나아감을 얻느
니라 13 그러므로 너희에게 구
하노니 너희를 위한 나의 여러
환난에 대하여 낙심하지 말라 이
는 너희의 영광이니라

그리스도의 사랑을 알게 하시기를

14 이러므로 내가 하늘과 땅에
있는 각 족속에게 15 이름을 주
신 아버지 앞에 무릎을 꿇고 비
노니 16 그의 영광의 풍성함을
따라 그의 성령으로 말미암아 너
희 속사람을 능력으로 강건하게
하시오며 17 믿음으로 말미암아
그리스도께서 너희 마음에 계시
게 하시옵고 너희가 사랑 가운데
서 뿌리가 박히고 터가 굳어져서
18 능히 모든 성도와 함께 지식
에 넘치는 그리스도의 사랑을 알
고 19 그 너비와 길이와 높이와
깊이가 어떠함을 깨달아 하나님
의 모든 충만하신 것으로 너희에
게 충만하게 하시기를 구하노라
20 우리 가운데서 역사하시는 능
력대로 우리가 구하거나 생각하
는 모든 것에 더 넘치도록 능히
하실 이에게 21 교회 안에서와
그리스도 예수 안에서 영광이 대
대로 영원무궁하기를 원하노라
아멘

4장

성령이 하나되게 하신 것

1 그러므로 주 안에서 갇힌 내가
너희를 권하노니 너희가 부르심
을 받은 일에 합당하게 행하여 2
모든 겸손과 온유로 하고 오래
참음으로 사랑 가운데서 서로 용
납하고 3 평안의 매는 줄로 성령
이 하나 되게 하신 것을 힘써 지
키라 4 몸이 하나요 성령도 한
분이시니 이와 같이 너희가 부르
심의 한 소망 안에서 부르심을
받았느니라 5 주도 한 분이시요

엡

믿음도 하나요 세례도 하나요 6
하나님도 한 분이시니 곧 만유의
아버지시라 만유 위에 계시고 만
유를 통일하시고 만유 가운데 계
시도다 7 우리 각 사람에게 그리
스도의 선물의 분량대로 은혜를
주셨나니 8 그러므로 이르기를

> 그가 위로 올라가실 때에
> 사로잡혔던 자들을 사로잡
> 으시고 사람들에게 선물을
> 주셨다 하였도다 시 68:18

엡

9 올라가셨다 하였은즉 땅 아래
낮은 곳으로 내리셨던 것이 아니
면 무엇이냐 10 내리셨던 그가

곧 모든 하늘 위에 오르신 자니
이는 만물을 충만하게 하려 하심

이라 11 그가 어떤 사람은 사도
로, 어떤 사람은 선지자로, 어떤
사람은 복음 전하는 자로, 어떤
사람은 목사와 교사로 삼으셨으
니 12 이는 성도를 온전하게 하
여 봉사의 일을 하게 하며 그리
스도의 몸을 세우려 하심이라
13 우리가 다 하나님의 아들을
믿는 것과 아는 일에 하나가 되
어 온전한 사람을 이루어 그리스
도의 장성한 분량이 충만한 데까
지 이르리니 14 이는 우리가 이
제부터 어린 아이가 되지 아니하
여 사람의 속임수와 간사한 유혹
에 빠져 온갖 교훈의 풍조에 밀
려 요동하지 않게 하려 함이라
15 오직 사랑 안에서 참된 것을
하여 범사에 그에게까지 자랄지
라 그는 머리니 곧 그리스도라
16 그에게서 온 몸이 각 마디를
통하여 도움을 받음으로 연결되
고 결합되어 각 지체의 분량대로
역사하여 그 몸을 자라게 하며
사랑 안에서 스스로 세우느니라

옛 사람과 새 사람

17 그러므로 내가 이것을 말하며
주 안에서 증언하노니 이제부터
너희는 이방인이 그 마음의 허망
한 것으로 행함 같이 행하지 말
라 18 그들의 총명이 어두워지
고 그들 가운데 있는 무지함과
그들의 마음이 굳어짐으로 말미
암아 하나님의 생명에서 떠나 있
도다 19 그들이 감각 없는 자가
되어 자신을 방탕에 방임하여 모
든 더러운 것을 욕심으로 행하되
20 오직 너희는 그리스도를 그같
이 배우지 아니하였느니라 21
진리가 예수 안에 있는 것 같이
너희가 참으로 그에게서 듣고 또
한 그 안에서 가르침을 받았을진
대 22 너희는 유혹의 욕심을 따
라 썩어져 가는 구습을 따르는
옛 사람을 벗어 버리고 23 오직
너희의 심령이 새롭게 되어 24
하나님을 따라 의와 진리의 거룩
함으로 지으심을 받은 새 사람을
입으라

하나님을 본받는 생활

25 그런즉 거짓을 버리고 각각
그 이웃과 더불어 참된 것을 말
하라 이는 우리가 서로 지체가
됨이라• 26 분을 내어도 죄를 짓
지 말며 해가 지도록 분을 품지
말고 27 마귀에게 틈을 주지 말

4:25 거짓을 버리고 … 지체가 됨이라 슥 8:16 인용

라 28 도둑질하는 자는 다시 도
둑질하지 말고 돌이켜 가난한 자
에게 구제할 수 있도록 자기 손
으로 수고하여 선한 일을 하라
29 무릇 더러운 말은 너희 입 밖
에도 내지 말고 오직 덕을 세우
는 데 소용되는 대로 선한 말을
하여 듣는 자들에게 은혜를 끼치
게 하라 30 하나님의 성령을 근
심하게 하지 말라 그 안에서 너
희가 구원의 날까지 인치심을 받
았느니라 31 너희는 모든 악독
과 노함과 분냄과 떠드는 것과
비방하는 것을 모든 악의와 함께
버리고 32 서로 친절하게 하며
불쌍히 여기며 서로 용서하기를
하나님이 그리스도 안에서 너희
를 용서하심과 같이 하라

5장

1 그러므로 사랑을 받는 자녀 같
이 너희는 하나님을 본받는 자가
되고 2 그리스도께서 너희를 사
랑하신 것 같이 너희도 사랑 가
운데서 행하라 그는 우리를 위하
여 자신을 버리사 향기로운 제물
과 희생제물로 하나님께 드리셨
느니라 3 음행과 온갖 더러운 것
과 탐욕은 너희 중에서 그 이름
조차도 부르지 말라 이는 성도에
게 마땅한 바니라 4 누추함과 어
리석은 말이나 희롱의 말이 마땅
치 아니하니 오히려 감사하는 말
을 하라 5 너희도 정녕 이것을
알거니와 음행하는 자나 더러운
자나 탐하는 자 곧 우상 숭배자
는 다 그리스도와 하나님의 나라
에서 기업을 얻지 못하리니 6 누
구든지 헛된 말로 너희를 속이지

못하게 하라 이로 말미암아 하나
님의 진노가 불순종의 아들들에
게 임하나니 7 그러므로 그들과
함께 하는 자가 되지 말라 8 너
희가 전에는 어둠이더니 이제는
주 안에서 빛이라 빛의 자녀들처
럼 행하라 9 빛의 열매는 모든
착함과 의로움과 진실함에 있느
니라 10 주를 기쁘시게 할 것이
무엇인가 시험하여 보라 11 너
희는 열매 없는 어둠의 일에 참
여하지 말고 도리어 책망하라
12 그들이 은밀히 행하는 것들은
말하기도 부끄러운 것들이라 13
그러나 책망을 받는 모든 것은
빛으로 말미암아 드러나나니 드
러나는 것마다 빛이니라 14 그
러므로 이르시기를 잠자는 자여
깨어서 죽은 자들 가운데서 일어
나라 그리스도께서 너에게 비추
이시리라 하셨느니라

그리스도의 이름으로 감사하라

15 그런즉 너희가 어떻게 행할지
를 자세히 주의하여 지혜 없는
자 같이 하지 말고 오직 지혜 있
는 자 같이 하여 16 세월을 아끼
라 때가 악하니라 17 그러므로
어리석은 자가 되지 말고 오직
주의 뜻이 무엇인가 이해하라
18 술 취하지 말라 이는 방탕한
것이니 오직 성령으로 충만함을
받으라 19 시와 찬송과 신령한
노래들로 서로 화답하며 너희의
마음으로 주께 노래하며 찬송하
며 20 범사에 우리 주 예수 그리
스도의 이름으로 항상 아버지 하
나님께 감사하며 21 그리스도를
경외함으로 피차 복종하라

아내와 남편

22 아내들이여 자기 남편에게 복
종하기를 주께 하듯 하라 23 이
는 남편이 아내의 머리 됨이 그
리스도께서 교회의 머리 됨과 같
음이니 그가 바로 몸의 구주시니
라 24 그러므로 교회가 그리스도
에게 하듯 아내들도 범사에 자기
남편에게 복종할지니라 25 남편
들아 아내 사랑하기를 그리스도
께서 교회를 사랑하시고 그 교회
를 위하여 자신을 주심 같이 하
라 26 이는 곧 물로 씻어 말씀으
로 깨끗하게 하사 거룩하게 하시
고 27 자기 앞에 영광스러운 교
회로 세우사 티나 주름 잡힌 것
이나 이런 것들이 없이 거룩하고
흠이 없게 하려 하심이라 28 이
와 같이 남편들도 자기 아내 사
랑하기를 자기 자신과 같이 할지
니 자기 아내를 사랑하는 자는
자기를 사랑하는 것이라 29 누
구든지 언제나 자기 육체를 미워
하지 않고 오직 양육하여 보호하
기를 그리스도께서 교회에게 함

과 같이 하나니 30 우리는 그 몸
의 지체임이라 31 그러므로 사
람이 부모를 떠나 그의 아내와
합하여 그 둘이 한 육체가 될지
니• 32 이 비밀이 크도다 나는
그리스도와 교회에 대하여 말하
노라 33 그러나 너희도 각각 자
기의 아내 사랑하기를 자신 같
이 하고 아내도 자기 남편을 존
경하라

6장

자녀와 부모

1 자녀들아 주 안에서 너희 부모
에게 순종하라 이것이 옳으니라
2 네 아버지와 어머니를 공경하
라• 이것은 약속이 있는 첫 계명
이니 3 이로써 네가 잘되고 땅에

서 장수하리라• 4 또 아비들아 너
희 자녀를 노엽게 하지 말고 오
직 주의 교훈과 훈계로 양육하라

종과 상전

5 종들아 두려워하고 떨며 성실
한 마음으로 육체의 상전에게 순
종하기를 그리스도께 하듯 하라
6 눈가림만 하여 사람을 기쁘게
하는 자처럼 하지 말고 그리스도
의 종들처럼 마음으로 하나님의
뜻을 행하고 7 기쁜 마음으로 섬
기기를 주께 하듯 하고 사람들에
게 하듯 하지 말라 8 이는 각 사
람이 무슨 선을 행하든지 종이나
자유인이나 주께로부터 그대로
받을 줄을 앎이라 9 상전들아 너
희도 그들에게 이와 같이 하고
위협을 그치라 이는 그들과 너희
의 상전이 하늘에 계시고 그에게
는 사람을 외모로 취하는 일이
없는 줄 너희가 앎이라

마귀를 대적하는 싸움

10 끝으로 너희가 주 안에서와
그 힘의 능력으로 강건하여지고
11 마귀의 간계를 능히 대적하기
위하여 하나님의 전신 갑주를 입

으라 12 우리의 씨름은 혈과 육
을 상대하는 것이 아니요 통치자
들과 권세들과 이 어둠의 세상
주관자들과 하늘에 있는 악의 영
들을 상대함이라 13 그러므로
하나님의 전신 갑주를 취하라 이
는 악한 날에 너희가 능히 대적
하고 모든 일을 행한 후에 서기
위함이라 14 그런즉 서서 진리
로 너희 허리 띠를 띠고 의의 호
심경을 붙이고 15 평안의 복음
이 준비한 것으로 신을 신고 16
모든 것 위에 믿음의 방패를 가
지고 이로써 능히 악한 자의 모
든 불화살을 소멸하고 17 구원
의 투구와 성령의 검 곧 하나님
의 말씀을 가지라 18 모든 기도
와 간구를 하되 항상 성령 안에
서 기도하고 이를 위하여 깨어
구하기를 항상 힘쓰며 여러 성도
를 위하여 구하라 19 또 나를 위
하여 구할 것은 내게 말씀을 주
사 나로 입을 열어 복음의 비밀
을 담대히 알리게 하옵소서 할
것이니 20 이 일을 위하여 내가
쇠사슬에 매인 사신이 된 것은
나로 이 일에 당연히 할 말을 담
대히 하게 하려 하심이라

끝 인사

21 나의 사정 곧 내가 무엇을 하
는지 너희에게도 알리려 하노니
사랑을 받은 형제요 주 안에서
진실한 일꾼인 두기고가 모든 일
을 너희에게 알리리라 22 우리
사정을 알리고 또 너희 마음을
위로하기 위하여 내가 특별히 그
를 너희에게 보내었노라 23 아
버지 하나님과 주 예수 그리스도
께로부터 평안과 믿음을 겸한 사
랑이 형제들에게 있을지어다 24
우리 주 예수 그리스도를 변함
없이 사랑하는 모든 자에게 은혜
가 있을지어다

5:31 그러므로 사람이 … 육체가 될지니 창 2:24 인용
6:2 네 아버지와 어머니를 공경하라 출 20:12 ; 신 5:16 인용
6:3 이로써 … 장수하리라 출 20:12 ; 신 5:16 인용

빌립보서

1장

인사

1 그리스도 예수의 종 바울과 디모데는 그리스도 예수
안에서 빌립보에 사는 모든 성도와 또한 감독들과 집사
들에게 편지하노니 2 하나님 우리 아버지와 주 예수 그
리스도로부터 은혜와 평강이 너희에게 있을지어다

빌립보 성도들을 생각하며 간구하다

3 내가 너희를 생각할 때마다 나
의 하나님께 감사하며 4 간구할
때마다 너희 무리를 위하여 기쁨
으로 항상 간구함은 5 너희가 첫
날부터 이제까지 복음을 위한 일
에 참여하고 있기 때문이라 6 너
희 안에서 착한 일을 시작하신
이가 그리스도 예수의 날까지 이
루실 줄을 우리는 확신하노라 7
내가 너희 무리를 위하여 이와
같이 생각하는 것이 마땅하니 이
는 너희가 내 마음에 있음이며
나의 매임과 복음을 변명함과 확
정함에 너희가 다 나와 함께 은
혜에 참여한 자가 됨이라 8 내가
예수 그리스도의 심장으로 너희
무리를 얼마나 사모하는지 하나
님이 내 증인이시니라 9 내가 기
도하노라 너희 사랑을 지식과 모
든 총명으로 점점 더 풍성하게
하사 10 너희로 지극히 선한 것
을 분별하며 또 진실하여 허물
없이 그리스도의 날까지 이르고
11 예수 그리스도로 말미암아 의

의 열매가 가득하여 하나님의 영
광과 찬송이 되기를 원하노라

바울의 매임과 복음 전파

12 형제들아 내가 당한 일이 도
리어 복음 전파에 진전이 된 줄
을 너희가 알기를 원하노라 13
이러므로 나의 매임이 그리스도
안에서 모든 시위대 안과 그 밖
의 모든 사람에게 나타났으니
14 형제 중 다수가 나의 매임으
로 말미암아 주 안에서 신뢰함으
로 겁 없이 하나님의 말씀을 더
욱 담대히 전하게 되었느니라
15 어떤 이들은 투기와 분쟁으
로, 어떤 이들은 착한 뜻으로 그
리스도를 전파하나니 16 이들은
내가 복음을 변증하기 위하여 세

우심을 받은 줄 알고 사랑으로
하나 17 그들은 나의 매임에 괴
로움을 더하게 할 줄로 생각하여
순수하지 못하게 다툼으로 그리
스도를 전파하느니라 18 그러면
무엇이냐 겉치레로 하나 참으로
하나 무슨 방도로 하든지 전파되
는 것은 그리스도니 이로써 나는
기뻐하고 또한 기뻐하리라 19
이것이 너희의 간구와 예수 그리
스도의 성령의 도우심으로 나를
구원에 이르게 할 줄 아는 고로
20 나의 간절한 기대와 소망을
따라 아무 일에든지 부끄러워하
지 아니하고 지금도 전과 같이
온전히 담대하여 살든지 죽든지
내 몸에서 그리스도가 존귀하게
되게 하려 하나니 21 이는 내게
사는 것이 그리스도니 죽는 것도
유익함이라 22 그러나 만일 육
신으로 사는 이것이 내 일의 열
매일진대 무엇을 택해야 할는지
나는 알지 못하노라 23 내가 그
둘 사이에 끼었으니 차라리 세상
을 떠나서 그리스도와 함께 있는
것이 훨씬 더 좋은 일이라 그렇
게 하고 싶으나 24 내가 육신으
로 있는 것이 너희를 위하여 더
유익하리라 25 내가 살 것과 너
희 믿음의 진보와 기쁨을 위하여
너희 무리와 함께 거할 이것을

확실히 아노니 26 내가 다시 너
희와 같이 있음으로 그리스도 예
수 안에서 너희 자랑이 나로 말
미암아 풍성하게 하려 함이라
27 오직 너희는 그리스도의 복음
에 합당하게 생활하라 이는 내가
너희에게 가 보나 떠나 있으나
너희가 한마음으로 서서 한 뜻으
로 복음의 신앙을 위하여 협력하
는 것과 28 무슨 일에든지 대적
하는 자들 때문에 두려워하지 아
니하는 이 일을 듣고자 함이라
이것이 그들에게는 멸망의 증거
요 너희에게는 구원의 증거니 이
는 하나님께로부터 난 것이라 29
그리스도를 위하여 너희에게 은
혜를 주신 것은 다만 그를 믿을
뿐 아니라 또한 그를 위하여 고
난도 받게 하려 하심이라 30 너
희에게도 그와 같은 싸움이 있으
니 너희가 내 안에서 본 바요 이
제도 내 안에서 듣는 바니라

2장

그리스도의 겸손

1 그러므로 그리스도 안에 무슨
권면이나 사랑의 무슨 위로나 성
령의 무슨 교제나 긍휼이나 자비
가 있거든 2 마음을 같이하여 같
은 사랑을 가지고 뜻을 합하며
한마음을 품어 3 아무 일에든지
다툼이나 허영으로 하지 말고 오
직 겸손한 마음으로 각각 자기보
다 남을 낫게 여기고 4 각각 자
기 일을 돌볼뿐더러 또한 각각
다른 사람들의 일을 돌보아 나의
기쁨을 충만하게 하라 5 너희 안
에 이 마음을 품으라 곧 그리스
도 예수의 마음이니 6 그는 근본
하나님의 본체시나 하나님과 동
등됨을 취할 것으로 여기지 아니
하시고 7 오히려 자기를 비워 종
의 형체를 가지사 사람들과 같이

되셨고 8 사람의 모양으로 나타
나사 자기를 낮추시고 죽기까지

복종하셨으니 곧 십자가에 죽으
심이라 9 이러므로 하나님이 그

를 지극히 높여 모든 이름 위에
뛰어난 이름을 주사 10 하늘에
있는 자들과 땅에 있는 자들과
땅 아래에 있는 자들로 모든 무
릎을 예수의 이름에 꿇게 하시고
11 모든 입으로 예수 그리스도를
주라 시인하여 하나님 아버지께
영광을 돌리게 하셨느니라

하나님의 흠 없는 자녀로 살라

12 그러므로 나의 사랑하는 자들
아 너희가 나 있을 때뿐 아니라
더욱 지금 나 없을 때에도 항상
복종하여 두렵고 떨림으로 너희
구원을 이루라 13 너희 안에서
행하시는 이는 하나님이시니 자
기의 기쁘신 뜻을 위하여 너희에
게 소원을 두고 행하게 하시나니
14 모든 일을 원망과 시비가 없이
하라 15 이는 너희가 흠이 없고
순전하여 어그러지고 거스르는
세대 가운데서 하나님의 흠 없는
자녀로 세상에서 그들 가운데 빛
들로 나타내며 16 생명의 말씀을
밝혀 나의 달음질이 헛되지 아니
하고 수고도 헛되지 아니함으로
그리스도의 날에 내가 자랑할 것
이 있게 하려 함이라 17 만일 너
희 믿음의 제물과 섬김 위에 내가
나를 전제로 드릴지라도 나는 기
뻐하고 너희 무리와 함께 기뻐하
리니 18 이와 같이 너희도 기뻐
하고 나와 함께 기뻐하라

디모데와 에바브로디도

19 내가 디모데를 속히 너희에게
보내기를 주 안에서 바람은 너희
의 사정을 앎으로 안위를 받으려
함이니 20 이는 뜻을 같이하여
너희 사정을 진실히 생각할 자가
이밖에 내게 없음이라 21 그들
이 다 자기 일을 구하고 그리스
도 예수의 일을 구하지 아니하되
22 디모데의 연단을 너희가 아나
니 자식이 아버지에게 함같이 나
와 함께 복음을 위하여 수고하였
느니라 23 그러므로 내가 내 일
이 어떻게 될지를 보아서 곧 이
사람을 보내기를 바라고 24 나
도 속히 가게 될 것을 주 안에서

확신하노라 25 그러나 에바브로
디도를 너희에게 보내는 것이 필
요한 줄로 생각하노니 그는 나의
형제요 함께 수고하고 함께 군사
된 자요 너희 사자로 내가 쓸 것
을 돕는 자라 26 그가 너희 무리
를 간절히 사모하고 자기가 병든
것을 너희가 들은 줄을 알고 심
히 근심한지라 27 그가 병들어
죽게 되었으나 하나님이 그를 긍
휼히 여기셨고 그뿐 아니라 또
나를 긍휼히 여기사 내 근심 위
에 근심을 면하게 하셨느니라
28 그러므로 내가 더욱 급히 그
를 보낸 것은 너희로 그를 다시
보고 기뻐하게 하며 내 근심도
덜려 함이니라 29 이러므로 너
희가 주 안에서 모든 기쁨으로
그를 영접하고 또 이와 같은 자
들을 존귀히 여기라 30 그가 그
리스도의 일을 위하여 죽기에 이
르러도 자기 목숨을 돌보지 아니
한 것은 나를 섬기는 너희의 일
에 부족함을 채우려 함이니라

3장

하나님께로부터 난 의

1 끝으로 나의 형제들아 주 안에
서 기뻐하라 너희에게 같은 말을
쓰는 것이 내게는 수고로움이 없
고 너희에게는 안전하니라 2 개
들을 삼가고 행악하는 자들을 삼
가고 몸을 상해하는* 일을 삼가
라 3 하나님의 성령으로 봉사하
며 그리스도 예수로 자랑하고 육
체를 신뢰하지 아니하는 우리가
곧 할례파라 4 그러나 나도 육체
를 신뢰할 만하며 만일 누구든지
다른 이가 육체를 신뢰할 것이
있는 줄로 생각하면 나는 더욱
그러하리니 5 나는 팔일 만에 할
례를 받고 이스라엘 족속이요 베
냐민 지파요 히브리인 중의 히브
리인이요 율법으로는 바리새인
이요 6 열심으로는 교회를 박해
하고 율법의 의로는 흠이 없는
자라 7 그러나 무엇이든지 내게
유익하던 것을 내가 그리스도를
위하여 다 해로 여길뿐더러 8 또
한 모든 것을 해로 여김은 내 주
그리스도 예수를 아는 지식이 가
장 고상하기 때문이라 내가 그를
위하여 모든 것을 잃어버리고 배
설물로 여김은 그리스도를 얻고
9 그 안에서 발견되려 함이니 내
가 가진 의는 율법에서 난 것이
아니요 오직 그리스도를 믿음으
로 말미암은 것이니 곧 믿음으로
하나님께로부터 난 의라 10 내
가 그리스도와 그 부활의 권능과
그 고난에 참여함을 알고자 하여
그의 죽으심을 본받아 11 어떻
게 해서든지 죽은 자 가운데서
부활에 이르려 하노니 12 내가
이미 얻었다 함도 아니요 온전히
이루었다 함도 아니라 오직 내가
그리스도 예수께 잡힌 바 된 그
것을 잡으려고 달려가노라 13
형제들아 나는 아직 내가 잡은
줄로 여기지 아니하고 오직 한
일 즉 뒤에 있는 것은 잊어버리
고 앞에 있는 것을 잡으려고 14
푯대를 향하여 그리스도 예수 안
에서 하나님이 위에서 부르신 부
름의 상을 위하여 달려가노라
15 그러므로 누구든지 우리 온전
히 이룬 자들은 이렇게 생각할지
니 만일 어떤 일에 너희가 달리
생각하면 하나님이 이것도 너희
에게 나타내시리라 16 오직 우
리가 어디까지 이르렀든지 그대
로 행할 것이라

우리의 시민권은 하늘에

17 형제들아 너희는 함께 나를
본받으라 그리고 너희가 우리를
본받은 것처럼 그와 같이 행하는
자들을 눈여겨 보라 18 내가 여

3:2 **상해하는** '자르는'이라고 번역될 수도 있다. 이에 해당하는 헬라어는 '할례를 행하다'라는 단어와 유사하지만 그 의미는 '완전히 잘라내다'라는 뜻이다.

러 번 너희에게 말하였거니와 이
제도 눈물을 흘리며 말하노니 여
러 사람들이 그리스도의 십자가
의 원수로 행하느니라 19 그들
의 마침은 멸망이요 그들의 신은
배요 그 영광은 그들의 부끄러움
에 있고 땅의 일을 생각하는 자
라 20 그러나 우리의 시민권은
하늘에 있는지라 거기로부터 구
원하는 자 곧 주 예수 그리스도
를 기다리노니 21 그는 만물을
자기에게 복종하게 하실 수 있는
자의 역사로 우리의 낮은 몸을
자기 영광의 몸의 형체와 같이
변하게 하시리라

4장

1 그러므로 나의 사랑하고 사모
하는 형제들, 나의 기쁨이요 면
류관인 사랑하는 자들아 이와 같
이 주 안에 서라

권면

2 내가 유오디아를 권하고 순두
게를 권하노니 주 안에서 같은
마음을 품으라 3 또 참으로 나와
멍에를 같이한 네게 구하노니 복
음에 나와 함께 힘쓰던 저 여인
들을 돕고 또한 글레멘드와 그
외에 나의 동역자들을 도우라 그
이름들이 생명책•에 있느니라 4
주 안에서 항상 기뻐하라 내가
다시 말하노니 기뻐하라 5 너희
관용을 모든 사람에게 알게 하라
주께서 가까우시니라 6 아무 것
도 염려하지 말고 다만 모든 일
에 기도와 간구로, 너희 구할 것
을 감사함으로 하나님께 아뢰라
7 그리하면 모든 지각에 뛰어난
하나님의 평강이 그리스도 예수
안에서 너희 마음과 생각을 지키
시리라 8 끝으로 형제들아 무엇
에든지 참되며 무엇에든지 경건
하며 무엇에든지 옳으며 무엇에
든지 정결하며 무엇에든지 사랑
받을 만하며 무엇에든지 칭찬 받
을 만하며 무슨 덕이 있든지 무
슨 기림이 있든지 이것들을 생각
하라 9 너희는 내게 배우고 받고
듣고 본 바를 행하라 그리하면
평강의 하나님이 너희와 함께 계
시리라

빌립보 사람들의 선물

10 내가 주 안에서 크게 기뻐함
은 너희가 나를 생각하던 것이
이제 다시 싹이 남이니 너희가
또한 이를 위하여 생각은 하였으
나 기회가 없었느니라 11 내가
궁핍하므로 말하는 것이 아니니
라 어떠한 형편에든지 나는 자족
하기를 배웠노니 12 나는 비천
에 처할 줄도 알고 풍부에 처할
줄도 알아 모든 일 곧 배부름과
배고픔과 풍부와 궁핍에도 처할
줄 아는 일체의 비결을 배웠노라
13 내게 능력 주시는 자 안에서
내가 모든 것을 할 수 있느니라
14 그러나 너희가 내 괴로움에
함께 참여하였으니 잘하였도다
15 빌립보 사람들아 너희도 알거
니와 복음의 시초에 내가 마게도
냐를 떠날 때에 주고 받는 내 일
에 참여한 교회가 너희 외에 아
무도 없었느니라 16 데살로니가
에 있을 때에도 너희가 한 번뿐
아니라 두 번이나 나의 쓸 것을
보내었도다 17 내가 선물을 구
함이 아니요 오직 너희에게 유익
하도록 풍성한 열매를 구함이라
18 내게는 모든 것이 있고 또 풍
부한지라 에바브로디도 편에 너
희가 준 것을 받으므로 내가 풍
족하니 이는 받으실 만한 향기로
운 제물이요 하나님을 기쁘시게
한 것이라 19 나의 하나님이 그
리스도 예수 안에서 영광 가운데
그 풍성한 대로 너희 모든 쓸 것
을 채우시리라 20 하나님 곧 우
리 아버지께 세세 무궁하도록 영
광을 돌릴지어다 아멘

끝 인사

21 그리스도 예수 안에 있는 성
도에게 각각 문안하라 나와 함께
있는 형제들이 너희에게 문안하
고 22 모든 성도들이 너희에게
문안하되 특히 가이사의 집 사람
들 중 몇이니라 23 주 예수 그리
스도의 은혜가 너희 심령에 있을
지어다

빌

4:3 **생명책** 하나님께서 선택하신 모든 사람들의 이름이 적힌 그분의 책(계 3:5 ; 21:27).

골로새서

1장

인사

1 하나님의 뜻으로 말미암아 그리스도 예수의
사도 된 바울과 형제 디모데는 2 골로새에 있
는 성도들 곧 그리스도 안에서 신실한 형제들

에게 편지하노니 우리 아버지 하
나님으로부터• 은혜와 평강이
너희에게 있을지어다

하나님께 감사를 드리다

3 우리가 너희를 위하여 기도할
때마다 하나님 곧 우리 주 예수
그리스도의 아버지께 감사하노
라 4 이는 그리스도 예수 안에
너희의 믿음과 모든 성도에 대한
사랑을 들었음이요 5 너희를 위
하여 하늘에 쌓아 둔 소망으로
말미암음이니 곧 너희가 전에 복
음 진리의 말씀을 들은 것이라 6
이 복음이 이미 너희에게 이르매
너희가 듣고 참으로 하나님의 은
혜를 깨달은 날부터 너희 중에서
와 같이 또한 온 천하에서도 열매
를 맺어 자라는도다 7 이와 같이
우리와 함께 종 된 사랑하는 에바
브라에게 너희가 배웠나니 그는
너희를 위한 그리스도의 신실한
일꾼이요 8 성령 안에서 너희 사
랑을 우리에게 알린 자니라

하나님의 형상이시요 교회의 머리시라

9 이로써 우리도 듣던 날부터 너
희를 위하여 기도하기를 그치지
아니하고 구하노니 너희로 하여
금 모든 신령한 지혜와 총명에
하나님의 뜻을 아는 것으로 채우
게 하시고 10 주께 합당하게 행
하여 범사에 기쁘시게 하고 모든
선한 일에 열매를 맺게 하시며
하나님을 아는 것에 자라게 하시
고 11 그의 영광의 힘을 따라 모
든 능력으로 능하게 하시며 기쁨
으로 모든 견딤과 오래 참음에
이르게 하시고 12 우리로 하여
금 빛 가운데서 성도의 기업의
부분을 얻기에 합당하게 하신 아
버지께 감사하게 하시기를 원하
노라 13 그가 우리를 흑암의 권
세에서 건져내사 그의 사랑의 아
들의 나라로 옮기셨으니 14 그
아들 안에서 우리가 속량• 곧 죄
사함을 얻었도다 15 그는 보이

지 아니하는 하나님의 형상이시
요 모든 피조물보다 먼저 나신
이시니 16 만물이 그에게서 창
조되되 하늘과 땅에서 보이는 것
들과 보이지 않는 것들과 혹은
왕권들이나 주권들이나 통치자
들이나 권세들이나 만물이 다 그
로 말미암고 그를 위하여 창조되
었고 17 또한 그가 만물보다 먼
저 계시고 만물이 그 안에 함께
섰느니라 18 그는 몸인 교회의
머리시라 그가 근본이시요 죽은
자들 가운데서 먼저 나신 이시니
이는 친히 만물의 으뜸이 되려
하심이요 19 아버지께서는 모든
충만으로 예수 안에 거하게 하시
고 20 그의 십자가의 피로 화평
을 이루사 만물 곧 땅에 있는 것
들이나 하늘에 있는 것들이 그로
말미암아 자기와 화목하게 되기
를 기뻐하심이라 21 전에 악한
행실로 멀리 떠나 마음으로 원수
가 되었던 너희를 22 이제는 그
의 육체의 죽음으로 말미암아 화
목하게 하사 너희를 거룩하고 흠
없고 책망할 것이 없는 자로 그
앞에 세우고자 하셨으니 23 만
일 너희가 믿음에 거하고 터 위
에 굳게 서서 너희 들은 바 복음
의 소망에서 흔들리지 아니하면
그리하리라 이 복음은 천하 만민
에게 전파된 바요 나 바울은 이
복음의 일꾼이 되었노라

교회를 위하여 바울이 하는 일

24 나는 이제 너희를 위하여 받
는 괴로움을 기뻐하고 그리스도
의 남은 고난을 그의 몸된 교회
를 위하여 내 육체에 채우노라

1:2 **우리 아버지 하나님으로부터** 일부 헬라어 사본들에는 이것이 "우리 아버지 하나님과 주 예수 그리스도로부터"라고 기록되어 있다.
1:14 **속량** 일부 헬라어 사본들에는 이것이 '그의 피로 말미암아 속량'으로 되어 있다.

25 내가 교회의 일꾼 된 것은 하
나님이 너희를 위하여 내게 주신
직분을 따라 하나님의 말씀을 이
루려 함이니라 26 이 비밀은 만
세와 만대로부터 감추어졌던 것
인데 이제는 그의 성도들에게 나
타났고 27 하나님이 그들로 하
여금 이 비밀의 영광이 이방인
가운데 얼마나 풍성한지를 알게
하려 하심이라 이 비밀은 너희
안에 계신 그리스도시니 곧 영광
의 소망이니라 28 우리가 그를
전파하여 각 사람을 권하고 모든
지혜로 각 사람을 가르침은 각
사람을 그리스도 안에서 완전한
자로 세우려 함이니 29 이를 위
하여 나도 내 속에서 능력으로
역사하시는 이의 역사를 따라 힘
을 다하여 수고하노라

2장

1 내가 너희와 라오디게아에 있
는 자들과 무릇 내 육신의 얼굴
을 보지 못한 자들을 위하여 얼
마나 힘쓰는지를 너희가 알기를
원하노니 2 이는 그들로 마음에
위안을 받고 사랑 안에서 연합하
여 확실한 이해의 모든 풍성함과
하나님의 비밀인 그리스도를 깨
닫게 하려 함이니 3 그 안에는
지혜와 지식의 모든 보화가 감추
어져 있느니라 4 내가 이것을 말
함은 아무도 교묘한 말로 너희를
속이지 못하게 하려 함이니 5 이
는 내가 육신으로는 떠나 있으나
심령으로는 너희와 함께 있어 너
희가 질서 있게 행함과 그리스도
를 믿는 너희 믿음이 굳건한 것
을 기쁘게 봄이라

그리스도 안에서 행하라

6 그러므로 너희가 그리스도 예
수를 주로 받았으니 그 안에서
행하되 7 그 안에 뿌리를 박으며
세움을 받아 교훈을 받은 대로
믿음에 굳게 서서 감사함을 넘치
게 하라 8 누가 철학과 헛된 속
임수로 너희를 사로잡을까 주의
하라 이것은 사람의 전통과 세상
의 초등학문을 따름이요 그리스
도를 따름이 아니니라 9 그 안에
는 신성의 모든 충만이 육체로
거하시고 10 너희도 그 안에서
충만하여졌으니 그는 모든 통치
자와 권세의 머리시라 11 또 그
안에서 너희가 손으로 하지 아니
한 할례를 받았으니 곧 육의 몸
을 벗는 것이요 그리스도의 할례
니라 12 너희가 세례로 그리스
도와 함께 장사되고 또 죽은 자
들 가운데서 그를 일으키신 하나
님의 역사를 믿음으로 말미암아
그 안에서 함께 일으키심을 받았
느니라 13 또 범죄와 육체의 무
할례로 죽었던 너희를 하나님이
그와 함께 살리시고 우리의 모든
죄를 사하시고 14 우리를 거스
르고 불리하게 하는 법조문으로
쓴 증서를 지우시고 제하여 버리
사 십자가에 못 박으시고 15 통
치자들과 권세들을 무력화하여
드러내어 구경거리로 삼으시고
십자가로 그들을 이기셨느니라
16 그러므로 먹고 마시는 것과
절기나 초하루나 안식일을 이유
로 누구든지 너희를 비판하지 못
하게 하라 17 이것들은 장래 일
의 그림자이나 몸은 그리스도의
것이니라 18 아무도 꾸며낸 겸손

골

과 천사 숭배를 이유로 너희를 정
죄하지 못하게 하라 그가 그 본
것에 의지하여 그 육신의 생각을
따라 헛되이 과장하고 19 머리를
붙들지 아니하는지라 온 몸이 머
리로 말미암아 마디와 힘줄로 공
급함을 받고 연합하여 하나님이
자라게 하시므로 자라느니라

그리스도와 함께 하는 새 사람

20 너희가 세상의 초등학문에서
그리스도와 함께 죽었거든 어찌
하여 세상에 사는 것과 같이 규
례에 순종하느냐 21 (곧 붙잡지
도 말고 맛보지도 말고 만지지도
말라 하는 것이니 22 이 모든 것
은 한때 쓰이고는 없어지리라)
사람의 명령과 가르침을 따르느
냐 23 이런 것들은 자의적 숭배
와 겸손과 몸을 괴롭게 하는 데
는 지혜 있는 모양이나 오직 육
체 따르는 것을 금하는 데는 조
금도 유익이 없느니라

3장

1 그러므로 너희가 그리스도와
함께 다시 살리심을 받았으면 위
의 것을 찾으라 거기는 그리스도
께서 하나님 우편에 앉아 계시느
니라 2 위의 것을 생각하고 땅의
것을 생각하지 말라 3 이는 너희
가 죽었고 너희 생명이 그리스도
와 함께 하나님 안에 감추어졌음
이라 4 우리 생명이신 그리스도
께서 나타나실 그 때에 너희도
그와 함께 영광 중에 나타나리라
5 그러므로 땅에 있는 지체를 죽
이라 곧 음란과 부정과 사욕과
악한 정욕과 탐심이니 탐심은 우
상 숭배니라 6 이것들로 말미암
아 하나님의 진노가 임하느니라•
7 너희도 전에 그 가운데 살 때에
는 그 가운데서 행하였으나 8 이
제는 너희가 이 모든 것을 벗어
버리라 곧 분함과 노여움과 악의
와 비방과 너희 입의 부끄러운
말이라 9 너희가 서로 거짓말을
하지 말라 옛 사람과 그 행위를
벗어 버리고 10 새 사람을 입었
으니 이는 자기를 창조하신 이의
형상을 따라 지식에까지 새롭게
하심을 입은 자니라 11 거기에
는 헬라인이나 유대인이나 할례
파나 무할례파나 야만인이나 스
구디아인•이나 종이나 자유인이
차별이 있을 수 없나니 오직 그
리스도는 만유시요 만유 안에
계시니라 12 그러므로 너희는
하나님이 택하사 거룩하고 사랑
받는 자처럼 긍휼과 자비와 겸손
과 온유와 오래 참음을 옷 입고
13 누가 누구에게 불만이 있거든
서로 용납하여 피차 용서하되 주
께서 너희를 용서하신 것 같이
너희도 그리하고 14 이 모든 것
위에 사랑을 더하라 이는 온전하
게 매는 띠니라 15 그리스도의
평강이 너희 마음을 주장하게 하
라 너희는 평강을 위하여 한 몸•
으로 부르심을 받았나니 너희는
또한 감사하는 자가 되라 16 그
리스도의 말씀이 너희 속에 풍성
히 거하여 모든 지혜로 피차 가
르치며 권면하고 시와 찬송과 신
령한 노래를 부르며 감사하는 마
음으로 하나님을 찬양하고 17
또 무엇을 하든지 말에나 일에
나 다 주 예수의 이름으로 하고
그를 힘입어 하나님 아버지께
감사하라

주께 하듯 하라

18 아내들아 남편에게 복종하라
이는 주 안에서 마땅하니라 19
남편들아 아내를 사랑하며 괴롭

3:6 **임하느니라** 일부 헬라어 사본들에는 이것이 "그분께 순종하지 않는 사람들에게 임하느니라"로 기록되어 있다.
3:11 **스구디아인** 그들은 매우 거칠고 잔인한 사람들로 알려져 있었다.
3:15 **몸** 그리스도의 영적인 몸. 즉, 그분의 백성인 교회

게 하지 말라 20 자녀들아 모든
일에 부모에게 순종하라 이는 주
안에서 기쁘게 하는 것이니라
21 아비들아 너희 자녀를 노엽게
하지 말지니 낙심할까 함이라
22 종들아 모든 일에 육신의 상
전들에게 순종하되 사람을 기쁘
게 하는 자와 같이 눈가림만 하
지 말고 오직 주를 두려워하여
성실한 마음으로 하라 23 무슨
일을 하든지 마음을 다하여 주께
하듯 하고 사람에게 하듯 하지
말라 24 이는 기업의 상을 주께
받을 줄 아나니 너희는 주 그리
스도를 섬기느니라 25 불의를
행하는 자는 불의의 보응을 받으
리니 주는 사람을 외모로 취하심
이 없느니라

4장

1 상전들아 의와 공평을 종들에
게 베풀지니 너희에게도 하늘에
상전이 계심을 알지어다

권면

2 기도를 계속하고 기도에 감사
함으로 깨어 있으라 3 또한 우리
를 위하여 기도하되 하나님이 전
도할 문을 우리에게 열어 주사
그리스도의 비밀을 말하게 하시
기를 구하라 내가 이 일 때문에
매임을 당하였노라 4 그리하면
내가 마땅히 할 말로써 이 비밀
을 나타내리라 5 외인에게 대해
서는 지혜로 행하여 세월을 아끼
라 6 너희 말을 항상 은혜 가운
데서 소금으로 맛을 냄과 같이
하라 그리하면 각 사람에게 마땅
히 대답할 것을 알리라

끝 인사

7 두기고가 내 사정을 다 너희에
게 알려 주리니 그는 사랑 받는
형제요 신실한 일꾼이요 주 안에
서 함께 종이 된 자니라 8 내가
그를 특별히 너희에게 보내는 것
은 너희로 우리 사정을 알게 하
고 너희 마음을 위로하게 하려
함이라 9 신실하고 사랑을 받는
형제 오네시모를 함께 보내노니
그는 너희에게서 온 사람이라 그
들이 여기 일을 다 너희에게 알
려 주리라 10 나와 함께 갇힌 아
리스다고와 바나바의 생질 마가
와 (이 마가에 대하여 너희가 명
을 받았으매 그가 이르거든 영접
하라) 11 유스도라 하는 예수도
너희에게 문안하느니라 그들은
할례파이나 이들만은 하나님의
나라를 위하여 함께 역사하는 자
들이니 이런 사람들이 나의 위로
가 되었느니라 12 그리스도 예
수의 종인 너희에게서 온 에바브
라가 너희에게 문안하느니라 그
가 항상 너희를 위하여 애써 기
도하여 너희로 하나님의 모든 뜻
가운데서 완전하고 확신 있게 서
기를 구하나니 13 그가 너희와
라오디게아에 있는 자들과 히에
라볼리에 있는 자들을 위하여 많
이 수고하는 것을 내가 증언하노
라 14 사랑을 받는 의사 누가와
또 데마가 너희에게 문안하느니
라 15 라오디게아에 있는 형제
들과 눔바와 그 여자의 집에 있
는 교회에 문안하고 16 이 편지
를 너희에게서 읽은 후에 라오디
게아인의 교회에서도 읽게 하고
또 라오디게아로부터 오는 편지
를 너희도 읽으라 17 아킵보에
게 이르기를 주 안에서 받은 직
분을 삼가 이루라고 하라 18 나
바울은 친필로 문안하노니 내가
매인 것을 생각하라 은혜가 너희
에게 있을지어다

데살로니가전서

1장

인사

1 바울과 실루아노와 디모데는 하나님 아버
지와 주 예수 그리스도 안에 있는 데살로니
가인의 교회에 편지하노니 은혜와 평강이
너희에게 있을지어다

데살로니가 교인들의 믿음의 본

2 우리가 너희 모두로 말미암아
항상 하나님께 감사하며 기도할
때에 너희를 기억함은 3 너희의
믿음의 역사와 사랑의 수고와 우
리 주 예수 그리스도에 대한 소
망의 인내를 우리 하나님 아버지
앞에서 끊임없이 기억함이니 4

하나님의 사랑하심을 받은 형제
들아 너희를 택하심을 아노라 5
이는 우리 복음이 너희에게 말로
만 이른 것이 아니라 또한 능력
과 성령과 큰 확신으로 된 것임
이라 우리가 너희 가운데서 너희
를 위하여 어떤 사람이 된 것은
너희가 아는 바와 같으니라 6 또
너희는 많은 환난 가운데서 성령
의 기쁨으로 말씀을 받아 우리와
주를 본받은 자가 되었으니 7 그
러므로 너희가 마게도냐와 아가
야에 있는 모든 믿는 자의 본이
되었느니라 8 주의 말씀이 너희

에게로부터 마게도냐와 아가야
에만 들릴 뿐 아니라 하나님을
향하는 너희 믿음의 소문이 각처
에 퍼졌으므로 우리는 아무 말도
할 것이 없노라 9 그들이 우리에
대하여 스스로 말하기를 우리가
어떻게 너희 가운데에 들어갔는
지와 너희가 어떻게 우상을 버리
고 하나님께로 돌아와서 살아 계
시고 참되신 하나님을 섬기는지
와 10 또 죽은 자들 가운데서 다
시 살리신 그의 아들이 하늘로부
터 강림하실 것을 너희가 어떻게
기다리는지를 말하니 이는 장래
의 노하심에서 우리를 건지시는
예수시니라

2장

데살로니가에서 벌인 바울의 사역

1 형제들아 우리가 너희 가운데
들어간 것이 헛되지 않은 줄을
너희가 친히 아나니 2 너희가 아
는 바와 같이 우리가 먼저 빌립
보에서 고난과 능욕을 당하였으

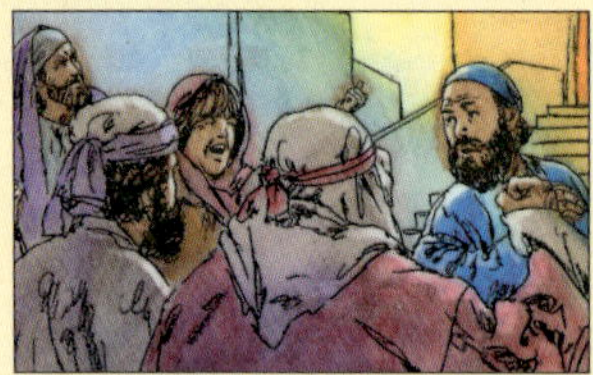

나 우리 하나님을 힘입어 많은 싸
움 중에 하나님의 복음을 너희에

게 전하였노라 3 우리의 권면은
간사함이나 부정에서 난 것이 아
니요 속임수로 하는 것도 아니라
4 오직 하나님께 옳게 여기심을
입어 복음을 위탁 받았으니 우리
가 이와 같이 말함은 사람을 기
쁘게 하려 함이 아니요 오직 우
리 마음을 감찰하시는 하나님을
기쁘시게 하려 함이라 5 너희도
알거니와 우리가 아무 때에도 아
첨하는 말이나 탐심의 탈을 쓰지
아니한 것을 하나님이 증언하시
느니라 6 또한 우리는 너희에게
서든지 다른 이에게서든지 사람
에게서는 영광을 구하지 아니하
였노라 7 우리는 그리스도의 사
도로서 마땅히 권위를 주장할 수
있으나 도리어 너희 가운데서 유
순한 자가 되어* 유모가 자기 자
녀를 기름과 같이 하였으니 8 우
리가 이같이 너희를 사모하여 하
나님의 복음뿐 아니라 우리의 목
숨까지도 너희에게 주기를 기뻐
함은 너희가 우리의 사랑하는 자
됨이라 9 형제들아 우리의 수고
와 애쓴 것을 너희가 기억하리니
너희 아무에게도 폐를 끼치지 아
니하려고 밤낮으로 일하면서 너
희에게 하나님의 복음을 전하였
노라 10 우리가 너희 믿는 자들
을 향하여 어떻게 거룩하고 옳고
흠 없이 행하였는지에 대하여 너
희가 증인이요 하나님도 그러하
시도다 11 너희도 아는 바와 같
이 우리가 너희 각 사람에게 아
버지가 자기 자녀에게 하듯 권면
하고 위로하고 경계하노니 12
이는 너희를 부르사 자기 나라와
영광에 이르게 하시는 하나님께
합당히 행하게 하려 함이라 13
이러므로 우리가 하나님께 끊임
없이 감사함은 너희가 우리에게
들은 바 하나님의 말씀을 받을

2:7 너희 가운데서 유순한 자가 되어 일부 헬라어 사본들에는 이것이 "너희 가운데서 마치 유아 같아져서"라고 기록되어 있다.

때에 사람의 말로 받지 아니하고
하나님의 말씀으로 받음이니 진
실로 그러하도다 이 말씀이 또한
너희 믿는 자 가운데에서 역사하
느니라 14 형제들아 너희가 그
리스도 예수 안에서 유대•에 있
는 하나님의 교회들을 본받은 자
되었으니 그들이 유대인들에게
고난을 받음과 같이 너희도 너희
동족에게서 동일한 고난을 받았
느니라 15 유대인은 주 예수와
선지자들을 죽이고 우리를 쫓아
내고 하나님을 기쁘시게 하지 아
니하고 모든 사람에게 대적이 되
어 16 우리가 이방인에게 말하
여 구원받게 함을 그들이 금하여
자기 죄를 항상 채우매 노하심이
끝까지 그들에게 임하였느니라

바울이 데살로니가에 다시 가기를 원하다

17 형제들아 우리가 잠시 너희를
떠난 것은 얼굴이요 마음은 아니
니 너희 얼굴 보기를 열정으로
더욱 힘썼노라 18 그러므로 나
바울은 한번 두번 너희에게 가고
자 하였으나 사탄이 우리를 막았
도다 19 우리의 소망이나 기쁨
이나 자랑의 면류관이 무엇이냐
그가 강림하실 때 우리 주 예수
앞에 너희가 아니냐 20 너희는
우리의 영광이요 기쁨이니라

3장

1 이러므로 우리가 참다 못하여
우리만 아덴에 머물기를 좋게 생
각하고 2 우리 형제 곧 그리스도
의 복음을 전하는 하나님의 일꾼
인 디모데를 보내노니 이는 너희
를 굳건하게 하고 너희 믿음에
대하여 위로함으로 3 아무도 이
여러 환난 중에 흔들리지 않게
하려 함이라 우리가 이것을 위하
여 세움 받은 줄을 너희가 친히
알리라 4 우리가 너희와 함께 있
을 때에 장차 받을 환난을 너희
에게 미리 말하였는데 과연 그렇
게 된 것을 너희가 아느니라 5
이러므로 나도 참다 못하여 너희
믿음을 알기 위하여 그를 보내었
노니 이는 혹 시험하는 자가 너
희를 시험하여 우리 수고를 헛되
게 할까 함이니 6 지금은 디모데
가 너희에게로부터 와서 너희 믿
음과 사랑의 기쁜 소식을 우리에
게 전하고 또 너희가 항상 우리
를 잘 생각하여 우리가 너희를
간절히 보고자 함과 같이 너희도
우리를 간절히 보고자 한다 하니
7 이러므로 형제들아 우리가 모
든 궁핍과 환난 가운데서 너희
믿음으로 말미암아 너희에게 위
로를 받았노라 8 그러므로 너희
가 주 안에 굳게 선즉 우리가 이
제는 살리라 9 우리가 우리 하나
님 앞에서 너희로 말미암아 모든
기쁨으로 기뻐하니 너희를 위하
여 능히 어떠한 감사로 하나님께
보답할까 10 주야로 심히 간구
함은 너희 얼굴을 보고 너희 믿
음이 부족한 것을 보충하게 하려
함이라 11 하나님 우리 아버지
와 우리 주 예수는 우리 길을 너
희에게로 갈 수 있게 하시오며
12 또 주께서 우리가 너희를 사
랑함과 같이 너희도 피차간과 모
든 사람에 대한 사랑이 더욱 많
아 넘치게 하사 13 너희 마음을
굳건하게 하시고 우리 주 예수께
서 그의 모든 성도와 함께 강림
하실 때에 하나님 우리 아버지
앞에서 거룩함에 흠이 없게 하시
기를 원하노라

2:14 **유대** 예수님께서 사시면서 가르치신 곳으로서 교회가 제일 처음 시작된 유대인들의 땅

살전

4장

하나님을 기쁘시게 하는 생활

1 그러므로 형제들아 우리가 끝
으로 주 예수 안에서 너희에게
구하고 권면하노니 너희가 마땅
히 어떻게 행하며 하나님을 기쁘
시게 할 수 있는지를 우리에게
배웠으니 곧 너희가 행하는 바라
더욱 많이 힘쓰라 2 우리가 주
예수로 말미암아 너희에게 무슨
명령으로 준 것을 너희가 아느니
라 3 하나님의 뜻은 이것이니 너
희의 거룩함이라 곧 음란을 버리
고 4 각각 거룩함과 존귀함으로
자기의 아내 대할 줄을 알고• 5
하나님을 모르는 이방인과 같이
색욕을 따르지 말고 6 이 일에
분수를 넘어서 형제를 해하지 말
라 이는 우리가 너희에게 미리
말하고 증언한 것과 같이 이 모
든 일에 주께서 신원하여 주심이
라 7 하나님이 우리를 부르심은
부정하게 하심이 아니요 거룩하
게 하심이니 8 그러므로 저버리
는 자는 사람을 저버림이 아니요
너희에게 그의 성령을 주신 하나
님을 저버림이니라 9 형제 사랑
에 관하여는 너희에게 쓸 것이
없음은 너희들 자신이 하나님의
가르치심을 받아 서로 사랑함이
라 10 너희가 온 마게도냐 모든
형제에 대하여 과연 이것을 행하
도다 형제들아 권하노니 더욱 그
렇게 행하고 11 또 너희에게 명
한 것 같이 조용히 자기 일을 하
고 너희 손으로 일하기를 힘쓰라
12 이는 외인에 대하여 단정히 행
하고 또한 아무 궁핍함이 없게 하
려 함이라

주의 강림과 죽은 자들의 부활

13 형제들아 자는 자들에 관하여
는 너희가 알지 못함을 우리가
원하지 아니하노니 이는 소망 없
는 다른 이와 같이 슬퍼하지 않
게 하려 함이라 14 우리가 예수
께서 죽으셨다가 다시 살아나심
을 믿을진대 이와 같이 예수 안
에서 자는 자들도 하나님이 그와
함께 데리고 오시리라 15 우리
가 주의 말씀으로 너희에게 이것
을 말하노니 주께서 강림하실 때
까지 우리 살아 남아 있는 자도
자는 자보다 결코 앞서지 못하리
라 16 주께서 호령과 천사장•의
소리와 하나님의 나팔 소리로 친
히 하늘로부터 강림하시리니 그
리스도 안에서 죽은 자들이 먼저
일어나고 17 그 후에 우리 살아
남은 자들도 그들과 함께 구름
속으로 끌어 올려 공중에서 주를
영접하게 하시리니 그리하여 우
리가 항상 주와 함께 있으리라
18 그러므로 이러한 말로 서로
위로하라

5장

1 형제들아 때와 시기에 관하여
는 너희에게 쓸 것이 없음은 2
주의 날이 밤에 도둑 같이 이를
줄을 너희 자신이 자세히 알기
때문이라 3 그들이 평안하다, 안
전하다 할 그 때에 임신한 여자
에게 해산의 고통이 이름과 같이

4:4 **자기의 아내 대할 줄을 알고** 이것은 "너희 자신의 몸을 통제할 줄을 알고"라는 의미도 될 수 있다.
4:16 **천사장** 하나님의 천사들 가운데 우두머리

멸망이 갑자기 그들에게 이르리
니 결코 피하지 못하리라 4 형제
들아 너희는 어둠에 있지 아니하
매 그 날이 도둑 같이 너희에게
임하지 못하리니 5 너희는 다 빛
의 아들이요 낮의 아들이라 우리
가 밤이나 어둠에 속하지 아니하
나니 6 그러므로 우리는 다른 이
들과 같이 자지 말고 오직 깨어
정신을 차릴지라 7 자는 자들은
밤에 자고 취하는 자들은 밤에
취하되 8 우리는 낮에 속하였으
니 정신을 차리고 믿음과 사랑의
호심경을 붙이고 구원의 소망의
투구를 쓰자 9 하나님이 우리를
세우심은 노하심에 이르게 하심
이 아니요 오직 우리 주 예수 그
리스도로 말미암아 구원을 받게
하심이라 10 예수께서 우리를
위하여 죽으사 우리로 하여금 깨
어 있든지 자든지 자기와 함께
살게 하려 하셨느니라 11 그러므
로 피차 권면하고 서로 덕을 세우
기를 너희가 하는 것 같이 하라

권면과 끝 인사

12 형제들아 우리가 너희에게 구
하노니 너희 가운데서 수고하고
주 안에서 너희를 다스리며 권하
는 자들을 너희가 알고 13 그들
의 역사로 말미암아 사랑 안에서
가장 귀히 여기며 너희끼리 화목
하라 14 또 형제들아 너희를 권
면하노니 게으른 자들을 권계하
며 마음이 약한 자들을 격려하고
힘이 없는 자들을 붙들어 주며
모든 사람에게 오래 참으라 15
삼가 누가 누구에게든지 악으로
악을 갚지 말게 하고 서로 대하
든지 모든 사람을 대하든지 항상
선을 따르라 16 항상 기뻐하라
17 쉬지 말고 기도하라 18 범사
에 감사하라 이것이 그리스도 예
수 안에서 너희를 향하신 하나님
의 뜻이니라 19 성령을 소멸하
지 말며 20 예언을 멸시하지 말
고 21 범사에 헤아려 좋은 것을
취하고 22 악은 어떤 모양이라
도 버리라 23 평강의 하나님이
친히 너희를 온전히 거룩하게 하
시고 또 너희의 온 영과 혼과 몸
이 우리 주 예수 그리스도께서
강림하실 때에 흠 없게 보전되기
를 원하노라 24 너희를 부르시
는 이는 미쁘시니 그가 또한 이
루시리라 25 형제들아 우리를
위하여 기도하라 26 거룩하게
입맞춤으로 모든 형제에게 문안
하라 27 내가 주를 힘입어 너희
를 명하노니 모든 형제에게 이
편지를 읽어 주라 28 우리 주 예
수 그리스도의 은혜가 너희에게
있을지어다

데살로니가후서

1장

인사

1 바울과 실루아노와 디모데는 하나님 우리 아버지
와 주 예수 그리스도 안에 있는 데살로니가인의 교
회에 편지하노니 2 하나님 아버지와 주 예수 그리
스도로부터 은혜와 평강이 너희에게 있을지어다

살후

하나님의 공의로운 심판의 표

3 형제들아 우리가 너희를 위하
여 항상 하나님께 감사할지니 이
것이 당연함은 너희의 믿음이 더
욱 자라고 너희가 다 각기 서로
사랑함이 풍성함이니 4 그러므
로 너희가 견디고 있는 모든 박
해와 환난 중에서 너희 인내와
믿음으로 말미암아 하나님의 여
러 교회에서 우리가 친히 자랑하
노라 5 이는 하나님의 공의로운
심판의 표요 너희로 하여금 하나
님의 나라에 합당한 자로 여김을
받게 하려 함이니 그 나라를 위
하여 너희가 또한 고난을 받느니
라 6 너희로 환난을 받게 하는
자들에게는 환난으로 갚으시고
7 환난을 받는 너희에게는 우리
와 함께 안식으로 갚으시는 것이
하나님의 공의시니 주 예수께서
자기의 능력의 천사들과 함께 하
늘로부터 불꽃 가운데에 나타나
실 때에 8 하나님을 모르는 자들
과 우리 주 예수의 복음에 복종
하지 않는 자들에게 형벌을 내리
시리니 9 이런 자들은 주의 얼굴
과 그의 힘의 영광을 떠나 영원
한 멸망의 형벌을 받으리로다
10 그 날에 그가 강림하사 그의
성도들에게서 영광을 받으시고
모든 믿는 자들에게서 놀랍게 여
김을 얻으시리니 이는 (우리의
증거가 너희에게 믿어졌음이라)
11 이러므로 우리도 항상 너희를
위하여 기도함은 우리 하나님이
너희를 그 부르심에 합당한 자로
여기시고 모든 선을 기뻐함과 믿
음의 역사를 능력으로 이루게 하
시고 12 우리 하나님과 주 예수
그리스도의 은혜대로 우리 주 예
수의 이름이 너희 가운데서 영광
을 받으시고 너희도 그 안에서
영광을 받게 하려 함이라

2장

멸망하는 자들

1 형제들아 우리가 너희에게 구
하는 것은 우리 주 예수 그리스
도의 강림하심과 우리가 그 앞에
모임에 관하여 2 영으로나 또는
말로나 또는 우리에게서 받았다
하는 편지로나 주의 날이 이르렀
다고 해서 쉽게 마음이 흔들리거
나 두려워하거나 하지 말아야 한
다는 것이라 3 누가 어떻게 하여
도 너희가 미혹되지 말라 먼저
배교하는 일이 있고 저 불법의
사람• 곧 멸망의 아들이 나타나
기 전에는 그 날이 이르지 아니
하리니 4 그는 대적하는 자라 신
이라고 불리는 모든 것과 숭배함
을 받는 것에 대항하여 그 위에
자기를 높이고 하나님의 성전에
앉아 자기를 하나님이라고 내세
우느니라 5 내가 너희와 함께 있
을 때에 이 일을 너희에게 말한
것을 기억하지 못하느냐 6 너희
는 지금 그로 하여금 그의 때에
나타나게 하려 하여 막는 것이
있는 것을 아나니 7 불법의 비밀
이 이미 활동하였으나 지금은 그
것을 막는 자가 있어 그 중에서
옮겨질 때까지 하리라 8 그 때에
불법한 자가 나타나리니 주 예수
께서 그 입의 기운으로 그를 죽
이시고 강림하여 나타나심으로
폐하시리라 9 악한 자의 나타남
은 사탄의 활동을 따라 모든 능
력과 표적과 거짓 기적과 10 불
의의 모든 속임으로 멸망하는 자
들에게 있으리니 이는 그들이 진
리의 사랑을 받지 아니하여 구원
함을 받지 못함이라 11 이러므
로 하나님이 미혹의 역사를 그들
에게 보내사 거짓 것을 믿게 하
심은 12 진리를 믿지 않고 불의

2:3 **불법의 사람** '악의 사람'이라고 번역될 수도 있다. 이것이 일부 헬라어 사본들에서는 "죄의 사람"으로 되어 있다.

를 좋아하는 모든 자들로 하여금
심판을 받게 하려 하심이라

가르침을 받은 전통을 지키라

13 주께서 사랑하시는 형제들아
우리가 항상 너희에 관하여 마땅
히 하나님께 감사할 것은 하나님
이 처음부터 너희를 택하사* 성
령의 거룩하게 하심과 진리를 믿
음으로 구원을 받게 하심이니 14
이를 위하여 우리의 복음으로 너
희를 부르사 우리 주 예수 그리
스도의 영광을 얻게 하려 하심이
니라 15 그러므로 형제들아 굳건
하게 서서 말로나 우리의 편지로
가르침을 받은 전통을 지키라 16
우리 주 예수 그리스도와 우리를
사랑하시고 영원한 위로와 좋은
소망을 은혜로 주신 하나님 우리
아버지께서 17 너희 마음을 위로
하시고 모든 선한 일과 말에 굳
건하게 하시기를 원하노라

3장

우리를 위하여 기도하라

1 끝으로 형제들아 너희는 우리
를 위하여 기도하기를 주의 말씀
이 너희 가운데서와 같이 퍼져
나가 영광스럽게 되고 2 또한 우
리를 부당하고 악한 사람들에게
서 건지시옵소서 하라 믿음은 모
든 사람의 것이 아니니라 3 주는
미쁘사 너희를 굳건하게 하시고
악한 자에게서 지키시리라 4 너
희에 대하여는 우리가 명한 것을
너희가 행하고 또 행할 줄을 우
리가 주 안에서 확신하노니 5 주
께서 너희 마음을 인도하여 하나
님의 사랑과 그리스도의 인내에
들어가게 하시기를 원하노라

게으름을 경계하다

6 형제들아 우리 주 예수 그리스
도의 이름으로 너희를 명하노니
게으르게 행하고 우리에게서 받
은 전통대로 행하지 아니하는 모
든 형제에게서 떠나라 7 어떻게
우리를 본받아야 할지를 너희가
스스로 아나니 우리가 너희 가운
데서 무질서하게 행하지 아니하
며 8 누구에게서든지 음식을 값
없이 먹지 않고 오직 수고하고
애써 주야로 일함은 너희 아무에
게도 폐를 끼치지 아니하려 함이
니 9 우리에게 권리가 없는 것이
아니요 오직 스스로 너희에게 본
을 보여 우리를 본받게 하려 함
이니라 10 우리가 너희와 함께
있을 때에도 너희에게 명하기를
누구든지 일하기 싫어하거든 먹
지도 말게 하라 하였더니 11 우
리가 들은즉 너희 가운데 게으르
게 행하여 도무지 일하지 아니하
고 일을 만들기만 하는 자들이
있다 하니 12 이런 자들에게 우
리가 명하고 주 예수 그리스도
안에서 권하기를 조용히 일하여
자기 양식을 먹으라 하노라 13
형제들아 너희는 선을 행하다가
낙심하지 말라 14 누가 이 편지
에 한 우리 말을 순종하지 아니
하거든 그 사람을 지목하여 사귀
지 말고 그로 하여금 부끄럽게
하라 15 그러나 원수와 같이 생
각하지 말고 형제 같이 권면하라

축복

16 평강의 주께서 친히 때마다
일마다 너희에게 평강을 주시고
주께서 너희 모든 사람과 함께
하시기를 원하노라 17 나 바울
은 친필로 문안하노니 이는 편지
마다 표시로서 이렇게 쓰노라
18 우리 주 예수 그리스도의 은
혜가 너희 무리에게 있을지어다

2:13 **하나님이 처음부터 너희를 택하사** 이것이 일부 헬라어 사본들에서는 "하나님이 너희를 추수의 첫 열매로 택하사"라고 기록되어 있다.

딤전

디모데전서

1장

인사

1 우리 구주 하나님과 우리의 소
망이신 그리스도 예수의 명령을
따라 그리스도 예수의 사도 된
바울은 2 믿음 안에서 참 아들
된 디모데에게 편지하노니 하나
님 아버지와 그리스도 예수 우리
주께로부터 은혜와 긍휼과 평강
이 네게 있을지어다

다른 교훈을 가르치지 말라

3 내가 마게도냐로 갈 때에 너를
권하여 에베소에 머물라 한 것은
어떤 사람들을 명하여 다른 교훈
을 가르치지 말며 4 신화와 끝없
는 족보에 몰두하지 말게 하려
함이라 이런 것은 믿음 안에 있
는 하나님의 경륜을 이룸보다 도
리어 변론을 내는 것이라 5 이
교훈의 목적은 청결한 마음과 선
한 양심과 거짓이 없는 믿음에서
나오는 사랑이거늘 6 사람들이
이에서 벗어나 헛된 말에 빠져 7
율법의 선생이 되려 하나 자기가
말하는 것이나 자기가 확증하는
것도 깨닫지 못하는도다 8 그러
나 율법은 사람이 그것을 적법하
게만 쓰면 선한 것임을 우리는
아노라 9 알 것은 이것이니 율법
은 옳은 사람을 위하여 세운 것
이 아니요 오직 불법한 자와 복
종하지 아니하는 자와 경건하지
아니한 자와 죄인과 거룩하지 아
니한 자와 망령된 자와 아버지를
죽이는 자와 어머니를 죽이는 자
와 살인하는 자며 10 음행하는
자와 남색하는 자와 인신 매매를

하는 자와 거짓말하는 자와 거짓
맹세하는 자와 기타 바른 교훈을
거스르는 자를 위함이니 11 이
교훈은 내게 맡기신 바 복되신
하나님의 영광의 복음을 따름이
니라

은혜를 감사하다

12 나를 능하게 하신 그리스도
예수 우리 주께 내가 감사함은
나를 충성되이 여겨 내게 직분을
맡기심이니 13 내가 전에는 비
방자요 박해자요 폭행자였으나

도리어 긍휼을 입은 것은 내가
믿지 아니할 때에 알지 못하고
행하였음이라 14 우리 주의 은

혜가 그리스도 예수 안에 있는
믿음과 사랑과 함께 넘치도록 풍
성하였도다 15 미쁘다 모든 사

람이 받을 만한 이 말이여 그리
스도 예수께서 죄인을 구원하시
려고 세상에 임하셨다 하였도다
죄인 중에 내가 괴수니라 16 그
러나 내가 긍휼을 입은 까닭은
예수 그리스도께서 내게 먼저 일
체 오래 참으심을 보이사 후에
주를 믿어 영생 얻는 자들에게
본이 되게 하려 하심이라 17 영
원하신 왕 곧 썩지 아니하고 보
이지 아니하고 홀로 하나이신 하
나님께 존귀와 영광이 영원무궁
하도록 있을지어다 아멘 18 아
들 디모데야 내가 네게 이 교훈
으로써 명하노니 전에 너를 지도
한 예언을 따라 그것으로 선한
싸움을 싸우며 19 믿음과 착한
양심을 가지라 어떤 이들은 이
양심을 버렸고 그 믿음에 관하여
는 파선하였느니라 20 그 가운
데 후메내오와 알렉산더가 있으
니 내가 사탄에게 내준 것은 그
들로 훈계를 받아 신성을 모독하
지 못하게 하려 함이라

2장

기도에 대한 가르침

1 그러므로 내가 첫째로 권하노
니 모든 사람을 위하여 간구와
기도와 도고와 감사를 하되 2 임
금들과 높은 지위에 있는 모든
사람을 위하여 하라 이는 우리가
모든 경건과 단정함으로 고요하
고 평안한 생활을 하려 함이라 3
이것이 우리 구주 하나님 앞에
선하고 받으실 만한 것이니 4 하
나님은 모든 사람이 구원을 받으
며 진리를 아는 데에 이르기를
원하시느니라 5 하나님은 한 분
이시요 또 하나님과 사람 사이에
중보자도 한 분이시니 곧 사람이
신 그리스도 예수라 6 그가 모든
사람을 위하여 자기를 대속물로
주셨으니 기약이 이르러 주신 증
거니라 7 이를 위하여 내가 전파
하는 자와 사도로 세움을 입은
것은 참말이요 거짓말이 아니니
믿음과 진리 안에서 내가 이방인
의 스승이 되었노라 8 그러므로
각처에서 남자들이 분노와 다툼
이 없이 거룩한 손을 들어 기도
하기를 원하노라 9 또 이와 같이
여자들도 단정하게 옷을 입으며
소박함과 정절로써 자기를 단장

하고 땋은 머리와 금이나 진주나
값진 옷으로 하지 말고 10 오직
선행으로 하기를 원하노라 이것
이 하나님을 경외한다 하는 자들
에게 마땅한 것이니라 11 여자
는 일체 순종함으로 조용히 배우
라 12 여자가 가르치는 것과 남
자를 주관하는 것을 허락하지 아
니하노니 오직 조용할지니라 13
이는 아담이 먼저 지음을 받고
하와가 그 후며 14 아담이 속은
것이 아니고 여자가 속아 죄에
빠졌음이라 15 그러나 여자들이
만일 정숙함으로써 믿음과 사랑
과 거룩함에 거하면 그의 해산함
으로 구원을 얻으리라

3장

감독과 집사의 자격

1 미쁘다 이 말이여, 곧 사람이
감독의 직분을 얻으려 함은 선한
일을 사모하는 것이라 함이로다
2 그러므로 감독은 책망할 것이
없으며 한 아내의 남편이 되며
절제하며 신중하며 단정하며 나
그네를 대접하며 가르치기를 잘
하며 3 술을 즐기지 아니하며 구
타하지 아니하며 오직 관용하며
다투지 아니하며 돈을 사랑하지
아니하며 4 자기 집을 잘 다스려
자녀들로 모든 공손함으로 복종
하게 하는 자라야 할지며 5 (사
람이 자기 집을 다스릴 줄 알지
못하면 어찌 하나님의 교회를 돌
보리요) 6 새로 입교한 자도 말
지니 교만하여져서 마귀를 정죄
하는 그 정죄에 빠질까 함이요 7
또한 외인에게서도 선한 증거를
얻은 자라야 할지니 비방과 마귀
의 올무에 빠질까 염려하라 8 이
와 같이 집사들도 정중하고 일구
이언을 하지 아니하고 술에 인박
히지 아니하고 더러운 이를 탐하
지 아니하고 9 깨끗한 양심에 믿
음의 비밀을 가진 자라야 할지니
10 이에 이 사람들을 먼저 시험하
여 보고 그 후에 책망할 것이 없
으면 집사의 직분을 맡게 할 것이
요 11 여자들•도 이와 같이 정숙
하고 모함하지 아니하며 절제하
며 모든 일에 충성된 자라야 할
지니라 12 집사들은 한 아내의
남편이 되어 자녀와 자기 집을
잘 다스리는 자일지니 13 집사
의 직분을 잘한 자들은 아름다운
지위와 그리스도 예수 안에 있는
믿음에 큰 담력을 얻느니라

경건의 비밀

14 내가 속히 네게 가기를 바라
나 이것을 네게 쓰는 것은 15 만
일 내가 지체하면 너로 하여금
하나님의 집에서 어떻게 행하여
야 할지를 알게 하려 함이니 이
집은 살아 계신 하나님의 교회요
진리의 기둥과 터니라 16 크도
다 경건의 비밀이여, 그렇지 않
다 하는 이 없도다 그는• 육신으
로 나타난 바 되시고 영으로 의
롭다 하심을 받으시고 천사들에
게 보이시고 만국에서 전파되시
고 세상에서 믿은 바 되시고 영
광 가운데서 올려지셨느니라

4장

거짓말하는 자들

1 그러나 성령이 밝히 말씀하시
기를 후일에 어떤 사람들이 믿음
에서 떠나 미혹하는 영과 귀신의
가르침을 따르리라 하셨으니 2
자기 양심이 화인을 맞아서 외식

3:11 **여자들** 이것은 집사들의 아내들을 의미할 수도 있고 아니면 집사들처럼 봉사하는 여자들을 의미할 수도 있다.
3:16 **그는** 이것이 일부 헬라어 사본들에는 '하나님께서'라고 되어 있다.

함으로 거짓말하는 자들이라 3
혼인을 금하고 어떤 음식물은 먹
지 말라고 할 터이나 음식물은
하나님이 지으신 바니 믿는 자들
과 진리를 아는 자들이 감사함으
로 받을 것이니라 4 하나님께서
지으신 모든 것이 선하매 감사함
으로 받으면 버릴 것이 없나니 5
하나님의 말씀과 기도로 거룩하
여짐이라

그리스도 예수의 좋은 일꾼

6 네가 이것으로 형제를 깨우치
면 그리스도 예수의 좋은 일꾼이
되어 믿음의 말씀과 네가 따르는
좋은 교훈으로 양육을 받으리라
7 망령되고 허탄한 신화를 버리
고 경건에 이르도록 네 자신을
연단하라 8 육체의 연단은 약간
의 유익이 있으나 경건은 범사에
유익하니 금생과 내생에 약속이
있느니라 9 미쁘다 이 말이여 모
든 사람들이 받을 만하도다 10
이를 위하여 우리가 수고하고 힘
쓰는• 것은 우리 소망을 살아 계
신 하나님께 둠이니 곧 모든 사
람 특히 믿는 자들의 구주시라
11 너는 이것들을 명하고 가르치
라 12 누구든지 네 연소함을 업
신여기지 못하게 하고 오직 말과
행실과 사랑과 믿음과 정절에 있
어서 믿는 자에게 본이 되어 13
내가 이를 때까지 읽는 것과 권
하는 것과 가르치는 것에 전념하
라 14 네 속에 있는 은사 곧 장로
의 회에서 안수• 받을 때에 예언
을 통하여 받은 것을 가볍게 여기
지 말며 15 이 모든 일에 전심 전
력하여 너의 성숙함을 모든 사람
에게 나타나게 하라 16 네가 네
자신과 가르침을 살펴 이 일을
계속하라 이것을 행함으로 네 자
신과 네게 듣는 자를 구원하리라

5장

성도를 대하는 태도

1 늙은이를 꾸짖지 말고 권하되
아버지에게 하듯 하며 젊은이에
게는 형제에게 하듯 하고 2 늙은
여자에게는 어머니에게 하듯 하
며 젊은 여자에게는 온전히 깨끗
함으로 자매에게 하듯 하라 3 참
과부인 과부를 존대하라 4 만일
어떤 과부에게 자녀나 손자들이
있거든 그들로 먼저 자기 집에서
효를 행하여 부모에게 보답하기
를 배우게 하라 이것이 하나님
앞에 받으실 만한 것이니라 5 참
과부로서 외로운 자는 하나님께
소망을 두어 주야로 항상 간구와
기도를 하거니와 6 향락을 좋아

하는 자는 살았으나 죽었느니라
7 네가 또한 이것을 명하여 그들
로 책망 받을 것이 없게 하라 8
누구든지 자기 친족 특히 자기
가족을 돌보지 아니하면 믿음을
배반한 자요 불신자보다 더 악한
자니라 9 과부로 명부에 올릴 자
는 나이가 육십이 덜 되지 아니
하고 한 남편의 아내였던 자로서
10 선한 행실의 증거가 있어 혹
은 자녀를 양육하며 혹은 나그네
를 대접하며 혹은 성도들의 발을
씻으며 혹은 환난 당한 자들을
구제하며 혹은 모든 선한 일을
행한 자라야 할 것이요 11 젊은
과부는 올리지 말지니 이는 정욕
으로 그리스도를 배반할 때에 시
집 가고자 함이니 12 처음 믿음
을 저버렸으므로 정죄를 받느니
라 13 또 그들은 게으름을 익혀
집집으로 돌아 다니고 게으를 뿐
아니라 쓸데없는 말을 하며 일을
만들며 마땅히 아니할 말을 하나
니 14 그러므로 젊은이는 시집
가서 아이를 낳고 집을 다스리고
대적에게 비방할 기회를 조금도
주지 말기를 원하노라 15 이미
사탄에게 돌아간 자들도 있도다
16 만일 믿는 여자에게 과부 친
척이 있거든 자기가 도와 주고
교회가 짐지지 않게 하라 이는
참 과부를 도와 주게 하려 함이
라 17 잘 다스리는 장로들은 배
나 존경할 자로 알되 말씀과 가
르침에 수고하는 이들에게는 더
욱 그리할 것이니라 18 성경에
일렀으되 곡식을 밟아 떠는 소의
입에 망을 씌우지 말라• 하였고
또 일꾼이 그 삯을 받는 것은 마
땅하다• 하였느니라 19 장로에
대한 고발은 두세 증인이 없으면
받지 말 것이요 20 범죄한 자들
을 모든 사람 앞에서 꾸짖어 나
머지 사람들로 두려워하게 하라
21 하나님과 그리스도 예수와 택
하심을 받은 천사들 앞에서 내가
엄히 명하노니 너는 편견이 없이

4:10 **힘쓰는** 이것이 일부 헬라어 사본들에서는 '고난 받는'으로 기록되어 있다.
4:14 **안수** 디모데에게 하나님의 특별한 일이 맡겨졌다는 것을 말해 주는 표시
5:18 **곡식을 … 씌우지 말라** 신 25:4 인용
5:18 **일꾼이 … 마땅하다** 눅 10:7 인용

이것들을 지켜 아무 일도 불공평
하게 하지 말며 22 아무에게나
경솔히 안수하지 말고 다른 사람
의 죄에 간섭하지 말며 네 자신
을 지켜 정결하게 하라 23 이제
부터는 물만 마시지 말고 네 위장
과 자주 나는 병을 위하여는 포도
주를 조금씩 쓰라 24 어떤 사람
들의 죄는 밝히 드러나 먼저 심판
에 나아가고 어떤 사람들의 죄는
그 뒤를 따르나니 25 이와 같이
선행도 밝히 드러나고 그렇지 아
니한 것도 숨길 수 없느니라

6장

1 무릇 멍에 아래에 있는 종들은
자기 상전들을 범사에 마땅히 공
경할 자로 알지니 이는 하나님의
이름과 교훈으로 비방을 받지 않
게 하려 함이라 2 믿는 상전이 있
는 자들은 그 상전을 형제라고 가
볍게 여기지 말고 더 잘 섬기게
하라 이는 유익을 받는 자들이 믿
는 자요 사랑을 받는 자임이라 너
는 이것들을 가르치고 권하라

말씀과 경건에 관한 교훈

3 누구든지 다른 교훈을 하며 바
른 말 곧 우리 주 예수 그리스도
의 말씀과 경건에 관한 교훈을
따르지 아니하면 4 그는 교만하
여 아무 것도 알지 못하고 변론
과 언쟁을 좋아하는 자니 이로써
투기와 분쟁과 비방과 악한 생각
이 나며 5 마음이 부패하여지고
진리를 잃어 버려 경건을 이익의
방도로 생각하는 자들의 다툼이
일어나느니라 6 그러나 자족하
는 마음이 있으면 경건은 큰 이
익이 되느니라 7 우리가 세상에
아무 것도 가지고 온 것이 없으
매 또한 아무 것도 가지고 가지
못하리니 8 우리가 먹을 것과 입
을 것이 있은즉 족한 줄로 알 것
이니라 9 부하려 하는 자들은 시
험과 올무와 여러 가지 어리석고
해로운 욕심에 떨어지나니 곧 사
람으로 파멸과 멸망에 빠지게 하
는 것이라 10 돈을 사랑함이 일
만 악의 뿌리가 되나니 이것을
탐내는 자들은 미혹을 받아 믿음
에서 떠나 많은 근심으로써 자기
를 찔렀도다

믿음의 선한 싸움

11 오직 너 하나님의 사람아 이
것들을 피하고 의와 경건과 믿음
과 사랑과 인내와 온유를 따르며

12 믿음의 선한 싸움을 싸우라
영생을 취하라 이를 위하여 네가
부르심을 받았고 많은 증인 앞에
서 선한 증언을 하였도다 13 만
물을 살게 하신 하나님 앞과 본
디오 빌라도를 향하여 선한 증언
을 하신 그리스도 예수 앞에서
내가 너를 명하노니 14 우리 주
예수 그리스도께서 나타나실 때
까지 흠도 없고 책망 받을 것도
없이 이 명령을 지키라 15 기약
이 이르면 하나님이 그의 나타나
심을 보이시리니 하나님은 복되
시고 유일하신 주권자이시며 만
왕의 왕이시며 만주의 주시요
16 오직 그에게만 죽지 아니함이
있고 가까이 가지 못할 빛에 거
하시고 어떤 사람도 보지 못하였
고 또 볼 수 없는 이시니 그에게
존귀와 영원한 권능을 돌릴지어
다 아멘 17 네가 이 세대에서 부
한 자들을 명하여 마음을 높이지
말고 정함이 없는 재물에 소망을
두지 말고 오직 우리에게 모든
것을 후히 주사 누리게 하시는
하나님께 두며 18 선을 행하고
선한 사업을 많이 하고 나누어
주기를 좋아하며 너그러운 자가
되게 하라 19 이것이 장래에 자
기를 위하여 좋은 터를 쌓아 참
된 생명을 취하는 것이니라 20
디모데야 망령되고 헛된 말과 거
짓된 지식의 반론을 피함으로 네
게 부탁한 것을 지키라 21 이것
을 따르는 사람들이 있어 믿음에
서 벗어났느니라 은혜가 너희와
함께 있을지어다

디모데후서

딤후

1장

인사

1 하나님의 뜻으로 말미암아 그
리스도 예수 안에 있는 생명의
약속대로 그리스도 예수의 사도
된 바울은 2 사랑하는 아들 디모
데에게 편지하노니 하나님 아버
지와 그리스도 예수 우리 주께로
부터 은혜와 긍휼과 평강이 네게
있을지어다

복음과 함께 고난을 받으라

3 내가 밤낮 간구하는 가운데 쉬
지 않고 너를 생각하여 청결한
양심으로 조상적부터 섬겨 오는
하나님께 감사하고 4 네 눈물을
생각하여 너 보기를 원함은 내
기쁨이 가득하게 하려 함이니 5
이는 네 속에 거짓이 없는 믿음
이 있음을 생각함이라 이 믿음은
먼저 네 외조모 로이스와 네 어
머니 유니게 속에 있더니 네 속
에도 있는 줄을 확신하노라 6 그
러므로 내가 나의 안수함으로•
네 속에 있는 하나님의 은사를
다시 불일듯 하게 하기 위하여
너로 생각하게 하노니 7 하나님
이 우리에게 주신 것은 두려워하
는 마음이 아니요 오직 능력과
사랑과 절제하는 마음이니 8 그
러므로 너는 내가 우리 주를 증
언함과 또는 주를 위하여 갇힌
자 된 나를 부끄러워하지 말고
오직 하나님의 능력을 따라 복음
과 함께 고난을 받으라 9 하나님
이 우리를 구원하사 거룩하신 소
명으로 부르심은 우리의 행위대
로 하심이 아니요 오직 자기의
뜻과 영원 전부터 그리스도 예수
안에서 우리에게 주신 은혜대로
하심이라 10 이제는 우리 구주
그리스도 예수의 나타나심으로
말미암아 나타났으니 그는 사망
을 폐하시고 복음으로써 생명과
썩지 아니할 것을 드러내신지라

1:6 나의 안수함으로 이것은 바울이 디모데에게 특별한 복을 줄 수 있는 능력을 하나님께 받았다는 표시이다.

11 내가 이 복음을 위하여 선포
자와 사도와 교사로 세우심을 입
었노라 12 이로 말미암아 내가
또 이 고난을 받되 부끄러워하지
아니함은 내가 믿는 자를 내가
알고 또한 내가 의탁한 것을 그
날•까지 그가 능히 지키실 줄을
확신함이라 13 너는 그리스도
예수 안에 있는 믿음과 사랑으로
써 내게 들은 바 바른 말을 본받
아 지키고 14 우리 안에 거하시
는 성령으로 말미암아 네게 부탁
한 아름다운 것을 지키라 15 아
시아에 있는 모든 사람이 나를
버린 이 일을 네가 아나니 그 중
에는 부겔로와 허모게네도 있느
니라 16 원하건대 주께서 오네
시보로의 집에 긍휼을 베푸시옵
소서 그가 나를 자주 격려해 주
고 내가 사슬에 매인 것을 부끄
러워하지 아니하고 17 로마에
있을 때에 나를 부지런히 찾아와
만났음이라 18 (원하건대 주께
서 그로 하여금 그 날에 주의 긍
휼을 입게 하여 주옵소서) 또 그
가 에베소에서 많이 봉사한 것을
네가 잘 아느니라

2장

예수 그리스도의 좋은 병사

1 내 아들아 그러므로 너는 그리
스도 예수 안에 있는 은혜 가운
데서 강하고 2 또 네가 많은 증
인 앞에서 내게 들은 바를 충성
된 사람들에게 부탁하라 그들이
또 다른 사람들을 가르칠 수 있
으리라 3 너는 그리스도 예수의
좋은 병사로 나와 함께 고난을
받으라 4 병사로 복무하는 자는
자기 생활에 얽매이는 자가 하나
도 없나니 이는 병사로 모집한
자를 기쁘게 하려 함이라 5 경기
하는 자가 법대로 경기하지 아니
하면 승리자의 관을 얻지 못할
것이며 6 수고하는 농부가 곡식
을 먼저 받는 것이 마땅하니라 7
내가 말하는 것을 생각해 보라
주께서 범사에 네게 총명을 주시
리라 8 내가 전한 복음대로 다윗
의 씨로 죽은 자 가운데서 다시
살아나신 예수 그리스도를 기억
하라 9 복음으로 말미암아 내가
죄인과 같이 매이는 데까지 고난
을 받았으나 하나님의 말씀은 매
이지 아니하니라 10 그러므로
내가 택함 받은 자들을 위하여
모든 것을 참음은 그들도 그리스
도 예수 안에 있는 구원을 영원
한 영광과 함께 받게 하려 함이
라 11 미쁘다 이 말이여 우리가
주와 함께 죽었으면 또한 함께
살 것이요 12 참으면 또한 함께
왕 노릇 할 것이요 우리가 주를
부인하면 주도 우리를 부인하실
것이라 13 우리는 미쁨이 없을
지라도 주는 항상 미쁘시니 자기
를 부인하실 수 없으시리라

인정 받는 일꾼

14 너는 그들로 이 일을 기억하
게 하여 말다툼을 하지 말라고
하나님 앞에서 엄히 명하라 이는
유익이 하나도 없고 도리어 듣는
자들을 망하게 함이라 15 너는
진리의 말씀을 옳게 분별하며 부
끄러울 것이 없는 일꾼으로 인정
된 자로 자신을 하나님 앞에 드
리기를 힘쓰라 16 망령되고 헛
된 말을 버리라 그들은 경건하지
아니함에 점점 나아가나니 17
그들의 말은 악성 종양이 퍼져나
감과 같은데 그 중에 후메내오와
빌레도가 있느니라 18 진리에
관하여는 그들이 그릇되었도다
부활이 이미 지나갔다 함으로 어
떤 사람들의 믿음을 무너뜨리느
니라 19 그러나 하나님의 견고
한 터는 섰으니 인침이 있어 일
렀으되 주께서 자기 백성을 아신
다 하며 또 주의 이름을 부르는
자마다 불의에서 떠날지어다 하
였느니라 20 큰 집에는 금 그릇

1:12 **그 날** 그 날에 예수님께서 오시어 모든 사람들을 심판하시고 그분의 사람들을 데려 가시어 그분과 함께 살게 하실 것이다.

과 은 그릇뿐 아니라 나무 그릇
과 질그릇도 있어 귀하게 쓰는
것도 있고 천하게 쓰는 것도 있
나니 21 그러므로 누구든지 이

런 것에서 자기를 깨끗하게 하면
귀히 쓰는 그릇이 되어 거룩하고
주인의 쓰심에 합당하며 모든 선
한 일에 준비함이 되리라 22 또
한 너는 청년의 정욕을 피하고
주를 깨끗한 마음으로 부르는 자
들과 함께 의와 믿음과 사랑과
화평을 따르라 23 어리석고 무
식한 변론을 버리라 이에서 다툼
이 나는 줄 앎이라 24 주의 종은
마땅히 다투지 아니하고 모든 사
람에 대하여 온유하며 가르치기
를 잘하며 참으며 25 거역하는
자를 온유함으로 훈계할지니 혹
하나님이 그들에게 회개함을 주
사 진리를 알게 하실까 하며 26
그들로 깨어 마귀의 올무에서 벗
어나 하나님께 사로잡힌 바 되어
그 뜻을 따르게 하실까 함이라

3장

마지막 가르침

1 너는 이것을 알라 말세에 고통
하는 때가 이르러 2 사람들이 자
기를 사랑하며 돈을 사랑하며 자
랑하며 교만하며 비방하며 부모
를 거역하며 감사하지 아니하며
거룩하지 아니하며 3 무정하며
원통함을 풀지 아니하며 모함하
며 절제하지 못하며 사나우며 선
한 것을 좋아하지 아니하며 4 배
신하며 조급하며 자만하며 쾌락
을 사랑하기를 하나님 사랑하는
것보다 더하며 5 경건의 모양은
있으나 경건의 능력은 부인하니
이같은 자들에게서 네가 돌아서
라 6 그들 중에 남의 집에 가만
히 들어가 어리석은 여자를 유인
하는 자들이 있으니 그 여자는
죄를 중히 지고 여러 가지 욕심
에 끌린 바 되어 7 항상 배우나
끝내 진리의 지식에 이를 수 없
느니라 8 얀네와 얌브레가 모세
를 대적한 것 같이 그들도 진리
를 대적하니 이 사람들은 그 마
음이 부패한 자요 믿음에 관하여
는 버림 받은 자들이라 9 그러나
그들이 더 나아가지 못할 것은
저 두 사람이 된 것과 같이 그들
의 어리석음이 드러날 것임이라
10 나의 교훈과 행실과 의향과
믿음과 오래 참음과 사랑과 인내
와 11 박해를 받음과 고난과 또
한 안디옥과 이고니온과 루스드
라에서 당한 일과 어떠한 박해를
받은 것을 네가 과연 보고 알았
거니와 주께서 이 모든 것 가운
데서 나를 건지셨느니라 12 무
릇 그리스도 예수 안에서 경건하
게 살고자 하는 자는 박해를 받
으리라 13 악한 사람들과 속이
는 자들은 더욱 악하여져서 속이
기도 하고 속기도 하나니 14 그
러나 너는 배우고 확신한 일에
거하라 너는 네가 누구에게서 배
운 것을 알며 15 또 어려서부터
성경을 알았나니 성경은 능히 너
로 하여금 그리스도 예수 안에
있는 믿음으로 말미암아 구원에
이르는 지혜가 있게 하느니라
16 모든 성경은 하나님의 감동으
로 된 것으로 교훈과 책망과 바
르게 함과 의로 교육하기에 유익
하니 17 이는 하나님의 사람으로

온전하게 하며 모든 선한 일을
행할 능력을 갖추게 하려 함이라

4장

1 하나님 앞과 살아 있는 자와 죽
은 자를 심판하실 그리스도 예수
앞에서 그가 나타나실 것과 그의
나라를 두고 엄히 명하노니 2 너
는 말씀을 전파하라 때를 얻든지
못 얻든지 항상 힘쓰라 범사에 오
래 참음과 가르침으로 경책하며
경계하며 권하라 3 때가 이르리
니 사람이 바른 교훈을 받지 아
니하며 귀가 가려워서 자기의 사
욕을 따를 스승을 많이 두고 4 또
그 귀를 진리에서 돌이켜 허탄한
이야기를 따르리라 5 그러나 너
는 모든 일에 신중하여 고난을 받
으며 전도자의 일을 하며 네 직무
를 다하라 6 전제와 같이 내가 벌
써 부어지고 나의 떠날 시각이
가까웠도다 7 나는 선한 싸움을
싸우고 나의 달려갈 길을 마치고

믿음을 지켰으니 8 이제 후로는
나를 위하여 의의 면류관이 예비
되었으므로 주 곧 의로우신 재판
장이 그 날•에 내게 주실 것이며
내게만 아니라 주의 나타나심을
사모하는 모든 자에게도니라

사사로운 부탁

9 너는 어서 속히 내게로 오라 10
데마는 이 세상을 사랑하여 나를
버리고 데살로니가로 갔고 그레
스게는 갈라디아로, 디도는 달마
디아로 갔고 11 누가만 나와 함
께 있느니라 네가 올 때에 마가
를 데리고 오라 그가 나의 일에
유익하니라 12 두기고는 에베소
로 보내었노라 13 네가 올 때에
내가 드로아 가보의 집에 둔 겉
옷을 가지고 오고 또 책은 특별
히 가죽 종이•에 쓴 것을 가져오
라 14 구리 세공업자 알렉산더
가 내게 해를 많이 입혔으매 주
께서 그 행한 대로 그에게 갚으
시리니 15 너도 그를 주의하라
그가 우리 말을 심히 대적하였느
니라 16 내가 처음 변명할 때에
나와 함께 한 자가 하나도 없고
다 나를 버렸으나 그들에게 허물
을 돌리지 않기를 원하노라 17
주께서 내 곁에 서서 나에게 힘
을 주심은 나로 말미암아 선포된
말씀이 온전히 전파되어 모든 이
방인이 듣게 하려 하심이니 내가
사자의 입에서 건짐을 받았느니
라 18 주께서 나를 모든 악한 일
에서 건져내시고 또 그의 천국에
들어가도록 구원하시리니 그에
게 영광이 세세무궁토록 있을지
어다 아멘

끝 인사

19 브리스가와 아굴라와 및 오네
시보로의 집에 문안하라 20 에
라스도는 고린도에 머물러 있고
드로비모는 병들어서 밀레도에
두었노니 21 너는 겨울 전에 어
서 오라 으불로와 부데와 리노와
글라우디아와 모든 형제가 다 네
게 문안하느니라 22 나는 주께
서 네 심령에 함께 계시기를 바
라노니 은혜가 너희와 함께 있을
지어다

4:8 **그 날** 그 날에 예수님께서 오시어 모든 사람들을 심판하시고 그분의 사람들을 데려 가시어 그분과 함께 살게 하실 것이다.
4:13 **가죽 종이** 양의 가죽으로 만들어서 글 쓰는 데 사용했던 종이 같은 것

디도서

1장

인사

1 하나님의 종이요 예수 그리스
도의 사도인 나 바울이 사도 된
것은 하나님이 택하신 자들의 믿
음과 경건함에 속한 진리의 지식
과 2 영생의 소망을 위함이라 이
영생은 거짓이 없으신 하나님이
영원 전부터 약속하신 것인데 3
자기 때에 자기의 말씀을 전도로
나타내셨으니 이 전도는 우리 구
주 하나님이 명하신 대로 내게
맡기신 것이라 4 같은 믿음을 따
라 나의 참 아들 된 디도에게 편
지하노니 하나님 아버지와 그리
스도 예수 우리 구주로부터 은혜
와 평강이 네게 있을지어다

그레데에서 해야 할 디도의 사역

5 내가 너를 그레데에 남겨 둔 이
유는 남은 일을 정리하고 내가
명한 대로 각 성에 장로들을 세
우게 하려 함이니 6 책망할 것이
없고 한 아내의 남편이며 방탕
하다는 비난을 받거나 불순종하
는 일이 없는 믿는 자녀를 둔 자

라야 할지라 7 감독은 하나님의
청지기로서 책망할 것이 없고 제
고집대로 하지 아니하며 급히 분
내지 아니하며 술을 즐기지 아니
하며 구타하지 아니하며 더러운
이득을 탐하지 아니하며 8 오직
나그네를 대접하며 선행을 좋아
하며 신중하며 의로우며 거룩하
며 절제하며 9 미쁜 말씀의 가르

침을 그대로 지켜야 하리니 이는
능히 바른 교훈으로 권면하고 거
슬러 말하는 자들을 책망하게 하
려 함이라 10 불순종하고 헛된
말을 하며 속이는 자가 많은 중
할례파 가운데 특히 그러하니
11 그들의 입을 막을 것이라 이
런 자들이 더러운 이득을 취하려
고 마땅하지 아니한 것을 가르쳐
가정들을 온통 무너뜨리는도다
12 그레데인 중의 어떤 선지자가
말하되 그레데인들은 항상 거짓
말쟁이며 악한 짐승이며 배만 위
하는 게으름뱅이라 하니 13 이
증언이 참되도다 그러므로 네가
그들을 엄히 꾸짖으라 이는 그들
로 하여금 믿음을 온전하게 하고
14 유대인의 허탄한 이야기와 진
리를 배반하는 사람들의 명령을
따르지 않게 하려 함이라 15 깨
끗한 자들에게는 모든 것이 깨끗
하나 더럽고 믿지 아니하는 자들
에게는 아무 것도 깨끗한 것이
없고 오직 그들의 마음과 양심이
더러운지라 16 그들이 하나님을
시인하나 행위로는 부인하니 가
증한 자요 복종하지 아니하는
자요 모든 선한 일을 버리는 자
니라

2장

교훈에 합당한 말

1 오직 너는 바른 교훈에 합당한
것을 말하여 2 늙은 남자로는 절
제하며 경건하며 신중하며 믿음
과 사랑과 인내함에 온전하게 하
고 3 늙은 여자로는 이와 같이
행실이 거룩하며 모함하지 말며
많은 술의 종이 되지 아니하며
선한 것을 가르치는 자들이 되고
4 그들로 젊은 여자들을 교훈하
되 그 남편과 자녀를 사랑하며 5
신중하며 순전하며 집안 일을 하
며 선하며 자기 남편에게 복종하
게 하라 이는 하나님의 말씀이
비방을 받지 않게 하려 함이라 6
너는 이와 같이 젊은 남자들을
신중하도록 권면하되 7 범사에
네 자신이 선한 일의 본을 보이
며 교훈에 부패하지 아니함과 단
정함과 8 책망할 것이 없는 바른
말을 하게 하라 이는 대적하는
자로 하여금 부끄러워 우리를 악
하다 할 것이 없게 하려 함이라
9 종들은 자기 상전들에게 범사
에 순종하여 기쁘게 하고 거슬러
말하지 말며 10 훔치지 말고 오
히려 모든 참된 신실성을 나타내
게 하라 이는 범사에 우리 구주
하나님의 교훈을 빛나게 하려 함
이라 11 모든 사람에게 구원을
주시는 하나님의 은혜가 나타나
12 우리를 양육하시되 경건하지
않은 것과 이 세상 정욕을 다 버
리고 신중함과 의로움과 경건함
으로 이 세상에 살고 13 복스러
운 소망과 우리의 크신 하나님
구주 예수 그리스도의 영광이 나
타나심을 기다리게 하셨으니 14
그가 우리를 대신하여 자신을 주
심은 모든 불법에서 우리를 속량
하시고 우리를 깨끗하게 하사 선
한 일을 열심히 하는 자기 백성
이 되게 하려 하심이라

선한 일을 가르치라

15 너는 이것을 말하고 권면하며
모든 권위로 책망하여 누구에게
서든지 업신여김을 받지 말라

3장

1 너는 그들로 하여금 통치자들
과 권세 잡은 자들에게 복종하며
순종하며 모든 선한 일 행하기를
준비하게 하며 2 아무도 비방하
지 말며 다투지 말며 관용하며
범사에 온유함을 모든 사람에게
나타낼 것을 기억하게 하라 3 우
리도 전에는 어리석은 자요 순종
하지 아니한 자요 속은 자요 여
러 가지 정욕과 행락에 종 노릇
한 자요 악독과 투기를 일삼은
자요 가증스러운 자요 피차 미워
한 자였으나 4 우리 구주 하나님
의 자비와 사람 사랑하심이 나타
날 때에 5 우리를 구원하시되 우
리가 행한 바 의로운 행위로 말
미암지 아니하고 오직 그의 긍휼
하심을 따라 중생의 씻음과 성령
의 새롭게 하심으로 하셨나니 6
우리 구주 예수 그리스도로 말미
암아 우리에게 그 성령을 풍성히
부어 주사 7 우리로 그의 은혜를
힘입어 의롭다 하심을 얻어 영생
의 소망을 따라 상속자가 되게
하려 하심이라 8 이 말이 미쁘도
다 원하건대 너는 이 여러 것에
대하여 굳세게 말하라 이는 하나
님을 믿는 자들로 하여금 조심하
여 선한 일을 힘쓰게 하려 함이
라 이것은 아름다우며 사람들에
게 유익하니라 9 그러나 어리석
은 변론과 족보 이야기와 분쟁과
율법에 대한 다툼은 피하라 이것
은 무익한 것이요 헛된 것이니라
10 이단에 속한 사람을 한두 번
훈계한 후에 멀리하라 11 이러
한 사람은 네가 아는 바와 같이
부패하여 스스로 정죄한 자로서
죄를 짓느니라

부탁과 끝 인사

12 내가 아데마나 두기고를 네게
보내리니 그 때에 네가 급히 니고
볼리로 내게 오라 내가 거기서 겨
울을 지내기로 작정하였노라 13
율법교사 세나와 및 아볼로를 급
히 먼저 보내어 그들로 부족함이
없게 하고 14 또 우리 사람들도
열매 없는 자가 되지 않게 하기 위
하여 필요한 것을 준비하는 좋은
일에 힘 쓰기를 배우게 하라 15
나와 함께 있는 자가 다 네게 문안
하니 믿음 안에서 우리를 사랑하
는 자들에게 너도 문안하라 은혜
가 너희 무리에게 있을지어다

빌레몬서

인사

1 그리스도 예수를 위하여 갇힌 자 된 바울과 및 형제 디모데는
우리의 사랑을 받는 자요 동역자인 빌레몬과 2 자매 압비아와

우리와 함께 병사 된 아킵보와
네 집에 있는 교회에 편지하노니
3 하나님 우리 아버지와 주 예수
그리스도로부터 은혜와 평강이
너희에게 있을지어다

빌레몬의 믿음과 사랑

4 내가 항상 내 하나님께 감사하
고 기도할 때에 너를 말함은 5
주 예수와 및 모든 성도에 대한
네 사랑과 믿음이 있음을 들음이
니 6 이로써 네 믿음의 교제가
우리 가운데 있는 선을 알게 하
고 그리스도께 이르도록 역사하
느니라 7 형제여 성도들의 마음
이 너로 말미암아 평안함을 얻었
으니 내가 너의 사랑으로 많은
기쁨과 위로를 받았노라

오네시모를 위하여 간구하다

8 이러므로 내가 그리스도 안에
서 아주 담대하게 네게 마땅한
일로 명할 수도 있으나 9 도리어
사랑으로써 간구하노라 나이가
많은 나 바울은 지금 또 예수 그
리스도를 위하여 갇힌 자 되어
10 갇힌 중에서 낳은 아들 오네
시모를 위하여 네게 간구하노라
11 그가 전에는 네게 무익하였으
나 이제는 나와 네게 유익하므로
12 네게 그를 돌려 보내노니 그
는 내 심복이라 13 그를 내게 머
물러 있게 하여 내 복음을 위하
여 갇힌 중에서 네 대신 나를 섬
기게 하고자 하나 14 다만 네 승
낙이 없이는 내가 아무 것도 하
기를 원하지 아니하노니 이는 너
의 선한 일이 억지 같이 되지 아
니하고 자의로 되게 하려 함이라
15 아마 그가 잠시 떠나게 된 것
은 너로 하여금 그를 영원히 두
게 함이리니 16 이 후로는 종과
같이 대하지 아니하고 종 이상으
로 곧 사랑 받는 형제로 둘 자라
내게 특별히 그러하거든 하물며
육신과 주 안에서 상관된 네게랴
17 그러므로 네가 나를 동역자로
알진대 그를 영접하기를 내게 하
듯 하고 18 그가 만일 네게 불의
를 하였거나 네게 빚진 것이 있
으면 그것을 내 앞으로 계산하라
19 나 바울이 친필로 쓰노니 내
가 갚으려니와 네가 이 외에 네
자신이 내게 빚진 것은 내가 말
하지 아니하노라 20 오 형제여
나로 주 안에서 너로 말미암아
기쁨을 얻게 하고 내 마음이 그
리스도 안에서 평안하게 하라
21 나는 네가 순종할 것을 확신
하므로 네게 썼노니 네가 내가
말한 것보다 더 행할 줄을 아노
라 22 오직 너는 나를 위하여 숙
소를 마련하라 너희 기도로 내가
너희에게 나아갈 수 있기를 바라
노라

끝 인사

23 그리스도 예수 안에서 나와
함께 갇힌 자 에바브라와 24 또
한 나의 동역자 마가, 아리스다
고, 데마, 누가가 문안하느니라
25 우리 주 예수 그리스도의 은
혜가 너희 심령과 함께 있을지
어다

히브리서

1장

하나님이 아들을 통하여 말씀하시다

1 옛적에 선지자들을 통하여 여
러 부분과 여러 모양으로 우리
조상들에게 말씀하신 하나님이
2 이 모든 날 마지막에는 아들을

히

통하여 우리에게 말씀하셨으니
이 아들을 만유의 상속자로 세우
시고 또 그로 말미암아 모든 세
계를 지으셨느니라 3 이는 하나
님의 영광의 광채시요 그 본체의
형상이시라 그의 능력의 말씀으
로 만물을 붙드시며 죄를 정결하
게 하는 일을 하시고 높은 곳에
계신 지극히 크신 이의 우편에
앉으셨느니라 4 그가 천사보다
훨씬 뛰어남은 그들보다 더욱 아
름다운 이름을 기업으로 얻으심
이니 5 하나님께서 어느 때에 천
사 중 누구에게

> 너는 내 아들이라 오늘 내가 너를 낳았다 하셨으며
> 시 2:7

또 다시

> 나는 그에게 아버지가 되고 그는 내게 아들이 되리라 하셨느냐
> 삼하 7:14

6 또 그가 맏아들을 이끌어 세상
에 다시 들어오게 하실 때에

> 하나님의 모든 천사들은 그에게 경배할지어다 말씀하시며
> 시 97:7

7 또 천사들에 관하여는

> 그는 그의 천사들을 바람으로, 그의 사역자들을 불꽃으로 삼으시느니라 하셨으되
> 시 104:4

8 아들에 관하여는

> 하나님이여 주의 보좌는 영영하며 주의 나라의 규는 공평한 규이니이다
> 9 주께서 의를 사랑하시고 불법을 미워하셨으니 그러므로 하나님 곧 주의 하나님이 즐거움의 기름을 주께 부어 주를 동류들보다 뛰어나게 하셨도다 하였고
> 시 45:6,7

10 또

> 주여 태초에 주께서 땅의 기초를 두셨으며 하늘도 주의 손으로 지으신 바라
> 11 그것들은 멸망할 것이나 오직 주는 영존할 것이요 그것들은 다 옷과 같이 낡아지리니
> 12 의복처럼 갈아입을 것이요 그것들은 옷과 같이 변할 것이나 주는 여전하여 연대가 다함이 없으리라 하였으나
> 시 102:25-27

13 어느 때에 천사 중 누구에게

> 내가 네 원수로 네 발등상이 되게 하기까지• 너는 내 우편에 앉아 있으라 하셨느냐
> 시 110:1

14 모든 천사들은 섬기는 영으로
서 구원 받을 상속자들을 위하여
섬기라고 보내심이 아니냐

2장

큰 구원

1 그러므로 우리는 들은 것에 더
욱 유념함으로 우리가 흘러 떠내
려가지 않도록 함이 마땅하니라
2 천사들을 통하여 하신 말씀이
견고하게 되어 모든 범죄함과 순
종하지 아니함이 공정한 보응을
받았거든 3 우리가 이같이 큰 구
원을 등한히 여기면 어찌 그 보
응을 피하리요 이 구원은 처음에
주로 말씀하신 바요 들은 자들이
우리에게 확증한 바니 4 하나님
도 표적들과 기사들과 여러 가지
능력과 및 자기의 뜻을 따라 성
령이 나누어 주신 것으로써 그들
과 함께 증언하셨느니라

구원의 창시자

5 하나님이 우리가 말하는 바 장
차 올 세상을 천사들에게 복종하
게 하심이 아니니라 6 그러나 누
구인가가 어디에서 증언하여 이
르되

> 사람이 무엇이기에 주께서 그를 생각하시며 인자•가 무엇이기에 주께서 그를 돌보시나이까
> 7 그를 잠시 동안 천사보다 못하게 하시며 영광과 존귀로 관을 씌우시며
> 8 만물을 그 발 아래에 복종하게 하셨느니라 하였으니
> 시 8:4-6

만물로 그에게 복종하게 하셨은
즉 복종하지 않은 것이 하나도

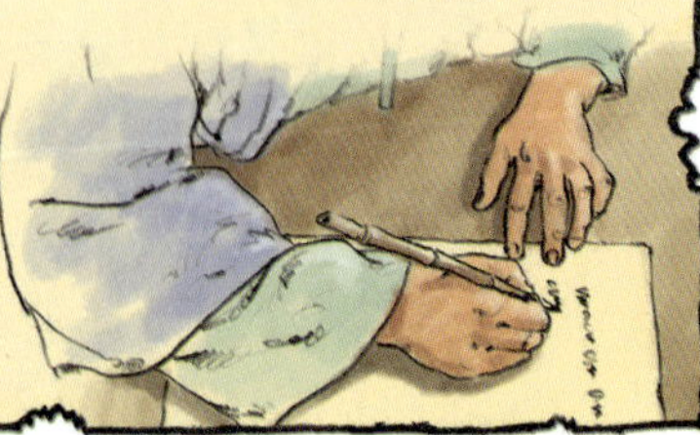

1:13 **내가 … 발등상이 되게 하기까지** 이것은 직역이다. "내가 네 원수를 네 지배 아래에 둘 때까지"라고 번역될 수도 있다.
2:6 **인자** 인자(Son of Man)는 종종 예수님을 가리킨다. 사람이 되셨을 때 예수님은 하나님께서 모든 사람들이 어떻게 되기를 계획하셨는지를 보여주셨다.

없어야 하겠으나 지금 우리가 만
물이 아직 그에게 복종하고 있는
것을 보지 못하고 9 오직 우리가
천사들보다 잠시 동안 못하게 하
심을 입은 자 곧 죽음의 고난 받
으심으로 말미암아 영광과 존귀
로 관을 쓰신 예수를 보니 이를
행하심은 하나님의 은혜로 말미
암아 모든 사람을 위하여 죽음을
맛보려 하심이라 10 그러므로
만물이 그를 위하고 또한 그로
말미암은 이가 많은 아들들을 이
끌어 영광에 들어가게 하시는 일
에 그들의 구원의 창시자를 고난
을 통하여 온전하게 하심이 합당
하도다 11 거룩하게 하시는 이

와 거룩하게 함을 입은 자들이
다 한 근원에서 난지라 그러므로
형제라 부르시기를 부끄러워하
지 아니하시고 12 이르시되

> 내가 주의 이름을 내 형제
> 들에게 선포하고 내가 주를
> 교회 중에서 찬송하리라 하
> 셨으며 시 22:22

13 또 다시

> 내가 그를 의지하리라 하
> 시고 사 8:17

또 다시

> 볼지어다 나와 및 하나님께
> 서 내게 주신 자녀라 하셨
> 으니 사 8:18

14 자녀들은 혈과 육에 속하였으
매 그도 또한 같은 모양으로 혈
과 육을 함께 지니심은 죽음을
통하여 죽음의 세력을 잡은 자
곧 마귀를 멸하시며 15 또 죽기
를 무서워하므로 한평생 매여 종

노릇 하는 모든 자들을 놓아 주
려 하심이니 16 이는 확실히 천

사들을 붙들어 주려 하심이 아니
요 오직 아브라함의 자손을 붙들
어 주려 하심이라 17 그러므로
그가 범사에 형제들과 같이 되심
이 마땅하도다 이는 하나님의 일
에 자비하고 신실한 대제사장이
되어 백성의 죄를 속량하려 하심
이라 18 그가 시험을 받아 고난
을 당하셨은즉 시험 받는 자들을
능히 도우실 수 있느니라

3장

하나님이 주시는 안식

1 그러므로 함께 하늘의 부르심
을 받은 거룩한 형제들아 우리가
믿는 도리의 사도이시며 대제사
장이신 예수를 깊이 생각하라 2
그는 자기를 세우신 이에게 신실
하시기를 모세가 하나님의 온 집
에서 한 것과 같이 하셨으니 3
그는 모세보다 더욱 영광을 받을
만한 것이 마치 집 지은 자가 그
집보다 더욱 존귀함 같으니라 4
집마다 지은 이가 있으니 만물을
지으신 이는 하나님이시라 5 또
한 모세는 장래에 말할 것을 증
언하기 위하여 하나님의 온 집에
서 종으로서 신실하였고 6 그리
스도는 하나님의 집을 맡은 아들
로서 그와 같이 하셨으니 우리가
소망의 확신과 자랑을 끝까지 굳
게 잡고 있으면 우리는 그의 집
이라 7 그러므로 성령이 이르신
바와 같이

> 오늘 너희가 그의 음성을
> 듣거든 8 광야에서 시험하
> 던 날에 거역하던 것 같이
> 너희 마음을 완고하게 하지
> 말라 9 거기서 너희 열조가
> 나를 시험하여 증험하고 사
> 십 년 동안 나의 행사를 보
> 았느니라 10 그러므로 내
> 가 이 세대에게 노하여 이
> 르기를 그들이 항상 마음이
> 미혹되어 내 길을 알지 못
> 하는도다 하였고 11 내가
> 노하여 맹세한 바와 같이
> 그들은 내 안식•에 들어오
> 지 못하리라 하였다 하였느
> 니라 시 95:7-11

3:11 **내 안식** 하나님께서 자신의 백성에게 약속하셨던 안식의 땅을 가리킨다.

12 형제들아 너희는 삼가 혹 너
희 중에 누가 믿지 아니하는 악
한 마음을 품고 살아 계신 하나
님에게서 떨어질까 조심할 것이
요 13 오직 오늘•이라 일컫는 동
안에 매일 피차 권면하여 너희
중에 누구든지 죄의 유혹으로 완
고하게 되지 않도록 하라 14 우
리가 시작할 때에 확신한 것을
끝까지 견고히 잡고 있으면 그리
스도와 함께 참여한 자가 되리라
15 성경에 일렀으되

> 오늘 너희가 그의 음성을
> 듣거든 격노하시게 하던 것
> 같이 너희 마음을 완고하게
> 하지 말라 하였으니
> 시 95:7,8

16 듣고 격노하시게 하던 자가
누구냐 모세를 따라 애굽에서 나
온 모든 사람이 아니냐 17 또 하
나님이 사십 년 동안 누구에게
노하셨느냐 그들의 시체가 광야

에 엎드러진 범죄한 자들에게가
아니냐 18 또 하나님이 누구에
게 맹세하사 그의 안식에 들어오
지 못하리라 하셨느냐 곧 순종하
지 아니하던 자들에게가 아니냐
19 이로 보건대 그들이 믿지 아
니하므로 능히 들어가지 못한 것
이라

4장

1 그러므로 우리는 두려워할지니
그의 안식에 들어갈 약속이 남아
있을지라도 너희 중에는 혹 이르
지 못할 자가 있을까 함이라 2
그들과 같이 우리도 복음 전함을
받은 자이나 들은 바 그 말씀이
그들에게 유익하지 못한 것은 듣
는 자가 믿음과 결부시키지 아니
함이라• 3 이미 믿는 우리들은
저 안식에 들어가는도다 그가 말
씀하신 바와 같으니

> 내가 노하여 맹세한 바와
> 같이 그들이 내 안식에 들
> 어오지 못하리라 하셨다 하
> 였으나
> 시 95:11

세상을 창조할 때부터 그 일이
이루어졌느니라 4 제칠일에 관
하여는 어딘가에 이렇게 일렀으
되 하나님은 제칠일에 그의 모든
일을 쉬셨다• 하였으며 5 또 다
시 거기에 그들이 내 안식에 들
어오지 못하리라 하였으니 6 그
러면 거기에 들어갈 자들이 남아
있거니와 복음 전함을 먼저 받은
자들은 순종하지 아니함으로 말
미암아 들어가지 못하였으므로
7 오랜 후에 다윗의 글에 다시 어
느 날을 정하여 오늘이라고 미리
이같이 일렀으되

> 오늘 너희가 그의 음성을
> 듣거든 너희 마음을 완고하
> 게 하지 말라 하였나니
> 시 95:7,8

8 만일 여호수아가 그들에게 안
식을 주었더라면 그 후에 다른 날
을 말씀하지 아니하셨으리라 9
그런즉 안식할 때가 하나님의 백
성에게 남아 있도다 10 이미 그
의 안식에 들어간 자는 하나님이
자기의 일을 쉬심과 같이 그도
자기의 일을 쉬느니라 11 그러
므로 우리가 저 안식에 들어가
기를 힘쓸지니 이는 누구든지
저 순종하지 아니하는 본에 빠
지지 않게 하려 함이라 12 하나
님의 말씀은 살아 있고 활력이
있어 좌우에 날선 어떤 검보다
도 예리하여 혼과 영과 및 관절

과 골수를 찔러 쪼개기까지 하
며 또 마음의 생각과 뜻을 판단
하나니 13 지으신 것이 하나도
그 앞에 나타나지 않음이 없고
우리의 결산을 받으실 이의 눈
앞에 만물이 벌거벗은 것 같이
드러나느니라

큰 대제사장이신 예수

14 그러므로 우리에게 큰 대제사
장이 계시니 승천하신 이 곧 하
나님의 아들 예수시라 우리가 믿
는 도리를 굳게 잡을지어다 15
우리에게 있는 대제사장은 우리
의 연약함을 동정하지 못하실 이
가 아니요 모든 일에 우리와 똑
같이 시험을 받으신 이로되 죄는
없으시니라 16 그러므로 우리는
긍휼하심을 받고 때를 따라 돕는
은혜를 얻기 위하여 은혜의 보좌
앞에 담대히 나아갈 것이니라

3:13 **오늘** 이것은 7절에서 따온 말이다. 이런 일들을 지금 행하는 것이 중요하다고 말하기 위한 표현이다.
4:2 **듣는 자가 … 아니함이라** 이것이 일부 헬라어 사본들에서는 "그들이 말씀을 들은 자들의 믿음에 참여하지 아니함이라"라고 기록되어 있다.
4:4 **하나님은 … 쉬셨다** 창 2:2 인용

5장

1 대제사장마다 사람 가운데서
택한 자이므로 하나님께 속한 일
에 사람을 위하여 예물과 속죄하
는 제사를 드리게 하나니 2 그가
무식하고 미혹된 자를 능히 용납
할 수 있는 것은 자기도 연약에
휩싸여 있음이라 3 그러므로 백
성을 위하여 속죄제를 드림과 같
이 또한 자신을 위하여도 드리는
것이 마땅하니라 4 이 존귀는 아
무도 스스로 취하지 못하고 오직
아론•과 같이 하나님의 부르심
을 받은 자라야 할 것이니라 5
또한 이와 같이 그리스도께서 대
제사장 되심도 스스로 영광을 취
하심이 아니요 오직 말씀하신 이
가 그에게 이르시되

> 너는 내 아들이니 내가 오
> 늘 너를 낳았다 하셨고
> 시 2:7

6 또한 이와 같이 다른 데서 말씀
하시되

> 네가 영원히 멜기세덱•의
> 반차를 따르는 제사장이라
> 하셨으니 시 110:4

7 그는 육체에 계실 때에 자기를
죽음에서 능히 구원하실 이에게
심한 통곡과 눈물로 간구와 소원
을 올렸고 그의 경건하심으로 말
미암아 들으심을 얻었느니라 8
그가 아들이시면서도 받으신 고
난으로 순종함을 배워서 9 온전
하게 되셨은즉 자기에게 순종하
는 모든 자에게 영원한 구원의
근원이 되시고 10 하나님께 멜
기세덱의 반차를 따른 대제사장
이라 칭하심을 받으셨느니라

변절을 경계하다

11 멜기세덱에 관하여는 우리가
할 말이 많으나 너희가 듣는 것
이 둔하므로 설명하기 어려우니
라 12 때가 오래 되었으므로 너
희가 마땅히 선생이 되었을 터인
데 너희가 다시 하나님의 말씀의
초보에 대하여 누구에게서 가르
침을 받아야 할 처지이니 단단한
음식은 못 먹고 젖이나 먹어야
할 자가 되었도다 13 이는 젖을
먹는 자마다 어린 아이니 의의
말씀을 경험하지 못한 자요 14
단단한 음식은 장성한 자의 것이
니 그들은 지각을 사용함으로 연
단을 받아 선악을 분별하는 자들
이니라

6장

1 그러므로 우리가 그리스도의
도의 초보를 버리고 죽은 행실을
회개함과 하나님께 대한 신앙과
2 세례들•과 안수•와 죽은 자의
부활과 영원한 심판에 관한 교훈
의 터를 다시 닦지 말고 완전한
데로 나아갈지니라 3 하나님께
서 허락하시면 우리가 이것을 하
리라 4 한 번 빛을 받고 하늘의
은사를 맛보고 성령에 참여한 바
되고 5 하나님의 선한 말씀과 내
세의 능력을 맛보고도 6 타락한
자들은 다시 새롭게 하여 회개하
게 할 수 없나니 이는 그들이 하
나님의 아들을 다시 십자가에 못
박아 드러내 놓고 욕되게 함이라
7 땅이 그 위에 자주 내리는 비를
흡수하여 밭 가는 자들이 쓰기에
합당한 채소를 내면 하나님께 복

5:4 **아론** 모세의 형으로서 유대의 첫 대제사장
5:6 **멜기세덱** 아브라함의 시대에 살았던 제사장 겸 왕(창 14:17-24 참조).
6:2 **세례들** 여기서 이것은 기독교의 세례를 의미할 수도 있고 아니면 유대인의 정결의식을 의미할 수도 있다.
6:2 **안수** 안수는 안수를 받는 사람들에게 특별한 사명이 부여되거나 특별한 영적 은사나 복이 주어진다는 것을 의미했다.

을 받고 8 만일 가시와 엉겅퀴를
내면 버림을 당하고 저주함에 가
까워 그 마지막은 불사름이 되리
라 9 사랑하는 자들아 우리가 이
같이 말하나 너희에게는 이보다
더 좋은 것 곧 구원에 속한 것이
있음을 확신하노라 10 하나님은
불의하지 아니하사 너희 행위와
그의 이름을 위하여 나타낸 사랑
으로 이미 성도를 섬긴 것과 이
제도 섬기고 있는 것을 잊어버리
지 아니하시느니라 11 우리가
간절히 원하는 것은 너희 각 사
람이 동일한 부지런함을 나타내
어 끝까지 소망의 풍성함에 이르
러 12 게으르지 아니하고 믿음
과 오래 참음으로 말미암아 약속
들을 기업으로 받는 자들을 본받
는 자 되게 하려는 것이니라

하나님의 확실한 약속

13 하나님이 아브라함에게 약속
하실 때에 가리켜 맹세할 자가
자기보다 더 큰 이가 없으므로
자기를 가리켜 맹세하여 14 이
르시되 내가 반드시 너에게 복
주고 복 주며 너를 번성하게 하
고 번성하게 하리라• 하셨더니
15 그가 이같이 오래 참아 약속
을 받았느니라 16 사람들은 자

기보다 더 큰 자를 가리켜 맹세
하나니 맹세는 그들이 다투는 모
든 일의 최후 확정이니라 17 하
나님은 약속을 기업으로 받는 자
들에게 그 뜻이 변하지 아니함을
충분히 나타내시려고 그 일을 맹
세로 보증하셨나니 18 이는 하
나님이 거짓말을 하실 수 없는
이 두 가지 변하지 못할 사실로
말미암아 앞에 있는 소망을 얻으
려고 피난처를 찾은 우리에게 큰
안위를 받게 하려 하심이라 19
우리가 이 소망을 가지고 있는
것은 영혼의 닻 같아서 튼튼하고
견고하여 휘장 안에 들어 가나니
20 그리로 앞서 가신 예수께서
멜기세덱의 반차를 따라 영원히
대제사장이 되어 우리를 위하여
들어 가셨느니라

7장

멜기세덱

1 이 멜기세덱은 살렘 왕이요 지
극히 높으신 하나님의 제사장이
라 여러 왕을 쳐서 죽이고 돌아
오는 아브라함을 만나 복을 빈
자라 2 아브라함이 모든 것의 십

분의 일을 그에게 나누어 주니라
그 이름을 해석하면 먼저는 의의
왕이요 그 다음은 살렘 왕이니
곧 평강의 왕이요 3 아버지도 없
고 어머니도 없고• 족보도 없고
시작한 날도 없고 생명의 끝도
없어 하나님의 아들과 닮아서 항
상 제사장으로 있느니라 4 이 사
람이 얼마나 높은가를 생각해 보
라 조상 아브라함도 노략물 중
십분의 일을 그에게 주었느니라
5 레위의 아들들 가운데 제사장
의 직분을 받은 자들은 율법을
따라 아브라함의 허리에서 난 자
라도 자기 형제인 백성에게서 십
분의 일을 취하라는 명령을 받았
으나 6 레위 족보에 들지 아니한
멜기세덱은 아브라함에게서 십
분의 일을 취하고 약속을 받은
그를 위하여 복을 빌었나니 7 논
란의 여지 없이 낮은 자가 높은
자에게서 축복을 받느니라 8 또
여기는 죽을 자들이 십분의 일을
받으나 저기는 산다고 증거를 얻
은 자가 받았느니라 9 또한 십분
의 일을 받는 레위도 아브라함으
로 말미암아 십분의 일을 바쳤다
고 할 수 있나니 10 이는 멜기세
덱이 아브라함을 만날 때에 레위
는 이미 자기 조상의 허리에 있
었음이라 11 레위 계통의 제사
직분으로 말미암아 온전함을 얻
을 수 있었으면 (백성이 그 아래
에서 율법을 받았으니•) 어찌하
여 아론의 반차를 따르지 않고
멜기세덱의 반차를 따르는 다른
한 제사장을 세울 필요가 있느냐
12 제사 직분이 바꾸어졌은즉 율
법도 반드시 바꾸어지리니 13
이것은 한 사람도 제단 일을 받
들지 않는 다른 지파에 속한 자
를 가리켜 말한 것이라 14 우리
주께서는 유다로부터 나신 것이
분명하도다 이 지파에는 모세가
제사장들에 관하여 말한 것이 하

6:14 내가 반드시 … 하리라 창 22:17 인용
7:3 아버지도 없고 어머니도 없고 이것은 문자적 번역이다. "(멜기세덱의) 아버지와 어머니가 누구인지 아무도 모른다"라고 번역될 수도 있다.
7:11 백성이 … 율법을 받았으니 여기서 백성은 모세의 율법을 받은 이스라엘 백성을 가리킨다.

히

나도 없고 15 멜기세덱과 같은
별다른 한 제사장이 일어난 것을
보니 더욱 분명하도다 16 그는
육신에 속한 한 계명의 법을 따
르지 아니하고 오직 불멸의 생명
의 능력을 따라 되었으니 17 증
언하기를

> 네가 영원히 멜기세덱의 반
> 차를 따르는 제사장이라 하
> 였도다 시 110:4

18 전에 있던 계명은 연약하고 무
익하므로 폐하고 19 (율법은 아
무 것도 온전하게 못할지라) 이
에 더 좋은 소망이 생기니 이것
으로 우리가 하나님께 가까이 가
느니라 20 또 예수께서 제사장이
되신 것은 맹세 없이 된 것이 아
니니 21 (그들은 맹세 없이 제사
장이 되었으되 오직 예수는 자기
에게 말씀하신 이로 말미암아 맹
세로 되신 것이라

> 주께서 맹세하시고 뉘우치
> 지 아니하시리니 네가 영원
> 히 제사장이라 하셨도다)
> 시 110:4

22 이와 같이 예수는 더 좋은 언
약•의 보증이 되셨느니라 23 제
사장 된 그들의 수효가 많은 것
은 죽음으로 말미암아 항상 있지
못함이로되 24 예수는 영원히
계시므로 그 제사장 직분도 갈리
지 아니하느니라 25 그러므로
자기를 힘입어 하나님께 나아가
는 자들을 온전히 구원하실 수
있으니 이는 그가 항상 살아 계
셔서 그들을 위하여 간구하심이
라 26 이러한 대제사장은 우리
에게 합당하니 거룩하고 악이 없
고 더러움이 없고 죄인에게서 떠
나 계시고 하늘보다 높이 되신
이라 27 그는 저 대제사장들이
먼저 자기 죄를 위하고 다음에
백성의 죄를 위하여 날마다 제사
드리는 것과 같이 할 필요가 없
으니 이는 그가 단번에 자기를
드려 이루셨음이라 28 율법은
약점을 가진 사람들을 제사장으
로 세웠거니와 율법 후에 하신
맹세의 말씀은 영원히 온전하게
되신 아들을 세우셨느니라

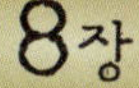

새 언약의 대제사장

1 지금 우리가 하는 말의 요점은
이러한 대제사장이 우리에게 있
다는 것이라 그는 하늘에서 지극
히 크신 이의 보좌 우편에 앉으
셨으니 2 성소와 참 장막에서 섬
기는 이시라 이 장막은 주께서
세우신 것이요 사람이 세운 것이
아니니라 3 대제사장마다 예물

과 제사 드림을 위하여 세운 자
니 그러므로 그도 무엇인가 드릴
것이 있어야 할지니라 4 예수께
서 만일 땅에 계셨더라면 제사장
이 되지 아니하셨을 것이니 이는
율법을 따라 예물을 드리는 제사
장이 있음이라 5 그들이 섬기는
것은 하늘에 있는 것의 모형과
그림자라 모세가 장막을 지으려
할 때에 지시하심을 얻음과 같으
니 이르시되 삼가 모든 것을 산
에서 네게 보이던 본을 따라 지
으라• 하셨느니라 6 그러나 이
제 그는 더 아름다운 직분을 얻
으셨으니 그는 더 좋은 약속으로
세우신 더 좋은 언약의 중보자시
라 7 저 첫 언약이 무흠하였더라
면 둘째 것을 요구할 일이 없었
으려니와 8 그들의 잘못을 지적
하여 말씀하시되

> 주께서 이르시되 볼지어다
> 날이 이르리니 내가 이스라
> 엘 집과 유다 집과 더불어
> 새 언약을 맺으리라 9 또 주
> 께서 이르시기를 이 언약은

7:22 언약 하나님께서 자신의 백성 유대인들에게 주신 언약은 모세의 율법이었다. 하지만 이제 그리스도를 통해 더 좋은 언약을 주신다.
8:5 삼가 … 지으라 출 25:40 인용

내가 그들의 열조의 손을
잡고 애굽 땅에서 인도하여
내던 날에 그들과 맺은 언
약과 같지 아니하도다 그들
은 내 언약 안에 머물러 있
지 아니하므로 내가 그들을
돌보지 아니하였노라 10
또 주께서 이르시되 그 날
후에 내가 이스라엘 집과
맺을 언약은 이것이니 내
법을 그들의 생각에 두고
그들의 마음에 이것을 기록
하리라 나는 그들에게 하나
님이 되고 그들은 내게 백
성이 되리라 11 또 각각 자
기 나라 사람과 각각 자기
형제를 가르쳐 이르기를 주
를 알라 하지 아니할 것은
그들이 작은 자로부터 큰
자까지 다 나를 앎이라 12
내가 그들의 불의를 긍휼히
여기고 그들의 죄를 다시
기억하지 아니하리라 하셨
느니라 렘 31:31-34

13 새 언약이라 말씀하셨으매 첫
것은 낡아지게 하신 것이니 낡아
지고 쇠하는 것은 없어져 가는
것이니라

9장

손으로 지은 성소와 온전한 성소

1 첫 언약에도 섬기는 예법과 세
상에 속한 성소가 있더라 2 예비
한 첫 장막이 있고 그 안에 등잔
대와 상과 진설병이 있으니 이는
성소라 일컫고 3 또 둘째 휘장
뒤에 있는 장막을 지성소라 일컫
나니 4 금 향로와 사면을 금으로
싼 언약궤가 있고 그 안에 만나
를 담은 금 항아리와 아론의 싹
난 지팡이와 언약의 돌판들이 있
고 5 그 위에 속죄소를 덮는 영

광의 그룹들이 있으니 이것들에
관하여는 이제 낱낱이 말할 수
없노라 6 이 모든 것을 이같이
예비하였으니 제사장들이 항상
첫 장막에 들어가 섬기는 예식을
행하고 7 오직 둘째 장막은 대제
사장이 홀로 일 년에 한 번 들어
가되 자기와 백성의 허물을 위하
여 드리는 피 없이는 아니하나니
8 성령이 이로써 보이신 것은 첫
장막이 서 있을 동안에는 성소에
들어가는 길이 아직 나타나지 아
니한 것이라 9 이 장막은 현재까
지의 비유니 이에 따라 드리는
예물과 제사는 섬기는 자를 그
양심상 온전하게 할 수 없나니
10 이런 것은 먹고 마시는 것과
여러 가지 씻는 것과 함께 육체
의 예법일 뿐이며 개혁할 때까지
맡겨 둔 것이니라 11 그리스도
께서는 장래 좋은 일•의 대제사
장으로 오사 손으로 짓지 아니한
것 곧 이 창조에 속하지 아니한
더 크고 온전한 장막으로 말미암
아 12 염소와 송아지의 피로 하
지 아니하고 오직 자기의 피로
영원한 속죄를 이루사 단번에 성
소에 들어가셨느니라 13 염소와
황소의 피와 및 암송아지의 재를
부정한 자에게 뿌려 그 육체를
정결하게 하여 거룩하게 하거든
14 하물며 영원하신 성령으로 말
미암아 흠 없는 자기를 하나님께
드린 그리스도의 피가 어찌 너희
양심을 죽은 행실에서 깨끗하게
하고 살아 계신 하나님을 섬기게
하지 못하겠느냐 15 이로 말미

암아 그는 새 언약의 중보자시니
이는 첫 언약 때에 범한 죄에서
속량하려고 죽으사 부르심을 입
은 자로 하여금 영원한 기업의
약속을 얻게 하려 하심이라 16
유언•은 유언한 자가 죽어야 되
나니 17 유언은 그 사람이 죽은
후에야 유효한즉 유언한 자가 살
아 있는 동안에는 효력이 없느니
라 18 이러므로 첫 언약도 피 없
이 세운 것이 아니니 19 모세가
율법대로 모든 계명을 온 백성에
게 말한 후에 송아지와 염소의
피 및 물과 붉은 양털과 우슬초
를 취하여 그 두루마리와 온 백
성에게 뿌리며 20 이르되 이는
하나님이 너희에게 명하신 언약
의 피•라 하고 21 또한 이와 같이
피를 장막과 섬기는 일에 쓰는 모
든 그릇에 뿌렸느니라 22 율법을

9:11 **장래 좋은 일** 일부 헬라어 사본들에는 이것이 "지금 우리에게 있는 좋은 일"이라고 되어 있다.
9:16 **유언** 어떤 사람이 죽었을 때 그의 돈과 재산을 어떻게 분배할 것인지를 기록한 증거 문서. 여기서 '유언'으로 번역된 헬라어가 15절에서는 '언약'으로 번역되었다.
9:20 **이는 … 언약의 피** 출 24:8 인용

따라 거의 모든 물건이 피로써
정결하게 되나니 피흘림이 없
은즉 사함이 없느니라

그리스도의 희생으로 이루어진 속죄

23 그러므로 하늘에 있는 것들의
모형은 이런 것들로써 정결하게
할 필요가 있었으나 하늘에 있는
그것들은 이런 것들보다 더 좋은
제물로 할지니라 24 그리스도께
서는 참 것의 그림자인 손으로
만든 성소에 들어가지 아니하시
고 바로 그 하늘에 들어가사 이
제 우리를 위하여 하나님 앞에
나타나시고 25 대제사장이 해마
다 다른 것의 피로써 성소에 들
어가는 것 같이 자주 자기를 드
리려고 아니하실지니 26 그리하
면 그가 세상을 창조한 때부터
자주 고난을 받았어야 할 것이로
되 이제 자기를 단번에 제물로
드려 죄를 없이 하시려고 세상
끝에 나타나셨느니라 27 한번
죽는 것은 사람에게 정해진 것이
요 그 후에는 심판이 있으리니
28 이와 같이 그리스도도 많은
사람의 죄를 담당하시려고 단번
에 드리신 바 되셨고 구원에 이
르게 하기 위하여 죄와 상관 없
이 자기를 바라는 자들에게 두
번째 나타나시리라

10장

1 율법은 장차 올 좋은 일의 그
림자일 뿐이요 참 형상이 아니
므로 해마다 늘 드리는 같은 제
사로는 나아오는 자들을 언제나
온전하게 할 수 없느니라 2 그
렇지 아니하면 섬기는 자들이
단번에 정결하게 되어 다시 죄
를 깨닫는 일이 없으리니 어찌
제사 드리는 일을 그치지 아니
하였으리요 3 그러나 이 제사들
에는 해마다 죄를 기억하게 하는
것이 있나니 4 이는 황소와 염소
의 피가 능히 죄를 없이 하지 못
함이라 5 그러므로 주께서 세상
에 임하실 때에 이르시되

> 하나님이 제사와 예물을 원
> 하지 아니하시고 오직 나를
> 위하여 한 몸을 예비하셨도
> 다 6 번제와 속죄제는 기뻐
> 하지 아니하시나니 7 이에
> 내가 말하기를 하나님이여
> 보시옵소서 두루마리 책에
> 나를 가리켜 기록된 것과
> 같이 하나님의 뜻을 행하러
> 왔나이다 하셨느니라
>
> 시 40:6-8

8 위에 말씀하시기를 주께서는
제사와 예물과 번제와 속죄제는
원하지도 아니하고 기뻐하지도
아니하신다 하셨고 (이는 다 율
법을 따라 드리는 것이라) 9 그
후에 말씀하시기를 보시옵소서
내가 하나님의 뜻을 행하러 왔나
이다 하셨으니 그 첫째 것을 폐하
심은 둘째 것을 세우려 하심이라

10 이 뜻을 따라 예수 그리스도의
몸을 단번에 드리심으로 말미암
아 우리가 거룩함을 얻었노라 11
제사장마다 매일 서서 섬기며 자
주 같은 제사를 드리되 이 제사
는 언제나 죄를 없게 하지 못하
거니와 12 오직 그리스도는 죄
를 위하여 한 영원한 제사를 드
리시고 하나님 우편에 앉으사

13 그 후에 자기 원수들을 자기
발등상이 되게 하실 때까지 기다
리시나니 14 그가 거룩하게 된
자들을 한 번의 제사로 영원히
온전하게 하셨느니라 15 또한
성령이 우리에게 증언하시되 16
주께서 이르시되

그 날 후로는 그들과 맺을
언약이 이것이라 하시고 내
법을 그들의 마음에 두고 그
들의 생각에 기록하리라 하
신 후에 렘 31:33

17 또

그들의 죄와 그들의 불법을
내가 다시 기억하지 아니하
리라 하셨으니 렘 31:34

18 이것들을 사하셨은즉 다시 죄
를 위하여 제사 드릴 것이 없느
니라

소망을 굳게 잡으라

19 그러므로 형제들아 우리가 예
수의 피를 힘입어 성소에 들어갈
담력을 얻었나니 20 그 길은 우
리를 위하여 휘장 가운데로 열어
놓으신 새로운 살 길이요 휘장은
곧 그의 육체니라 21 또 하나님
의 집 다스리는 큰 제사장이 계
시매 22 우리가 마음에 뿌림을
받아 악한 양심으로부터 벗어나
고 몸은 맑은 물로 씻음을 받았
으니 참 마음과 온전한 믿음으로
하나님께 나아가자 23 또 약속
하신 이는 미쁘시니 우리가 믿는
도리의 소망을 움직이지 말며 굳
게 잡고 24 서로 돌아보아 사랑
과 선행을 격려하며 25 모이기
를 폐하는 어떤 사람들의 습관과
같이 하지 말고 오직 권하여 그
날•이 가까움을 볼수록 더욱 그
리하자 26 우리가 진리를 아는
지식을 받은 후 짐짓 죄를 범한
즉 다시 속죄하는 제사가 없고
27 오직 무서운 마음으로 심판을
기다리는 것과 대적하는 자를 태
울 맹렬한 불만 있으리라 28 모
세의 법을 폐한 자도 두세 증인
으로 말미암아 불쌍히 여김을 받
지 못하고 죽었거든 29 하물며
하나님의 아들을 짓밟고 자기를
거룩하게 한 언약의 피를 부정한
것으로 여기고 은혜의 성령을 욕
되게 하는 자가 당연히 받을 형
벌은 얼마나 더 무겁겠느냐 너희
는 생각하라 30 원수 갚는 것이
내게 있으니 내가 갚으리라• 하
시고 또 다시 주께서 그의 백성
을 심판하리라• 말씀하신 것을
우리가 아노니 31 살아 계신 하
나님의 손에 빠져 들어가는 것이
무서울진저 32 전날에 너희가
빛을 받은 후에 고난의 큰 싸움

을 견디어 낸 것을 생각하라 33
혹은 비방과 환난으로써 사람에
게 구경거리가 되고 혹은 이런
형편에 있는 자들과 사귀는 자가
되었으니 34 너희가 갇힌 자를
동정하고 너희 소유를 빼앗기는
것도 기쁘게 당한 것은 더 낫고
영구한 소유가 있는 줄 앎이라
35 그러므로 너희 담대함을 버리
지 말라 이것이 큰 상을 얻게 하
느니라 36 너희에게 인내가 필
요함은 너희가 하나님의 뜻을 행
한 후에 약속하신 것을 받기 위
함이라

37 잠시 잠깐 후면 오실 이
가 오시리니 지체하지 아니
하시리라 38 나의 의인은
믿음으로 말미암아 살리라
또한 뒤로 물러가면 내 마
음이 그를 기뻐하지 아니하
리라 하셨느니라 합 2:3,4

39 우리는 뒤로 물러가 멸망할
자가 아니요 오직 영혼을 구원함
에 이르는 믿음을 가진 자니라

10:25 **그 날** 그 날에 예수님께서 오시어 모든 사람들을 심판하시고 그분의 사람들을 데려 가시어 그분과 함께 살게 하실 것이다.
10:30 **원수 갚는 … 갚으리라** 신 32:35 인용
10:30 **주께서 … 심판하리라** 신 32:36 ; 시 135:14 인용

11장

믿음

1 믿음은 바라는 것들의 실상이
요 보이지 않는 것들의 증거니 2
선진들이 이로써 증거를 얻었느
니라 3 믿음으로 모든 세계가 하
나님의 말씀으로 지어진 줄을 우
리가 아나니 보이는 것은 나타난
것으로 말미암아 된 것이 아니니
라 4 믿음으로 아벨은 가인보다
더 나은 제사를 하나님께 드림으
로 의로운 자라 하시는 증거를
얻었으니 하나님이 그 예물에 대

하여 증언하심이라 그가 죽었으
나 그 믿음으로써 지금도 말하느
니라 5 믿음으로 에녹은 죽음을

보지 않고 옮겨졌으니 하나님이
그를 옮기심으로 다시 보이지 아
니하였느니라 그는 옮겨지기 전
에 하나님을 기쁘시게 하는 자라
하는 증거를 받았느니라 6 믿음
이 없이는 하나님을 기쁘시게 하
지 못하나니 하나님께 나아가는
자는 반드시 그가 계신 것과 또
한 그가 자기를 찾는 자들에게
상 주시는 이심을 믿어야 할지니
라 7 믿음으로 노아는 아직 보이
지 않는 일에 경고하심을 받아

경외함으로 방주를 준비하여 그
집을 구원하였으니 이로 말미암

아 세상을 정죄하고 믿음을 따르
는 의의 상속자가 되었느니라 8
믿음으로 아브라함은 부르심을
받았을 때에 순종하여 장래의 유
업으로 받을 땅에 나아갈새 갈
바를 알지 못하고 나아갔으며 9
믿음으로 그가 이방의 땅에 있는
것 같이 약속의 땅에 거류하여
동일한 약속을 유업으로 함께 받
은 이삭 및 야곱과 더불어 장막
에 거하였으니 10 이는 그가 하
나님이 계획하시고 지으실 터가
있는 성•을 바랐음이라 11 믿음
으로 사라 자신도 나이가 많아
단산하였으나 잉태할 수 있는 힘
을 얻었으니 이는 약속하신 이를
미쁘신 줄 알았음이라 12 이러
므로 죽은 자와 같은 한 사람으
로 말미암아 하늘의 허다한 별과
또 해변의 무수한 모래와 같이
많은 후손이 생육하였느니라 13
이 사람들은 다 믿음을 따라 죽
었으며 약속을 받지 못하였으되
그것들을 멀리서 보고 환영하며
또 땅에서는 외국인과 나그네임
을 증언하였으니 14 그들이 이
같이 말하는 것은 자기들이 본향
찾는 자임을 나타냄이라 15 그
들이 나온 바 본향을 생각하였더
라면 돌아갈 기회가 있었으려니
와 16 그들이 이제는 더 나은 본
향을 사모하니 곧 하늘에 있는
것이라 이러므로 하나님이 그들
의 하나님이라 일컬음 받으심을
부끄러워하지 아니하시고 그들
을 위하여 한 성을 예비하셨느니
라 17 아브라함은 시험을 받을
때에 믿음으로 이삭을 드렸으니
그는 약속들을 받은 자로되 그
외아들을 드렸느니라 18 그에게

이미 말씀하시기를 네 자손이라
칭할 자는 이삭으로 말미암으리
라• 하셨으니 19 그가 하나님이
능히 이삭을 죽은 자 가운데서
다시 살리실 줄로 생각한지라 비
유컨대 그를 죽은 자 가운데서
도로 받은 것이니라 20 믿음으
로 이삭은 장차 있을 일에 대하
여 야곱과 에서에게 축복하였으
며 21 믿음으로 야곱은 죽을 때

11:10 성 하나님의 백성이 그분과 함께 사는 영적인 성. '하늘의 예루살렘'이라고도 불린다(히 12:22).
11:18 네 자손이라 … 말미암으리라 창 21:12 인용

히

에 요셉의 각 아들에게 축복하고
그 지팡이 머리에 의지하여 경배
하였으며 22 믿음으로 요셉은
임종시에 이스라엘 자손들이 떠
날 것을 말하고 또 자기 뼈를 위
하여 명하였으며 23 믿음으로
모세가 났을 때에 그 부모가 아
름다운 아이임을 보고 석 달 동
안 숨겨 왕의 명령을 무서워하지
아니하였으며 24 믿음으로 모세
는 장성하여 바로의 공주의 아들

이라 칭함 받기를 거절하고 25
도리어 하나님의 백성과 함께 고
난 받기를 잠시 죄악의 낙을 누
리는 것보다 더 좋아하고 26 그
리스도를 위하여 받는 수모를 애
굽의 모든 보화보다 더 큰 재물
로 여겼으니 이는 상 주심을 바
라봄이라 27 믿음으로 애굽을
떠나 왕의 노함을 무서워하지 아
니하고 곧 보이지 아니하는 자를
보는 것 같이 하여 참았으며 28
믿음으로 유월절과 피 뿌리는 예
식을 정하였으니 이는 장자를 멸
하는 자로 그들을 건드리지 않게
하려 한 것이며 29 믿음으로 그
들은 홍해를 육지 같이 건넜으나
애굽 사람들은 이것을 시험하다

가 빠져 죽었으며 30 믿음으로
칠 일 동안 여리고를 도니 성이
무너졌으며 31 믿음으로 기생
라합은 정탐꾼을 평안히 영접하
였으므로 순종하지 아니한 자와
함께 멸망하지 아니하였도다 32
내가 무슨 말을 더 하리요 기드
온, 바락, 삼손, 입다, 다윗 및 사
무엘과 선지자들의 일을 말하려
면 내게 시간이 부족하리로다
33 그들은 믿음으로 나라들을 이
기기도 하며 의를 행하기도 하며
약속을 받기도 하며 사자들의 입
을 막기도 하며 34 불의 세력을
멸하기도 하며 칼날을 피하기도
하며 연약한 가운데서 강하게 되
기도 하며 전쟁에 용감하게 되어
이방 사람들의 진을 물리치기도
하며 35 여자들은 자기의 죽은
자들을 부활로 받아들이기도 하
며 또 어떤 이들은 더 좋은 부활
을 얻고자 하여 심한 고문을 받
되 구차히 풀려나기를 원하지 아
니하였으며 36 또 어떤 이들은
조롱과 채찍질뿐 아니라 결박과
옥에 갇히는 시련도 받았으며
37 돌로 치는 것과 톱으로 켜는
것과 시험•과 칼로 죽임을 당하
고 양과 염소의 가죽을 입고 유
리하여 궁핍과 환난과 학대를 받
았으니 38 (이런 사람은 세상이
감당하지 못하느니라) 그들이 광
야와 산과 동굴과 토굴에 유리하
였느니라 39 이 사람들은 다 믿
음으로 말미암아 증거를 받았으
나 약속된 것을 받지 못하였으니
40 이는 하나님이 우리를 위하여
더 좋은 것을 예비하셨은즉 우리
가 아니면 그들로 온전함을 이루
지 못하게 하려 하심이라

12장

주께서 주시는 징계

1 이러므로 우리에게 구름 같이
둘러싼 허다한 증인들이 있으니
모든 무거운 것과 얽매이기 쉬운
죄를 벗어 버리고 인내로써 우리
앞에 당한 경주를 하며 2 믿음의

11:37 **톱으로 켜는 것과 시험** '톱으로 켜는 것'이 '두 조각으로 잘리는 것'으로 번역될 수도 있다. 일부 헬라어 사본들에는 '시험'이라는 말이 나오지 않는다.

주요 또 온전하게 하시는 이인
예수를 바라보자 그는 그 앞에
있는 기쁨을 위하여 십자가를 참
으사 부끄러움을 개의치 아니하
시더니 하나님 보좌 우편에 앉으
셨느니라 3 너희가 피곤하여 낙
심하지 않기 위하여 죄인들이 이
같이 자기에게 거역한 일을 참으
신 이를 생각하라 4 너희가 죄와
싸우되 아직 피흘리기까지는 대
항하지 아니하고 5 또 아들들에
게 권하는 것 같이 너희에게 권면
하신 말씀도 잊었도다 일렀으되

> 내 아들아 주의 징계하심을
> 경히 여기지 말며 그에게
> 꾸지람을 받을 때에 낙심하
> 지 말라 6 주께서 그 사랑
> 하시는 자를 징계하시고 그
> 가 받아들이시는 아들마다
> 채찍질하심이라 하였으니
>
> 잠 3:11,12

7 너희가 참음은 징계를 받기 위
함이라 하나님이 아들과 같이 너
희를 대우하시나니 어찌 아버지
가 징계하지 않는 아들이 있으리
요 8 징계는 다 받는 것이거늘
너희에게 없으면 사생자요 친아
들이 아니니라 9 또 우리 육신의
아버지가 우리를 징계하여도 공
경하였거든 하물며 모든 영의 아
버지께 더욱 복종하며 살려 하지
않겠느냐 10 그들은 잠시 자기

의 뜻대로 우리를 징계하였거니
와 오직 하나님은 우리의 유익을
위하여 그의 거룩하심에 참여하
게 하시느니라 11 무릇 징계가
당시에는 즐거워 보이지 않고 슬
퍼 보이나 후에 그로 말미암아

연단 받은 자들은 의와 평강의
열매를 맺느니라 12 그러므로
피곤한 손과 연약한 무릎을 일으
켜 세우고 13 너희 발을 위하여
곧은 길을 만들어 저는 다리로
하여금 어그러지지 않고 고침을
받게 하라

하나님의 은혜를 거역한 자들에게 주는 경고

14 모든 사람과 더불어 화평함과
거룩함을 따르라 이것이 없이는
아무도 주를 보지 못하리라 15
너희는 하나님의 은혜에 이르지
못하는 자가 없도록 하고 또 쓴
뿌리가 나서 괴롭게 하여 많은
사람이 이로 말미암아 더럽게 되
지 않게 하며 16 음행하는 자와
혹 한 그릇 음식을 위하여 장자
의 명분을 판 에서와 같이 망령
된 자가 없도록 살피라 17 너희
가 아는 바와 같이 그가 그 후에
축복을 이어받으려고 눈물을 흘
리며 구하되 버린 바가 되어 회
개할 기회를 얻지 못하였느니라

18 너희는 만질 수 있고 불이 붙
는 산과 침침함과 흑암과 폭풍과
19 나팔 소리와 말하는 소리가
있는 곳에 이른 것이 아니라 그
소리를 듣는 자들은 더 말씀하지
아니하시기를 구하였으니 20 이
는 짐승이라도 그 산에 들어가면
돌로 침을 당하리라• 하신 명령
을 그들이 견디지 못함이라 21
그 보이는 바가 이렇듯 무섭기로
모세도 이르되 내가 심히 두렵고
떨린다 하였느니라 22 그러나
너희가 이른 곳은 시온 산•과 살
아 계신 하나님의 도성인 하늘의
예루살렘과 천만 천사와 23 하
늘에 기록된 장자•들의 모임과
교회와 만민의 심판자이신 하나
님과 및 온전하게 된 의인의 영
들과 24 새 언약의 중보자이신
예수와 및 아벨의 피보다 더 나은
것을 말하는 뿌린 피•니라 25 너
희는 삼가 말씀하신 이를 거역하
지 말라 땅에서 경고하신 이를
거역한 그들이 피하지 못하였거
든 하물며 하늘로부터 경고하신
이를 배반하는 우리일까보냐 26
그 때에는 그 소리가 땅을 진동
하였거니와 이제는 약속하여 이
르시되 내가 또 한 번 땅만 아니
라 하늘도 진동하리라• 하셨느
니라 27 이 또 한 번이라 하심은
진동하지 아니하는 것을 영존하
게 하기 위하여 진동할 것들 곧
만드신 것들이 변동될 것을 나타
내심이라 28 그러므로 우리가
흔들리지 않는 나라를 받았은즉
은혜를 받자 이로 말미암아 경건
함과 두려움으로 하나님을 기쁘
시게 섬길지니 29 우리 하나님
은 소멸하는 불이심이라

12:20 **짐승이라도 … 당하리라** 출 19:12,13 인용
12:22 **시온 산** 예루살렘의 또 다른 이름. 여기서는 하나님의 백성의 영적 도성을 의미한다.
12:23 **장자** 유대의 가정에서 장자는 가족 중 가장 중요한 지위를 얻었고 또 특별한 복을 받았다. 하나님의 자녀들도 장자처럼 복을 받는다.
12:24 **뿌린 피** 예수님의 십자가의 피
12:26 **내가 또 한 번 … 진동하리라** 학 2:6,21 인용

13장

하나님이 기뻐하시는 제사

1 형제 사랑하기를 계속하고 2
손님 대접하기를 잊지 말라 이로
써 부지중에 천사들을 대접한 이
들이 있었느니라 3 너희도 함께
갇힌 것 같이 갇힌 자를 생각하
고 너희도 몸을 가졌은즉 학대
받는 자를 생각하라 4 모든 사람
은 결혼을 귀히 여기고 침소를
더럽히지 않게 하라 음행하는 자
들과 간음하는 자들을 하나님이
심판하시리라 5 돈을 사랑하지
말고 있는 바를 족한 줄로 알라
그가 친히 말씀하시기를

> 내가 결코 너희를 버리지 아니하고 너희를 떠나지 아니하리라 하셨느니라
>
> 신 31:6

6 그러므로 우리가 담대히 말하되

> 주는 나를 돕는 이시니 내가 무서워하지 아니하겠노라 사람이 내게 어찌하리요 하노라
>
> 시 118:6

7 하나님의 말씀을 너희에게 일
러 주고 너희를 인도하던 자들을
생각하며 그들의 행실의 결말을
주의하여 보고 그들의 믿음을 본
받으라 8 예수 그리스도는 어제
나 오늘이나 영원토록 동일하시
니라 9 여러 가지 다른 교훈에
끌리지 말라 마음은 은혜로써 굳
게 함이 아름답고 음식으로써 할
것이 아니니 음식으로 말미암아
행한 자는 유익을 얻지 못하였느
니라 10 우리에게 제단이 있는
데 장막에서 섬기는 자들은 그
제단에서 먹을 권한이 없나니
11 이는 죄를 위한 짐승의 피는
대제사장이 가지고 성소에 들어
가고 그 육체는 영문 밖에서 불
사름이라 12 그러므로 예수도
자기 피로써 백성을 거룩하게 하
려고 성문 밖에서 고난을 받으셨

느니라 13 그런즉 우리도 그의
치욕을 짊어지고 영문 밖으로 그
에게 나아가자 14 우리가 여기
에는 영구한 도성이 없으므로 장
차 올 것을 찾나니 15 그러므로
우리는 예수로 말미암아 항상 찬
송의 제사를 하나님께 드리자 이
는 그 이름을 증언하는 입술의
열매니라 16 오직 선을 행함과
서로 나누어 주기를 잊지 말라
하나님은 이같은 제사를 기뻐하
시느니라 17 너희를 인도하는
자들에게 순종하고 복종하라 그
들은 너희 영혼을 위하여 경성하
기를 자신들이 청산할 자인 것
같이 하느니라 그들로 하여금 즐
거움으로 이것을 하게 하고 근심
으로 하게 하지 말라 그렇지 않
으면 너희에게 유익이 없느니라
18 우리를 위하여 기도하라 우리
가 모든 일에 선하게 행하려 하
므로 우리에게 선한 양심이 있는
줄을 확신하노니 19 내가 더 속
히 너희에게 돌아가기 위하여 너
희가 기도하기를 더욱 원하노라

축복과 끝 인사

20 양들의 큰 목자이신 우리 주
예수를 영원한 언약의 피로 죽은
자 가운데서 이끌어 내신 평강의
하나님이 21 모든 선한 일에 너
희를 온전하게 하사 자기 뜻을
행하게 하시고 그 앞에 즐거운
것을 예수 그리스도로 말미암아
우리 가운데서 이루시기를 원하
노라 영광이 그에게 세세무궁토
록 있을지어다 아멘 22 형제들
아 내가 너희를 권하노니 권면의
말을 용납하라 내가 간단히 너희
에게 썼느니라 23 우리 형제 디
모데가 놓인 것을 너희가 알라
그가 속히 오면 내가 그와 함께
가서 너희를 보리라 24 너희를
인도하는 자들과 및 모든 성도들
에게 문안하라 이달리야에서 온
자들도 너희에게 문안하느니라
25 은혜가 너희 모든 사람에게
있을지어다

야고보서

1장

인사

1 하나님과 주 예수 그리스도의
종 야고보는 흩어져 있는 열두
지파에게 문안하노라

믿음과 지혜

2 내 형제들아 너희가 여러 가지
시험을 당하거든 온전히 기쁘게
여기라 3 이는 너희 믿음의 시련
이 인내를 만들어 내는 줄 너희
가 앎이라 4 인내를 온전히 이루
라 이는 너희로 온전하고 구비하
여 조금도 부족함이 없게 하려
함이라 5 너희 중에 누구든지 지
혜가 부족하거든 모든 사람에게

후히 주시고 꾸짖지 아니하시는
하나님께 구하라 그리하면 주시
리라 6 오직 믿음으로 구하고 조
금도 의심하지 말라 의심하는 자
는 마치 바람에 밀려 요동하는
바다 물결 같으니 7 이런 사람은

무엇이든지 주께 얻기를 생각하
지 말라 8 두 마음을 품어 모든
일에 정함이 없는 자로다

낮은 형제, 부한 자

9 낮은 형제는 자기의 높음을 자
랑하고 10 부한 자는 자기의 낮
아짐을 자랑할지니 이는 그가 풀
의 꽃과 같이 지나감이라 11 해
가 돋고 뜨거운 바람이 불어 풀
을 말리면 꽃이 떨어져 그 모양
의 아름다움이 없어지나니 부한
자도 그 행하는 일에 이와 같이
쇠잔하리라

시험에 견디어 낸 자

12 시험을 참는 자는 복이 있나
니 이는 시련을 견디어 낸 자가
주께서 자기를 사랑하는 자들에
게 약속하신 생명의 면류관을 얻
을 것이기 때문이라 13 사람이
시험을 받을 때에 내가 하나님께
시험을 받는다 하지 말지니 하나
님은 악에게 시험을 받지도 아니
하시고 친히 아무도 시험하지 아
니하시느니라 14 오직 각 사람
이 시험을 받는 것은 자기 욕심
에 끌려 미혹됨이니 15 욕심이
잉태한즉 죄를 낳고 죄가 장성
한즉 사망을 낳느니라 16 내 사
랑하는 형제들아 속지 말라 17
온갖 좋은 은사와 온전한 선물
이 다 위로부터 빛들의 아버지
께로부터 내려오나니 그는 변함
도 없으시고 회전하는 그림자도
없으시니라 18 그가 그 피조물
중에 우리로 한 첫 열매가 되게
하시려고 자기의 뜻을 따라 진
리의 말씀으로 우리를 낳으셨느
니라

말씀을 들음과 행함

19 내 사랑하는 형제들아 너희가
알지니 사람마다 듣기는 속히 하
고 말하기는 더디 하며 성내기도
더디 하라 20 사람이 성내는 것
이 하나님의 의를 이루지 못함이
라 21 그러므로 모든 더러운 것
과 넘치는 악을 내버리고 너희
영혼을 능히 구원할 바 마음에
심어진 말씀을 온유함으로 받으
라 22 너희는 말씀을 행하는 자
가 되고 듣기만 하여 자신을 속
이는 자가 되지 말라 23 누구든
지 말씀을 듣고 행하지 아니하면

그는 거울로 자기의 생긴 얼굴을
보는 사람과 같아서 24 제 자신

을 보고 가서 그 모습이 어떠했
는지를 곧 잊어버리거니와 25
자유롭게 하는 온전한 율법을 들
여다보고 있는 자는 듣고 잊어버
리는 자가 아니요 실천하는 자니
이 사람은 그 행하는 일에 복을
받으리라 26 누구든지 스스로
경건하다 생각하며 자기 혀를 재

갈 물리지 아니하고 자기 마음을
속이면 이 사람의 경건은 헛것이
라 27 하나님 아버지 앞에서 정
결하고 더러움이 없는 경건은 곧
고아와 과부를 그 환난중에 돌보
고 또 자기를 지켜 세속에 물들
지 아니하는 그것이니라

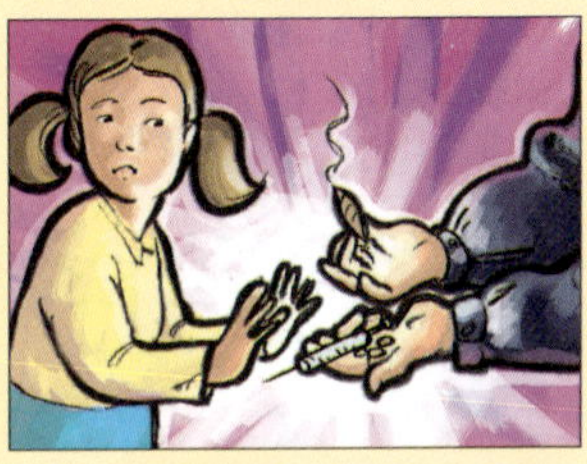

2장

차별하여 대하지 말라

1 내 형제들아 영광의 주 곧 우리
주 예수 그리스도에 대한 믿음을
너희가 가졌으니 사람을 차별하
여 대하지 말라 2 만일 너희 회당
에 금 가락지를 끼고 아름다운 옷
을 입은 사람이 들어오고 또 남루
한 옷을 입은 가난한 사람이 들어
올 때에 3 너희가 아름다운 옷을
입은 자를 눈여겨 보고 말하되

하고 또 가난한 자에게 말하되

4 너희끼리 서로 차별하며 악한
생각으로 판단하는 자가 되는 것
이 아니냐 5 내 사랑하는 형제들
아 들을지어다 하나님이 세상에
서 가난한 자를 택하사 믿음에
부요하게 하시고 또 자기를 사랑
하는 자들에게 약속하신 나라를
상속으로 받게 하지 아니하셨느
냐 6 너희는 도리어 가난한 자를
업신여겼도다 부자는 너희를 억
압하며 법정으로 끌고 가지 아니
하느냐 7 그들은 너희에게 대하
여 일컫는 바 그 아름다운 이름
을 비방하지 아니하느냐 8 너희
가 만일 성경에 기록된 대로 네
이웃 사랑하기를 네 몸과 같이
하라• 하신 최고의 법을 지키면
잘하는 것이거니와 9 만일 너희
가 사람을 차별하여 대하면 죄를
짓는 것이니 율법이 너희를 범법
자로 정죄하리라 10 누구든지
온 율법을 지키다가 그 하나를
범하면 모두 범한 자가 되나니
11 간음하지 말라• 하신 이가 또
한 살인하지 말라• 하셨은즉 네
가 비록 간음하지 아니하여도 살
인하면 율법을 범한 자가 되느니
라 12 너희는 자유의 율법대로
심판 받을 자처럼 말도 하고 행
하기도 하라 13 긍휼을 행하지
아니하는 자에게는 긍휼 없는 심
판이 있으리라 긍휼은 심판을 이
기고 자랑하느니라

행함이 없는 믿음은 죽은 것

14 내 형제들아 만일 사람이 믿
음이 있노라 하고 행함이 없으면
무슨 유익이 있으리요 그 믿음이
능히 자기를 구원하겠느냐 15
만일 형제나 자매가 헐벗고 일용
할 양식이 없는데 16 너희 중에
누구든지 그에게 이르되 평안히
가라, 덥게 하라, 배부르게 하라
하며 그 몸에 쓸 것을 주지 아니
하면 무슨 유익이 있으리요 17
이와 같이 행함이 없는 믿음은
그 자체가 죽은 것이라 18 어떤
사람은 말하기를 너는 믿음이 있
고 나는 행함이 있으니 행함이
없는 네 믿음을 내게 보이라 나
는 행함으로 내 믿음을 네게 보
이리라 하리라 19 네가 하나님

2:8 네 이웃 … 같이 하라 레 19:18 인용
2:11 간음하지 말라 출 20:14 ; 신 5:18 인용
2:11 살인하지 말라 출 20:13 ; 신 5:17 인용

은 한 분이신 줄을 믿느냐 잘하
는도다 귀신들도 믿고 떠느니라
20 아아 허탄한 사람아 행함이
없는 믿음이 헛것인 줄을 알고자
하느냐 21 우리 조상 아브라함
이 그 아들 이삭을 제단에 바칠
때에 행함으로 의롭다 하심을 받
은 것이 아니냐 22 네가 보거니
와 믿음이 그의 행함과 함께 일
하고 행함으로 믿음이 온전하게
되었느니라 23 이에 성경에 이
른 바 아브라함이 하나님을 믿으
니 이것을 의로 여기셨다•는 말
씀이 이루어졌고 그는 하나님의
벗•이라 칭함을 받았나니 24 이
로 보건대 사람이 행함으로 의롭
다 하심을 받고 믿음으로만은 아
니니라 25 또 이와 같이 기생 라
합이 사자들을 접대하여 다른 길
로 나가게 할 때에 행함으로 의롭
다 하심을 받은 것이 아니냐 26
영혼 없는 몸이 죽은 것 같이 행
함이 없는 믿음은 죽은 것이니라

3장

말에 실수가 없도록 하라

1 내 형제들아 너희는 선생된 우
리가 더 큰 심판을 받을 줄 알고
선생이 많이 되지 말라 2 우리가
다 실수가 많으니 만일 말에 실
수가 없는 자라면 곧 온전한 사
람이라 능히 온 몸도 굴레 씌우
리라 3 우리가 말들의 입에 재갈
물리는 것은 우리에게 순종하게

하려고 그 온 몸을 제어하는 것
이라 4 또 배를 보라 그렇게 크
고 광풍에 밀려가는 것들을 지극
히 작은 키로써 사공의 뜻대로
운행하나니 5 이와 같이 혀도 작
은 지체로되 큰 것을 자랑하도다
보라 얼마나 작은 불이 얼마나
많은 나무를 태우는가 6 혀는 곧
불이요 불의의 세계라 혀는 우리
지체 중에서 온 몸을 더럽히고 삶
의 수레바퀴를 불사르나니 그 사
르는 것이 지옥 불에서 나느니라

7 여러 종류의 짐승과 새와 벌레
와 바다의 생물은 다 사람이 길
들일 수 있고 길들여 왔거니와 8
혀는 능히 길들일 사람이 없나니
쉬지 아니하는 악이요 죽이는 독
이 가득한 것이라 9 이것으로 우
리가 주 아버지를 찬송하고 또
이것으로 하나님의 형상대로 지
음을 받은 사람을 저주하나니
10 한 입에서 찬송과 저주가 나
오는도다 내 형제들아 이것이 마
땅하지 아니하니라 11 샘이 한
구멍으로 어찌 단 물과 쓴 물을
내겠느냐 12 내 형제들아 어찌
무화과나무가 감람 열매를, 포도
나무가 무화과를 맺겠느냐 이와
같이 짠 물이 단 물을 내지 못하
느니라

위로부터 난 지혜

13 너희 중에 지혜와 총명이 있
는 자가 누구냐 그는 선행으로
말미암아 지혜의 온유함으로 그
행함을 보일지니라 14 그러나
너희 마음 속에 독한 시기와 다
툼이 있으면 자랑하지 말라 진리

약

2:23 **아브라함이 … 의로 여기셨다** 창 15:6 인용
2:23 **하나님의 벗** 아브라함에 대한 이 말은 역대하 20장 7절과 이사야서 41장 8절에서도 볼 수 있다.

를 거슬러 거짓말하지 말라 15
이러한 지혜는 위로부터 내려온
것이 아니요 땅 위의 것이요 정
욕의 것이요 귀신의 것이니 16
시기와 다툼이 있는 곳에는 혼란
과 모든 악한 일이 있음이라 17
오직 위로부터 난 지혜는 첫째 성
결하고 다음에 화평하고 관용하
고 양순하며 긍휼과 선한 열매가
가득하고 편견과 거짓이 없나니
18 화평하게 하는 자들은 화평으
로 심어 의의 열매를 거두느니라

4장

세상과 벗하지 말라

1 너희 중에 싸움이 어디로부터
다툼이 어디로부터 나느냐 너희
지체 중에서 싸우는 정욕으로부
터 나는 것이 아니냐 2 너희는
욕심을 내어도 얻지 못하여 살인
하며 시기하여도 능히 취하지 못
하므로 다투고 싸우는도다 너희

가 얻지 못함은 구하지 아니하기
때문이요 3 구하여도 받지 못함
은 정욕으로 쓰려고 잘못 구하기
때문이라 4 간음한 여인들아 세
상과 벗된 것이 하나님과 원수
됨을 알지 못하느냐 그런즉 누구
든지 세상과 벗이 되고자 하는
자는 스스로 하나님과 원수 되는
것이니라 5 너희는 하나님이 우
리 속에 거하게 하신 성령이 시
기하기까지 사모한다 하신 말씀
을 헛된 줄로 생각하느냐 6 그러
나 더욱 큰 은혜를 주시나니 그
러므로 일렀으되

> 하나님이 교만한 자를 물리
> 치시고 겸손한 자에게 은혜
> 를 주신다 하였느니라
>
> 잠 3:34

7 그런즉 너희는 하나님께 복종
할지어다 마귀를 대적하라 그리

하면 너희를 피하리라 8 하나님
을 가까이하라 그리하면 너희를
가까이하시리라 죄인들아 손을
깨끗이 하라 두 마음을 품은 자
들아 마음을 성결하게 하라 9 슬
퍼하며 애통하며 울지어다 너희
웃음을 애통으로, 너희 즐거움을
근심으로 바꿀지어다 10 주 앞
에서 낮추라 그리하면 주께서 너
희를 높이시리라

서로 비방하지 말라

11 형제들아 서로 비방하지 말라
형제를 비방하는 자나 형제를 판
단하는 자는 곧 율법을 비방하고

율법을 판단하는 것이라 네가 만
일 율법을 판단하면 율법의 준행
자가 아니요 재판관이로다 12
입법자와 재판관은 오직 한 분이
시니 능히 구원하기도 하시며 멸
하기도 하시느니라 너는 누구이
기에 이웃을 판단하느냐

허탄한 생각을 경고하다

13 들으라 너희 중에 말하기를
오늘이나 내일이나 우리가 어떤
도시에 가서 거기서 일 년을 머
물며 장사하여 이익을 보리라 하
는 자들아 14 내일 일을 너희가
알지 못하는도다 너희 생명이 무
엇이냐 너희는 잠깐 보이다가 없
어지는 안개니라 15 너희가 도
리어 말하기를 주의 뜻이면 우리
가 살기도 하고 이것이나 저것을
하리라 할 것이거늘 16 이제도
너희가 허탄한 자랑을 하니 그러
한 자랑은 다 악한 것이라 17 그
러므로 사람이 선을 행할 줄 알
고도 행하지 아니하면 죄니라

5장

부한 자에게 주는 경고

1 들으라 부한 자들아 너희에게
임할 고생으로 말미암아 울고 통
곡하라 2 너희 재물은 썩었고 너
희 옷은 좀먹었으며 3 너희 금과
은은 녹이 슬었으니 이 녹이 너

희에게 증거가 되며 불 같이 너
희 살을 먹으리라 너희가 말세에
재물을 쌓았도다 4 보라 너희 밭
에서 추수한 품꾼에게 주지 아니
한 삯이 소리 지르며 그 추수한
자의 우는 소리가 만군의 주의
귀에 들렸느니라 5 너희가 땅에
서 사치하고 방종하여 살륙의 날
에 너희 마음을 살찌게 하였도다
6 너희는 의인을 정죄하고 죽였
으나 그는 너희에게 대항하지 아
니하였느니라

인내와 기도

7 그러므로 형제들아 주께서 강
림하시기까지 길이 참으라 보라
농부가 땅에서 나는 귀한 열매를
바라고 길이 참아 이른 비와 늦
은 비를 기다리나니 8 너희도 길
이 참고 마음을 굳건하게 하라
주의 강림이 가까우니라 9 형제
들아 서로 원망하지 말라 그리하
여야 심판을 면하리라 보라 심판
주가 문 밖에 서 계시니라 10 형
제들아 주의 이름으로 말한 선지
자들을 고난과 오래 참음의 본으
로 삼으라 11 보라 인내하는 자
를 우리가 복되다 하나니 너희가
욥의 인내를 들었고 주께서 주신
결말을 보았거니와 주는 가장 자

비하시고 긍휼히 여기시는 이시
니라 12 내 형제들아 무엇보다
도 맹세하지 말지니 하늘로나 땅
으로나 아무 다른 것으로도 맹세
하지 말고 오직 너희가 그렇다고
생각하는 것은 그렇다 하고 아니
라고 생각하는 것은 아니라 하여
정죄 받음을 면하라 13 너희 중
에 고난 당하는 자가 있느냐 그

는 기도할 것이요 즐거워하는 자

가 있느냐 그는 찬송할지니라
14 너희 중에 병든 자가 있느냐
그는 교회의 장로들을 청할 것이
요 그들은 주의 이름으로 기름을
바르며* 그를 위하여 기도할지

니라 15 믿음의 기도는 병든 자

를 구원하리니 주께서 그를 일으
키시리라 혹시 죄를 범하였을지

라도 사하심을 받으리라 16 그
러므로 너희 죄를 서로 고백하며
병이 낫기를 위하여 서로 기도하
라 의인의 간구는 역사하는 힘이
큼이니라 17 엘리야는 우리와
성정이 같은 사람이로되 그가 비
가 오지 않기를 간절히 기도한즉
삼 년 육 개월 동안 땅에 비가 오
지 아니하고 18 다시 기도하니
하늘이 비를 주고 땅이 열매를
맺었느니라 19 내 형제들아 너
희 중에 미혹되어 진리를 떠난
자를 누가 돌아서게 하면 20 너
희가 알 것은 죄인을 미혹된 길
에서 돌아서게 하는 자가 그의
영혼을 사망에서 구원할 것이며
허다한 죄를 덮을 것임이라

5:14 **기름을 바르며** 기름은 마치 약품처럼 사용되었고 따라서 신자들도 기름을 그렇게 사용한 것 같다.

베드로전서

1장

인사

1 예수 그리스도의 사도 베드로
는 본도, 갈라디아, 갑바도기아,
아시아와 비두니아에 흩어진 나
그네 2 곧 하나님 아버지의 미리
아심을 따라 성령이 거룩하게 하
심으로 순종함과 예수 그리스도
의 피 뿌림을 얻기 위하여 택하
심을 받은 자들에게 편지하노니
은혜와 평강이 너희에게 더욱 많
을지어다

산 소망

3 우리 주 예수 그리스도의 아버
지 하나님을 찬송하리로다 그의
많으신 긍휼대로 예수 그리스도
를 죽은 자 가운데서 부활하게
하심으로 말미암아 우리를 거듭
나게 하사 산 소망이 있게 하시
며 4 썩지 않고 더럽지 않고 쇠
하지 아니하는 유업을 잇게 하시
나니 곧 너희를 위하여 하늘에
간직하신 것이라 5 너희는 말세
에 나타내기로 예비하신 구원을
얻기 위하여 믿음으로 말미암아
하나님의 능력으로 보호하심을
받았느니라 6 그러므로 너희가
이제 여러 가지 시험으로 말미암
아 잠깐 근심하게 되지 않을 수
없으나 오히려 크게 기뻐하는도
다 7 너희 믿음의 확실함은 불로
연단하여도 없어질 금보다 더 귀
하여 예수 그리스도께서 나타나
실 때에 칭찬과 영광과 존귀를
얻게 할 것이니라 8 예수를 너희
가 보지 못하였으나 사랑하는도
다 이제도 보지 못하나 믿고 말
할 수 없는 영광스러운 즐거움으
로 기뻐하니 9 믿음의 결국 곧
영혼의 구원을 받음이라 10 이
구원에 대하여는 너희에게 임할
은혜를 예언하던 선지자들이 연
구하고 부지런히 살펴서 11 자

기 속에 계신 그리스도의 영이
그 받으실 고난과 후에 받으실
영광을 미리 증언하여 누구를 또
는 어떠한 때를 지시하시는지 상
고하니라 12 이 섬긴 바가 자기
를 위한 것이 아니요 너희를 위한
것임이 계시로 알게 되었으니 이
것은 하늘로부터 보내신 성령을
힘입어 복음을 전하는 자들로 이
제 너희에게 알린 것이요 천사들
도 살펴 보기를 원하는 것이니라

모든 행실에 거룩한 자가 되라

13 그러므로 너희 마음의 허리를
동이고 근신하여 예수 그리스도
께서 나타나실 때에 너희에게 가
져다 주실 은혜를 온전히 바랄지
어다 14 너희가 순종하는 자식
처럼 전에 알지 못할 때에 따르
던 너희 사욕을 본받지 말고 15
오직 너희를 부르신 거룩한 이처
럼 너희도 모든 행실에 거룩한
자가 되라 16 기록되었으되 내
가 거룩하니 너희도 거룩할지어
다• 하셨느니라 17 외모로 보시
지 않고 각 사람의 행위대로 심
판하시는 이를 너희가 아버지라
부르는즉 너희가 나그네로 있을 때

를 두려움으로 지내라 18 너희
가 알거니와 너희 조상이 물려
준 헛된 행실에서 대속함을 받은
것은 은이나 금 같이 없어질 것
으로 된 것이 아니요 19 오직 흠
없고 점 없는 어린 양 같은 그리
스도의 보배로운 피로 된 것이니
라 20 그는 창세 전부터 미리 알
린 바 되신 이나 이 말세에 너희
를 위하여 나타내신 바 되었으니
21 너희는 그를 죽은 자 가운데서
살리시고 영광을 주신 하나님을
그리스도로 말미암아 믿는 자니
너희 믿음과 소망이 하나님께 있
게 하셨느니라 22 너희가 진리를
순종함으로 너희 영혼을 깨끗하
게 하여 거짓이 없이 형제를 사
랑하기에 이르렀으니 마음으로
뜨겁게 서로 사랑하라 23 너희
가 거듭난 것은 썩어질 씨로 된
것이 아니요 썩지 아니할 씨로
된 것이니 살아 있고 항상 있는
하나님의 말씀으로 되었느니라

1:16 **내가 … 거룩할지어다** 레 11:45 ; 19:2 ; 20:7 인용

24 그러므로

> 모든 육체는 풀과 같고 그 모든 영광은 풀의 꽃과 같으니 풀은 마르고 꽃은 떨어지되 25 오직 주의 말씀은 세세토록 있도다 하였으니
> 사 40:6-8

너희에게 전한 복음이 곧 이 말씀이니라

2장

산 돌과 하나님의 백성

1 그러므로 모든 악독과 모든 기
만과 외식과 시기와 모든 비방하
는 말을 버리고 2 갓난 아기들
같이 순전하고 신령한 젖을 사모
하라 이는 그로 말미암아 너희로
구원에 이르도록 자라게 하려 함
이라 3 너희가 주의 인자하심을
맛보았으면 그리하라 4 사람에
게는 버린 바가 되었으나 하나님
께는 택하심을 입은 보배로운 산
돌• 이신 예수께 나아가 5 너희도
산 돌 같이 신령한 집으로 세워지
고 예수 그리스도로 말미암아 하
나님이 기쁘게 받으실 신령한 제
사를 드릴 거룩한 제사장이 될지
니라 6 성경에 기록되었으되

> 보라 내가 택한 보배로운 모퉁잇돌을 시온에 두노니 그를 믿는 자는 부끄러움을 당하지 아니하리라 하였으니
> 사 28:16

7 그러므로 믿는 너희에게는 보
배이나 믿지 아니하는 자에게는

> 건축자들이 버린 그 돌이 모퉁이의 머릿돌이 되고
> 시 118:22

8 또한

> 부딪치는 돌과 걸려 넘어지게 하는 바위가 되었다 하였느니라
> 사 8:14

그들이 말씀을 순종하지 아니하
므로 넘어지나니 이는 그들을 이
렇게 정하신 것이라 9 그러나 너
희는 택하신 족속이요 왕 같은 제
사장들이요 거룩한 나라요 그의
소유가 된 백성이니 이는 너희를
어두운 데서 불러 내어 그의 기이
한 빛에 들어가게 하신 이의 아름
다운 덕을 선포하게 하려 하심이
라 10 너희가 전에는 백성이 아
니더니 이제는 하나님의 백성이
요 전에는 긍휼을 얻지 못하였더
니 이제는 긍휼을 얻은 자니라

하나님의 종과 같이 하라

11 사랑하는 자들아 거류민과 나
그네 같은 너희를 권하노니 영혼
을 거슬러 싸우는 육체의 정욕을
제어하라 12 너희가 이방인 중에
서 행실을 선하게 가져 너희를 악
행한다고 비방하는 자들로 하여
금 너희 선한 일을 보고 오시는
날에 하나님께 영광을 돌리게 하
려 함이라 13 인간의 모든 제도
를 주를 위하여 순종하되 혹은 위
에 있는 왕이나 14 혹은 그가 악

2:4 **돌** 하나님의 영적 성전 또는 집(그분의 백성)에서 가장 중요한 돌

행하는 자를 징벌하고 선행하는
자를 포상하기 위하여 보낸 총독
에게 하라 15 곧 선행으로 어리
석은 사람들의 무식한 말을 막으
시는 것이라 16 너희는 자유가
있으나 그 자유로 악을 가리는
데 쓰지 말고 오직 하나님의 종
과 같이 하라 17 뭇 사람을 공경
하며 형제를 사랑하며 하나님을
두려워하며 왕을 존대하라

그리스도의 고난

18 사환들아 범사에 두려워함으
로 주인들에게 순종하되 선하고
관용하는 자들에게만 아니라 또
한 까다로운 자들에게도 그리하
라 19 부당하게 고난을 받아도
하나님을 생각함으로 슬픔을 참
으면 이는 아름다우나 20 죄가 있
어 매를 맞고 참으면 무슨 칭찬이
있으리요 그러나 선을 행함으로
고난을 받고 참으면 이는 하나님
앞에 아름다우니라 21 이를 위하
여 너희가 부르심을 받았으니 그
리스도도 너희를 위하여 고난을
받으사 너희에게 본을 끼쳐 그 자
취를 따라오게 하려 하셨느니라

> 22 그는 죄를 범하지 아니
> 하시고 그 입에 거짓도 없
> 으시며 사 53:9

23 욕을 당하시되 맞대어 욕하지
아니하시고 고난을 당하시되 위

협하지 아니하시고 오직 공의로
심판하시는 이에게 부탁하시며
24 친히 나무에 달려 그 몸으로
우리 죄를 담당하셨으니 이는 우
리로 죄에 대하여 죽고 의에 대
하여 살게 하려 하심이라 그가
채찍에 맞음으로 너희는 나음을
얻었나니 25 너희가 전에는 양

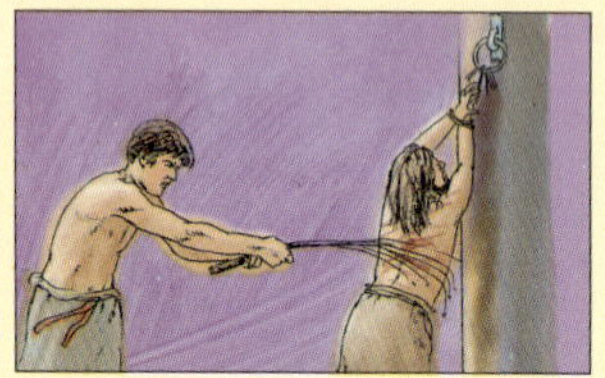

과 같이 길을 잃었더니 이제는
너희 영혼의 목자와 감독 되신
이에게 돌아왔느니라

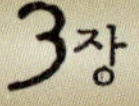

3장

아내와 남편

1 아내들아 이와 같이 자기 남편
에게 순종하라 이는 혹 말씀을
순종하지 않는 자라도 말로 말미
암지 않고 그 아내의 행실로 말
미암아 구원을 받게 하려 함이니
2 너희의 두려워하며 정결한 행
실을 봄이라 3 너희의 단장은 머
리를 꾸미고 금을 차고 아름다운
옷을 입는 외모로 하지 말고 4
오직 마음에 숨은 사람을 온유하
고 안정한 심령의 썩지 아니할
것으로 하라 이는 하나님 앞에
값진 것이니라 5 전에 하나님께
소망을 두었던 거룩한 부녀들도
이와 같이 자기 남편에게 순종함
으로 자기를 단장하였나니 6 사
라가 아브라함을 주라 칭하여 순
종한 것 같이 너희는 선을 행하
고 아무 두려운 일에도 놀라지
아니하면 그의 딸이 된 것이니라
7 남편들아 이와 같이 지식을 따
라 너희 아내와 동거하고 그를
더 연약한 그릇이요 또 생명의
은혜를 함께 이어받을 자로 알아
귀히 여기라 이는 너희 기도가
막히지 아니하게 하려 함이라

선을 위한 고난

8 마지막으로 말하노니 너희가 다
마음을 같이하여 동정하며 형제
를 사랑하며 불쌍히 여기며 겸손
하며 9 악을 악으로, 욕을 욕으로
갚지 말고 도리어 복을 빌라 이를
위하여 너희가 부르심을 받았으

벧전

니 이는 복을 이어받게 하려 하심
이라 10 그러므로

> 생명을 사랑하고 좋은 날 보
> 기를 원하는 자는 혀를 금하
> 여 악한 말을 그치며 그 입
> 술로 거짓을 말하지 말고
> 11 악에서 떠나 선을 행하고
> 화평을 구하며 그것을 따르
> 라 12 주의 눈은 의인을 향
> 하시고 그의 귀는 의인의 간
> 구에 기울이시되 주의 얼굴
> 은 악행하는 자들을 대하시
> 느니라 하였느니라
>
> 시 34:12-16

13 또 너희가 열심으로 선을 행
하면 누가 너희를 해하리요 14
그러나 의를 위하여 고난을 받으
면 복 있는 자니 그들이 두려워
하는 것을 두려워하지 말며 근심
하지 말고 15 너희 마음에 그리
스도를 주로 삼아 거룩하게 하고
너희 속에 있는 소망에 관한 이
유를 묻는 자에게는 대답할 것을
항상 준비하되 온유와 두려움으
로 하고 16 선한 양심을 가지라
이는 그리스도 안에 있는 너희의
선행을 욕하는 자들로 그 비방하
는 일에 부끄러움을 당하게 하려
함이라 17 선을 행함으로 고난
받는 것이 하나님의 뜻일진대 악
을 행함으로 고난 받는 것보다
나으니라 18 그리스도께서도 단
번에 죄를 위하여 죽으사 의인으
로서 불의한 자를 대신하셨으니
이는 우리를 하나님 앞으로 인도
하려 하심이라 육체로는 죽임을
당하시고 영으로는 살리심을 받
으셨으니 19 그가 또한 영으로
가서 옥에 있는 영들에게 선포하
시니라 20 그들은 전에 노아의
날 방주를 준비할 동안 하나님이
오래 참고 기다리실 때에 복종하
지 아니하던 자들이라 방주에서
물로 말미암아 구원을 얻은 자가
몇 명뿐이니 겨우 여덟 명이라
21 물은 예수 그리스도께서 부활
하심으로 말미암아 이제 너희를
구원하는 표니 곧 세례라 이는
육체의 더러운 것을 제하여 버림
이 아니요 하나님을 향한 선한
양심의 간구니라 22 그는 하늘
에 오르사 하나님 우편에 계시니
천사들과 권세들과 능력들이 그
에게 복종하느니라

4장

하나님의 은혜를 맡은 선한 청지기

1 그리스도께서 이미 육체의 고
난을 받으셨으니 너희도 같은 마
음으로 갑옷을 삼으라 이는 육체
의 고난을 받은 자는 죄를 그쳤
음이니 2 그 후로는 다시 사람의
정욕을 따르지 않고 하나님의 뜻
을 따라 육체의 남은 때를 살게
하려 함이라 3 너희가 음란과 정
욕과 술취함과 방탕과 향락과 무

법한 우상 숭배를 하여 이방인의
뜻을 따라 행한 것은 지나간 때
로 족하도다 4 이러므로 너희가
그들과 함께 그런 극한 방탕에
달음질하지 아니하는 것을 그들
이 이상히 여겨 비방하나 5 그들
이 산 자와 죽은 자를 심판하기
로 예비하신 이에게 사실대로 고
하리라 6 이를 위하여 죽은 자들
에게도 복음이 전파되었으니 이
는 육체로는 사람으로 심판을 받
으나 영으로는 하나님을 따라 살
게 하려 함이라 7 만물의 마지막
이 가까이 왔으니 그러므로 너희
는 정신을 차리고 근신하여 기도
하라 8 무엇보다도 뜨겁게 서로
사랑할지니 사랑은 허다한 죄를
덮느니라 9 서로 대접하기를 원

망 없이 하고 10 각각 은사를 받
은 대로 하나님의 여러 가지 은
혜를 맡은 선한 청지기 같이 서
로 봉사하라 11 만일 누가 말하
려면 하나님의 말씀을 하는 것
같이 하고 누가 봉사하려면 하나
님이 공급하시는 힘으로 하는 것
같이 하라 이는 범사에 예수 그
리스도로 말미암아 하나님이 영
광을 받으시게 하려 함이니 그에
게 영광과 권능이 세세에 무궁하
도록 있느니라 아멘

그리스도인이 받을 고난

12 사랑하는 자들아 너희를 연단
하려고 오는 불 시험을 이상한
일 당하는 것 같이 이상히 여기
지 말고 13 오히려 너희가 그리
스도의 고난에 참여하는 것으로
즐거워하라 이는 그의 영광을 나
타내실 때에 너희로 즐거워하고
기뻐하게 하려 함이라 14 너희
가 그리스도의 이름으로 치욕을
당하면 복 있는 자로다 영광의
영 곧 하나님의 영이 너희 위에
계심이라 15 너희 중에 누구든
지 살인이나 도둑질이나 악행이
나 남의 일을 간섭하는 자로 고
난을 받지 말려니와 16 만일 그
리스도인으로 고난을 받으면 부
끄러워하지 말고 도리어 그 이름
으로 하나님께 영광을 돌리라
17 하나님의 집에서 심판을 시작
할 때가 되었나니 만일 우리에게
먼저 하면 하나님의 복음을 순종
하지 아니하는 자들의 그 마지막
은 어떠하며 18 또 의인이 겨우
구원을 받으면 경건하지 아니한
자와 죄인은 어디에 서리요 19
그러므로 하나님의 뜻대로 고난
을 받는 자들은 또한 선을 행하
는 가운데에 그 영혼을 미쁘신
창조주께 의탁할지어다

5장

하나님의 양 무리를 치라

1 너희 중 장로들에게 권하노니
나는 함께 장로 된 자요 그리스

도의 고난의 증인이요 나타날 영
광에 참여할 자니라 2 너희 중에
있는 하나님의 양 무리를 치되
억지로 하지 말고 하나님의 뜻을
따라 자원함으로 하며 더러운 이
득을 위하여 하지 말고 기꺼이
하며 3 맡은 자들에게 주장하는
자세를 하지 말고 양 무리의 본
이 되라 4 그리하면 목자장이 나
타나실 때에 시들지 아니하는 영
광의 관을 얻으리라 5 젊은 자들
아 이와 같이 장로들에게 순종하
고 다 서로 겸손으로 허리를 동
이라 하나님은 교만한 자를 대적
하시되 겸손한 자들에게는 은혜
를 주시느니라 6 그러므로 하나
님의 능하신 손 아래에서 겸손하
라 때가 되면 너희를 높이시리라
7 너희 염려를 다 주께 맡기라 이
는 그가 너희를 돌보심이라 8 근
신하라 깨어라 너희 대적 마귀가
우는 사자 같이 두루 다니며 삼
킬 자를 찾나니 9 너희는 믿음을
굳건하게 하여 그를 대적하라 이
는 세상에 있는 너희 형제들도
동일한 고난을 당하는 줄을 앎이
라 10 모든 은혜의 하나님 곧 그
리스도 안에서 너희를 부르사 자
기의 영원한 영광에 들어가게 하
신 이가 잠깐 고난을 당한 너희
를 친히 온전하게 하시며 굳건하
게 하시며 강하게 하시며 터를
견고하게 하시리라 11 권능이
세세무궁하도록 그에게 있을지
어다 아멘

끝 인사

12 내가 신실한 형제로 아는 실
루아노로 말미암아 너희에게 간
단히 써서 권하고 이것이 하나님
의 참된 은혜임을 증언하노니 너
희는 이 은혜에 굳게 서라 13 택
하심을 함께 받은 바벨론에 있는
교회가 너희에게 문안하고 내 아
들 마가도 그리하느니라 14 너
희는 사랑의 입맞춤으로 서로 문
안하라 그리스도 안에 있는 너희
모든 이에게 평강이 있을지어다

베드로후서

1장

부르심과 택하심

1 예수 그리스도의 종이며 사도인 시몬 베드로는 우리 하
나님과 구주 예수 그리스도의 의를 힘입어 동일하게 보

배로운 믿음을 우리와 함께 받은
자들에게 편지하노니 2 하나님
과 우리 주 예수를 앎으로 은혜
와 평강이 너희에게 더욱 많을지
어다 3 그의 신기한 능력으로 생
명과 경건에 속한 모든 것을 우
리에게 주셨으니 이는 자기의 영
광과 덕으로써 우리를 부르신 이
를 앎으로 말미암음이라 4 이로
써 그 보배롭고 지극히 큰 약속
을 우리에게 주사 이 약속으로
말미암아 너희가 정욕 때문에 세
상에서 썩어질 것을 피하여 신성
한 성품에 참여하는 자가 되게
하려 하셨느니라 5 그러므로 너
희가 더욱 힘써 너희 믿음에 덕
을, 덕에 지식을, 6 지식에 절제
를, 절제에 인내를, 인내에 경건
을, 7 경건에 형제 우애를, 형제
우애에 사랑을 더하라 8 이런 것
이 너희에게 있어 흡족한즉 너희
로 우리 주 예수 그리스도를 알
기에 게으르지 않고 열매 없는
자가 되지 않게 하려니와 9 이런
것이 없는 자는 맹인이라 멀리
보지 못하고 그의 옛 죄가 깨끗
하게 된 것을 잊었느니라 10 그
러므로 형제들아 더욱 힘써 너희
부르심과 택하심을 굳게 하라 너
희가 이것을 행한즉 언제든지 실
족하지 아니하리라 11 이같이
하면 우리 주 곧 구주 예수 그리
스도의 영원한 나라에 들어감을
넉넉히 너희에게 주시리라

그리스도의 영광과 성경의 예언

12 그러므로 너희가 이것을 알고
이미 있는 진리에 서 있으나 내
가 항상 너희에게 생각나게 하려
하노라 13 내가 이 장막에 있을
동안에 너희를 일깨워 생각나게
함이 옳은 줄로 여기노니 14 이
는 우리 주 예수 그리스도께서
내게 지시하신 것 같이 나도 나
의 장막을 벗어날 것이 임박한
줄을 앎이라 15 내가 힘써 너희
로 하여금 내가 떠난 후에라도
어느 때나 이런 것을 생각나게
하려 하노라 16 우리 주 예수 그
리스도의 능력과 강림하심을 너
희에게 알게 한 것이 교묘히 만
든 이야기를 따른 것이 아니요
우리는 그의 크신 위엄을 친히
본 자라 17 지극히 큰 영광 중에
서 이러한 소리가 그에게 나기를
이는 내 사랑하는 아들이요 내
기뻐하는 자라 하실 때에 그가
하나님 아버지께 존귀와 영광을
받으셨느니라 18 이 소리는 우
리가 그와 함께 거룩한 산에 있
을 때에 하늘로부터 난 것을 들
은 것이라 19 또 우리에게는 더
확실한 예언이 있어 어두운 데를
비추는 등불과 같으니 날이 새어
샛별이 너희 마음에 떠오르기까
지 너희가 이것을 주의하는 것이
옳으니라 20 먼저 알 것은 성경

의 모든 예언은 사사로이 풀 것
이 아니니 21 예언은 언제든지
사람의 뜻으로 낸 것이 아니요
오직 성령의 감동하심을 받은 사
람들이 하나님께 받아 말한 것임
이라

2장

거짓 선지자들과 거짓 선생들

1 그러나 백성 가운데 또한 거짓
선지자들이 일어났었나니 이와
같이 너희 중에도 거짓 선생들이
있으리라 그들은 멸망하게 할 이
단을 가만히 끌어들여 자기들을
사신 주를 부인하고 임박한 멸망
을 스스로 취하는 자들이라 2 여
럿이 그들의 호색하는 것을 따르
리니 이로 말미암아 진리의 도가
비방을 받을 것이요 3 그들이 탐
심으로써 지어낸 말을 가지고 너
희로 이득을 삼으니 그들의 심판
은 옛적부터 지체하지 아니하며
그들의 멸망은 잠들지 아니하느
니라 4 하나님이 범죄한 천사들
을 용서하지 아니하시고 지옥에
던져 어두운 구덩이에 두어• 심
판 때까지 지키게 하셨으며 5 옛
세상을 용서하지 아니하시고 오
직 의를 전파하는 노아와 그 일
곱 식구를 보존하시고 경건하지
아니한 자들의 세상에 홍수를 내
리셨으며 6 소돔과 고모라• 성
을 멸망하기로 정하여 재가 되게
하사 후세에 경건하지 아니할 자
들에게 본을 삼으셨으며 7 무법

2:4 **어두운 구덩이에 두어** 일부 헬라어 사본들에서는 "어둠의 쇠사슬에 묶어 두어"라고 기록되어 있다.
2:6 **소돔과 고모라** 너무나 악했기 때문에 하나님께 멸망당한 두 도시

한 자들의 음란한 행실로 말미암
아 고통 당하는 의로운 롯을 건
지셨으니 8 (이는 이 의인이 그
들 중에 거하여 날마다 저 불법
한 행실을 보고 들음으로 그 의
로운 심령이 상함이라) 9 주께서
경건한 자는 시험에서 건지실 줄
아시고 불의한 자는 형벌 아래에
두어 심판 날까지 지키시며 10
특별히 육체를 따라 더러운 정욕
가운데서 행하며 주관하는 이를
멸시하는 자들에게는 형벌할 줄
아시느니라 이들은 당돌하고 자
긍하며 떨지 않고 영광 있는 자
들을 비방하거니와 11 더 큰 힘
과 능력을 가진 천사들도 주 앞
에서 그들을 거슬러 비방하는 고
발을 하지 아니하느니라 12 그
러나 이 사람들은 본래 잡혀 죽
기 위하여 난 이성 없는 짐승 같
아서 그 알지 못하는 것을 비방
하고 그들의 멸망 가운데서 멸망
을 당하며 13 불의의 값으로 불
의를 당하며 낮에 즐기고 노는
것을 기쁘게 여기는 자들이니 점
과 흠이라 너희와 함께 연회할
때에 그들의 속임수로 즐기고 놀
며 14 음심이 가득한 눈을 가지
고 범죄하기를 그치지 아니하고
굳세지 못한 영혼들을 유혹하며
탐욕에 연단된 마음을 가진 자들
이니 저주의 자식이라 15 그들
이 바른 길을 떠나 미혹되어 브
올의 아들 발람의 길을 따르는도
다 그는 불의의 삯을 사랑하다가
16 자기의 불법으로 말미암아 책
망을 받되 말하지 못하는 나귀가
사람의 소리로 말하여 이 선지자
의 미친 행동을 저지하였느니라
17 이 사람들은 물 없는 샘이요

광풍에 밀려 가는 안개니 그들을
위하여 캄캄한 어둠이 예비되어
있나니 18 그들이 허탄한 자랑의
말을 토하며 그릇되게 행하는 사
람들에게서 겨우 피한 자들을 음
란으로써 육체의 정욕 중에서 유
혹하는도다 19 그들에게 자유를
준다 하여도 자신들은 멸망의 종
들이니 누구든지 진 자는 이긴 자
의 종이 됨이라 20 만일 그들이
우리 주 되신 구주 예수 그리스
도를 앎으로 세상의 더러움을 피
한 후에 다시 그 중에 얽매이고
지면 그 나중 형편이 처음보다
더 심하리니 21 의의 도를 안 후
에 받은 거룩한 명령을 저버리는
것보다 알지 못하는 것이 도리어
그들에게 나으니라 22 참된 속
담에 이르기를 개가 그 토하였던
것에 돌아가고* 돼지가 씻었다
가 더러운 구덩이에 도로 누웠다
하는 말이 그들에게 응하였도다

3장

하나님의 날

1 사랑하는 자들아 내가 이제 이
둘째 편지를 너희에게 쓰노니 이
두 편지로 너희의 진실한 마음을
일깨워 생각나게 하여 2 곧 거룩
한 선지자들이 예언한 말씀과 주
되신 구주께서 너희의 사도들로
말미암아 명하신 것을 기억하게
하려 하노라 3 먼저 이것을 알지
니 말세에 조롱하는 자들이 와서
자기의 정욕을 따라 행하며 조롱
하여 4 이르되

5 이는 하늘이 옛적부터 있는 것
과 땅이 물에서 나와 물로 성립
된 것도 하나님의 말씀으로 된
것을 그들이 일부러 잊으려 함이
로다 6 이로 말미암아 그 때에
세상은 물이 넘침으로 멸망하였
으되 7 이제 하늘과 땅은 그 동
일한 말씀으로 불사르기 위하여
보호하신 바 되어 경건하지 아니

벧후

2:22 **개가 … 돌아가고** 잠 26:11 인용

한 사람들의 심판과 멸망의 날까
지 보존하여 두신 것이니라 8 사

랑하는 자들아 주께는 하루가 천
년 같고 천 년이 하루 같다는 이
한 가지를 잊지 말라 9 주의 약
속은 어떤 이들이 더디다고 생각
하는 것 같이 더딘 것이 아니라
오직 주께서는 너희를 대하여 오
래 참으사 아무도 멸망하지 아니
하고 다 회개하기에 이르기를 원
하시느니라 10 그러나 주의 날
이 도둑 같이 오리니 그 날에는
하늘이 큰 소리로 떠나가고 물질
이 뜨거운 불에 풀어지고 땅과
그 중에 있는 모든 일이 드러나
리로다 11 이 모든 것이 이렇게
풀어지리니 너희가 어떠한 사람
이 되어야 마땅하냐 거룩한 행실
과 경건함으로 12 하나님의 날

이 임하기를 바라보고 간절히 사
모하라 그 날에 하늘이 불에 타
서 풀어지고 물질이 뜨거운 불에
녹아지려니와 13 우리는 그의
약속대로 의가 있는 곳인 새 하
늘과 새 땅을 바라보도다 14 그
러므로 사랑하는 자들아 너희가
이것을 바라보나니 주 앞에서 점
도 없고 흠도 없이 평강 가운데
서 나타나기를 힘쓰라 15 또 우
리 주의 오래 참으심이 구원이
될 줄로 여기라 우리가 사랑하는
형제 바울도 그 받은 지혜대로
너희에게 이같이 썼고 16 또 그
모든 편지에도 이런 일에 관하여
말하였으되 그 중에 알기 어려운
것이 더러 있으니 무식한 자들과
굳세지 못한 자들이 다른 성경과
같이 그것도 억지로 풀다가 스스
로 멸망에 이르느니라 17 그러
므로 사랑하는 자들아 너희가 이
것을 미리 알았은즉 무법한 자들
의 미혹에 이끌려 너희가 굳센
데서 떨어질까 삼가라 18 오직
우리 주 곧 구주 예수 그리스도
의 은혜와 그를 아는 지식에서
자라 가라 영광이 이제와 영원한
날까지 그에게 있을지어다

요한1서

1장

생명의 말씀

1 태초부터 있는 생명의 말씀•에
관하여는 우리가 들은 바요 눈으
로 본 바요 자세히 보고 우리의
손으로 만진 바라 2 이 생명이
나타내신 바 된지라 이 영원한

생명을 우리가 보았고 증언하여
너희에게 전하노니 이는 아버지
와 함께 계시다가 우리에게 나타
내신 바 된 이시니라 3 우리가 보
고 들은 바를 너희에게도 전함은
너희로 우리와 사귐이 있게 하려
함이니 우리의 사귐은 아버지와
그의 아들 예수 그리스도와 더불
어 누림이라 4 우리가 이것을 씀
은 우리의 기쁨이 충만하게 하려
함이라

하나님은 빛이시다

5 우리가 그에게서 듣고 너희에
게 전하는 소식은 이것이니 곧
하나님은 빛•이시라 그에게는
어둠이 조금도 없으시다는 것이
니라 6 만일 우리가 하나님과 사
귐이 있다 하고 어둠에 행하면
거짓말을 하고 진리를 행하지 아
니함이거니와 7 그가 빛 가운데
계신 것 같이 우리도 빛 가운데
행하면 우리가 서로 사귐이 있고
그 아들 예수의 피가 우리를 모
든 죄에서 깨끗하게 하실 것이요
8 만일 우리가 죄가 없다고 말하
면 스스로 속이고 또 진리가 우
리 속에 있지 아니할 것이요 9
만일 우리가 우리 죄를 자백하면
그는 미쁘시고 의로우사 우리 죄
를 사하시며 우리를 모든 불의에
서 깨끗하게 하실 것이요 10 만
일 우리가 범죄하지 아니하였다
하면 하나님을 거짓말하는 이로
만드는 것이니 또한 그의 말씀이
우리 속에 있지 아니하니라

2장

대언자이신 예수 그리스도

1 나의 자녀들아 내가 이것을 너
희에게 씀은 너희로 죄를 범하지
않게 하려 함이라 만일 누가 죄를
범하여도 아버지 앞에서 우리에
게 대언자가 있으니 곧 의로우신
예수 그리스도시라 2 그는 우리
죄를 위한 화목제물이니 우리만
위할 뿐 아니요 온 세상의 죄를
위하심이라 3 우리가 그의 계명

을 지키면 이로써 우리가 그를 아
는 줄로 알 것이요 4 그를 아노라
하고 그의 계명을 지키지 아니하
는 자는 거짓말하는 자요 진리가
그 속에 있지 아니하되 5 누구든
지 그의 말씀을 지키는 자는 하나
님의 사랑이 참으로 그 속에서 온
전하게 되었나니 이로써 우리가
그의 안에 있는 줄을 아노라 6 그
의 안에 산다고 하는 자는 그가 행
하시는 대로 자기도 행할지니라

옛 계명과 새 계명

7 사랑하는 자들아 내가 새 계명
을 너희에게 쓰는 것이 아니라
너희가 처음부터 가진 옛 계명이
니 이 옛 계명은 너희가 들은 바
말씀이거니와 8 다시 내가 너희
에게 새 계명을 쓰노니 그에게와
너희에게도 참된 것이라 이는 어
둠이 지나가고 참빛이 벌써 비침
이니라 9 빛• 가운데 있다 하면
서 그 형제를 미워하는 자는 지
금까지 어둠에 있는 자요 10 그
의 형제를 사랑하는 자는 빛 가
운데 거하여 자기 속에 거리낌이
없으나 11 그의 형제를 미워하
는 자는 어둠에 있고 또 어둠에
행하며 갈 곳을 알지 못하나니
이는 그 어둠이 그의 눈을 멀게
하였음이라 12 자녀들아 내가
너희에게 쓰는 것은 너희 죄가
그의 이름으로 말미암아 사함을
받았음이요 13 아비들아 내가
너희에게 쓰는 것은 너희가 태초
부터 계신 이를 알았음이요 청년
들아 내가 너희에게 쓰는 것은
너희가 악한 자를 이기었음이라
14 아이들아 내가 너희에게 쓴
것은 너희가 아버지를 알았음이
요 아비들아 내가 너희에게 쓴
것은 너희가 태초부터 계신 이를
알았음이요 청년들아 내가 너희
에게 쓴 것은 너희가 강하고 하
나님의 말씀이 너희 안에 거하시
며 너희가 흉악한 자를 이기었음
이라 15 이 세상이나 세상에 있
는 것들을 사랑하지 말라 누구든

요일

1:1 **말씀** '로고스'라는 헬라어를 번역한 말. 로고스는 의사소통을 의미하며, '메시지'라고 번역될 수도 있다. 여기서는 그리스도를 가리킨다. 하나님께서는 그리스도를 통해 하나님 자신에 대해 사람들에게 말씀해 주셨다.

1:5 ; 2:9 **빛** 이 단어는 하나님이 어떤 분이신지를 보여주기 위해 사용되었다. 이것은 선함이나 진실함을 의미한다.

지 세상을 사랑하면 아버지의 사
랑이 그 안에 있지 아니하니 16
이는 세상에 있는 모든 것이 육
신의 정욕과 안목의 정욕과 이생
의 자랑이니 다 아버지께로부터
온 것이 아니요 세상으로부터 온
것이라 17 이 세상도, 그 정욕도
지나가되 오직 하나님의 뜻을 행
하는 자는 영원히 거하느니라

적그리스도와 하나님의 자녀

18 아이들아 지금은 마지막 때라
적그리스도가 오리라는 말을 너
희가 들은 것과 같이 지금도 많은
적그리스도가 일어났으니 그러
므로 우리가 마지막 때인 줄 아노
라 19 그들이 우리에게서 나갔으
나 우리에게 속하지 아니하였나
니 만일 우리에게 속하였더라면
우리와 함께 거하였으려니와 그
들이 나간 것은 다 우리에게 속
하지 아니함을 나타내려 함이니
라 20 너희는 거룩하신 자에게
서 기름 부음•을 받고 모든 것을
아느니라• 21 내가 너희에게 쓰
는 것은 너희가 진리를 알지 못
하기 때문이 아니라 알기 때문이
요 또 모든 거짓은 진리에서 나
지 않기 때문이라 22 거짓말하
는 자가 누구냐 예수께서 그리스
도이심을 부인하는 자가 아니냐
아버지와 아들을 부인하는 그가
적그리스도니 23 아들을 부인하
는 자에게는 또한 아버지가 없으
되 아들을 시인하는 자에게는 아
버지도 있느니라 24 너희는 처
음부터 들은 것을 너희 안에 거
하게 하라 처음부터 들은 것이
너희 안에 거하면 너희가 아들과
아버지 안에 거하리라 25 그가
우리에게 약속하신 것은 이것이
니 곧 영원한 생명이니라 26 너
희를 미혹하는 자들에 관하여 내
가 이것을 너희에게 썼노라 27
너희는 주께 받은 바 기름 부음
이 너희 안에 거하나니 아무도
너희를 가르칠 필요가 없고 오직
그의 기름 부음이 모든 것을 너
희에게 가르치며 또 참되고 거짓
이 없으니 너희를 가르치신 그대
로 주 안에 거하라 28 자녀들아
이제 그의 안에 거하라 이는 주께
서 나타내신 바 되면 그가 강림하
실 때에 우리로 담대함을 얻어
그 앞에서 부끄럽지 않게 하려
함이라 29 너희가 그가 의로우
신 줄을 알면 의를 행하는 자마
다 그에게서 난 줄을 알리라

3장

1 보라 아버지께서 어떠한 사랑
을 우리에게 베푸사 하나님의 자
녀라 일컬음을 받게 하셨는가, 우
리가 그러하도다 그러므로 세상
이 우리를 알지 못함은 그를 알지
못함이라 2 사랑하는 자들아 우
리가 지금은 하나님의 자녀라 장
래에 어떻게 될지는 아직 나타나
지 아니하였으나 그가 나타나시
면 우리가 그와 같을 줄을 아는
것은 그의 참모습 그대로 볼 것이
기 때문이니 3 주를 향하여 이 소
망을 가진 자마다 그의 깨끗하심
과 같이 자기를 깨끗하게 하느니
라 4 죄를 짓는 자마다 불법을 행
하나니 죄는 불법이라 5 그가 우
리 죄를 없애려고 나타나신 것을
너희가 아나니 그에게는 죄가 없
느니라 6 그 안에 거하는 자마다
범죄하지 아니하나니 범죄하는
자마다 그를 보지도 못하였고 그
를 알지도 못하였느니라 7 자녀
들아 아무도 너희를 미혹하지 못
하게 하라 의를 행하는 자는 그의
의로우심과 같이 의롭고 8 죄를
짓는 자는 마귀에게 속하나니 마
귀는 처음부터 범죄함이라 하나
님의 아들이 나타나신 것은 마귀
의 일을 멸하려 하심이라 9 하나
님께로부터 난 자마다 죄를 짓지
아니하나니 이는 하나님의 씨가
그의 속에 거함이요 그도 범죄하
지 못하는 것은 하나님께로부터
났음이라 10 이러므로 하나님의
자녀들과 마귀의 자녀들이 드러
나나니 무릇 의를 행하지 아니하
는 자나 또는 그 형제를 사랑하지

요일

2:20 **기름 부음** 이것은 성령을 의미하거나 교훈 또는 진리를 의미할 수도 있다.
2:20 **(너희는) 모든 것을 아느니라** 이것이 일부 헬라어 사본들에서는 "너희 모두는 진리를 아느니라"라고 기록되어 있다.

아니하는 자는 하나님께 속하지
아니하니라 11 우리는 서로 사랑
할지니 이는 너희가 처음부터 들
은 소식이라 12 가인 같이 하지
말라 그는 악한 자에게 속하여 그
아우를 죽였으니 어떤 이유로 죽

였느냐 자기의 행위는 악하고 그
의 아우의 행위는 의로움이라

행함과 진실함으로 사랑하자

13 형제들아 세상이 너희를 미워
하여도 이상히 여기지 말라 14
우리는 형제를 사랑함으로 사망
에서 옮겨 생명으로 들어간 줄을
알거니와 사랑하지 아니하는 자
는 사망에 머물러 있느니라 15
그 형제를 미워하는 자마다 살인
하는 자니* 살인하는 자마다 영
생이 그 속에 거하지 아니하는
것을 너희가 아는 바라 16 그가
우리를 위하여 목숨을 버리셨으
니 우리가 이로써 사랑을 알고
우리도 형제들을 위하여 목숨을
버리는 것이 마땅하니라 17 누가
이 세상의 재물을 가지고 형제의
궁핍함을 보고도 도와 줄 마음을
닫으면 하나님의 사랑이 어찌 그
속에 거하겠느냐 18 자녀들아
우리가 말과 혀로만 사랑하지 말
고 행함과 진실함으로 하자 19
이로써 우리가 진리에 속한 줄을
알고 또 우리 마음을 주 앞에서
굳세게 하리니 20 이는 우리 마
음이 혹 우리를 책망할 일이 있
어도 하나님은 우리 마음보다 크
시고 모든 것을 아시기 때문이라
21 사랑하는 자들아 만일 우리
마음이 우리를 책망할 것이 없으
면 하나님 앞에서 담대함을 얻고
22 무엇이든지 구하는 바를 그에
게서 받나니 이는 우리가 그의
계명을 지키고 그 앞에서 기뻐하
시는 것을 행함이라 23 그의 계
명은 이것이니 곧 그 아들 예수
그리스도의 이름을 믿고 그가 우
리에게 주신 계명대로 서로 사랑
할 것이니라 24 그의 계명을 지
키는 자는 주 안에 거하고 주는
그의 안에 거하시나니 우리에게
주신 성령으로 말미암아 그가 우
리 안에 거하시는 줄을 우리가
아느니라

4장

하나님의 영과 적그리스도의 영

1 사랑하는 자들아 영을 다 믿지
말고 오직 영들이 하나님께 속하
였나 분별하라 많은 거짓 선지자
가 세상에 나왔음이라 2 이로써
너희가 하나님의 영을 알지니 곧
예수 그리스도께서 육체로 오신
것을 시인하는 영마다 하나님께
속한 것이요 3 예수를 시인하지
아니하는 영마다 하나님께 속한
것이 아니니 이것이 곧 적그리스
도의 영이니라 오리라 한 말을
너희가 들었거니와 지금 벌써 세
상에 있느니라 4 자녀들아 너희
는 하나님께 속하였고 또 그들을
이기었나니 이는 너희 안에 계신
이가 세상에 있는 자보다 크심이
라 5 그들은 세상에 속한 고로
세상에 속한 말을 하매 세상이
그들의 말을 듣느니라 6 우리는
하나님께 속하였으니 하나님을
아는 자는 우리의 말을 듣고 하나
님께 속하지 아니한 자는 우리의
말을 듣지 아니하나니 진리의 영
과 미혹의 영을 이로써 아느니라

하나님은 사랑이시다

7 사랑하는 자들아 우리가 서로
사랑하자 사랑은 하나님께 속한
것이니 사랑하는 자마다 하나님
으로부터 나서 하나님을 알고 8
사랑하지 아니하는 자는 하나님
을 알지 못하나니 이는 하나님은
사랑이심이라 9 하나님의 사랑
이 우리에게 이렇게 나타난 바
되었으니 하나님이 자기의 독생
자를 세상에 보내심은 그로 말미
암아 우리를 살리려 하심이라
10 사랑은 여기 있으니 우리가
하나님을 사랑한 것이 아니요 하
나님이 우리를 사랑하사 우리 죄
를 속하기 위하여 화목 제물로
그 아들을 보내셨음이라 11 사랑

하는 자들아 하나님이 이같이 우
리를 사랑하셨은즉 우리도 서로
사랑하는 것이 마땅하도다 12 어
느 때나 하나님을 본 사람이 없으
되 만일 우리가 서로 사랑하면 하
나님이 우리 안에 거하시고 그의
사랑이 우리 안에 온전히 이루어
지느니라 13 그의 성령을 우리에
게 주시므로 우리가 그 안에 거하
고 그가 우리 안에 거하시는 줄을

3:15 **그 형제를 … 살인하는 자니** 만일 어떤 사람이 그리스도 안에 있는 그의 형제를 미워하면 그는 마음속으로 그 형제를 죽인 것이다. 예수님께서는 이 죄에 대해 가르치셨다(마 5:21-26).

아느니라 14 아버지가 아들을 세
상의 구주로 보내신 것을 우리가
보았고 또 증언하노니 15 누구든
지 예수를 하나님의 아들이라 시
인하면 하나님이 그의 안에 거하
시고 그도 하나님 안에 거하느니

라 16 하나님이 우리를 사랑하
시는 사랑을 우리가 알고 믿었노
니 하나님은 사랑이시라 사랑 안
에 거하는 자는 하나님 안에 거
하고 하나님도 그의 안에 거하시
느니라 17 이로써 사랑이 우리
에게 온전히 이루어진 것은 우리
로 심판 날에 담대함을 가지게
하려 함이니 주께서 그러하심과
같이 우리도 이 세상에서 그러하
니라 18 사랑 안에 두려움이 없
고 온전한 사랑이 두려움을 내쫓
나니 두려움에는 형벌이 있음이
라 두려워하는 자는 사랑 안에서
온전히 이루지 못하였느니라 19
우리가 사랑함은 그가 먼저 우리
를 사랑하셨음이라 20 누구든지
하나님을 사랑하노라 하고 그 형
제를 미워하면 이는 거짓말하는
자니 보는 바 그 형제를 사랑하
지 아니하는 자는 보지 못하는
바 하나님을 사랑할 수 없느니라
21 우리가 이 계명을 주께 받았
나니 하나님을 사랑하는 자는 또
한 그 형제를 사랑할지니라

5장

세상을 이기는 믿음

1 예수께서 그리스도이심을 믿는
자마다 하나님께로부터 난 자니
또한 낳으신 이를 사랑하는 자마
다 그에게서 난 자를 사랑하느니
라 2 우리가 하나님을 사랑하고
그의 계명들을 지킬 때에 이로써
우리가 하나님의 자녀를 사랑하
는 줄을 아느니라 3 하나님을 사
랑하는 것은 이것이니 우리가 그
의 계명들을 지키는 것이라 그의
계명들은 무거운 것이 아니로다
4 무릇 하나님께로부터 난 자마
다 세상을 이기느니라 세상을 이
기는 승리는 이것이니 우리의 믿
음이니라 5 예수께서 하나님의
아들이심을 믿는 자가 아니면 세
상을 이기는 자가 누구냐 6 이는
물•과 피•로 임하신 이시니 곧
예수 그리스도시라 물로만 아니
요 물과 피로 임하셨고 증언하는
이는 성령이시니 성령은 진리니
라 7 증언하는 이가 셋이니 8 성
령과 물과 피라 또한 이 셋은 합
하여 하나이니라• 9 만일 우리가
사람들의 증언을 받을진대 하나
님의 증거는 더욱 크도다 하나님
의 증거는 이것이니 그의 아들에
대하여 증언하신 것이니라 10
하나님의 아들을 믿는 자는 자기
안에 증거가 있고 하나님을 믿지
아니하는 자는 하나님을 거짓말
하는 자로 만드나니 이는 하나님
께서 그 아들에 대하여 증언하신
증거를 믿지 아니하였음이라 11
또 증거는 이것이니 하나님이 우
리에게 영생을 주신 것과 이 생
명이 그의 아들 안에 있는 그것
이니라 12 아들이 있는 자에게는
생명이 있고 하나님의 아들이 없
는 자에게는 생명이 없느니라

영생을 알게 하려 함이라

13 내가 하나님의 아들의 이름을
믿는 너희에게 이것을 쓰는 것은
너희로 하여금 너희에게 영생이
있음을 알게 하려 함이라 14 그
를 향하여 우리가 가진 바 담대
함이 이것이니 그의 뜻대로 무엇
을 구하면 들으심이라 15 우리가
무엇이든지 구하는 바를 들으시
는 줄을 안즉 우리가 그에게 구
한 그것을 얻은 줄을 또한 아느
니라 16 누구든지 형제가 사망
에 이르지 아니하는 죄 범하는
것을 보거든 구하라 그리하면 사
망에 이르지 아니하는 범죄자들
을 위하여 그에게 생명을 주시리
라 사망에 이르는 죄가 있으니
이에 관하여 나는 구하라 하지
않노라 17 모든 불의가 죄로되
사망에 이르지 아니하는 죄도 있
도다 18 하나님께로부터 난 자
는 다 범죄하지 아니하는 줄을
우리가 아노라 하나님께로부터
나신 자가 그를 지키시매 악한
자가 그를 만지지도 못하느니라
19 또 아는 것은 우리는 하나님
께 속하고 온 세상은 악한 자 안
에 처한 것이며 20 또 아는 것은
하나님의 아들이 이르러 우리에
게 지각을 주사 우리로 참된 자
를 알게 하신 것과 또한 우리가
참된 자 곧 그의 아들 예수 그리
스도 안에 있는 것이니 그는 참
하나님이시요 영생이시라 21 자
녀들아 너희 자신을 지켜 우상에
게서 멀리하라

5:6 **물** 아마도 이것은 예수님의 세례의 물을 가리키는 것 같다.
5:6 **피** 이것은 예수님의 십자가의 피를 의미하는 것 같다.
5:7,8 **증언하는 … 이 셋은 합하여 하나이니라** 이것이 소수의 후기 헬라어 사본들과 불가타 성경(4세기에 만들어진 라틴어로 번역된 성경)에서는 다음과 같이 기록되어 있다. "(7절) 하늘에서 증언하는 분이 세 분이시니 아버지와 말씀과 성령이시라 이 세 분이 합하여 하나이시라 (8절) 땅에서 증언하는 이가 셋이니 성령과 물과 피라 또한 이 셋은 합하여 하나이니라."

요일

요한2서

인사

1 장로•인 나는 택하심을 받은 부
녀•와 그의 자녀들에게 편지하노
니 내가 참으로 사랑하는 자요 나
뿐 아니라 진리•를 아는 모든 자
도 그리하는 것은 2 우리 안에 거
하여 영원히 우리와 함께 할 진
리로 말미암음이로다 3 은혜와
긍휼과 평강이 하나님 아버지와
아버지의 아들 예수 그리스도께
로부터 진리와 사랑 가운데서 우
리와 함께 있으리라

진리와 사랑

4 너의 자녀들 중에 우리가 아버
지께 받은 계명대로 진리를 행하
는 자를 내가 보니 심히 기쁘도
다 5 부녀여, 내가 이제 네게 구
하노니 서로 사랑하자 이는 새
계명 같이 네게 쓰는 것이 아니
요 처음부터 우리가 가진 것이라
6 또 사랑은 이것이니 우리가 그
계명을 따라 행하는 것이요 계명
은 이것이니 너희가 처음부터 들
은 바와 같이 그 가운데서 행하
라 하심이라 7 미혹하는 자가 세
상에 많이 나왔나니 이는 예수
그리스도께서 육체로 오심을 부
인하는 자라 이런 자가 미혹하는
자요 적그리스도니 8 너희는 스
스로 삼가 우리가 일한 것을 잃
지 말고 오직 온전한 상을 받으
라 9 지나쳐 그리스도의 교훈 안
에 거하지 아니하는 자는 다 하
나님을 모시지 못하되 교훈 안에
거하는 그 사람은 아버지와 아들
을 모시느니라 10 누구든지 이
교훈을 가지지 않고 너희에게 나
아가거든 그를 집에 들이지도 말
고 인사도 하지 말라 11 그에게
인사하는 자는 그 악한 일에 참
여하는 자임이라

끝 인사

12 내가 너희에게 쓸 것이 많으
나 종이와 먹으로 쓰기를 원하지
아니하고 오히려 너희에게 가서
대면하여 말하려 하니 이는 너희
기쁨을 충만하게 하려 함이라
13 택하심을 받은 네 자매•의 자
녀들이 네게 문안하느니라

1:1 **장로** 여기서 장로는 사도 요한을 가리키는 것 같다. 장로는 교회에서 특별한 직무를 감당하는 지도자를 가리킨다(딛 1:5 참조).
1:1 **부녀** 이것은 '여자'를 의미할 수 있는데 이 편지에서는 교회를 가리킬 수도 있다. 만일 '교회'로 해석된다면 '그의 자녀들'은 교회의 사람들이 될 것이다.
1:1 **진리** 모든 신자들을 하나로 묶어주는 진리, 즉 예수 그리스도에 관한 복음
1:13 **자매** 1절에 나오는 '부녀'의 자매. 이것은 또 다른 여자를 가리킬 수도 있고 교회를 의미할 수도 있다.

요한3서

인사

1 장로•인 나는 사랑하는 가이오
곧 내가 참으로• 사랑하는 자에
게 편지하노라 2 사랑하는 자여
네 영혼이 잘됨 같이 네가 범사
에 잘되고 강건하기를 내가 간구
하노라 3 형제들이 와서 네게 있
는 진리를 증언하되 네가 진리
안에서 행한다 하니 내가 심히
기뻐하노라 4 내가 내 자녀들이
진리 안에서 행한다 함을 듣는
것보다 더 기쁜 일이 없도다

영접함과 내쫓음

5 사랑하는 자여 네가 무엇이든
지 형제 곧 나그네 된 자들에게
행하는 것은 신실한 일이니 6 그
들이 교회 앞에서 너의 사랑을
증언하였느니라 네가 하나님께
합당하게 그들을 전송하면 좋으
리로다 7 이는 그들이 주의 이름
을 위하여 나가서 이방인에게 아
무 것도 받지 아니함이라 8 그러
므로 우리가 이같은 자들을 영접
하는 것이 마땅하니 이는 우리로
진리를 위하여 함께 일하는 자가
되게 하려 함이라 9 내가 두어
자를 교회에 썼으나 그들 중에
으뜸되기를 좋아하는 디오드레
베가 우리를 맞아들이지 아니하
니 10 그러므로 내가 가면 그 행
한 일을 잊지 아니하리라 그가
악한 말로 우리를 비방하고도 오
히려 부족하여 형제들을 맞아들
이지도 아니하고 맞아들이고자
하는 자를 금하여 교회에서 내쫓
는도다 11 사랑하는 자여 악한
것을 본받지 말고 선한 것을 본
받으라 선을 행하는 자는 하나님
께 속하고 악을 행하는 자는 하
나님을 뵈옵지 못하였느니라 12
데메드리오는 뭇 사람에게도, 진
리에게서도 증거를 받았으매 우
리도 증언하노니 너는 우리의 증
언이 참된 줄을 아느니라

끝 인사

13 내가 네게 쓸 것이 많으나 먹
과 붓으로 쓰기를 원하지 아니하
고 14 속히 보기를 바라노니 또
한 우리가 대면하여 말하리라
15 평강이 네게 있을지어다 여러
친구가 네게 문안하느니라 너는
친구들의 이름을 들어 문안하라

1:1 **장로** 여기서 장로는 사도 요한을 가리키는 것 같다. 장로는 교회에서 특별한 직무를 감당하는 지도자를 가리킨다(딛 1:5 참조).
1:1 **참으로** '진리 안에서'라고 번역될 수 있는데 이 때 '진리'는 모든 신자들을 하나로 묶어주는 진리, 즉 예수 그리스도에 관한 복음을 의미한다.

유다서

인사

1 예수 그리스도의 종이요 야고
보의 형제인 유다는 부르심을 받
은 자 곧 하나님 아버지 안에서
사랑을 얻고 예수 그리스도를 위
하여 지키심을 받은 자들에게 편
지하노라 2 긍휼과 평강과 사랑
이 너희에게 더욱 많을지어다

거짓 교사들에게 내릴 심판

3 사랑하는 자들아 우리가 일반
으로 받은 구원에 관하여 내가
너희에게 편지하려는 생각이 간
절하던 차에 성도에게 단번에 주

신 믿음의 도를 위하여 힘써 싸
우라는 편지로 너희를 권하여야
할 필요를 느꼈노니 4 이는 가만
히 들어온 사람 몇이 있음이라
그들은 옛적부터 이 판결을 받기
로 미리 기록된 자니 경건하지
아니하여 우리 하나님의 은혜를
도리어 방탕한 것으로 바꾸고 홀
로 하나이신 주재 곧 우리 주 예
수 그리스도를 부인하는 자니라
5 너희가 본래 모든 사실을 알고
있으나 내가 너희로 다시 생각나
게 하고자 하노라 주께서 백성을
애굽에서 구원하여 내시고 후에
믿지 아니하는 자들을 멸하셨으
며 6 또 자기 지위를 지키지 아
니하고 자기 처소를 떠난 천사들
을 큰 날의 심판까지 영원한 결
박으로 흑암에 가두셨으며 7 소
돔과 고모라*와 그 이웃 도시들
도 그들과 같은 행동으로 음란하
며 다른 육체를 따라 가다가 영
원한 불의 형벌을 받음으로 거울
이 되었느니라 8 그러한데 꿈꾸
는 이 사람들도 그와 같이 육체
를 더럽히며 권위를 업신여기며
영광을 비방하는도다 9 천사장*
미가엘이 모세의 시체에 관하여
마귀와 다투어 변론할 때에 감히
비방하는 판결을 내리지 못하고
다만 말하되 주께서 너를 꾸짖으
시기를 원하노라 하였거늘 10
이 사람들은 무엇이든지 그 알지
못하는 것을 비방하는도다 또 그
들은 이성 없는 짐승 같이 본능
으로 아는 그것으로 멸망하느니
라 11 화 있을진저 이 사람들이
여, 가인의 길에 행하였으며 삯
을 위하여 발람의 어그러진 길로
몰려 갔으며 고라의 패역을 따라
멸망을 받았도다 12 그들은 기
탄 없이 너희와 함께 먹으니 너
희의 애찬에 암초요 자기 몸만
기르는 목자요 바람에 불려가는
물 없는 구름이요 죽고 또 죽어
뿌리까지 뽑힌 열매 없는 가을
나무요 13 자기 수치의 거품을
뿜는 바다의 거친 물결이요 영원
히 예비된 캄캄한 흑암으로 돌아
갈 유리하는 별들이라 14 아담
의 칠대 손 에녹이 이 사람들에
대하여도 예언하여 이르되 보라
주께서 그 수만의 거룩한 자와
함께 임하셨나니 15 이는 뭇 사
람을 심판하사 모든 경건하지 않
은 자가 경건하지 않게 행한 모
든 경건하지 않은 일과 또 경건
하지 않은 죄인들이 주를 거슬러
한 모든 완악한 말로 말미암아
그들을 정죄하려 하심이라 하였
느니라 16 이 사람들은 원망하
는 자며 불만을 토하는 자며 그
정욕대로 행하는 자라 그 입으로
자랑하는 말을 하며 이익을 위하
여 아첨하느니라

훈계와 권면

17 사랑하는 자들아 너희는 우리
주 예수 그리스도의 사도들이 미
리 한 말을 기억하라 18 그들이
너희에게 말하기를 마지막 때에
자기의 경건하지 않은 정욕대로
행하며 조롱하는 자들이 있으리
라 하였나니 19 이 사람들은 분
열을 일으키는 자며 육에 속한
자며 성령이 없는 자니라 20 사
랑하는 자들아 너희는 너희의 지
극히 거룩한 믿음 위에 자신을
세우며 성령으로 기도하며 21
하나님의 사랑 안에서 자신을 지
키며 영생에 이르도록 우리 주 예
수 그리스도의 긍휼을 기다리라
22 어떤 의심하는 자들을 긍휼히
여기라 23 또 어떤 자를 불에서
끌어내어 구원하라 또 어떤 자를
그 육체로 더럽힌 옷까지도 미워
하되 두려움으로 긍휼히 여기라

축복

24 능히 너희를 보호하사 거침이
없게 하시고 너희로 그 영광 앞
에 흠이 없이 기쁨으로 서게 하
실 이 25 곧 우리 구주 홀로 하나
이신 하나님께 우리 주 예수 그리
스도로 말미암아 영광과 위엄과
권력과 권세가 영원 전부터 이제
와 영원토록 있을지어다 아멘

1:7 **소돔과 고모라** 너무나 악했기 때문에 하나님께 멸망당한 두 도시
1:9 **천사장** 하나님의 천사들 가운데 우두머리

요한계시록

1장

표제와 인사

1 예수 그리스도의 계시•라 이는
하나님이 그에게 주사 반드시 속
히 일어날 일들을 그 종들에게
보이시려고 그의 천사를 그 종
요한에게 보내어 알게 하신 것이
라 2 요한은 하나님의 말씀과 예
수 그리스도의 증거 곧 자기가
본 것을 다 증언하였느니라 3 이
예언의 말씀을 읽는 자와 듣는
자와 그 가운데에 기록한 것을
지키는 자는 복이 있나니 때가
가까움이라 4 요한은 아시아에
있는 일곱 교회에 편지하노니 이
제도 계시고 전에도 계셨고 장차
오실 이와 그의 보좌 앞에 있는
일곱 영과 5 또 충성된 증인으로
죽은 자들 가운데에서 먼저 나시
고 땅의 임금들의 머리가 되신
예수 그리스도로 말미암아 은혜
와 평강이 너희에게 있기를 원하
노라 우리를 사랑하사 그의 피로
우리 죄에서 우리를 해방하시고
6 그의 아버지 하나님을 위하여
우리를 나라와 제사장으로 삼으
신 그에게 영광과 능력이 세세토
록 있기를 원하노라 아멘 7 볼지
어다 그가 구름을 타고 오시리라
각 사람의 눈이 그를 보겠고 그
를 찌른 자들도 볼 것이요 땅에
있는 모든 족속이 그로 말미암아
애곡하리니 그러하리라 아멘 8
주 하나님이 이르시되 나는 알파
와 오메가•라 이제도 있고 전에
도 있었고 장차 올 자요 전능한
자라 하시더라

그리스도의 명령

9 나 요한은 너희 형제요 예수의
환난과 나라와 참음에 동참하는
자라 하나님의 말씀과 예수를 증
언하였음으로 말미암아 밧모•라
하는 섬에 있었더니 10 주의 날
에 내가 성령에 감동되어 내 뒤
에서 나는 나팔 소리 같은 큰 음
성을 들으니 11 이르되 네가 보
는 것을 두루마리에 써서 에베소,
서머나, 버가모, 두아디라, 사데,
빌라델비아, 라오디게아 등 일곱
교회에 보내라 하시기로 12 몸을
돌이켜 나에게 말한 음성을 알아
보려고 돌이킬 때에 일곱 금 촛대
를 보았는데 13 촛대 사이에 인
자• 같은 이가 발에 끌리는 옷을
입고 가슴에 금띠를 띠고 14 그
의 머리와 털의 희기가 흰 양털
같고 눈 같으며 그의 눈은 불꽃
같고 15 그의 발은 풀무불에 단
련한 빛난 주석 같고 그의 음성
은 많은 물 소리와 같으며 16 그
의 오른손에 일곱 별이 있고 그
의 입에서 좌우에 날선 검이 나
오고 그 얼굴은 해가 힘있게 비
치는 것 같더라 17 내가 볼 때에
그의 발 앞에 엎드러져 죽은 자
같이 되매 그가 오른손을 내게
얹고 이르시되 두려워하지 말라
나는 처음이요 마지막이니 18
곧 살아 있는 자라 내가 전에 죽
었었노라 볼지어다 이제 세세토
록 살아 있어 사망과 음부의 열
쇠를 가졌노니 19 그러므로 네
가 본 것과 지금 있는 일과 장차
될 일을 기록하라 20 네가 본 것
은 내 오른손의 일곱 별의 비밀
과 또 일곱 금 촛대라 일곱 별은
일곱 교회의 사자요 일곱 촛대는
일곱 교회니라

1:1 **계시** 감추어졌던 진리를 드러내는 것
1:8 **알파와 오메가** 헬라어 알파벳의 첫 글자와 마지막 글자. 이것은 시작과 끝을 의미한다.
1:9 **밧모** 소아시아(현재의 터키)의 해안에서 가까운 에게해의 작은 섬
1:13 **인자** 예수님께서 자신을 가리키기 위해 사용하신 이름이다. 이것은 그분이 하나님의 아들이시며 동시에 사람이시라는 것을 말해준다.

2장

에베소 교회에 보내는 말씀

1 에베소 교회의 사자에게 편지
하라 오른손에 있는 일곱 별을
붙잡고 일곱 금 촛대 사이를 거
니시는 이가 이르시되 2 내가 네
행위와 수고와 네 인내를 알고
또 악한 자들을 용납하지 아니한
것과 자칭 사도라 하되 아닌 자
들을 시험하여 그의 거짓된 것을
네가 드러낸 것과 3 또 네가 참
고 내 이름을 위하여 견디고 게
으르지 아니한 것을 아노라 4 그
러나 너를 책망할 것이 있나니
너의 처음 사랑을 버렸느니라 5
그러므로 어디서 떨어졌는지를
생각하고 회개하여 처음 행위를
가지라 만일 그리하지 아니하고
회개하지 아니하면 내가 네게 가
서 네 촛대를 그 자리에서 옮기
리라 6 오직 네게 이것이 있으니
네가 니골라 당*의 행위를 미워
하는도다 나도 이것을 미워하노
라 7 귀 있는 자는 성령이 교회
들에게 하시는 말씀을 들을지어
다 이기는 그에게는 내가 하나님
의 낙원에 있는 생명나무의 열매
를 주어 먹게 하리라

서머나 교회에 보내는 말씀

8 서머나 교회의 사자에게 편지
하라 처음이며 마지막이요 죽었
다가 살아나신 이가 이르시되 9
내가 네 환난과 궁핍을 알거니와
실상은 네가 부요한 자니라 자칭
유대인이라 하는 자들의 비방도
알거니와 실상은 유대인이 아니
요 사탄의 회당이라 10 너는 장
차 받을 고난을 두려워하지 말라
볼지어다 마귀가 장차 너희 가운
데에서 몇 사람을 옥에 던져 시험
을 받게 하리니 너희가 십 일 동
안 환난을 받으리라 네가 죽도록
충성하라 그리하면 내가 생명의
관을 네게 주리라 11 귀 있는 자
는 성령이 교회들에게 하시는 말
씀을 들을지어다 이기는 자는 둘
째 사망의 해를 받지 아니하리라

버가모 교회에 보내는 말씀

12 버가모 교회의 사자에게 편지
하라 좌우에 날선 검을 가지신
이가 이르시되 13 네가 어디에
사는지를 내가 아노니 거기는 사
탄의 권좌가 있는 데라 네가 내
이름을 굳게 잡아서 내 충성된
증인 안디바가 너희 가운데 곧
사탄이 사는 곳에서 죽임을 당할
때에도 나를 믿는 믿음을 저버리
지 아니하였도다 14 그러나 네
게 두어 가지 책망할 것이 있나
니 거기 네게 발람의 교훈을 지
키는 자들이 있도다 발람이 발락
을 가르쳐 이스라엘 자손 앞에
걸림돌을 놓아 우상의 제물을 먹
게 하였고 또 행음하게 하였느니
라 15 이와 같이 네게도 니골라
당의 교훈을 지키는 자들이 있도
다 16 그러므로 회개하라 그리
하지 아니하면 내가 네게 속히
가서 내 입의 검으로 그들과 싸
우리라 17 귀 있는 자는 성령이
교회들에게 하시는 말씀을 들을
지어다 이기는 그에게는 내가 감
추었던 만나를 주고 또 흰 돌을
줄 터인데 그 돌 위에 새 이름을
기록한 것이 있나니 받는 자 밖에
는 그 이름을 알 사람이 없느니라

두아디라 교회에 보내는 말씀

18 두아디라 교회의 사자에게 편
지하라 그 눈이 불꽃 같고 그 발
이 빛난 주석과 같은 하나님의
아들이 이르시되 19 내가 네 사
업과 사랑과 믿음과 섬김과 인내
를 아노니 네 나중 행위가 처음
것보다 많도다 20 그러나 네게
책망할 일이 있노라 자칭 선지자
라 하는 여자 이세벨을 네가 용
납함이니 그가 내 종들을 가르쳐

2:6 **니골라 당** 잘못된 신앙과 사상을 추종했던 이단의 무리를 가리키는 말

꾀어 행음하게 하고 우상의 제물
을 먹게 하는도다 21 또 내가 그
에게 회개할 기회를 주었으되 자
기의 음행을 회개하고자 하지 아
니하는도다 22 볼지어다 내가
그를 침상에 던질 터이요 또 그
와 더불어 간음하는 자들도 만일
그의 행위를 회개하지 아니하면
큰 환난 가운데에 던지고 23 또
내가 사망으로 그의 자녀를 죽이
리니 모든 교회가 나는 사람의
뜻과 마음을 살피는 자인 줄 알
지라 내가 너희 각 사람의 행위
대로 갚아 주리라 24 두아디라에
남아 있어 이 교훈을 받지 아니하
고 소위 사탄의 깊은 것을 알지
못하는 너희에게 말하노니 다른
짐으로 너희에게 지울 것은 없노
라 25 다만 너희에게 있는 것을
내가 올 때까지 굳게 잡으라 26
이기는 자와 끝까지 내 일을 지키
는 그에게 만국을 다스리는 권세
를 주리니 27 그가 철장을 가지
고 그들을 다스려 질그릇 깨뜨리
는 것과 같이 하리라 나도 내 아
버지께 받은 것이 그러하니라 28
내가 또 그에게 새벽 별을 주리라
29 귀 있는 자는 성령이 교회들에
게 하시는 말씀을 들을지어다

3장

사데 교회에 보내는 말씀

1 사데 교회의 사자에게 편지하
라 하나님의 일곱 영과 일곱 별
을 가지신 이가 이르시되 내가
네 행위를 아노니 네가 살았다
하는 이름은 가졌으나 죽은 자로
다 2 너는 일깨어 그 남은 바 죽
게 된 것을 굳건하게 하라 내 하
나님 앞에 네 행위의 온전한 것
을 찾지 못하였노니 3 그러므로
네가 어떻게 받았으며 어떻게 들
었는지 생각하고 지켜 회개하라
만일 일깨지 아니하면 내가 도둑
같이 이르리니 어느 때에 네게
이를는지 네가 알지 못하리라 4
그러나 사데에 그 옷을 더럽히지
아니한 자 몇 명이 네게 있어 흰
옷을 입고 나와 함께 다니리니
그들은 합당한 자인 연고라 5 이
기는 자는 이와 같이 흰 옷을 입
을 것이요 내가 그 이름을 생명
책에서 결코 지우지 아니하고 그
이름을 내 아버지 앞과 그의 천
사들 앞에서 시인하리라 6 귀 있
는 자는 성령이 교회들에게 하시
는 말씀을 들을지어다

빌라델비아 교회에 보내는 말씀

7 빌라델비아 교회의 사자에게
편지하라 거룩하고 진실하사 다
윗의 열쇠를 가지신 이 곧 열면
닫을 사람이 없고 닫으면 열 사
람이 없는 그가 이르시되 8 볼지
어다 내가 네 앞에 열린 문을 두
었으되 능히 닫을 사람이 없으리
라 내가 네 행위를 아노니 네가
작은 능력을 가지고서도 내 말을
지키며 내 이름을 배반하지 아니
하였도다 9 보라 사탄의 회당 곧
자칭 유대인이라 하나 그렇지 아
니하고 거짓말 하는 자들 중에서
몇을 네게 주어 그들로 와서 네
발 앞에 절하게 하고 내가 너를
사랑하는 줄을 알게 하리라 10
네가 나의 인내의 말씀을 지켰은
즉 내가 또한 너를 지켜 시험의
때를 면하게 하리니 이는 장차
온 세상에 임하여 땅에 거하는
자들을 시험할 때라 11 내가 속
히 오리니 네가 가진 것을 굳게
잡아 아무도 네 면류관을 빼앗지
못하게 하라 12 이기는 자는 내
하나님 성전에 기둥이 되게 하리
니 그가 결코 다시 나가지 아니
하리라 내가 하나님의 이름과 하
나님의 성 곧 하늘에서 내 하나
님께로부터 내려오는 새 예루살
렘•의 이름과 나의 새 이름을 그
이 위에 기록하리라 13 귀 있는
자는 성령이 교회들에게 하시는
말씀을 들을지어다

라오디게아 교회에 보내는 말씀

14 라오디게아 교회의 사자에게
편지하라 아멘•이시요 충성되고
참된 증인이시요 하나님의 창조
의 근본이신 이가 이르시되 15
내가 네 행위를 아노니 네가 차
지도 아니하고 뜨겁지도 아니하

3:12 **새 예루살렘** 하나님께서 자신의 백성을 위해 만드신 영적 도시를 가리키기 위해 사용된 말
3:14 **아멘** 여기서는 예수님을 가리키는 말로 사용되었다. 아멘이라는 말은 어떤 것이 참이라고 전적으로 동의할 때 사용된 말이다.

도다 네가 차든지 뜨겁든지 하기
를 원하노라 16 네가 이같이 미
지근하여 뜨겁지도 아니하고 차
지도 아니하니 내 입에서 너를
토하여 버리리라 17 네가 말하
기를 나는 부자라 부요하여 부족
한 것이 없다 하나 네 곤고한 것
과 가련한 것과 가난한 것과 눈
먼 것과 벌거벗은 것을 알지 못
하는도다 18 내가 너를 권하노
니 내게서 불로 연단한 금을 사
서 부요하게 하고 흰 옷을 사서
입어 벌거벗은 수치를 보이지 않
게 하고 안약을 사서 눈에 발라
보게 하라 19 무릇 내가 사랑하
는 자를 책망하여 징계하노니 그
러므로 네가 열심을 내라 회개하
라 20 볼지어다 내가 문 밖에 서
서 두드리노니 누구든지 내 음성
을 듣고 문을 열면 내가 그에게
로 들어가 그와 더불어 먹고 그
는 나와 더불어 먹으리라 21 이
기는 그에게는 내가 내 보좌에
함께 앉게 하여 주기를 내가 이
기고 아버지 보좌에 함께 앉은
것과 같이 하리라 22 귀 있는 자
는 성령이 교회들에게 하시는 말
씀을 들을지어다

4장

하늘의 예배

1 이 일 후에 내가 보니 하늘에 열
린 문이 있는데 내가 들은 바 처
음에 내게 말하던 나팔 소리 같
은 그 음성이 이르되 이리로 올
라오라 이 후에 마땅히 일어날
일들을 내가 네게 보이리라 하시
더라 2 내가 곧 성령에 감동되었
더니 보라 하늘에 보좌를 베풀었
고 그 보좌 위에 앉으신 이가 있
는데 3 앉으신 이의 모양이 벽옥
과 홍보석 같고 또 무지개가 있
어 보좌에 둘렸는데 그 모양이
녹보석 같더라 4 또 보좌에 둘려
이십사 보좌들이 있고 그 보좌들
위에 이십사 장로들이 흰 옷을
입고 머리에 금관을 쓰고 앉았더
라 5 보좌로부터 번개와 음성과
우렛소리가 나고 보좌 앞에 켠
등불 일곱이 있으니 이는 하나님
의 일곱 영이라 6 보좌 앞에 수
정과 같은 유리 바다가 있고 보
좌 가운데와 보좌 주위에 네 생
물이 있는데 앞뒤에 눈들이 가득
하더라 7 그 첫째 생물은 사자
같고 그 둘째 생물은 송아지 같
고 그 셋째 생물은 얼굴이 사람
같고 그 넷째 생물은 날아가는
독수리 같은데 8 네 생물은 각각
여섯 날개를 가졌고 그 안과 주
위에는 눈들이 가득하더라 그들
이 밤낮 쉬지 않고 이르기를 거
룩하다 거룩하다 거룩하다 주 하
나님 곧 전능하신 이여 전에도
계셨고 이제도 계시고 장차 오실
이시라 하고 9 그 생물들이 보좌
에 앉으사 세세토록 살아 계시는
이에게 영광과 존귀와 감사를 돌
릴 때에 10 이십사 장로들이 보
좌에 앉으신 이 앞에 엎드려 세
세토록 살아 계시는 이에게 경배
하고 자기의 관을 보좌 앞에 드
리며 이르되 11 우리 주 하나님
이여 영광과 존귀와 권능을 받으
시는 것이 합당하오니 주께서 만
물을 지으신지라 만물이 주의 뜻
대로 있었고 또 지으심을 받았나
이다 하더라

5장

책과 어린 양

1 내가 보매 보좌에 앉으신 이의
오른손에 두루마리가 있으니 안
팎으로 썼고 일곱 인으로 봉하였
더라 2 또 보매 힘있는 천사가 큰
음성으로 외치기를 누가 그 두루
마리를 펴며 그 인을 떼기에 합
당하냐 하나 3 하늘 위에나 땅 위
에나 땅 아래에 능히 그 두루마
리를 펴거나 보거나 할 자가 없
더라 4 그 두루마리를 펴거나 보
거나 하기에 합당한 자가 보이지
아니하기로 내가 크게 울었더니
5 장로 중의 한 사람이 내게 말하
되 울지 말라 유대 지파의 사자*
다윗의 뿌리가 이겼으니 그 두루
마리와 그 일곱 인을 떼시리라
하더라 6 내가 또 보니 보좌와
네 생물과 장로들 사이에 한 어
린 양이 서 있는데 일찍이 죽임
을 당한 것 같더라 그에게 일곱
뿔과 일곱 눈이 있으니 이 눈들
은 온 땅에 보내심을 받은 하나
님의 일곱 영이더라 7 그 어린
양이 나아와서 보좌에 앉으신 이
의 오른손에서 두루마리를 취하
시니라 8 그 두루마리를 취하시
매 네 생물과 이십사 장로들이
그 어린 양 앞에 엎드려 각각 거
문고와 향이 가득한 금 대접을
가졌으니 이 향은 성도의 기도들
이라 9 그들이 새 노래를 불러
이르되 두루마리를 가지시고 그
인봉을 떼기에 합당하시도다 일
찍이 죽임을 당하사 각 족속과
방언과 백성과 나라 가운데에서

5:5 사자 여기서 이것은 그리스도를 가리킨다.

사람들을 피로 사서 하나님께 드
리시고 10 그들로 우리 하나님
앞에서 나라와 제사장들을 삼으
셨으니 그들이 땅에서 왕 노릇
하리로다 하더라 11 내가 또 보
고 들으매 보좌와 생물들과 장로
들을 둘러 선 많은 천사의 음성
이 있으니 그 수가 만만이요 천
천이라 12 큰 음성으로 이르되
죽임을 당하신 어린 양은 능력과
부와 지혜와 힘과 존귀와 영광과
찬송을 받으시기에 합당하도다
하더라 13 내가 또 들으니 하늘
위에와 땅 위에와 땅 아래와 바다
위에와 또 그 가운데 모든 피조물
이 이르되 보좌에 앉으신 이와 어
린 양에게 찬송과 존귀와 영광과
권능을 세세토록 돌릴지어다 하
니 14 네 생물이 이르되 아멘 하
고 장로들은 엎드려 경배하더라

6장

일곱 봉인에 담긴 심판

1 내가 보매 어린 양이 일곱 인
중의 하나를 떼시는데 그 때에
내가 들으니 네 생물 중의 하나
가 우렛소리 같이 말하되 오라
하기로 2 이에 내가 보니 흰 말
이 있는데 그 탄 자가 활을 가졌
고 면류관을 받고 나아가서 이기
고 또 이기려고 하더라 3 둘째

인을 떼실 때에 내가 들으니 둘
째 생물이 말하되 오라 하니 4
이에 다른 붉은 말이 나오더라
그 탄 자가 허락을 받아 땅에서
화평을 제하여 버리며 서로 죽
이게 하고 또 큰 칼을 받았더라
5 셋째 인을 떼실 때에 내가 들으
니 셋째 생물이 말하되 오라 하
기로 내가 보니 검은 말이 나오
는데 그 탄 자가 손에 저울을 가
졌더라 6 내가 네 생물 사이로부
터 나는 듯한 음성을 들으니 이
르되 한 데나리온에 밀 한 되요
한 데나리온에 보리 석 되로다
또 감람유와 포도주는 해치지
말라 하더라 7 넷째 인을 떼실
때에 내가 넷째 생물의 음성을
들으니 말하되 오라 하기로 8 내
가 보매 청황색 말이 나오는데
그 탄 자의 이름은 사망이니 음
부•가 그 뒤를 따르더라 그들이
땅 사분의 일의 권세를 얻어 검
과 흉년과 사망과 땅의 짐승들
로써 죽이더라 9 다섯째 인을 떼
실 때에 내가 보니 하나님의 말
씀과 그들이 가진 증거로 말미
암아 죽임을 당한 영혼들이 제
단 아래에 있어 10 큰 소리로 불

러 이르되 거룩하고 참되신 대주
재여 땅에 거하는 자들을 심판하
여 우리 피를 갚아 주지 아니하
시기를 어느 때까지 하시려 하나
이까 하니 11 각각 그들에게 흰
두루마기를 주시며 이르시되 아
직 잠시 동안 쉬되 그들의 동무
종들과 형제들도 자기처럼 죽임
을 당하여 그 수가 차기까지 하
라 하시더라 12 내가 보니 여섯
째 인을 떼실 때에 큰 지진이 나
며 해가 검은 털로 짠 상복 같이
검어지고 달은 온통 피 같이 되
며 13 하늘의 별들이 무화과나
무가 대풍에 흔들려 설익은 열매
가 떨어지는 것 같이 땅에 떨어
지며 14 하늘은 두루마리가 말
리는 것 같이 떠나가고 각 산과
섬이 제 자리에서 옮겨지매 15
땅의 임금들과 왕족들과 장군들
과 부자들과 강한 자들과 모든
종과 자유인이 굴과 산들의 바위
틈에 숨어 16 산들과 바위에게
말하되

우리 위에 떨어져 보좌에
앉으신 이의 얼굴에서와
그 어린 양의 진노에서 우
리를 가리라 17 그들의 진
노의 큰 날이 이르렀으니
누가 능히 서리요 하더라

6:8 **음부** 죽은 자들이 거하는 눈에 보이지 않는 세계

7장

인치심을 받은 십사만 사천 명

1 이 일 후에 내가 네 천사가 땅
네 모퉁이에 선 것을 보니 땅의
사방의 바람을 붙잡아 바람으로
하여금 땅에나 바다에나 각종 나
무에 불지 못하게 하더라 2 또 보
매 다른 천사가 살아 계신 하나님
의 인을 가지고 해 돋는 데로부터
올라와서 땅과 바다를 해롭게 할
권세를 받은 네 천사를 향하여 큰
소리로 외쳐 3 이르되 우리가 우
리 하나님의 종들의 이마에 인치
기까지 땅이나 바다나 나무들을
해하지 말라 하더라 4 내가 인침
을 받은 자의 수를 들으니 이스라
엘 자손의 각 지파 중에서 인침을
받은 자들이 십사만 사천이니

각 나라에서 온 무리

5 유다 지파 중에 인침을 받은 자
가 일만 이천이요 르우벤 지파
중에 일만 이천이요 갓 지파 중
에 일만 이천이요 6 아셀 지파
중에 일만 이천이요 납달리 지파
중에 일만 이천이요 므낫세 지파
중에 일만 이천이요 7 시므온 지
파 중에 일만 이천이요 레위 지
파 중에 일만 이천이요 잇사갈
지파 중에 일만 이천이요 8 스불
론 지파 중에 일만 이천이요 요
셉 지파 중에 일만 이천이요 베
냐민 지파 중에 인침을 받은 자
가 일만 이천이라 9 이 일 후에
내가 보니 각 나라와 족속과 백
성과 방언에서 아무도 능히 셀
수 없는 큰 무리가 나와 흰 옷을
입고 손에 종려 가지를 들고 보
좌 앞과 어린 양 앞에 서서 10 큰
소리로 외쳐 이르되 구원하심이
보좌에 앉으신 우리 하나님과 어
린 양에게 있도다 하니 11 모든
천사가 보좌와 장로들과 네 생물
의 주위에 서 있다가 보좌 앞에
엎드려 얼굴을 대고 하나님께 경
배하여 12 이르되 아멘 찬송과
영광과 지혜와 감사와 존귀와 권
능과 힘이 우리 하나님께 세세토
록 있을지어다 아멘 하더라 13
장로 중 하나가 응답하여 나에게
이르되 이 흰 옷 입은 자들이 누
구며 또 어디서 왔느냐 14 내가
말하기를 내 주여 당신이 아시나
이다 하니 그가 나에게 이르되
이는 큰 환난에서 나오는 자들인
데 어린 양의 피에 그 옷을 씻어•
희게 하였느니라 15 그러므로
그들이 하나님의 보좌 앞에 있고
또 그의 성전에서 밤낮 하나님을
섬기매 보좌에 앉으신 이가 그들
위에 장막을 치시리니 16 그들
이 다시는 주리지도 아니하며 목
마르지도 아니하고 해나 아무 뜨
거운 기운에 상하지도 아니하리
니 17 이는 보좌 가운데에 계신
어린 양이 그들의 목자가 되사
생명수 샘으로 인도하시고 하나
님께서 그들의 눈에서 모든 눈물
을 씻어 주실 것이라

8장

일곱째 봉인과 금 향로

1 일곱째 인을 떼실 때에 하늘이
반 시간쯤 고요하더니 2 내가 보
매 하나님 앞에 일곱 천사가 서
있어 일곱 나팔을 받았더라 3 또

다른 천사가 와서 제단 곁에 서
서 금 향로를 가지고 많은 향을
받았으니 이는 모든 성도의 기도
와 합하여 보좌 앞 금 제단에 드
리고자 함이라 4 향연이 성도의
기도와 함께 천사의 손으로부터
하나님 앞으로 올라가는지라 5
천사가 향로를 가지고 제단의 불

7:14 **그 옷을 씻어** 이것은 그들이 그리스도의 보혈로 죄 씻음을 받기 위해 그분을 믿었다는 뜻이다.

을 담아다가 땅에 쏟으매 우레와
음성과 번개와 지진이 나더라

나팔 소리

6 일곱 나팔을 가진 일곱 천사가
나팔 불기를 준비하더라 7 첫째
천사가 나팔을 부니 피 섞인 우
박과 불이 나와서 땅에 쏟아지매
땅의 삼분의 일이 타 버리고 수
목의 삼분의 일도 타 버리고 각
종 푸른 풀도 타 버렸더라 8 둘
째 천사가 나팔을 부니 불 붙는
큰 산과 같은 것이 바다에 던져
지매 바다의 삼분의 일이 피가
되고 9 바다 가운데 생명 가진
피조물들의 삼분의 일이 죽고 배
들의 삼분의 일이 깨지더라 10
셋째 천사가 나팔을 부니 횃불
같이 타는 큰 별이 하늘에서 떨
어져 강들의 삼분의 일과 여러
물샘에 떨어지니 11 이 별 이름
은 쓴 쑥이라 물의 삼분의 일이
쓴 쑥•이 되매 그 물이 쓴 물이
되므로 많은 사람이 죽더라 12
넷째 천사가 나팔을 부니 해 삼
분의 일과 달 삼분의 일과 별들
의 삼분의 일이 타격을 받아 그
삼분의 일이 어두워지니 낮 삼분
의 일은 비추임이 없고 밤도 그
러하더라 13 내가 또 보고 들으
니 공중에 날아가는 독수리가 큰
소리로 이르되 땅에 사는 자들에
게 화, 화, 화가 있으리니 이는 세
천사들이 불어야 할 나팔 소리가
남아 있음이로다 하더라

9장

1 다섯째 천사가 나팔을 불매 내
가 보니 하늘에서 땅에 떨어진
별 하나가 있는데 그가 무저갱의
열쇠를 받았더라 2 그가 무저갱
을 여니 그 구멍에서 큰 화덕의
연기 같은 연기가 올라오매 해와
공기가 그 구멍의 연기로 말미암
아 어두워지며 3 또 황충이 연기
가운데로부터 땅 위에 나오매 그
들이 땅에 있는 전갈•의 권세와
같은 권세를 받았더라 4 그들에
게 이르시되 땅의 풀이나 푸른
것이나 각종 수목은 해하지 말고
오직 이마에 하나님의 인침을 받
지 아니한 사람들만 해하라 하시
더라 5 그러나 그들을 죽이지는
못하게 하시고 다섯 달 동안 괴
롭게만 하게 하시는데 그 괴롭게
함은 전갈이 사람을 쏠 때에 괴
롭게 함과 같더라 6 그 날에는

사람들이 죽기를 구하여도 죽지
못하고 죽고 싶으나 죽음이 그들
을 피하리로다 7 황충들의 모양
은 전쟁을 위하여 준비한 말들
같고 그 머리에 금 같은 관 비슷
한 것을 썼으며 그 얼굴은 사람
의 얼굴 같고 8 또 여자의 머리
털 같은 머리털이 있고 그 이빨
은 사자의 이빨 같으며 9 또 철
호심경 같은 호심경이 있고 그
날개들의 소리는 병거와 많은 말
들이 전쟁터로 달려 들어가는 소
리 같으며 10 또 전갈과 같은 꼬
리와 쏘는 살이 있어 그 꼬리에
는 다섯 달 동안 사람들을 해하
는 권세가 있더라 11 그들에게
왕이 있으니 무저갱의 사자라 히
브리어로는 그 이름이 아바돈이
요 헬라어로는 그 이름이 아볼루
온•이더라 12 첫째 화는 지나갔
으나 보라 아직도 이 후에 화 둘
이 이르리로다 13 여섯째 천사
가 나팔을 불매 내가 들으니 하
나님 앞 금 제단 네 뿔에서 한 음
성이 나서 14 나팔 가진 여섯째
천사에게 말하기를 큰 강 유브라
데에 결박한 네 천사를 놓아 주

8:11 **쓴 쑥** 매우 쓴 식물의 이름. 이것은 여기서 쓰라린 슬픔의 개념을 표현하기 위해 사용되었다.
9:3 **전갈** 독침으로 쏘는 곤충
9:11 **아바돈 … 아볼루온** 두 이름은 모두 '파괴자'라는 뜻이다.

라 하매 15 네 천사가 놓였으니
그들은 그 년 월 일 시에 이르러
사람 삼분의 일을 죽이기로 준비
된 자들이더라 16 마병대의 수
는 이만 만이니 내가 그들의 수
를 들었노라 17 이같은 환상 가
운데 그 말들과 그 위에 탄 자들
을 보니 불빛과 자줏빛과 유황빛
호심경이 있고 또 말들의 머리는
사자 머리 같고 그 입에서는 불
과 연기와 유황이 나오더라 18
이 세 재앙 곧 자기들의 입에서
나오는 불과 연기와 유황으로 말
미암아 사람 삼분의 일이 죽임을
당하니라 19 이 말들의 힘은 입

과 꼬리에 있으니 꼬리는 뱀 같
고 또 꼬리에 머리가 있어 이것
으로 해하더라 20 이 재앙에 죽
지 않고 남은 사람들은 손으로
행한 일을 회개하지 아니하고 오
히려 여러 귀신과 또는 보거나
듣거나 다니거나 하지 못하는
금, 은, 동과 목석의 우상에게 절
하고 21 또 그 살인과 복술과 음
행과 도둑질을 회개하지 아니하
더라

10장

천사와 작은 책

1 내가 또 보니 힘 센 다른 천사
가 구름을 입고 하늘에서 내려오
는데 그 머리 위에 무지개가 있
고 그 얼굴은 해 같고 그 발은 불
기둥 같으며 2 그 손에는 펴 놓
인 작은 두루마리를 들고 그 오
른 발은 바다를 밟고 왼 발은 땅
을 밟고 3 사자가 부르짖는 것
같이 큰 소리로 외치니 그가 외
칠 때에 일곱 우레가 그 소리를
내어 말하더라 4 일곱 우레가 말
을 할 때에 내가 기록하려고 하
다가 곧 들으니 하늘에서 소리가
나서 말하기를 일곱 우레가 말한
것을 인봉하고 기록하지 말라 하
더라 5 내가 본 바 바다와 땅을
밟고 서 있는 천사가 하늘을 향
하여 오른손을 들고 6 세세토록
살아 계신 이 곧 하늘과 그 가운
데에 있는 물건이며 땅과 그 가
운데에 있는 물건이며 바다와 그
가운데에 있는 물건을 창조하신
이를 가리켜 맹세하여 이르되 지
체하지 아니하리니 7 일곱째 천
사가 소리 내는 날 그의 나팔을
불려고 할 때에 하나님이 그의
종 선지자들에게 전하신 복음과
같이 하나님의 그 비밀이 이루어
지리라 하더라 8 하늘에서 나서
내게 들리던 음성이 또 내게 말
하여 이르되 네가 가서 바다와
땅을 밟고 서 있는 천사의 손에
펴 놓인 두루마리를 가지라 하기
로 9 내가 천사에게 나아가 작은
두루마리를 달라 한즉 천사가 이
르되 갖다 먹어 버리라 네 배에
는 쓰나 네 입에는 꿀 같이 달리
라 하거늘 10 내가 천사의 손에

서 작은 두루마리를 갖다 먹어
버리니 내 입에는 꿀 같이 다나
먹은 후에 내 배에서는 쓰게 되
더라 11 그가 내게 말하기를 네
가 많은 백성과 나라와 방언과
임금에게 다시 예언하여야 하리
라 하더라

11장

두 증인

1 또 내게 지팡이 같은 갈대를 주
며 말하기를 일어나서 하나님의
성전•과 제단과 그 안에서 경배
하는 자들을 측량하되 2 성전 바

깥 마당은 측량하지 말고 그냥
두라 이것은 이방인에게 주었은
즉 그들이 거룩한 성을 마흔두
달 동안 짓밟으리라 3 내가 나의
두 증인에게 권세를 주리니 그들
이 굵은 베옷을 입고 천이백육십
일을 예언하리라 4 그들은 이 땅
의 주 앞에 서 있는 두 감람나무
와 두 촛대니 5 만일 누구든지
그들을 해하고자 하면 그들의 입
에서 불이 나와서 그들의 원수를
삼켜 버릴 것이요 누구든지 그들
을 해하고자 하면 반드시 그와
같이 죽임을 당하리라 6 그들이
권능을 가지고 하늘을 닫아 그
예언을 하는 날 동안 비가 오지
못하게 하고 또 권능을 가지고
물을 피로 변하게 하고 아무 때
든지 원하는 대로 여러 가지 재
앙으로 땅을 치리로다 7 그들이
그 증언을 마칠 때에 무저갱으로
부터 올라오는 짐승이 그들과 더
불어 전쟁을 일으켜 그들을 이기
고 그들을 죽일 터인즉 8 그들의
시체가 큰 성 길에 있으리니 그

성은 영적으로 하면 소돔•이라고
도 하고 애굽이라고도 하니 곧
그들의 주께서 십자가에 못 박히
신 곳이라 9 백성들과 족속과 방
언과 나라 중에서 사람들이 그
시체를 사흘 반 동안을 보며 무
덤에 장사하지 못하게 하리로다
10 이 두 선지자가 땅에 사는 자
들을 괴롭게 한 고로 땅에 사는
자들이 그들의 죽음을 즐거워하
고 기뻐하여 서로 예물을 보내리
라 하더라 11 삼 일 반 후에 하나
님께로부터 생기가 그들 속에 들
어가매 그들이 발로 일어서니 구
경하는 자들이 크게 두려워하더
라 12 하늘로부터 큰 음성이 있
어 이리로 올라오라 함을 그들이
듣고 구름을 타고 하늘로 올라가
니 그들의 원수들도 구경하더라
13 그 때에 큰 지진이 나서 성 십
분의 일이 무너지고 지진에 죽은
사람이 칠천이라 그 남은 자들이
두려워하여 영광을 하늘의 하나
님께 돌리더라 14 둘째 화는 지
나갔으나 보라 셋째 화가 속히
이르는도다

일곱째 나팔 소리

15 일곱째 천사가 나팔을 불매
하늘에 큰 음성들이 나서 이르되
세상 나라가 우리 주와 그의 그

11:1 **성전** 하나님의 집. 즉 하나님의 백성이 그분을 경배하고 섬기는 곳. 요한의 환상에서 성전은 유대인들이 하나님의 명령에 따라 그분을 경배하는 장소로 사용했던 예루살렘의 특별한 건물로 제시된다.

11:8 **소돔** 너무나 악했기 때문에 하나님께 멸망당한 도시

리스도의 나라가 되어 그가 세세
토록 왕 노릇 하시리로다 하니
16 하나님 앞에서 자기 보좌에
앉아 있던 이십사 장로가 엎드려
얼굴을 땅에 대고 하나님께 경배
하여 17 이르되 감사하옵나니
옛적에도 계셨고 지금도 계신 주
하나님 곧 전능하신 이여 친히
큰 권능을 잡으시고 왕 노릇 하
시도다 18 이방들이 분노하매
주의 진노가 내려 죽은 자를 심
판하시며 종 선지자들과 성도들
과 또 작은 자든지 큰 자든지 주
의 이름을 경외하는 자들에게 상
주시며 또 땅을 망하게 하는 자
들을 멸망시키실 때로소이다 하
더라 19 이에 하늘에 있는 하나
님의 성전이 열리니 성전 안에

하나님의 언약궤가 보이며 또 번
개와 음성들과 우레와 지진과 큰
우박이 있더라

12장

여자와 용

1 하늘에 큰 이적이 보이니 해를
옷 입은 한 여자가 있는데 그 발
아래에는 달이 있고 그 머리에는
열두 별의 관을 썼더라 2 이 여
자가 아이를 배어 해산하게 되매

아파서 애를 쓰며 부르짖더라 3
하늘에 또 다른 이적이 보이니
보라 한 큰 붉은 용이 있어 머리
가 일곱이요 뿔이 열이라 그 여
러 머리에 일곱 왕관이 있는데 4

그 꼬리가 하늘의 별 삼분의 일
을 끌어다가 땅에 던지더라 용이
해산하려는 여자 앞에서 그가 해
산하면 그 아이를 삼키고자 하더
니 5 여자가 아들을 낳으니 이는
장차 철장으로 만국을 다스릴 남
자라 그 아이를 하나님 앞과 그
보좌 앞으로 올려가더라 6 그 여
자가 광야로 도망하매 거기서 천
이백육십 일 동안 그를 양육하기
위하여 하나님께서 예비하신 곳
이 있더라 7 하늘에 전쟁이 있으
니 미가엘•과 그의 사자들이 용
과 더불어 싸울새 용과 그의 사
자들도 싸우나 8 이기지 못하여

다시 하늘에서 그들이 있을 곳을
얻지 못한지라 9 큰 용이 내쫓기
니 옛 뱀 곧 마귀라고도 하고 사
탄이라고도 하며 온 천하를 꾀는
자라 그가 땅으로 내쫓기니 그의
사자들도 그와 함께 내쫓기니라
10 내가 또 들으니 하늘에 큰 음
성이 있어 이르되 이제 우리 하
나님의 구원과 능력과 나라와 또
그의 그리스도의 권세가 나타났
으니 우리 형제들을 참소하던 자
곧 우리 하나님 앞에서 밤낮 참
소하던 자가 쫓겨났고 11 또 우
리 형제들이 어린 양의 피와 자
기들이 증언하는 말씀으로써 그
를 이겼으니 그들은 죽기까지 자
기들의 생명을 아끼지 아니하였
도다 12 그러므로 하늘과 그 가
운데에 거하는 자들은 즐거워하
라 그러나 땅과 바다는 화 있을
진저 이는 마귀가 자기의 때가
얼마 남지 않은 줄을 알므로 크
게 분내어 너희에게 내려갔음이
라 하더라 13 용이 자기가 땅으
로 내쫓긴 것을 보고 남자를 낳

12:7 **미가엘** 천사장. 하나님의 천사들의 우두머리(유 9절).

은 여자를 박해하는지라 14 그
여자가 큰 독수리의 두 날개를 받
아 광야 자기 곳으로 날아가 거기
서 그 뱀의 낯을 피하여 한 때와
두 때와 반 때를 양육 받으매 15

여자의 뒤에서 뱀이 그 입으로
물을 강 같이 토하여 여자를 물
에 떠내려 가게 하려 하되 16 땅

이 여자를 도와 그 입을 벌려 용
의 입에서 토한 강물을 삼키니
17 용이 여자에게 분노하여 돌아
가서 그 여자의 남은 자손 곧 하
나님의 계명을 지키며 예수의 증
거를 가진 자들과 더불어 싸우려
고 바다 모래 위에 서 있더라

13장

짐승 두 마리

1 내가 보니 바다에서 한 짐승이
나오는데 뿔이 열이요 머리가 일
곱이라 그 뿔에는 열 왕관이 있
고 그 머리들에는 신성모독 하는
이름들이 있더라 2 내가 본 짐승
은 표범과 비슷하고 그 발은 곰
의 발 같고 그 입은 사자의 입 같
은데 용이 자기의 능력과 보좌와
큰 권세를 그에게 주었더라 3 그
의 머리 하나가 상하여 죽게 된
것 같더니 그 죽게 되었던 상처
가 나으매 온 땅이 놀랍게 여겨
짐승을 따르고 4 용이 짐승에게
권세를 주므로 용에게 경배하며
짐승에게 경배하여 이르되 누가
이 짐승과 같으냐 누가 능히 이
와 더불어 싸우리요 하더라 5 또
짐승이 과장되고 신성모독을 말
하는 입을 받고 또 마흔두 달 동
안 일할 권세를 받으니라 6 짐승
이 입을 벌려 하나님을 향하여
비방하되 그의 이름과 그의 장막
곧 하늘에 사는 자들을 비방하더
라 7 또 권세를 받아 성도들과
싸워 이기게 되고 각 족속과 백
성과 방언과 나라를 다스리는 권
세를 받으니 8 죽임을 당한 어린
양의 생명책에 창세 이후로 이름
이 기록되지 못하고 이 땅에 사
는 자들은 다 그 짐승에게 경배
하리라 9 누구든지 귀가 있거든
들을지어다 10 사로잡힐 자는
사로잡혀 갈 것이요 칼에 죽을
자는 마땅히 칼에 죽을 것이니
성도들의 인내와 믿음이 여기 있
느니라 11 내가 보매 또 다른 짐
승이 땅에서 올라오니 어린 양
같이 두 뿔이 있고 용처럼 말을
하더라 12 그가 먼저 나온 짐승
의 모든 권세를 그 앞에서 행하
고 땅과 땅에 사는 자들을 처음
짐승에게 경배하게 하니 곧 죽게
되었던 상처가 나은 자니라 13
큰 이적을 행하되 심지어 사람들
앞에서 불이 하늘로부터 땅에 내
려오게 하고 14 짐승 앞에서 받
은 바 이적을 행함으로 땅에 거
하는 자들을 미혹하며 땅에 거하
는 자들에게 이르기를 칼에 상하
였다가 살아난 짐승을 위하여 우
상을 만들라 하더라 15 그가 권
세를 받아 그 짐승의 우상에게
생기를 주어 그 짐승의 우상으로
말하게 하고 또 짐승의 우상에게
경배하지 아니하는 자는 몇이든
지 다 죽이게 하더라 16 그가 모
든 자 곧 작은 자나 큰 자나 부자
나 가난한 자나 자유인이나 종들
에게 그 오른손에나 이마에 표를
받게 하고 17 누구든지 이 표를
가진 자 외에는 매매를 못하게

하니 이 표는 곧 짐승의 이름이
나 그 이름의 수라 18 지혜가 여
기 있으니 총명한 자는 그 짐승
의 수를 세어 보라 그것은 사람
의 수니 그의 수는 육백육십육이
니라

14장

십사만 사천 명이 부르는 노래

1 또 내가 보니 보라 어린 양이 시

온 산•에 섰고 그와 함께 십사만
사천이 서 있는데 그들의 이마에
는 어린 양의 이름과 그 아버지
의 이름을 쓴 것이 있더라 2 내가

하늘에서 나는 소리를 들으니 많
은 물 소리와도 같고 큰 우렛소
리와도 같은데 내가 들은 소리는
거문고 타는 자들이 그 거문고를
타는 것 같더라 3 그들이 보좌
앞과 네 생물과 장로들 앞에서
새 노래를 부르니 땅에서 속량함
을 받은 십사만 사천 밖에는 능
히 이 노래를 배울 자가 없더라
4 이 사람들은 여자와 더불어 더
럽히지 아니하고 순결한 자라 어
린 양이 어디로 인도하든지 따라
가는 자며 사람 가운데에서 속량
함을 받아 처음 익은 열매로 하
나님과 어린 양에게 속한 자들이
니 5 그 입에 거짓말이 없고 흠
이 없는 자들이더라

세 천사가 전하는 말

6 또 보니 다른 천사가 공중에 날
아가는데 땅에 거주하는 자들 곧
모든 민족과 종족과 방언과 백성
에게 전할 영원한 복음을 가졌더
라 7 그가 큰 음성으로 이르되
하나님을 두려워하며 그에게 영
광을 돌리라 이는 그의 심판의
시간이 이르렀음이니 하늘과 땅
과 바다와 물들의 근원을 만드신
이를 경배하라 하더라 8 또 다른
천사 곧 둘째가 그 뒤를 따라 말
하되 무너졌도다 무너졌도다 큰
성 바벨론이여 모든 나라에게 그
의 음행으로 말미암아 진노의 포
도주를 먹이던 자로다 하더라 9
또 다른 천사 곧 셋째가 그 뒤를
따라 큰 음성으로 이르되 만일
누구든지 짐승과 그의 우상에게
경배하고 이마에나 손에 표를 받
으면 10 그도 하나님의 진노의
포도주를 마시리니 그 진노의 잔
에 섞인 것이 없이 부은 포도주
라 거룩한 천사들 앞과 어린 양
앞에서 불과 유황으로 고난을 받
으리니 11 그 고난의 연기가 세
세토록 올라가리로다 짐승과 그
의 우상에게 경배하고 그의 이름
표를 받는 자는 누구든지 밤낮
쉼을 얻지 못하리라 하더라 12

성도들의 인내가 여기 있나니 그
들은 하나님의 계명과 예수에 대
한 믿음을 지키는 자니라 13 또
내가 들으니 하늘에서 음성이 나
서 이르되 기록하라 지금 이후로
주 안에서 죽는 자들은 복이 있
도다 하시매 성령이 이르시되 그
러하다 그들이 수고를 그치고 쉬
리니 이는 그들의 행한 일이 따
름이라 하시더라

마지막 수확

14 또 내가 보니 흰 구름이 있고
구름 위에 인자•와 같은 이가 앉
으셨는데 그 머리에는 금 면류관
이 있고 그 손에는 예리한 낫•을
가졌더라 15 또 다른 천사가 성
전으로부터 나와 구름 위에 앉은
이를 향하여 큰 음성으로 외쳐
이르되 당신의 낫을 휘둘러 거두
소서 땅의 곡식이 다 익어 거둘
때가 이르렀음이니이다 하니
16 구름 위에 앉으신 이가 낫을
땅에 휘두르매 땅의 곡식이 거두
어지니라

마지막 재난을 가지고 온 천사

17 또 다른 천사가 하늘에 있는

14:1 **시온 산** 예루살렘의 또 다른 이름. 여기서는 하나님의 백성의 영적 도성을 의미한다.
14:14 **인자** 예수님께서 자신을 가리키기 위해 사용하신 이름이다. 이것은 그분이 하나님의 아들이시며 동시에 사람이시라는 것을 말해준다.
14:14 **낫** 둥글고 약간 구부러진, 안쪽에 날이 달린 농기구로 곡식을 추수할 때 사용되었다.

성전에서 나오는데 역시 예리한
낫을 가졌더라 18 또 불을 다스

리는 다른 천사가 제단으로부터
나와 예리한 낫 가진 자를 향하
여 큰 음성으로 불러 이르되 네
예리한 낫을 휘둘러 땅의 포도송
이를 거두라 그 포도가 익었느니
라 하더라 19 천사가 낫을 땅에
휘둘러 땅의 포도를 거두어 하나
님의 진노의 큰 포도주 틀에 던
지매 20 성 밖에서 그 틀이 밟히
니 틀에서 피가 나서 말 굴레에
까지 닿았고 천육백 스다디온에
퍼졌더라

15장

1 또 하늘에 크고 이상한 다른 이
적을 보매 일곱 천사가 일곱 재
앙을 가졌으니 곧 마지막 재앙이
라 하나님의 진노가 이것으로 마
치리로다 2 또 내가 보니 불이
섞인 유리 바다 같은 것이 있고
짐승과 그의 우상과 그의 이름의
수를 이기고 벗어난 자들이 유리
바다 가에 서서 하나님의 거문고
를 가지고 3 하나님의 종 모세의
노래, 어린 양의 노래를 불러 이
르되 주 하나님 곧 전능하신 이
시여 하시는 일이 크고 놀라우시
도다 만국의 왕•이시여 주의 길
이 의롭고 참되시도다

> 4 주여 누가 주의 이름을 두
> 려워하지 아니하며 영화롭
> 게 하지 아니하오리이까
>
> 렘 10:7

오직 주만 거룩하시니이다 주의
의로우신 일이 나타났으매 만국
이 와서 주께 경배하리이다 하더
라 5 또 이 일 후에 내가 보니 하
늘에 증거 장막의 성전이 열리며
6 일곱 재앙을 가진 일곱 천사가
성전으로부터 나와 맑고 빛난 세
마포 옷을 입고 가슴에 금 띠를
띠고 7 네 생물 중의 하나가 영
원토록 살아 계신 하나님의 진노
를 가득히 담은 금 대접 일곱을
그 일곱 천사들에게 주니 8 하나
님의 영광과 능력으로 말미암아
성전에 연기가 가득 차매 일곱
천사의 일곱 재앙이 마치기까지
는 성전에 능히 들어갈 자가 없
더라

16장

진노의 일곱 대접

1 또 내가 들으니 성전에서 큰
음성이 나서 일곱 천사에게 말
하되 너희는 가서 하나님의 진
노의 일곱 대접을 땅에 쏟으라
하더라 2 첫째 천사가 가서 그
대접을 땅에 쏟으매 짐승의 표
를 받은 사람들과 그 우상에게
경배하는 자들에게 악하고 독한
종기가 나더라 3 둘째 천사가
그 대접을 바다에 쏟으매 바다
가 곧 죽은 자의 피 같이 되니 바
다 가운데 모든 생물이 죽더라

15:3 **만국의 왕** 일부 헬라어 사본들에는 이것이 '만세의 왕'으로 되어 있다.

4 셋째 천사가 그 대접을 강과 물
근원에 쏟으매 피가 되더라 5 내
가 들으니 물을 차지한 천사가
이르되 전에도 계셨고 지금도 계
신 거룩하신 이여 이렇게 심판하
시니 의로우시도다 6 그들이 성
도들과 선지자들의 피를 흘렸으
므로 그들에게 피를 마시게 하신
것이 합당하니이다 하더라 7 또
내가 들으니 제단이 말하기를 그
러하다 주 하나님 곧 전능하신
이시여 심판하시는 것이 참되시
고 의로우시도다 하더라 8 넷째
천사가 그 대접을 해에 쏟으매
해가 권세를 받아 불로 사람들을
태우니 9 사람들이 크게 태움에
태워진지라 이 재앙들을 행하는
권세를 가지신 하나님의 이름을
비방하며 또 회개하지 아니하고
주께 영광을 돌리지 아니하더라
10 또 다섯째 천사가 그 대접을
짐승의 왕좌에 쏟으니 그 나라가
곧 어두워지며 사람들이 아파서
자기 혀를 깨물고 11 아픈 것과
종기로 말미암아 하늘의 하나님
을 비방하고 그들의 행위를 회개
하지 아니하더라 12 또 여섯째
천사가 그 대접을 큰 강 유브라
데에 쏟으매 강물이 말라서 동방
에서 오는 왕들의 길이 예비되었
더라 13 또 내가 보매 개구리 같
은 세 더러운 영이 용의 입과 짐
승의 입과 거짓 선지자의 입에서
나오니 14 그들은 귀신의 영이
라 이적을 행하여 온 천하 왕들
에게 가서 하나님 곧 전능하신
이의 큰 날에 있을 전쟁을 위하
여 그들을 모으더라 15 보라 내
가 도둑 같이 오리니 누구든지
깨어 자기 옷을 지켜 벌거벗고
다니지 아니하며 자기의 부끄러
움을 보이지 아니하는 자는 복이
있도다 16 세 영이 히브리어로
아마겟돈•이라 하는 곳으로 왕
들을 모으더라 17 일곱째 천사
가 그 대접을 공중에 쏟으매 큰
음성이 성전에서 보좌로부터 나
서 이르되 되었다 하시니 18 번
개와 음성들과 우렛소리가 있고
또 큰 지진이 있어 얼마나 큰지
사람이 땅에 있어 온 이래로 이
같이 큰 지진이 없었더라 19 큰
성이 세 갈래로 갈라지고 만국의
성들도 무너지니 큰 성 바벨론이
하나님 앞에 기억하신 바 되어
그의 맹렬한 진노의 포도주 잔을
받으매 20 각 섬도 없어지고 산
악도 간 데 없더라 21 또 무게가
한 달란트나 되는 큰 우박이 하
늘로부터 사람들에게 내리매 사
람들이 그 우박의 재앙 때문에
하나님을 비방하니 그 재앙이 심
히 큼이러라

17장

큰 음녀에게 내릴 심판

1 또 일곱 대접을 가진 일곱 천사
중 하나가 와서 내게 말하여 이
르되 이리로 오라 많은 물 위에
앉은 큰 음녀가 받을 심판을 네
게 보이리라 2 땅의 임금들도 그
와 더불어 음행하였고 땅에 사는
자들도 그 음행의 포도주에 취하
였다 하고 3 곧 성령으로 나를
데리고 광야로 가니라 내가 보니
여자가 붉은 빛 짐승을 탔는데
그 짐승의 몸에 하나님을 모독하
는 이름들이 가득하고 일곱 머리
와 열 뿔이 있으며 4 그 여자는
자주 빛과 붉은 빛 옷을 입고 금
과 보석과 진주로 꾸미고 손에
금 잔을 가졌는데 가증한 물건과

16:16 아마겟돈 이 말은 '므깃도의 언덕'이라는 뜻이다. 그곳에서 오래 전에 전투들이 많이 있었다.

그의 음행의 더러운 것들이 가득
하더라 5 그의 이마에 이름이 기
록되었으니 비밀이라, 큰 바벨론
이라, 땅의 음녀들과 가증한 것
들의 어미라 하였더라 6 또 내가
보매 이 여자가 성도들의 피와
예수의 증인들의 피에 취한지라
내가 그 여자를 보고 놀랍게 여
기고 크게 놀랍게 여기니 7 천사

가 이르되 왜 놀랍게 여기느냐
내가 여자와 그가 탄 일곱 머리
와 열 뿔 가진 짐승의 비밀을 네
게 이르리라 8 네가 본 짐승은
전에 있었다가 지금은 없으나 장
차 무저갱으로부터 올라와 멸망
으로 들어갈 자니 땅에 사는 자
들로서 창세 이후로 그 이름이
생명책에 기록되지 못한 자들이
이전에 있었다가 지금은 없으나
장차 나올 짐승을 보고 놀랍게
여기리라 9 지혜 있는 뜻이 여기
있으니 그 일곱 머리는 여자가
앉은 일곱 산이요 10 또 일곱 왕
이라 다섯은 망하였고 하나는 있
고 다른 하나는 아직 이르지 아
니하였으나 이르면 반드시 잠시
동안 머무르리라 11 전에 있었
다가 지금 없어진 짐승은 여덟째
왕이니 일곱 중에 속한 자라 그
가 멸망으로 들어가리라 12 네
가 보던 열 뿔은 열 왕이니 아직

나라를 얻지 못하였으나 다만 짐
승과 더불어 임금처럼 한동안 권
세를 받으리라 13 그들이 한 뜻
을 가지고 자기의 능력과 권세를
짐승에게 주더라 14 그들이 어
린 양과 더불어 싸우려니와 어린
양은 만주의 주시요 만왕의 왕이
시므로 그들을 이기실 터이요 또
그와 함께 있는 자들 곧 부르심
을 받고 택하심을 받은 진실한
자들도 이기리로다 15 또 천사
가 내게 말하되 네가 본 바 음녀
가 앉아 있는 물은 백성과 무리
와 열국과 방언들이니라 16 네
가 본 바 이 열 뿔과 짐승은 음녀
를 미워하여 망하게 하고 벌거벗
게 하고 그의 살을 먹고 불로 아
주 사르리라 17 이는 하나님이
자기 뜻대로 할 마음을 그들에게
주사 한 뜻을 이루게 하시고 그
들의 나라를 그 짐승에게 주게
하시되 하나님의 말씀이 응하기
까지 하심이라 18 또 네가 본 그
여자는 땅의 왕들을 다스리는 큰
성이라 하더라

18장

바벨론의 패망

1 이 일 후에 다른 천사가 하늘에
서 내려 오는 것을 보니 큰 권세를
가졌는데 그의 영광으로 땅이 환
하여지더라 2 힘찬 음성으로 외
쳐 이르되 무너졌도다 무너졌도

다 큰 성 바벨론이여 귀신의 처소
와 각종 더러운 영이 모이는 곳과
각종 더럽고 가증한 새들이 모이
는 곳이 되었도다 3 그 음행의 진
노의 포도주로 말미암아 만국이
무너졌으며 또 땅의 왕들이 그와
더불어 음행하였으며 땅의 상인
들도 그 사치의 세력으로 치부하
였도다 하더라 4 또 내가 들으니

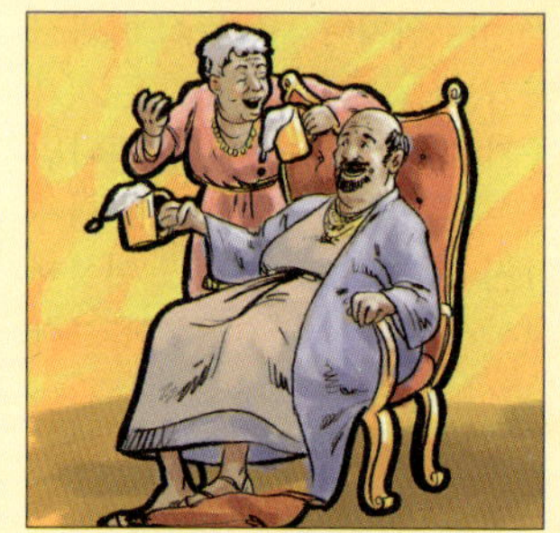

하늘로부터 다른 음성이 나서 이
르되 내 백성아, 거기서 나와 그
의 죄에 참여하지 말고 그가 받
을 재앙들을 받지 말라 5 그의
죄는 하늘에 사무쳤으며 하나님
은 그의 불의한 일을 기억하신지
라 6 그가 준 그대로 그에게 주
고 그의 행위대로 갑절을 갚아
주고 그가 섞은 잔에도 갑절이나

섞어 그에게 주라 7 그가 얼마나
자기를 영화롭게 하였으며 사치
하였든지 그만큼 고통과 애통함
으로 갚아 주라 그가 마음에 말
하기를 나는 여왕으로 앉은 자요
과부가 아니라 결단코 애통함을
당하지 아니하리라 하니 8 그러
므로 하루 동안에 그 재앙들이
이르리니 곧 사망과 애통함과 흉
년이라 그가 또한 불에 살라지리
니 그를 심판하시는 주 하나님은
강하신 자이심이라 9 그와 함께
음행하고 사치하던 땅의 왕들이
그가 불타는 연기를 보고 위하여
울고 가슴을 치며 10 그의 고통
을 무서워하여 멀리 서서 이르되
화 있도다 화 있도다 큰 성, 견고
한 성 바벨론이여 한 시간에 네
심판이 이르렀다 하리로다 11
땅의 상인들이 그를 위하여 울고
애통하는 것은 다시 그들의 상품
을 사는 자가 없음이라 12 그 상

품은 금과 은과 보석과 진주와
세마포와 자주 옷감과 비단과 붉
은 옷감이요 각종 향목과 각종
상아 그릇이요 값진 나무와 구리
와 철과 대리석으로 만든 각종
그릇이요 13 계피와 향료와 향
과 향유와 유향과 포도주와 감람
유와 고운 밀가루와 밀이요 소와
양과 말과 수레와 종들과 사람의
영혼들이라 14 바벨론아 네 영
혼이 탐하던 과일이 네게서 떠났
으며 맛있는 것들과 빛난 것들이
다 없어졌으니 사람들이 결코 이
것들을 다시 보지 못하리로다
15 바벨론으로 말미암아 치부한
이 상품의 상인들이 그의 고통을
무서워하여 멀리 서서 울고 애통
하여 16 이르되 화 있도다 화 있
도다 큰 성이여 세마포 옷과 자
주 옷과 붉은 옷을 입고 금과 보
석과 진주로 꾸민 것인데 17 그
러한 부가 한 시간에 망하였도다
모든 선장과 각처를 다니는 선객
들과 선원들과 바다에서 일하는
자들이 멀리 서서 18 그가 불타
는 연기를 보고 외쳐 이르되 이
큰 성과 같은 성이 어디 있느냐
하며 19 티끌을 자기 머리에 뿌
리고 울며 애통하여 외쳐 이르되
화 있도다 화 있도다 이 큰 성이

여 바다에서 배 부리는 모든 자
들이 너의 보배로운 상품으로 치
부하였더니 한 시간에 망하였도
다 20 하늘과 성도들과 사도들
과 선지자들아, 그로 말미암아
즐거워하라 하나님이 너희를
위하여 그에게 심판을 행하셨
음이라 하더라 21 이에 한 힘
센 천사가 큰 맷돌 같은 돌을 들
어 바다에 던져 이르되 큰 성 바
벨론이 이같이 비참하게 던져

져 결코 다시 보이지 아니하리
로다 22 또 거문고 타는 자와 풍
류하는 자와 퉁소 부는 자와 나
팔 부는 자들의 소리가 결코 다
시 네 안에서 들리지 아니하고
어떠한 세공업자든지 결코 다시
네 안에서 보이지 아니하고 또
맷돌 소리가 결코 다시 네 안에
서 들리지 아니하고 23 등불 빛
이 결코 다시 네 안에서 비치지
아니하고 신랑과 신부의 음성이
결코 다시 네 안에서 들리지 아
니하리로다 너의 상인들은 땅의
왕족들이라 네 복술로 말미암아
만국이 미혹되었도다 24 선지자
들과 성도들과 및 땅 위에서 죽
임을 당한 모든 자의 피가 그 성
중에서 발견되었느니라 하더라

19장

어린 양의 혼인 잔치

1 이 일 후에 내가 들으니 하늘에
허다한 무리의 큰 음성 같은 것
이 있어 이르되 할렐루야* 구원
과 영광과 능력이 우리 하나님께
있도다 2 그의 심판은 참되고 의
로운지라 음행으로 땅을 더럽게

19:1 **할렐루야** "하나님을 찬양하라!"라는 뜻이다.

한 큰 음녀를 심판하사 자기 종
들의 피를 그 음녀의 손에 갚으
셨도다 하고 3 두 번째로 할렐루
야 하니 그 연기가 세세토록 올
라가더라 4 또 이십사 장로와 네
생물이 엎드려 보좌에 앉으신 하
나님께 경배하여 이르되 아멘 할
렐루야 하니 5 보좌에서 음성이
나서 이르시되 하나님의 종들 곧
그를 경외하는 너희들아 작은 자
나 큰 자나 다 우리 하나님께 찬
송하라 하더라 6 또 내가 들으니
허다한 무리의 음성과도 같고 많
은 물 소리와도 같고 큰 우렛소
리와도 같은 소리로 이르되 할렐
루야 주 우리 하나님 곧 전능하
신 이가 통치하시도다 7 우리가
즐거워하고 크게 기뻐하며 그에
게 영광을 돌리세 어린 양의 혼
인 기약이 이르렀고 그의 아내가
자신을 준비하였으므로 8 그에
게 빛나고 깨끗한 세마포 옷을
입도록 허락하셨으니 이 세마포
옷은 성도들의 옳은 행실이로다
하더라 9 천사가 내게 말하기를
기록하라 어린 양의 혼인 잔치에
청함을 받은 자들은 복이 있도다
하고 또 내게 말하되 이것은 하
나님의 참되신 말씀이라 하기로
10 내가 그 발 앞에 엎드려 경배
하려 하니 그가 나에게 말하기를
나는 너와 및 예수의 증언을 받
은 네 형제들과 같이 된 종이니
삼가 그리하지 말고 오직 하나님
께 경배하라 예수의 증언은 예언
의 영이라 하더라

백마를 탄 자

11 또 내가 하늘이 열린 것을 보
니 보라 백마와 그것을 탄 자가
있으니 그 이름은 충신과 진실이
라 그가 공의로 심판하며 싸우더
라 12 그 눈은 불꽃 같고 그 머리
에는 많은 관들이 있고 또 이름
쓴 것 하나가 있으니 자기밖에
아는 자가 없고 13 또 그가 피 뿌
린 옷을 입었는데 그 이름은 하
나님의 말씀이라 칭하더라 14
하늘에 있는 군대들이 희고 깨끗
한 세마포 옷을 입고 백마를 타
고 그를 따르더라 15 그의 입에
서 예리한 검이 나오니 그것으로
만국을 치겠고 친히 그들을 철장
으로 다스리며 또 친히 하나님
곧 전능하신 이의 맹렬한 진노의
포도주 틀을 밟겠고 16 그 옷과

그 다리에 이름을 쓴 것이 있으
니 만왕의 왕이요 만주의 주라
하였더라 17 또 내가 보니 한 천
사가 태양 안에 서서 공중에 나는
모든 새를 향하여 큰 음성으로 외
쳐 이르되 와서 하나님의 큰 잔치
에 모여 18 왕들의 살과 장군들
의 살과 장사들의 살과 말들과 그
것을 탄 자들의 살과 자유인들이
나 종들이나 작은 자나 큰 자나
모든 자의 살을 먹으라 하더라

19 또 내가 보매 그 짐승과 땅의
임금들과 그들의 군대들이 모여
그 말 탄 자와 그의 군대와 더불
어 전쟁을 일으키다가 20 짐승이
잡히고 그 앞에서 표적을 행하던
거짓 선지자도 함께 잡혔으니 이
는 짐승의 표를 받고 그의 우상에
게 경배하던 자들을 표적으로 미
혹하던 자라 이 둘이 산 채로 유
황불 붙는 못에 던져지고 21 그

나머지는 말 탄 자의 입으로부
터 나오는 검에 죽으매 모든 새
가 그들의 살로 배불리더라

20장

천 년 왕국

1 또 내가 보매 천사가 무저갱의
열쇠와 큰 쇠사슬을 그의 손에
가지고 하늘로부터 내려와서 2
용을 잡으니 곧 옛 뱀이요 마귀
요 사탄이라 잡아서 천 년 동안
결박하여 3 무저갱에 던져 넣어
잠그고 그 위에 인봉하여 천 년
이 차도록 다시는 만국을 미혹하
지 못하게 하였는데 그 후에는
반드시 잠깐 놓이리라 4 또 내가
보좌들을 보니 거기에 앉은 자들
이 있어 심판하는 권세를 받았더
라 또 내가 보니 예수를 증언함
과 하나님의 말씀 때문에 목 베
임을 당한 자들의 영혼들과 또
짐승과 그의 우상에게 경배하지
아니하고 그들의 이마와 손에 그
의 표를 받지 아니한 자들이 살
아서 그리스도와 더불어 천 년
동안 왕 노릇 하니 5 (그 나머지
죽은 자들은 그 천 년이 차기까
지 살지 못하더라) 이는 첫째 부
활이라 6 이 첫째 부활에 참여하
는 자들은 복이 있고 거룩하도다
둘째 사망이 그들을 다스리는 권
세가 없고 도리어 그들이 하나님
과 그리스도의 제사장이 되어 천
년 동안 그리스도와 더불어 왕
노릇 하리라

사탄의 패망

7 천 년이 차매 사탄이 그 옥에서
놓여 8 나와서 땅의 사방 백성
곧 곡과 마곡을 미혹하고 모아
싸움을 붙이리니 그 수가 바다의
모래 같으리라 9 그들이 지면에
널리 퍼져 성도들의 진과 사랑하
시는 성을 두르매 하늘에서 불이
내려와 그들을 태워버리고 10
또 그들을 미혹하는 마귀가 불과
유황 못에 던져지니 거기는 그
짐승과 거짓 선지자도 있어 세세
토록 밤낮 괴로움을 받으리라

크고 흰 보좌에서 심판을 내리시다

11 또 내가 크고 흰 보좌와 그 위
에 앉으신 이를 보니 땅과 하늘
이 그 앞에서 피하여 간 데 없더
라 12 또 내가 보니 죽은 자들이
큰 자나 작은 자나 그 보좌 앞에
서 있는데 책들이 펴 있고 또 다
른 책이 펴졌으니 곧 생명책이라
죽은 자들이 자기 행위를 따라
책들에 기록된 대로 심판을 받으
니 13 바다가 그 가운데에서 죽
은 자들을 내주고 또 사망과 음
부도 그 가운데에서 죽은 자들을
내주매 각 사람이 자기의 행위대
로 심판을 받고 14 사망과 음부
도 불못에 던져지니 이것은 둘째
사망 곧 불못이라 15 누구든지
생명책에 기록되지 못한 자는 불
못에 던져지더라

21장

새 하늘과 새 땅

1 또 내가 새 하늘과 새 땅을 보
니 처음 하늘과 처음 땅이 없어
졌고 바다도 다시 있지 않더라 2
또 내가 보매 거룩한 성 새 예루
살렘•이 하나님께로부터 하늘에
서 내려오니 그 준비한 것이 신
부가 남편을 위하여 단장한 것
같더라 3 내가 들으니 보좌에서
큰 음성이 나서 이르되 보라 하
나님의 장막이 사람들과 함께 있
으매 하나님이 그들과 함께 계시
리니 그들은 하나님의 백성이 되
고 하나님은 친히 그들과 함께
계셔서• 4 모든 눈물을 그 눈에
서 닦아 주시니 다시는 사망이
없고 애통하는 것이나 곡하는 것
이나 아픈 것이 다시 있지 아니
하리니 처음 것들이 다 지나갔음

21:2 **새 예루살렘** 하나님의 백성이 그분과 함께 사는 영적 도성
21:3 **하나님은 친히 그들과 함께 계셔서** 일부 헬라어 사본들에는 이 다음에 "그들의 하나님이 되시고"라고 기록되어 있다.

이러라 5 보좌에 앉으신 이가 이
르시되 보라 내가 만물을 새롭게
하노라 하시고 또 이르시되 이
말은 신실하고 참되니 기록하라
하시고 6 또 내게 말씀하시되 이
루었도다 나는 알파와 오메가요
처음과 마지막이라 내가 생명수
샘물을 목마른 자에게 값없이 주
리니 7 이기는 자는 이것들을 상
속으로 받으리라 나는 그의 하나
님이 되고 그는 내 아들이 되리
라 8 그러나 두려워하는 자들과
믿지 아니하는 자들과 흉악한 자
들과 살인자들과 음행하는 자들
과 점술가들과 우상 숭배자들과
거짓말하는 모든 자들은 불과 유
황으로 타는 못에 던져지리니 이
것이 둘째 사망이라

새 예루살렘

9 일곱 대접을 가지고 마지막 일
곱 재앙을 담은 일곱 천사 중 하
나가 나아와서 내게 말하여 이르
되 이리 오라 내가 신부 곧 어린
양의 아내를 네게 보이리라 하고
10 성령으로 나를 데리고 크고
높은 산으로 올라가 하나님께로
부터 하늘에서 내려오는 거룩한
성 예루살렘을 보이니 11 하나
님의 영광이 있어 그 성의 빛이
지극히 귀한 보석 같고 벽옥과
수정 같이 맑더라 12 크고 높은
성곽이 있고 열두 문이 있는데
문에 열두 천사가 있고 그 문들
위에 이름을 썼으니 이스라엘 자
손 열두 지파의 이름들이라 13
동쪽에 세 문, 북쪽에 세 문, 남쪽
에 세 문, 서쪽에 세 문이니 14
그 성의 성곽에는 열두 기초석이
있고 그 위에는 어린 양의 열두
사도의 열두 이름이 있더라 15
내게 말하는 자가 그 성과 그 문
들과 성곽을 측량하려고 금 갈대
자를 가졌더라 16 그 성은 네모
가 반듯하여 길이와 너비가 같은
지라 그 갈대 자로 그 성을 측량
하니 만 이천 스다디온이요 길이
와 너비와 높이가 같더라 17 그
성곽을 측량하매 백사십사 규빗
이니 사람의 측량 곧 천사의 측
량이라 18 그 성곽은 벽옥으로
쌓였고 그 성은 정금인데 맑은
유리 같더라 19 그 성의 성곽의
기초석은 각색 보석으로 꾸몄는
데 첫째 기초석은 벽옥이요 둘째
는 남보석이요 셋째는 옥수요 넷
째는 녹보석이요 20 다섯째는
홍마노요 여섯째는 홍보석이요
일곱째는 황옥이요 여덟째는 녹
옥이요 아홉째는 담황옥이요 열
째는 비취옥이요 열한째는 청옥
이요 열두째는 자수정이라 21
그 열두 문은 열두 진주니 각 문
마다 한 개의 진주로 되어 있고
성의 길은 맑은 유리 같은 정금
이더라 22 성 안에서 내가 성전
을 보지 못하였으니 이는 주 하
나님 곧 전능하신 이와 및 어린
양이 그 성전이심이라 23 그 성
은 해나 달의 비침이 쓸 데 없으
니 이는 하나님의 영광이 비치고
어린 양이 그 등불이 되심이라
24 만국이 그 빛 가운데로 다니
고 땅의 왕들이 자기 영광을 가
지고 그리로 들어가리라 25 낮
에 성문들을 도무지 닫지 아니하
리니 거기에는 밤이 없음이라
26 사람들이 만국의 영광과 존귀
를 가지고 그리로 들어가겠고
27 무엇이든지 속된 것이나 가증
한 일 또는 거짓말하는 자는 결

코 그리로 들어가지 못하되 오직
어린 양의 생명책에 기록된 자들
만 들어가리라

22장

1 또 그가 수정 같이 맑은 생명수
의 강을 내게 보이니 하나님과
및 어린 양의 보좌로부터 나와서
2 길 가운데로 흐르더라 강 좌우
에 생명나무가 있어 열두 가지
열매를 맺되 달마다 그 열매를
맺고 그 나무 잎사귀들은 만국을
치료하기 위하여 있더라 3 다시
저주가 없으며 하나님과 그 어린
양의 보좌가 그 가운데에 있으리
니 그의 종들이 그를 섬기며 4
그의 얼굴을 볼 터이요 그의 이
름도 그들의 이마에 있으리라 5

다시 밤이 없겠고 등불과 햇빛이
쓸 데 없으니 이는 주 하나님이
그들에게 비치심이라 그들이 세
세토록 왕 노릇 하리로다

주 예수여 오시옵소서

6 또 그가 내게 말하기를 이 말은
신실하고 참된지라 주 곧 선지자
들의 영의 하나님이 그의 종들에
게 반드시 속히 되어질 일을 보
이시려고 그의 천사를 보내셨도
다 7 보라 내가 속히 오리니 이
두루마리의 예언의 말씀을 지키
는 자는 복이 있으리라 하더라 8
이것들을 보고 들은 자는 나 요
한이니 내가 듣고 볼 때에 이 일
을 내게 보이던 천사의 발 앞에
경배하려고 엎드렸더니 9 그가
내게 말하기를 나는 너와 네 형
제 선지자들과 또 이 두루마리의
말을 지키는 자들과 함께 된 종
이니 그리하지 말고 하나님께 경
배하라 하더라 10 또 내게 말하
되 이 두루마리의 예언의 말씀을
인봉하지 말라 때가 가까우니라
11 불의를 행하는 자는 그대로
불의를 행하고 더러운 자는 그대
로 더럽고 의로운 자는 그대로
의를 행하고 거룩한 자는 그대로
거룩하게 하라 12 보라 내가 속
히 오리니 내가 줄 상이 내게 있
어 각 사람에게 그가 행한 대로
갚아 주리라 13 나는 알파와 오
메가요 처음과 마지막이요 시작
과 마침이라 14 자기 두루마기
를 빠는* 자들은 복이 있으니 이
는 그들이 생명나무에 나아가며
문들을 통하여 성에 들어갈 권세
를 받으려 함이로다 15 개들과
점술가들과 음행하는 자들과 살
인자들과 우상 숭배자들과 및 거
짓말을 좋아하며 지어내는 자는
다 성 밖에 있으리라 16 나 예수
는 교회들을 위하여 내 사자를
보내어 이것들을 너희에게 증언
하게 하였노라 나는 다윗의 뿌리
요 자손이니 곧 광명한 새벽 별
이라 하시더라 17 성령과 신부
가 말씀하시기를 오라 하시는도
다 듣는 자도 오라 할 것이요 목
마른 자도 올 것이요 또 원하는
자는 값없이 생명수를 받으라 하
시더라 18 내가 이 두루마리의
예언의 말씀을 듣는 모든 사람에
게 증언하노니 만일 누구든지 이
것들 외에 더하면 하나님이 이
두루마리에 기록된 재앙들을 그
에게 더하실 것이요 19 만일 누
구든지 이 두루마리의 예언의 말
씀에서 제하여 버리면 하나님이
이 두루마리에 기록된 생명나무
와 및 거룩한 성에 참여함을 제
하여 버리시리라 20 이것들을
증언하신 이가 이르시되 내가 진
실로 속히 오리라 하시거늘 아멘
주 예수여 오시옵소서 21 주 예
수의 은혜가 모든 자들에게 있을
지어다 아멘

22:14 **자기 두루마기를 빠는** 이것은 그들이 그리스도의 보혈로 죄 씻음을 받기 위해 그분을 믿었다는 뜻이다.

신약시대 연대표

BC 605년 바벨론의 침공 이후 바벨론 유수 된 유다는 예레미야가 예언한 대로 70년 뒤인 BC 538년 바사(페르시아)의 고레스 왕 원년에, 하나님께서 그의 마음을 움직이셔서 유다 백성을 귀환토록 하는 조서를 반포하여 고향으로 돌아오게 된다. 그리고 1차에서 3차에 걸친 포로 귀환으로(BC 538~444) 성전 재건과 성곽 중수를 마쳤다. 말라기 선지자의 사역 이후 구약시대를 마감한 것도 페르시아의 통치 아래 있을 때였다.

신구약 중간시대

그 후 고대 근동의 패권은 헬라제국에게로 돌아갔다. 알렉산더 대왕은 페르시아를 시작으로 이집트와 북인도에 이르는 대제국을 건설했고 피정복 국가를 헬라화 하는 정책으로 헬라 문명을 확산시켰다. 그때 헬라어는 세계적인 언어가 되어 구약성경이 헬라어로 번역되기에 이르렀다. 이것이 70인역 성경이다. 헬라제국이 분열되고 멸망할 즈음, 유다의 헬라화와 유대교에 대한 핍박에 맞서 일어난 유다 마카비의 독립운동으로 유다는 일시적인 독립의 시기를 가질 수 있었다. 그러나 BC 63년 로마에 의해 유다의 하스몬 왕조가 멸망했고 로마는 유다를 통치하기 위해 헤롯 가문을 세웠다. 예수님은 로마의 아구스도 황제, 유다의 헤롯 왕이 다스릴 때 탄생하셨다.

BC 63 로마 장군 폼페이의 예루살렘 점령

37 헤롯의 유다 왕 즉위

27 가이사 아구스도의 로마 황제 즉위

24 헤롯의 왕궁 건축

20 헤롯 성전 착공

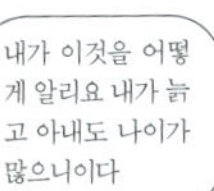

예수시대 BC

6-5 세례 요한의 출생 예고 (눅 1:5-25)

5 예수 동정녀 탄생 예고 (눅 1:26-38)

세례 요한 탄생 (눅 1:57-80)

로마의 호적령 (눅 2:1)

4 예수 탄생 (눅 2:1-7)

동방박사 사건

예수 할례 받음 (눅 2:21-38)

헤롯의 유아 학살 (마 2:16-18)

헤롯 대왕의 죽음

예수시대 AD

8 유아 예수의 예루살렘 방문 (눅 2:41-52)

12 디베료 가이사의 로마 황제 즉위

26 세례 요한의 사역 시작 (막 1:4)

26 본디오 빌라도의 유다 총독 부임

27 공생애 시작 (마 3:13-17)

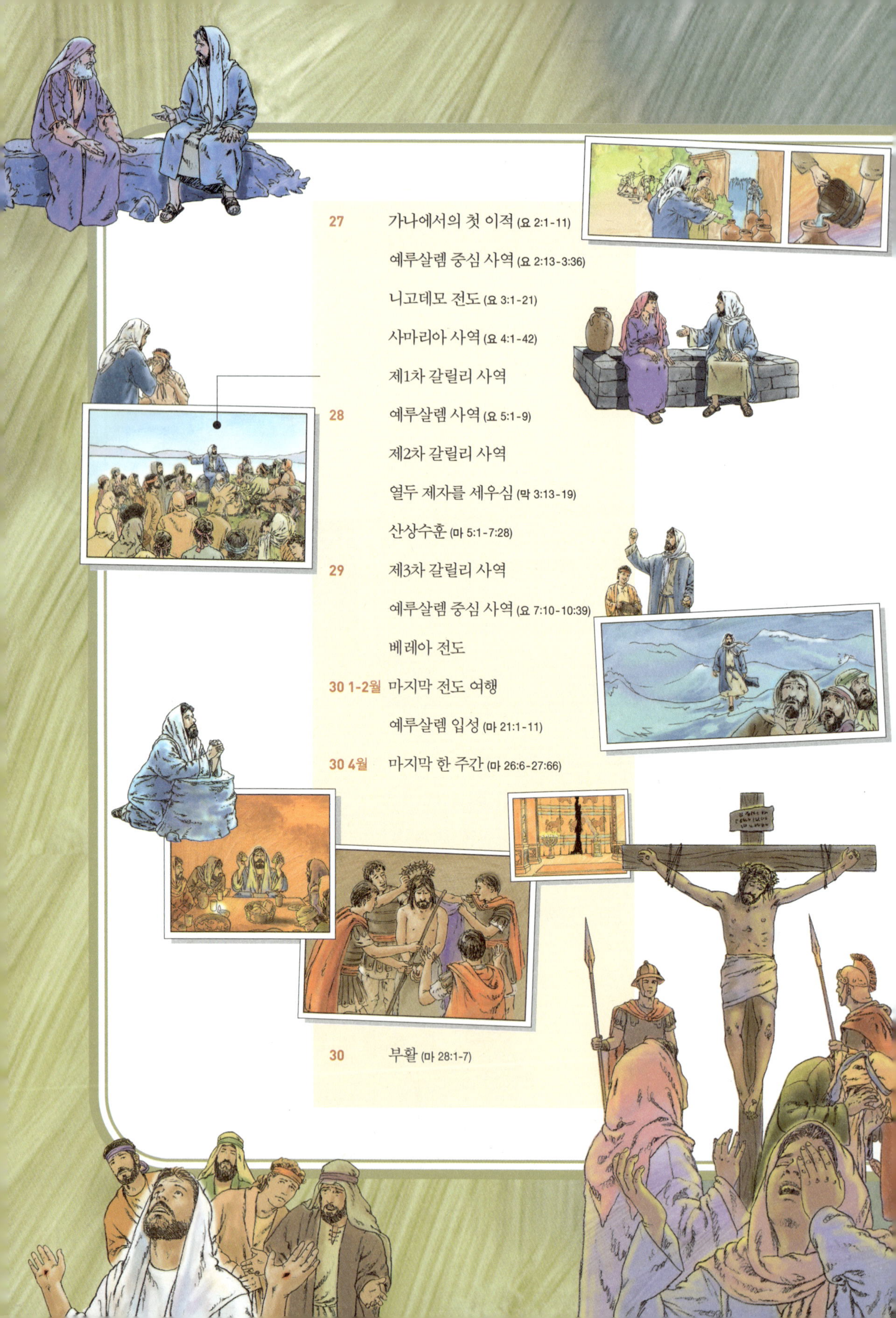

27	가나에서의 첫 이적 (요 2:1-11)
	예루살렘 중심 사역 (요 2:13-3:36)
	니고데모 전도 (요 3:1-21)
	사마리아 사역 (요 4:1-42)
	제1차 갈릴리 사역
28	예루살렘 사역 (요 5:1-9)
	제2차 갈릴리 사역
	열두 제자를 세우심 (막 3:13-19)
	산상수훈 (마 5:1-7:28)
29	제3차 갈릴리 사역
	예루살렘 중심 사역 (요 7:10-10:39)
	베레아 전도
30 1-2월	마지막 전도 여행
	예루살렘 입성 (마 21:1-11)
30 4월	마지막 한 주간 (마 26:6-27:66)
30	부활 (마 28:1-7)

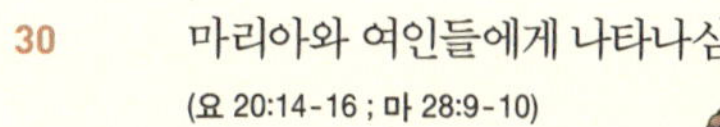

30 마리아와 여인들에게 나타나심 (요 20:14-16 ; 마 28:9-10)

엠마오 도상의 두 제자 (눅 24:13-35)

제자들에게 나타나심 (요 20:19-31)

승천 (눅 24:50-53)

초대교회 시대

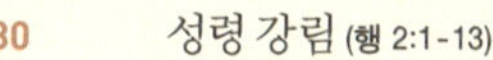

30 성령 강림 (행 2:1-13)

사도들에 대한 박해 시작

아나니아와 삽비라의 죽음 (행 5:1-11)

일곱 집사 피택 (행 6:1-6)

스데반의 순교 (행 7:1-60)

빌립의 전도 (행 8:5-13)

베드로와 요한의 사마리아 전도 (행 8:14-25)

에디오피아 내시의 개종 (행 8:26-40)

34 사울의 다메섹 회심 (행 9:1-19)

베드로가 다비다를 살림 (행 9:36-43)

37 바울의 예루살렘 1차 방문 (행 9:26)

37-41 갈리굴라 황제

41-54 글라우디오 황제

44 요한의 형제 야고보의 순교 (행 12:1,2)

45 대기근

바울의 예루살렘 2차 방문 (행 11:30)

47-49 바울의 제1차 전도여행 (행 13:2-14:28)

49 예루살렘 공회 (갈 2:1 ; 행 15장)

50-52 바울의 제2차 전도여행 (행 15:36-18:22)

53-58 바울의 제3차 전도여행 (행 18:23-21:17)

54-68 네로 황제

58 바울 체포됨 (행 21:30-26:32)

59 베스도가 유다 총독이 됨

바울의 로마 여행 (행 27:1-28:15)

61 바울의 로마 투옥 (행 28:16)

62 주의 형제 야고보의 순교

63 바울 석방

64 로마 대 화재

네로의 박해 (1차 박해)

66 유대인의 반란

67 바울의 순교

68 베드로의 순교

수리아 총독의 예루살렘 침입

69 로마 장군 베스파시안의 예루살렘 침입

70 예루살렘 함락

산헤드린 공회 폐지

81-96 도미티아누스의 박해 (2차 박해)

95 사도 요한 밧모섬에 유배

98-117 트라야누스의 박해 (3차 박해)

100 사도 요한의 사망

100-118 얌니아 회의 (구약 정경 결정)

116 이레네우스의 출생

117-138 하드리아누스의 박해 (4차 박해)

135 예루살렘 2차 함락

150 마르시온의 출생

156 몬타누스주의 대두

160 터툴리아누스의 출생

161-180 마르쿠스 아우렐리우스의 박해 (5차 박해)

165 저스틴의 사망

185 오리겐의 출생

193-211 셉티미우스 세베루스의 박해 (6차 박해)

216 마니교 등장

235-238 막시미누스의 박해 (7차 박해)

249-251 데키우스의 박해 (8차 박해)

253-260 발레리아누스의 박해 (9차 박해)

284-305 디오클레티아누스의 박해 (10차 박해)

311 갈레리우스의 기독교 용인 칙령

313 콘스탄티누스의 밀라노 칙령 (국교화 선언)

325 니케아 종교회의 (삼위일체론 확립)

392 데오도시우스 대제가 기독교를 로마 국교로 선포

393 히포 회의 (신약 정경 논의)

397 카르타고 3차 회의 (신약 정경 공포)

예수님의 이적을 중심으로 본 신약시대의 지도
시리아
베니게
두로
가이사랴 빌립보
드라고닛
돌레마이
고라신
가버나움
벳새다
게네사렛
지 중 해
가나
갈릴리 바다
디베랴
갈릴리
갈멜산
나사렛
가다라 (거라사)
나인
가이사랴
사마리아
데가볼리
요단강
수가
베레아
욥바
길갈
여리고
엠마오
예루살렘
베다니
베들레헴
엔게디
사해
유대
아라비아
이두매

공생애 초기 사역

가나 혼인잔치에서 물로 포도주를 만듦 (요 2:1-11)

제1차 갈릴리 사역

가나에서 왕의 신하의 아들을 고침 (요 4:46-54)
베데스다라는연못에서 38년 된 병자를 고침 (요 5:1-9)
게네사렛 호수에서 첫 번째 고기를 잡는 이적 (눅 5:1-11)
귀신을 쫓아냄 (막 1:23-28 ; 눅 4:31-36)
베드로의 장모를 고침 (마 8:14,15 ; 막 1:29-31 ; 눅 4:38,39)
나병환자를 고침 (마 8:2-4 ; 막 1:40-45 ; 눅 5:12-16)
중풍병자를 고침 (마 9:2-8 ; 막 2:3-12 ; 눅 5:18-26)
손 마른 자를 고침 (마 12:9-13 ; 막 3:1-5 ; 눅 6:6-10)

제2차 갈릴리 사역

백부장의 종을 고침 (마 8:5-13 ; 눅 7:1-10)
나인 성 과부의 아들을 고침 (눅 7:11-15)
귀신 들린 자를 고침 (마 12:22 ; 눅 11:14)
바다를 잔잔케 함 (마 8:18, 23-27 ; 막 4:35-41 ; 눅 8:22-25)
거라사 광인을 고침 (마 8:28-34 ; 막 5:1-20 ; 눅 8:26-39)
혈루증 여인을 고침 (마 9:20-22 ; 막 5:25-34 ; 눅 8:43-48)
야이로의 딸을 살림 (마 9:18,19,23-26 ; 막 5:22-24, 35-43 ; 눅 8:41,42,49-56)
두 소경을 고침 (마 9:27-31)
벙어리 귀신을 쫓아냄 (마 9:32,33)

제3차 갈릴리 사역

오병이어 (마 14:14-21 ; 막 6:34-44 ; 눅 9:12-17 ; 요 6:5-13)
물 위를 걸어가심 (마 14:24-33 ; 막 6:45-52)
수로보니게 여인의 딸을 고침 (마 15:21-28 ; 막 7:24-30)
귀먹고 말 더듬는 자를 고침 (막 7:31-37)
칠병이어 (마 15:32-39 ; 막 8:1-9)
벳새다의 맹인을 고침 (막 8:22-26)
간질 들린 외아들의 귀신을 쫓아냄 (마 17:14-18 ; 막 9:14-29 ; 눅 9:38-42)
물고기 입에서 동전을 취함 (마 17:24-27)

후기 유대와 베레아 사역

날 때부터 맹인된 자를 고침 (요 9:1-12)
귀신들려 꼬부라진 여인을 고침 (눅 13:10-17)
수종병 든 사람을 고침 (눅 14:1-6)
베다니 나사로를 살림 (요 11:17-44)
열 나병환자를 고침 (눅 17:11-19)
여리고에서 소경 바디매오를 고침 (마 20:29-34 ; 막 10:46-52 ; 눅 18:35-43)
무화과나무가 마름 (마 21:18-22 ; 막 11:12-14, 20-24)
말고의 귀를 붙여주심 (눅 22:49-51 ; 요 18:10)

부활 이후 승천하기 전

디베랴 호수에서 두 번째 고기 잡는 이적 (요 21:1-11)

압비오 광장
보디올
이탈리아
레기온
시칠리
수라구사
멜리데
마게도냐
베뢰아
데살로니가
아가야
고린도
겐그리아
아덴
1차 전도여행
2차 전도여행
3차 전도여행
로마행
바울의 전도여행 지도

흑 해
드라게
비두니아와 본도
갈라디아
갑바도기아
드로이
앗소
미둘레네
브루기아
아시아
비시디아
안디옥
이고니온
루스드라
더베
에베소
밀레도
사모
고스
밤빌리아
길리기아
다소
앗달리아
버가
니도
로도
바다라
무라
안디옥
실루기아
살라미
구브로
바보
시돈
지 중 해
두로
돌레마이
가이사랴
예루살렘

초판 1쇄 발행 2011년 9월 30일
초판 7쇄 발행 2025년 1월 10일

그린이 키이스 닐리 · 데이비드 마일즈

펴낸이 여진구
책임편집 안수경
편집 이영주 박소영 최현수 구주은 김도연 김아진 정아혜
책임디자인 마영애 노지현 조은혜 정은혜
홍보 · 외서 진효지
마케팅 김상순 강성민
마케팅지원 최영배 정나영
제작 조영석 허병용
경영지원 김혜경 김경희

303비전성경암송학교 유니게 과정
이슬비전도학교 / 303비전성경암송학교 / 303비전꿈나무장학회

펴낸곳 규장

주소 06770 서울시 서초구 매헌로 16길 20(양재2동) 규장선교센터
전화 02)578-0003 팩스 02)578-7332
이메일 kyujang0691@gmail.com
홈페이지 www.kyujang.com
페이스북 facebook.com/kyujangbook
인스타그램 instagram.com/kyujang_com
카카오스토리 story.kakao.com/kyujangbook
등록일 1978.8.14. 제1-22

책값 뒤표지에 있습니다.
ISBN 978-89-6097-237-7 03230
978-89-6097-239-1 (세트)

규 | 장 | 수 | 칙

1. 기도로 기획하고 기도로 제작한다.
2. 오직 그리스도의 성품을 사모하는 독자가 원하고 필요로 하는 책만을 출판한다.
3. 한 활자 한 문장에 온 정성을 쏟는다.
4. 성실과 정확을 생명으로 삼고 일한다.
5. 긍정적이며 적극적인 신앙과 신행일치에의 안내자의 사명을 다한다.
6. 충고와 조언을 항상 감사로 경청한다.
7. 지상목표는 문서선교에 있다.

하나님을 사랑하는 자 곧 그의 뜻대로 부르심을 입은 자들에게는 모든 것이 合力하여 善을 이루느니라(롬 8:28)

규장은 문서를 통해 복음전파와 신앙교육에 주력하는 국제적 출판사들의 협의체인 복음주의출판협회(E.C.P.A:Evangelical Christian Publishers Association)의 출판정신에 동참하는 회원(Associate Member)입니다.